Norbert Nicoll

ADIEU, WACHSTUM!

„Wer zu lesen versteht, besitzt den Schlüssel zu großen Taten, zu unerträumten Möglichkeiten."

(Aldous Huxley)

Herzlichst,

Norbert Nicoll [illegible], 12.11.2019

Norbert Nicoll

Adieu, Wachstum!

Das Ende einer Erfolgsgeschichte

Tectum

Zum Autor
Norbert Nicoll ist promovierter Politikwissenschaftler und lehrt an der Universität Duisburg-Essen zur Nachhaltigen Entwicklung. Auch als Sachbuchautor und Attac-Mitglied treibt ihn die Frage nach der Zukunftsfähigkeit westlicher Gesellschaften um. Der 35-Jährige lebt in Belgien nahe der deutschen Grenze. Der Autor steht für Lesungen, Vorträge, Diskussionen zur Verfügung.

Website zum Buch
Unter http://www.tectum-verlag.de/adieu-wachstum.html finden Sie weitere Informationen zu diesem Buch, darunter ein ausführliches Literaturverzeichnis sowie ein Glossar.

Gender-Disclaimer
Aus Gründen der besseren Lesbarkeit wird auf die gleichzeitige Verwendung männlicher und weiblicher Sprachformen verzichtet. Sämtliche Bezeichnungen gelten für beide Geschlechter.

Norbert Nicoll
Adieu, Wachstum!
Das Ende einer Erfolgsgeschichte
Mit einem Vorwort von Prof. Dr. Ulrich Brand
Tectum Verlag, Marburg 2016
ISBN 978-3-8288-3736-2

Lektorat: Christina Kruschwitz
Coverabbildung: shutterstock.com © Mopic
Druck und Bindung: Finidr, Český Těšín

Besuchen Sie uns im Internet
www.tectum-verlag.de

Bibliografische Informationen der Deutschen Nationalbibliothek
Die Deutsche Nationalbibliothek verzeichnet diese Publikation in der Deutschen Nationalbibliografie; detaillierte bibliografische Angaben sind im Internet über http://dnb.ddb.de abrufbar.

Orientierung in unübersichtlichen Zeiten – ein Vorwort

Wir leben in unübersichtlichen Zeiten. Wirtschafts- und Klimakrise, Flüchtlingsbewegung, Brexit, wachsende rechtsextreme Kräfte und vieles mehr. Wo und vor allem wie soll eigentlich politisch angesetzt werden?

Ich lese das Manuskript des Buches von Norbert Nicoll Ende August 2016. Vor einigen Tagen fand auf der kroatischen Insel Vis eine Sommerschule zu Politischer Ökologie statt. Hier wurde deutlich, dass Debatten um Commons, Klimagerechtigkeit und Degrowth nicht nur in den materiell reichen Ländern geführt werden, sondern auch in der europäischen Semi-Peripherie. Obwohl in den südosteuropäischen Ländern weithin das Wachstums- und Modernisierungsparadigma dominiert, zeigen sich seit der Krise 2008 Brüche. Die politische und ökonomische Abhängigkeit von »Kerneuropa« wird hinterfragt, das Terrain für Alternativen weitet sich.

In einigen Tagen beginnt in Budapest die 5. Internationale Degrowth-Konferenz. Hier wird auf hoher analytischer Ebene und politisch engagiert eine Perspektive diskutiert, welche die kapitalistischen Wachstumszwänge zurückdrängen und tendenziell überwinden möchte. Das Thema der »Wachstumsrücknahme« drängt immer stärker auf die Agenda progressiver gesellschaftspolitischer Akteure. »Adieu, Wachstum!« ist also ein sehr angemessener Titel für das Buch von Norbert Nicoll. Es zeigt, wie zum einen die herrschenden Wachstumsorientierungen immer problematischer werden, Unmut und Krisen erzeugen. Zum anderen ist es eine Forderung. Es gilt, viele Debatten voranzubringen, Initiativen zu stärken und Auseinandersetzungen zu führen. Dafür bedarf es guter Analysen – und diese liegen mit dem Buch vor. Norbert Nicoll ist in der Lage, viele Zusammenhänge herzustellen. Er spannt einen weiten Bogen von der Geschichte des kapitalistischen Wachstums, seiner sozialen und biophysikalischen Basis über die aktuelle Vielfachkrise und unzureichende Politiken bis hin zu den problematischen Formen der Subjektivierung. Und er lässt die Frage des »Was tun?« nicht aus.

Die Lektüre des Buches lässt mich nicht nur vorzüglich informiert und voller Ideen zurück, sondern auch mit einigen Fragen. Auch das zeichnet ein derart gutes Buch aus. Trotz der präzise beschriebenen multiplen oder Bio-Krise, ihren kapitalistisch-neoliberalen Ursachen und insbesondere ihren ökologischen Dimensionen bleibt aus meiner Sicht ein analytisch wie politisch wichtiger Aspekt offen – nicht, dass er im Buch fehlte, sondern als historisch offene Frage: Kann der Kapitalismus, in seiner neoliberalen und autoritären Version oder gegebenenfalls auch in einer mehr staatsinterventionistischen Variante, sich nicht doch teilweise auf die ökologische Krise einstellen und neue Akkumulationspotentiale erschließen? Nicht in dem Sinne, dass die ökologische Krise gelöst werden würde, aber dahingehend bearbeitet, dass viele der Nutznießer von heute eben doch eher unter einigermaßen erträglichen Verhältnissen leben – und weiterhin auf Kosten anderer. Damit verbunden ist ein zweiter Aspekt. Die kapitalistisch getriebene Wachstumsfixierung führt immer mehr zur Destabilisierung unserer Gesellschaften – die Finanzmärkte leben geradezu von instabilen Gesellschaften. Ressourcenkonflikte werden zunehmen, aber auch die Konflikte um die Externalisierung der ökologischen Kosten. Wo finden die negativen Auswirkungen des Klimawandels statt? Wohin wird der Müll und Elektroschrott exportiert und dann gelagert?

Doch wir können eine Erfahrung nicht einfach übergehen – und diese stellt die Suche nach Alternativen vor ernsthafte Herausforderungen: Eben jene Erfahrung, dass in bestimmten Phasen das kapitalistische Wachstum durchaus zur Verbesserung der Lebenssituation mehr oder weniger breiter Bevölkerungsschichten führt.

Gerade in den sogenannten Schwellenländern, aber auch in anderen Ländern, die Rohstoffe exportieren, hat sich zwischen der Jahrhundertwende und etwa 2012/2014 eine Konstellation gebildet, in der die Wirtschaften stark wuchsen, Arbeitsplätze geschaffen wurden, die Staaten mehr Einnahmen hatten und sich eine mehr oder weniger große Mittelschicht herausgebildet hatte. Diese in Ländern des globalen Südens frische Erfahrung wurde in Westeuropa, den USA und Japan nach dem Zweiten Weltkrieg von großen Teilen der Bevölkerung gemacht. Das Buch von Norbert Nicoll zeichnet sich dadurch aus, dass es diese Erfahrungen nicht mit einer überheblichen Geste beiseite wischt à la »Das ist ja eh alles Kapitalismus!«. Denn auch unter kapitalistischen Bedingungen stellen sich höchst unterschiedliche Lebenschancen ein.

Eine letzte Anmerkung noch zum Entstehungsprozess des überaus lesenswerten Buches: Der aktuelle Wissenschaftsbetrieb, der immer spezialisierter wird und kaum noch einen Blick fürs Ganze entwickelt, ist vielleicht systematisch nicht in der Lage, in größeren Zusammenhängen zu denken. Der Sozialwissenschaftler und politisch engagierte Norbert Nicoll arbeitet als Gymnasiallehrer und ist wohl gerade aus solch einer Position in der Lage, eine breite und wissenschaftlich überaus fundierte Perspektive einzunehmen – die in diesen unübersichtlichen Zeiten so wichtig ist, aber eben von der etablierten Wissenschaft kaum eingenommen wird.

Prof. Dr. Ulrich Brand, Universität Wien

Inhalt

»Wenn wir die ökologische Krise
nicht meistern, dann erübrigen sich alle
weiteren Überlegungen für das 21. Jahrhundert.«
*Michail Gorbatschow, Ex-Präsident der
Sowjetunion und Friedensnobelpreisträger*

1. Eine Provokation

Wir stehen vor einer Zeitenwende. Das 21. Jahrhundert hält enorme Herausforderungen für die Menschheit bereit. Auch wenn wir es versuchen – wir können vor diesen Herausforderungen nicht weglaufen. Wir können sie auch nicht dauerhaft ignorieren. Es kommt der Moment, in dem wir ihnen ins Auge schauen müssen. Um diesen Moment, dieses Rendezvous mit dem Schicksal, kreist dieses Buch.

Es ist gar nicht so leicht zu sagen, was das für ein Buch ist. Denn dieses Buch erzählt mehrere Geschichten gleichzeitig. Die der ökologischen Krise. Die der menschlichen Entwicklung in den letzten 10.000 Jahren. Die des Kapitalismus. Die der fossilen Brennstoffe. Die der Grenzen der Physik. Die der Weltbilder in unseren Köpfen.

Die folgenden Seiten zeigen, wie wir zu dem wurden, was wir heute sind. Aber auch, was nachfolgende Generationen in Zukunft erwartet. Viele glauben: Die Zukunft wird wie die Vergangenheit – nur besser. Doch die Gegenwart wirft Schatten auf die Zukunft. Unsere gesamte Kultur bewältigt Gegenwartsprobleme durch expansive Strategien. Wenn das Erdöl weniger wird, bohren wir tiefer. Wenn ein Wald gerodet ist, widmen wir uns dem nächsten. Wenn ein Feld nicht mehr genug Ertrag abwirft, tragen wir mehr chemischen Dünger auf. Wenn die Fischbestände zurückgehen, fahren wir weiter auf das Meer hinaus.[1] Es ist absehbar, dass diese Strategien nicht bis in alle Ewigkeit Bestand haben können.

Kann eine Kultur auf lange Sicht erfolgreich sein, wenn sie ihre Ressourcen systematisch übernutzt? Kann sie überdauern, wenn sie die Lebenschan-

[1] Vgl. Welzer, Harald: Mentale Infrastrukturen. Wie das Wachstum in die Welt und in die Seelen kam, Schriften zur Ökologie, Band 14, hrsg. von der Heinrich-Böll-Stiftung, Berlin 2011, S. 34–35.

cen der folgenden Generationen einschränkt? Wir alle kennen, wenn wir ehrlich sind, die Antwort. Noch nie in der Geschichte haben Menschen durch ihr Verhalten so stark die natürlichen Lebensgrundlagen global verändert, bedroht und zerstört wie gegenwärtig. Es scheint, als steuere die Menschheit sehenden Auges auf eine Katastrophe zu. Hat die Titanic den Eisberg schon gerammt? Niemand weiß es. Die fröhliche Party auf dem Oberdeck geht vorerst jedenfalls weiter.

Fragen der Gerechtigkeit sind nicht mehr von Fragen der Ökologie zu trennen. Zahlreiche Studien belegen, dass soziale Ungleichheit die Naturzerstörung befördert.[2] Jeder Mensch, der für eine Welt eintritt, die über ein Mehr an Gerechtigkeit, Gleichheit und Menschenwürde verfügt, kommt nicht umhin, ökologisch zu denken. Schon vor vielen Jahren hat der Philosoph Hans Jonas genau das erkannt und den kategorischen Imperativ von Immanuel Kant abgewandelt: »Handle so, daß die Wirkungen deiner Handlung verträglich sind mit der Permanenz echten menschlichen Lebens auf Erden.«[3]

Die vorliegende Schrift ist trotz vieler Anmerkungen und Zitate kein streng wissenschaftliches Buch, sondern ein politisches. Geschrieben wurde es aus einem Mangelempfinden heraus. Es wird öffentlich kaum diskutiert, dass durch das Zusammenwirken von Klimawandel, Artensterben, Bevölkerungsdruck und Erschöpfung natürlicher Ressourcen unter Umständen ein Zivilisationsbruch droht, der in eine sehr autoritäre und konfliktreiche Richtung gehen könnte. Zu befürchten sind eine (weitere) Erosion demokratischer Errungenschaften und noch mehr Kriege und Konflikte in der Welt.

Die verschiedenen naturwissenschaftlichen Disziplinen liefern starke wissenschaftliche Belege für die Dringlichkeit der Umweltprobleme. Die Naturwissenschaftler enthalten sich allerdings in aller Regel weiterer wirtschafts- und gesellschaftspolitischer Schlussfolgerungen. Aus der Deckung wagen sich andere.

Zum Beispiel die Ökonomen. Doch bei ihnen dominieren Kostenargumente. Die herrschende ökonomische Lehre ist blind für die biophysikalischen Grundlagen des Wirtschaftsprozesses. Es wird kaum gesehen, dass *jede* wirtschaftliche Praxis, die die Gegebenheiten der Natur in ihren Konzepten ignoriert, letzten Endes zum Scheitern verurteilt ist. Für die Ökonomen leben wir in einer *Cowboy-Ökonomie* (Kenneth Boulding), in der Grenzen nicht vor-

---

[2] So etwa: Motesharrei, Safa/Rivas, George/Kalnay, Eugenia: Human and nature dynamics (HANDY): Modeling inequality and use of resources in the collapse or sustainability of societies, in: Ecological Economics 101, 2014, S. 90–102.

[3] Jonas, Hans: Das Prinzip Verantwortung: Versuch einer Ethik für die technologische Zivilisation, Frankfurt am Main 1984, S. 36.

kommen. Es gibt nur weites, ungenutztes Land. Eine solche Cowboy-Ökonomie erobert Gebiete, grast sie ab und müllt sie voll. Anschließend sucht sie sich neue Räume, grast auch diese ab, müllt sie voll und zieht weiter. Mit der Globalisierung aber wächst die Erkenntnis, dass die Erde rund ist und man deshalb dummerweise früher oder später die verschmutzten Ursprungsgebiete wieder erreicht.

Die Geschichte, die dieses Buch erzählt, ist auch eine Geschichte des *Immer-mehr*. Daher steht im Zentrum dieses Buches ein entscheidender Begriff: Wachstum. Wachstum liegt dann vor, wenn das Bruttoinlandsprodukt (BIP) pro Kopf steigt. Das BIP ist definitionsgemäß der Gesamtwert aller in einem Land in einem Jahr produzierten Güter und Dienstleistungen. In Deutschland beläuft sich dieser Wert auf etwa 3 Billionen Euro.

In den letzten 200 Jahren hat wirtschaftliches Wachstum den Wohlstand der sogenannten entwickelten Welt auf beispiellose Weise gesteigert. Ein toller Rausch, ganz ohne Zweifel. Die meisten Industrieländer hängen am Wirtschaftswachstum wie der Junkie an der Nadel. Wachstum gilt als das Normalste der Welt und wird immer noch als *die* Grundlage des Wohlstands betrachtet. Typisch – übrigens für Politiker aller Couleur – ist eine Aussage von Angela Merkel:

> »Ohne Wachstum keine Investitionen, ohne Wachstum keine Arbeitsplätze, ohne Wachstum keine Gelder für die Bildung, ohne Wachstum keine Hilfe für die Schwachen. Und umgekehrt: Mit Wachstum Investitionen, Arbeitsplätze, Gelder für die Bildung, Hilfe für die Schwachen und am wichtigsten Vertrauen bei den Menschen.«[4]

Dabei stimmt diese Prämisse zumindest für die Industrieländer schon seit längerer Zeit nicht mehr. Selbst wenn man enge (oder besser engstirnige) ökonomische Kriterien anlegt, kommt man nicht um die Feststellung herum, dass die Früchte des Wachstums höchst ungleich verteilt sind. Nicht alle Gesellschaftsmitglieder profitieren gleichermaßen. Viele verlieren.

Dieser Befund gilt für den Norden wie auch für den Süden. Abzulesen ist das an der Entwicklung der Realeinkommen und der Lohnquoten in vielen europäischen Ländern, aber auch an Statistiken der Weltbank oder der Welthandels- und Entwicklungskonferenz der Vereinten Nationen (UNCTAD). Immer mehr politische Parteien erkennen, dass ein zeitlich grenzenloses und regulatorisch schrankenloses Wachstum nicht mehr lange funktioniert. Sie fordern deshalb in ihren Programmen, Ziel der Wirtschaftspolitik müsse ein

[4] Bundeskanzlerin Angela Merkel in ihrer Regierungserklärung am 10. November 2009.

»grünes Wachstum« oder ein »nachhaltiges Wachstum« sein.[5] Doch geht das überhaupt? Dieses Buch meldet nicht nur Zweifel an, sondern geht noch einen Schritt weiter und spricht sich für eine Wachstumsrücknahme in den Industrieländern aus.

Wachstumsrücknahme? Ja, genau! Die Forderung nach einer Wachstumsrücknahme scheint auf den ersten Blick eine schlechte Idee zu sein. Eine *ausgesprochen* schlechte Idee. Denn Wachstum gilt, wie das Zitat von Angela Merkel verdeutlicht, als Problemlöser für alles. Arbeitslosigkeit? Wir brauchen mehr Wachstum! Die Einkommen stagnieren? Die Wirtschaft muss mehr wachsen! Umweltschutz? Geht nur mit mehr Wachstum! Das Wachstum sei, so heißt es immer wieder, die entscheidende Quelle unseres Wohlstands.

Im Augenblick hat die Idee eines grünen bzw. eines nachhaltigen Wachstums Konjunktur. Wir brauchen demnach unsere Komfortzone nicht zu verlassen. Technischen Innovationen etwa im Bereich der erneuerbaren Energien oder der Energie-Effizienz sei Dank! Das System kann, von kleineren Korrekturen abgesehen, so bleiben, wie es ist. Wer öffentlich fordert, die Gesellschaft müsse über das Wachstum und unsere Lebensweise grundsätzlich nachdenken, macht sich folglich unbeliebt. Und wer es gar wagt, eine Abkehr vom Wachstum zu propagieren, macht sich *sehr* unbeliebt. Das ist ungefähr so, als posaune man auf einer Party um Mitternacht hinaus, dass alle alkoholischen Getränke ausgegangen seien.

Wie so oft im Leben, lohnt sich auch beim Thema des Wachstums ein zweiter Blick. Eine der gefährlichsten Fragen lautet: Wann sind wir genug gewachsen? Die Antwort umfasst drei Buchstaben: N-I-E. Wir brauchen Wachstum, um unser ökonomisches System, das Giga-Hamsterrad, in Bewegung zu halten. Diese Erkenntnis ist nicht neu, aber sie wird zu selten wiederholt. In der Volkswirtschaftslehre gibt es denn auch keinen Mangel an wachstumskritischen Theorien, vieles ist jedoch verschüttet. Am bekanntesten ist noch die Wachstumskritik, die in den 1970er Jahren u. a. von Ivan Illich, André Gorz, Herman Daly, Dennis Meadows oder Nicholas Georgescu-Roegen vorgetragen wurde. Doch die Kritik verhallte weitgehend ungehört. Heute und in Zukunft ist sie dringlich wie nie zuvor.

---

[5] Mit dem Begriff des »nachhaltigen Wachstums« gehen nahezu alle politischen Parteien hausieren. Im Juni 2012 schlossen die Fraktionen CDU/CSU, FDP, SPD und Bündnis 90/Die Grünen gar einen gemeinsamen »Pakt für nachhaltiges Wachstum und Beschäftigung«. Seltener ist die Rede vom »sozialen Wachstum«. Dieses Leitbild propagiert die SPD-nahe Friedrich-Ebert-Stiftung. Vgl. dazu Friedrich-Ebert-Stiftung (Hg.): Soziales Wachstum. Leitbild einer fortschrittlichen Wirtschaftspolitik, Bonn 2011.

Die Wirtschaft der Vergangenheit wuchs nicht allein. Mit ihr verzeichneten so unterschiedliche Dinge wie Schulden, Wasserverbrauch, Artensterben, Fahrzeugbestand, CO_2-Konzentration, Bevölkerung und Papierverbrauch atemberaubende Zunahmeraten. Und atemberaubend hieß oft exponentiell.

Dauerhaftes exponentielles Wachstum ist jedoch auf einem endlichen Planeten unmöglich. Ein *Weiter-so* geht nicht mehr lange. Wir verbrauchen heute in einem Jahr 50 Prozent mehr Ressourcen, als die Erde im gleichen Zeitraum zur Verfügung stellt bzw. regenerieren kann – und das, obwohl nur 20 Prozent der Weltbevölkerung zu den (relativ) Reichen gehören. Diese 20 Prozent verbrauchen 80 Prozent der weltweiten Ressourcen – sie sitzen am *All-inclusive-Buffet*.

Irgendwann in diesem Jahrhundert wird abserviert. Energie, Arbeitskraft, Nahrung, natürliche Ressourcen – diese vier Faktoren sind in einer langfristigen Perspektive immer billiger geworden. Diese vier Trends werden wahrscheinlich gebrochen werden. Damit brauchen wir einen anderen Plan. Einen Plan B.

Wachstum und Wohlstand können entkoppelt werden. Jedenfalls dann, wenn man unter Wohlstand mehr versteht als einen immer größeren Geld- und Güterreichtum. Natürlich bedeutet Wohlstand *auch*, dass ein Mensch genug zu essen und zu trinken hat sowie über ein Dach über dem Kopf verfügt. Er ist jedoch mehr als die Befriedigung materieller Bedürfnisse und auch mehr als nur Einkommen. Wohlstand ist gleichbedeutend mit Lebensqualität, mit Gesundheit und mit unserem persönlichen Glück. Das Vertrauen in die Gemeinschaft, die Stärke unserer Beziehungen, die Zufriedenheit mit unserer Arbeit, unsere Fähigkeit, am gesellschaftlichen Leben teilzunehmen – alle diese Dinge spiegeln unseren Wohlstand wider.[6] Wir laufen jedoch Gefahr, jeden zukünftigen breitverstandenen Wohlstand zu verspielen.

Wir stehen vor einer großen Transformation. Eine Transformation, die mit Vorgängen wie der Neolithischen und der Industriellen Revolution zu vergleichen ist. Jene Prozesse veränderten den Lauf der menschlichen Geschichte. Sie wälzten das Energiesystem um. Die Zukunft wird wesentlich von Energiefragen bestimmt werden. Energie ist nicht einfach ein Teil unserer Wirtschaft, Energie *ist* unsere Wirtschaft.

Die deutsche Diskussion um die Energiewende kreist fast ausschließlich um elektrische Energie. Energie wird aber nicht nur zur Stromproduktion

---

[6] Vgl. Jackson, Tim: Wohlstand ohne Wachstum. Leben und Wirtschaften in einer endlichen Welt, Schriftenreihe der Bundeszentrale für politische Bildung, Band 1280, Bonn 2012, S. 29.

gebraucht, sondern u. a. auch für die Bereiche des Verkehrs und der Wärme-Erzeugung. Die Abhängigkeit von fossilen Brennstoffen ist immer noch sehr hoch.

Wir haben genügend fossile Brennstoffe, um den Planeten in einen unwirtlichen Ort in unserem Sonnensystem zu verwandeln. Dennoch ist es möglich, dass wir Schwierigkeiten mit der Energieversorgung bekommen. Entscheidend sind nämlich nicht die absoluten Mengen fossiler Brennstoffe im Boden, sondern die Fördergeschwindigkeiten und die Förderkosten sowie deren Rückkopplungen auf die Wirtschaft.

In den letzten 45 Jahren hat sich der Weltenergiebedarf verdreifacht, seit dem Anbruch des fossilen Energiezeitalters ist der Weltenergieverbrauch um rund das 50-Fache gestiegen. Etwa 80 Prozent unseres Lebensstils stützen sich auf fossile Energien. Noch. Am Horizont ist schemenhaft die postfossile Gesellschaft zu erkennen. Wir sind allerdings auf diese Zukunft schlecht vorbereitet.

Noch ist die Partie nicht verloren. Wir können handeln. Verantwortlich für den Zustand des Planeten sind wir alle – und da schließt sich der Autor[7] ausdrücklich mit ein. Aber natürlich sind die Verantwortlichkeiten unterschiedlich verteilt. Menschen, die in der gesellschaftlichen Hierarchie höher stehen als andere und oft mehr Geld oder Bildung haben, tragen eine größere Verantwortung für den Zustand der Welt. Bestimmte herausgehobene Personen verantwortlich zu machen, kann vielleicht das eigene Gewissen entlasten, ist aber ansonsten wenig hilfreich. Wir müssen viel stärker als bisher in Strukturen denken.

Wir leben in einem System, das diejenigen belohnt, die auf eine kurzfristige Maximierung der Gewinne setzen, selbst wenn das die Erschöpfung von Ressourcen nach sich zieht. Dieses System fährt gegen die Wand. Es sei denn, wir tun etwas und ändern das System.

Niemand wird das Notwendige an unserer Stelle tun. Wir müssen also selbst handeln. Dieses Buch will zum Handeln motivieren. Wie pflegte die Feministin June Jordan zu sagen? »Wir sind diejenigen, auf die wir gewartet haben.« Los geht's!

---

[7] Der Autor ist Politikwissenschaftler und Ökonom, kein Umweltwissenschaftler, kein Klimatologe, kein Physiker, kein Geologe. Er fährt Auto, fliegt und tut jede Menge andere Dinge, die der Umwelt Schaden zufügen. Und wie viele andere fragt er sich, warum *echte* Verhaltensänderungen so schwierig sind.

PROBLEMAUFRISS

»Wir befinden uns zwar
auf dem falschen Gleis,
gleichen dieses Manko aber durch
höhere Geschwindigkeit aus.«
Stanislaw Jerzy Lec,
polnischer Satiriker und Aphoristiker

2. Mittendrin in der Vielfachkrise

Wir befinden uns an der Abbruchkante der Geschichte. Die Situation des Planeten ist gekennzeichnet durch das Zusammentreffen von drei Krisen, die schon bald ihre Latenzphase verlassen und noch in der ersten Hälfte dieses Jahrhunderts offen ausbrechen werden.

Zu nennen sind:

- die Klimakrise
- die Energiekrise
- die Ressourcenkrise (Übernutzung und Erschöpfung natürlicher Ressourcen)

Die tieferen Ursachen für diese schwerwiegenden Langzeitentwicklungen, die manchmal auch unter dem Terminus *Biokrise* zusammengefasst werden, sind:

- die dominanten Wirtschaftsparadigmen (Wirtschaftswachstum, Gewinnmaximierung der Unternehmen, individuelle Reichtumsvermehrung)
- die hemmungslose Nutzung fossiler Brennstoffe
- die globale Verbreitung des westlichen, am *Haben*[8] orientierten Konsummodells (Konsumismus)
- die willkürliche und bewusste Zerstörung von nachhaltigen Kulturen und Lebensformen

[8] Haben im Sinne Erich Fromms. Der im Jahr 1980 verstorbene Psychoanalytiker unterscheidet zwei grundlegende Existenzweisen: *Haben* und *Sein*. Haben zielt nicht nur darauf ab, immer mehr Güter und immer mehr Geld anzuhäufen. Fromm notiert dazu: »In der Existenzweise des Habens ist die Beziehung zur Welt die des Besitzergreifens und Besitzens, eine Beziehung, in der ich jedermann und alles, mich selbst mit eingeschlossen, zu meinem Besitz machen will.« Das Zitat findet sich: Fromm, Erich: Haben oder Sein. Die seelischen Grundlagen einer neuen Gesellschaft, 35. Auflage, München 2007, S. 39–40.

- das Ignorieren natürlicher Grenzen des Planeten, was u. a. die Ressourcenverfügbarkeit und die Regenerationskapazitäten der Erde anbelangt
- Bevölkerungsdruck

Die öffentliche Debatte um jegliche Umwelt- und Ressourcenprobleme wird dominiert vom Klimawandel. Dieser ist in seiner Bedeutung kaum zu überschätzen, die Schlagseite der Berichterstattung ist jedoch problematisch. Was fehlt, ist eine ganzheitliche Betrachtung. Es ist von entscheidender Bedeutung, die Dinge zusammenzudenken.

In Zusammenhängen denken

Tatsächlich gibt es jenseits der Klimakrise weitere gefährliche Entwicklungen:

- In der Ökonomie türmen sich die Probleme aufeinander. Der Finanzmarktkapitalismus (der noch Thema sein wird) konnte nur durch umfangreiche Staatsinterventionen vor dem Zusammenbruch gerettet werden. Millionen von Menschen wurden zusätzlich in die Armut gestoßen. Neue Spekulationsblasen entstehen vor unseren Augen und weitere wirtschaftliche Einbrüche werden kommen. Die Frage ist nicht, ob, sondern wann und in welcher Heftigkeit.
- In der Sphäre der Politik ist mindestens eine Legitimationskrise der Herrschenden zu beobachten, nach Ansicht vieler Politikwissenschaftler sogar eine Krise des politischen Systems insgesamt. Alarmzeichen gibt es viele: Die Bürger- und Menschenrechte werden im Zuge des sogenannten »Krieges gegen den Terror« beschnitten, während der Überwachungsstaat vielerorts aufgebaut wurde. Der Lobbyismus wuchert wie noch nie, und die Medien, eigentlich die vierte Gewalt, betreiben immer weniger aufklärerische Arbeit, dafür umso mehr Verlautbarungsjournalismus. Gleichzeitig sinkt in vielen Ländern Europas das Interesse der Menschen an Politik. Nicht von ungefähr entwickeln sich die Wahlbeteiligungen europaweit rückläufig. Sehr viele Menschen fühlen sich schlicht nicht mehr vertreten. Manche Beobachter konstatieren, die Demokratie stehe am »Rand ihrer Existenz«.[9]
- Politologen wie Colin Crouch sehen die Phase der *Postdemokratie*[10] gekommen. Die Institutionen der parlamentarischen Demokratie – Wahlkämpfe, periodisch abgehaltene Wahlen, Parteienkonkurrenz, Gewaltenteilung – sind formal

[9] Müller, Albrecht: Meinungsmache. Wie Wirtschaft, Politik und Medien uns das Denken abgewöhnen wollen, München 2009, S. 14.

[10] Crouch, Colin: Postdemokratie, Schriftenreihe der Bundeszentrale für politische Bildung, Band 745, Bonn 2009.

gesehen völlig intakt. Aber in Wirklichkeit sind sie, entkernt und ausgehöhlt, auf den Charakter von Fassaden reduziert.

- In vielen europäischen Ländern wächst die Ungleichheit. Die Unterschiede zwischen dem gesellschaftlichen Oben und Unten vergrößern sich. Die Kapitaleinkommen verzeichneten in den letzten 15 Jahren ein weiteres beeindruckendes Wachstum, während die Arbeitseinkommen stagnierten oder real sanken. Die Spaltung der Gesellschaft setzt sich damit fort. Die Mittelschicht erodiert, prekäre Beschäftigungsformen breiten sich aus. Durch Kürzungen in den Sozialhaushalten finden immer mehr Menschen mit ihrem Einkommen kein Auskommen mehr. Die meisten Gemeinschaften in den westlichen Gesellschaften sind heute sozial schwächer als vor 20 oder 30 Jahren. Wir durchleben eine »soziale Rezession«, die durch eine schwächere Teilnahme am öffentlichen Leben und einen rückläufigen Gemeinschaftssinn gekennzeichnet ist.[11]
- In vielen Regionen der Erde leiden unerträglich viele Menschen Hunger. 37.000 Menschen sterben jeden Tag an den direkten oder indirekten Folgen des Hungers. Das ist ein Skandal. Zwar fiel die Zahl der weltweit hungernden Menschen zuletzt auf 795 Millionen[12], aber schon mittelfristig könnten sich die Aussichten wieder verfinstern.[13] Hunger ist auch im zweiten Jahrzehnt des 21. Jahrhunderts ein Verteilungsproblem, der Planet kann gegenwärtig mehr als genug Nahrung bereitstellen. Im reichen Westen werden enorme Lebensmittelmengen verschwendet.[14] Die Ursachen des Hungers sind durchaus vielfältig. Das Problem vieler Hungernder liegt heute darin, dass ihnen das Geld fehlt, um Nahrungsmittel zu kaufen, bzw. dass sie kein Land haben, um auf diesem Nahrung anbauen zu können. Drei Milliarden Menschen leben von weniger als 2,50 US-Dollar pro Tag.[15]

---

[11] Vgl. Jackson, Tim: Wohlstand ohne Wachstum, a. a. O., S. 142–144.

[12] Vgl. Food and Agriculture Organization of the United Nations (Hg.): The State of Food Insecurity in the World 2015, Rom 2015, S. 8. Online unter: http://www.fao.org/3/a4ef2d16-70a7-460a-a9ac-2a65a533269a/i4646e.pdf [Stand: 30.5.2015].

[13] Grund für den Rückgang ist u. a. eine Senkung der Lebensmittelpreise. Es ist allerdings wahrscheinlich, dass die Lebensmittelpreise wieder steigen werden und dass sich damit die Zahl der Hungernden wieder erhöht.

[14] Rund ein Drittel der weltweit produzierten Lebensmittel landet auf dem Müll. In Westeuropa sind die Werte aber noch schlechter: Hierzulande werden 50 Prozent aller Lebensmittel weggeworfen. Jeder zweite Kopfsalat, jede zweite Kartoffel und jedes fünfte Brot. Die meisten Lebensmittel werden vernichtet, bevor sie den Verbraucher erreichen. Vgl. dazu W-film Filmproduktion & Filmverleih (Hg.): Taste the Waste, Presseheft zum Dokumentarfilm von Valentin Thurn, Köln 2011, S. 6.

[15] Vgl. United Nations Educational, Scientific and Cultural Organization (UNESCO): The United Nations World Water Development Report 2014, Water and Energy, Volume 1, Paris 2014, S. 2.

Mit Fug und Recht kann man also von einer *multiplen Krise* sprechen.[16] Der Begriff erscheint deshalb angemessen, weil er nicht suggeriert, dass es sich bei den gerade in sehr groben Zügen beschriebenen Entwicklungen um eine Addition unterschiedlicher und weitgehend unabhängiger Krisenerscheinungen handelt. Das Gegenteil ist der Fall: Die genannten Entwicklungen existieren nicht zusammenhanglos nebeneinander, sondern sind kausal miteinander verknüpft. Diese Feststellung gilt auch und gerade für die Wirtschafts- und Finanzkrise, die typischerweise von den Medien isoliert von anderen krisenhaften Entwicklungen betrachtet wird.

Wo liegt die Verknüpfung? Der Zusammenhang besteht, vereinfacht ausgedrückt, in der fossilistisch-kapitalistischen Lebens- und Produktionsweise, die seit den späten 1970er Jahren nach den Ideen des Neoliberalismus[17] umgebaut wurde. Das Produktions- und Konsummodell des gegenwärtigen Kapitalismus trägt die Mutter aller Krisen im Herzen. Es verlangt hohe Zuwachsraten der Produktivität, ist auf Massenproduktion und Massenkonsum ausgelegt und daher auch auf massenhaften Verbrauch von Rohstoffen und Landflächen sowie von fossiler Energie.[18] Die verblichenen realsozialistischen Systeme waren in dieser Hinsicht keinesfalls besser,[19] doch ein wirklicher Trost ist das nicht.

Richtige und falsche Prognosen

Schon auf diesen ersten Seiten war sehr oft von Krisen die Rede. Der Begriff der Krise ist interessant und gehört thematisiert. Die Medien betiteln schnell alles Mögliche als Krise. Fast jeden Tag berichten die Zeitungen, Radiostati-

---

16 Vgl. Demirović, Alex/Dück, Julia/Becker, Florian/Bader, Pauline: Die multiple Krise – Krisendynamiken im neoliberalen Kapitalismus, S. 13, in: Demirović, Alex/Dück, Julia/Becker, Florian/Bader, Pauline (Hg.): VielfachKrise, Hamburg 2011, S. 11–28. Siehe auch Brand, Ulrich: Die Multiple Krise. Dynamik und Zusammenhang der Krisendimensionen, Anforderungen an politische Institutionen und Chancen progressiver Politik, Heinrich-Böll-Stiftung, Berlin 2009. Die komplette Studie gibt es online unter: http://www.boell.de/sites/default/files/multiple_krisen_u_brand_1.pdf [Stand: 21.7.2014].

17 Für eine genaue Begriffsdefinition siehe Nicoll, Norbert: Neoliberalismus. Ungleichheit als Programm, Münster 2013.

18 Vgl. Altvater, Elmar: Die kapitalistischen Plagen. Energiekrise und Klimakollaps, Hunger und Finanzchaos, in: Blätter für deutsche und internationale Politik, Nr. 3, 2009, S. 45–59.

19 Die Ökobilanz der UdSSR und ihrer Satellitenstaaten kann nur als verheerend bezeichnet werden. Unmittelbar vor dem Fall der Mauer emittierte die CSSR pro Kopf und Jahr 20,7 Tonnen Kohlendioxid, die DDR 22 Tonnen. Die USA, Kanada und Australien als die größten CO_2-Emittenten der kapitalistischen Welt stießen damals 18,9, 16,2 und 15 Tonnen Kohlendioxid pro Kopf und pro Jahr aus – und das bei einem deutlich höheren Pro-Kopf-Einkommen. Vgl. dazu Tanuro, Daniel: Energie und Umbau der Produktion. Herausforderungen für eine ökosozialistische Alternative, S. 69–70, in: Emanzipation, Nr. 1, 2011, S. 66–81.

onen und Fernsehsender von einer neuen Krise. Der inflationäre Gebrauch des Krisenbegriffs hat dazu geführt, dass er die meisten Menschen nicht mehr schrecken kann. Die wirklichen Probleme sind von den eingebildeten kaum noch zu unterscheiden.

Der Begriff der Krise suggeriert, dass ein temporärer Ungleichgewichtszustand vorliegt, der in einem absehbaren Zeitraum (einige Monate, höchstens wenige Jahre) beseitigt werden kann. Krisen sollen überwunden, gelöst oder bekämpft werden, so lauten in diesem Zusammenhang die Parolen. Manche Beobachter, wie zum Beispiel der Sozialpsychologe Harald Welzer, lehnen den Krisenbegriff als gänzlich untauglich ab, weil langfristige Probleme nicht kurz- und mittelfristig zu lösen seien. Welzer spricht lieber von »Funktionsgrenzen«.

Alarmismus kann sinnvoll sein. Kann, muss aber nicht. Wer das ganz große Krisengemälde malt, läuft Gefahr, leicht als Spinner oder unseriöser Apokalyptiker abgestempelt zu werden. In vielen Fällen liegen die Kassandras mit ihren Prognosen gänzlich daneben oder schießen über ihr Ziel hinaus.

Allen Lesern, die ein wenig mit der Thematik vertraut sind, dürften an dieser Stelle die Stichworte *Meadows* und *Grenzen des Wachstums*[20] in den Sinn kommen. Im Auftrag des *Club of Rome* spielten Dennis Meadows und sein Forscherteam vom Massachusetts Institute of Technology (MIT) Anfang der 1970er Jahre verschiedene Szenarien zur Entwicklung der Welt bis zum Jahr 2100 durch. Berechnet wurden die Szenarien mit Hilfe der Computersimulation World 3, was damals ein vollkommen neuartiger Ansatz war. Viele Kritiker der *Grenzen des Wachstums* attestierten dem Forscherteam einen übertriebenen Pessimismus. Beißend war der Spott vor allem von den sogenannten *Cornucopians*[21], den Wachstumseuphorikern.

Genüsslich verweisen die Meadows-Kritiker darauf, dass sich im Buch Zahlen finden lassen, die aus heutiger Sicht lächerlich erscheinen. Wer will, kann im Buch nachlesen, dass die Aluminiumvorräte nur noch 31 Jahre reichen würden. Für Blei wurde eine statische Reichweite von 26 Jahren errechnet, für Zink von 23 Jahren und für Zinn von 17 Jahren. Im Falle von Erdgas und Erdöl sollte die Reichweite bei 38 bzw. 31 Jahren liegen. Alle diese Stoffe dürften heute nicht mehr verfügbar sein, wenn die Werte stimmen würden.

Doch das Meadows-Team wollte nie genaue zeitliche Prognosen machen. In den *Grenzen des Wachstums* finden sich verschiedene Szenarien. Das Basis-Szenario sieht eine Art Kollaps zur Mitte des 21. Jahrhunderts, gekenn-

---

[20] Meadows, Dennis: Die Grenzen des Wachstums. Bericht des Club of Rome zur Lage der Menschheit, Stuttgart 1972.

[21] Die Cornucopians vertrau(t)en der kreativen Kraft der Technologie sowie der Leistungsfähigkeit und Effizienz von Marktmechanismen. Sie entwickelten sich in den 1970er Jahren zu den Gegenspielern der Wachstumsskeptiker.

zeichnet durch hohe Verschmutzung, einen Rückgang der Bevölkerung und einen drastischen Fall des Lebensstandards. Der Niedergang beginnt im Modell nach dem Jahr 2015 und beschleunigt sich nach 2030 (dann beginnt die Bevölkerung zu sinken).

Prognostiker leben davon, dass sie recht behalten. Erweisen sich ihre Prognosen als falsch, verlieren sie schnell ihre Glaubwürdigkeit. Dennis Meadows und andere Wachstumsskeptiker machten gewiss Fehler. Die Modelle der Wachstumsskeptiker waren aus heutiger Sicht nicht komplex genug, um die Realität wirklich adäquat beschreiben zu können. Die im Boden vorhandenen natürlichen Ressourcen wurden unterschätzt. Zudem spielen im Modell des Club of Rome die Rückkopplungseffekte von Staatsverschuldung oder starken Preisschwankungen bei wichtigen Rohstoffen keine Rolle. Last but not least modelliert die Computersimulation des Meadows-Teams nicht das Finanzsystem, zweifellos ein extrem wichtiger Teil der heutigen Wirtschaft. Und, wie noch zu zeigen sein wird, ein extrem verwundbarer.

Eine faire Kritik berücksichtigt jedoch, dass dies 1972 überhaupt nicht möglich war. Niemand konnte die Finanzialisierung der heutigen Ökonomie damals voraussehen. Eine faire Kritik stellt auch in Rechnung, dass die Datengrundlage für das verwendete Modell zu den Rohstoffvorkommen aus heutiger Sicht nicht gut genug war. Alle Berechnungen von damals beruhten auf den damals bekannten Reserven von Rohstoffen. Reserven sind definitionsgemäß die wirtschaftlich gewinnbaren Vorkommen eines Rohstoffs. Was wirtschaftlich gewinnbar ist, kann sich im Zeitverlauf ändern. Für die meisten Rohstoffe gilt, dass die Reserven seit 1972, dem Jahr der Veröffentlichung der Studie, nicht ab-, sondern zugenommen haben. Hauptursache für diese Entwicklung ist der technologische Fortschritt bei der Exploration und der Förderung von Rohstoffen, aber verantwortlich sind auch Erfolge beim Recycling von wertvollen Metallen.

Die MIT-Studie von 1972 ist besser als ihr Ruf. Die Projektionen hatten aus dem Heute betrachtet in ihrer Grundtendenz die richtige Stoßrichtung. Viele Sachverhalte wurden im Basis-Szenario der *Grenzen des Wachstums* richtig beschrieben. Insofern haben viele Kritiker unrecht, wenn sie meinen, Meadows und der Club of Rome seien vollständig widerlegt worden.

Jüngere wissenschaftliche Forschungsarbeiten bescheinigen dem Forscherteam vom Massachusetts Institute of Technology gemessen an der damals mäßigen Datenlage durchaus gute Arbeit. Das Basis-Szenario schneidet im Realitätstest respektabel ab. Zwei australische Studien aus den Jahren 2008[22]

[22] Turner, Graham: Comparison of the Limits to Growth with Thirty Years of Reality, Socio-Economics and the Environment in Discussion (SEED) Working Paper Series 2008–09, Common-

und 2014[23] haben die Szenarien von Dennis Meadows und seinem Team aus dem Jahr 1972 mit der realen Entwicklung verglichen. Beide Studien kommen zu einem erstaunlich positiven Urteil. Das Basis-Szenario der *Grenzen des Wachstums* wird durch beide Studien weitgehend bestätigt.

Wer also aus fehlerhaften (Teil-)Prognosen den Schluss zieht, dass das Gesamtwerk nichts tauge, macht einen Fehler. Wir stehen aus einer ökologischen Perspektive heute wesentlich schlechter da als in den 1970er Jahren.

---

wealth Scientific and Industrial Research Organisation (CSIRO), Canberra 2008.

23 Turner, Graham: Is Global Collapse Imminent? An Updated Comparison of *The Limits to Growth* with Historical Data, MSSI Research Paper No. 4, Melbourne Sustainable Society Institute, The University of Melbourne. Online unter: http://www.sustainable.unimelb.edu.au/files/mssi/MSSI-ResearchPaper-4_Turner_2014.pdf [Stand: 6.9.2014].

»Wir gehen mit der Welt um,
als hätten wir noch eine zweite im Kofferraum.«
Jane Fonda,
US-amerikanische Schauspielerin

3. Die große Beschleunigung

Die Globalisierung des hedonistischen und konsumistischen Lebensstils der meisten Menschen in den Industrieländern führt in den Abgrund. Und zwar geradewegs. Er kann wahrscheinlich noch eine ganze Weile, aber eben nicht dauerhaft aufrechterhalten werden. Wir verschieben und verdrängen diese fundamentale Erkenntnis.

Wenn wir die Natur zerstören, zerstören wir uns selbst. »Nach uns die Sintflut«, scheint die Parole der westlichen Gesellschaften zu lauten. Vor diesem Hintergrund fühlt man sich zwangsläufig an den berühmten Aphorismus Albert Einsteins erinnert, wonach »zwei Dinge unendlich sind: Das Universum und die menschliche Dummheit. Aber beim Universum bin ich mir nicht ganz sicher.«

Die Dummheit zu begreifen, heißt die ökologischen Fakten zur Kenntnis zu nehmen. Diese sprechen eine ebenso eindeutige wie beängstigende Sprache. Und zwar selbst dann, wenn wir den Klimawandel in diesem Abschnitt (dazu mehr im nächsten Kapitel) ausklammern. Denn der Klimawandel ist nur ein ernsthaftes Umweltproblem von vielen:

- Es werden immer mehr Rohstoffe verbraucht. Zwischen 1980 und 2010 hat sich der jährliche Rohstoffverbrauch von Biomasse, mineralischen und metallischen Rohstoffen sowie von fossilen Brennstoffen verdoppelt (von knapp 40 Milliarden Tonnen auf etwa 80 Milliarden Tonnen). Es wird erwartet, dass der globale Rohstoffverbrauch weiter stark wächst und im Jahr 2050 bei etwa 180 Milliarden Tonnen liegen wird.[24]

[24] Vgl. Jaeger, Nicola: Alles für uns!? Der globale Einfluss der europäischen Handels- und Investitionspolitik auf Rohstoffausbeutung, Powershift/Rosa-Luxemburg-Stiftung, Berlin 2015, S. 9.

- In jedem technischem Produkt stecken im Durchschnitt 30 Kilogramm Natur je Kilogramm Produkt. In elektronischen Geräten ist es oft das Zehnfache.[25] So wiegt ein Smartphone in Wirklichkeit nicht wenige Hundert Gramm, sondern im Durchschnitt 71 Kilogramm.[26]
- Die regenerativen Kapazitäten der Erde wurden erstmals um das Jahr 1980 überschritten.[27] Heute übersteigt der Verbrauch der Menschheit an natürlichen Ressourcen die Regenerationskapazität der Erde um 50 Prozent.[28] Derzeit bevölkern 7,4 Milliarden Menschen den Planeten, 2050 werden es voraussichtlich mehr als neun Milliarden sein.
- 25 Prozent der Weltbevölkerung leben in der nördlichen Hemisphäre. Sie verbrauchen mehr als 70 Prozent der gesamten Weltenergiereserven, verzehren mehr als 60 Prozent der weltweit erzeugten Nahrung und verbrauchen mehr als 85 Prozent der Holzerzeugnisse.[29]
- Menschen in Europa haben einen durchschnittlichen Pro-Kopf-Verbrauch von rund 50 Tonnen Rohstoffen pro Jahr.[30] Die Deutschen liegen mit 60 Tonnen pro Kopf pro Jahr über dem Durchschnitt.[31] Ökologisch verträglich wären etwa sechs bis acht Tonnen pro Person pro Jahr.
- Die bewaldeten Flächen der Erde sind im 20. Jahrhundert von fünf Milliarden Hektar auf 3,9 Milliarden Hektar zurückgegangen.[32] Im 21. Jahrhundert setzt sich dieser Trend fort. Besonders drastisch schrumpft der Regenwald. Alle zwei Sekunden verschwindet ein Stück Regenwald von der Größe eines Fußballfeldes. Rund ein halbes Prozent der noch bestehenden tropischen Regenwälder geht pro Jahr verloren. Etwa die Hälfte der globalen Regenwälder ist schon dem Hunger nach Land, Holz, Fleisch und anderen Agrarprodukten zum Opfer gefallen.[33]

---

[25] Vgl. Schmidt-Bleek, Friedrich: Grüne Lügen. Nichts für die Umwelt, alles fürs Geschäft – wie Politik und Wirtschaft die Welt zugrunde richten, 2. Auflage, München 2014, S. 58.

[26] Umfangreiche Datensätze zum Rohstoffbedarf gibt es unter www.materialflows.net

[27] Vgl. Brown, Lester R.: Plan B 2.0. Mobilmachung zur Rettung der Zivilisation, Berlin 2007, S. 22.

[28] Vgl. WWF International (Hg.): Living Planet Report 2014. Species and spaces, people and places, Gland 2014, S. 32.

[29] Vgl. Hartmann, Thom: Unser ausgebrannter Planet, München 2000, S. 94–95.

[30] Der Wasserverbrauch ist in diesem Wert nicht eingerechnet. Die genannten 50 Tonnen sind ein Durchschnittswert, der von einem Land wie Italien ziemlich genau getroffen wird. Vgl. dazu Latouche, Serge: Petit traité de la décroissance sereine, Paris 2007, S. 43.

[31] Vgl. Bundesministerium für Umwelt, Naturschutz und Reaktorsicherheit (Hg.): Für eine ressourceneffiziente und umweltverträgliche Ökonomie. Text online unter: http://www.bmub.bund.de/fileadmin/bmu-import/files/pdfs/allgemein/application/pdf/inno_thesenpapier.pdf [Stand: 22.8.2014].

[32] Vgl. Berié, Eva et al.: Fischer-Weltalmanach 2009, Frankfurt am Main 2008, S. 722.

[33] Vgl. Stenger, Kurt: Endspiel im Amazonasbecken, in: Neues Deutschland vom 22.5.2015, 70. Jg., Nr. 117, S. 17. Vgl. dazu auch Food and Agriculture Organization of the United Nations (Hg.): Global Forest Resources Assessment 2010. Main Report, Rom 2010. Die komplette Studie gibt es online unter: http://www.fao.org/docrep/013/i1757e/i1757e.pdf [Stand: 7.1.2015].

- Weltweit leiden nach UN-Angaben 768 Millionen Menschen unter akuter Wasserknappheit. Tendenz steigend. Verschiedene Seen schrumpfen oder steuern auf ökologische Katastrophen[34] zu, Flüsse trocknen aus. Immer mehr Länder beanspruchen zudem ihre Grundwasservorkommen zu stark. Geschätzte 20 Prozent der Grundwasserleiter werden übernutzt.[35]
- Zwei Millionen Tonnen giftige Abwässer fließen jedes Jahr in die Meere und Flüsse der Erde und vergiften diese. Die Meeresschutzorganisation Oceana schätzt, dass weltweit jede Stunde rund 675 Tonnen Müll direkt in die Meere entsorgt werden, die Hälfte davon Kunststoffe.[36]
- Etwa 98 Prozent aller Hühner und Schweine, die in Deutschland für den Verzehr bestimmt sind, stammen aus Massentierhaltung. Das sind mehr als 500 Millionen Tiere im Jahr. Weltweit stammen heute jährlich etwa 450 Milliarden Landtiere aus Massentierhaltung.[37] Massentierhaltung bedeutet Massenleiden. Tiere sind auf engstem Raum zusammengepfercht und zur Bewegungsunfähigkeit verurteilt. Große Stallanlagen emittieren zudem enorme Mengen Stickstoff und Ammoniak.
- 61,3 Prozent der globalen Fischbestände sind von Überfischung bedroht. 28,8 Prozent der Bestände werden bereits überfischt und stehen damit vor dem Kollaps. Damit verbleiben nur 9,9 Prozent der Fischbestände, die innerhalb von Nachhaltigkeitsgrenzen gefangen werden.[38]
- Die Fischmengen, die ins Netz gehen, sind seit Jahren deutlich rückläufig. Die Landwirtschaftsorganisation der UN, die FAO, warnt, die Ozeane seien zu drei Vierteln abgefischt. Der extensive Fang mithilfe hochtechnisierter, satellitengestützter Ortung der Fischvorkommen geht trotzdem weiter. Schwimmende Fischfabriken befahren zu Tausenden die Weltmeere. Die heutigen Meeresernten gleichen einer Brandrodung. Bei einem durchschnittlichen Schleppnetzeinsatz werden 80 bis 90 Prozent der gefangenen Meerestiere als Beifang über Bord geworfen.[39]

---

[34] Um nur drei besonders prominente Beispiele zu nennen: Der Aralsee ist heute zu weiten Teilen eine Wüste. Die Zukunft des Tschadsees und des Victoria-Sees ist höchst ungewiss. Auch sie stehen vor dem ökologischen Kollaps.

[35] Vgl. United Nations Educational, Scientific and Cultural Organization (UNESCO): The United Nations World Water Development Report 2014, a. a. O., S. 2.

[36] Vgl. Wilts, Henning: Dauerplastik, S. 48, in: factory – Magazin für nachhaltiges Wirtschaften, Nr. 2, 2015, S. 47–50.

[37] Vgl. Foer, Jonathan Safran: Tiere essen, 3. Auflage, Köln 2010, S. 9 u. S. 45.

[38] Vgl. WWF International (Hg.): Living Planet Report 2014, a. a. O., S. 80.

[39] Vgl. Foer, Jonathan Safran: Tiere essen, a. a. O., S. 220.

- Pro Tag verliert die Welt unwiederbringlich etwa 130 Tier- und Pflanzenarten.[40] Arten sterben heute 100-mal schneller aus, als es die Evolution vorgibt.[41]
- Die Artenvielfalt bei Wirbeltieren, d. h. die Anzahl der weltweit untersuchten Säugetiere, Vögel, Reptilien, Amphibien und Fische, ist seit 1970 um 52 Prozent zurückgegangen. In Lateinamerika ist die Artenvielfalt bei Wirbeltieren sogar um durchschnittlich 83 Prozent geschwunden – ein besonders dramatischer Wert.[42]
- Auch Europa ist nicht abgekoppelt. So hat Europa in den letzten 30 Jahren die Hälfte seiner Vogelpopulation verloren. Viele Vogelarten sind verschwunden.[43]
- Wichtige natürliche Kreisläufe wie der Stickstoff- oder der Phosphorkreislauf sind durcheinandergeraten – mit absehbaren schwerwiegenden Folgen für Menschen und Natur.
- Jeden Tag gehen der Erde landwirtschaftliche Nutzflächen im Umfang von 20.000 Hektar durch Übernutzung oder Versalzung verloren. Weitere Ackerflächen schwinden durch die zunehmende Urbanisierung. Seit den 1960er Jahren ist die Ackerfläche pro Kopf um die Hälfte zurückgegangen. Parallel zu diesem Prozess wachsen die Wüsten.[44]
- Wissenschaftlichen Studien zufolge geht fruchtbarer Mutterboden etwa zehn- bis 100-mal schneller verloren, als er sich bildet. Seit 1945 sind durch Erosion weltweit 1,2 Milliarden Hektar landwirtschaftliche Nutzfläche verloren gegangen – eine Fläche so groß wie China und Indien zusammen.[45]
- Die Landwirtschaft der Zukunft muss mehr, nicht weniger, leisten: Für den Zeitraum zwischen 2015 und 2050 sagt die FAO, die Landwirtschaftsorganisation der Vereinten Nationen, einen 60-prozentigen Anstieg beim weltweiten Bedarf an landwirtschaftlichen Produkten voraus.[46] Der Druck auf die Ressource Boden wird also noch weiter wachsen.

---

[40] Vgl. Hartmann, Thom: a. a. O., S. 23. Manche Beobachter setzen diesen Wert übrigens höher an und gehen von einem täglichen Verlust von 200 Arten aus.

[41] Vgl. Balser, Markus: »Natürliches Kapital wird im großen Stil vernichtet«, in: Süddeutsche Zeitung vom 13.7.2010.

[42] Vgl. WWF International (Hg.): Living Planet Report 2014, a. a. O., S. 16 u. S. 24.

[43] Vgl. dazu Inger, Richard et al.: Common European birds are declining rapidly while less abundant species' numbers are rising, in: Ecology Letters, Vol. 18, Nr. 1, Januar 2015, S. 28–36.

[44] Vgl. Bahn, Evelyn: Der neue Club der Hungermacher, in: Inkota-Netzwerk (Hg.): abgeerntet. Die Welt hungert nach Land, Inkota-Aktionszeitung, Oktober 2012, S. 1.

[45] Vgl. Montgomery, David: Dreck. Warum unsere Zivilisation den Boden unter den Füßen verliert, Schriftenreihe der Bundeszentrale für politische Bildung, Band 1142, Bonn 2011, S. 228.

[46] Vgl. Martin, Claude: Endspiel. Wie wir das Schicksal der tropischen Regenwälder noch wenden können, München 2015, S. 20.

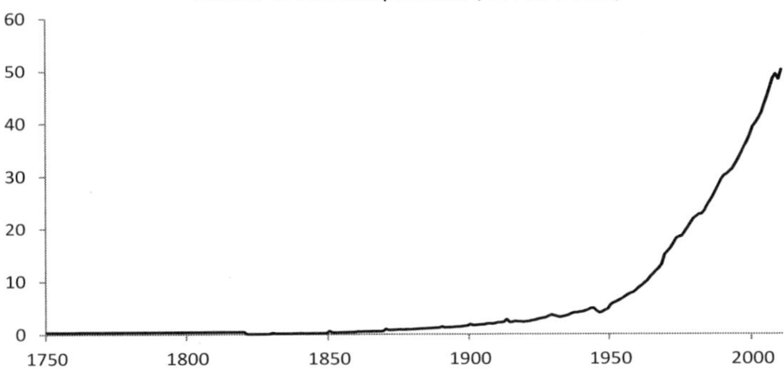

Abb. 1

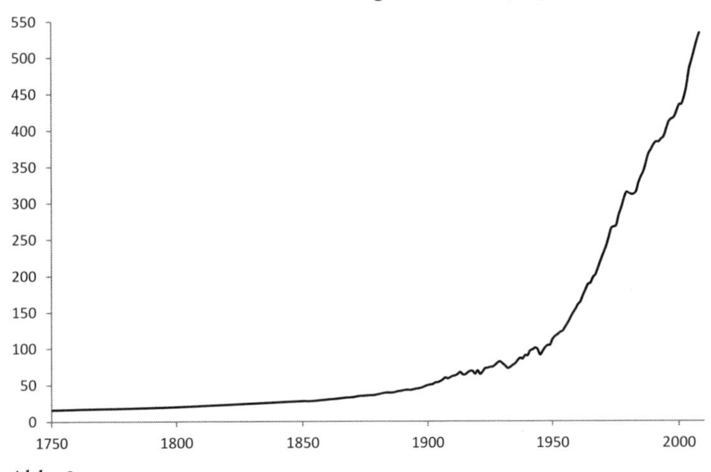

Abb. 2

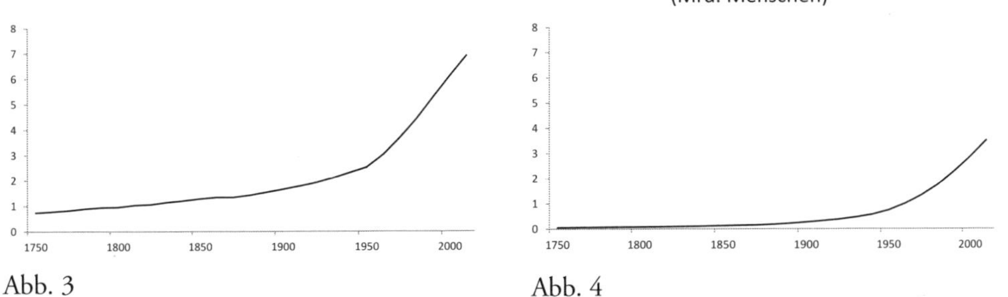

Abb. 3

Abb. 4

Ausländ. Direktinvestitionen (Bio. US-Dollar)

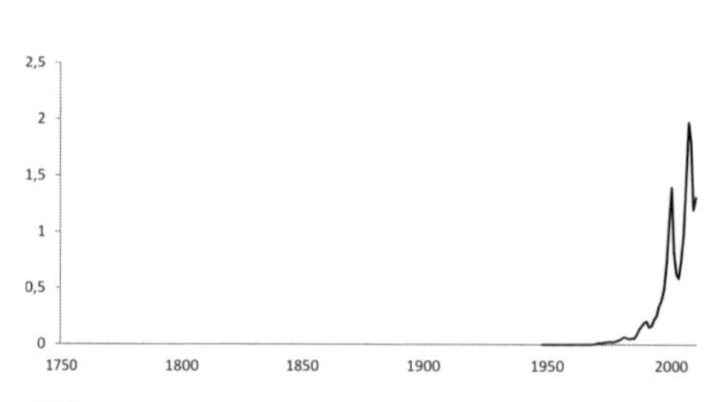

Abb. 5

Düngemittelverbrauch (Mio. Tonnen)

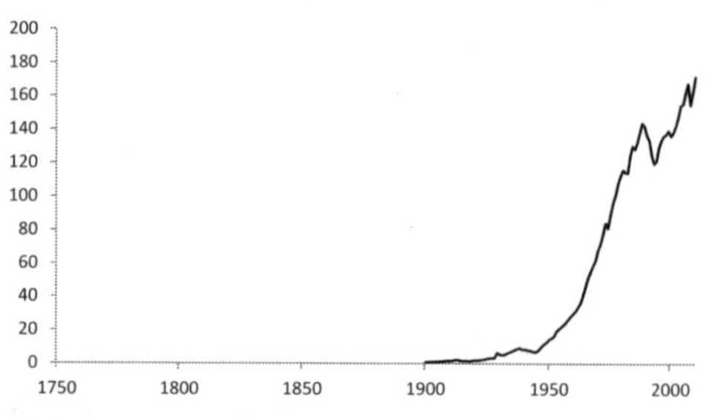

Abb. 6

Riesenstaudämme (Anzahl in 1.000)

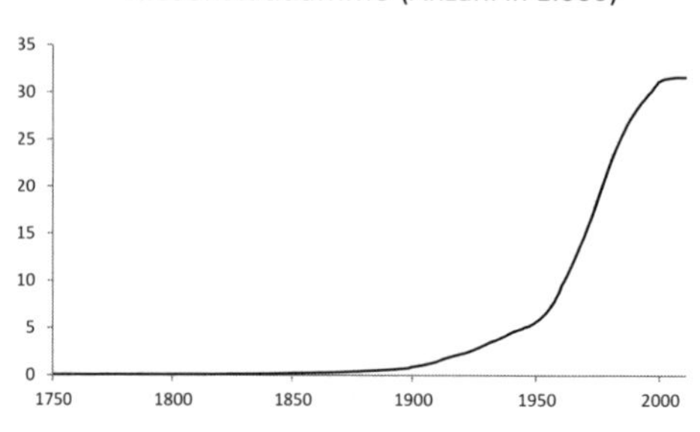

Abb. 7

Globaler Wasserverbrauch (1.000 km³)

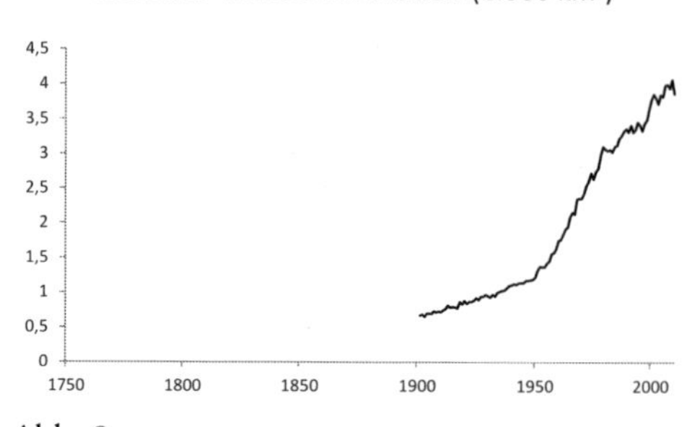

Abb. 8

Papierproduktion (Mio. Tonnen)

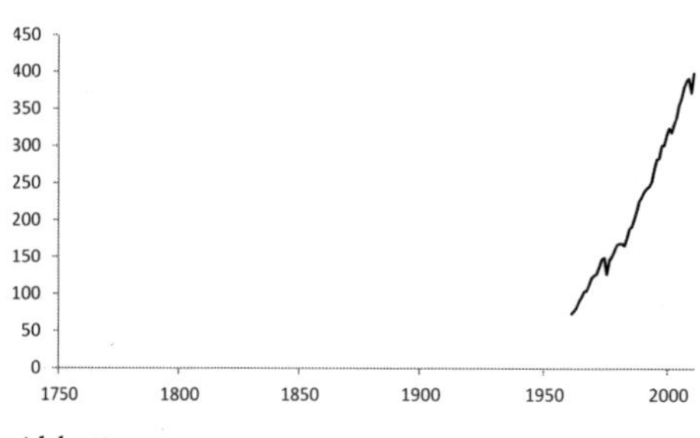

Abb. 9

Motorisierte Fahrzeuge (in Mio.)

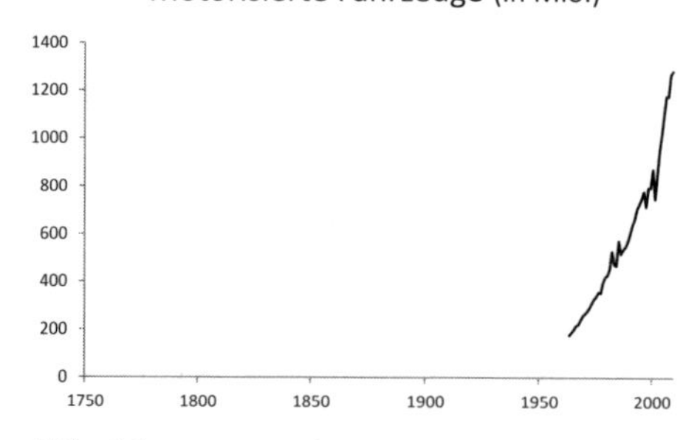

Abb. 10

Telekommunikation

(Festnetz- und Mobilfunkanschlüsse in Mrd.)

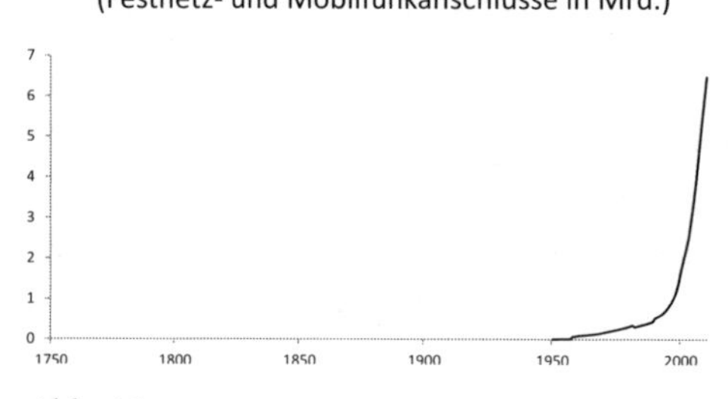

Abb. 11

Internationaler Tourismus

(Mio. Anreisen)

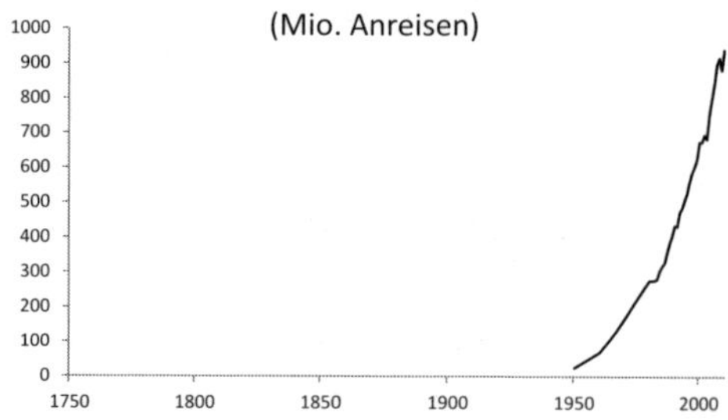

Abb. 12

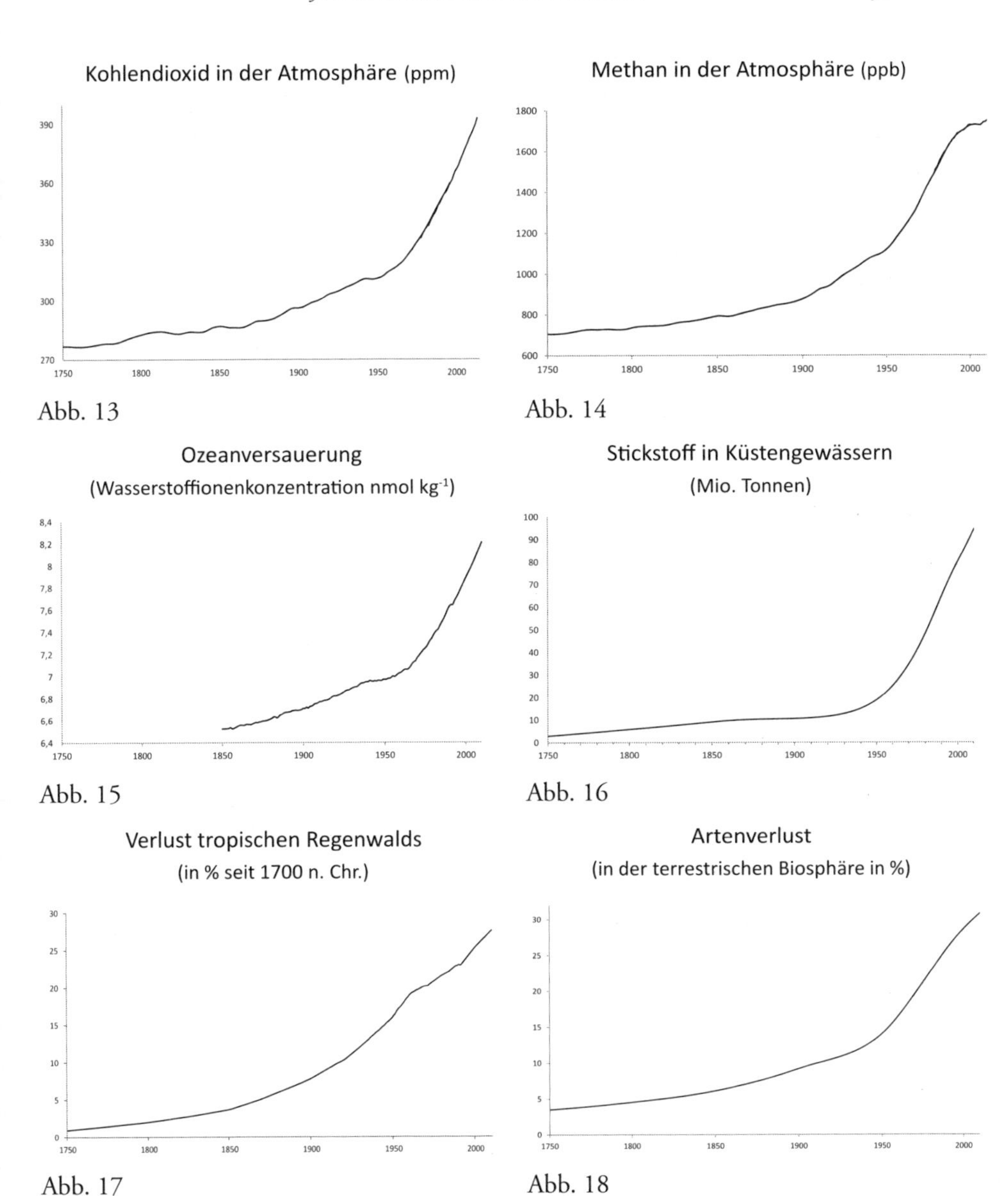

Abb. 13 Abb. 14 Abb. 15 Abb. 16 Abb. 17 Abb. 18

Den Diagrammen liegen umfangreiche Daten des International Geosphere-Biosphere Programme (IGBP) zugrunde, die zuletzt im Januar 2015 aktualisiert wurden. Die zugrunde liegenden Datensätze sind online frei verfügbar unter der folgenden Internetadresse: http://www.igbp.net/download/18.950c2fa1495db7081ebc7/1421334707878/IGBP+Great+Acceleration+data+collection.xlsx [Stand: 21.2.2015].

Weiterführende Informationen zum Thema der »großen Beschleunigung« finden sich im Internet unter http://www.igbp.net und http://www.stockholmresilience.org/.

Der menschliche Einfluss auf den Planeten hat ein solches Ausmaß erreicht, dass manche Wissenschaftler wie der Biologe Paul Crutzen davon sprechen, dass ein neues geologisches Zeitalter begonnen habe: das Anthropozän. Die Menschheit, so Crutzen, sei zu einem bestimmenden geologischen Faktor geworden.

Bezug nehmend auf den nur recht theoretischen Begriff des Anthropozäns haben Forscher der Universität von Stockholm versucht, das Bild zu erweitern und zu konkretisieren. Sie sprechen von der »großen Beschleunigung«. Enorme Wohlstandsentwicklung und technischer Fortschritt gehen einher mit einem beschleunigten Raubbau an der Natur.[47]

Spiegelbildlich zu den guten Entwicklungen wachsen die Schäden. Das Ende der Fahnenstange ist jedoch in Sicht. Der Planet ist endlich, und das bringt es mit sich, dass er nicht unendlich ausgebeutet werden kann. Oder in den Worten des US-amerikanischen Politikberaters Herbert Stein: »Trends, die nicht weitergehen können, gehen nicht weiter.«

---

47 Siehe dazu Steffen, Will et al.: The trajectory of the Anthropocene: The Great Acceleration, in: The Anthropocene Review, Januar 2015. Online unter: http://anr.sagepub.com/content/early/2015/01/08/2053019614564785.full.pdf+html [Stand: 21.2.2015].

»Wir stehen vor einem Klimachaos, wenn wir nicht endlich damit anfangen, unsere Emissionen schnell zu reduzieren. Das ist nicht Science Fiction, sondern aus einer wissenschaftlichen Perspektive kristallklar. Die wissenschaftliche Community weiß das sehr genau. Es ist überraschend, dass wir keine stärkeren Statements von Wissenschaftlern haben.«

James Hansen, US-amerikanischer Klimawissenschaftler

4. Alles Klima, oder was?

Richtig rund wird das Bild der ökologischen Krise erst, wenn man den Klimawandel mit in Betracht zieht.

Die sogenannten Klimaskeptiker[48] verweisen zwar genüsslich darauf, dass die globale Durchschnittstemperatur in Bodennähe seit etwa 15 Jahren nicht mehr steigt, doch gibt es einen überaus starken wissenschaftlichen Konsens, dass diese Pause nicht von Dauer sein wird.[49]

Langfristig könnte der Klimawandel zur Mutter aller Krisen im 21. Jahrhundert werden – hier sind die Klimafakten:

- Gegenüber dem vorindustriellen Niveau hat sich die Erde um knapp ein Grad Celsius erwärmt.
- Die beiden wichtigsten anthropogenen Treibhausgase sind Kohlendioxid (CO_2) und Methan (CH_4).
- Das Treibhausgas Methan kommt in geringeren Konzentrationen als CO_2 vor, ist aber etwa 22-mal klimaschädlicher. Hauptquellen für den Methanausstoß sind die Rinderzucht und der Reisanbau.

---

[48] Der Begriff ist gängig, aber unscharf. Gemeint sind all jene Menschen, die bestreiten, dass die globale Erwärmung vom Menschen verursacht wird.

[49] Verantwortlich für die Pause bei der globalen Erwärmung, zumindest was die Landtemperaturen anbelangt, sind möglicherweise die Ozeane in Verbindung mit einer Schwäche der Sonnenaktivität. Letztere kann seit 1986 mit Satelliten sehr genau gemessen werden. Die Klimaskeptiker verweisen zwar auf stagnierende Temperaturen in Bodennähe, verschweigen aber gerne den Fakt, dass die Ozeane keine Erwärmungspause kennen und dass die Temperaturen im Wasser immer weiter zunehmen.

- Noch wichtiger ist CO_2. In der Atmosphäre herrscht die höchste CO_2-Konzentration seit den letzten 15 Millionen Jahren vor.[50]
- Hauptursache für den Ausstoß von Kohlendioxid ist die Verbrennung von fossilen Brennstoffen. Die Industriestaaten verfeuern an einem Tag gigantische Mengen von Kohle, Gas und Öl. Und der Appetit auf fossile Brennstoffe wächst immer weiter. Geschätzt die Hälfte aller jemals geförderten fossilen Brennstoffe sind in den letzten 30 Jahren verbrannt worden.[51]
- Der wichtigste fossile Brennstoff ist das Erdöl: Gegenwärtig wird jedes Jahr so viel Erdöl gebraucht, wie in einer halben bis einer Million Jahren in der Erdkruste gebildet wurde.[52]
- Der globale Ausstoß von Kohlendioxid steigt immer weiter. Zwischen 1970 und 2000 steigerte sich der CO_2-Ausstoß um durchschnittlich 1,3 Prozent pro Jahr. Danach wurde es schlechter, nicht besser: Zwischen 2000 und 2010 legten die globalen Kohlendioxid-Emissionen um 2,2 Prozent im Durchschnitt pro Jahr zu.[53] Anders ausgedrückt: Seit 1970 haben die globalen CO_2-Emissionen um mehr als 100 Prozent zugelegt.
- Als zweitwichtigste Ursache für den Klimawandel neben der Verbrennung von fossilen Brennstoffen ist die Waldzerstörung zu nennen.[54] Weitere wichtige Ursachen für den Klimawandel sind die Zementproduktion sowie die Landwirtschaft.
- 96 Prozent aller weltweit beobachteten Gletscher werden kleiner.[55] Da sie Flüsse speisen, könnte in vielen Ländern der Wasserkreislauf empfindlich gestört werden.[56]

---

50 The World Bank (Hg.): Turn Down the Heat: Why a 4 °C Warmer World Must be Avoided, 1. Teilstudie, Executive Summary, Washington D. C. 2012, S. 2. Online unter: http://climatechange.worldbank.org/sites/default/files/Turn_Down_the_Heat_Executive_Summary_English.pdf [Stand: 14.7.2014].

51 Vgl. Rees, William E.: Avoiding Collapse. An agenda for sustainable degrowth and relocalizing the economy, Canadian Centre for Policy Alternatives. Online unter: https://www.policyalternatives.ca/sites/default/files/uploads/publications/BC%20Office/2014/06/ccpa-bc_AvoidingCollapse_Rees.pdf [Stand: 2.8.2014].

52 Vgl. Stein, Annett: Ende des Erdöls könnte unabsehbare Folgen haben. Artikel online unter: www.welt.de/wissenschaft/article122502496/Ende-des-Erdoels-koennte-unabsehbare-Folgen-haben.html [Stand: 13.12.2013].

53 Vgl. Intergovernmental Panel on Climate Change (Hg.): Fifth Assessment Report (AR5), Working Group III report, Summary for Policymakers, S. 5. Online unter: http://report.mitigation2014.org/spm/ipcc_wg3_ar5_summary-for-policymakers_approved.pdf [Stand: 24.4.2014].

54 Vgl. Rahmstorf, Stefan/Schellnhuber, Hans Joachim: Der Klimawandel. Diagnose, Prognose, Therapie, 5., aktualisierte Auflage, München 2007, S. 52.

55 Siehe dazu: Unser Planet, Schweden/Norwegen/Dänemark 2006, Regie: Michael Stenberg, Johan Söderberg, Linus Torell, 86 Minuten. Deutsche Erstausstrahlung am 2. Januar 2008 in der ARD.

56 Besonders brisant ist die Situation in der Himalaya-Region. Die Gletscher des Himalaya werden als die »Wassertürme Asiens« bezeichnet, denn die wichtigsten Flusssysteme Asiens beziehen ihr Wasser hauptsächlich aus dieser Region. Es sind Flüsse, die durch Afghanistan, Pakistan, Bangla-

- Viele Entwicklungen beschleunigen sich. Exemplarisch ist die Entwicklung in Grönland: Der grönländische Eispanzer hat zwischen 2002 und 2011 etwa 6-mal mehr Eismasse verloren als zwischen 1992 und 2001.
- Die Zahl der klimabedingten Naturkatastrophen[57] hat sich in den letzten 40 Jahren verachtfacht.[58]

Zugegeben: Viele Trends lassen sich nicht einfach für die nächsten Jahrzehnte fortschreiben. Das wäre zu einfach. Richtig ist auch: Das Jahrhundert ist noch lang. Es ist schwierig vorauszusagen, was in 50 Jahren sein wird. Oder in 30. Oder in 70. Niemand kann heute mit Sicherheit das Wetter in zehn Tagen voraussagen. Oder das Wirtschaftswachstum im nächsten Jahr. »Prognosen sind immer schwierig, vor allem, wenn sie die Zukunft betreffen«, witzelte schon Mark Twain. Richtig ist auch, dass in Bezug auf den Klimawandel, wie selbst der *Weltklimarat* (IPCC)[59] einräumt, noch nicht alle Wissenslücken geschlossen sind.[60]

Aufgrund dieser Feststellung ist Vorsicht erst einmal angebracht. Dennoch: Vieles spricht im Augenblick dafür, dass sich die Menschheit auf einem gefährlichen Entwicklungspfad befindet. In dieser Frage stimmt eine überwältigende Zahl von seriösen Wissenschaftlern aus höchst unterschiedlichen Fachrichtungen überein.

Nicht der Alarmismus ist das wesentliche Problem. Es sind die alarmierenden Fakten. Der Emissionszuwachs der letzten Jahre übersteigt die schlimmsten Befürchtungen. Der Kohlendioxidgehalt der Atmosphäre ist seit der letzten Eiszeit vor 15.000 Jahren bis zum Beginn der Industrialisierung von 190 auf 280 parts per million (ppm) gestiegen, in den weiteren 150 Jahren aber um weitere 120 ppm. Ein Rückblick in die Erdgeschichte zeigt, dass, so lange es Menschen gibt, die Atmosphäre nie mehr als 280 ppm CO_2 enthielt.

desch, Bhutan, China, Indien, Burma und Nepal fließen. Für bis zu zwei Milliarden Menschen hätte das Verschwinden der Gletscher katastrophale Folgen.

57 Der Begriff der Naturkatastrophe ist problembehaftet. Die Natur kennt keine Katastrophen, es wäre besser, von Naturereignissen oder Naturgewalten zu sprechen. Weil der Begriff der Naturkatastrophe allerdings allgemein akzeptiert ist, soll er trotz aller Bedenken auch an dieser Stelle Verwendung finden.

58 Es gibt siebenmal mehr Stürme, achtmal mehr Flutereignisse und zehnmal mehr unkontrollierte Brände.

59 Englisch: Intergovernmental Panel on Climate Change. Zu Deutsch: Zwischenstaatlicher Ausschuss für Klimaänderung. Beim Weltklimarat handelt es sich um das wichtigste wissenschaftliche Gremium zum Klimawandel. Der Rat führt zwar selbst keine eigenen Studien durch, wertet aber Tausende Klimastudien von Wissenschaftlern aus aller Welt aus.

60 Intergovernmental Panel on Climate Change (Hg.): Klimaänderung 2007. Zusammenfassungen für politische Entscheidungsträger. Vierter Sachstandsbericht des IPCC, Bern/Wien/Berlin 2007, S. 66.

Gegenwärtig beträgt der Kohlendioxidgehalt im weltweiten Durchschnitt rund 400 ppm. Befürchtet wird eine Steigerung der Kohlendioxid-Konzentration in der Atmosphäre bis zum Ende des Jahrhunderts auf über 500 ppm. Täglich werden etwa 75 Millionen Tonnen Kohlendioxid emittiert – mit immer weiter steigender Tendenz.

Wie hoch darf die Kohlendioxid-Konzentration in der Atmosphäre ansteigen? Die meisten Klimatologen sehen eine kritische Schwelle bei 450 ppm überschritten. In diesem Fall, so meinen sie, werde die globale Durchschnittstemperatur auf jeden Fall über zwei Grad Celsius bis zum Ende des Jahrhunderts ansteigen. Andere Klimatologen wie James Hansen, der lange für die US-Raumfahrtbehörde NASA das Klima erforschte, sind weitaus pessimistischer. Hansen sieht den Schwellenwert bei 350 ppm – dieser ist freilich schon lange überschritten worden.

Zwei Grad Erwärmung im Durchschnitt, das klingt nicht nach viel. Für die globale Landwirtschaft wären die Folgen jedoch gravierend. Generell gilt, dass höhere Temperaturen die Ernteerträge mindern. Die in der Agronomie gängige Daumenregel ist, dass eine Temperaturerhöhung um ein Grad Celsius gegenüber der Norm in der Wachstumssaison der Pflanzen die Erträge von Weizen, Reis und Mais um zehn Prozent niedriger ausfallen lässt.[61]

Bestimmte Ökosysteme erleiden selbst bei einem geringeren Temperaturanstieg als zwei Grad Celsius schwere irreparable Schäden. So etwa die Korallenriffe in den warmen tropischen Meeren. Sie gelten neben dem tropischen Regenwald als artenreichster Lebensraum der Erde. Rund 60.000 Arten sind bekannt, aber sehr viel mehr (über 400.000) werden vermutet.

Obwohl Korallenriffe nur einen sehr kleinen Teil der globalen Meeresfläche bedecken, lebt in ihnen etwa ein Drittel aller bekannten Arten im Meer. Die Korallenriffe der Erde beherbergen mehr als 25 Prozent der bekannten Meeresfische. Die Riffe sind damit eine wichtige Nahrungsquelle für viele Küstenbewohner. Daneben dienen die Riffe dem Küstenschutz. Alle Klimasimulationen zeigen, dass die Korallenriffe der Erde nur sehr schlecht mit einem Temperaturanstieg fertigwerden. Selbst bei einem globalen durchschnittlichen Temperaturanstieg von nur 1,5 Grad Celsius bis zum Ende dieses Jahrhunderts werden die meisten Korallenriffe schwere Schäden erleiden.[62]

---

61 Vgl. Brown, Lester R.: Full Planet, Empty Plates. The New Geopolitics of Food Scarcity, New York/London 2012, S. 11.

62 Vgl. The World Bank (Hg.): Turn Down the Heat, 1. Teilstudie, a. a. O., S. 6.

Die Verantwortung der reichen Staaten

Bei der Fortsetzung des derzeitigen Trendpfades steuert die Erde bis zum Jahr 2100 auf einen Anstieg der globalen Mitteltemperatur um vier Grad Celsius zu. Von den angestrebten zwei Grad Celsius sind wir weit entfernt. Verantwortlich für den Klimawandel wie auch für die immensen Umweltschäden sind in erster Linie die entwickelten Länder. In den Industrieländern werden pro Einwohner durchschnittlich 13 Tonnen CO_2 in die Luft geblasen, während in den ärmsten Ländern lediglich 1,4 Tonnen CO_2 pro Kopf und Jahr im Durchschnitt emittiert werden.[63]

Die hochindustrialisierten Länder als Hauptverursacher des Schlamassels werden allerdings nicht so stark von den bevorstehenden Herausforderungen tangiert sein wie die armen Länder, Erstere tragen nur drei Prozent der Kosten.[64] Am härtesten werden die tropischen und subtropischen Klimaregionen der Erde unter dem Klimawandel zu leiden haben. Diese Regionen umfassen mehr als die Hälfte der Weltbevölkerung und schließen u. a. weite Teile Südamerikas, Chinas und Indiens mit ein.[65] Afrika südlich der Sahara könnte beispielsweise bei einer globalen Erwärmung um 1,5 bis 2 Grad im Durchschnitt schon bis zum Jahr 2030 rund 40 bis 80 Prozent der Fläche, auf der heute noch Mais und Hirse angebaut werden, durch Trockenheit verlieren. Mit gravierenden Folgen für die Zahl hungernder Menschen.[66]

Der Klimawandel verhält sich nicht-linear. Die sogenannten *Kippvorgänge* (auch *Tipping Points* genannt), die in der medialen Berichterstattung häufig unterschlagen und recht oft systematisch unterschätzt werden, könnten sehr bedeutsam werden. Jene Kippvorgänge können bestimmte Prozesse stark beschleunigen. Zu denken ist u. a. an:

- Die Permafrostböden. Wenn sie noch weiter auftauen, entweicht gespeichertes Methan, das weitaus klimawirksamer ist als CO_2.

---

63 Vgl. o. V.: IPCC 2014 – Sachstands-Kapitel 3: Das steht drin. Artikel online unter: http://www.ipcc14.de/berichte-1/ipcc-arbeitsgruppe-3/150-sachstands-kapitel-3-das-steht-drin [Stand: 24.4.2014].

64 Vgl. Davis, Mike: Wer wird die Arche bauen? Das Gebot zur Utopie im Zeitalter der Katastrophen, S. 51, in: Blätter für deutsche und internationale Politik, Nr. 2, 2009, S. 41–59.

65 Vgl. Ahmed, Nafeez Mosaddeq: Globalizing Insecurity: The Convergence of Interdependent Ecological, Energy, and Economic Crises, S. 82, in: Yale Journal of International Affairs, Sommer 2010, S. 75–90.

66 Vgl. The World Bank (Hg.): Turn Down the Heat: Climate Extremes, Regional Impacts, and the Case for Resilience, 2. Teilstudie, Washington D. C. 2013. Online unter: http://documents.worldbank.org/curated/en/2013/06/17862361/turn-down-heat-climate-extremes-regional-impacts-case-resilience-full-report [Stand: 17.8.2014].

- Die Meere und Ozeane. Wenn sie sich stärker erwärmen, entweicht auch hier gebundenes Methan. Zudem sinkt der pH-Wert durch die Aufnahme von Kohlendioxid immer weiter – sie versauern. Somit können sie ihre Rolle als Kohlenstoffsenke immer schlechter wahrnehmen und weniger CO_2 aufnehmen.
- Den Amazonas-Regenwald: Der Klimawandel könnte eine kritische Austrocknung des Gebiets verursachen. In diesem Fall könnte dieses selbsterhaltende Regenwaldsystem zusammenbrechen (verstärkt durch die Abholzung des Regenwaldes). Nicht nur wäre damit das artenreichste Ökosystem der Erde zerstört, die aus den Pflanzen freiwerdenden Mengen an Kohlendioxid würden dem Klimawandel zudem einen zusätzlichen gewaltigen Schub geben.
- Die bisherigen Dauereisflächen. Wenn sie an den Polen und in den Bergen verschwinden, wird weniger Sonnenstrahlung reflektiert und die Erwärmung beschleunigt sich.[67]

Was müsste getan werden? Um eine Antwort geben zu können, muss man etwas weiter ausholen. Ob die Klimaziele erreicht werden, wird hauptsächlich von der Entwicklung des Energiesektors abhängen. Der Anstieg der Kohlendioxidemissionen ist nämlich in erster Linie der Zunahme fossiler CO_2-Emissionen durch den Energiesektor geschuldet.

Seit dem Jahr 1970 hat sich der Weltenergiebedarf verdoppelt. Die recht wirtschaftsfreundliche und stets optimistische *Internationale Energie-Agentur* (IEA) mit Sitz in Paris sieht die weltweite Nachfrage nach Primärenergie bis zum Jahr 2035 um etwa ein Drittel steigen. Laut IEA steigt die Ölnachfrage bis 2035 um 13 Prozent, die Nachfrage nach Kohle um 17 Prozent und die Nachfrage nach Erdgas um 48 Prozent. Die CO_2-Emissionen, die mit Energieerzeugung verbunden sind, wachsen bis 2035 um 20 Prozent.[68]

Eine klare Ansage. Nicht minder klar sind die Forderungen des Weltklimarates:

- Die industrialisierten Länder (und nur die!) müssen ihre Treibhausgasemissionen bis zum Jahr 2050 um 80 bis 95 Prozent gegenüber dem Referenzjahr 1990 vermindern, so der vierte Sachstandsbericht des Weltklimarates.[69]

---

67 Vgl. Ullrich, Otto: Das produktivistische Weltbild, S. 2. Online unter: http://www.otto-ullrich.de/Texte_files/Das%20produktivistische%20Weltbild.pdf [Stand: 1.9.2014].

68 Vgl. Internationale Energie-Agentur (Hg.): World Energy Outlook 2013, Paris 2013, S. 55.

69 Interessanterweise wird diese klare Ansage im fünften Sachstandsbericht verwässert, was auf politischen Druck zurückzuführen sein dürfte. Im fünften Sachstandsbericht ist nur noch die Rede davon, dass die Welt bis 2050 ihre Emissionen um 40–70 Prozent reduzieren muss. Es wird nicht mehr zwischen Industrie- und Entwicklungsländern unterschieden.

- Die weltweite Menge an Emissionen müsste vor 2020 sinken und dann regelmäßig abnehmen, damit sie global bis zum Jahr 2050 um 50 bis 85 Prozent im Vergleich zum Jahr 2000 geringer ausfällt.

Paul Ekins und Christophe McGlade vom Institute for Sustainable Resources am University College London haben in einer Anfang 2015 publizierten Studie berechnet, wie viele der im Boden vorhandenen fossilen Rohstoffe dort verbleiben müssen, um das 2-Grad-Ziel mit einer erheblichen Wahrscheinlichkeit[70] zu erreichen. Ergebnis: Mindestens 80 Prozent der Kohlereserven, 50 Prozent der Gasreserven und zwei Drittel der Ölreserven müssten unangetastet bleiben. Ekins und McGlade formulieren in ihrer Studie auch klare Empfehlungen zur geographischen Verteilung des Nicht-Verbrauchs. Der größte Teil der Kohlereserven in China, Russland und den USA dürfte demnach nicht verbrannt werden. Gleiches gilt für große Teile der Ölreserven im Nahen und Mittleren Osten (etwa so viel wie die gesamten Ölreserven Saudi-Arabiens). Der Nahe Osten müsste zudem mehr als 60 Prozent seiner Gasreserven im Boden belassen.[71]

Damit ist klar: Das Energiesystem muss umfassend umgebaut werden. Drei grundlegende Sachverhalte sind in diesem Zusammenhang zu beachten:

- Energie ist die Bedingung für praktisch jede Arbeit und somit für jede wirtschaftliche Aktivität.
- Die Verbrennung fossiler Brennstoffe befriedigt rund 80 Prozent des Energieverbrauchs der Welt.[72]
- Die Investitionen in die Energieinfrastruktur sind ebenso enorm wie langfristig, ihre Lebensspanne umfasst 30 bis 50 Jahre.

Unter diesen Umständen, so schlussfolgert der belgische Umweltaktivist Daniel Tanuro, stellt die Rettung des Klimas bei gleichzeitiger Respektierung der Nord-Süd-Gerechtigkeit eine kollektive Anstrengung dar, die in der Geschichte der menschlichen Gesellschaft ohne Beispiel ist.[73]

---

70 Die Wahrscheinlichkeit liegt bei 50 Prozent. Eine Garantie, dass das 2-Grad-Ziel tatsächlich erreicht wird, kann also nicht gegeben werden.

71 Die Studienergebnisse wurden im renommierten Magazin *Nature* veröffentlicht. Die genaue Quellenangabe lautet: Ekins, Paul/McGlade, Christophe: The geographical distribution of fossil fuels unused when limiting global warming to 2 °C, in: Nature 517, Januar 2015, S. 187–190.

72 Der Begriff des Energieverbrauchs ist streng genommen nicht korrekt. Energie wird nicht verbraucht, sondern nur umgewandelt. Weil der Begriff aber so weit verbreitet ist und allgemeine Akzeptanz genießt, findet er – trotz gewisser Bedenken – auch in diesem Buch Verwendung.

73 Vgl. Tanuro, Daniel: Face à la crise climatique – capitalisme, décroissance et écosocialisme. Online im World Wide Web unter der folgenden Adresse: http://www.lcr-lagauche.be/cm/index.php?option=com_content&view=article&Itemid=53&id=1218 [Stand: 1.9.2014].

»Nachhaltigkeit bedeutet: es gibt kein Weiter-so.
Wir brauchen für ein gutes Leben nicht
immer mehr Ressourcen und Energie.«
Angela Merkel, Bundeskanzlerin,
im November 2007

5. Politik der Nicht-Nachhaltigkeit

Gemessen an den Notwendigkeiten müsste es im Bereich der Umwelt- und Nachhaltigkeitsabkommen reihenweise große Würfe geben. Müsste. Die Realität sieht anders aus.

Um den wachsenden Energiehunger zu stillen, gehen weltweit immer mehr gigantische fossil betriebene Kraftwerke ans Netz. Gleichzeitig werden mehr Autobahnen gebaut und viele ohnehin schon große Flughäfen vergrößert, damit noch mehr Billigflüge abgefertigt werden können. Derweil sehen die Planungen der Automobilkonzerne eine gewaltige Kapazitätserhöhung vor. Das heißt: Der aktuelle Bestand von 1,1 Mrd. Fahrzeugen weltweit soll in den nächsten 15–20 Jahren auf bis zu 2,5 Milliarden Autos steigen.[74] 1980 waren weltweit noch 370 Mio. Autos unterwegs. Große Schwellenländer wie China sprengen alle Dimensionen: Die PKW-Flotte im Reich der Mitte wuchs in den vergangenen Jahren um ca. 20 Prozent pro Jahr.[75]

In ganz Europa sind derweil vor den Gerichten Hunderte Prozesse gegen den Bau von Windrädern anhängig, die von Anwohnern initiiert wurden, die sich gegen die angebliche Verschandelung der Landschaft wehren.[76] Wer

---

[74] Vgl. Krull, Stephan: Krise von Auto und Mobilität: Transformation oder Katastrophe, S. 26, in: Sozialismus, Nr. 10, 2010, S. 25–28.

[75] Vgl. Bukold, Steffen/Feddern, Jörg: Öl. Report 2016, Greenpeace Deutschland, Hamburg 2016. Online unter: http://www.greenpeace.de/sites/www.greenpeace.de/files/publications/oel-report-2016-greenpeace-20160108_0.pdf [Stand: 25.5.2016].

[76] Damit ist nicht gesagt, dass alle Klagen gegen Windkraftanlagen an den Haaren herbeigezogen sind. Es gibt sehr wohl Probleme mit Windrädern, wenn die Entfernungen zu Wohngebieten nicht

geglaubt hatte, wir würden uns in Selbstbeschränkung üben, sieht sich getäuscht.

Das illustriert nichts besser als die gescheiterte Yasuní-ITT-Initiative von Ecuador. Dessen Regierung um Präsident Rafael Correa wollte darauf verzichten, in einem besonders artenreichen Regenwaldabschnitt nach Öl zu bohren. Im Gegenzug sollten andere Staaten das kleine lateinamerikanische Land teilweise für seine entgangenen Öleinnahmen entschädigen.

Das Projekt war von Anfang an umstritten.[77] Das UNDP, das Entwicklungsprogramm der Vereinten Nationen, richtete dennoch einen Treuhandfonds ein. In diesen Fonds sollte zumindest die Hälfte des Betrags eingezahlt werden, den Ecuador durch die Ölförderung eingenommen hätte. Schätzungen zufolge wären das etwa 3,6 Milliarden Dollar gewesen. 850 Millionen Barrel Erdöl wären bei einem Erfolg der Initiative nicht gefördert worden. Damit hätten 407 Millionen Tonnen CO_2 eingespart werden können.[78] Doch aus dem einmaligen Vorhaben wurde nichts. Sechs Jahre nach dem Start der Initiative gingen nur 13,3 Millionen US-Dollar (0,37 Prozent des erwarteten Betrages) ein. Ein trauriger Rafael Correa erklärte im Sommer 2013 den Stopp des Projektes. Ecuador brauche das Geld für seine Wirtschaftsentwicklung. Nun wird im Yasuní-Nationalpark doch nach Öl gebohrt.[79]

Das Exempel schlechthin für desaströse Entscheidungen sind die Klimaverhandlungen der letzten Jahre. Der Handlungsdruck ist eigentlich enorm. Gemessen daran sind die Ergebnisse der großen Klimagipfel der letzten Jahre absolut unzureichend. Die Gipfel produzierten in schöner Regelmäßigkeit viel heiße Luft und nur wenige konkrete Ergebnisse.

Der Kyoto-Prozess

Das Kyoto-Protokoll von 1997 war der Einstieg in internationale Klimaverhandlungen mit verbindlichen Reduktionszielen und insofern ein wichtiger Schritt. Doch der in Japan geschlossene Vertrag war eindeutig nicht weitreichend genug. Das Ziel des Protokolls – die Signatarstaaten[80] verpflichteten

---

groß genug sind. In diesen Fällen muss mit erheblichen Geräuschbelästigungen und Schattenwurf (»Diskoeffekte«) gerechnet werden, die das Leben der Anwohner beeinträchtigen.

77 Den gesamten Ansatz, dass man für einen entgangenen Profit entschädigt wird, kann man natürlich fragwürdig finden. Die Frage der Inwertsetzung von Natur wird in Kapitel 14 noch behandelt und kritisiert werden.

78 Vgl. Chimienti, Adam/Matthes, Sebastian: Verrat am Regenwald, S. 1, in: Le Monde diplomatique, Oktober 2013, S. 1 und S. 8 (Fortsetzung des Artikels auf S. 1).

79 Vgl. Henkel, Knut: Ecuador fördert nun doch Öl im Regenwald, in: Neues Deutschland vom 17.8.2013, S. 9.

80 Gemeint sind hier die sogenannten Annex-I-Staaten. Das sind ausschließlich Industrieländer.

sich, ihren Ausstoß von Treibhausgasen bis zum Jahr 2012 um durchschnittlich 5,2 Prozent gegenüber dem Referenzjahr 1990 zu verringern – wurde zwar erreicht, konnte aber die globale Erwärmung nicht entscheidend bremsen. Denn im Gegenzug haben die Länder, die sich in der japanischen Metropole zu nichts verpflichten ließen oder ganz außen vor blieben, in den letzten Jahren diesen kleinen Erfolg konterkariert. Weltweit sind die Treibhausgasemissionen seit 1990 um über 60 Prozent gestiegen.

2012 lief das Kyoto-Protokoll aus – ohne Nachfolgeabkommen. Bei der Konferenz in Doha, der Hauptstadt Katars, im Dezember 2012 wurde ein Scheitern des Gipfels nur dadurch vermieden, dass das Kyoto-Protokoll bis zum Jahr 2020 als Kyoto II verlängert wurde. Die Verlängerung des Kyoto-Protokolls als Kyoto II ist vor allem eines: Symbolpolitik. Bei der zweiten Verpflichtungsperiode, die von 2013 bis 2019 läuft, machen nur noch knapp 40 Staaten mit. Neben den Ländern der Europäischen Union sind u. a. Australien, Norwegen und die Schweiz mit im Boot. Andere wichtige Länder wie Kanada, Japan oder Russland sind ausgestiegen, so dass auf die Kyoto-II-Staaten weniger als 15 Prozent der weltweiten Treibhausgasemissionen entfallen.

Dann folgte im Dezember 2015 die große Klimakonferenz in Paris. Das Ergebnis wurde von der Politik und von den Medien als großer Erfolg gefeiert. Endlich, so hieß es, hat ein großer Gipfel mal ein Ergebnis gebracht. Das stimmt – aber was für eins? Bei Lichte betrachtet ist das Paris-Protokoll eine gute Übung, sich selbst und der Welt etwas vorzumachen. Der Vertrag bleibt sehr weit hinter dem Notwendigen zurück.

Diplomatischer Scheinerfolg in Paris

Zwei Lichtblicke gibt es: Erstens, dass es überhaupt eine Einigung gab und dass alle Staaten (195 an der Zahl) mit im Boot sind. Zweitens: Im Vertrag steht, dass die Erderwärmung auf deutlich unter zwei Grad Celsius bis zum Ende des Jahrhunderts begrenzt werden soll – es tauchen sogar 1,5 Grad Celsius als Zielmarke auf.

Das Problem: Während das Ziel richtig und ehrgeizig ist, sind die Instrumente zur Zielerreichung vollkommen untauglich. Denn die Formel lautet Freiwilligkeit. Jedes Land hat in Paris freiwillige nationale Emissionsziele vorgelegt. Mit anderen Worten: Jedes Land darf selbst entscheiden, ob, wann und wie viel Emissionen es reduziert. Sanktionen bei der Zielverfehlung? Gibt es nicht. Mehr noch: Selbst wenn alle Staaten ihre in Paris vorgelegten Klimaschutzpläne einhalten sollten, bleibt der Kohlendioxidausstoß drastisch zu hoch. Die Welt würde den selbstgesteckten Zielkorridor von 1,5 bis zwei Grad

Erwärmung deutlich verfehlen und bei fast drei Grad Celsius Erwärmung landen.

Echte Verantwortung für die Klimaschäden wollten die entwickelten Länder in Paris nicht übernehmen – erst recht nicht in Form von Wiedergutmachungszahlungen. Immerhin: Es gibt finanzielle Anpassungshilfen für weniger entwickelte Länder. Nach Ansicht aller Beobachter fallen die Finanzversprechen für den Technologietransfer in Höhe von 100 Milliarden US-Dollar pro Jahr ab 2020 aber deutlich zu gering aus. Eine Billion Dollar wäre pro Jahr notwendig, also das Zehnfache. Zudem müssen die Details der Finanzierung noch geklärt werden.

Der in Paris geschlossene Vertrag gilt erst ab 2020. Schnelle und drastische Emissionskürzungen gibt es erst einmal nicht. Damit wird der Klimaschutz auf die lange Bank geschoben. Das Zeitfenster wird somit immer kleiner. Zu klein, wie viele Klimatologen meinen; es müsse vor 2020 dringend etwas passieren. James Hansen, einer der weltweit prominentesten Klimatologen, senkte beispielsweise deutlich den Daumen. Leere Worte und Versprechungen habe es in Paris gegeben – und keine ehrgeizigen, konkreten, verbindlichen Reduktionsziele. Hansens Kurzfazit: »Der Vertrag ist wertlos.«[81]

Nachhaltigkeit für die Sonntagsreden

Dass der Klimaschutz auf der Stelle tritt, hat viel mit dem mangelnden Ehrgeiz der Industrieländer zu tun. Der Grund für diesen mangelnden Ehrgeiz ist einfach. Bei Lichte betrachtet, ist der westliche Lebensstil vor allem eines: eine »imperiale Lebensweise« (Ulrich Brand). Unser Leben und unser Handeln (v. a. unser politisches!) sind darauf gerichtet, dass die Ressourcenflüsse in die Metropolen des Westens gesichert bleiben.[82] In der Umweltpolitik gibt es einen Konsens, dass die bestehenden Verhältnisse nicht angetastet werden dürfen. Kleinere kosmetische Korrekturen werden akzeptiert, aber an den großen Stellschrauben darf nicht gedreht werden. Diese Realität steht in einem krassen Gegensatz zu dem, was die Wissenschaft sagt und was in vielen Reden seit mehr als 20 Jahren verkündet wird. Nachhaltigkeit gilt als *das* Leitbild jeder Entwicklung. Im Alltagsverstand der meisten Menschen wird der Begriff so verstanden, dass wir nicht auf Kosten unserer Kinder und Kindeskinder leben sollen.

[81] Zitiert nach: Milman, Oliver: James Hansen, father of climate change awareness, calls Paris talks ‚a fraud'. Online unter: http://www.theguardian.com/environment/2015/dec/12/james-hansen-climate-change-paris-talks-fraud [Stand: 15.12.2015].

[82] Vgl. Brand, Ulrich: »Umwelt« in der neoliberal-imperialen Politik. Sozial-ökologische Perspektiven demokratischer Gesellschaftspolitik, in: Widerspruch 54, Zürich 2008, S. 139–148.

Die UN setzte in den 1980er Jahren die Weltkommission für Umwelt und Entwicklung ein. Diese Kommission unter dem Vorsitz der Norwegerin Gro Harlem Brundtland prägte das bis zum heutigen Tag dominante Verständnis von Nachhaltigkeit: »Dauerhafte (nachhaltige) Entwicklung ist Entwicklung, die die Bedürfnisse der Gegenwart befriedigt, ohne zu riskieren, dass künftige Generationen ihre eigenen Bedürfnisse nicht befriedigen können.«[83]

Nachhaltigkeit bedeutet somit vor allem: Künftige Generationen können ihren eigenen Lebensstil wählen und damit selbstbestimmt leben. Damit die Nutzung erneuerbarer Ressourcen nachhaltig ist, dürfen diese nur in einer Menge verbraucht werden, die kleiner oder gleich groß wie ihre natürliche Neubildungsrate ist. Man denke an einen Wald, der abgeholzt wird. Werden über eine lange Zeit mehr Bäume abgeholzt als angepflanzt, hat sich der Wald irgendwann erledigt. Das versteht jedes Kind.

Schwieriger verhält es sich mit nicht-erneuerbaren Ressourcen. Damit die Nutzung einer nicht-erneuerbaren Ressource nachhaltig ist, muss sie sich mit einer Rate vollziehen, die abnimmt, und diese Abnahmerate muss größer oder gleich groß wie die Erschöpfungsrate sein. Die Erschöpfungsrate ist die Menge, die in Prozent der noch abbaubaren Gesamtmenge in einem bestimmten Zeitraum abgebaut bzw. verbraucht werden kann. Als Zeitraum wird in der Regel ein Jahr angesetzt. Wird diese Regel umgesetzt, so reduziert sich die Abhängigkeit von einem Rohstoff bis zur Unerheblichkeit, bevor dieser Rohstoff erschöpft ist.[84]

Nachhaltig ist ein Zustand, der langfristig aufrechterhalten werden kann. Dazu bedarf es des Umweltschutzes und der Ressourcenschonung. Aber es geht um mehr als »nur« um das – es geht auch um Gerechtigkeit. Die Zukunft muss für die Nachgeborenen offen bleiben. Menschen, die in 50, 100, 200 oder 1.000 Jahren leben, sollen die gleichen Lebenschancen haben wie wir. Doch danach sieht es nicht aus.

Der Begriff der Nachhaltigkeit ist zu einem Synonym für Systemerhalt verkommen. Die gesamtgesellschaftliche Kurzsichtigkeit ist bemerkenswert ausgeprägt. Man stelle sich vor: Wie würden wir die alten Römer heute beurteilen, wenn sie aus »Wettbewerbsgründen« oder schlichter »Wohlstandsmehrung« ihr Badewasser mit Atomstrom gewärmt hätten und wir nun ihren radioaktiven Müll zu behüten hätten?

Der Ernst der Lage wird von den politischen Führern der größten Volkswirtschaften offenbar immer noch verkannt. Gleiches gilt für die Bevölke-

---

[83] World Commission on Environment and Development: Our Common Future, Oxford 1987, S. 43.

[84] Vgl. Heinberg, Richard: Jenseits des Scheitelpunkts, Waltrop/Leipzig 2012, S. 114.

rungen der meisten Länder der Erde. Hans Joachim Schellnhuber vom *Potsdam-Institut für Klimafolgenforschung*, einer der bekanntesten Klimawissenschaftler im deutschsprachigen Raum, greift vor diesem Hintergrund zu deutlichen Worten: »Die Fakten sind so klar, dass man sich eigentlich nicht mehr verstecken kann.« Schellnhuber spricht vor dem Hintergrund mangelnder politischer Entscheidungen, aber auch mangelnder individueller Verhaltensänderungen, vom »kollektiven Selbstbetrug einer Gesellschaft, die auf der Titanic tanzt«.[85]

Jener von Schellnhuber angedeutete kollektive Selbstbetrug verdient neben aller Kritik ein erhebliches Maß an Verständnis. Die moderne Psychologie ist in der Lage, den Selbstbetrug weitgehend zu erklären. Sozialpsychologen wissen, dass zwischen dem, was Menschen wissen, und dem, was sie tun, mitunter ein sehr großer Graben liegt. Davon handelt das nächste Kapitel.

[85] Zitiert nach: Panaroma, ARD-Magazin, Sendung vom 6.8.2009, 21.45–22.15 Uhr.

DENKWEISEN

»Wenn wir den Zusammenbruch der menschlichen Zivilisation verhindern wollen, brauchen wir nichts Geringeres als eine Umwälzung der herrschenden kulturellen Muster.«
Erik Assadourian, Direktor des Worldwatch Institute

6. Die Software in unseren Köpfen

Der im Mai 2010 in die Kinos gekommene Dokumentarfilm *The Age of Stupid*[86] war kein Kassenschlager. Der Film verfolgt jedoch einen interessanten Ansatz. Die Dokufiktion blickt aus der Perspektive des Jahres 2055 zurück auf das erste Jahrzehnt des 21. Jahrhunderts. Die Lebensgrundlagen im Jahr 2055 sind zerstört, und die Menschheit ist ausgestorben. Der Film fragt: Warum haben die Menschen nichts getan? War das frühe 21. Jahrhundert das Zeitalter der Dummheit?

Das Zeitalter der Dummheit. Werden so unsere Kinder und Kindeskinder mal über uns urteilen? Warum tun wir also nichts? Welches Sedativum haben wir genommen?

Keins, sagen viele. Und verweisen auf einen harten Fakt: Der Tag hat nun einmal nur 24 Stunden. Und in dieser Zeitspanne kann man nur einer begrenzten Zahl von Aktivitäten nachgehen. Neben der Alltagsorganisation plagen viele Menschen Probleme mit der Gesundheit, Ängste um den Arbeitsplatz oder finanzielle Engpässe. Außerdem muss Zeit aufgewendet werden für die Pflege der Partnerschaft und für das Wohl der Kinder. Zusätzlich locken attraktive Freizeitangebote.

Und einer Arbeit nachgehen muss man natürlich auch. In vielen Berufen steigen die Belastungen, gefordert ist der *flexible Mensch*.[87] Stress, Eile und

---

86 The Age of Stupid, Großbritannien 2009, Regie: Franny Armstrong, 89 Minuten.

87 Siehe dazu Sennett, Richard: The Corrosion of Character. The Personal Consequences of Work in the New Capitalism, New York 1998.

Zeitnot greifen um sich. Da bleibt nicht viel Zeit für Reflexion, um über das Schicksal der Erde nachzudenken.

Eine andere Antwort jenseits von zeitökonomischen Überlegungen lautet schlicht: Der Mensch ist egoistisch. Er möchte nicht auf industrielle Bequemlichkeiten wie das Auto, das Flugzeug oder das Handy verzichten. Daher handelt er nach der Devise »Nach mir die Sintflut«. Motto: »Hauptsache, ich habe noch schöne Erlebnisse.«

Der Befund ist hart, aber sicher teilweise zutreffend. Jeder Mensch ist ein Stück weit Egoist – das gilt auch für die größten Altruisten. Es mag stimmen, dass viele Menschen in den reichen Ländern von einer Versäumnisangst getrieben werden, sie möchten sich von dem (vermeintlich) überwältigenden Angebot der *Multioptionsgesellschaft*[88] so wenig wie möglich durch die Lappen gehen lassen.

Dennoch ist diese zweite These wie auch die erste in vielerlei Hinsicht unbefriedigend. Die Antwort auf die Frage danach, warum wir passiv sind und uns an die Zuschauerrolle gewöhnt haben, ist schwieriger, als es auf den ersten Blick erscheint.

Wissen allein verändert nichts

Es ist zunächst sinnvoll, einige Begriffe näher zu bestimmen, nämlich den Begriff der Information und den Begriff des Wissens. Eine Information kann alles Mögliche sein, z. B. die Nachricht, dass Barack Obama Urlaub in Indonesien macht, dass Bayern München gegen den Hamburger SV gewonnen hat oder dass Britney Spears unten ohne gesichtet wurde. Das sind Nachrichten ohne Belang. Es ist Informationsmüll. Eine Nachricht ist aber ebenso, dass sich das Artensterben beschleunigt oder dass der Meeresspiegel bis zum Ende des Jahrhunderts um bis zu einem Meter steigen könnte.

Die Menschen haben das Problem der kontinuierlichen, schnellen und variantenreichen Informationsübermittlung gelöst, aber sie wissen nicht, wie sie mit der enormen Menge an Informationen, die sie tagtäglich erreicht, umgehen sollen.[89] Wissen ist organisierte Information, genauer eine in einen Kontext eingebettete Information; eine Information, die einen Zweck hat und die einen dazu bringt, sich weitere Informationen zu verschaffen, um etwas zu verstehen. Ohne organisierte Information mögen wir etwas *von* der Welt wissen, aber nichts über sie. Wer über Wissen verfügt, weiß, wie er Informationen

---

[88] Vgl. dazu Gross, Peter: Die Multioptionsgesellschaft, 3. Auflage, Frankfurt am Main 1994.

[89] Vgl. Postman, Neil: Die zweite Aufklärung. Vom 18. ins 21. Jahrhundert, 2. Auflage, Berlin 2007, S. 114.

einzuschätzen hat, weiß, wie er sie in Beziehung zu seinem Leben bringt. Vor allem weiß er aber, welche Informationen ohne Bedeutung sind.[90]

Die Medien überhäufen uns mit Informationen, stellen aber kaum Zusammenhänge her. Sie präsentieren uns eine Welt, die voll ist mit *Unds*. Dies geschah *und* dann das *und* dann etwas anderes. Es fehlt die Einbettung, es fehlt das *Weil*.[91] Eine erste wesentliche Handlungsschranke ist also Nichtwissen. Wissen muss man sich häufig mühevoll aneignen, es fällt nicht vom Himmel. Ist diese erste Schranke überwunden, gibt es weitere. Oder anders formuliert: Wissen ist eine notwendige, aber allein nicht ausreichende Bedingung für Handlungen und Verhaltensänderungen.

»Nicht die Fakten sind entscheidend, sondern die Vorstellung, die sich die Menschen von den Fakten machen«, sagte einst die Publizistin Marion Gräfin von Dönhoff. Damit hat die ehemalige Grande Dame der deutschen Publizistik zweifellos recht. Es gibt viele Menschen in den Industrieländern (wir alle kennen welche – und wir kennen uns auch selber), die *wissen*, dass ihr Lebenswandel der Natur Schaden zufügt, die aber dennoch systemtreu bleiben. Zwischen dem Wissen und dem Handeln steht eine Reihe von intervenierenden Faktoren. Der Mensch ist komplex – er ist nicht vergleichbar mit dem Pawlow'schen Hund, bei dem ein Reiz sofort einen Reflex auslöst.[92]

Wenn eine tierische Metapher hilft, dann diese: Der Mensch ist ein Gewohnheitstier, das sich kulturell und biologisch in eingefahrenen Bahnen bewegt. Evolutionstheoretisch betrachtet ist der Mensch immer auf die Gegenwart ausgerichtet. Die Gattung Homo sapiens sapiens hat sich vor 150.000 Jahren in Ostafrika entwickelt. Sie hat nur überlebt, indem sie sich immer auf das unmittelbar Bevorstehende konzentriert hat. Mit dem Leben kam davon, wer sich auf den herannahenden Säbelzahntiger fokussiert hat und schleunigst verschwunden ist – und nicht, wer darüber gegrübelt hat, wie die Wolken am Himmel in zehn Jahren aussehen mögen.

Psychologische Studien der letzten Jahre zeigen zudem, dass der Mensch Veränderungen in der Zukunft unterschätzt – und zwar systematisch. Eine großangelegte Studie der Harvard University, an der 19.000 Personen im Alter von 18 bis 63 Jahren teilnahmen, belegt dies eindrucksvoll.[93] Viele Menschen glauben, dass der Rhythmus der persönlichen Veränderungen *genau heute* an-

[90] Vgl. ebenda, S. 118.

[91] Vgl. ebenda, S. 120.

[92] Vgl. Leggewie, Claus/Welzer, Harald: Das Ende der Welt, wie wir sie kannten. Klima, Zukunft und die Chancen der Demokratie, Schriftenreihe der Bundeszentrale für politische Bildung, Band 1042, Bonn 2009, S. 97.

[93] Eine Zusammenfassung der Studienergebnisse findet sich in: Gilbert, Daniel T./Quoidbach, Jordi/Wilson, Timothy D.: The End of History Illusion, in: Science, Volume 339, 2013, S. 96–98.

gehalten wird. Die Probanden der Studie erkannten zwar die Veränderungen in den letzten Lebensjahren und Lebensjahrzehnten, aber die Mehrheit der Befragten war der Ansicht, dass die Zukunft deutlich weniger Veränderungen mit sich bringen werde. Die Zukunft wurde von ihnen als etwas Stabiles begriffen. Motto: »Bis heute hat sich sehr viel verändert – aber ab jetzt gilt das nicht mehr.«

Die meisten Menschen halten die eigene Persönlichkeit, den eigenen Geschmack, die Haltung zu politischen Fragen für stabil. Und auch den eigenen Zukunftsentwurf. Ein statisches Zukunftsbild in den meisten Köpfen der meisten Erdenbürger bedeutet für die Lösung der Umweltkrise nichts Gutes.

Erschwerend kommt hinzu, dass Wissen sich vorzugsweise dann richtig festsetzt, wenn es gebraucht wird. Nur Gebrauchswissen manifestiert sich in den Menschen. Man kann das vergleichen mit einem Computer, der einen Arbeitsspeicher und eine wesentlich größere Festplatte hat. Was im Arbeitsspeicher ist, befindet sich im Bewusstsein. Viele Menschen kennen die Hintergründe der Umweltprobleme, können aber damit meist nur wenig anfangen. Jenes Wissen hilft einem nicht bei der Bewältigung des eigenen Alltags. Es wandert auf die menschliche Festplatte. Anders ist die Sachlage bei Menschen, die beruflich dieses Wissen brauchen. Der Alpinist, der das Schmelzen der Gletscher beobachtet, hat die Zusammenhänge zum Klimawandel stets im Bewusstsein. Gleiches gilt für den Klimawissenschaftler oder den Umweltjournalisten.

Ohne Gebrauchszusammenhänge hängt Wissen in der Luft. Aber selbst wenn jene Zusammenhänge gegeben sind, muss dies noch nicht zu Verhaltensänderungen führen. Denn selbst wenn das Wissen im Bewusstsein ziemlich präsent ist – der Mensch hat im Laufe der Evolution Schutzmechanismen entwickelt, die immer dann aktiv werden, wenn eine Lähmung durch bedrohliche Gefühle droht.

Verleugnen und verdrängen

Der Mensch ist kein widerspruchsfreies Wesen. In der Moralphilosophie und auch in der Theologie wird genau das unterstellt, aber psychologisch ist diese Vorstellung nicht haltbar. Der Mensch kann ein bestimmtes Maß an Widersprüchen und Konflikten aushalten. Jeder Mensch hat innere Konflikte und trägt Widersprüche mit sich herum.[94] Die Strategien, die der Mensch anwendet, um ein lähmendes und krankmachendes Übermaß an Widersprüchen zu vermeiden, sind nicht sehr zahlreich: Die eine ist Verleugnung, das

[94] Vgl. Leggewie, Claus/Welzer, Harald: a. a. O., S. 74.

Nicht-wahrhaben-Wollen von Sachverhalten, weil es unser Selbstgefühl stört. Veränderungen in der Umgebung werden zwar wahrgenommen, aber ihre reale Bedeutung wird emotional nicht erlebt und rational nicht anerkannt.

Verleugnung geschieht intuitiv – sie ist kein Ergebnis einer bewussten Handlung.[95] Verleugnung funktioniert besonders gut durch Ablenkung. Gerne flüchten wir uns in Freizeitaktivitäten, Sport, Internet und Fernsehen.

Die Schwester der Verleugnung ist die Verdrängung. Verdrängen heißt nicht vergessen. Jeder Mensch ist in der Lage, zu verdrängen – folglich kennen wir den Mechanismus, auch wenn jedes Verdrängen ein unbewusster Vorgang ist. Bedrohliche Wahrheiten oder unangenehme Tatsachen, die unser *Funktionieren* verhindern oder stören, halten wir von uns fern. Das Paradebeispiel in diesem Kontext ist sicher der eigene Tod. Jeder Mensch weiß, dass er sterblich ist. Das Nachdenken über den Tod löst bei den meisten Menschen allerdings Ängste aus, so dass wir den Fakt unserer eigenen Sterblichkeit mit Nachdruck verdrängen und ausblenden.

Man erspart sich durch den Vorgang des Verdrängens die Auseinandersetzung mit Problemen und die Schwierigkeit, sich in einem Dilemma bewusst zu entscheiden. So bleibt der Konflikt ungelöst. Zwar beschäftigt er uns nicht mehr bewusst, aber er schwelt unkontrolliert weiter. Er kann sich dem Wandel der äußeren Umstände nicht anpassen, sondern erhält sich unverändert. In Träumen, in Fehlleistungen, in Neurosen oder psychosomatischen Krankheiten macht er sich mehr oder weniger unerkannt bemerkbar.[96]

Es versteht sich von selbst, dass man nur etwas verdrängen kann, das man weiß oder erfahren hat. Im Falle von Nichtwissen spart man sich die Verdrängung. Eng verbunden mit der Verdrängung wie auch mit der Verleugnung ist das Phänomen der *kognitiven Dissonanz.* Wenn Menschen eine Diskrepanz zwischen ihren Überzeugungen und Einstellungen auf der einen Seite und der Wirklichkeit auf der anderen Seite erleben, erzeugt das ein tiefes Unbehagen und damit das dringende Bedürfnis, die Dissonanz zu beseitigen oder wenigstens zu reduzieren. Psychologen sprechen von *Dissonanzreduktion.* Daher wird die Wahrnehmung der Wirklichkeit der eigenen Überzeugung angepasst. Man weiß aus zahlreichen Studien, dass Raucher Lungenkrebsstatistiken für überbewertet halten. Genauso weiß man, dass Anlieger von Kernkraftwerken

---

95 Vgl. Meißner, Andreas: Mensch – was nun?, Münster 2009, S. 125.

96 Vgl. dazu Kalle, Matthias/Lebert, Stephan: Das Glück der Verdrängung – Interview mit dem Psychoanalytiker Wolfgang Schmidbauer, in: Die Zeit vom 19.3.2009, Nr. 13. Vgl. dazu auch o. V.: Verdrängung. Online unter: http://www.psychology48.com/deu/d/verdraengung/verdraengung.htm [Stand: 1.9.2014].

das Strahlungs- und Unfallrisiko niedriger einschätzen als Menschen, die weit von Atomkraftwerken entfernt leben.[97]

Mentale Infrastrukturen

Verdrängung und kognitive Dissonanz dürften vor dem Hintergrund der heraufziehenden Umweltkrise wirkmächtige Faktoren sein. Dennoch ist damit die Reihe der Ursachen für unser passives Verhalten längst noch nicht vollständig. Anders formuliert: Es gibt noch mehr Schwierigkeiten. Zwischen dem, was wir wissen, und dem, was wir wahrnehmen oder erfahren, liegt ein überaus großer Graben.

Unsere Infrastrukturen funktionieren ganz wunderbar, wie wir tagein, tagaus feststellen können. Busse fahren, Flugzeuge fliegen, Metzger und Bäcker machen pünktlich auf, Zeitungen erscheinen, die Müllabfuhr holt regelmäßig den Abfall ab, der Strom kommt aus der Steckdose und das Wasser aus dem Hahn – alles prima.

»Die Außenwelt übersetzt sich bei Menschen (…) immer auch in ihre Innenwelt«, betont Harald Welzer in einer brillanten Kurzstudie für die Heinrich-Böll-Stiftung.[98] »Mentale Infrastrukturen« nennt das der deutschlandweit bekannte Sozialpsychologe – in Analogie zu den oben exemplarisch angesprochenen materiellen Infrastrukturen. Nicht nur der Begriff ist sperrig, die mentalen Infrastrukturen sind es auch. Diese sind nach Harald Welzer

> »keine Frage von Wahl und Entscheidung (…), sondern schlicht eine massiv so-seiende Welt, in die man hineingeboren wird und deren Geschichte über sich selbst man pausenlos mit seiner eigenen Biographie, seinen Werten, seinen Konsumentscheidungen, seiner Karriere weitererzählt. Über diese Qualität der mentalen Infrastrukturen muss man sich bewusst sein, wenn man sich daranmachen möchte, sie zu verändern. In gewisser Hinsicht sind sie, zumal wenn der materielle Reichtum so groß und die gesellschaftliche Benutzeroberfläche so attraktiv ist wie in den frühindustrialisierten Gesellschaften, sogar massiver als die materiellen Infrastrukturen, von denen sie geprägt sind.«[99]

Zugespitzt formuliert: Jedes Autohaus, jede McDonalds-Filiale, jeder Handyladen prägen unsere Wahrnehmung von der Welt sehr viel stärker als jeder noch so stark geschriebene konsumkritische Text.

---

[97] Vgl. Leggewie, Claus/Welzer, Harald: a. a. O., S. 78.
[98] Welzer, Harald: Mentale Infrastrukturen, a. a. O., S. 12.
[99] Ebenda, S. 32.

Die uns allgegenwärtig umgebenden materiellen und institutionellen Infrastrukturen haben eine enorme Macht, weil wir uns täglich in ihnen bewegen und sie deshalb zwangsläufig bejahen – oder zumindest passiv unterstützen. Wenn die Menschen schon als Kind durch Spielzeuge lernen, dass das Auto einfach zum Leben dazugehört; wenn sie durch Sportsendungen und Autowerbung mental so programmiert werden, dass Geschwindigkeit und Autogröße Erfolg und Status symbolisieren, dann wird bei ihnen ein autofreier Sonntag oder der Flyer über nachhaltige Mobilität wenig bewirken oder gar auf Ablehnung stoßen. Das Problem liegt nicht im Menschen selbst, sondern an der Art und Weise, wie seine mentale Einstellungen »programmiert« werden. Obwohl die Generationen sterben und durch neue ersetzt werden, bleibt eine gesellschaftliche Ordnung bestehen – und zwar weil sich die Kultur selbst reproduziert. Dies geschieht durch Erziehung im Elternhaus (Eltern neigen dazu, ihre Kinder so zu erziehen, wie sie selbst erzogen wurden), aber auch in den Kindergärten und Schulen. Auch die Massenmedien spielen in der modernen Sozialisierung eine zentrale Rolle.[100]

Erfahrungen über Umwege

Hinzu kommt: Wir erleben unsere Umwelt als weitgehend intakt. Die etwas Älteren bemerken sogar Verbesserungen gegenüber vergangenen Jahrzehnten. Unsere Flüsse sind zum Beispiel sauberer als vor 50 Jahren, es gibt praktisch nirgendwo mehr wilde Müllhalden und die Luftqualität ist mancherorts gestiegen.

Die Generationen, die den Zweiten Weltkrieg erlebt haben oder die in den ersten beiden Nachkriegsjahrzehnten zur Welt kamen, haben einen beispiellosen materiellen Aufstieg erlebt. Die letzten 60 Jahre waren eine Epoche stetiger Wohlstandssteigerungen.

Horrormeldungen in der Tageszeitung können da nur bedingt beeindrucken, schließlich sieht unsere Lebenswirklichkeit ganz anders, eben viel freundlicher, aus. Allerdings ist diese Lebenswirklichkeit häufig komplett künstlich. Die meisten Menschen in den Industrieländern leben in einer abgeschotteten Welt. Sie sind in gewisser Weise von der Natur abgeschnitten und damit entfremdet. Die Erfahrungen stammen aus dritter oder vierter Hand. Ein großer Teil der Menschen lebt in Städten. Sie nehmen die Brüche in ihrer Umwelt nicht wahr. Wir steigen in unsere klimatisierten Autos,

---

100 Vgl. Brocchi, Davide: Nachhaltigkeit als kulturelle Herausforderung, S. 62, in: Steinkellner, Vera (Hg.): CSR und Kultur – Corporate Cultural Responsibility als Erfolgsfaktor in Ihrem Unternehmen, Berlin/Heidelberg 2015, S. 41–70.

arbeiten in klimatisierten Gebäuden, gehen in riesigen Supermärkten ohne Fenster einkaufen. Wir sehen nicht, wie das Gemüse, das wir kaufen, erzeugt und geerntet wird. Abends schalten wir das Fernsehgerät ein oder setzen uns vor den Computer – auch diese Geräte vermitteln keine echten Erfahrungen.

Erfahrungen machen wir an unserer unmittelbaren Umwelt fest. Besonders wichtig sind die Menschen, die uns täglich umgeben. Menschen sind Gruppenwesen, sie haben das Grundbedürfnis, Teil einer Gruppe bzw. der Gesellschaft zu sein. Kein Kind steht gerne alleine auf dem Schulhof, und auch die Erwachsenen sind um Anpassung und Anerkennung bemüht. Gesellschaften entwickeln starke Zentrifugalkräfte. Und sie achten darauf, dass ihre Normen eingehalten werden. Niemandem muss das Phänomen des Gruppenzwangs mehr erklärt werden – wer im Urlaub nicht verreist oder wer auf das Auto verzichtet, gilt schnell als Sonderling und riskiert, ausgestoßen zu werden.

Umgekehrt gilt natürlich: Warum soll ich nicht verreisen, wenn es alle anderen doch auch tun? Warum soll ich auf das Auto verzichten, wenn alle anderen fröhlich durch die Gegend kurven? Ist diese Frage erst einmal gestellt, landet man sehr schnell bei einer anderen: Was ist mein Beitrag denn schon wert? Wird die Welt gerettet, wenn ich nicht fliege oder Auto fahre? Die Antwort ist eindeutig – und lässt leicht Ohnmachtsgefühle aufkommen.[101]

Gefühle der Ohnmacht entstehen auch, weil unsere Welt so komplex wie noch nie ist (siehe dazu auch das noch folgende Kapitel 11 zur Entropieproblematik). Wir leben in einer extrem arbeitsteiligen Gesellschaft. Die schönen bunten Geschäfte, in denen wir unsere Waren kaufen, sind weit entfernt von den Leidensorten – den Orten, wo viele Güter produziert werden. Die räumliche Entfernung trägt wesentlich dazu bei, dass wir nicht wahrnehmen, dass wir auf Kosten anderer leben. Die Journalistin Tanja Busse formuliert in diesem Zusammenhang treffend:

> »Eigentlich wollen wir auch keine Mobiltelefone, an denen das Blut von Kindersoldaten klebt, und keine Steaks und Taschentücher aus abgeholzten Regenwäldern. Geschähe das unmittelbar vor unseren Augen, wir würden es nicht ertragen. So aber schiebt sich die hippe heile Welt der Werbung zwischen uns und unsere Waren, und die weltweite Arbeitsteilung tut ein Weiteres. Wir sehen nicht, wie unsere Kleider in Südostasien genäht werden. (...) Wir sehen nicht einmal, wie Kühe und Schweine in deutschen Ställen gehalten werden.«[102]

---

101 Fairerweise muss an dieser Stelle auch ein ethisches Gegenargument eingebracht werden, das sich an den kategorischen Imperativ von Immanuel Kant anlehnt. Was wäre, wenn alle Erdenbürger fliegen oder Auto fahren würden? Das hätte gravierende Konsequenzen für den Planeten.

102 Busse, Tanja: Die Einkaufsrevolution. Konsumenten entdecken ihre Macht, München/Zürich 2006, S. 20.

Der Mensch als Dopaminjunkie

Naturwissenschaftlich geschulte Menschen verweisen gerne darauf, dass unser Körper ein Steinzeitmodell sei. Unrecht haben sie nicht. Wir sitzen in einem Gebrauchtwagen, der Millionen Jahre alt ist.

Mit der enormen Entwicklung des Menschen hält unser Körper nur bedingt Schritt. Die längste Zeit in der Menschheitsgeschichte waren der Mangel elementarer Güter und Hunger an der Tagesordnung. Die jüngere Geschichte des Menschen im Industriezeitalter ist dagegen eine Geschichte des Überflusses und des Mehr. »Egal, was wir haben – wir wollen mehr. Und wir wollen es jetzt«, schreibt der Neurowissenschaftler Peter Whybrow.[103]

Unsere Gehirnstrukturen sind seit Zehntausenden von Jahren auf unmittelbare Belohnung ausgerichtet. Wir mussten überleben und uns fortpflanzen. Die Neurowissenschaften haben gezeigt, dass seit den Anfängen der Menschheit Dopamin eine wichtige Rolle in unserem Körper spielt. Dopamin motiviert uns und stimuliert unser Belohnungs- und Lustzentrum. Wer im steinzeitlichen Urwald schmackhafte Früchte entdeckte, bekam ebenso einen Dopaminschub wie der, der ein Wildtier erlegte und mit nach Hause schleppte. Gewinne im modernen Aktienhandel sorgen für eine vergleichbare Reaktion. Oder das Shoppen im Großkaufhaus.[104]

Für Mensch und Sippe kam es lange Zeit nur darauf an, nahe Räume zu überblicken. Nur der Nahraum bot Nahrung. Langzeitentwicklungen waren weder abschätzbar, noch hatten sie eine Bedeutung für das Überleben.[105] Unser Verstand ist nicht geschaffen dafür, hochkomplexe Sachverhalte und Systeme mit Rückkopplungseffekten zu begreifen. Unsere kognitiven Leistungen wurden durch die Evolution an eine Welt angepasst, in der es nicht von Vorteil war, sich mit nicht-linearen Prozessen zu beschäftigen.

Unsere Entscheidungen werden stark beeinflusst von den limbischen Hirnteilen. Das sind jene Bereiche weit unter der Hirnrinde, die die von außen kommenden Reize mit Gefühlsempfindungen und Gedächtniserinnerungen verbinden. Die limbischen Systeme gehören zu den ältesten Bestandteilen unseres Gehirns. Die limbischen Schichten legen uns Tag für Tag Entschei-

---

[103] Whybrow, Peter: Dangerously Addictive: Why We Are Biologically Ill-Suited to the Riches of Modern America, in: Heinberg, Richard/Lerch, Daniel: The Post Carbon Reader: Managing the 21st Century's Sustainability Crises, Healdsburg 2010. Den Text gibt es auch online unter: http://www.postcarbon.org/Reader/PCReader-Whybrow-Addictive.pdf [Stand: 10.6.2014].

[104] Vgl. Heinberg, Richard: Das Ende des Wachstums. Alte Konzepte – neue Realitäten, Waltrop/Leipzig 2013, S. 271.

[105] Vgl. Meißner, Andreas: a. a. O., S. 103.

dungen nach einem archaischen Belohnungssystem nahe, das kurzfristige Befriedigung weit höher einschätzt als langfristigen Nutzen.[106]

Wahrheit in der Werbung?

Abb. 19: Werbung der Coca-Cola-Company in Deutschland. Freiburg im Breisgau, im Februar 2013.

Bildquelle: Das Foto stammt von Alexandre de Robaulx de Beaurieux, Creative Commons Lizenz 2.0. Online unter: http://aspo-deutschland.blogspot.be/2013/02/alles-jetzt-nichts-spater.html [Stand: 14.6.2016].

Der Programmierung in unseren Köpfen sind wir allerdings nicht willen- und schutzlos ausgeliefert. Dem Menschen ist es möglich, sich künftiger Bedürfnisse bewusst zu werden und Vorsorge zu treffen. In der Steinzeit wie auch heute versuchen Menschen Vorsorge für den Fall von Hunger, Durst oder Krankheiten zu treffen. Was den Umgang mit der ökologischen Krise und eine entsprechende Vorsorge erschwert, ist der Zeithorizont. Die Zukunft scheint noch sehr weit weg zu sein. Was wird im Jahr 2030 sein? Was 2050? Und was 2100? Gefühlt sind das Ewigkeiten. Mindestens.

Altsteinzeitliche Jäger hatten keinen Grund, über ein umweltfreundliches Verhalten nachzudenken. Wer zu lange nachdachte, kam ohne Beute zurück. Der Mensch war und ist auf die Gegenwart gepolt.

---

[106] Vgl. ebenda, S. 104–105.

Shifting Baselines

Menschen wie Tiere reagieren durchaus auf eindeutige und klar wahrnehmbare Gefahren. Da die globale Mitteltemperatur und der Meeresspiegel aber nur sehr langsam steigen, fehlt der Erfahrungs- bzw. Wahrnehmungsbezug. Ein Leidensdruck ist damit ebenso wenig vorhanden wie ein Schmerz- oder Mangelgefühl.

Eng mit diesem Themenkomplex verbunden ist ein Konzept aus der Umweltforschung. Es nennt sich *Shifting Baselines*. Mit diesem Begriff wird ein Phänomen beschrieben, wonach sich die Orientierungspunkte, anhand derer die Menschen ihre Umwelt beurteilen, schleichend und unbemerkt verschieben.[107] Menschen halten immer jenen Zustand ihrer Umwelt für den »natürlichen«, der mit ihrem Lebens- und Erfahrungshorizont zusammenfällt. Und Menschen verändern sich mit ihrer Umwelt in ihren Wahrnehmungen und Werten gleitend, ohne dass sie dies selber bemerken.[108] Shifting Baselines sind insofern auch dafür verantwortlich, was wir für normal halten und was nicht.

Im Zusammenhang mit Shifting Baselines – mit unmerklichen schleichenden Veränderungen unserer Wahrnehmung also – wird zur Veranschaulichung immer wieder eine Studie aus dem Jahr 2005 zitiert.[109] Diese untersuchte die Wahrnehmung von Fischbeständen an der kalifornischen Küste. Forscher befragten hier drei Generationen von kalifornischen Fischern, wie sich der Fischbestand in ihrer Bucht ihrer Meinung nach verändert hatte. Allen war bewusst, dass sich der Fischreichtum verschlechtert hatte. Während die ältesten Fischer sich noch an elf Arten erinnerten, die sie früher vor der Küste fingen und die verschwunden waren, nannten die jüngsten Fischer nur zwei Fischarten, die es früher einmal gab und jetzt nicht mehr. Ihre Wahrnehmung von Umweltveränderungen setzte an einem ganz anderen Referenzpunkt an, sie nahmen nur die Verschlechterung der Fischbestände von ihren verschobenen Referenzpunkten aus wahr. Das Fehlen der Fischarten gegenüber dem früheren Zustand in unmittelbarer Küstennähe war ihnen gar nicht mehr bewusst. Das Beispiel belegt, wie schwer der Umgang mit langfristigen Umweltproblemen wird, wenn sich die Referenzpunkte zu ihrer Bewertung kontinuierlich verschieben.[110] Das Konzept kann unter dem Strich erklären,

---

[107] Vgl. Welzer, Harald: Klimakriege. Wofür im 21. Jahrhundert getötet wird, 2. Auflage, Frankfurt am Main 2010, S. 211–218.

[108] Vgl. ebenda, S. 214.

[109] Sáenz-Arroyo, Andrea et al.: Rapidly shifting environmental baselines among fishers of the Gulf of California, in: Proceedings, Royal Society of London, 272/2005, S. 1957–1962.

[110] Natürlich sind auch andere Beispiele vorstellbar. Man denke etwa an die Systeme der Überwachung: Die Generation, welche in diesem Jahrzehnt aufwächst, wird Videokameras, Gentests und die Abfrage persönlicher Daten für normale Vorgänge halten.

warum Menschen ökologische Veränderungen nicht oder nur unzureichend registrieren.

Und dann gibt es noch ein Problem. Die Menschen in den Industrieländern haben in der Vergangenheit allzu häufig die Erfahrung gemacht, dass viele Schreckensmeldungen nicht eintreten. Krisen- und Katastrophenmeldungen gibt es in den Medien häufig – oft genug erweisen sich diese jedoch als Sturm im Wasserglas. Die »Schweinegrippe« ist ein Beispiel aus der jüngeren Vergangenheit. Manche werden sich auch an den Hype um den globalen Computerabsturz im Zuge des Jahrtausendwechsels erinnern (Stichwort: Millenium-Bug). Der befürchtete Mega-Absturz kam nie.

Angesichts dieser und anderer Beispiele ist es nicht verwunderlich, dass sich bei vielen Menschen ein Denkreflex auf Schreckensmeldungen herausbildet: »Es wird schon nicht so schlimm kommen.« Erst in Krisen beginnen die Menschen zu handeln. Das hat das Ozonloch gezeigt. Oder die Kuba-Krise, die erst zur Rüstungskontrolle und dann zur atomaren Abrüstung führte.

Das Problem ist nur: Wir haben keine Zeit. Veränderungen in der Sphäre der Umwelt vollziehen sich nur sehr langsam und machen sich oft erst nach Jahrzehnten bemerkbar. Abzuwarten, bis die schlimmsten Konsequenzen der ökologischen Krise eingetreten sind, ist keine Option. Und dennoch wählen die (nicht-)handelnden Politiker genau diesen Weg des Abwartens. Gründe dafür gibt es viele. Der vielleicht wichtigste ist der Einfluss der Lobbyisten der alten Industrien auf die politischen Entscheidungsträger. Die politischen Systeme der »westlichen Demokratien« sind vom ganz großen Geld durchsetzt.

Früher galt einmal: one person, one vote. Vorbei. Heute gilt: one Dollar, one vote. Oder: one Euro, one vote. Der US-amerikanische Investigativjournalist Greg Palast schrieb vor einigen Jahren ein Buch zu diesem Problemkomplex. Der Titel des Schmökers ist äußerst treffend: *The Best Democracy Money Can Buy*.[111]

Vor allem die Auto-, Energie- und Ölindustrie nehmen beträchtliche Summen in die Hand, um selbst kleine Fortschritte im Keim zu ersticken. So gab der berüchtigte Ölkonzern *ExxonMobil* in der Vergangenheit mehr Geld für Lobbyarbeit in Washington aus als alle Hersteller von Solarzellen und Windrädern zusammengenommen.[112] Zusammen mit Chevron, Royal Dutch Shell und anderen Akteuren aus dem Öl-Business finanziert ExxonMobil in den USA Lobbygruppen, marktradikale Think Tanks[113] und klimaskeptische Gruppen. Mit Summen, an die weder Unternehmen aus dem Bereich der

---

111 Palast, Greg: The Best Democracy Money Can Buy, London 2002.

112 Vgl. Konicz, Tomasz: Lobby gegen Klimaschutz, in: Junge Welt vom 6.1.2010, S. 9.

113 Als Beispiele seien die *Heritage Foundation*, das *Cato Institute* oder das *Heartland Institute* genannt.

erneuerbaren Energien noch Umweltschutzgruppen auch nur annähernd heranreichen.[114]

Die Lobbyarbeit der Unternehmen zielt natürlich auch auf die Bürger und den schon beschriebenen Mechanismus der Dissonanzreduktion. Beim Bürger soll sich die Überzeugung einstellen: »Die einen Wissenschaftler sagen das, die anderen behaupten das Gegenteil. Warten wir ab, bis sie sich geeinigt haben.« Gerade in den USA sind die Erfolge der Lobbyarbeit spektakulär: Im Jahr 2007 glaubten einer Harris-Umfrage zufolge 71 Prozent der US-Amerikaner, dass der Einsatz fossiler Brennstoffe das Klima erwärme. Im Jahr 2009 waren nur noch 51 Prozent der Menschen dieser Ansicht, und im Jahr 2011 teilten nur noch 44 Prozent der Bevölkerung diese Auffassung.[115] In Europa sieht das Meinungsbild glücklicherweise noch anders aus.

Für die politischen Entscheidungsträger, für die Obamas, Merkels und Hollandes, ergibt sich nicht nur das Problem, dass sie persönlich auf dem Feld der Umweltprobleme nicht ausreichend kompetent[116] sind, sondern dass die Kosten, jetzt etwas zu tun, aus persönlicher Sicht höher sind, als nichts zu tun. In ein paar Jahren sind sie nicht mehr im Amt. Sie schreiben dann ihre Memoiren – oder arbeiten vielleicht selbst als Lobbyisten.

Die Software in unseren Köpfen

Kulturelle Einflussfaktoren sind extrem wichtig. Unsere Kultur prägt unsere Wahrnehmung der Welt sowie unsere Wahrnehmung von Risiken. Kultur ist, so formulierte es einst Terrence McKenna, für den Menschen das, was ein Betriebssystem für den Computer ist.[117] Wir leben in einer kapitalistischen

---

[114] Von erneuerbaren Energien zu reden, ist streng genommen nicht korrekt. Die Gesetze der Thermodynamik (auf die noch einzugehen sein wird) besagen, dass es keine neue Energie gibt. Was sich ändern kann, sind lediglich die Formen, in denen Energie für einen gewissen Zeitraum zwischengespeichert werden kann. Bei erneuerbaren Energien erfolgt der Nachschub an Primärenergie schnell, während er bei fossilen Millionen Jahre dauert.

[115] Vgl. Klein, Naomi: Klima vs. Kapitalismus. Was die linke Umweltbewegung von den rechten Think Tanks lernen kann, S. 77, in: Blätter für deutsche und internationale Politik, Nr. 1, 2012, S. 75–88.

[116] Es gilt zu bedenken, welchen Hintergrund die politischen Entscheidungsträger in ihr Amt einbringen. Viele sind ökonomisch geschult (oder werden zumindest von zahlreichen Ökonomen beraten, die erfahrungsgemäß hohen Einfluss auf Entscheidungen haben), viele haben einen juristischen Hintergrund, manche sind Ingenieure. Ihnen fehlen die Antennen für ökologische Belange – und auch das nötige Wissen. Sie spielen lieber auf den Feldern, auf denen sie sich auskennen (oder sich auszukennen glauben). Kommt man auf Umweltfragen zu sprechen, weichen sie dieser Thematik lieber aus oder verlagern das Gespräch auf ein Feld, auf dem sie kompetent sind.

[117] »Jeder von uns nimmt die Wirklichkeit um sich herum so wahr, wie er programmiert wurde«, pflegte McKenna zu sagen. McKenna empfahl die Einnahme bewusstseinsverändernder Drogen, um das Betriebssystem zu transzendieren.

Kultur. Wir haben alle kapitalistische Verhaltensmuster erlernt und verinnerlicht. Folglich sind wir alle auf Gelderwerb und Geldvermehrung fokussiert.

Der Geograph Jared Diamond hat sich in seiner äußerst gründlichen Studie *Kollaps* u. a. mit dem Niedergang der Osterinsel befasst.[118] Er fragt: »Was sagte der Bewohner der Osterinsel, der gerade dabei war, die letzte Palme zu fällen?«[119] Die Antwort liefert Diamond fast 400 Seiten später,[120] aus der Sicht eines Bewohners der Osterinsel lautet sie wie folgt: »Weil Bäume aus religiösen Gründen schon immer gefällt wurden und es als völlig normal empfunden wurde, dass auch der letzte fällt.«

Menschen sind – und das wurde nun schon mehrfach erwähnt – Gruppenwesen. Und die Gruppe, in der sie leben, prägt ihre Sicht der Welt. Wir wachsen mit vielen nützlichen Dingen auf und halten sie für das Normalste der Welt. Dass diese Dinge uns eines Tages nicht mehr zur Verfügung stehen könnten, kommt uns nicht in den Sinn. Es ist die kulturelle Lebensform selbst, die manchmal ausschließt, dass bestimmte Sachverhalte gesehen oder schädliche Gewohnheiten geändert werden können. Aus der Außenperspektive erscheint völlig widersinnig, was aus der Binnensicht große Rationalität besitzt.[121] Um bei dem Beispiel der Osterinsel zu bleiben: Die soziale Katastrophe der Osterinsel beginnt nicht mit dem Fällen des *letzten* Baumes, sondern deutlich vorher, nämlich mit dem Fällen des *ersten* Baumes. Für die Insulaner war freilich das Ende nicht absehbar.

Zu den gepflegten Mythen unserer Kultur gehört schließlich unsere Überzeugung, dass wir in der besten aller möglichen Welten leben, dass wir so, wie wir leben, richtig leben. Dass unser vermeintlich gutes Leben auf der Ausbeutung anderer Menschen, aber auch auf der Ausbeutung der Natur fußt, kommt uns nicht in den Sinn. Wir sind davon überzeugt, die Krone der Schöpfung zu sein. Daraus leitet der Mensch die Schlussfolgerung ab, dass er Tiere und Pflanzen für seine Zwecke benutzen darf. Diese Überzeugung, der Schriftsteller Daniel Quinn spricht in diesem Zusammenhang von der »gefährlichsten Geschichte überhaupt«[122], nehmen wir mehr oder weniger mit

[118] Jared Diamond arbeitete fünf entscheidende Faktoren für einen Zusammenbruch von Kulturen in der Vergangenheit heraus: Probleme mit der Umwelt und ein zu starkes Bevölkerungswachstum liegen immer vor. Dazu addieren sich, so Diamond, ein sich wandelndes Klima, geschwächte Handelsbeziehungen und schlechte Beziehungen zu den Nachbarn. Werden diese Herausforderungen nicht gemeistert, kommt es zum Kollaps.

[119] Diamond, Jared: Kollaps. Warum Gesellschaften überleben oder untergehen, Frankfurt am Main 2006, S. 147.

[120] Vgl. ebenda, S. 533.

[121] Vgl. Leggewie, Claus/Welzer, Harald: a. a. O., S. 87.

[122] Das Zitat stammt aus dem folgenden Film: What a Way to Go: Life at the End of Empire, USA 2007, Regie: Timothy S. Bennett, 123 Minuten. Der US-amerikanische Dokumentarfilm ist übrigens ausgesprochen sehenswert.

unserer Muttermilch auf. Sie gehört seit Jahrtausenden zu den unhinterfragten Grundsätzen der meisten menschlichen Lebensweisen. Im Grunde lässt sich die Idee bis zur Neolithischen Revolution zurückverfolgen. Davon handelt das nächste Kapitel.

GESCHICHTE

»Die Steinzeit ging nicht deshalb zu Ende,
weil die Steine ausgingen.«
Ahmed Zaki Yamani,
ehemaliger Ölminister von Saudi-Arabien

7. Eine extrem kurze Geschichte der Menschheit bis zum Mittelalter

Das vergangene Kapitel hat gezeigt: Menschliches Handeln richtet sich danach, was Menschen wahrnehmen sowie welche Interpretationen und Deutungen sie diesen Wahrnehmungen geben. Es gibt kulturell geprägte Wahrnehmungsmuster, die wichtiger als Wissen sind.

In unserer Wahrnehmung ist Wohlstand etwas Normales. In Wohlstand und Üppigkeit leben zu können, ist jedoch keine Selbstverständlichkeit. Das heutige in materieller Hinsicht goldene Zeitalter stellt in der Geschichte der Menschheit lediglich eine kurze Episode dar.
Es ist wichtig zu wissen, wie es dazu kam. Die Ursachen der multiplen Krise liegen tief. Deshalb ist es unumgänglich, die Geschichte des Menschen zumindest in groben Zügen aufzurollen. Den Anfang dieser Geschichte zu bestimmen, ist immer etwas willkürlich. Oft beginnt die Geschichte des Menschen mit dem Homo erectus. Dieser aufrechtgehende enge Verwandte des Menschen tauchte vor etwa 1,9 Millionen Jahren auf. Er war nicht mehr Affe, aber auch noch nicht ganz Mensch. Die Menschheitsgeschichte im engeren Sinne beginnt mit dem Erscheinen des Homo sapiens. Dieser betrat die Weltbühne vor rund 200.000 Jahren.

In der Geschichtsforschung geht man von zwei Auswanderungswellen aus. *Out-of-Africa I* fand vor 1,8 Millionen Jahren statt und führte zur Auswanderung des Homo erectus aus Afrika. In Europa entwickelte sich aus dem ausgewanderten Homo erectus der Neandertaler. *Out-of-Africa II* ist jüngeren Datums. Vor etwa 50.000 Jahren machte sich der Homo sapiens von seiner

Heimat in Ostafrika (möglicherweise auch Südafrika) auf, um die restliche Welt zu besiedeln.

Die menschliche Frühgeschichte ist geprägt von mehreren Zäsuren. Der erste Wendepunkt war die Kontrolle über das Feuer vor ca. 400.000 Jahren. Wenn man so will, dann liegt hier der Startpunkt für das Anthropozän und die heutige »Zivilisation der Verbrennung« (Pierre Rabhi).[123] Nur die Menschen beherrschten das Feuer. Dieses Monopol verschaffte ihnen einen Vorteil gegenüber allen anderen Spezies. Gefährliche Tiere konnten, besonders nachts, auf Distanz gehalten werden. Die Wärme des Feuers ermöglichte es den Menschen, auch in unwirtlichen Gegenden leben zu können. Wälder konnten brandgerodet und Nahrungsmittel gekocht werden. Der Speiseplan der Menschen verabschiedete sich von reinen vegetarischen Speisen und wurde breiter. Das begünstigte das Gehirnwachstum, was die Fähigkeiten unserer Vorfahren steigerte.[124] Zudem sparte der Mensch durch das Kochen Zeit und Energie. Während Schimpansen fünf Stunden am Tag damit verbrachten, auf ihrer Rohkost herumzukauen, reichte den Menschen mit ihren gekochten Mahlzeiten eine Stunde. Sie kamen im Laufe der Zeit mit kleineren Zähnen und kürzeren Därmen aus. Letztere waren eine tolle Energiesparmaßnahme. Lange Därme verbrauchen ähnlich viel Energie wie große Gehirne.[125]

Der zweite Wendepunkt war die Entwicklung der Sprache. Dieser Prozess dauerte wahrscheinlich Tausende Jahre. Wie wir heute wissen, veränderte die Sprache die Struktur unseres Gehirns.

Vor etwa 70.000 Jahren machte der Homo sapiens große Fortschritte in seiner Sprachkompetenz, möglicherweise durch eine Genmutation. Die Sprache machte es möglich, dass Menschen ihre Handlungen über Raum und Zeit koordinieren konnten. Mit Sprache lassen sich nicht nur Informationen über Beutetiere oder Gefahren weitergeben. Sprache versetzt Menschen auch in die Lage, sich über Sachverhalte auszutauschen, die es gar nicht gibt. Menschen können sich Dinge ausmalen – und sich diese Dinge gemeinsam vorstellen. Die Schöpfungsgeschichte der Bibel, das ägyptische Totengericht oder die kommunistische Utopie eines Karl Marx sind nur drei besonders prominente Beispiele. Mythen, Religionen und Philosophien verliehen dem Menschen die Fähigkeit, flexibel und in großen Gruppen zusammenzuarbei-

---

[123] Rabhi, Pierre: Manifeste pour la terre et l'humanisme. Pour une insurrection des consciences, Arles 2008, S. 49.

[124] Vgl. Steffen, Will et al.: The Anthropocene: Are Humans Now Overwhelming the Great Forces of Nature?, S. 614, in: Ambio, Vol. 36, Nr. 8, Royal Swedish Academy of Sciences, December 2007, S. 614–621.

[125] Vgl. Harari, Yuval Noah: Eine kurze Geschichte der Menschheit, 7. Auflage, München 2015, S. 22.

ten. Affen, die engsten Verwandten des Menschen, agieren in relativ kleinen Gruppen. Menschen können dank der Sprache mit tausenden wildfremden Menschen kooperieren, wenn diese die gleichen Überzeugungen teilen. Jede großangelegte menschliche Unternehmung, ob der Bau einer Kathedrale oder ein Kreuzzug, ist fest in gemeinsamen Geschichten verwurzelt.[126] Solche Geschichten sind auch die Vorstellungen von Fortschritt und Wachstum, die uns noch beschäftigen werden.

In der Jungsteinzeit ereignete sich eine dritte Zäsur: die Neolithische Revolution. Der Mensch war bis dahin und damit die längste Zeit in der Menschheitsgeschichte ein nomadisierender Jäger und Sammler gewesen. Zwar ist es schwierig, ein genaues Datum für den Beginn dieser ersten Lebens- und Wirtschaftsweise zu finden. Ganz grob lässt sich feststellen, dass man schon vor einer Million Jahren auf Jäger- und Sammlergesellschaften treffen konnte. Diese Gesellschaften waren aus einer universalgeschichtlichen Perspektive sehr erfolgreich. Jäger und Sammler kamen auch mit widrigen Umweltbedingungen zurecht. Sie vermochten sehr unterschiedliche ökologische Nischen zu besetzen, von der Steppe und Savanne über Waldgebiete und Wüsten.[127]

Die Neolithische Revolution vor etwa 11.000 Jahren veränderte praktisch alles: Die Menschen wurden sesshaft. Die Jäger und Sammler entwickelten sich zu Ackerbauern und Viehzüchtern, die nun *von* statt *mit* der Natur lebten. Im Laufe der Zeit – und in Verbindung mit vielen weiteren Erfindungen, die die Produktivität der Landwirtschaft weiter steigerten – nahm die Bevölkerung um mindestens das Hundertfache zu. Vor der Erfindung der Landwirtschaft lebten vier bis acht Millionen Menschen auf der Erde, im Jahr 1760 – etwa zu Beginn der Industriellen Revolution in England – waren es rund 800 Millionen. Das bedeutet, dass der Anteil des Menschen an den Energie- und Stoffflüssen des Ökosystems Erde ebenfalls mindestens um das Hundertfache zunahm.[128]

Umwälzungen in allen Bereichen

Der Übergang zur Landwirtschaft erfolgte in verschiedenen Zentren unabhängig voneinander: zunächst im Fruchtbaren Halbmond, d. h. im Gebiet des heutigen Israel, Libanon, Palästina, Syrien und Irak. Dort bauten die

---

[126] Vgl. ebenda, S. 36-41.

[127] Vgl. Sieferle, Rolf Peter: Lehren aus der Vergangenheit, S. 2. Text online unter: http://www.wbgu.de/fileadmin/templates/dateien/veroeffentlichungen/hauptgutachten/jg2011/wbgu_jg2011_Expertise_Sieferle.pdf [Stand: 2.9.2014].

[128] Vgl. o. V.: Die Entstehung der Landwirtschaft. Online unter: http://www.oekosystem-erde.de/html/erfindung_landwirtschaft.html [Stand: 2.9.2014].

Menschen Weizen und Gerste an. Doch auch in anderen Gegenden vollzog sich der gleiche Prozess, so in Südostasien (Reis), China (Hirse), Mittelamerika (Mais) und Peru (Kartoffeln, Maniok).[129]

In diesen Gebieten herrschten vergleichsweise gute Umwelt- und Klimabedingungen. Von diesen genannten Hotspots breiteten sich die neuen Praktiken im Umgang mit der Natur auf die ganze Welt aus. Dieser Evolutionsprozess vollzog sich sehr langsam – es brauchte Tausende Jahre. Wesentlich für diesen Prozess waren Neugier und der Drang zum Optimieren. Ohne das Experimentieren mit Wildtieren und Pflanzen hätte es diese große Wende in der menschlichen Geschichte nicht gegeben.

Doch alles der Reihe nach … Die Frage, wie die Steinzeit und die Neolithische Revolution zu bewerten sind, spaltet die Anthropologen bis heute. »Der Übergang zum Ackerbau könnte der größte Fehler in der menschlichen Geschichte gewesen sein – oder das wichtigste Ereignis«, schrieb Jared Diamond 1987 in einem legendären Aufsatz.[130]

Vieles ist umstritten. So zum Beispiel die Lebensqualität in der Steinzeit. Manche Forscher betonen, die Menschen in der Steinzeit hätten überaus selbstbestimmt gelebt. Das Leben als Jäger und Sammler sei ein recht angenehmes gewesen, die Menschen wären gesünder gewesen und hätten nur wenige Stunden arbeiten müssen.[131] Es habe wenig festgefahrene Routine gegeben.[132] Und diese Lebensform sei nachhaltig gewesen, solange die Menschen es geschafft hätten, ihre Bevölkerungsdichte stabil zu halten. Altenmord (Gerontozid), aber besonders Kindesmord (Infantizid) seien gängige Praktiken gewesen, um dieses Ziel zu erreichen.[133]

Andere Wissenschaftler widersprechen in allen Punkten und meinen, das Gegenteil sei richtig. Die Erfindung der Landwirtschaft habe das Leben der Menschen klar verbessert. Mehr Lebensmittelsicherheit, weniger Arbeit, mehr Gesundheit und letzten Endes soziale, wirtschaftliche, politische und kulturelle Entwicklung habe diese große Transformation gebracht.

Schriftliche Überlieferungen über die Anfänge der Landwirtschaft gibt es nicht. Über die Gründe können wir daher nur spekulieren. Die vielen Hypothesen lassen sich in zwei große Gruppen einteilen: Die einen glauben, dass die Landwirtschaft aus der Not heraus entstanden ist, als mit dem wärmeren

---

129 Vgl. Sieferle, Rolf Peter: Lehren aus der Vergangenheit, a. a. O., S. 2.

130 Diamond, Jared: The Worst Mistake in the History of the Human Race, in: Discover Magazine, Mai 1987, S. 64–66. Den Text gibt es auch online unter: http://www3.gettysburg.edu/~dperry/Class%20Readings%20Scanned%20Documents/Intro/Diamond.pdf [Stand: 2.9.2014].

131 Vgl. Harris, Marvin: Kannibalen und Könige. Aufstieg und Niedergang der Menschheitskulturen, Frankfurt am Main 1978, S. 19–25.

132 Vgl. ebenda, S. 101.

133 Vgl. ebenda, S. 29–32.

Klima nach dem Ende der letzten Eiszeit die großen Herden von Pflanzenfressern ausblieben. Landwirtschaft ist zwar arbeitsintensiver, erlaubte aber, auf einer gegebenen Fläche mehr Menschen zu ernähren. Andere Wissenschaftler glauben dagegen, dass die Landwirtschaft ein Kind des Überflusses war: Eine wachsende Bevölkerung habe dazu geführt, dass der Aufwand des Jagens und Sammelns stieg und dass unter diesen Bedingungen die Landwirtschaft die attraktivere Lebensweise wurde.

Von der Hortikultur zum Ackerbau

Fakt ist: Als vor gut 11.000 Jahren die letzte Eiszeit endgültig zu Ende ging und eine globale Erwärmungsphase einsetzte, wurden in Europa die eiszeitlichen Graslandschaften wieder von Wäldern verdrängt. Dies führte zum Rückgang der großen Herden von Pflanzenfressern. Das Großwild machte sich zuerst rar, dann auch kleinere Tiere. Als sich eine Tierart nach der anderen erschöpfte, versuchten die Jäger den fallenden Ertrag durch den Einsatz wirksamerer Jagdwaffen auszugleichen. Lanzen, Speerschleudern, Wurfspieße und schließlich Pfeil und Bogen wurden eingesetzt – mit der Folge, dass die Bestände nur noch schneller dahinschwanden.

Die Menschen reagierten, indem sie ihre Bemühungen zur Existenzsicherung von Tieren auf Pflanzen verlagerten. Die Hortikultur, der Gartenbau, bildete sich heraus.[134] Im Vergleich zum Jagen und Sammeln intensivierte die Hortikultur den Prozess der Nahrungsbeschaffung. Intensivierung bedeutet in diesem Zusammenhang, dass mehr Nahrung pro Flächeneinheit durch mehr Einsatz von Arbeit gewonnen wurde. Intensivierung stellt in gewisser Weise den Kern der menschlichen Entwicklung dar: Die Investition von mehr Boden, Wasser, Mineralien oder Energie pro Zeit- und Flächeneinheit ist eine wiederkehrende Antwort auf die Bedrohungen des Lebensstandards.[135]

Die Intensivierung im Zuge der Entstehung der Hortikultur hatte eine höhere Bevölkerungsdichte zur Folge. Es waren mehr Menschen zu ernähren, was die Menschen wiederum zu weiteren Intensivierungsanstrengungen veranlasste. Das wiederum führte direkt zum Ackerbau.

Auch die Anfänge der Tierzucht sind im Nahen Osten zu finden: Im vorderasiatischen Entstehungsgebiet der Landwirtschaft kamen unter anderem das Wildschaf und die Bezoarziege vor, die wilden Vorfahren von Schaf und Ziege. Man vermutet, dass Muttertiere getötet und deren hilflose Junge eingefangen wurden. Diese Jungtiere gewöhnten sich an den Menschen und verlo-

---

[134] Vgl. ebenda, S. 39–41.
[135] Vgl. ebenda, S. 15.

ren ihre Scheu. Wilde Tiere zu halten und zu zähmen, sind die ersten Schritte zu deren Domestikation: Zum Haustier werden Tiere dann, wenn sie sich in Gefangenschaft vermehren.

Die Domestikation von Schafen und Ziegen begann in der Levante vor etwa 10.000 Jahren. Auf Schafe und Ziegen folgten vor 9.000 Jahren das Schwein und vor 8.500 Jahren das Rind. Schweine wurden in Vorderasien und China domestiziert; die Schweine wurden vermutlich in den Wäldern von Bucheckern und Eicheln ernährt. Sie sollten dem Menschen bei der Umwandlung von Waldland helfen.

Als auch Ochsen und Pferde domestiziert wurden, erschloss sich der Mensch eine wichtige neue Energiequelle: Er war nun nicht mehr ausschließlich auf seine eigene Muskelkraft angewiesen, sondern konnte Zugtiere in der Landwirtschaft einsetzen. Durch die zeitgleiche Entwicklung von Ackerbau und Viehzucht verstärkten beide einander. Domestiziertes Vieh brachte nicht nur seine Arbeitskraft ein und steigerte so die Ernten, sondern trug mit seinem Dung auch wesentlich dazu bei, den Boden mit Nährstoffen zu versorgen. Die höheren Ernteerträge ernährten nicht nur mehr Menschen, sondern auch mehr Tiere, die wiederum mehr Dung produzierten.[136]

Die Nutzung der Haustiere in diesem Umfang war aber auf die miteinander verbundene Landmasse von Europa, Afrika und Asien beschränkt; als Zug- und Pflugtiere geeignete, zähmbare Wildtiere gab es in Amerika nicht. Die amerikanischen Völker waren in ihrer Entwicklung benachteiligt, weil sie nur Lamas und Alpakas hatten und eben keine Ochsen oder Pferde. Der technische Fortschritt wurde dadurch gebremst. Zwar erfand man auch in Lateinamerika das Rad, aber in Ermangelung von Zugtieren kam es nicht zu dessen Weiterentwicklung.[137] Dieser Entwicklungsrückstand erklärt zumindest teilweise die Leichtigkeit, mit der die Spanier im 16. Jahrhundert die gewaltigen Reiche der Inka oder der Azteken unterwerfen konnten. (Der wichtigste Faktor war natürlich immer noch die überlegene Waffentechnologie der Spanier.)

Technischer Fortschritt

Mit den neuen Verfahren des Ackerbaus und der Viehzucht wurden mehr Kalorien pro Flächeneinheit produziert. Die Neolithische Revolution konnte mehr Münder ernähren.[138] Und das tat sie auch: Die Geburtenrate stieg

---

[136] Vgl. Montgomery, David: Dreck, a. a. O., S. 56.
[137] Vgl. Harris, Marvin: Kannibalen und Könige, a. a. O., S. 47–48.
[138] Vgl. Heinberg, Richard: Jenseits des Scheitelpunkts, a. a. O., S. 75.

an – und damit auch der Lebensmittelbedarf.[139] Durch den gezielten Anbau von Pflanzen und die Zucht von Tieren, womit eine nie mehr versiegende Fleischquelle gefunden war, konnte der Mensch dauerhaft mehr produzieren, als er unmittelbar verbrauchte. Damit war an die Stelle der rein aufnehmenden Wirtschaftsform der Jäger und Sammler erstmals die produzierende Wirtschaftsweise getreten.

Weil die Neolithische Revolution dem Menschen einen ständigen Überschuss an Nahrungsmitteln sicherte, brauchten nicht mehr alle Menschen zu arbeiten. (Wahrscheinlich hatten die meisten Ackerbauern weniger Freizeit als die Jäger und Sammler. Aber durch die Überschussproduktion gab es eben einige Menschen, die viel Freizeit hatten.) Ein sehr kleiner Teil der Bevölkerung hatte Zeit für andere Dinge – zum Beispiel für Erfindungen.

Alle großen Erfindungen werden erst nach der Neolithischen Revolution erdacht. So z. B. das Rad, das etwa 4.000 v. Chr. erfunden wurde. (Von wem, weiß man allerdings bis heute nicht!) Andere Beispiele sind der Pflug, die Keramik oder der Webstuhl. Erfindungen sind die Grundlage für technischen Fortschritt. Erst mit der Neolithischen Revolution setzt technischer Fortschritt ein, und erst mit ihr verbessert sich das Leben der Menschen – sehr langsam und natürlich nicht ohne Rückschläge.

Bronzezeit und beginnende Ungleichheit

Vor der Neolithischen Revolution waren die Menschen praktisch besitzlos. Und zwar alle. Es gab keine Besitzunterschiede. Auch das änderte sich nun.

Wer Ungleichheiten verstehen will, muss sich u. a. mit zwei Fragen befassen. Erstens: Wer kontrolliert das Land und das, was darauf wächst? Und zweitens: Wer kontrolliert die Waffentechnologie, um damit physische Gewalt ausüben zu können? Auf beide Fragen geben die großen Fortschritte im Bereich der Metallverarbeitung eine Antwort – Stichwort Bronzezeit (4.000 bis 3.000 v. Chr.). Die Menschen fanden heraus, dass ein bestimmtes Mischungsverhältnis aus Kupfer und Zinn Bronze ergab. Bronze war wesentlich härter als Kupfer. Aus diesem Metall, das einer ganzen Epoche ihren Namen gab, konnten nun unzählige Werkzeuge für Handwerk und Landwirtschaft

---

[139] Der israelische Historiker Yuval Noah Harari sieht in diesem Umstand eine gigantische Fehlkalkulation. Mehr Nahrung sorgte für mehr Geburten. Mehr hungrige Kinder machten allerdings wieder mehr Ernten und mehr Arbeit erforderlich. Der an sich positive Effekt der veränderten Lebensweise wurde in vielen Erdregionen überkompensiert. Die Menschen arbeiteten seiner Ansicht nach härter, lebten durch die rasant anwachsende Bevölkerung aber schlechter. Vgl. dazu Harari, Yuval Noah: Eine kurze Geschichte der Menschheit, a. a. O., S. 112–113.

hergestellt werden. Und natürlich Waffen. Logisch: Wer überlegene Waffen hat, kann auch das Land kontrollieren und es zu seinem Eigentum machen.

Cicero, der große römische Rhetoriker und Staatsmann, erkannte, dass Privateigentum vorwiegend durch Okkupation entstand.[140] Diese Erkenntnis bleibt bis heute richtig. Wir denken heute sehr stark in Kategorien des Eigentums. Aber die Vorstellung von Eigentum, die uns heute so selbstverständlich erscheint, gab es vor der Neuzeit nicht. Am Anfang war in vielen Gesellschaften der Gedanke des Gemeinschaftsbesitzes sehr ausgeprägt. Grund und Boden waren Gemeineigentum. Privateigentum gab es nur in einem geringen Umfang und bezog sich z. B. auf Werkzeuge, Waffen oder Kleider.

Ciceros Erkenntnis galt für die Römerzeit. Nach dem Ende Westroms schlug das Pendel aber wieder in Richtung Gemeineigentum aus. Allerdings nur vorübergehend, das heißt im Mittelalter. In der Folge zäunten in der Neuzeit immer mehr Menschen ihr Land ein. Und manche zäunten mehr Land ein als andere, nahmen sich also mehr Land. Damit konnten sie größere Flächen bewirtschaften und auch mehr ernten. Hinzu kam: Manche Bauern waren auch einfach tüchtiger als andere – oder hatten einfach Glück mit ihren Böden.

Jedes Kind versteht, dass so Besitzunterschiede entstehen. Ungleichheit und die Entstehung von gesellschaftlichen Klassen sind aber noch ältere Phänomene – deshalb ist die Bronzezeit so wichtig. Vor der Bronzezeit hatten alle Menschen Zugang zu den gleichen einfachen Technologien, konkret Holz und Stein. Mit dem Beginn des Einsatzes von Metallen, besonders der Bronze, kam es zu einer Teilung der Gesellschaft. Nur wenige Menschen waren in der Lage, Bronze zu beschaffen und zu bearbeiten. Die meisten Menschen waren vom Zugang zu dieser Technologie ausgeschlossen.

Wer die Metallverarbeitung kontrollierte, hatte den Zugriff auf die Waffen. Und auf Macht und Einkommen.[141] Man könnte sagen, dass in der Bronzezeit die Ungleichheit erfunden wurde. Nicht aber der Krieg. Zwar wurden durch die Sesshaftigkeit indirekt Konflikte begünstigt, denn vor der Neolithischen Revolution war es sehr viel leichter, Konflikten und Gewalt aus dem Wege zu gehen. Die Sesshaftigkeit und die Herausbildung territorialer Grenzen beseitigten diesen Vorteil.

---

[140] Für Cicero gab es drei wesentliche Erklärungen für Privateigentum: erstens frühe Inbesitznahme (durch die Ersten, die in unbesetzte Gebiete kamen), zweitens durch Eroberungen bei kriegerischen Auseinandersetzungen und drittens durch Gesetze, Verabredungen oder Verträge.

[141] Vgl. Scheidler, Fabian: Das Ende der Megamaschine. Geschichte einer scheiternden Zivilisation, Wien 2015, S. 19 u. S. 23.

Die meisten Anthropologen sind sich jedoch sicher, dass auch Jäger- und Sammlergesellschaften kriegerisch waren.[142] Es gab zwar auch Stämme, die ein überaus friedfertiges Verhalten an den Tag legten, gleichzeitig liegen aber starke Belege vor, dass manche Stämme auf extreme Gewaltanwendung setzten. In solchen Jäger- und Sammlergesellschaften fiel fast ein Drittel der Männer Kämpfen zum Opfer.

Den Krieg gab es also schon vor der Klassengesellschaft. Gleiches gilt für das Patriarchat. Allerdings dürfte sich das Konfliktpotential in Gesellschaften durch die Entstehung von Ungleichheiten erheblich gesteigert haben. Für die Stellung der Frau bedeutete der Übergang zu Ackerbau und Viehzucht nur wenig Gutes. In der Kultur der Jäger und Sammler hatten die Frauen an der Nahrungsmittelbeschaffung teilgenommen. Sie suchten Pflanzen und waren auch an der Jagd beteiligt. Während ihrer nomadischen Existenz mussten die Frauen ihre Babys und kleinen Kinder tragen. Eine Mutter kann ihr zweites Kind erst dann tragen, wenn das erste mit dem Clan wandern kann. Durch Infantizid hielten sich die Frauen allzu viele Kinder im wahrsten Sinne des Wortes vom Hals. Diese Pflicht entfiel mit der Sesshaftigkeit.[143]

Zur Jäger-und-Sammler-Zeit bekam eine Frau durchschnittlich alle vier Jahre ein Kind. Mit der Sesshaftigkeit und dem Übergang zum Ackerbau halbierte sich dieser Wert: Nun empfing eine Frau durchschnittlich alle zwei Jahre ein Kind.[144] In der Hortikultur waren die Frauen mit der Bepflanzung des Gartens befasst, was mit der Kindererziehung gut vereinbar war. Der Ackerbau privilegierte dagegen die Männer. Das körperlich anstrengende Pflügen war Männerarbeit, die Frauen verloren an Einfluss.

Die Herausbildung des Staates

Ackerbau und Viehzucht hatten die Entstehung großer saisonaler Überschüsse zur Folge. Diese mussten verwaltet und verteidigt werden – denn sie weckten Begehrlichkeiten. Spezialisten für Verwaltung und Gewaltanwendung bildeten sich heraus.[145]

Vor der Neolithischen Revolution fiel die Beute im Falle kriegerischer Auseinandersetzungen eher schmal aus. Das änderte sich nun. Der Staat entstand, um die saisonalen Überschüsse vor Raubüberfällen zu schützen. Und natür-

[142] Der Grund für die meisten Banden- und Dorfkriege dürfte, grob vereinfacht, in einem gestörten Gleichgewicht zwischen Bevölkerungsgröße und Ressourcen gelegen haben.

[143] Vgl. Diamond, Jared: The Worst Mistake in the History of the Human Race, a. a. O.

[144] Vgl. Rademacher, Cay: Als der Mensch zum Bauern wird, S. 67, in: GEO kompakt, Nr. 37, 2013, S. 58–70.

[145] Vgl. Heinberg, Richard: Jenseits des Scheitelpunkts, a. a. O., S. 75.

lich, um erfolgte territoriale Zuschnitte zu verteidigen. Nicht selten waren die frühen Staaten selbst Räuber. Weltliche oder religiöse Herrschaftsgebiete kamen oft durch die gewaltsame Zentralisierung der landwirtschaftlichen Überschüsse zustande.

Wie genau kam es aber zur Herausbildung des Staates? Am Anfang war der Staat wahrscheinlich nur eine Person. Vieles spricht dafür, dass die ersten Herrscher »große Männer« waren. Männer, die als Vertrauenspersonen galten. Das konnten Schamanen sein. Oder bewährte Kämpfer. Oder Personen, die als besonders weise galten. In jedem Fall bekamen sie die Aufgabe, die landwirtschaftlichen Überschüsse im Interesse der Allgemeinheit zu verwalten. Bisweilen versprachen sie, von den Nahrungsmittelüberschüssen ein großes Fest zu geben. Sie behielten am Anfang nichts für sich, sondern verteilten alles.

Aus diesen großen Umverteilern, die Nahrungsmanager und Lebensmittelverwalter waren, wurden mit der Zeit herausgehobene Personen, die sich über ihre Gefolgschaft stellten. Sie ließen irgendwann andere für sich arbeiten, erteilten Befehle und erzwangen Gehorsam. Sie und ihre engsten Vertrauten wurden zu Angehörigen einer ersten herrschenden Klasse.[146]

Mythen waren für die Herausbildung und für die Absicherung von Hierarchien von großer Bedeutung. Gesellschaftliche Ordnungen wurden aufgestellt, die frei erfundene Kategorien wie Freigeborene, Gemeine und Sklaven umfassten. Später bildeten sich Kategorien wie Patrizier und Plebejer heraus. Und noch später teilte man die Gesellschaft in Schwarze und Weiße.[147] Der israelische Universalhistoriker Yuval Noah Harari folgert deshalb: »Alle Gesellschaften basieren auf erfundenen Hierarchien.«[148]

Boden, Wasser und Pflanzen befanden sich mit der Herausbildung des Staates nicht länger in Gemeinschaftsbesitz. Jeder Mann und jede Frau hatte vorher Anspruch auf den gleichen Anteil an der Natur gehabt. Es gab keine Steuern und auch keine Mieten. Das änderte sich nun. Aus anfänglich freiwillig geleisteten Beiträgen wurden Steuern und Tribute. Und aus den großen Umverteilern wurden erst Häuptlinge, später Könige.[149] Letztere setzten die Erblichkeit ihres verantwortungsvollen Amtes durch. So entstanden die ersten Dynastien.[150]

---

[146] Vgl. Harris, Marvin: Kannibalen und Könige, a. a. O., S. 103–104.

[147] Vgl. Harari, Yuval Noah: a. a. O., S. 171.

[148] Ebenda, S. 173.

[149] Vgl. Harris, Marvin: Kannibalen und Könige, a. a. O., S. 112–113.

[150] Vgl. Mesenhöller, Mathias: Das Prinzip Macht, S. 143–144, in: GEO kompakt, Nr. 37, 2013, S. 138–146.

Ohne Landwirtschaft war also kein Staat zu machen. Das landwirtschaftliche Surplus bedingte zudem noch auf andere Weise soziale Ungleichheit: Es diente als Nahrung für Kriegsgefangene, die zuvor häufig getötet wurden, da man sie nicht ernähren konnte. Jene Kriegsgefangene blieben nun am Leben, mussten aber den siegreichen Staaten als Sklaven dienen.

Der Staat beförderte entscheidend die Entwicklung der Schrift.[151] Nur mit der Schrift ließen sich Überschüsse dokumentieren, Bilanzen erstellen oder Gesetze formulieren. Schrift schafft Verbindlichkeit und ermöglicht die Speicherung von Informationen. »Irgendwie verdanken wir unsere Zivilisation den Bürokraten«, meint deshalb der Prähistoriker Hermann Parzinger.[152] Die ersten Schriftstücke, die überliefert sind, bestehen ausschließlich aus Listen von Gütern, ihren Mengen und ihrem Tauschwert. Es ging nicht um Poesie. Im Gegenteil: Die Schrift half auch bei der Organisation der Sklaverei. Sklaven wurden wie Güter gehandelt. Und Güter konnten in Listen geführt werden.[153]

Und noch eine sehr grundlegende Entwicklung hat ihren Ursprung in der Jungsteinzeit. Heute leben mehr als 50 Prozent der Menschen in Städten, man spricht von Urbanisierung. Durch die damaligen Umwälzungen in der Lebensweise entstanden zuerst kleine Dörfer. Aus manchen kleinen Dörfern wurden größere Dörfer, und aus manchen größeren Dörfern wurden Städte. Aber natürlich nur dann, wenn es dauerhafte landwirtschaftliche Überschüsse gab, die die Versorgung einer nicht landwirtschaftlich tätigen Stadtbevölkerung ermöglichten.

Wer über Überschüsse verfügte, konnte diese auch verkaufen. So entstand der Handel, für den die Städte immer wichtiger werden sollten. Gehandelt wurde erst im kleinen Rahmen, heute im ganz großen. Stichwort: Globalisierung. Darauf werden wir noch zu sprechen kommen.

Ein anderes Verhältnis zur Natur

Die landwirtschaftliche Revolution ging einher mit einer religiösen. Nach heutigem Kenntnisstand waren die Jäger und Sammler Animisten. Letztere glauben, dass alles in der Natur beseelt ist. Alles lebt, alles ist vernetzt. Und folglich verdient jedes Ding im Kosmos Ehrfurcht. Die Menschen jagten wild lebende Tiere und wild wachsende Pflanzen, die vermutlich von ihnen als

---

[151] Logischerweise waren es die ersten fortschrittlichen Staaten wie das Land Sumer (Süd-Mesopotamien) oder Ägypten, die vor ca. 3.000 v. Chr. die ersten Schriften entwickelten.

[152] Zitiert nach: Harf, Rainer/Witte, Sebastian: Wem verdanken wir unsere Zivilisation, Herr Professor Parzinger?, S. 26, in: GEO kompakt, Nr. 37, 2013, S. 24–31.

[153] Vgl. Scheidler, Fabian: Das Ende der Megamaschine, a. a. O., S. 27.

ebenbürtige Wesen betrachtet wurden. Anders formuliert: Die Wildbeuter jagten zwar Schafe, doch sie dürften ihre Jagdobjekte nicht als minderwertige Wesen gesehen haben. Genauso wenig dürften sie geglaubt haben, dass sie selbst weniger wert seien als die Tiger, nur weil sie von diesen gejagt wurden. Sesshafte Bauern lebten dagegen davon, Tiere und Pflanzen zu besitzen und zu manipulieren. Die Vorstellung einer Gleichrangigkeit verschwand allmählich. Die einst ebenbürtigen spirituellen Partner verkamen zu stummen Besitzgütern.[154]

Die erste Energierevolution der Geschichte

Betrachten wir nun die Neolithische Revolution aus einer energetischen Perspektive. Der tägliche Energieverbrauch eines Menschen hat sich seit der Neolithischen Revolution mehr als verhundertfacht,[155] man kann sie getrost als erste Energierevolution der Geschichte bezeichnen. Vorher verfügten die Menschen nur über menschliche Muskelenergie. Nun treten zwei weitere Energieformen daneben: Der Mensch stellt die Energie domestizierter Tiere in seinen Dienst und nutzt *systematisch* durch Ackerbau pflanzliche Energie.

Nahrung ist aus biologischer Sicht nichts anderes als Energie. Gesellschaften lassen sich am besten nach der Art und Weise klassifizieren, *wie* sie ihre Nahrung beschaffen. Ganz grob kann man drei Energieregime unterscheiden: Jäger und Sammler, Agrargesellschaften und Industriegesellschaften. Die Neolithische Revolution stellt den Übergang vom ersten zum zweiten Energieregime dar.

Der Energieinput von Jägern und Sammlern beruhte ausschließlich auf Biomasse. Sie nahmen, was die Natur ihnen gab – ohne gezielte Steuerung. Agrargesellschaften greifen bewusst und geplant in die Ökosysteme ein. Die Energieflüsse werden so gesteuert, dass sie entweder der menschlichen Ernährung oder der Ernährung der Nutztiere dienen.

Der Sozialphilosoph Ivan Illich hat schon vor Jahrzehnten die Ansicht vertreten, dass die Ungleichheit in Gesellschaften mit zunehmendem Energiefluss zunimmt. Nur wenn eine Gesellschaft den Energiefluss ihrer mächtigsten bzw. reichsten Bürger beschränke, könnten soziale Beziehungen ermöglicht werden, die sich durch ein hohes Maß an Gerechtigkeit auszeichneten. Jäger- und Sammlergesellschaften hatten nur wenig Energie zur Verfügung und waren aus heutiger Sicht, wie schon dargelegt wurde, egalitär.[156]

---

[154] Vgl. Harari, Yuval Noah: a. a. O., S. 255–256.

[155] Vgl. Mauser, Wolfram: Wie lange reicht die Ressource Wasser?, Schriftenreihe der Bundeszentrale für politische Bildung, Bonn 2007, S. 47–48.

[156] Vgl. Heinberg, Richard: Jenseits des Scheitelpunkts, a. a. O., S. 34–35.

Ohne die landwirtschaftlichen Überschüsse seit der Neolithischen Revolution hätten spezialisierte Berufsgruppen nicht entstehen können. Weil Ackerbau und Viehzucht ein Surplus erbrachten, konnte ein ganzes Heer von Priestern, Soldaten und Beamten ernährt werden.[157]

Agrargesellschaften sind in ihrem materiellen Wachstum quasi systembedingt begrenzt. Als solarenergetische Regimes sind sie von der Fläche abhängig, von der Energie geerntet werden kann. Deshalb besitzen sie nur zwei Möglichkeiten zur Expansion: Sie können sich räumlich ausdehnen und Imperien bilden, was jedoch früher oder später auf geographische oder politische Grenzen stößt. Oder sie können versuchen, den Wirkungsgrad der Energienutzung zu verbessern – das ist die schon erwähnte Intensivierung. Unter agrarischen Bedingungen bedeutet Intensivierung, dass die Produktivität der Landwirtschaft, also konkret die Biomasseproduktion, verbessert wird. Hierbei jedoch stößt jedes Agrarsystem früher oder später auf einen abnehmenden Grenzertrag.[158]

Das Gesetz vom abnehmenden Grenzertrag

Der Begriff *abnehmender Grenzertrag* ist wichtig. In der Volkswirtschaftslehre ist das *Gesetz vom abnehmenden Ertragszuwachs* (auch bekannt als Ertragsgesetz) ähnlich grundlegend wie die Gesetze der Gravitation in der Physik. Studenten der Volkswirtschaftslehre lernen es üblicherweise im ersten Semester ihres Studiums kennen. Die Aussage des Ertragsgesetzes ist schlicht, dass es eine Maximalgrenze für den Ertrag gibt. Anfänglich bringt der Input von Produktionsfaktoren sehr viel, dann aber immer weniger.

Man stelle sich beispielsweise ein Kartoffelfeld einer bestimmten Größe vor, das nur von Menschen beackert wird. Bei einer Arbeitskraft wird der Ertrag eher niedrig ausfallen. Eine zweite Arbeitskraft bringt einen deutlichen Zuwachs an Ernte. Bei der dritten Person, die auf dem Kartoffelacker arbeitet, fällt der Zuwachs auch noch erheblich aus. Die Zuwächse werden allerdings mit jeder zusätzlichen Person auf dem Acker immer kleiner. Irgendwann sinken mit einer zusätzlichen Person die Erträge, weil Pflanzen zum Beispiel durch die zu große Zahl der Menschen zertrampelt werden.

Die agrarische Produktionsweise sitzt also strukturell in der Falle. Jeder Erfolg mindert die Chancen eines künftigen Erfolgs, so dass das System einem zähen stationären Zustand zustrebt. Je »reifer« eine Agrargesellschaft ist, d. h. je höher die erreichte Produktivität, desto schwieriger wird es, weitere Wachs-

157 Vgl. Mandel, Ernest: Einführung in den Marxismus, 8. Auflage, Karlsruhe 2008, S. 24–25.
158 Vgl. Sieferle, Rolf Peter: Lehren aus der Vergangenheit, a. a. O., S. 12–13.

tumsprozesse zu ermöglichen.[159] Erst die Industrialisierung durchschlug diesen gordischen Knoten. Dazu später mehr.

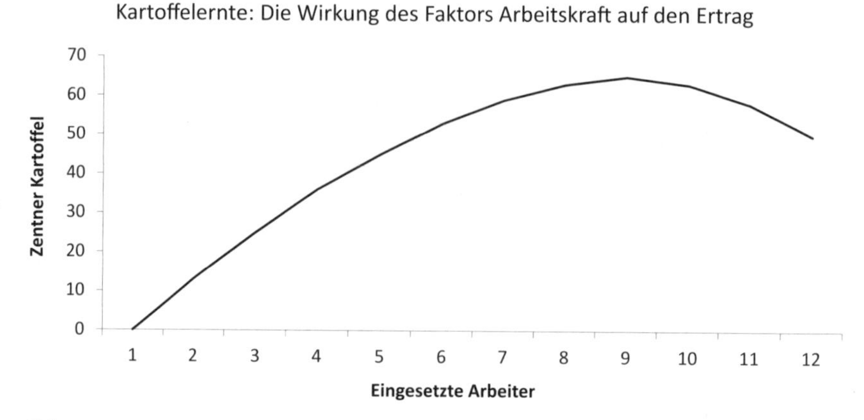

Abb. 20: Das Gesetz vom abnehmenden Ertragszuwachs

Sklaven, Eisen, Holz und Holzkohle

In der Antike und im Mittelalter bleibt es beim grundlegenden Setting aus der Zeit der Neolithischen Revolution. Aber es gibt natürlich Modifikationen. Die Römer sind neben den alten Griechen das Beispiel schlechthin für eine europäische Hochkultur im Altertum. Sie waren die ersten modernen Eigentumsgesellschaften. Innerhalb der griechischen Polis und der römischen Civitas galt Freiheit nur für die Eigentümer. Wer sein Eigentum einbüßte, verlor auch seine Freiheit. Der Konflikt um Eigentum sorgte im antiken Rom für das Zwölftafelgesetz. Dieses sollte die Konflikte zwischen den grundbesitzenden Patriziern und den landlosen Habenichtsen, den Plebejern, entschärfen.

Die alten Griechen wie die alten Römer nutzten menschliche und tierische Muskelkraft, Wasserkraft (seit der Zeit von Kaiser Augustus) und die Windkraft (allerdings nur für die Schiffe). Gemessen an ihren bescheidenen Möglichkeiten vollbrachten die Römer großartige Leistungen. Sie bauten kilometerlange Aquädukte, die sich nur das Gefälle zwischen zwei Orten zunutze machten.

Handarbeit im Allgemeinen und der Einsatz von Sklaven im Besonderen waren von großer Bedeutung. Sklaverei war eine sehr wichtige Grundlage der Gesellschaft. Dass die Römer wie die Griechen ein derart hohes Niveau erreichten, ist zumindest teilweise dem Umstand zuzuschreiben, dass die Bürger

---

[159] Vgl. ebenda, S. 13.

der antiken Städte einen Großteil ihrer Zeit politischen, kulturellen, künstlerischen und sportlichen Aktivitäten widmen konnten, während die materielle Produktion den Sklaven vorbehalten blieb.[160]

Die Landwirtschaft bestimmte in der Antike wie im Mittelalter das Leben von weit über 90 Prozent der Bevölkerung. Sie war die Quelle von Reichtum und Entwicklung – freilich nur für eine Minderheit. Wie schon in der Bronzezeit, so war die Metallverarbeitung auch in der Antike neben der Landwirtschaft der wichtigste Wirtschaftszweig. Nicht nur weil man Metalle für die Waffenherstellung brauchte – sondern auch weil Edelmetalle als Geld fungierten. Die Prägung von Gold- und Silbermünzen wurde zur Grundlage unseres Finanzsystems.

Die Stadt Athen benutzte im 5. Jahrhundert v. Chr. Münzen, um städtische Angestellte und das Militär zu bezahlen. Münzen – und damit verbunden Edelmetalle – waren entscheidend für die Herausbildung von modernen Märkten. Die Bauern im antiken Griechenland (wie auch später im alten Rom) zogen es vor, für den Eigenbedarf zu produzieren. Sie tauschten wenig – und wenn, dann in Form von Naturalien. Indem die griechischen Stadtstaaten Steuern und Zölle in der Form von Münzen einführten, zwangen sie die Bauern dazu, einen Teil ihrer Ernte auf Märkten zu verkaufen.[161]

Hier beginnt also der Siegeszug der Märkte, der bis heute anhält. Märkte haben keinen Namen und keine Adresse. Sie sind nicht abwählbar. Und sie können auch nicht zur Rechenschaft gezogen werden.[162]

In der Antike gab es große Fortschritte im Bereich der Eisenbearbeitung. Eisen ist weiter verbreitet als Kupfer oder Zinn. Der Schmelzpunkt von Eisen liegt bei etwa 1.500 Grad Celsius. Um derart hohe Temperaturen zu erreichen, war viel Energie erforderlich. Reines Eisen ist kaum härter als Bronze. Durch die Beimischung von Kohlenstoff wird aus Eisen jedoch ein Stoff, der die Metallverarbeitung revolutionierte: Stahl. Aus Stahl ließen sich edle Werkzeuge und überlegene Waffen herstellen.

So wundert es nicht, dass das Römische Reich ein Eisenimperium war. Aus Stahl wurden Rüstungen, Speere und Schwerter für Hunderttausende Legionäre hergestellt. Edelmetalle, besonders in der Form von Silbermünzen, waren entscheidend für die Bezahlung der Soldaten. Silberminen waren in Kriegen die wertvollste Beute. 20 Prozent aller nicht im Bereich der Landwirtschaft beschäftigten Personen arbeiteten für den »metallurgischen Komplex«.[163]

---

[160] Vgl. ebenda, S. 16.
[161] Vgl. Scheidler, Fabian: Das Ende der Megamaschine, a. a. O., S. 42.
[162] Vgl. ebenda, S. 40.
[163] Vgl. ebenda, S. 35.

Die dominanten Brennstoffe der Römer wie auch von anderen Hochkulturen im Altertum waren Holz und Holzkohle. Die Schmelzöfen zur Eisenbearbeitung wurden mit Holzkohle befeuert. Die Wälder schrumpften zur Zeit der Römer in starkem Maße. Neben dem Schiffs- und Häuserbau war die Eisenproduktion verantwortlich für die großflächige Entwaldung des Mittelmeerraumes. Die Römer trugen ganze Berge für den Abbau von Kupfer, Silber, Gold und Eisen ab.[164]

Man könnte meinen, dass auch schon intensiv nach Kohle gesucht wurde. Diese war damals schon bekannt, allerdings noch kein Teil des metallurgischen Komplexes. In China wurde erstmals zur Zeit der Song-Dynastie (960–1279) auf den schwarzen Bodenschatz rege zurückgegriffen.[165]

In Europa galt Kohle dagegen als Rohstoff zweiter Wahl. Sie wurde zum Heizen mancher Häuser verwendet; weil die Kohle aber beim Verbrennen viel Dreck erzeugte, griff man auf diese nur dann zurück, wenn Holz extrem knapp war. Auch im metallverarbeitenden Handwerk spielte Kohle nur eine Nebenrolle. Das spätere schwarze Gold, so beobachteten die damals lebenden Menschen, führte beim Schmelzen von Kupfer zu einer deutlichen Qualitätsverschlechterung. Kohle wurde nur in kleineren Mengen für den lokalen Gebrauch abgebaut. Die Erschließung tieferer Flöze und der Transport erforderten derart viel Energie, dass sich die Kohleförderung kaum lohnte.[166]

Die Tragik der Allmende. Eine richtige Diagnose?

Das obige Beispiel von der Waldzerstörung zur Zeit der Römer zeigt: Die Schädigung der Umwelt ist keine Erfindung der Neuzeit. Das erkennt man besonders gut dann, wenn man sich mit der mittelalterlichen Allmende befasst. Sie ist ein Klassiker der Umweltliteratur – und bis heute ein Streitpunkt.

Unter dem Begriff *Allmende* versteht man Weiden, Wälder oder Seen, die von einer Dorfbevölkerung gemeinsam genutzt werden. Die gemeinschaftliche Bewirtschaftung von Land fand schon im Altertum statt. Dennoch wird der Begriff vor allem mit dem Mittelalter verknüpft, da sich in dieser Epoche in Europa die Eigentumsverhältnisse wieder veränderten. Die mittelalterliche Eigentumsstruktur war geprägt durch den Feudalismus. Letzterer bezeichnet das Wirtschafts- und Gesellschaftssystem des Mittelalters. Im Feudalismus waren Lehen üblich: Die Könige (oder Kaiser) hatten das Obereigentum über das Land, sie waren die Lehnsherren und verliehen ein Nutzungsrecht für ihr

---

[164] Vgl. ebenda.

[165] Vgl. Steffen, Will et al.: The Anthropocene: Are Humans Now Overwhelming the Great Forces of Nature?, a. a. O., S. 615.

[166] Vgl. Scheidler, Fabian: Das Ende der Megamaschine, a. a. O., S. 132.

Land. Erst an weltliche (Grafen und Herzöge) oder kirchliche (Bischöfe und Äbte) Vasallen, diese wiederum verliehen das Land weiter. Am Ende der Nahrungskette standen die Bauern – sie waren mehrheitlich unfrei.

Jeder, der Land verlieh, erhielt eine Rente in Form von Geld, Dienstleistungen oder Naturalien. Jeder, der Land geliehen bekam, musste dem Verleiher Treue schwören und im Krieg für den Verleiher kämpfen bzw. Truppen stellen. Boden wurde auf Lebenszeit verliehen, und im Laufe der Zeit wurde das Lehen erblich.

Jenes aus heutiger Sicht sonderbare Herrschaftsverhältnis erstreckte sich je nach Region vom 8. Jahrhundert n. Chr. bis zum 18. Jahrhundert. Entscheidend war in diesem Herrschaftsverhältnis der Besitz an Grund und Boden.[167] Die Bauern in den Dörfern waren im Vergleich zu den Adligen Habenichtse. Das jahrhundertealte System der Fronhöfe löste sich zwar im Laufe des Mittelalters auf – womit sich die Lage der Bauern verbesserte. Jeder Hof kontrollierte aber nach wie vor nur kleine Flächen.

Das klassische Dorf des späten europäischen Mittelalters gliederte sich üblicherweise in drei Teile. Im inneren Ring standen die Häuser und Ställe. Typischerweise trennte ein Zaun das eigentliche Dorf von dem zweiten Teil – der Ackerflur. Jene Grünflächen bestanden aus mehreren Feldblöcken (Gewanne). In jedem dieser Gewanne besaß der einzelne Bauernhof ein oder mehrere Äcker oder Parzellen.[168] Außerhalb der Ackerflur lag der dritte Teil, die Allmende. Konkret waren es unparzellierte Weiden und Wälder, die in der Rechtsform der Allmende organisiert waren.

Das Problem mit der Allmende ist oberflächlich betrachtet immer das gleiche: Ohne Regeln ist die Weide schnell kahlgefressen, der Wald rasch abgeholzt und der See rasant leergefischt. Jeder versucht das meiste für sich herauszuschlagen. Wer die Probleme kommen sieht und sich zurückhält, wird verlieren. Es finden sich genügend weniger rationale (positiv formuliert) bzw. egoistische (negativ formuliert) Zeitgenossen, die sich nicht zweimal bitten lassen, um einen Vorteil zu gewinnen. Kurzfristige Vorteile für Einzelne werden durch langfristige Nachteile allerdings mehr als aufgewogen.

Doch stimmt das wirklich? Das Problem der Allmende beschrieb der Biologe Garrett Hardin im Jahr 1968 in einem ebenso berühmten wie umstrittenen Aufsatz für die Wissenschaftszeitschrift *Science*. Titel: *The Tragedy of the Commons*.[169] Hardin sah die Zerstörung der Allmende als zwangsläufig an. Es

---

[167] Vgl. Horst, Uwe/Prokasky, Herbert/Tabaczek, Martin: Europäische Agrargesellschaften. Bäuerliches Leben in der römischen Antike und im mittelalterlichen Deutschland, Paderborn 1991, S. 138–148.

[168] Vgl. ebenda, S. 174–175.

[169] Hardin, Garrett: The Tragedy of the Commons, in: Science, Nr. 162, 1968, S. 1243–1248.

sei Schicksal gewesen, und nichts habe dagegen getan werden können. Der Text gehört heute zu den Klassikern der Nachhaltigkeitsliteratur. Hardins Text wurde auch jenseits der Biologie und der Ökonomik vielfach rezipiert, aber auch kritisiert: Hardin gehe, so der Vorwurf, von einer fest umrissenen kleinen Gruppe (die Bauern eines Dorfes) aus, die eine Ressource nutze. Gerade auf dieser Ebene funktionierten Nutzungsabkommen und soziale Kontrollmechanismen oft sehr gut. Die jüngere Forschung stützt diese Kritik: Die Nutzungsbedingungen der Allmende wurden genossenschaftlich festgelegt. Über Termine für Aussaat und Ernte befand die Dorfgemeinschaft. Die Quellen aus dem Spätmittelalter zeigen, dass es in vielen Dörfern ein gewisses Bewusstsein für Nachhaltigkeit gab.

Von einer Ungeregeltheit der Allmende kann keine Rede sein. Der Rechtshistoriker Bernd Marquardt meint: »Lokales Gemeinschafts- oder ›Gesamteigentum‹ bedeutete aber gerade nicht, dass sich jeder nehmen konnte, was und wie es ihm beliebte.«[170] Marquardt verweist zudem auf ein entscheidendes Wesensmerkmal der Allmendeflächen: Diese seien immer lokal und kleinräumig gewesen. Innerhalb der Gemeinschaft konnten die Dorfbewohner Zusammenhänge überschauen und verstehen – und eine Übernutzung verhindern.

Hinzu kommt: Die dörflichen Gemeinschaften waren nicht-kapitalistisch, es gab keinen Anreiz, irgendwelche Einkünfte zu maximieren. Deshalb schlussfolgert der Umwelthistoriker Joachim Radkau: »Solange sich die Nutzung der Allmende im Rahmen der Subsistenzwirtschaft hielt und von keiner Dynamik der Einkommensmaximierung gepackt wurde, gab es eine gewohnheitsmäßige Selbstbeschränkung.«[171]

Mit der fehlenden Dynamik der Einkommensmaximierung war es zuerst in England vorbei. Dort geriet die feudalrechtliche Agrarordnung schon im Spätmittelalter unter Druck – und damit auch das Allmendeland. In Kontinentaleuropa wurde Allmendeland wesentlich später in Privateigentum überführt. Agrarreformen sorgten im 18. und im 19. Jahrhundert für eine Einhegung der Ländereien. Die Feldstrukturen, wie wir sie heute kennen, bildeten sich heraus.[172] Die Dreifelderwirtschaft wurde von der Fruchtfolge abgelöst. Und auf die Subsistenzwirtschaft folgte die kapitalistische Produktions- und Lebensweise, um die das übernächste Kapitel kreisen wird.

---

[170] Marquardt, Bernd: Gemeineigentum und Einhegungen – Zur Geschichte der Allmende in Mitteleuropa, S. 15, in: Bayerische Akademie für Naturschutz und Landschaftspflege (ANL): Berichte der ANL 26, Laufen 2002, S. 14–23.

[171] Radkau, Joachim: Natur und Macht. Eine Weltgeschichte der Umwelt, München 2002, S. 92.

[172] Vgl. Fersterer, Matthias: Allmende revisited, S. 38, in: Oya – anders denken. anders leben, Heft 1, 2010, S. 34–38.

Als Zwischenfazit lässt sich die folgende Feststellung treffen: Das Problem der Allmende ist ein reales, aber auf das Mittelalter trifft die Problembeschreibung kaum zu. Vielmehr scheint das Problem ein sehr modernes zu sein. In der global vernetzten Welt des 21. Jahrhunderts gibt es keine wirklich starke Regelungsinstanz, die die Übernutzung der Ressourcen wirkungsvoll verhindern kann. Daran ändern auch internationale Vertragswerke nichts.

Statisches Mittelalter?

Das Mittelalter wird gerne als düster und statisch bezeichnet. Eine Einschätzung, die nur bedingt richtig ist. Zugegeben: Alles lief gemächlicher ab. Tag und Nacht sowie die religiösen Riten und Feiertage gaben maßgeblich den Lebensrhythmus vor. Zeit war subjektiv, *die* Zeit gab es nicht. Doch dieser Befund gilt auch für die frühe Neuzeit. Die Zeitvereinheitlichung begann erst im 19. Jahrhundert, als die Eisenbahn weitentfernte Regionen miteinander verband und es erforderlich wurde, eine einheitliche Zeit festzulegen.

Die Menschen tickten eindeutig nicht-kapitalistisch. Aus Geld mehr Geld zu machen, war geradezu verpönt. Händler und Kaufleute waren vielen Menschen suspekt. Entgegen der landläufigen Meinung gab es im Mittelalter aber viele technische Fortschritte. In der Landwirtschaft tauchten der schwere Pflug, die Dreifelderwirtschaft, Hufe aus Eisen sowie Anspannvorrichtungen für Wagen auf, was die Produktivität zu steigern half. Im Bereich der Seefahrt tat sich auch einiges. So trugen der Kompass, die Einführung größerer Schiffe und die Kartographie zu einer wesentlich größeren Leistungsfähigkeit bei. Ferner erfolgten große und kleine Revolutionen im Bankwesen wie in der Buchhaltung. Die Erfindung des Buchdrucks durch Johannes Gutenberg kann nicht hoch genug eingeschätzt werden. Wissen konnte sich nun viel schneller verbreiten. Einige Jahrhunderte vorher war das intellektuelle Leben durch die Gründung von Universitäten und Klöstern angeregt worden.

Allerdings blieb das Energieregime im Grundsatz unangetastet. Holz war von zentraler Bedeutung – damit ging die Waldrodung weiter. Die Wasserkraft wurde im Laufe des Mittelalters immer besser genutzt. Die von Wasser angetriebenen Arbeitsmühlen erforderten eine präzise Mechanik. In gewisser Weise führten die Mühlen in West- und Zentraleuropa sogar zu einer *Maschinenbau-Tradition*, wie der Wirtschaftshistoriker Heinrich Bortis meint. Der amerikanische Wirtschafts- und Kulturhistoriker John Nef spricht sogar von einer mittelalterlichen industriellen Revolution, die die technischen Grundlagen für die spätere »echte« Industrielle Revolution lieferte.[173]

Genau wie die antiken Gesellschaften waren auch die mittelalterlichen Gesellschaften agrarisch ausgerichtet. Es gab auch im Mittelalter keinen Mangel an billigen Arbeitskräften. Die Leibeigenschaft sorgte dafür, dass die Lehnsherren einen Großteil der Arbeitskraft ihrer hörigen Bauern beanspruchen konnten. Zugespitzt lässt sich die These aufstellen, dass Arbeitskraft dermaßen billig war, dass sich Maschinen nicht lohnten – wir kommen auf diese These noch zurück.

Solange sich die herrschenden und besitzenden Klassen das gesellschaftliche Mehrprodukt in Form von Gebrauchsgütern aneigneten, bildete ihr eigener Verbrauch enge Grenzen für das Wachstum der Produktion. Und das war eine Konstante seit der Einführung des Ackerbaus: Sowohl die Sklavenhalter der griechisch-römischen Antike als auch die chinesischen, indischen oder arabischen Grundeigentümer wie auch der Feudaladel des Mittelalters – sie alle hatten kein Interesse daran, die Produktion noch weiter zu steigern. Irgendwann hatten sie genug Lebensmittel, Luxusartikel und Kunstgegenstände angehäuft. Erst als das gesellschaftliche Mehrprodukt die Form des modernen Geldes annahm und es nicht mehr nur um den Erwerb von Verbrauchs-, sondern auch um den Erwerb von Produktionsgütern ging, gewannen die herrschenden Klassen allmählich ein Interesse daran, die Produktion unbegrenzt zu steigern.[174]

Bis dato fehlten aber die Anreize zur Rationalisierung. Die Investitionen in den technischen Fortschritt waren aus heutiger Sicht gering. Damit ist das wichtigste Schlagwort des nächsten Kapitels gegeben.

---

173 Vgl. Bortis, Heinrich: Die Wirtschaft im Mittelalter (500–1500). Text online unter: http://www.unifr.ch/withe/assets/files/Bachelor/Wirtschaftsgeschichte/Wige_Mittelalter.pdf [Stand: 2.9.2014].

174 Vgl. Mandel, Ernest: a. a. O., S. 28.

»Fortschritt ist etwas, das auf dem allgemeinen und angeborenen Verlangen jedes Wesens beruht, über seine Verhältnisse zu leben.«
Samuel Butler, englischer Philosoph, Schriftsteller und Essayist

8. Fortschritt und Naturbeherrschung

Jede Epoche hat einen zumeist nicht reflektierten Hintergrundmythos, der von einer überwältigenden Mehrheit der Menschen in einer Gesellschaft geteilt wird. Unser Mythos ist der Glaube an den Fortschritt. Dieser Glaube ist ideologieübergreifend.

Karl Marx war ebenso von Technik und Wissenschaft fasziniert wie seine bürgerlich-liberalen Gegenspieler. Die Fortschrittsidee hat ihre Wurzeln in der frühen Neuzeit. Zunächst einmal handelt es sich bei der Fortschrittsidee um eine zeitliche Ordnungsvorstellung. Sie hilft uns dabei, Ereignisse in der Gegenwart wie in der Vergangenheit zu verstehen und Aussagen über die Zukunft zu treffen.

Das neuzeitliche Weltbild ist linear. Zentral ist die Vorstellung, dass es *ständig* Fortschritt gibt. Wir als Menschheit entwickeln uns also immer nur in eine Richtung: nach vorne. Und nach vorne heißt: mehr Naturbeherrschung, mehr Wohlstand, mehr Freiheit, mehr Vollkommenheit. Aus einer historischen Perspektive ist der Fortschrittsglaube etwas relativ Neues. Wir müssen damit noch einmal zurück in die Antike und ins Mittelalter ...

In der Antike dachte man anders als heute. Im Denken Platons kam der Gedanke des Niedergangs ständig vor. Er glaubte, dass alles, sowohl die Natur als auch die Gesellschaft, dem Verfall ausgeliefert sei. Platon und viele andere Denker und Gelehrte der Antike wie Homer oder Cicero zogen Parallelen zum Lebensverlauf: Auf die Geburt folgt Wachstum, auf Wachstum folgt das Altern, auf das Altern folgt der Tod. Im Rom der Kaiserzeit glaubte man an das zyklische Auf und Ab. Höhen und Tiefen des Reiches wechselten sich nach dieser Auffassung in der römischen Geschichte ebenso ab wie gute und schlechte Herrscher.

In der Antike waren also zyklische Geschichtsauffassungen weit verbreitet. Demnach kehrte das Gleiche periodisch wieder. Geschichte konnte sich also wiederholen. Aus der Warte der Fortschrittsidee wiederholt sich Geschichte nicht. Die Vergangenheit ist abgeschlossen – sie kommt niemals zurück.

Im europäischen Mittelalter war ein statisches Geschichtsbild dominant. Die Menschen waren stark auf das Jenseits ausgerichtet. Der christlichen Religion kam eine überragende Bedeutung zu. *Ora et labora*, zu beten und zu arbeiten, das waren die Gebote der Zeit. Einfach und arm wurde im Diesseits gelebt – damit war die Hoffnung verbunden, im Jenseits belohnt zu werden.[175]

Wer glaubt, dass die Geschichte auf der Stelle tritt, glaubt gleichzeitig auch, dass die Gesamtsumme des Wohlstands begrenzt ist. Dass die Wirtschaft wachsen und dass damit der wirtschaftliche Kuchen größer werden könnte, kam den Zeitgenossen nicht in den Sinn. Die Wirtschaft wurde als Nullsummenspiel aufgefasst. Die Handels- und Seefahrermetropole Venedig konnte zwar einen Boom erleben, aber nur dann, wenn es der Konkurrenz aus Genua schlechter ging. Und der König aus Frankreich konnte zwar reicher werden – aber nur auf Kosten des englischen Königs.[176]

Wissen wurde anders aufgefasst als heutzutage. Die Vertreter des Christentums hatten immer wieder erklärt, dass alles, was es zu wissen gab, schon bekannt war. Die Religionsvertreter gaben vor, im Besitz aller Antworten zu sein. Wissenserwerb bedeutete, die alten Weisheiten in alten Schriften oder mündlichen Überlieferungen gründlich zu studieren, kurz einen vorhandenen Kanon zu erlernen und nachzubeten. Es war nicht vorstellbar, dass die Bibel entscheidende Geheimnisse des Universums übersehen haben könnte.[177]

Der Ort des guten Lebens verlagert sich ins Diesseits

Die (frühe) Neuzeit änderte alle diese Auffassungen. Mit der Aufklärung im 17. und im 18. Jahrhundert verlagerte sich der religiöse Gedanke der Erlösung in das Diesseits. Nicht durch die Gnade eines Gottes, sondern durch Verstand und Tatkraft der Menschen sollten die vorgefundenen Verhältnisse verändert und verbessert werden. In der Konsequenz wurde eine Höherentwicklung der irdischen Verhältnisse angestrebt.[178]

---

[175] Vgl. Rifkin, Jeremy: Entropie. Ein neues Weltbild, Frankfurt am Main/Berlin 1989, S. 19–24.

[176] Vgl. Harari, Yuval Noah: a. a. O., S. 378.

[177] Vgl. ebenda, S. 306–307.

[178] Vgl. Ullrich, Otto: Leitbilder nach dem Ende des Fortschritts. Online unter: http://www.otto-ullrich.de/Texte_files/Leitbilder%20nach%20dem%20Ende%20des%20Fortschritts%20.pdf [Stand: 2.9.2014].

Die Idee der Aufklärung ist auf das Engste mit der Lichtmetaphorik verbunden. Dem »finsteren Mittelalter« wurde ein »helleres Zeitalter« gegenübergestellt. Die Aufklärer erhoben die Vernunft zu ihrer Kernidee. Die Vernunft ist im aufklärerischen Denken das Prinzip, das der Wirklichkeit Sinn, Struktur und Ordnung verleiht. Der Gebrauch der Vernunft ermöglicht die Befreiung von Kräften, Mächten und Lehren, die den Menschen unterdrücken und in Abhängigkeit halten.[179]

So war es nur konsequent, dass vormoderne Wissenstraditionen abgelöst wurden. Die Menschen erkannten, dass das alte Wissen unzureichend war. Die alten Wälzer aus dem Kirchenbestand wurden zur Seite gelegt. Man gestand sich ein, dass man nicht viel wusste. Und legte den Schwerpunkt auf Beobachtungen und Experimente.

Es wurden enorme Ressourcen in die naturwissenschaftliche Forschung investiert. Das war die Grundlage für eine wissenschaftliche Revolution.[180] Diese brachte die europäischen Gesellschaften voran. Die Geschichte bewegte sich fortan vorwärts. So konnte sich die Fortschrittsidee etablieren.

Kredit und das Ende des Nullsummenspiels

Das Fortschrittsdenken und die Begeisterung für die Naturwissenschaften hatten vielfältige Folgen. Unter dem Eindruck des sich verbreitenden Fortschrittsgedankens wuchs das Vertrauen in die Zukunft. Wer an Fortschritt glaubt, ist überzeugt, dass sich die Produktion, der Handel und der Wohlstand steigern lassen. Die Wirtschaft wurde nicht länger als Nullsummenspiel begriffen. Die Handelsrouten im Atlantik ließen sich aufbauen, ohne die alten Routen im Indischen Ozean abzuwerten.

Diese veränderte Haltung hatte diverse Konsequenzen. Eine war der Siegeszug des Kredits. Das Instrument des Kredits hatte es vorher auch schon gegeben, aber es fehlte das Vertrauen in die Zukunft. Jetzt war es da, und dieses Vertrauen sollte Kredite bereitstellen und Wirtschaftswachstum generieren. Das Wirtschaftswachstum wiederum stärkte das Vertrauen in die Zukunft und bereitete den Boden für neue Kredite.[181]

---

179 Vgl. Deutscher Naturschutzring (Hg.): Die Grenzen des Wachstums. Die Große Transformation – Zweiter Teil. Ein Reader für Vor- und Nachdenker, Berlin 2012, S. 14.

180 Vgl. Harari, Yuval Noah: a. a. O., S. 310–311 u. S. 304.

181 Vgl. ebenda, S. 380.

Das mechanistische Weltbild

Die »europäische Rationalität der Weltbeherrschung« (Max Weber) hatte Folgen für das Verhältnis zur Natur. Francis Bacon war der Erste, der ausführlich den Gedanken äußerte, dass der wissenschaftlich-technische Fortschritt in der Naturbeherrschung der Garant dafür sei, dass gesellschaftlich-sozialer Fortschritt möglich werde.[182] Andere folgten. René Descartes, Isaac Newton, John Locke und Adam Smith brachten die Idee des mechanistischen Weltbildes nach vorne.

Der Glaubenssatz, dass wir Menschen isolierte Individuen seien, lässt sich auf diese Denkweise zurückverfolgen. Demzufolge sind wir zunächst eines: separate Wesen, eingeschlossen in unsere Körper. Der Rest ist »außen«. Das große Ganze ergibt sich nur aus der mechanistischen Verbindung vieler Teile. Daraus konnte sich Vertrauen in Märkte ergeben. Im Markt ist, so die Vorstellung, alles wie eine Maschine arrangiert, so dass am Ende, wenn jeder ganz egoistisch sein eigenes Interesse verfolgt, es früher oder später allen nutzt.[183]

Jenes mechanistische Weltbild propagiert Wissenschaft und Technologie, um Fortschritt zu erlangen. Es stellt die Machbarkeit der Dinge in den Mittelpunkt.[184] Natur an sich ist in diesem Weltbild erst einmal wertlos. Typisch ist die Vorstellung von John Locke, demzufolge alles in der Natur als wertlos angesehen wird, bis es menschliche Arbeit in etwas Wertvolles verwandelt hat.[185] John Locke meinte gar: »Die Negation der Natur (sei) der Weg zum Glück«.

Der französische Aufklärer René Descartes forderte, dass der Mensch »maître et possesseur de la nature« – Herr und Eigentümer der Natur – mittels der methodischen Anwendung von Wissenschaft und Rationalität werden müsse. Geist/Denken und Natur wurden als Gegensätze verstanden. Für ihn war die Natur ein Ressourcenlager. (Baruch Spinoza, ein Schüler Descartes', sah das übrigens ganz anders. Er formulierte die Gegenthese – Spinoza setzte die Natur und Gott gleich. Womit der Stellenwert der Natur nicht schrumpfte, sondern wuchs.)

Dass wir oftmals heute außerstande sind, bestimmte Dinge zusammenzudenken, hat mit dem cartesianischen Gegensatzdenken zu tun. Arbeitslosig-

---

[182] Vgl. dazu ausführlich und kritisch Ullrich, Otto: Forschung und Technik für eine zukunftsfähige Lebensweise. Online im Internet unter folgender URL: http://www.otto-ullrich.de/Texte_files/Forschung%20und%20Technik%20fuer%20eine%20zukunftsfaehige%20Lebensweise.pdf [Stand: 2.9.2014].

[183] Vgl. Lüpke, Geseko von: Wir sind an einem Wendepunkt, der Wandel liegt vor uns. Im Dialog mit dem Systemtheoretiker und Zukunftsforscher Ervin Laszlo, S. 30–31, in: Lüpke, Geseko von: Zukunft entsteht aus Krise, München 2009, S. 20–42.

[184] Vgl. Rifkin, Jeremy: Entropie, a. a. O., S. 39–40.

[185] Vgl. ebenda, S. 144.

keit begreifen wir beispielsweise als soziales Thema, während der Klimawandel als ökologisches Problem aufgefasst wird.[186] Auch die Polarität der Geschlechter lässt sich durch Spaltungsdenken erklären. Sowohl in der religiösen als auch in der weltlichen Deutung des Fortschritts spielte der Gegensatz zwischen Mann und Frau eine aus heutiger Sicht reichlich sonderbare Rolle mit Folgen für die Bewertung der Natur.

Das Männliche stand demnach lange Zeit für den Geist, das Weibliche für den Körper. Exemplarisch ist hier die Schrift *The Pilgrim's Progress* von John Bunyan. In ihr wird die Versuchung und Sünde durch die Körperlichkeit der Frau symbolisiert, welcher der Fortschrittspilger kraft seiner männlichen Geistigkeit zu widerstehen hatte. Auch in vielen anderen Werken aus der frühen Neuzeit wurde die Natur nicht als Mitwelt verstanden, sondern als etwas »Weibliches«. Und damit als etwas, das beherrscht werden müsse.[187]

Mit solchen Natur- und Technikvorstellungen im Kopf ist es kein Wunder, dass wir Problemen optimistisch begegnen, weil wir glauben, dass die technologische Entwicklung schon rechtzeitig Lösungen finden wird. Diese technikmetaphysische Heilserwartung mag vor dem Hintergrund unserer Alltagserfahrungen manchmal sogar berechtigt sein, mit Blick auf die Umwelt-, Klima- und Ressourcenkrise könnte sich dieser Glaube jedoch als verhängnisvoll erweisen. Der technische Fortschritt hat dazu geführt, dass wir nicht mehr in Strohhütten leben und nur noch zum Hobby auf Pferderücken reiten. Er hat uns Haartrockner, Espressomaschinen und Zeitungen beschert, aber auch Fernsehen, das uns verblödet, Fahrzeuge, die die Luft verpesten, oder Uranmunition, welche, einmal verschossen, Jahrtausende die Umwelt verstrahlt, Leukämie erzeugt und zum Tode führt.

Man muss kein Anarcho-Primitivist sein, um zu sehen, dass der technische Fortschritt nicht nur positive Seiten hat, sondern auch jede Menge Schattenseiten. Erst der technische Fortschritt hat die Menschheit in die Lage versetzt, sich selbst vernichten zu können. Das konnte früher nur Gott.

Die Herausforderungen, vor die unser Planet und mit ihm die Menschheit in den nächsten Jahrzehnten stehen, sind immens. Noch einmal sei Albert Einstein zitiert: »Die Probleme, die es in der Welt gibt«, so schrieb der Schöpfer der Relativitätstheorie, »sind nicht mit der gleichen Denkweise zu lösen, die sie erzeugt hat.« Well spoken, Mr. Einstein!

---

186 Vgl. Keefer, Tom: Wall Street is a Way of Organizing Nature. Interview mit Jason W. Moore, S. 41, in: Upping the Anti: A Journal of Theory and Action, Nr. 12, Mai 2011, S. 39–53.

187 Vgl. Deutscher Naturschutzring (Hg.): Die Grenzen des Wachstums, a. a. O., S. 16–17 u. S. 19.

KAPITALISMUS

»Kapitalismus bedeutet die Herrschaft der Gegenwart über die Zukunft.«
Harald Welzer, deutscher Sozialpsychologe

9. Vom Feudalismus zum Kapitalismus

Umweltprobleme führen fast immer zur Wirtschaft. Wer Umweltverwerfungen verstehen und lösen will, kommt daher nicht daran vorbei, sich mit wirtschaftlichen Entwicklungen und deren Triebkräften zu beschäftigen. Oder anders formuliert: Die multiple Krise kann nicht verstehen, wer nicht die Grundzüge unseres Wirtschaftssystems versteht.

Unser Wirtschaftssystem ist der Kapitalismus. Das wissen die meisten Menschen, und viele können zumindest grob erklären, was es mit diesem Wirtschaftssystem auf sich hat. Eine genaue Definition fällt aber vielen ausgesprochen schwer – mehr dazu sehr bald.

Zuerst ist es sinnvoll, unser derzeitiges Wirtschaftssystem historisch einzuordnen. Der Kapitalismus als dominantes Wirtschaftssystem ist nicht vom Himmel gefallen. Er ist durch soziale und politische Revolutionen entstanden – konkret durch die großen bürgerlichen Revolutionen, die zwischen dem 16. und dem 19. Jahrhundert erfolgten und die zur Herausbildung von Nationalstaaten führten. Grundlage und Voraussetzung dafür war das Wachstum der Produktivkräfte innerhalb der Feudalgesellschaft, das mit der Aufrechterhaltung der Leibeigenschaft, der Zünfte und der Einschränkung der Warenproduktion wie auch der Beschränkung des Warenhandels nicht mehr vereinbar war.[188]

Auf die historischen Hintergründe, die zur Herausbildung des Kapitalismus führten, wird noch ausführlicher einzugehen sein. Zunächst aber sei ganz grundlegend gefragt: Was *genau* ist Kapitalismus?

---

188 Vgl. Mandel, Ernest: a. a. O., S. 98–99.

Kapitalismus in Kurzform

Die einfachste Definition von Kapitalismus stammt von Karl Marx: G-W-G'. Das W symbolisiert die Ware. Das G steht für das ursprünglich aufgebrachte Geld, G' indes für eine vermehrte Menge Geld. Grundsätzlich sind alle Gegenstände potentielle Waren. Sie werden durch Geld ge- bzw. verkauft. Der Kapitalismus trachtet danach, alles in Waren zu verwandeln. Das nennt man Kommodifizierung. Eine Besonderheit des Kapitalismus besteht darin, dass auch Arbeitskraft eine Ware ist. Wie jede andere Ware auch, kann sie ge- und verkauft werden. Daneben weist der Kapitalismus weitere charakteristische Merkmale auf:

- Privateigentum an Produktionsmitteln ist entscheidend. Die Verfügungsgewalt über die Produktivkräfte liegt nicht beim Staat oder bei einer Gemeinschaft, sondern bei Privatpersonen.
- Die Zwänge der Konkurrenz veranlassen die Unternehmen zu einem ständigen Kampf um größtmögliche Marktanteile und Umsätze.
- Der Zweck der Produktion ist der Gewinn. Dieser soll so hoch wie möglich ausfallen. Um dieses Ziel zu erreichen, muss der Unternehmer seine Ware möglichst billiger verkaufen als die Konkurrenz. Dazu muss er die Produktionskosten senken. Der beste Weg besteht darin, die Basis der Produktion zu erweitern, d. h. mit immer mehr Maschinen immer mehr Waren zu produzieren. Diese Investitionen erfordern immer größere Geldsummen. Ein Problem des Kapitalismus wird schon an dieser Stelle offenkundig: Im Kapitalismus geht es immer *nur* um Geldvermehrung. Der Unternehmensführer stellt nur eine Frage: Was ist gut für den Gewinn? Und nicht: Was ist gut für den einzelnen Menschen? Und auch nicht: Was ist gut für die Gesellschaft?
- Der Gewinn ist zwar eine notwendige, aber nicht hinreichende Voraussetzung des Kapitalismus. Möglicherweise konsumiert der Besitzer der Produktionsmittel seinen gesamten Gewinn zu 100 Prozent. Ein zentrales Merkmal des Kapitalismus ist allerdings, dass der Unternehmer eben nicht seinen Gewinn verfrühstückt, sondern den größten Teil davon *akkumuliert*. Akkumulation heißt, dass ein Teil des Gewinns reinvestiert wird – als zusätzliches Kapital in Form von weiteren Maschinen, Rohstoffen und Arbeitskräften.[189] Die Masse des Kapitals nimmt im Zeitverlauf ständig zu. Das führt dazu, dass sich der Kapitalismus in immer mehr Bereiche der Gesellschaft hineinfrisst. Die Vermehrung des Kapitals durch Akkumulation war in der bisherigen Geschichte mit einem zunehmenden Material- und Rohstoffeinsatz verbunden.[190] (Eine

---

[189] Vgl. ebenda, S. 53.

[190] Vgl. Fülberth, Georg: Kapitalismus, 2. Auflage, Köln 2011, S. 19–22.

entscheidende Frage in Kapitel 14 dieses Buches wird sein, ob sich dieser historisch eindeutige Trend brechen bzw. sogar umkehren lässt.)

Der Geograph und Umwelthistoriker Jason W. Moore (Universität Umeå/Schweden) beschreibt den Kapitalismus als ein dialektisches Verhältnis aus Produktivität und Plünderung. Der Kapitalismus bemächtige sich nicht einfach nur der frei verfügbaren Gaben der Natur, nein, er sauge diese kostenlosen Schätze regelrecht auf, um diese in Waren zu verwandeln und damit die Arbeitsproduktivität zu steigern.[191]

Der Kapitalismus, so Moore, verwende die Früchte der Plünderung für produktivitätssteigernde Innovationen. Aus der Dialektik von Plünderung und Produktivität ergäben sich seine Dynamik und sein Streben nach ständiger Expansion.[192]

Aber sind die beschriebenen Prozesse nicht ein alter Hut? Die Formel G-W-G' wurde bereits in der Antike praktiziert. Und wurde die Natur nicht schon in der Antike geplündert, um Waren herzustellen? Anders gefragt: Waren nicht schon die Römer Kapitalisten? Schließlich waren die reichen Römer, die Patrizier, durchaus darauf aus, ihr Geld zu mehren. Oder etwa nicht? Gab es nicht eine komplexe Arbeitsteilung? Und verfügten die Römer nicht schon über Märkte, ein kodifiziertes Privatrecht und eine leistungsfähige Geldwirtschaft?

Alles richtig. Und trotzdem: Die Römer waren keine Kapitalisten. Die Anwendung der Formel G-W-G' beschränkte sich auf einige wenige Wirtschafts- und Handelsaktivitäten, so zum Beispiel auf den Fernhandel.

Obwohl die römische Oberschicht an Geld interessiert war, kam es ihr nicht in den Sinn, einen Kredit aufzunehmen, um die Effizienz der Produktion auf ihren Landgütern zu steigern. Die Wirtschaftsleistung kann aber nur zunehmen, wenn die Produktivität der Arbeitskraft steigt. Das ist das Entscheidende. Wer Wachstum will, muss in technische Verbesserungen investieren. Doch die Arbeitskraft war, wie bereits im vorletzten Kapitel dargelegt wurde, so billig und die römische Oberschicht so reich, dass es keinen Anreiz gab, den Reichtum noch weiter zu steigern.[193] Es kam nicht zur Akkumulation. Alle anfallenden Gewinne wurden *nicht* reinvestiert, sondern verfrühstückt oder gehortet. Damit waren die Römer zumindest in dieser Hinsicht nicht sehr viel weiter als ihre Ahnen.

---

[191] Vgl. Keefer, Tom: a. a. O., S. 43 u. S. 47.

[192] Vgl. ebenda: S. 45.

[193] Vgl. Herrmann, Ulrike: Der Sieg des Kapitals. Wie der Reichtum in die Welt kam: Die Geschichte von Wachstum, Geld und Krisen, 2. Auflage, Frankfurt am Main 2013, S. 20–24.

Vom Kapital zum Kapitalismus

In frühen Gesellschaften diente die Produktion der Bedürfnisbefriedigung. Güteraustausch fand in einem bescheidenen Umfang statt, und einen Drang zur persönlichen Bereicherung gab es oft nicht. Im Regelfall bestimmten Sitten und Gewohnheiten, welche Güter getauscht wurden. Arbeit war gesellschaftliche Arbeit.

Das änderte sich mit zunehmender Arbeitsteilung und mit der Entstehung von Überschüssen. Das private Eigentum an Produkten und an Produktionsmitteln trennte die Menschen voneinander, Arbeit erhielt einen privaten Charakter. Güter entwickelten sich zu Waren.

Dieser Unterschied ist kein kleiner: Aus einer Gesellschaft, in der die produzierten Güter ganz oder größtenteils für den Verbrauch der Produzenten bestimmt waren, wurde eine Gesellschaft, deren Produkte und Produktion nun vom Tausch bestimmt wurden.

Diese Entwicklung, von Marxisten als einfache Warenproduktion bezeichnet, beginnt mit der schon erwähnten Neolithischen Revolution vor 11.000 Jahren in Vorderasien. Lange Zeit tauschten bzw. verkauften die Bauern ihre Waren auf kleinen Märkten. Allerdings veräußerten sie ihre Waren, um damit andere Erzeugnisse erwerben zu können, die sie selbst nicht herstellten. Es ging darum, etwas zu verkaufen, um mit dem Erlös etwas kaufen zu können. Die Einführung des modernen Geldes erleichterte diese Transaktionen sehr. Mit dem Geld konnte sich aber ein neuer Menschentypus herausbilden: der Geldbesitzer, der Kapitalist. Im Unterschied zum obigen Beispiel des Bauern galt für ihn: Er kaufte, um zu verkaufen. Und im Unterschied zum Bauern war sein Ziel nicht Bedürfnisbefriedigung, sondern einen bestimmten anfänglichen Geldbetrag durch einen Gewinn zu vermehren. Immer reicher zu werden, war das erklärte Ziel seiner Tätigkeit.

Kapital – und hier ganz konkret Geldkapital – ist ein Wert, der sich in einer Art Endlosschleife des wechselseitigen Kaufens und Verkaufens immer weiter vermehrt. Wer Waren wie die Händler im Beispiel günstig kauft und zu einem höheren Preis verkauft, generiert einen *Handelsgewinn.*

Auf diesen Handelsgewinn zielten die ersten Aktiengesellschaften. Die erste ihrer Art war die Niederländische Ostindien-Kompanie, die im Jahr 1602 entstand. Aktiengesellschaften, rechtlich eine »juristische Person«[194], hatte es bis dato nicht gegeben. Vorher hing die Kapitalanhäufung an Einzelpersonen. Starben diese, so war es auch mit dem Streben nach Akkumulation vorbei. Ak-

[194] In den USA haben Aktiengesellschaften noch umfassendere Rechte als in Europa. Dort sind sie mit allen Verfassungsrechten ausgestattet, die auch »natürliche Personen« genießen.

tiengesellschaften überdauern viele Generationen – hier ist die Akkumulation institutionalisiert. Anders formuliert: Aktiengesellschaften als ein zentrales Element des Kapitalismus werden von der Logik der endlosen Geldvermehrung angetrieben. Sie kennen keinen zu erreichenden und zu konservierenden Endzustand. Was zählt, ist unendliche Expansion.[195]

Neben dem Handelsgewinn gibt es weitere Formen des Gewinns, am bekanntesten ist der Gewinn durch Mehrwertproduktion in den Fabriken. Diese Form des Gewinns hat niemand besser und präziser erklärt als Karl Marx.

Was ist Mehrwert?

Schon vor der Entstehung des Kapitalismus konnte man den Prozess der Produktion eines Gutes gedanklich in zwei Teile zerlegen: in ein notwendiges Produkt und ein Mehrprodukt.

Der Wert der Ware Arbeitskraft wird durch die Reproduktionskosten bestimmt, d. h. durch den Wert aller Waren, die zur Regeneration der Arbeitskraft verbraucht werden. Man kann sich fragen: Was ist nötig, um den Arbeiter in die Lage zu versetzen, die verbrauchten Kalorien und Vitamine wieder anzusammeln, die bei der Arbeit verlorengegangen sind? Und was ist nötig, um seine Familie zu ernähren?[196] Diese Fragen sind entscheidend, um das sogenannte notwendige Produkt verstehen zu können.

Die herrschende Klasse eignete sich in der vorkapitalistischen Zeit durch Steuern und Frondienste das Mehrprodukt an, während die unterdrückten Klassen das notwendige Produkt verkonsumierten. Im Kapitalismus setzt sich diese Konstellation unter geänderten Vorzeichen fort: Vom Beginn des Arbeitstages an fügen die Arbeiter dem Rohmaterial neuen Wert zu. Nach einer bestimmten Zahl von Arbeitsstunden haben sie einen Wert erzeugt, der genau ihrem Tageslohn entspricht. Wenn sie ihre Arbeit in genau diesem Moment beenden würden, hätte ihr Arbeitgeber nichts an ihnen verdient. Aber genau das ist die Intention des Arbeitgebers: Er kauft Arbeitskraft ein, um etwas zu verdienen. Der Arbeiter muss deshalb noch einige Stunden länger arbeiten.

Die Substanz des Mehrwerts ist also Mehrarbeit, unbezahlte, vom Kapitalisten angeeignete Arbeit. Der Mehrwert kann entstehen, weil eine Differenz zwischen dem Wert besteht, den der Arbeiter produziert, und dem Wert der Waren, die er für seinen Unterhalt verbraucht. Diese Differenz wird möglich

[195] Vgl. Scheidler, Fabian: Das Ende der Megamaschine, a. a. O., S. 98–99 u. S. 103.
[196] Vgl. Mandel, Ernest: a. a. O., S. 56.

durch ein Wachstum der Arbeitsproduktivität. Der Kapitalist kann sich diesen Zuwachs aneignen, weil er die Produktionsmittel besitzt.[197]

Arbeitskraft als Ware

Die Beziehung zwischen billiger Nahrung und dem Preis der Arbeitskraft ist äußerst wichtig. Der Preis für Nahrung bestimmt den Preis für Arbeitskraft.[198] Außerdem wichtig: Kapital ist nicht zu verwechseln mit Kapitalismus. Kapital in dem gerade beschriebenen Sinne ist Tausende Jahre alt.

Für den Kapitalismus, verstanden als komplexes Wirtschaftssystem, gilt das nicht. Die entscheidende qualitative Veränderung ergab sich in Europa im »langen« 16. Jahrhundert (1450–1640). Bis dato waren die Kapitalisten Händler, Geldverleiher oder Wucherer – manchmal alles zusammen. Doch nun dringen die Kapitalisten in die Produktionssphäre ein. Sie erwerben Produktionsmittel und stellen Arbeiter ein. Mehrwert wird damit im Produktionsprozess selbst erzeugt.[199]

Arbeitskraft wird in diesem Moment in eine Ware verwandelt. Das ist, wie schon erwähnt, eine Besonderheit des kapitalistischen Systems. Das beschriebene Verhaltensmuster der Kapitalisten bleibt identisch: Sie kaufen, um zu verkaufen. Dieses Mal auch Arbeitskraft.

Nach Ernest Mandel gibt es drei Entwicklungen, die den Kapitalismus ermöglichten: Erstens die Trennung der Produzenten von ihren Produktionsmitteln. Zweitens die Bildung einer gesellschaftlichen Klasse, die die Produktionsmittel monopolisierte: die Bourgeoisie. Die Entstehung dieser Klasse setzte die Akkumulation von Geldkapital voraus. Zudem mussten die Produktionsmittel so teuer sein, dass nur reiche Bürger diese erwerben konnten. Und drittens durch die schon erwähnte Verwandlung der Arbeitskraft in eine Ware. Diese Verwandlung wurde erst dadurch möglich, dass eine Klasse von Menschen keinen Zugang zu Grund und Boden mehr hatte, sondern nur noch ihre Arbeitskraft besaß. Diese Arbeitskraft musste zu Markte getragen werden, um überleben zu können.[200]

---

[197] Vgl. ebenda, S. 48–49.

[198] Vgl. Moore, Jason W.: The End of the Road? Agricultural Revolutions in the Capitalist World-Ecology, 1450–2010, S. 395, in: Journal of Agrarian Change, Nr. 3, Juli 2010, S. 389–413.

[199] Vgl. Mandel, Ernest: a. a. O., S. 41–47.

[200] Vgl. ebenda, S. 50.

Die Erfindung der Arbeit

Es lohnt sich an dieser Stelle, den Begriff der Arbeit kurz zu reflektieren. Wir glauben heute, dass Arbeit so alt ist wie die Menschheit. Menschen mussten nach dieser gängigen Vorstellung *immer* arbeiten, um ihre Grundbedürfnisse befriedigen zu können. Doch das stimmt nicht. Arbeit in der Antike war das, was die Sklaven tun mussten. Alles andere waren *Tätigkeiten*, wie etwa die Besorgung von Brennholz, das Stillen der Kleinkinder oder das Waschen der Wäsche. Tätigkeiten waren selbstbestimmt und dienten dem eigenen Wohl bzw. nutzten der Gemeinschaft.

Mit der Herausbildung des Kapitalismus in der Neuzeit wurde alles zu Arbeit. Es ging darum, Menschen Zwecken zu unterwerfen, die außerhalb ihrer eigenen Motivation standen.[201] Konkret hieß das im 19. Jahrhundert: Zahllose Lohnarbeiter standen 14 Stunden pro Tag an einer Maschine und mussten immer wieder denselben stumpfsinnigen Handgriff wiederholen. Karl Marx hat die Folgen dieser Entwicklung mit dem Begriff der Entfremdung präzise umschrieben.

Arbeitsmärkte bildeten sich im 18. und im 19. Jahrhundert, anders als man heute glaubt, nicht von selbst. In England, dem Mutterland der Industrialisierung, fand erst eine staatlich unterstützte Einhegung großer Landflächen statt, die die Bauern ihrer Subsistenzmöglichkeiten beraubte. Im Jahr 1834 wurde ein Gesetz (»New Poor Law«) verabschiedet, das die bis dato gültige Armenunterstützung strich. Das führte zu einer Massenverelendung, die u.a. von Charles Dickens in *Oliver Twist* beschrieben wird. Den Menschen blieb nur der Verkauf ihrer Arbeitskraft.[202] Dagegen gab es eine Menge Widerstand, vor allem im frühen 19. Jahrhundert: Arbeiterbewegungen, die sich dem Prinzip der Lohnarbeit verweigerten, wurden allzu oft blutig niedergeschlagen.

---

201 Vgl. Scheidler, Fabian: Das Ende der Megamaschine, a. a. O., S. 126–127.

202 Vgl. ebenda, S. 135–138.

Mit der Industrialisierung wurde der Mehrwert durch Güterproduktion zur dominanten Gewinnform.[203] Der Mehrwert erlangte größere Bedeutung als der Handelsgewinn.[204]

England als Zentrum der Industrialisierung

Der Durchbruch der Industrialisierung und damit des modernen Kapitalismus erfolgte in den 1760er Jahren in England. Textilfabrikanten kamen auf die Idee, Webstühle und Spinnereien zu mechanisieren. Menschliche Arbeitskraft wurde durch Technik bzw. durch Maschinen ersetzt. Aber nicht, weil England technologisch führend war. Das war England nicht. Der Grund verwundert: Die englischen Löhne waren die höchsten der Welt. Deshalb lohnte es sich, Menschen durch Maschinen zu ersetzen.[205] Wie ist das möglich?

England hatte um 1760 gerade einmal sieben Millionen Einwohner. Es war keine Großmacht. Diese Rolle fiel Frankreich mit 25 Millionen Einwohnern zu. Zunächst wurde ein einziger Wirtschaftszweig mechanisiert – der Textilbereich. Zweite Überraschung: Die Industrielle Revolution fand nicht in London statt, sondern im armen Nordwesten Englands – in der Gegend um Manchester.

Und noch mehr Dinge erstaunen, wie die Wirtschaftsjournalistin Ulrike Herrmann auf eine sehr verständliche Weise herausgearbeitet hat: Die ersten Maschinen wurden von Tüftlern und Handwerkern konstruiert – sie entstanden nicht an Hochschulen oder Universitäten. Und auch die Banken waren nicht involviert. Die ersten Erfinder und Fabrikanten borgten sich das nötige Geld bei ihren Familien und Bekannten.[206]

England hatte gegenüber dem europäischen Festland ein paar Vorteile: Der Feudalismus war früh überwunden worden. Bereits am Ende des Mittelalters gab es keine Hörigen und keine Leibeigenen mehr. Heinrich VIII., der die Anglikanische Kirche gründete, zog den Besitz von Klöstern und Kirchen ein und verkaufte den Grund an den Adel sowie an Kaufleute. Gleichzeitig

---

[203] Neben dem Handelsgewinn und dem Mehrwert gibt es zwei weitere »klassische« Gewinnformen im Kapitalismus: den Innovationsgewinn und den Monopolgewinn. Innovationsgewinne entstehen durch Verbesserungen im Produktionsprozess oder durch neue Produkte. Man denke beispielsweise an Henry Ford, der das Fließband einführte und deshalb Extraprofite einstreichen konnte. Was ein Monopolgewinn ist, erschließt sich, wenn man weiß, was ein Monopol ist. Ein (Angebots-)Monopol liegt dann vor, wenn nur ein Unternehmen ein Produkt oder eine Dienstleistung anbietet. Weil es keine Konkurrenz gibt, kann das Monopolunternehmen einen Preis verlangen, der deutlich höher als unter Wettbewerbsbedingungen ist – und damit ebenfalls hohe Gewinne erwirtschaften.

[204] Vgl. Fülberth, Georg: Kapitalismus, a. a. O., S. 49.

[205] Vgl. Herrmann, Ulrike: Der Sieg des Kapitals, a. a. O., S. 11.

[206] Vgl. ebenda, S. 34–35.

verschwand die Allmende. Jenes Gemeinschaftsland wurde eingezäunt und Privatleuten zugeschlagen. Es entwickelte sich eine Art Agrarkapitalismus. Dieser wurde von staatlicher Seite gezügelt. Grundbesitzer hatten sich mit langfristigen Pachtverträgen zu begnügen. Die Pächter bekamen Rechtssicherheit, und durch die lange Dauer der Verträge lohnten sich Investitionen. Die Pächter versuchten nun, die Erträge ihrer Böden zu maximieren.[207]

Die Dreifelderwirtschaft wurde abgeschafft und durch die Fruchtwechselwirtschaft ersetzt. Damit entfiel die Brache. Auf dieser freien Fläche pflanzten die Bauern Klee oder Rüben an. Damit ließen sich mehr Pferde unterhalten, die beim Pflügen eingesetzt werden konnten.

Durch diese großen Veränderungen in der Landwirtschaft wurden jede Menge Kosten eingespart. Die einfachen Schichten hatten Geld übrig, um andere Waren zu kaufen. Zum Beispiel Textilien. Hinzu kam: Binnenzölle wurden auf der britischen Insel frühzeitig abgeschafft. Durch die Insellage war der Transport per Schiff billig – die Schiffe konnten erst die Küste entlangschippern und schließlich über die vielen Flüsse die Städte im Innern erreichen.[208]

1764 wurde die *Spinning Jenny* von James Hargreaves erfunden. 1769 konstruierte Richard Arkwright die *Water Frame*, die erste Spinnmaschine, die durch ein Wasserrad angetrieben wurde. Später erfolgte eine Weiterentwicklung – der Antrieb der Water Frame durch Dampfkraft wurde möglich. Die Preise für Stoffe bzw. Kleidung aus Baumwolle fielen dramatisch. England profitierte in dieser Situation von zu hohen Löhnen. Zu hohe Löhne? Ein Vorteil? Ja, wie die Studien des amerikanischen Wirtschaftshistorikers Robert C. Allen, der an der Universität von Oxford Wirtschaftsgeschichte lehrt, gezeigt haben.

Das Inselreich konnte Indien in der Textilproduktion überholen, denn nur in England mit seinen hohen Löhnen war es lohnenswert, Arbeitskraft durch Maschinen zu ersetzen. In Indien waren die Löhne derart niedrig, dass sich diese Investitionen nicht lohnten. Deswegen konnte Indien seine Produktivität nicht steigern.[209] Paradox, aber wahr. Dass die Löhne in England recht hoch waren, hatte auch damit zu tun, dass sich die in England laufende Agrarrevolution zwischen 1763 und 1815 verlangsamte und an Wachstumsgrenzen stieß.

Jede landwirtschaftliche Revolution hatte bisher dazu geführt, dass Nahrung billiger wurde und dass die Reproduktionskosten der Arbeitskraft san-

---

207 Vgl. ebenda, S. 36–38.
208 Vgl. ebenda, S. 38–39.
209 Vgl. ebenda, S. 42–43.

ken.[210] Doch nun ruckelte der Motor der Agrarwirtschaft. Erkennbar war dies an einer stagnierenden Arbeitsproduktivität, steigenden Getreidepreisen und einer Polarisierung der agrargesellschaftlichen Klassenstrukturen. England war eigentlich der Brotkorb des frühen 18. Jahrhunderts gewesen. Doch im Laufe dieses Jahrhunderts stiegen die Nahrungsmittelpreise erheblich. Die Produktivität der Landwirtschaft hätte durch Intensivierung bzw. mehr Arbeitseinsatz gesteigert werden können, doch dies hätte die Reservearmee der Arbeitenden verkleinert. Und diese Reservearmee wurde im Bereich der Industrie gebraucht. In dieser Situation tat England zwei Dinge: Einerseits setzte man auf koloniale Expansion.[211] Auf brutale Ausbeutung und Unterdrückung von Völkern in der ganzen Welt.

Andererseits ging man unter die Erde, um Kohle zu fördern. Die reichen Kohlevorkommen lagen günstig in der Region um Newcastle, nahe am Meer. Gleichzeitig waren Holz und Holzkohle knapp. Jene Knappheit sorgte dafür, dass den Engländern der Übergang zur Kohle leichtfiel.[212] Wir kommen auf dieses Thema in Kapitel 12 noch ausführlich zu sprechen.

Ein großes Triebwerk, dem sich niemand entziehen kann

Der Wirtschaftssoziologe Karl Polanyi beschrieb den tiefen Einschnitt der Industriellen Revolution und ihrer Folgen als *The Great Transformation*. Polanyi erkannte: Ohne wirksame politische Rahmensetzungen dominiert der Markt über die Gesellschaft und engt den Freiheitsraum der Menschen massiv ein. Polanyi nannte das »Entbettung«. Diese Verselbständigung hat aus seiner Sicht in die großen Katastrophen des letzten Jahrhunderts geführt.[213]

Polanyi hat vermutlich recht. Die herrschaftliche Komponente dieses Wirtschaftssystems darf nicht übersehen werden. Kapitalistische Aktivität reproduziert gesellschaftliche Verhältnisse, in denen Lebenschancen und Handlungsspielräume, Vermögen und Einkommen höchst unterschiedlich verteilt sind. Sie sichert gesellschaftlichen Ein- und Ausschluss, Klassen- und Eigentumsverhältnisse sowie die asymmetrische Beziehung zwischen Männern und Frauen.[214]

---

[210] Vgl. Moore, Jason W.: The End of the Road? Agricultural Revolutions in the Capitalist World-Ecology, a. a. O., S. 398.

[211] Vgl. ebenda, S. 394.

[212] Vgl. Herrmann, Ulrike: Der Sieg des Kapitals, a. a. O., S. 45.

[213] Vgl. Deutscher Naturschutzring (Hg.): a. a. O., S. 24.

[214] Vgl. Brand, Ulrich: Wachstum und Herrschaft, S. 10, in: Aus Politik und Zeitgeschichte, 62. Jg., 27–28/2012, S. 8–14.

Kapitalismus ist mehr als nur ein Wirtschaftssystem. Er ist auch eine Art zu denken und zu leben. Er ist ein überaus wichtiger Teil unserer Kultur, des Betriebssystems in unseren Köpfen. Max Weber, einer der großen Soziologen, beschrieb den Kapitalismus als »großes Triebwerk«, dessen Zwängen sich niemand entziehen könne. Schauen wir uns um: Der Kapitalismus ist überall. Er hält unsere Dörfer und Städte besetzt. Und unsere Köpfe. Der französische Politologe und Wachstumskritiker Paul Ariès formuliert dazu treffend:

> »Der Feind kampiert in unseren Häusern. Er hat sich unserer Lebensweise bemächtigt und hat die Güter des täglichen Bedarfs vollständig befallen.«[215]

Die Jugend der Problemviertel in den Großstädten, deren Integration in Politikerreden immer und immer wieder als gescheitert beschrieben wird, ist in Wirklichkeit sehr stark dem Wertesystem des Kapitalismus verhaftet. Die Jugendlichen träumen sehr bürgerliche Träume. Sie hoffen, eines Tages einen BMW fahren zu können und so glatt auszusehen wie die Erfolgreichen.

Transformationen des Kapitalismus

Der Kapitalismus ist zufällig entstanden. Nicht gegen den Staat, sondern durch sein Zutun. Ja, man kann sogar noch einen Schritt weitergehen und die These formulieren, dass der Kapitalismus ohne den Staat nicht möglich gewesen wäre. Diese These mag verwundern, steht sie doch quer zu dem, was Wirtschaftsliberale verbreiten. Doch die Wirtschaftsgeschichte liefert eine Fülle von Beispielen.[216]

Seit seiner Entstehung hat der Kapitalismus verschiedene Phasen durchlaufen: vorindustrieller Kapitalismus, Industrielle Revolution, Fordismus und Postfordismus. Jene »großen Transformationen« sind auf Krisen im Kapitalismus zurückzuführen. Die erste große Depression (1873–1895) hatte die Herausbildung von Konzernen ebenso zur Folge wie eine neue historische Form des Finanzkapitals und den Fordismus. Die Weltwirtschaftskrise ab 1929 als zweite große Krise brachte den in die Wirtschaft intervenierenden Staat, der

---

[215] Ariès, Paul: La simplicité volontaire contre le mythe de l'abondance, Paris 2012, S. 165.

[216] Nur drei Beispiele als Kostprobe. Beispiel 1: In den frühkapitalistischen Kaufmannsstädten wie Venedig, Lübeck oder Brügge waren es die Kaufleute, die die Stadtstaaten regierten. Sie gaben ökonomisch wie politisch den Ton an. Politische und wirtschaftliche Macht waren identisch. Beispiel 2: Der technische Fortschritt, der den Kapitalismus voranbrachte, wurde bzw. wird immer noch wesentlich durch den Staat bewerkstelligt. An staatlichen Hochschulen und Universitäten wird der größte Teil der kostenaufwendigen Grundlagenforschung geleistet. Beispiel 3: In den 1930er Jahren rettete der »New Deal« von Franklin D. Roosevelt den taumelnden US-amerikanischen Kapitalismus. Die öffentliche Hand nahm große Summen in die Hand, die zum Aufbau öffentlicher Infrastrukturen verwendet wurden.

mancherorts zum Sozial- bzw. Wohlfahrtsstaat ausgebaut wurde. Die Krise der 1970er Jahre, die mit schwachem Wachstum, aber hohen Inflationsraten einherging, leitete den Abbau des Sozialstaates ein und verhalf dem Neoliberalismus zum Durchbruch.[217]

Seit dieser grundsätzlich anderen Weichenstellung ist es für große Unternehmen rentabler, im Finanzkasino zu spekulieren, als Waren herzustellen. Banken und Versicherungen waren schon immer wichtig – aber sie wurden noch wichtiger. Investmentbanken, die immer neue Finanzprodukte mit tollen Namen erfanden, wurden zu den profitabelsten Unternehmen der Welt. Um diese letzte Evolutionsstufe des Kapitalismus, die sich als globalisierter finanzmarktgetriebener Kapitalismus bezeichnen lässt, kreist das nächste Kapitel.

[217] Vgl. Krätke, Michael R.: Die neue Große Depression, S. 12, in: Blätter für deutsche und internationale Politik, Nr. 12, 2012, S. 9–12.

»Der Vorrang des Kapitals
und die Privilegierung des Finanzkapitals
verhindern die nachhaltige Entwicklung.
Es ist lebenswichtig, dass wir das begreifen.«
Gerhard Scherhorn, deutscher Ökonom

10. Der globalisierte Finanzmarktkapitalismus

Das vorangegangene Kapitel hat in Grundzügen erklärt, was Kapitalismus ist. Der Kapitalismus ist nicht vom Himmel gefallen. Er ist im Rahmen einer bestimmten historischen Konstellation entstanden. Seit seiner Entstehung wandelt sich der Kapitalismus. Im Folgenden soll der Versuch unternommen werden, grundlegende wirtschaftliche Veränderungen in den letzten vier Jahrzehnten in groben Zügen nachzuzeichnen. Dies ist notwendig, um wesentliche Zusammenhänge besser verstehen zu können.

Im Blick sollte man vor allem drei Begriffe haben: Globalisierung, Postfordismus und Finanzialisierung der Ökonomie. Alle drei hängen zusammen und haben der Wirtschaft unserer Tage ihren Stempel aufgedrückt.

Beginnen wir mit der Globalisierung. Dass wir im Zeitalter der Globalisierung leben, ist ein Allgemeinplatz. Der Begriff ist mehrdimensional, oft überstrapaziert, teilweise abgegriffen und obendrein nicht unproblematisch. Globalisierung heißt, dass die kapitalistische Produktions- und Lebensweise auf die gesamte Welt ausgedehnt wird. Das bedeutet, dass die Produktion einer Ware räumlich sehr stark zerlegt werden kann.

Die Globalisierung passt perfekt zum mechanistischen Weltbild. Jenes Weltbild legt sein Hauptaugenmerk auf Ortsveränderung und Entfernung. Grenzen sind Zeichen der Niederlage.[218] Globalisierung bedeutet Entgrenzung. Die wichtigsten Ursachen dafür sind:

---

218 Vgl. Rifkin, Jeremy: Entropie, a. a. O., S. 81.

- der technische Fortschritt in den Bereichen der Kommunikation und Informationsübermittlung sowie im Bereich des Transportwesens
- billiges Öl und politisch subventionierte (weil nicht besteuerte) Treibstoffe wie Kerosin
- politische Liberalisierungsentscheidungen (Zollsenkungen nach dem Zweiten Weltkrieg, Errichtung von regionalen Freihandelszonen)
- der Zusammenbruch der Sowjetunion und die »Befreiung« ihrer Satellitenstaaten – vorher, das heißt bis Anfang der 1990er Jahre, war etwa ein Drittel der Welt planwirtschaftlich organisiert

Auch wenn man Globalisierung auf die Kultur, auf die Politik oder auf die Umwelt anwenden kann, so bezieht sich der Begriff in erster Linie auf wirtschaftliche Prozesse und Entwicklungen. Auf eine beeindruckende Weise veranschaulicht wird diese These an der Entwicklung des Außenhandels.

Von 1960 bis 2013 nahm der Warenexport real (d. h. gemessen in konstanten Preisen) um den Faktor 17,3 und die Weltwarenproduktion um den Faktor 5,7 zu. Die prozentualen Zuwächse sind noch beeindruckender: Der Export von Waren stieg um 1.632 Prozent. Die Weltwarenproduktion legte immerhin noch um 472 Prozent zu.[219]

Neben dem weltweiten Austausch von Gütern, Dienstleistungen und Kapital gelten die Auslandsdirektinvestitionen und die Finanzmärkte als die weiteren Säulen der (ökonomischen) Globalisierung.[220] Die Auslandsdirektinvestitionen sind in den letzten drei Jahrzehnten überaus stark gewachsen: Ihr Volumen liegt heute bei mehr als 20 Prozent des Weltsozialprodukts. Zum Vergleich: Im Jahr 1980 machten Direktinvestitionen lediglich fünf Prozent des Weltsozialprodukts aus.[221] Stark gewachsen seit Anfang der 1980er Jahre sind auch die Finanzmärkte – auf ihr Wachstum wird noch einzugehen sein.

Es spricht sehr wenig dafür, die Globalisierung als ein Phänomen der letzten 30 Jahre zu betrachten. Das Gegenteil ist der Fall. In vielerlei Hinsicht ist die Globalisierung ein halbes Jahrtausend alt und begann schon mit den Entdeckungsfahrten im 15. und 16. Jahrhundert. Millionen von Regalen ächzen unter der Last der Globalisierungsliteratur. Das Globalisierungsphänomen darf als hervorragend ausgeleuchtet gelten.

---

219 Vgl. o. V.: Entwicklung des grenzüberschreitenden Warenhandels. Online unter: http://www.bpb.de/nachschlagen/zahlen-und-fakten/globalisierung/52543/entwicklung-des-warenhandels [Stand: 30.11.2015].

220 Vgl. Schirm, Stefan A.: Handel und Politik. Der Einfluss globaler Märkte auf nationale Interessen, S. 1, in: Internationale Politik, 57. Jg., Nr. 6, 2002, S. 1–10.

221 Vgl. Pottier, Claude: Die Bedeutung der Auslandsdirektinvestitionen, S. 26, in: Le Monde diplomatique (Hg.): Atlas der Globalisierung, Berlin 2003, S. 26–27.

Willkommen im Postfordismus

Der breiten Öffentlichkeit weit weniger bekannt ist eine andere epochale Wende, die sich in den 1970er Jahren vollzog: Der Fordismus wich dem Postfordismus. Der Aufstieg des Neoliberalismus begann – und damit eine paranoide Selbstentmachtung der Politik, die fahrlässige Auslieferung von öffentlichen Gütern an die Allmacht entfesselter Märkte und die schleichende Aushöhlung und Erosion von gesellschaftlichen Kernwerten wie Gerechtigkeit und Solidarität.

Doch alles der Reihe nach. Fordismus? Der Begriff geht auf den Autobauer Henry Ford zurück. Dessen Organisation von Arbeit und Kapital wird als typisch für den Zeitraum zwischen 1920 und 1975 angesehen. Mit dem Begriff des »Fordismus« verbindet sich ein regelrechtes Modell, nach dem der Kapitalismus organisiert war. Typisch für den fordistischen Kapitalismus waren folgende Merkmale:

1. Die fordistische Arbeitsorganisation erfolgte in Form von hierarchisch geordneten, aufeinander abgestimmten Arbeitsprozessen. Basis war eine stark standardisierte Massenproduktion und Massenkonsumtion von Konsumgütern in wissenschaftlich optimierter Fließbandarbeit, dem sogenannten Taylorismus.
2. Die Produktivitätssteigerungen waren sehr beachtlich und wurden in Form von starken Lohnerhöhungen an die Beschäftigten weitergegeben. Die stark steigende Kaufkraft der Lohnabhängigen schuf wiederum neue Absatzmärkte und Kapitalanlagemöglichkeiten.[222]
3. Trotz hoher Löhne ergab sich ein hoher Beschäftigungsstand. Da die Fließbandarbeit keine besondere Qualifikation voraussetzte, fanden auch ungelernte Arbeiter eine Beschäftigung.
4. Die Gewinne der Unternehmer wurden zum größten Teil reinvestiert (bzw. akkumuliert). Das Gros der Investitionen machten kapazitätsausbauende Erweiterungsinvestitionen aus.
5. In allen fordistischen Ländern etablierten sich Partnerschaften zwischen der Arbeiterschaft und den Unternehmern. Sozialpartnerschaftliche oder korporative Verhandlungssysteme wurden aufgebaut. Konflikte lösten die Sozialpartner durch Verhandlungen.
6. Ebenfalls entstanden in den meisten fordistischen Ländern sozialstaatliche Sicherungssysteme gegen Krankheit, Invalidität, Arbeitslosigkeit und Alter. Dies

[222] Henry Ford zahlte beispielsweise seinen Beschäftigten recht hohe Löhne. Das versetzte sie in die Lage, selbst eines Tages ein Auto seines Unternehmens kaufen zu können und somit zu Kunden zu werden.

geschah nicht nur, um die Arbeitskräfte physisch zu erhalten, sondern auch zur Stabilisierung des Massenkonsums.

Für eine Krise des Fordismus gab es schon Ende der 1960er Jahre erste Anzeichen, aber der eigentliche Krisenausbruch erfolgte erst Mitte der 1970er Jahre. Die Ursachen für die Ablösung des Fordismus sind vielschichtig – und leider ziemlich kompliziert. Im Grunde wurde der Niedergang durch einen strukturellen Rückgang der Kapitalrentabilität in den Industriestaaten verursacht.[223] Die in der fordistischen Produktionsweise liegenden Produktivitätsreserven begannen sich allmählich zu erschöpfen. Das Wachstum der Arbeitsproduktivität ließ nach.[224] Die hohen Lohnabschlüsse wurden dagegen weiter fortgesetzt.

Die USA, gewissermaßen die Führungsmacht des Fordismus, verloren auf ökonomischem Gebiet ihre international beherrschende Stellung. Die Vereinigten Staaten kämpften mit den Folgen des teuren Vietnam-Krieges. Sich vergrößernde Handelsbilanz- und Haushaltsdefizite trieben die Verschuldung in die Höhe und setzten den Dollar unter Druck. Dies zwang die Nixon-Administration schließlich im Jahr 1971 dazu, das 1944 in Bretton Woods gegebene Versprechen, US-Dollar gegen Gold einzutauschen, brechen zu müssen. 1973 kollabierte das angeknackste System fester Wechselkurse endgültig, womit der politischen Regulierung des Weltmarktes eine entscheidende Grundlage entzogen war.[225]

Als weitere Faktoren, die zum Zusammenbruch des Fordismus beitrugen, sind die Ölkrise und die wachsende Internationalisierung der Wirtschaft zu nennen. Außer Acht sollte ferner nicht bleiben, dass es nicht nur politisch-ökonomische Ursachen waren, die den Fordismus zum Scheitern brachten. Nicht zu unterschätzen ist das Zerbröseln des ideologischen Kitts, der die fordistische Gesellschaft bis dato zusammengehalten hatte.

Immer mehr Arbeitende rebellierten gegen die stumpfsinnigen Arbeitsformen des Taylorismus.[226] Zudem wurde Anfang der 1970er Jahre allen voran durch die schon mehrfach erwähnte Veröffentlichung der *Grenzen des Wachstums* und weiterer kritischer Studien der Glaube an das ewige Wachstum erschüttert. Viele Menschen erkannten die Schattenseiten der fordistischen Produktionsweise: Ausbeutung der Länder des Südens durch den Norden sowie die ungehemmte Ausnutzung natürlicher Ressourcen und schrankenlo-

---

[223] Vgl. Lipietz, Alain: Mirages and Miracles. The Crises of Global Fordism, London 1987, S. 29–31.

[224] Vgl. Hirsch, Joachim: Der nationale Wettbewerbsstaat, Berlin 1995, S. 84.

[225] Vgl. Schroedter, Thomas: Globalisierung, Hamburg 2002, S. 30–33.

[226] Vgl. Walpen, Bernhard: Die offenen Feinde und ihre Gesellschaft. Eine hegemonietheoretische Studie zur Mont Pèlerin Society, Hamburg 2004, S. 160–161.

se Naturzerstörung. Soziale Bewegungen gründeten sich und brachten diese Schattenseiten an die Öffentlichkeit.

Auf den Fordismus folgte ein langsamer, viele Jahre dauernder Übergang zu einem neuen Wirtschaftsmodell, das üblicherweise Postfordismus genannt wird. Das erklärte Ziel war es, die Produktivität wieder zu steigern.

Produktivität lässt sich auf »guten« und »schlechten« Wegen erhöhen. Der Einsatz von neuer Technik, eine bessere Organisation der Arbeitsabläufe oder eine höhere Qualifizierung der Arbeiternehmer gelten als positiv. Aber es geht auch anders: Unbezahlte Arbeitszeit, ein höherer Leistungsdruck oder Lohnkürzungen erhöhen ebenfalls die Produktivität, freilich einseitig zu Lasten der Beschäftigten.

Die neue Produktionsweise setzte auf beides. Auf Löhne und Arbeitszeiten wurde Druck ausgeübt. Die Einführung neuer Basistechnologien (wie der Mikroelektronik) und neue Werkstoffe ermöglichten eine höhere Produktivität durch den Einsatz höher entwickelter Maschinen. Neue Organisationsformen innerhalb der Unternehmen (z. B. Gruppenarbeit, Rotation) und zwischen den Unternehmen wie die Just-in-time-Produktion (d. h. Kosteneinsparung durch Optimierung der Zulieferung und Auflösung bestehender Warenlager) brachen die alten industriellen Strukturen auf.[227]

Die Globalisierung und die neuen Informationstechnologien (allen voran das Internet) ermöglichten es, verschiedene Unternehmensaktivitäten in bisher nicht gekanntem Umfang räumlich zu zerlegen. Die Ökonomie zu Beginn des 21. Jahrhunderts hat sich deshalb nicht von ungefähr stark verändert. Sie ist digitaler und virtueller geworden.

Im Jahr 2006 fand sich mit Microsoft nur ein Unternehmen aus dem IT-Bereich unter den zehn größten Unternehmen der Welt. Konzerne aus der alten Welt des Fordismus dominierten: Autohersteller, Energiefirmen, Banken, Versicherungen und Pharmaunternehmen. Inzwischen sind große Konzerne wie Apple, Google, Amazon oder Facebook in die Riege der wertvollsten Unternehmen aufgestiegen. Manche Beobachter sehen die Zeit des »kybernetischen Kapitalismus« gekommen.[228] Für Apple und Co. werden an der Börse zum Teil astronomische Bewertungen ausgerufen.

---

[227] Vgl. Steinbach, Josef: Uneven worlds. Theories, empirical analysis and perspectives to regional development, Bergtheim bei Würzburg 1999, S. 44–45.

[228] Vgl. dazu Daniljuk, Malte: Die neuen Gatekeeper. Mit Apple, Google und Facebook in den kybernetischen Kapitalismus, Reihe »Standpunkte« der Rosa-Luxemburg-Stiftung, Nr. 1, Berlin 2016.

Neoliberaler Finanzmarktkapitalismus

Dieser Befund führt uns geradewegs zur wahrscheinlich wichtigsten Veränderung für den Charakter des Kapitalismus in den letzten vier Jahrzehnten: zur stark gewachsenen Bedeutung der Finanzmärkte. In vielen Veröffentlichungen wird diese grundlegende Änderung der kapitalistischen Flugbahn rätselhafterweise entweder überhaupt nicht thematisiert oder nur in rudimentärer Form abgehandelt.

Während die Globalisierung mit ihren umfangreichen Deregulierungen es Unternehmen ermöglichte, dorthin zu gehen, wo Löhne, Sozialstandards und Umweltnormen niedrig (oder inexistent) waren, wurde die Finanzbranche zum entscheidenden Wirtschaftszweig. Das belegt eindrucksvoll eine Studie der ETH Zürich aus dem Jahr 2011.[229] Die Schweizer Forscher ermittelten 147 besonders bedeutende Finanzkonzerne als Taktgeber und Nervenzentren des heutigen Kapitalismus.

Ganze Länder spiegeln diese wirtschaftlichen Veränderungen wider. Ein extremes Beispiel stellt Großbritannien dar. Im britischen Königreich fand eine beispiellose Deindustrialisierung statt. Zeitgleich strömten die besten Köpfe in die City of London, den Finanzbezirk der britischen Hauptstadt. Heute arbeitet nur noch einer von zwölf Briten in der Industrie, aber mehr als jeder Fünfte im Finanzsektor. Und nochmals mehr als ein Drittel ist in anderen Dienstleistungsbranchen beschäftigt, die direkt von Banken, Hedge-Fonds und Versicherungen in Londons City abhängig sind. Wie konnte es dazu kommen?

In den ersten drei Nachkriegsjahrzehnten flossen die Gewinne der europäischen Unternehmen noch ganz klassisch nach dem fordistischen Muster größtenteils zurück in die Betriebe – sie wurden reinvestiert. Die Unternehmer schafften stets neue Maschinen an und tätigten andere Sachinvestitionen, um damit neue Produktionskapazitäten schaffen zu können. Im Windschatten dieser Entwicklung verschwand die Arbeitslosigkeit. Die Renditen für die Unternehmer waren lange Zeit erheblich. Und da außerdem die Realzinsen[230]

---

229 Vgl. Vitali, Stefania et al.: The Network of Global Corporate Control, ETH Zürich, Zürich 2011. Text online unter: http://www.plosone.org/article/fetchObject.action?uri=info%3Adoi%2F10.1371%2Fjournal.pone.0025995&representation=PDF [Stand: 6.7.2014].

230 Die Realzinsen sind die »wirklichen« Zinsen. Angenommen, man erhält auf einem Sparkonto einen Zins von vier Prozent. Wenn die Inflationsrate bei zwei Prozent liegt, beläuft sich der Realzins auf zwei Prozent. Bei negativen Realzinssätzen ist es für Unternehmer viel interessanter, ihr Kapital in das eigene Unternehmen zu stecken.

im Finanzsektor negativ waren, gab es im Prinzip keine attraktivere Kapitalanlage.[231]

Das änderte sich spätestens Anfang der 1970er Jahre. Einerseits zeigten die Absatzmärkte in Europa erste Sättigungserscheinungen, andererseits erfolgte die Deregulierung der Kapitalmärkte, die nach dem Zusammenbruch des Festkurssystems von Bretton Woods im Jahr 1973 einsetzte. Die Ideologie des Neoliberalismus setzte sich durch.

Neoliberalismus ist ein durchaus komplexer Begriff. Der zentrale negative Bezugspunkt des Neoliberalismus ist der Sozialstaat (und nicht unbedingt der Staat an sich!), sein zentraler positiver Bezugspunkt hingegen der Markt. Für viele neoliberale Strömungen ist der Markt gottgleich – und gilt damit als unfehlbar.

Die Kontrolle der Finanzprodukte und der Finanzmarktakteure (Banken, Fonds, Versicherungen) wurde geschwächt bzw. entfiel teilweise ganz. Und nicht nur das: Nach und nach fielen in allen westlichen Industriestaaten die Kapitalverkehrskontrollen. Das sorgte nicht nur für einen Internationalisierungs- bzw. Globalisierungsschub, sondern damit war der bisher blockierte Weg frei, Geld an ausländischen Finanzmärkten anlegen zu können bzw. damit zu spekulieren.

Das Spekulieren lohnte sich: Mit industrieller Produktion erreichte man nach dem Zweiten Weltkrieg in konjunkturell guten Zeiten eine typische Rendite im Bereich von fünf bis sechs Prozent.[232] Finanzinvestitionen versprachen derweil Gewinne von 20 Prozent und mehr. Weil die Renditen an den Finanzmärkten deutlich höher waren als die Reinvestition der Gewinne in den Unternehmen und weil die Zinsen Ende der 1970er Jahre auf Rekordhöhe stiegen (und damit kreditfinanzierte Investitionen weniger attraktiv wurden), erfolgte eine strategische Umorientierung multi- bzw. transnationaler Unternehmen von der bisher praktizierten Strategie der Marktexpansion zur Finanzspekulation mit höheren Renditen.[233]

---

231 Vgl. Carminati, Franco/Muylder, Philippe van/Tordeur, Guy: Economie belge de 1945 à 2005. Histoire non écrite, Brüssel 2006, S. 9–13.

232 Vgl. Elsner, Wolfram: Der Beitrag des ökonomischen Mainstream zum Kasino-, Krisen- und Katastrophen-Kapitalismus – und Perspektiven der heterodoxen Ökonomik, Vortrag auf der Tagung »Die Krise des Kapitalismus und die Zukunft der ökonomischen Wissenschaft. Mainstream – Heterodoxien – Pluralismus?« des Arbeitskreises Postautistische Ökonomie e. V. und der Hans-Böckler-Stiftung, Universität Kassel, 28./29.09.2011, Vortragsskript, S. 15.

233 Vgl. Borchert, Jens: Einleitung: Von Malaysia lernen? – Zum Verfall der politischen Logik im Standortwettbewerb, in: Borchert, Jens/Lessenich, Stephan/Lösche, Peter: Jahrbuch für Europa- und Nordamerika-Studien 1: Standortrisiko Wohlfahrtsstaat?, Opladen 1997, S. 22. Vgl. dazu auch Kaufmann, Stephan/Roth, Eva: Der nächste Crash kommt – Interview mit Stephan Schulmeister, in: Frankfurter Rundschau online. Im Internet unter: http://www.fr-online.de/wirtschaft/weltwirtschaft--der-naechste-crash-kommt-,1472780,33049192.html [Stand: 20.1.2016].

Konzerne der Realwirtschaft wurden ganz oder teilweise zu Finanzkonzernen. Beispiel General Electric: Der US-Gigant hat wie viele andere Konzerne eine eigene Bank. GE Capital ist auch in Deutschland aktiv und erwirtschaftet 40 Prozent des Konzerngewinns.[234]

Die Kapitalismus-Formel von Karl Marx, G-W-G', stimmt heute nur noch bedingt. Treffender wäre es in der heutigen Zeit, die Formel zu verkürzen: G-G'. Man macht aus Geld mehr Geld und spart sich den Umweg über die Warenproduktion. Die Entwicklung im Finanzsektor illustriert keine andere Statistik so wie diese: In den 1950er Jahren betrug die Haltedauer einer Aktie im Durchschnitt vier Jahre. Im Jahr 2009 waren es noch zwei Monate. Heute sind es durchschnittlich 22 Sekunden.[235] Worin liegt der Sinn einer Unternehmensbeteiligung für 22 Sekunden?

Dass das spekulative Kapital dem investiven den Rang ablaufen konnte, lag auch daran, dass sich die Eigentumsverhältnisse veränderten. In den ersten Nachkriegsdekaden übten die Eigentümerfamilien der großen Aktiengesellschaften häufig noch selbst die Managerfunktion aus oder delegierten diese Aufgabe an nahestehende Fachleute ihres Vertrauens. Die Eigentümerfamilien verfolgten keine Strategie der Profitmaximierung, sondern versuchten lediglich, einen »zufriedenstellenden Profit« zu erreichen. Ihr primäres Ziel war das Wachstum des Unternehmens und nicht des eingesetzten Kapitals.[236]

In den späten 1970er Jahren änderten sich die Eigentumsverhältnisse in den Unternehmen und Konzernen dahingehend, dass die Pensions- und Investmentfonds, die sogenannten »institutionellen Anleger«, immer mehr Unternehmen unter ihre Kontrolle brachten. Dieser Trend setzte sich in den 1980er und in den 1990er Jahren fort und dauert bis heute an.

Trendvorreiter waren und sind die USA. Im Jahr 2003 besaßen die institutionellen Anleger gut 60 Prozent der Anteile an den 1.000 größten US-Aktiengesellschaften.[237] Diese Entwicklung hielt auch in den folgenden Jahren an. So ist es kaum verwunderlich, dass in den Vereinigten Staaten der Anteil der Finanzbranche an allen Unternehmensgewinnen nach Steuern zwischen 1982 und 2007 von fünf auf 47 Prozent stieg.[238]

Investment- und Pensionsfonds dringen machtvoller als Kleinanleger auf hohe Renditen, denken aber anders als sonstige Großeigentümer. Nur wenn

---

234 Vgl. Herrmann, Ulrike: Der Sieg des Kapitals, a. a. O., S. 197.

235 Vgl. Schirrmacher, Frank: Ego. Das Spiel des Lebens, München 2013, S. 152.

236 Vgl. Brie, Michael: Die Linke – was kann sie wollen? Politik unter den Bedingungen des Finanzmarkt-Kapitalismus, Supplement der Zeitschrift Sozialismus, Nr. 3, 2006, S. 9.

237 Vgl. o. V.: Wo nur die Rendite zählt, S. 4, in: Böckler impuls, Nr. 2, 2006, S. 4–5.

238 Vgl. Scherhorn, Gerhard: Geld soll dienen, nicht herrschen. Die aufhaltsame Expansion des Finanzkapitals, Wien 2009, S. 43.

auf kurze bzw. auf mittlere Sicht die Profite stimmen, steigen die Aktienkurse. Am langfristigen Unternehmenserfolg besteht nur ein nachrangiges Interesse. Noch weniger richtet sich das Interesse auf die langfristigen Folgen für die Gesellschaft und für die Umwelt. Der Politökonom Elmar Altvater notiert in diesem Zusammenhang:

> »Geld regiert in einem so extremen Ausmaß die Welt wie nie zuvor in der Geschichte. Die großen Investmentfonds versuchen tatsächlich, kurzfristig so hohe Renditen herauszuschlagen wie möglich. Sie haben keine sozialen, lokalen oder nationalen Bindungen.«[239]

Der Druck zwingt Manager zu kurzfristigen Strategien der Profitmaximierung. Langfristige Geschäftsstrategien lassen sich unter diesem Einfluss nur schwer verfolgen. Die Kostensenkung bei der Produktion wird immer wichtiger.

Trotz Rekordgewinnen bauten bzw. bauen viele Unternehmen Beschäftigung ab. Nur um dem Kapitalmarkt üppige Gewinne zu liefern. Von vielen Großunternehmen und Konzernen werden Eigenkapitalrenditen von 20 Prozent und noch mehr erwartet. Das funktioniert bestenfalls kurz- bis mittelfristig, langfristig sind solche Erwartungen unmöglich zu erfüllen.

Das jährliche Wirtschaftswachstum der meisten Industrieländer lag in den letzten Jahrzehnten durchschnittlich zwischen zwei und drei Prozent. Bildlich gesprochen (und etwas vereinfacht): Der Kuchen wird nur um wenige Prozente größer. Unternehmen, die Renditen von 20 Prozent und mehr realisieren möchten bzw. müssen, brauchen ein sehr viel größeres Stück vom Kuchen. Der Zuschnitt der Kuchenstücke muss also geändert werden, indem z. B. der Anteil der Arbeitseinkommen sukzessive vermindert wird. Das geht vielleicht eine Weile gut, aber spätestens bei null ist die Grenze erreicht. Es gibt also eine objektive Wachstumsschranke.

Und dennoch – im System des Finanzmarktkapitalismus wird darauf keine Rücksicht genommen. Jérôme Kerviel, der Trader der Société Générale, der fast fünf Milliarden Euro verzockte, gab vor Gericht zu Protokoll: »Meine Vorgesetzten meiner Bank haben mich behandelt wie eine Prostituierte, die immer fette Gewinne liefern sollte. Ich musste der Bank jeden Tag mehr Geld beschaffen.«

Ein gewagter Vergleich? Keineswegs! »Das ist mir aus meiner Praxis auch bekannt. Jedes Jahr zehn Prozent mehr. ›Wie du das machst, ist mir egal.‹ ›I don't care how you do it.‹ Das sind Sprüche, die habe ich gehört«, sagt Rainer Voss, ein ehemaliger Top-Investmentbanker, der für mehrere deutsche

239 Altvater, Elmar: Das Ende des Kapitalismus, wie wir ihn kennen, 2. Auflage, Münster 2006, S. 17.

Großbanken gearbeitet hat, im Film *Master of the Universe*. Der Dokumentarfilm[240], gedreht in einem leerstehenden Frankfurter Bankenhochhaus, gibt seltene Einblicke in eine Welt, die dem Normalbürger verschlossen ist. Es ist eine seltsam kalte und abgehobene Welt, die den Kontakt zur Realität verloren hat.

Den Kontakt zur Realwirtschaft verloren

Die Schere zwischen der Realwirtschaft und der Finanzwirtschaft, der Welt der Finanzmärkte, ist in den vergangenen Jahren und Jahrzehnten immer weiter auseinandergegangen. Während im Jahr 1980 das weltweite Bruttosozialprodukt auf 10 Billionen US-Dollar beziffert wurde, weist die Statistik für das gleiche Jahr Finanzvermögen von 12 Billionen US-Dollar aus. Mehr als drei Jahrzehnte später, im Jahr 2012, belief sich die globale Wirtschaftsleistung auf 72 Billionen US-Dollar. Das globale Finanzvermögen lag nach Angaben von McKinsey bei 225 Billionen US-Dollar (siehe Tabelle). Mehr als 150 Billionen US-Dollar haben somit keine reale ökonomische Basis.

Jahr	**1980**	**1990**	**1995**	**2000**	**2005**	**2012**
Welt-BSP	10,7	22,2	29,7	32,2	45,5	72,1
Finanzvermögen	12	54	72	114	155	225

Tabelle 1: Entwicklung des globalen Bruttosozialproduktes und der Finanzvermögen

Angaben in Billionen US-Dollar. Die Datengrundlagen für diese Tabelle stammen vom Internationalen Währungsfonds[241] *und vom McKinsey Global Institute*[242].

Die ungeheuren Summen, die an den Finanzmärkten unterwegs sind, suchen ständig nach neuen Rendite- und Anlagemöglichkeiten. Sie lasten auf der Realwirtschaft, denn die reale Wirtschaft muss die Renditen erbringen.

Das an den Finanzmärkten angelegte Geld arbeitet nicht! Zur Krise kommt es dann, wenn die reale Wirtschaft die Renditeforderungen aus dem Finanzsektor nicht erfüllen kann.

Und das wird immer schwieriger. Der Finanzsektor lockt mit hohen Renditeversprechungen. Unternehmer überlegen es sich dreimal, ob sie in reale

---

[240] Master of the Universe, Regie: Marc Bauder, Deutschland 2013, 95 Minuten.

[241] The International Monetary Fund (Hg.): World Economic Outlook: Recovery Strengthens, Remains Uneven, April 2014, S. 180. Online unter: http://www.imf.org/external/pubs/ft/weo/2014/01/pdf/tblparta.pdf [Stand: 14.3.2015].

[242] McKinsey Global Institute (Hg.): Financial globalization: Retreat or reset?, März 2013, S. 2. Online unter: http://www.mckinsey.com/~/media/McKinsey/dotcom/Insights%20and%20pubs/MGI/Research/Financial%20Markets/Financial%20globalization/MGI_Financial_globalization_Full_report_Mar2013.ashx [Stand: 14.3.2015].

Gründe für die wachsende Diskrepanz zwischen Real- und Finanzwirtschaft

Die Frage, warum die Schere zwischen der Realwirtschaft und den Finanzmärkten derart auseinandergegangen ist bzw. warum die Finanzmärkte eine derart starke Aufblähung erfahren haben, ist natürlich sehr interessant. Auf diese Frage gibt es mehrere Antworten, die an dieser Stelle nur ganz grob umrissen werden können. Unbestreitbar ist, dass in den meisten Ländern eine Umverteilung von unten nach oben stattgefunden hat, wesentlich bedingt durch die Steuer- und Lohnpolitik. Die Haushalte mit hohem Einkommen, die ohnehin schon privilegiert waren, haben weitaus höhere Einkommenszuwächse verzeichnet als die breite Masse der Bevölkerung.

Wer allerdings mehr Einkommen hat, spart auch mehr – und zwar nicht nur in absoluten Beträgen, sondern auch relativ, also anteilsmäßig. Große Summen von diesem Spargeld wurden zu Spielgeld an den Finanzmärkten. Außerdem greifen bestimmte Mechanismen im Geld- und Kreditsystem, die quasi automatisch das Geld vermehren. Der Zinseszinseffekt ist hier nur der bekannteste Hebel: So verdoppelt sich bei einem Zinssatz von sieben Prozent innerhalb von zehn Jahren das Startkapital. Einfach so.

Werte (z. B. in neue Werkshallen oder Maschinen) investieren oder ob sie ihr Geld an den Finanzmärkten anlegen. Sie vergleichen die erwartete Rendite einer Sachinvestition, also das, was der große Ökonom John Maynard Keynes die *Grenzleistungsfähigkeit des Kapitals* nannte, mit der erwarteten Rendite einer Finanzinvestition.

Weil zunehmend (relativ gesehen) weniger in die Realwirtschaft investiert wird und immer mehr renditesuchendes Kapital im Finanzsektor unterwegs ist, steigt der Druck auf die industrielle Profitrate. Gleichzeitig steigt die Kurzfristorientierung der Unternehmen. Gedacht wird nicht in Jahren, schon gar nicht in Jahrzehnten. Entscheidend ist das nächste Quartal.

Ein soziales Katastrophenprogramm

Für die Gesellschaft stellt der Finanzmarktkapitalismus ein Katastrophenprogramm dar. Er ist der Hauptverantwortliche für die am Anfang dieses Buches erwähnte soziale Krise. Der Finanzmarktkapitalismus spaltet die Gesellschaft, indem er den Zusammenhalt, den sozialen Kitt, zerstört. Unter dem Druck globalisierter Konkurrenz und gnadenloser Shareholder-Value-Orientierung werden die Beschäftigten einem permanenten internen Wettbewerb und Umstrukturierungen ausgesetzt. Löhne werden gesenkt, Leistungen gekürzt, Arbeitszeiten flexibilisiert. Massive Umbrüche in der Lebensweise vieler Menschen und die Zunahme belastungsbedingter psychischer Krankheiten sind die Folge.[243]

Bemerkenswert in diesem Zusammenhang ist eine Studie des Sozialwissenschaftlers Götz Eisenberg, der sich mit dem Phänomen Amoklauf beschäftigt hat. Eisenbergs Studie erreicht eine erstaunliche Tiefe. Er diagnostiziert einen menschenfeindlichen und gewaltsamen Charakter in der Gesellschaft, die sich in ihrer Gesamtheit der Markt- und Kapitallogik des Finanzmarktkapitalismus und dessen alles durchdringender Kälte unterworfen hat. Wenn die Amokläufer krank seien, so Eisenberg, so seien diese, ohne ihre Verbrechen zu relativieren, nicht kränker als die Gesellschaft, in der sie (und wir) leben.[244] Eisenberg schreibt:

> »Da werden im Namen des kurzfristigen Gewinns soziale Strukturen planiert, die über Jahrzehnte gewachsen sind und den Menschen Schutz vor den schlimmsten Auswüchsen des Kapitalprinzips boten. Da wird flexibilisiert, dereguliert und privatisiert, da werden Kosten gesenkt ohne Rücksicht auf soziale und ökologische Folgen.«[245]

Das ursprüngliche Dienstverhältnis zwischen der Realwirtschaft und den Finanzmärkten ist ins Gegenteil verkehrt worden. Die Finanzmärkte dienen nicht mehr der Realwirtschaft, sondern es ist genau umgekehrt. Waghalsige Kredit- und Derivatkonstruktionen sind im Grunde nur Ausdruck dieses gerade nur in groben Zügen umrissenen Sachverhalts.

Krisenverschärfend wirkt es sich dabei aus, dass an den Finanzmärkten heute Supercomputer den Ton angeben. Wild gestikulierende Broker gehören zu einer aussterbenden Art. Die Computer wickeln Geschäfte in Nanosekunden ab. Computer können nicht denken, Grundlage ihres Handelns sind hochkomplexe Algorithmen. Die Rechner kaufen und verkaufen nicht nur Wertpapiere oder Devisen, sondern sie tricksen, täuschen und manipulieren auch. Es geht zu wie im Casino – nur viel schneller. Nanosekunden sind der Maßstab. Und wie im Casino gilt früher oder später: Rien ne va plus!

---

243 Vgl. Demirović, Alex/Dück, Julia/Becker, Florian/Bader, Pauline: a. a. O., S. 19.

244 Vgl. Eisenberg, Götz: Damit mich kein Mensch mehr vergisst. Warum Amok und Gewalt kein Zufall sind, München 2010, S. 210.

245 Ebenda, S. 249.

»Du kannst nicht
gegen die Entropie gewinnen,
aber du musst so tun,
als könntest du es.«
Ugo Bardi, italienischer
Physiker und Rohstoffexperte

11. Entropie und Komplexität – entscheidende Begriffe

Nach den Theorien des realexistierenden Kapitalismus wie auch nach den Theorien der verblichenen planwirtschaftlichen Systeme, geprägt vom mechanistischen Weltbild, verwandelt jede ökonomische Aktivität Wertloses in Werte. Eine Überzeugung, die früher oder später in Konflikt mit den Gesetzen der Thermodynamik, einer Teildisziplin der Physik, gerät. Um diese soll es in diesem Kapitel gehen.

Viele Menschen spüren es: Irgendwie scheint die Unordnung, die Undurchschaubarkeit, die Komplexität unserer Welt ständig zu steigen. Und dieses Gefühl täuscht nicht. Die kulturelle Evolution des Menschen führte mit zunehmender Beschleunigung zu immer undurchschaubareren Verhältnissen. Um Probleme lösen zu können, entwickelten Menschen im Laufe der letzten 12.000 Jahre eine immer größere Komplexität. Komplexität ist also – um es klar zu sagen – eine Problemlösungsstrategie.

Die immer größere Komplexität in der jüngeren Menschheitsgeschichte brachte zahlreiche Vorteile, bedingte jedoch auch immer höhere Kosten. »Gesellschaften mit einem höheren Komplexitätsgrad sind nur mit höherem Kostenaufwand aufrechtzuerhalten als Gesellschaften mit einem niedrigeren Komplexitätsgrad«, sagt Joseph A. Tainter, Anthropologe und Historiker.[246] Der US-Amerikaner gilt seit der Veröffentlichung seines Hauptwerkes *The*

[246] Tainter, Joseph A.: Complexity, Problem Solving and Sustainable Societies. Artikel online unter: http://dieoff.org/page134.htm [Stand: 2.9.2014].

Collapse of Complex Societies[247] als der Doyen der historischen Komplexitätsforschung. Tainter erforschte u. a. intensiv die Ursachen des Niedergangs des Römischen Reiches.

Das führte ihn zum Thema der Komplexität. Tainter fand heraus, dass *jede* Gesellschaft in der Vergangenheit, die an Komplexität gewann, mehr für Ressourcenbeschaffung, Informationsübermittlung, Verwaltung und Verteidigung ausgab. Diese Feststellung gilt auch für unsere industrialisierte Gesellschaft. Die steigenden Kosten der stetig wachsenden Komplexität waren allerdings seit dem 19. Jahrhundert kein Problem, da kostengünstige und üppig verfügbare fossile Brennstoffe wie eine riesengroße Subventionszahlung wirkten und die Kosten auf diese Weise zu schultern halfen.

Steigende Komplexität

Die Naturwissenschaften gehen generell davon aus, dass die Komplexität eines Systems durch die Länge der Beschreibung ihrer Regelmäßigkeiten bestimmt werden kann. Weniger kryptisch formuliert: Komplexität lässt sich als die Anzahl der Verbindungen zwischen Personen und Institutionen begreifen. Oder als die Stärke der hierarchischen Netzwerke. Oder als die Anzahl der Herstellungsschritte bei der Produktion von Gütern. Oder als die Zahl der spezialisierten Berufe. Oder als den Aufwand, um Systeme zu betreiben und zu leiten. Oder als die Menge an verfügbaren Informationen. Oder schließlich als die Menge Energie, die durch ein System fließt.[248]

Was wahrscheinlich immer noch recht theoretisch klingt, wird mit der Hilfe eines Beispiels anschaulich: Jeder Autohersteller, der Volumenmodelle produziert, hat nicht weniger als 15.000 externe Beiträge bei der Herstellung eines Autos. Wenn jede dieser Komponenten von einem Zulieferer mit seinerseits 1.500 Beiträgen (zehn Prozent) geliefert wird und in einem weiteren Schritt noch einmal für jede Komponente 150 Teile benötigt werden, haben wir mehr als drei Milliarden einzelne Arbeitsschritte für ein Auto; die Belegschaft, die Fabrik, die Montagestraße oder die IT sind in dieser Zahl noch gar nicht berücksichtigt. Damit noch nicht genug. Der Autohersteller würde ohne seine Kunden natürlich gar nicht existieren. Um sich ein Auto leisten zu können, müssen die Käufer erst ein Einkommen erwirtschaften. Dieses Einkommen ist wiederum von einem anderen, immens komplexen System

[247] Tainter, Joseph A.: The Collapse of Complex Societies, Cambridge 1990.

[248] Vgl. Korowicz, David: Tipping Point. Near-Term Systemic Implications of a Peak in Global Oil Production, The Foundation for the Economics of Sustainability, Dublin 2010, S. 19.

abhängig, mit neuen Lieferketten und Arbeitsschritten, die in Gänze niemand überblicken kann.[249]

Es ist ebenso interessant wie schwindelerregend, wie eng jeder mit jedem verbunden ist. Das verbindende Element ist die Weltwirtschaft. Sie ist im Laufe der Zeit entstanden, ohne einen übergeordneten Organisator und Koordinator.

Und irgendwie funktioniert diese Weltwirtschaft. Jede Woche kauft der Autor dieser Zeilen Brot. Die Person, die das Brot verkauft, muss dazu nicht wissen, von wem das Mehl stammt, wer den Teigmischer hergestellt oder wer eine Exportkreditversicherung für die Schiffsladung Getreide bereitgestellt hat. Die Person, die das Brot mit einem LKW an das Geschäft liefert, weiß ebenso wenig, wer den Diesel raffiniert, wer das Material für die Zylinderkopfdichtung des LKW erfunden oder ob der Käufer genug Geld für sein Brot hat. Das Stahlwerk weiß nicht, dass der Hersteller des Teigmischers seinen Stahl verwenden will, es ist ihm auch egal, woher das Geld für die Investition kommt. Der Prozess, der es Menschen ermöglicht, frisches und günstiges Brot zu kaufen, benötigt, je nachdem, wo man die Grenze der Betrachtung zieht, Millionen, ja letzten Endes sogar Hunderte Millionen Menschen, die zusammenhängend agieren.

Es gibt nur ein Wort für diesen Prozess: faszinierend. Die globalisierte Wirtschaft macht es möglich, dass Güter von Australien bis Kanada gehandelt werden können. Die wachsende Komplexität führt zu einer immer stärkeren Vernetzung. Störungen an einem Ort bleiben nicht auf diesen begrenzt, sondern greifen leicht auf andere Regionen der Welt über.[250] Auch hier ist die Finanzkrise ein gutes Beispiel. Wesentliche Ursachen der Krise lagen in den USA – die Krise blieb allerdings nicht auf die Vereinigten Staaten begrenzt, sondern breitete sich rasant auf alle Erdteile aus.

In unserer hochglobalisierten Welt kontrolliert niemand mehr die gesamte Produktionskette, das gilt für den Automobilkonzern wie für den Bäckermeister. Zuliefer-Unternehmen können in Konkurs gehen, und einzelne Teile einer Lieferkette können ausfallen. Ein großes Plus der globalen Wirtschaft ist die Fähigkeit, sehr schnell einen Ersatz zu finden oder sich an die veränderten Gegebenheiten anzupassen. Diese Schnelligkeit ist ein quasi natürliches Merkmal eines solch dezentralisierten und weitvernetzten komplexen, adaptiven Systems.

Das ist aber nur in einem bestimmten Zusammenhang gültig. Es gibt gemeinsame infrastrukturelle Plattformen, Knotenpunkte oder Flaschenhälse,

---

[249] Vgl. ebenda, S. 20.
[250] Vgl. ebenda, S. 21.

die den Betrieb und die Struktur der globalen Wirtschaft aufrechterhalten, ein Ausfall derselben bedeutet einen Zusammenbruch des Systems. Als solche Flaschenhälse gelten das Währungs- und Finanzsystem, zugängliche Energieflüsse und die kombinierte Infrastruktur von Informationstechnologie, Stromerzeugung und Transport.

Zunehmende Entropie

Die Komplexität steigt, das ist Lektion Nummer eins. Lektion Nummer zwei ist ähnlich spannend und direkt mit der ersten verbunden. Das Zauberwort lautet Entropie. Entropie ist, obwohl es nur die physische Welt betrifft, eine Art Grundgesetz aller Wissenschaften.[251]

Wer mit Physik in der Schule nie etwas am Hut hatte, tut gut daran, sich diesem Thema vorsichtig anzunähern. Der beste Einstieg besteht darin, einen Tag lang die Gegenstände zu beobachten, die man sieht, hört, schmeckt, berührt, riecht oder benutzt. Die Beobachtung gilt es, mit zwei Fragen zu verknüpfen:

Woher kommt ein Gegenstand, d. h., was ist seine ursprüngliche Quelle?

Wohin geht dieser Gegenstand, d. h., was ist seine letzte Bestimmung?

Mit hundertprozentiger Sicherheit wird man feststellen, dass sich jeder Gegenstand aus irgendeiner Form von Rohmaterial (verfügbarer Energie) entwickelt. Rohmaterial, das den Wäldern, den Ozeanen oder dem Boden entnommen wurde. Und genauso wird man feststellen, dass jeder Gegenstand eines Tages als unbrauchbarer Müll (nicht verfügbare Energie) enden wird.[252]

Wer in Physik in der Schule aufgepasst hat, der weiß, dass alle Arbeit (wohlgemerkt im physikalischen Sinn[253]) in irgendeiner Form durch Energie[254] vorangetrieben wird. Energie wird dabei umgewandelt. Meistens entsteht dabei Wärme als Nebenprodukt. Wärme ist ein wichtiger Begriff. In der Physik gibt es die Teildisziplin der Thermodynamik (Wärmelehre). Sie hat

---

[251] Diese Aussage ist wichtig: Das Gesetz der Entropie ist an Raum und Zeit gebunden. Es betrifft die endliche Welt. Im Bereich der geistigen Transzendenz erlaubt es keine Aussagen, denn die geistige Welt entfaltet sich in immateriellen Dimensionen.

[252] Vgl. Rifkin, Jeremy: Entropie, a. a. O., S. 73.

[253] Arbeit im physikalischen Sinn ist definiert als eine Energiemenge, die von einem System in ein anderes System übertragen wird. Diese Übertragung erfolgt durch das Wirken einer Kraft entlang eines Weges. Man stelle sich beispielsweise einen Holzwagen auf Schienen vor, der auf einen anderen zurollt und mit diesem kollidiert. Ergebnis: Der andere Wagen wird ebenfalls in Bewegung gesetzt werden.

[254] Energie in der Physik ist die »Fähigkeit, Arbeit zu verrichten« oder die »Fähigkeit, Materie zu bewegen oder zu verändern.« Dieser arbeitsfähige Teil der Energie wird in den Naturwissenschaften auch als Exergie bezeichnet. Analog dazu gibt es den Begriff der Anergie – das ist der nicht nutzbare Teil der Energie. Jene Anergie nimmt immer weiter zu.

den gerade salopp beschriebenen Sachverhalt in eine wissenschaftliche Sprache gekleidet.

Der erste Hauptsatz der Thermodynamik besagt, dass Energie weder geschaffen noch zerstört werden kann. Energie kann nur umgewandelt werden, also andere Formen annehmen. Die gesamte Energiemenge bleibt also gleich. Der zweite Hauptsatz der Thermodynamik ergänzt den ersten und wird häufig als *Entropiesatz* bezeichnet. Der zweite Hauptsatz der Thermodynamik stellt klar, dass der Weg von Zuständen mit verfügbarer oder freier Energie zu Zuständen mit gebundener oder nicht verfügbarer Energie verläuft, wobei dieser Prozess irreversibel ist.[255] Wann immer Energie umgewandelt wird, geht ein kleiner Teil der verfügbaren Energie verloren, meist in Form von Wärme. Die Physiker sprechen davon, dass Energie *dissipiert*, also zerstreut wird.

Jeder Kaffeetrinker kennt das. Eine Tasse, die frisch gebrühten und damit warmen Kaffee enthält, gibt so lange Wärme an die Umgebung ab, bis der Kaffee Raumtemperatur angenommen hat. Oder man stelle sich vor, dass ein Stück Holz brennt. Während der Verbrennung bleibt die Energiemenge konstant, aber das Stück Holz löst sich in diverse Gase auf. Obwohl während dieses Prozesses keine Energie verlorengeht, liegt es auf der Hand, dass das gleiche Stück Holz nicht noch einmal verbrannt werden kann. Es kann nicht noch einmal die gleiche physikalische Arbeit geleistet werden. Die Energie ist in den Zustand der Nichtverfügbarkeit getreten.

Entropie ist definitionsgemäß die Energiemenge, die nicht mehr in Arbeit umgewandelt werden kann. Bei jedem Arbeitsprozess tritt ein Teil der Energie in den Zustand der Nichtverfügbarkeit über – und das ist der springende Punkt.

Albert Einstein nannte das Entropiegesetz das »erste Gesetz aller Wissenschaften«. Nicholas Georgescu-Roegen (1906–1994)[256] wandte als erster Ökonom den Begriff der Entropie in den Wirtschaftswissenschaften an. Georgescu-Roegen war ein ausgebildeter Mathematiker. Er erkannte in seinem Hauptwerk *The Entropy Law and the Economic Process*[257], dass die Verkürzung wirtschaftlicher Abläufe auf mathematische Formeln falsch war, weil alle qualitativen Unterschiede verlorengingen und weil diese Abläufe, anders, als von den Formeln dargelegt wurde, nicht umkehrbar waren. Stattdessen forderte Georgescu-Roegen, der an der Vanderbilt-Universität in Nashville (Tennessee/USA) lehrte, eine Analysemethode, die dem entropischen Charak-

---

[255] Vgl. Meißner, Andreas: a. a. O., S. 78–79.

[256] Ein seltenes Porträt zu Leben und Werk von Nicholas Georgescu-Roegen verfasste im Jahr 2001 Nikolaus Piper. Siehe dazu: Piper, Nikolaus: Der Ökonom der Ökologie, in: Süddeutsche Zeitung vom 9.10.2001.

[257] Georgescu-Roegen, Nicholas: The Entropy Law and the Economic Process, Cambridge 1971.

ter des Wirtschaftssystems gerecht würde. Eine revolutionäre Forderung, die ihn zum Außenseiter seiner Zunft machte.

Physikalisch betrachtet ist Entropie der Grad der Unumkehrbarkeit eines Vorgangs. Die Chemie hat ein anderes Verständnis. Dort gilt Entropie als Maß für die Unordnung in einem System. Auch dieser Sichtweise lässt sich einiges abgewinnen, vor allem, wenn man Verknüpfungen zum Alltag herstellt. Ein Beispiel: Ein geordnetes Kartenspiel, das man aus der Kartonverpackung zieht, ist so ordentlich, wie es nur sein kann. Die Entropie ist gering. Lässt man die Karten zu Boden fallen, entstehen Unordnung und Chaos. Hohe Entropie ist die Folge. Unordnung zu erzeugen, ist leicht. Ordnung herzustellen, erfordert vergleichsweise viel Aufwand. Das weiß im Übrigen auch jeder, der zu Hause schon einmal eine rauschende Party gefeiert hat und danach aufräumen musste …

Bleiben wir noch einen Moment beim Kartenspiel. Das Beispiel des Kartenspiels lässt sich auf die gesamte Menschheit übertragen. Die Menschheit versucht durch den technischen Fortschritt und durch neue Produkte mehr Ordnung in der Welt herzustellen. Sie versucht Probleme zu lösen. Aber indem sie das versucht, schafft sie an anderer Stelle neue Probleme. Das Schaffen einer geordneten Struktur an einer Stelle führt an anderer Stelle zu mehr Unordnung. Das ist ein Paradoxon von grundlegender Bedeutung.

Auch der Klimawandel ist ein Paradebeispiel für Entropie. Die fossilen Brennstoffe, die wir verfeuern, bedeuten eine Emission von Kohlendioxid. CO_2 ist eine wesentliche Ursache für die globale Erwärmung – ein nicht gerade kleines Problem.

Von der Energie zur Materie

Die Beschäftigung mit dem Thema der Entropie führt letzten Endes zu der Einsicht, dass der gesamte Energiegehalt des Universums konstant ist und dass seine Gesamtentropie stetig zunimmt. Es ist nicht möglich, Energie zu schaffen oder zu zerstören. Wir können lediglich Energie von einem Zustand in einen anderen überführen.[258]

Nicholas Georgescu-Roegen, der kühne akademische Außenseiter, ging aber noch einen Schritt weiter. Er formulierte ein weiteres Gesetz der Thermodynamik. Demnach gilt die Entropiezunahme nicht nur für Energie, sondern auch für Materie.[259] »Jeder heute neu gebaute Cadillac vermindert die Zahl

[258] Vgl. Rifkin, Jeremy: Entropie, a. a. O., S. 44.

[259] Vgl. Speckmann, Guido: Der Entropie-Ökonom, in: Neues Deutschland vom 25.10.2014, S. 21.

der Menschen in der Zukunft«, so der Ausspruch von Georgescu-Roegen.[260] Diese zweifellos zugespitzte Metapher führt uns auf ein anderes Terrain – auf das des Recyclings.

Grenzen des Recyclings

Recycling bedeutet stoffliche Wiederverwertung. Es ist notwendig, weil es enorme Mengen Müll gibt, die Wertstoffe enthalten. Jeder EU-Bürger produziert im Schnitt eine halbe Tonne Müll pro Jahr.

Nach Zahlen der europäischen Statistikbehörde Eurostat aus dem Jahr 2014 sind in den EU-Mitgliedsstaaten 492 Kilogramm kommunaler Abfall pro Person angefallen. Von diesen Abfällen sind laut Eurostat 34 Prozent deponiert, 24 Prozent verbrannt sowie 23 Prozent recycelt und 15 Prozent kompostiert worden. Die höchsten Recycling- bzw. Kompostierungsraten hatten Deutschland (65 Prozent), Österreich (62 Prozent) und Belgien (57 Prozent).[261]

Auch wenn man es nicht meint: Müll ist ein spannendes Thema. Müll ist eine der unterbelichteten Kehrseiten unserer Wohlstandsgesellschaft. Und wie unsere Gesellschaft, so hat sich auch der Müll verändert. Vor 150 Jahren bestanden die Abfälle fast nur aus natürlichen Stoffen. Seitdem ist der Müll toxischer und künstlicher geworden.

Das Verb *wegwerfen* führt uns in die Irre. Es gibt kein WEG! Dass wir das dennoch glauben, liegt daran, dass ein großer Teil der Abfälle so gut wie möglich vor uns abgeschirmt wird. Nur ein Beispiel von vielen möglichen: 53 Millionen Tonnen Elektronikschrott fallen Schätzungen zufolge jedes Jahr an. Das globale Volumen soll bis zum Jahr 2017 auf 65,4 Millionen Tonnen steigen – das wäre ziemlich genau das Gewicht von 200 Empire State Buildings.[262] Ein großer Teil des Elektroschrotts landet heute (wie auch wahrscheinlich in Zukunft) in Afrika und schädigt dort Natur und Menschen. Allein in Lagos, der größten Metropole Westafrikas, werden monatlich 500 Container mit 400.000 gebrauchten Elektrogeräten angeliefert.

---

260 Im Original: »Every time we produce a Cadillac, we do it at the cost of decreasing the number of human lives in the future.« Das Zitat findet sich in: Georgescu-Roegen, Nicholas: The Entropy Law and the Economic Problem, S. 57–58, in: Daly, Herman: Economics, Ecology, Ethics, New York 1980.

261 Vgl. dazu o. V.: Im Jahr 2012 wurden 42% der behandelten kommunalen Abfälle recycelt oder kompostiert. Online unter: http://ec.europa.eu/eurostat/documents/2995521/5180418/8-25032014-AP-DE.PDF/ff9031a1-4f50-4c6c-9e35-964a873a0567?version=1.0 [Stand: 29.4.2016].

262 Vgl. Zeimers, Gerd: 200 Mal Empire State Building, in: Grenz-Echo vom 20. Dezember 2013, S. 4.

In Europa weiß man davon so gut wie gar nichts. Wir kaufen stattdessen immer mehr Elektrogeräte. Beispiel Mobiltelefon: War im Jahr 1997 jeder zehnte Bürger mit einem solchen Gerät ausgestattet, kommen heute auf 100 Millionen Einwohner der Europäischen Union 122 Millionen Mobilfunkverträge. Früher wurde ein Neugerät mehr als fünf Jahre genutzt, heute legen sich viele ein neues Telefon nach zwölf Monaten zu.[263] Bei einer jährlichen Weltproduktion von etwa einer Milliarde Smartphones werden rund 250 Tonnen Silber, 24 Tonnen Gold, neun Tonnen Palladium und 9.000 Tonnen Kupfer verbraucht – das Gros dieser genannten Mengen landet irgendwann auf der Müllkippe.[264]

Zurück zum Recycling: Müll ist nicht nur eine stinkende, sondern auch eine recht unordentliche Angelegenheit. Das Sortieren, das Sammeln und das Aufbereiten erfordern einen beachtlichen Aufwand – der immer auch Energie benötigt. Recycling ist gewiss eine gute und richtige Idee, aber dem Recycling sind Grenzen gesetzt. Auch hier gelten die Gesetze der Thermodynamik. Ein hundertprozentiges Recycling ist nicht möglich.[265] Viele Materialien kommen nicht einmal in die Nähe von 100 Prozent. Bei manchen Rohstoffen ist dieser Fakt unmittelbar eingängig – man denke an den Autoreifen, der sich abnutzt und Gummi verliert. Oder man denke an die Farbe, mit der man die Wand streicht.

Bei den Metallen sind Legierungen ein absolut grundlegendes Problem für das Recycling. Viele Metalle werden heute nicht mehr einzeln verwendet, sondern in industriellen Prozessen miteinander vermischt. Die Metalle wieder voneinander zu trennen, ist schwierig oder gar unmöglich.

Von den Metallen haben Eisen und Stahl die höchsten Recyclingquoten – sie liegen zwischen 60 und 90 Prozent. Für Mangan, Nickel oder Chrom beläuft sich die Recyclingquote auf etwa 50 Prozent. Magnesium hat eine

---

263 Vgl. Berger, Thomas: Müllhalde des Nordens, in: Junge Welt vom 29. Oktober 2010, S. 9.

264 Vgl. Hennicke, Peter: Ressourcen- und Klimaschutz: Ökologischer Imperativ und ökonomischer Megatrend?, Wuppertal Institut für Klima, Umwelt, Energie, S. 12–13. Artikel online unter: http://www.memo.uni-bremen.de/docs/m0710.pdf [Stand: 2.4.2014].

265 Vgl. Bardi, Ugo: Der geplünderte Planet. Die Zukunft des Menschen im Zeitalter schwindender Ressourcen, München 2013, S. 281. Auch die Enquete-Kommission des Bundestages zum Thema »Wachstum, Wohlstand, Lebensqualität« kommt zu diesem Ergebnis. Wörtlich heißt es im Abschlussbericht der Kommission: »Der zweite Hauptsatz der Thermodynamik wirkt auch auf der stofflichen Ebene: Rohstoffe tendieren – teils beschleunigt durch wirtschaftliche Prozesse – zu einer immer stärkeren räumlichen Verteilung (…) Vollständiges Recycling ist daher nicht möglich.« Siehe dazu: Deutscher Bundestag: Schlussbericht der Enquete-Kommission »Wachstum, Wohlstand, Lebensqualität – Wege zu nachhaltigem Wirtschaften und gesellschaftlichem Fortschritt in der Sozialen Marktwirtschaft«, Drucksache 17/13300, 17. Wahlperiode, Berlin 2013, S. 359. Den Bericht gibt es online unter: http://dip21.bundestag.de/dip21/btd/17/133/1713300.pdf [Stand: 12.1.2015].

Recyclingquote zwischen 25 und 50 Prozent. Vanadium wird so gut wie gar nicht recycelt, die Quote beträgt ein Prozent. Auch seltene Metalle wie Indium oder Gallium weisen ähnliche Quoten nahe null auf.[266]

Besser sieht das Bild bei Blei, Aluminium und Kupfer aus – hier liegen die Recyclingquoten in den Industrieländern bei 50 Prozent und mehr. Doch Recycling ist nicht das einzige Problem: Bei vielen Metallen sinkt die Qualität der Erze. Das liegt daran, dass erst einmal die besten Erzqualitäten abgebaut werden. Es ist wie mit dem Pflücken eines Pflaumenbaums: Zuerst werden die niedrig hängenden Pflaumen gepflückt, später erst die hoch hängenden Früchte. Im Englischen spricht man von der *low hanging fruit* oder vom *Best-First-Prinzip*. Nicht vergessen! Auf jenes Prinzip werden wir noch mehrfach zu sprechen kommen.

Das Beispiel Kupfer

Als Faustregel für Metalle lässt sich formulieren: Wenn die Qualität eines Erzes abnimmt, steigt die Menge an Energie, die notwendig ist, um die Ressource zu gewinnen. Und genau davon, also von einer nachlassende Erzqualität, berichten Bergbaufirmen aus aller Welt. Sie müssen mehr Energie für Förderung und Raffination einsetzen.[267]

Am Beispiel des Kupfers lassen sich einige typische Probleme von Metallen nachvollziehen. Das Metall Kupfer hat bekanntlich zahlreiche Vorzüge: Er leitet prima Strom und Wärme, weist einen sehr soliden Korrosionswiderstand auf und verfügt über gute mechanische Eigenschaften. Kupfer fand schon in der Jungsteinzeit Verwendung. Mit der Technik zur Herstellung von Keramik im Zuge der Neolithischen Revolution verfügte man über das Wissen, um die nötige Wärme für das Schmelzen und Verabeiten von Kupfer zu erzeugen.

Verarbeitet wird Kupfer heute natürlich in sehr viel größeren Mengen als damals. In den letzten 40 Jahren wuchs die Kupferförderung exponentiell um 2,3 Prozent jährlich. Die Welt verfügt immer noch über sehr erhebliche Kupferreserven, dennoch gibt es Grund zur Sorge: Der Erzgehalt des geförderten Kupfers nimmt immer weiter ab. Ein niedriger Erzgehalt bedeutet, dass größere Mengen abgebaut werden müssen. Der Aufwand steigt also – und damit auch der Preis. Recycling deckt übrigens nur 17,5 Prozent des Jahreskupferverbrauchs, was damit zu erklären ist, dass Kupferprodukte eine lange

---

[266] Vgl. Bardi, Ugo: Der geplünderte Planet, a. a. O., S. 294.

[267] Vgl. Heinberg, Richard: Das Ende des Wachstums, a. a. O., S. 154.

Lebensdauer haben. Ein Rückgang der Kupferverfügbarkeit in den nächsten Jahren gilt als wahrscheinlich.[268]

Ein weiteres Problem: Große Mengen von Kupfer sind den Recyclingkreisläufen entzogen. Weltweit lagern geschätzte 225 Millionen Tonnen Kupfer auf Müllhalden.[269] Bei Kupfer und anderen Wertstoffen trifft Recycling immer auf das gleiche Problem. Nichts lässt sich unendlich wiederverwerten. Stellen wir uns ein Metall vor, das zu 50 Prozent recycelt wird. Schon nach vier Kreisläufen sind 95 Prozent der ursprünglichen Menge verloren.[270]

Viele Stoffe können nur eine begrenzte Anzahl an Recycling-Prozessen durchlaufen. Ein beliebtes Beispiel sind Kunststoffe: Sie sind in unserem Leben omnipräsent. Im Rahmen ihrer Wiederaufbereitung verkürzen sich die Kunststofffasern jedes Mal ein wenig. Weil die Rohstoffqualität konstant abnimmt, können viele Kunststoffe lediglich vier- bis achtmal wiederverwertet werden.

Die Gesetze der Thermodynamik lassen sich nicht umgehen

Nicholas Georgescu-Roegen erkannte, dass nahezu jede neue Technik durch zunächst unvorhersehbare Sekundäreffekte zur Notwendigkeit einer weiteren Technik führte. Der aus Rumänien stammende Wissenschaftler wies schon vor über 30 Jahren darauf hin, dass technologische Innovationen einen immer höheren Verbrauch von nicht-erneuerbaren Ressourcen zur Folge hätten.[271]

Die Belege für diese These sind eindrucksvoll. Es wurde schon erwähnt: Der Mensch war die längste Zeit Jäger und Sammler. Mit der Neolithischen Revolution betrieb er Ackerbau und Viehzucht, wurde sesshaft und begann, Bäume zu fällen. Im Mittelalter war Holz, wie schon gezeigt wurde, der Rohstoff schlechthin. Ob Webstühle, Weinpressen, Wasserleitungen, Karren, Spinnräder oder Schiffe – so ziemlich alles war aus Holz.[272]

Erst als Holz knapp wurde und die Wälder in immer stärkerem Maße schrumpften – in Europa ging der Waldbestand von 95 Prozent auf 20 Pro-

---

268 Vgl. Namorado Sousa, Rui: Kupfer: geht eine lange Erfolgsgeschichte bald zu Ende?, S. 140, in: Bardi, Ugo: Der geplünderte Planet, a. a. O., S. 134–140.

269 Vgl. Gutberlet, Jutta: Suffizienz und Wertstoffrückgewinnung statt Rohstoffverschwendung, S. 304, in: Bardi, Ugo: Der geplünderte Planet, a. a. O., S. 301–308.

270 Vgl. Bardi, Ugo: Der geplünderte Planet, a. a. O., S. 294.

271 Vgl. Berger, Sebastian: Grundlegung der nachhaltigen Entwicklung. Nicholas Georgescu-Roegen (1906–1994) und das Entropiegesetz in der Wirtschaft, in: Welt-Sichten, Nr. 7, 2008.

272 Vgl. Rifkin, Jeremy: Entropie, a. a. O., S. 86–87.

zent der Gesamtfläche zurück –, suchten die Menschen nach einem Ersatz.[273] Dies umso mehr, als sich in der zweiten Hälfte des 17. Jahrhunderts auch die Holzkohle rarmachte. Umwelthistoriker wie Jason Moore sprechen gar von einem »Peak Charcoal«. Holzkohle war für die frühe Metallverarbeitung sowie für die Glas- und Zuckerindustrie die Schlüsselenergie.[274]

Die Menschen fanden den Ersatz für Holz und Holzkohle in der lange verschmähten Kohle. Diese war schon seit Jahrhunderten bekannt, erfreute sich bei den Menschen aber nur geringer Beliebtheit. Die Kohle erzeugte bei der Verbrennung viel Ruß und Rauch und war zudem aufwendiger zu beschaffen als Holz. Bäume zu fällen, war mühsam, aber doch relativ einfach. In der frühen Neuzeit reifte die Erkenntnis, dass Kohle für einige spezielle Zwecke sehr gut zu gebrauchen war – vor allem für die Metallverarbeitung. Die durch Kohlefeuer erzeugten höheren Temperaturen erleichterten das Schmelzen von Eisen und anderen Erzen.

Irgendwann ließ sich auch die Kohlebeschaffung nicht mehr nach Belieben steigern. Die Erfindung und die spätere Verfeinerung der Dampfmaschine waren notwendig, um Kohle im großen Stil fördern zu können, die Gruben weiter in die Erde zu treiben und mittels der Dampfpumpe für die Entwässerung der Mine zu sorgen. Die schwere Kohle ließ sich nicht einfach mehr mit Pferdewagen transportieren. Also mussten neue Erfindungen her: Dampflokomotiven und Eisenbahnschienen. Verglichen mit Pferden und Holzäxten waren die neuen Technologien wesentlich leistungsstärker, aber auch wesentlich energiehungriger.[275]

Die Kohle war jedoch nicht das Ende der Fahnenstange. Gegen Ende des 19. Jahrhunderts begann der Siegeszug des Erdöls. Das Öl setzte sich allerdings nur langsam gegen die Kohle durch – erst zur Mitte des 20. Jahrhunderts hatte es die Kohle deutlich in den Hintergrund gedrängt. Gegenüber der Kohle hatte das Erdöl diverse Vorteile. Es verlangte aber nach noch mehr Aufwand und Know-how bei der Förderung. So ging das weiter – im Jahr 1938 war der Mensch bei Otto Hahn und der Kernspaltung. Diese hat besonders interessante wie verheerende Sekundäreffekte heraufbeschworen.

Was lernen wir daraus? Die Geschichte der Menschheit war immer auch eine Geschichte des Kampfes gegen die Ressourcenknappheit. Der Mensch musste in der Vergangenheit immer wieder Ressourcen gegen andere austau-

---

273 Vgl. Heinberg, Richard: The Party's Over. Das Ende der Ölvorräte und die Zukunft der industrialisierten Welt, München 2004, S. 91.

274 Vgl. Mahnkopf, Birgit: Peak Everything – Peak Capitalism? Folgen der sozial-ökologischen Krise für die Dynamik des historischen Kapitalismus, Working Paper der DFG-KollegforscherInnengruppe Postwachstumsgesellschaften, Nr. 02/2013, Jena 2013, S. 23.

275 Vgl. Meißner, Andreas: a. a. O., S. 80–82.

schen. Die menschliche Entwicklung verlief von leichter zu weniger leicht ausbeutbaren Rohstoffen.[276] Der Mensch benötigte dafür immer neue Methoden, die immer komplizierter (und teurer) wurden und immer mehr Gefahren in sich bargen – man denke an Ölkatastrophen, Minenunglücke oder Reaktorunfälle.

Richard Wilkinson trifft den Nagel auf den Kopf, wenn er feststellt, dass in einem weiten ökologischen Sinn die ökonomische Entwicklung nichts anderes ist als die »Entwicklung intensiverer Ausbeutungsmethoden der natürlichen Umwelt«.[277] Natürlich verdrängt das bessere Neue nicht immer direkt und schnell das Alte. Alte und neue Technologien existieren häufig Jahrhunderte nebeneinander. Die Kernspaltung hat sich zum Erdöl addiert. Das Öl hat die Kohle nicht verschwinden lassen. Und das Holz auch nicht.

Die Vorstellung, dass Technologie uns immer unabhängiger von der Natur macht, stimmt nur bedingt. Keine Technologie kann in einem engen wissenschaftlichen Sinn selbständig Energie erzeugen. Technologie ist lediglich ein Transformator, macht also Energie für den Menschen nutzbar. Kein noch so raffinierter wissenschaftlich-technischer Fortschritt kann die Gesetze der Thermodynamik außer Kraft setzen. »Der König trägt keine Kleider«, schreibt der Ökonom und Zukunftsforscher Jeremy Rifkin.[278] Recht hat er.

---

[276] Vgl. Rifkin, Jeremy: Entropie, a. a. O., S. 89.

[277] Wilkinson, Richard: Poverty and Progress, New York 1973, S. 102.

[278] Rifkin, Jeremy: Entropie, a. a. O., S. 93.

WACHSTUM

»Die Wachstumsrate ist
der Indikator für den Fortschritt,
dem Politiker aller Parteien huldigen.«
*Ezra J. Mishan, britischer
Ökonom und Wachstumskritiker*

12. Wachstum! Oder der Sprung vom Maulwurfshügel auf den Mount Everest

Zwischen der ökologischen Krise und dem realexistierenden Kapitalismus bestehen äußerst enge Zusammenhänge. Und das ist noch sehr diplomatisch formuliert. Die Wirtschaft ist, drückt man es in deutlichen Worten aus, ein Parasit der Biosphäre. Die ökologischen Verwerfungen sind von unserem ökonomischen System nicht zu trennen.

Nachdem wir uns schon mit dem (Finanzmarkt-)Kapitalismus befasst haben, problematisieren die nächsten Kapitel aus unterschiedlichen Perspektiven das Wirtschaftswachstum.

Wachstum sollte dabei immer in Verbindung mit der herrschenden kapitalistischen Produktions- und Lebensweise gesehen und gedacht werden. Diese ist nicht nur ein System, um Güter und Dienstleistungen zu produzieren und zu konsumieren, sondern auch, wie schon in Kapitel 9 angemerkt wurde, ein System von Macht und Herrschaft – nicht nur über Menschen, sondern auch und gerade über die Natur.[279]

Wachstum und Armutsverminderung

Im Folgenden soll das Wachstum fast ausschließlich mit Blick auf die westlichen Industriestaaten betrachtet werden. Es wird also eine sehr spezifische Perspektive eingenommen. Der Vollständigkeit halber sei aber angemerkt:

[279] Vgl. Brand, Ulrich: Wachstum und Herrschaft, a. a. O., S. 10.

Wachstumsfetischismus ist kein rein kapitalistisches Phänomen. Auch die Sowjetunion und ihre Satellitenstaaten strebten mit allen verfügbaren Kräften nach Wachstum, der Ostblock versuchte gar den Westen in der Disziplin des Wachstums zu schlagen. Seit dem Kollaps der verkrusteten östlichen Planwirtschaften jagt allein der Westen nach Wachstumsrekorden.

Das Wachstum hat viele Anhänger, weil es in den letzten 200 Jahren den Wohlstand auf beeindruckende Weise gesteigert und die Armut spiegelbildlich verringert hat. (Die Schattenseiten dieser Entwicklung seien für einen Moment ausgeblendet.) Die Anhänger extrapolieren die beeindruckende Wachstumskurve der Vergangenheit in die Zukunft. Sie gehen davon aus, dass sich diese Entwicklung auch in den nächsten Jahren und Jahrzehnten fortsetzen wird. Den Kritikern des Wachstums halten die Anhänger entgegen, dass weniger Wachstum vor allem den Armen schade.

»Wachstum ist gut für die Armen«, formulierten einst die Ökonomen David Dollar und Aart Kraay.[280] Mittels einer breitangelegten ökonometrischen Analyse zeigten sie, dass sich das weltweite Wirtschaftswachstum der vergangenen 40 Jahre nahezu eins zu eins in einem Anstieg des Pro-Kopf-Einkommens der Armen niedergeschlagen hat. Wirtschaftliches Wachstum scheint also eine *notwendige* Bedingung für nachhaltige Armutsbekämpfung zu sein. Aber reicht Wachstum allein aus? Die Wirtschaftswissenschaftler Louise Cord, Humberto Lopez und John Page nutzten die Datenbasis von Dollar und Kraay, um den Zusammenhang zwischen Wirtschaftswachstum und Armutsreduktion auf Länderebene statt im weltweiten Durchschnitt zu untersuchen.[281] Sie lieferten den Beleg, dass Wirtschaftswachstum zwar ein notwendiger, jedoch nicht *hinreichender* Faktor für die Armutsbekämpfung ist.

Das Forscherteam zeigte, dass in bestimmten Ländern anhaltendes Wirtschaftswachstum mit einer deutlichen Armutsreduktion einherging. Ebenso gab es aber auch Länder, die trotz positiven Wirtschaftswachstums sogar einen Einkommensrückgang bei den ärmeren Bevölkerungsschichten verzeichneten. Wirtschaftswachstum allein reicht also nicht aus, um Armut zu reduzieren. Vielmehr ist neben der Intensität auch die *Beschaffenheit des Wirtschaftswachstums* entscheidend für seine Armutswirkung.[282]

---

280 Dollar, David/Kraay, Aart: Growth is good for the poor, in: Journal of Economic Growth, Nr. 7, 2002, S. 195–225. Den Text gibt's auch online unter: http://siteresources.worldbank.org/DEC/Resources/22015_Growth_is_Good_for_Poor.pdf [Stand: 3.9.2014].

281 Cord, Louise/Lopez, Humberto J./Page, John: »When I Use a Word …«: Pro-Poor Growth and Poverty Reduction. Der Artikel findet sich online unter der folgenden URL: http://siteresources.worldbank.org/INTPGI/Resources/15179_Page_Lopez_Cord_-_When_I_use_a_word.pdf [Stand: 3.9.2014].

282 Vgl. Rippin, Nicole: Wachstum für alle?, S. 46, in: Aus Politik und Zeitgeschichte, 62. Jg., 27–28/2012, S. 45–51.

Das bestätigen auch die Untersuchungen des französischen Ökonomen Thomas Piketty. Dieser hat die Entwicklung von Ungleichheiten umfassend erforscht. Nach Piketty führt Wachstum nicht automatisch zu weniger Armut und zu einer Reduktion von Ungleichheit.[283]

Quantitatives Wachstum

Wirtschaftliches Wachstum im klassischen Verständnis ist *quantitatives Wachstum* (zum Begriff des qualitativen Wachstums in Kapitel 14 mehr) und heißt nichts anderes, als dass das Bruttoinlandsprodukt pro Kopf (BIP/Kopf) bzw. das Bruttosozialprodukt pro Kopf (BSP/Kopf) steigt.[284] Was dabei wächst, ist den Statistikern der volkswirtschaftlichen Gesamtrechnung egal – ob Rüstungsgüter oder Gesundheitsleistungen, das spielt keine Rolle.

Soziale Lebensgrundlagen, gleichzeitig Lebensleistungen, haben aus der Sicht der volkswirtschaftlichen Gesamtrechnung im wahrsten Sinne des Wortes keinen Wert, denn die häusliche Kindererziehung, die Haus(halts)arbeit sowie die gesamte Subsistenzwirtschaft, von der heute noch rund ein Drittel der Weltbevölkerung lebt, finden keinerlei Eingang in die Wachstumsberechnung.[285]

Wachstum in langer Frist

Wachstum ist das ökonomische Paradigma unserer Zeit.[286] Es in Zweifel zu ziehen, grenzt in der Nationalökonomie an Ketzerei, Blasphemie, Religionsfrevel. Wachstum ist für die meisten Vertreter der ökonomischen Zunft so selbstverständlich wie die Luft, die wir atmen. Dabei gerät aus dem Blick, dass es die längste Zeit in der Menschheitsgeschichte überhaupt kein Wachstum bzw. Wachstum auf einem extrem niedrigen Niveau gegeben hat. Unter solchen Bedingungen haben Wissenschaft und Kunst, wie jedes gutsortierte Museum zeigt, herausragende Leistungen in der Vergangenheit vollbracht.

---

[283] Vgl. Piketty, Thomas: Le Capital au XXIe siècle, Paris 2013.

[284] Beide Größen umfassen streng genommen nicht dasselbe, finden aber in den allermeisten Fällen als Synonyme Verwendung. Das BIP folgt dem sogenannten Inlandskonzept, während dem BSP das sogenannte Inländerkonzept zugrunde liegt. Ein Beispiel macht den Unterschied deutlich: Ein deutscher Textilunternehmer, der eine Fabrik in China unterhält, wird mit seiner wirtschaftlichen Leistung Eingang in das deutsche BSP finden, aber nicht in das deutsche BIP. Umgekehrt trägt ein chinesischer Unternehmer mit einem Werk in Deutschland zum deutschen BIP bei – allerdings nicht zum deutschen BSP.

[285] Vgl. Scheidler, Fabian: Gibt es ein Leben nach dem Wachstum?, in: Bsirske, Frank et al. (Hg.): Perspektiven! Soziale Bewegungen und Gewerkschaften, Hamburg 2004.

[286] Nach der Definition des Wissenschaftstheoretikers Thomas S. Kuhn ist ein Paradigma die Gesamtheit der von Wissenschaftlern geteilten Glaubensüberzeugungen.

Beschäftigt man sich mit den wenigen Studien zum Wirtschaftswachstum, die über einen Zeitraum von 200 oder 250 Jahren hinausgehen, kommt man zu sehr interessanten Befunden. Das Referenzwerk in dieser Hinsicht hat der Wirtschaftshistoriker Angus Maddison (Universität Groningen) im Auftrag der OECD im Jahr 2001 vorgelegt. Demnach gab es zwischen dem Jahr 0, dem Jahr der Geburt Jesu Christi, und 1000 n. Chr. keinen messbaren Anstieg des Pro-Kopf-Einkommens. Im gleichen Zeitraum versechsfachte sich die Weltbevölkerung. Im Laufe des letzten Jahrtausends (1000 n. Chr. bis 2000 n. Chr.) wuchs das weltweite Bruttosozialprodukt um das 300-Fache, das Pro-Kopf-Einkommen stieg um das 14-Fache, während sich die Weltbevölkerung um das 23-Fache erhöhte.

Beeindruckende Zahlen. Allerdings darf man sich nicht täuschen lassen: Bis in das frühe 19. Jahrhundert gab es nur Wachstum auf einem sehr niedrigen Niveau. Wie Angus Maddison berechnet hat, belief sich das Wachstum des Pro-Kopf-Einkommens zwischen 1000 n. Chr. und 1820 n. Chr. auf 0,05 Prozent jährlich.[287]

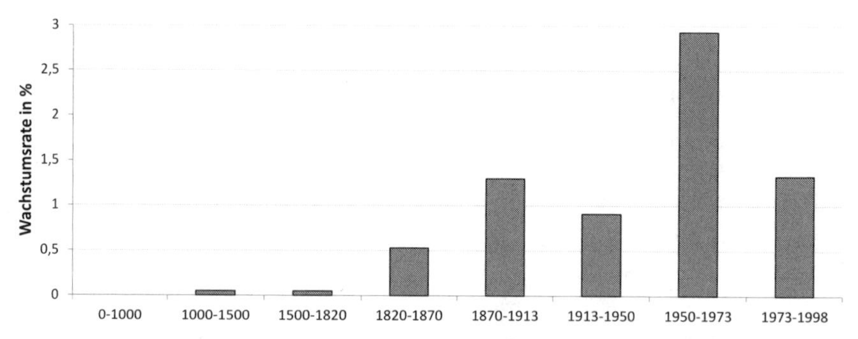

Abb. 21: Wachstum des Weltsozialproduktes in der langen Frist

Entwicklung der Wachstumsraten des Weltsozialproduktes von Christi Geburt bis zum Jahr 1998 (in US-Dollar von 1990). Darstellung auf Grundlage von: Maddison, Angus: The World Economy: A Millennial Perspective, Paris 2001, S. 265.

Danach, d. h. zwischen dem Jahr 1820 und dem Jahr 2001, wuchs das Pro-Kopf-Einkommen im Durchschnitt um 1,2 Prozent pro Jahr und damit 24-mal so stark wie im Zeitraum zwischen dem Jahr 1000 und dem Jahr 1820.[288]

[287] Vgl. Maddison, Angus: The World Economy: A Millennial Perspective, Paris 2001, S. 265 u. S. 643.

[288] Vgl. Maddison, Angus: Growth and Interaction in the World Economy. The Roots of Modernity, American Enterprise Institute, Washington D. C. 2005, S. 5.

Zerlegt man den Zeitraum von 1820 bis zur Jahrtausendwende in mehrere Abschnitte, so fällt auf, dass das Wachstum nicht gleichmäßig ausfiel. Das stärkste Wachstum, jedenfalls aus einer globalen Perspektive, geschah zwischen den Jahren 1950 und 1973, also in der Zeit des Bretton-Woods-Systems. In den Jahrzehnten davor gab es bedingt durch die beiden Weltkriege ein schwächeres Wachstum, und auch nach 1973 wird das Niveau der ersten beiden kompletten Nachkriegsjahrzehnte nicht mehr erreicht.

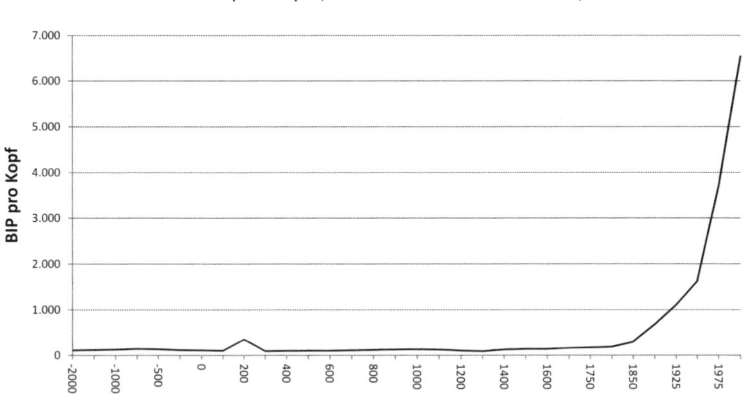

Abb. 22: Pro-Kopf-Einkommen in der langen Frist

Entwicklung des Welt-BIP/Kopf von 2000 v. Chr. bis 2000 n. Chr. (in US-Dollar von 1990). Darstellung auf Grundlage von: DeLong, James Bradford: Estimates of World GDP, One Million B. C. – Present. Datensatz online unter: http://econ161.berkeley.edu [Stand: 1.12.2015].

Zu leicht abweichenden Einschätzungen kommt der Ökonom James Bradford DeLong (Berkeley University), der im Unterschied zu Maddison nicht nur noch weiter in der Geschichte zurückgeht, sondern auch ein leichtes reales Wachstum im 3. Jahrhundert n. Chr. sieht.

Im Grundsatz teilt DeLong allerdings die Studienergebnisse von Angus Maddison. Genau wie Maddison erkennt auch DeLong die entscheidenden Veränderungen vor allem im 19. Jahrhundert. In diesem Jahrhundert findet ein unglaublicher *Take-off*[289] der wirtschaftlichen Entwicklung statt – seitdem hat sich der Lebensstandard vervielfacht. In einem Umfang und einem Tempo wie nie zuvor. Es ist, als hätte die Menschheit den Sprung vom Maulwurfshügel auf den Mount Everest geschafft.

---

[289] Die Metapher von einem »Take-off«, die an ein startendes bzw. abhebendes Flugzeug denken lässt, geht auf den berühmten Wirtschaftshistoriker W. W. Rostow zurück. Während die meisten Wirtschaftshistoriker das Bild für angemessen halten, lehnt ausgerechnet Angus Maddison die Metapher ab.

Das illustriert ein Vergleich zwischen der Gegenwart und dem Jahr 1500. Damals lebten etwa 500 Millionen Menschen auf der Erde, heute sind es knapp 7,5 Milliarden. Im Jahr 1500 wurden Waren und Dienstleistungen im Wert von umgerechnet 250 Milliarden US-Dollar produziert. Heute sind es über 70 Billionen US-Dollar. Im Jahr 1500 verbrauchte die Menschheit pro Tag rund 13 Billionen Kalorien Energie – heute sind es pro Tag mehr als 1.500 Billionen Kalorien. Wäre ein Bauer im Jahr 1000 n. Chr. eingeschlafen und im Jahr 1500 wieder erwacht, hätte er sich vermutlich noch zurechtfinden können. Wäre der Bauer im Jahr 1500 eingeschlafen und in der Gegenwart wieder wachgeworden, so würde er die Welt nicht verstehen. Ihm stände staunend der Mund offen.[290]

Der Wirtschaftshistoriker Gregory Clark, seit der Veröffentlichung des Bestsellers *A Farewell to Alms*[291] einer der umstrittensten Vertreter seiner Zunft, betrachtet das 19. Jahrhundert als tiefe Zäsur: »[Es] ging dem Durchschnittsmenschen in der Welt von 1800 nicht besser als seinen Vorfahren 100.000 Jahre früher. Tatsächlich war ein Großteil der Weltbevölkerung um 1800 sogar ärmer als seine Ahnen.«[292] James Bradford DeLong äußert sich ähnlich: »Selbst im Jahr 1800 hatte der Durchschnittsmensch einen materiellen Lebensstandard, der bestenfalls doppelt so hoch lag wie im Jahr 1.«[293]

Das Bewusstsein für diese ungeheuerliche Entwicklung fehlt den meisten Menschen.

Wir leben schlicht und ergreifend nicht lange genug, um diesen nur etwa 200-jährigen Zeitraum überblicken zu können. Der Durchbruch des Wachstums ist verbunden mit zwei Wörtern: Industrielle Revolution. Von ihr war schon mehrfach die Rede. Allerdings fehlen uns noch einige Puzzle-Stücke, um das Bild zu komplettieren.

Die Industrialisierung kann man grob in vier[294] Phasen einteilen: Die erste Phase findet zwischen 1750 und 1870 im Wesentlichen in England statt und bringt die Dampfmaschine, die Spinning Jenny, den Stahl, die Eisenbahn und die Telegraphie mit sich. Die zweite Phase dauert nur ca. 45 Jahre (1870 bis 1915), ist aber am bedeutendsten. Der Verbrennungsmotor und – direkt damit verbunden – das Automobil werden erfunden, ferner erscheinen die moderne Chemie und das Telefon. Die Elektrizität ist eine ebenfalls absolut

---

290 Vgl. Harari, Yuval Noah: a. a. O., S. 301.

291 Clark, Gregory: A Farewell to Alms. A Brief Economic History of the World, Princeton 2007.

292 Clark, Gregory: Die Große Divergenz, S. 38, in: Internationale Politik, Dezember 2007, S. 38–45.

293 DeLong, James Bradford: Macroeconomics, 2. Auflage, New York 2005, S. 120.

294 Die hier vorgenommene Einteilung in vier Phasen ist zwar gängig, aber durchaus etwas willkürlich. In der historischen Wirtschaftsforschung existieren auch Modelle, die von einem drei- oder fünfphasigen Industrialisierungsmodell ausgehen.

grundlegende Erfindung, ein direkter Spin-off davon ist das elektrische Licht. Nicht vergessen werden darf auch der eminent wichtige Zugang zu fließendem Wasser: Häuser werden an Wasser- und Abwasserleitungen angeschlossen. Das ist von sehr großer Bedeutung, fällt in vielen wirtschaftshistorischen Schriften jedoch unter den Tisch.

Zwischen 1915 und 1980 passiert ebenfalls eine ganze Menge: Fließbandfertigung/Massenproduktion, Automation, Robotik, Atomenergie, Kunststoffe, Funk-, Radio- und Fernsehtechnik, Massenmobilisierung und Flugverkehr müssen hier als Stichworte genügen. Seit 1980 erfolgt der Durchbruch der Mikroelektronik – konkrete Errungenschaften der letzten 30 Jahre sind der Desktopcomputer, das Internet, die Mobiltelefonie sowie die Nano- und Gentechnik.

Ursachen des Wachstums

Wie kam der Sprung vom Maulwurfshügel auf den Mount Everest zustande? Die Frage, warum seit der Industrialisierung ein nie dagewesener Wachstumsexzess stattgefunden hat, füllt eine schier unübersichtliche Menge von Büchern. Es geht um sehr viel mehr als »nur« um einige bahnbrechende Erfindungen. Und es geht um mehr als »nur« um kapitalistisches Gewinnstreben, das die Produktivkräfte nie und nimmer alleine entfesselt hat.

Fakt ist: Wirtschaftliches Wachstum hat nicht nur eine Ursache, sondern sehr viele Gründe. Wachstum hat zudem nicht nur ökonomische und technische Ursachen, beachtenswert ist auch das Bevölkerungswachstum – mehr Menschen können mehr Güter herstellen und verbrauchen natürlich auch mehr.

Ohne wichtige Vorleistungen im Mittelalter und in der frühen Neuzeit hätte es die Industrialisierung nicht gegeben. Extrem wichtig war die Erfindung des Buchdrucks, womit Wissen sehr viel leichter weitergegeben werden konnte. Fortschritte verzeichnete auch der Bereich der Seefahrt – in der Navigation, in der Kartographie oder auch im Schiffsbau gab es durchschlagende Erfolge. Auf alle diese Dinge wurde in diesem Buch schon verwiesen. Sie ermöglichten den Handel mit überseeischen Kolonien – und den Zugriff auf billige Rohstoffe.

Spezialisierung und Arbeitsteilung sind ebenso wichtige Faktoren zur Erklärung der Industrialisierung wie enorme wissenschaftliche Fortschritte. Daneben sind auch umfassende gesellschaftliche, kulturelle oder politische Einflüsse in Betracht zu ziehen. Man denke an institutionelle und politische Rahmenbedingungen, Konsumpräferenzen oder an die Umwälzungen der Aufklärung (mit der Entstehung eines neuen Menschenbildes). Damit stoßen die Wirtschaftswissenschaften an ihre Grenzen, andere Sozialwissenschaften wie z. B. die Soziologie sind gefragt.[295]

Vor diesem Hintergrund gleicht es einer Gratwanderung, einzelne Faktoren hervorzuheben. Monokausale Erklärungen verbieten sich – eigentlich. Doch diese Schrift soll nicht die Dicke eines Telefonbuches erhalten, daher müssen bestimmte Sachverhalte vereinfacht werden. Es wird aber unbedingt empfohlen, sich vertiefend mit der Fachliteratur zu beschäftigen.

Klar ist: Der technische Fortschritt ragt als Wachstumsursache heraus. Er ermöglichte gigantische Produktivitätssprünge. Ein zufälliges Beispiel illustriert diese These: Lange Zeit war es überhaupt nicht möglich, Bäume zu fällen. Dann gab es irgendwann die Axt und die Säge. Um einen Baum zu fällen, war allerdings viel Zeit und Kraftaufwand erforderlich. Mit der Mechanisierung und der Erfindung komplexerer technischer Helferlein wie Kettensägen, Seilwinden oder Traktoren wurde es möglich, die Produktivität eines Holzfällers dramatisch zu steigern. Sehr viel mehr Bäume konnten in sehr viel kürzerer Zeit gefällt werden. Ein Holzfäller kann heute in einer Stunde eine Menge Bäume fällen, für die vor 500 Jahren Dutzende von Arbeitskräften benötigt wurden.

Der technische Fortschritt entwickelte deshalb eine ungeheure Kraft, weil er sich auf billige fossile Energieträger stützen konnte. Billige fossile Energieträger begründeten ein neues Zeitalter.

Der Beginn einer neuen Ära

Dieses neue Zeitalter begann mit der Kohle. Die Moderne und – damit verbunden – der Kapitalismus hätten sich nicht herausbilden können, wenn die Kohle nicht eine sehr preiswerte und in großen Mengen verfügbare energetische Ressource gewesen wäre. Und auch der technologische Vorsprung des Westens gegenüber anderen Weltregionen hätte sich ohne die Kohle wahrscheinlich nicht eingestellt. In späteren Jahrzehnten gewannen Öl und Gas mehr und mehr an Bedeutung. Bis heute.

Energie ist *der* Schlüssel zum Verständnis von Wachstumsprozessen. Die vorindustriellen Agrargesellschaften schlossen sich an natürlich vorhandene Energieflüsse an, konnten diese aber nicht vergrößern. Das war ein großes Hemmnis für so etwas wie Wirtschaftswachstum. Das wurde bereits dargestellt.

---

[295] Vgl. Deutschmann, Christoph: Soziologie kapitalistischer Dynamik, Max-Planck-Institut für Gesellschaftsforschung, Working Paper 09/5, Köln 2009, S. 7.

Sonnenenergie strahlt in geringer Dichte auf die Erde ein. In Agrargesellschaften sammelte man sie vor allem auf Acker- und Waldflächen; aber solche Flächen waren begrenzt. Jene Gesellschaften hatten geringe Nettoerträge. Wenn man den vorindustriellen Bauernhof als Kraftwerk betrachtet, so war er extrem ineffizient. Das fossile System hingegen ist nun weitgehend flächenunabhängig.[296]

Und wie viele Energiesklaven nutzen Sie?

Maschinen, im 19. Jahrhundert auch bisweilen »eiserne Engel« genannt, haben unser Leben maßgeblich erleichtert. Man könnte die Maschinenenergie, die wir nutzen, auch mit einer anderen Metapher versehen: Energiesklaven.

Der im Jahr 2014 verstorbene Quantenphysiker Hans-Peter Dürr hat dieses Bild bemüht. Er definiert Energiesklave wie folgt: »Ein Energiesklave ist das Äquivalent einer viertel Pferdestärke, der zwölf Stunden am Tag ununterbrochen arbeitet. Diese Umrechnung habe ich aus einer Erfahrung nach dem Kriegsende abgeleitet, als die Bauern keine Pferde mehr hatten und vier kräftige erwachsene Männer nötig waren, um gemeinsam einen Pflug zu ziehen.«[297]

Eine Sklavenstärke könnte man somit großzügig mit 200 Watt (etwa ein Viertel PS) ansetzen.[298] Im Verlauf eines Arbeitstages von 12 Stunden kämen somit 2,4 kWh zusammen. (Zum Vergleich: Nur ein Liter Diesel enthält eine Energiemenge von 10 kWh!) Nach den Berechnungen von Hans-Peter Dürr stehen dem globalen Durchschnittsmenschen 22 Energiesklaven zur Verfügung – und zwar ständig. In den Industrieländern ist das Verhältnis noch krasser. Der Durchschnittsdeutsche hat 55 Energiesklaven in seinem Dienst, der durchschnittliche US-Amerikaner sogar 105.

---

[296] Vgl. Hänggi, Marcel: Sozialer Stoffwechsel. Interview mit dem Umwelthistoriker Rolf Peter Sieferle, in: http://www.mhaenggi.ch/05_Geschichte/artikel_geschichte_Sieferle.html [Stand: 3.9. 2014].

[297] Dürr, Hans-Peter: Geist, Kosmos und Physik. Gedanken über die Einheit des Lebens, Amerang 2010.

[298] Vgl. Hagl, Siegfried: Wie viele Sklaven lassen Sie für sich arbeiten? Text online unter: http://www.siegfriedhagl.com/okologie/wie-viele-skalven-lassen-sie-fur-sich-arbeiten [Stand: 14.12.2014].

Fossiler Kapitalismus

Das Wachstum des fossilen Systems hing am Anfang an der Kohle. Wer nicht nur an der Oberfläche kratzen, sondern den Prozess der Wachstumsentfesselung verstehen will, sollte sich mit den Analysen von Elmar Altvater beschäftigen. Weil dessen Beiträge zur Kritik des fossilen Kapitalismus mit zum Tiefschürfendsten gehören, was im ersten Jahrzehnt des neuen Jahrtausends im deutschen Sprachraum veröffentlicht worden ist, sollen wesentliche Thesen des 1938 in Kamen geborenen Wissenschaftlers, der bis zu seiner Emeritierung am Otto-Suhr-Institut der Freien Universität Berlin eine Professur für Politische Ökonomie innehatte, etwas ausführlicher referiert werden.

Altvater konstatiert eine »trinitarische Kongruenz von kapitalistischen Formen, fossilen Energieträgern und europäischer Rationalität«.[299] Der Politökonom geht zurück in die Zeit der Industrialisierung: Er bemerkt, dass der Kapitalismus nicht von Anfang an fossilistisch war, es aber im Laufe der Industrialisierung zwangsläufig wurde.

Mit der Industrialisierung erfolgte ein Bruch, der schon in der Neolithischen Revolution angelegt war: weg von der Flussenergie der Sonne hin zu gespeicherter Energie aus der Karbonzeit.

Altvater rückt das Beispiel der Dampfmaschine, von der auch schon mehrfach in diesem Band die Rede war, in den Fokus. Er stellt fest, dass diese zu Beginn mit Holz betrieben wurde. Das funktionierte am Anfang gut, erwies sich jedoch mit der Zeit als wenig effizient. Die Orte, an denen die Dampfmaschinen die Fabriken mit Energie versorgten, mussten nahe an Wäldern liegen. Die Wälder verschwanden mit dem zunehmenden Holzeinschlag, was natürlich Holz verknappte und verteuerte.[300]

Gleichzeitig waren Holz bzw. Holzkohle entscheidend für die Befeuerung der Hochöfen. Die Metallbranche war, wie schon erwähnt wurde, seit der Herausbildung von Hochkulturen entscheidend für das Kriegs- und Währungssystem. Gold und Silber waren die Grundlage für Währungen. Ohne die Edelmetalle waren weder eine moderne Geldökonomie noch die Bezahlung großer Heere möglich.[301]

---

[299] Altvater, Elmar: Das Ende des Kapitalismus, wie wir ihn kennen, a. a. O., S. 72.

[300] Vgl. ebenda, S. 73.

[301] Vgl. Scheidler, Fabian: Das Ende der Megamaschine, a. a. O., S. 132–133.

Die Entfesselung der Wachstumskräfte

Entscheidend für den Durchbruch der Kohle war, wie schon im vorigen Kapitel kurz dargelegt wurde, die Verknappung von Holz und die Verteuerung von Holzkohle. Der Druck, für diese Probleme eine Lösung zu finden, wuchs. Im Jahr 1712 nahm die erste kommerziell nutzbare Dampfmaschine in England ihren Dienst auf. Ihr Schöpfer war der Erfinder Thomas Newcomen. Diese Maschine sollte die Welt verändern. Newcomen und seine Maschine nahmen das zentrale Problem der Kohleförderung in Angriff – in den Kohleschächten sammelte sich Wasser. Newcomen machte sich einen positiven Rückkopplungseffekt zunutze: Je mehr Kohle man förderte, desto mehr Wasser konnte man abpumpen. Und je mehr Wasser man abpumpen konnte, desto mehr Kohle konnte man fördern.

Eine ähnliche positive Schleife stand auch an der Wiege der Eisenbahn. Diese wurde zuerst im Bergbau eingesetzt – an Personenbeförderung war ursprünglich nicht gedacht. Die Eisenbahn konnte mit der Kohle, die sie beförderte, auch angetrieben werden. Rückkopplungseffekt hier: Je mehr Kohle man förderte, desto mehr Kohle konnte man auch transportieren. Mit der Umstellung der Hochöfen von Holzkohle auf Koks aus Steinkohle konnte mit der transportierten Kohle wiederum mehr Stahl produziert werden. Daraus ließen sich weitere Lokomotiven, Waggons und Schienen fertigen. Und damit wiederum konnte mehr Kohle transportiert werden.

Mit der kohlebefeuerten Dampfmaschine als Basisinnovation und den zahlreichen Folgeinnovationen gelang die Entfesselung der Wachstumskräfte – und der Durchbruch des modernen Kapitalismus.

Geld vermehrt sich nicht von selbst. Damit auf lange Sicht aus Geld mehr Geld werden kann, muss der Umfang der Produktion erweitert werden. Solange die Energie, die zur Ausweitung der Produktion zur Verfügung stand, sich auf menschliche und tierische Muskelkraft sowie auf Holz und Wind- und Wasserenergie beschränkte, waren der Expansion Grenzen gesetzt.[302] Die Dampfmaschine machte es möglich, die im Boden gespeicherten fossilen Energieträger in Arbeit zu transformieren und so die Wirkung der lebendigen Arbeit bei der Produktion zu potenzieren.[303] Die mit fossilen Energieträgern befeuerten Massentransportmittel, in erster Linie die Eisenbahn und in zweiter Linie das Dampfschiff, ermöglichten eine enorme Steigerung der Transportkapazitäten und der Transportgeschwindigkeiten. Raum und Zeit wurden verdichtet.

---

302 Vgl. ebenda, S. 132–134.

303 Vgl. Altvater, Elmar: Das Ende des Kapitalismus, wie wir ihn kennen, a. a. O., S. 74.

Mit der Nutzung der Kohle wurde ein gigantischer unterirdischer Sonnenlichtspeicher angezapft. Kohle ermöglichte den industriellen Take-off – und in der Konsequenz auch das Wachstum von Städten und die Verdichtung der Bevölkerung. Energie wurde in großen Mengen bereitgestellt – bildlich könnte man sich vorstellen, dass Millionen von Hektar Wald und Wiesen wie von Geisterhand geschaffen und zusätzlich bereitgestellt wurden. Hand in Hand ging diese Entwicklung mit der Erschließung von neuen großen Flächen in den neuerworbenen Kolonien.

Die Industrialisierung sprengte die Wachstumsgrenzen der Agrargesellschaft. Der Rückgriff auf fossile Energieträger entkoppelte die Rohstoffbasis von der Fläche und suspendierte damit das Prinzip abnehmender Grenzerträge, jedenfalls für eine mittlere Frist von wenigen Jahrhunderten.[304]

Die Industrielle Revolution, so stellt Altvater fest, war gleichzeitig eine fossile.[305] Oder anders formuliert: Die unsichtbare Hand des Marktes wäre ohne die fossilen Energien kraftlos geblieben.[306] Diese Feststellung gilt umso mehr, weil Ende des 19. Jahrhunderts Benzin- und Dieselmotoren die Bühne betraten. Sie eröffneten noch einmal vollkommen neue Möglichkeiten zur Produktivitätssteigerung. Der Durchbruch der neuen Motoren sollte jedoch noch einige Jahrzehnte dauern.

Die fossilen Energieträger sind der kapitalistischen Produktionsweise höchst angemessen – und umgekehrt. Kein anderes als das fossile Energiesystem hätte den Kapitalismus zu den Höchstleistungen der letzten 200 Jahre bringen können.[307] Kohle, Erdöl und Gas sind anders als Wind- und Wasserkraft ortsunabhängig. Gleichzeitig sind sie zeitunabhängig, da sie leicht zu speichern und zu lagern sind und unabhängig von Tages- und Jahreszeiten zum Einsatz gebracht werden können. Ferner erlauben fossile Energieträger die Konzentration und die Zentralisierung ökonomischer Prozesse. Jedes Größenwachstum ist möglich.[308]

---

[304] Vgl. Sieferle, Rolf Peter: Lehren aus der Vergangenheit, a. a. O., S. 13.

[305] Sehr ähnlich wie Altvater argumentiert Otto Ullrich, wenn er zu bedenken gibt: »Ohne die Ausplünderung der fossilen Energien wäre der kapitalistische Industrialismus nicht zu realisieren gewesen. (…) Wenn es den erdgeschichtlichen >Zufall< nicht gegeben hätte, der in großen Mengen hochkonzentrierte Energie in leicht zugänglicher Form >verfügbar< machte, wären auch die modernen Gesellschaften weit weniger gestählt und betoniert, sondern eher hölzener geblieben.« Das Zitat entstammt dem folgenden Essay: Ullrich, Otto: Forschung und Technik für eine zukunftsfähige Lebensweise, a. a. O.

[306] Vgl. Altvater, Elmar: Das Ende des Kapitalismus, wie wir ihn kennen, a. a. O., S. 80.

[307] Vgl. ebenda, S. 85.

[308] Vgl. ebenda, S. 86–87.

Wachstum und Kohle ebnen den Weg zur Massendemokratie

Nicht nur für den Durchbruch des Wachstums erscheint die Kohle grundlegend, sondern auch für die Verbreitung der Massendemokratie. Der US-amerikanische Politologe Timothy Mitchell hat in einem dicken Buch dargelegt[309], dass die moderne parlamentarische Demokratie der Kohle eine Menge verdankt. Die neuzeitliche Demokratie basiere auf der fossilen Energiewirtschaft, so Mitchell. Sie sei von Anfang an eng mit der Art und Weise der Energieerzeugung verbunden gewesen.[310]

Vor dem fossilen Zeitalter gab es das nun schon mehrfach erwähnte agrarische Energieregime, das sonnenbasiert war. Dieses Energieregime führte dazu, dass Menschen in der Nähe von Flüssen, Wäldern und fruchtbaren Wiesen siedelten und relativ weit voneinander entfernt lebten. Wälder, Flüsse und Wiesen, das waren die Energielieferanten der Menschen. Aber sie konnten nur eine begrenzte Bevölkerungszahl ernähren. Große Bevölkerungskonzentrationen gab es deshalb nicht, die Bevölkerungsdichte war vor der Industrialisierung gering. Das Bevölkerungswachstum und die Bevölkerungskonzentration in den Städten waren eine Voraussetzung dafür, dass sich neue politische Bewegungen herausbilden konnten.

Die Industrialisierungsmaschine konnte nur dann auf Hochtouren gehalten werden, wenn es einen kontinuierlichen Nachschub bzw. Zufluss an Kohle gab. Die Kohle gab den Kumpeln in den Kohlebergwerken Macht; sie konnten in gewisser Weise den Energiezufluss steuern. Abgeschwächt galt das auch für die Arbeiter und Angestellten der Eisenbahn und der Häfen. Die Eisenbahn und die Häfen bildeten ebenso wie die Kohleminen Flaschenhälse der Kohlezuteilung.

In vielen sich industrialisierenden europäischen Ländern gab es Streiks der Minen-, Dock- und Bahnarbeiter, die ihre Wirkung nicht verfehlten. Wenn die Kumpel, Hafenarbeiter und Eisenbahner streikten, konnten sie ein ganzes Land lahmlegen. Das agrarische Energieregime hatte Arbeitern niemals eine solche Macht gegeben. Eine Macht, die größer war als alle Handelsblockaden in der Zeit von Kriegen.

Die Arbeiter streikten für bessere Bezahlung, kürzere Arbeitstage und für den Aufbau von sozialen Sicherungssystemen – und damit indirekt auch für die Ausbildung einer Massendemokratie.[311] »Die Kohlemine ist die Wiege

---

[309] Mitchell, Timothy: Carbon Democracy: Political Power in the Age of Oil, London 2011.

[310] Vgl. ebenda, S. 8.

[311] Vgl. Mitchell, Timothy: Carbon democracy, S. 401–405, in: Economy and Society, Vol. 38, Nr. 3, August 2009, S. 399–432.

der Demokratie«, schreibt gar der französische Soziologe Michel Callon.[312] Der Kampf der Arbeiter war erfolgreich: Unter dem Eindruck der geballten Arbeitermacht stimmten die wirtschaftlichen und politischen Eliten den Forderungen der Arbeiter zu. Das dauerte zwar viele Jahrzehnte, aber von den Ergebnissen dieses langen Kampfes profitieren wir noch heute.

Das durch technische Innovationen und die Nutzung fossiler Brennstoffe angetriebene enorme Wirtschaftswachstum ermöglichte den Aufbau von Sozialstaatlichkeit. Es war schlicht Geld da, um die sozialstaatlichen Segnungen zu finanzieren. Die Errichtung sozialstaatlicher Sicherungssysteme führte ihrerseits zu einer Stärkung der Demokratie, denn wenn die Menschen über soziale Sicherungssysteme persönliche Notlagen abfedern können, ist es für sie wesentlich leichter bzw. überhaupt erst möglich, sich in den politischen Entscheidungsprozess einzubringen. Ein Mensch, der hungert, wird sich kaum dafür interessieren, wie er sich am politischen Leben beteiligen kann.

Wachstum und Krisen

Der Zugriff auf billige und reichlich verfügbare Energie ermöglichte phänomenale Wachstumsraten. Allerdings wachsen kapitalistische Ökonomien nie gleichmäßig. Es gibt in der wirtschaftlichen Entwicklung Aufs und Abs, sogenannte konjunkturelle Schwankungen bzw. Konjunkturzyklen.

Für diese Schwankungen gibt es sehr viele Erklärungen, grob kann man zwischen endogenen und exogenen Ursachen unterscheiden. Exogene Konjunkturerklärungen gehen von der Stabilität des wirtschaftlichen Systems aus und betonen Ursachen, die außerhalb des Systems liegen. Es handelt sich hierbei häufig um externe Schocks (z. B. Erdbeben, Unwetter, Missernten). Denkbar sind aber auch Eingriffe des Staates, die die wirtschaftlichen Abläufe stören oder gänzlich durcheinanderbringen. Mindestens genauso interessant sind endogene Konjunkturerklärungen. In dieser Sichtweise sind Wachstumsschwankungen systeminhärent, kommen also aus dem Inneren des Systems und beruhen damit auf Webfehlern im Kapitalismus.

Die wichtigste endogene Erklärung für Krisen und Schwankungen sei kurz referiert: Kapitalistische Entwicklung bedeutet, wie schon mehrfach unterstrichen wurde, Streben nach (immer mehr) Profit. Letzter bedeutet immer auch Wachstum. Doch dem Kapitalismus wohnt ein Widerspruch inne, den er nicht auflösen kann. Diesen Widerspruch hat Karl Marx wunderbar beschrieben, aber auch spätere Ökonomen haben ihn klar erkannt. Die Unternehmer als die Besitzer der Produktionsmittel möchten unter Wettbewerbsbedingun-

---

[312] Callon, Michel: La démocratie du carbone, S. 54, in: Le Libellio d'Aegis, Nr. 1, 2013, S. 53–69.

gen ihre Profite maximieren. Dazu müssen sie ihre Lohnkosten reduzieren, sei es durch Lohnsenkungen, Kündigungen oder durch den verstärkten Einsatz von Maschinen. In dieser einzelwirtschaftlichen Logik gefangen, vollziehen viele Unternehmer die gleiche Handlung. Weil sie nicht gesamtwirtschaftlich denken, übersehen sie etwas Wesentliches: Wenn weniger Menschen eine Beschäftigung haben und mehr unter Arbeitslosigkeit leiden, so können sich die abhängig Beschäftigten – zusammen betrachtet – weniger leisten als vorher. Anders formuliert: Die Einkommen der abhängig Beschäftigten fallen insgesamt geringer aus. Das führt zu Problemen beim Verkauf der Waren – es fehlen die Abnehmer.

Immer dann, wenn im Kapitalismus das Pendel zu stark zuungunsten der Arbeitnehmer (deren Löhne sind Kaufkraft) ausfällt, kommt es zu Wirtschaftskrisen. Und damit zu Schwankungen des Wachstums.

»Der größte Fehler der menschlichen
Spezies ist ihre Unfähigkeit,
die Exponentialfunktion zu verstehen.«
Prof. Al Bartlett, US-amerikanischer Mathematiker und Physiker

13. Energie, (un)endliches Wachstum und die blinden Flecken der herrschenden Ökonomik

Es ist egal, wie man es dreht und wendet: Energie und Wachstum stehen in einer engen Wechselwirkung. Kein Ökonom würde das bestreiten. Interessanterweise spielt der Zusammenhang von Energie und Wachstum in den meisten Modellen der Mainstream-Ökonomik allerdings keine überragende Rolle.

Im Gegenteil: Es ist eher so, dass dieser sehr wichtige Aspekt unterbelichtet ist und es nur wenige Untersuchungen gibt.[313] Ein Grund für diesen blinden Fleck hat damit zu tun, dass Energie in der Vergangenheit nicht nur reichlich verfügbar, sondern auch extrem preiswert war. Aus der stillschweigenden Annahme, dass Energie und Rohstoffe auch in Zukunft unbegrenzt zur Verfügung stehen, leitet sich die Überzeugung ab, dass Wachstum auch künftig durch Fortsetzung des technischen Fortschritts stattfinden wird.

Ein anderer Grund ist im tiefgreifenden Wandel der Wirtschaftswissenschaften im 20. Jahrhundert zu suchen. Im 19. Jahrhundert war die Endlichkeit der Ressourcen im Denken der klassischen Ökonomen noch sehr präsent gewesen. Der britische Ökonom William Stanley Jevons (von dem später noch die Rede sein wird) dachte beispielsweise in einem sehr starken Maße

313 Als gute, aber nicht ganz einfach zu lesende Studien empfehlen sich: Stern, David I.: The Role of Energy in Economic Growth, Working Paper, Australian National University, Canberra 2010. Online unter: http://ssrn.com/abstract=1715855 [Stand: 3.9.2014]; Kander, Astrid/Stern, David I.: The Role of Energy in the Industrial Revolution and Modern Economic Growth, Australian National University, Canberra 2011. Online unter: http://ssrn.com/abstract=1759705 [Stand: 3.9.2014].

über die begrenzten Kohlevorräte nach. Für ihn war Wirtschaft vor allem ein rohstoffbasierter Prozess (Input von Rohstoffen – Verarbeitung – Output).

Mit Ökonomen wie Irving Fisher und John Maynard Keynes setzte sich im 20. Jahrhundert die Vorstellung durch, dass die Ökonomik, die Wissenschaft von der Wirtschaft, in erster Linie die Wissenschaft von der Zirkulation des Geldes sei. Geld wurde zur zentralen Größe.[314] Die Finanzialisierung der Ökonomie tat ein Übriges. Naturressourcen und Energie verschwanden vom Radarschirm der Wirtschaftswissenschaften – und fortwährendes Wachstum konnte zum Dogma werden.

Wachstumsprozesse im Vergleich

»Die Weltwirtschaft wächst, mit unterschiedlichen Raten über die Zeit und an verschiedenen Orten. Im Unterschied zur Biosphäre ist das Wachstum der Weltwirtschaft *exponentiell.*«[315] Feststellungen wie diese kann man in fast allen ökonomischen Lehrbüchern lesen. Exponentielles Wachstum ist für die meisten Ökonomen eine Selbstverständlichkeit. Gleiches gilt für die meisten politischen Entscheidungsträger.

Exponentielles Wachstum wird häufig mit arithmetischem (oder linearem) Wachstum verwechselt. Die Unterscheidung ist wichtig. Am besten lassen sich exponentielle und arithmetische Wachstumsprozesse mit der Hilfe eines Beispiels veranschaulichen. Man stelle sich vor, dass man 100 Euro in einem Sparschwein deponiert. Jedes Jahr steckt man weitere zehn Euro in das Sparschwein. Nach 50 Jahren wird sich der angesparte Geldbetrag auf 600 Euro belaufen. Die Entwicklung des Geldbetrags ist außerordentlich durchschaubar. Mit arithmetischen Wachstumsprozessen wird man relativ leicht fertig.

Anders gelagert sind exponentielle Wachstumsprozesse. Exponentialfunktionen (mathematische Formel: $y=2^x$) benutzt man immer dann, wenn man eine Größe beschreiben möchte, die gleichmäßig anwächst. Eine der Eigenschaften gleichmäßigen Wachstums ist, dass es eine feste Verdoppelungsrate gibt. Exponentielle Wachstumsprozesse sind tückisch, denn anfänglich verlaufen sie unspektakulär. Später erfolgt jedoch eine raketenhafte Steigerung. Man stelle sich die gleiche Sparsituation vor, der Start erfolgt wiederum mit 100 Euro. Doch dieses Mal wächst der Geldbetrag wie von Geisterhand um zehn Prozent pro Jahr. Am Ende eines 50-jährigen Zeitraums werden fast 12.000

314 Vgl. Callon, Michel: a. a. O., S. 60–63.

315 Farmer, Karl/Vlk, Thomas: Internationale Ökonomik: eine Einführung in die Theorie und Empirie der Weltwirtschaft, 3., erweiterte Auflage, Münster 2008, S. 1. Die Kursivschreibungen finden sich im Original.

Euro angespart worden sein. Das ist mehr als das 20-Fache der arithmetischen Entwicklung.

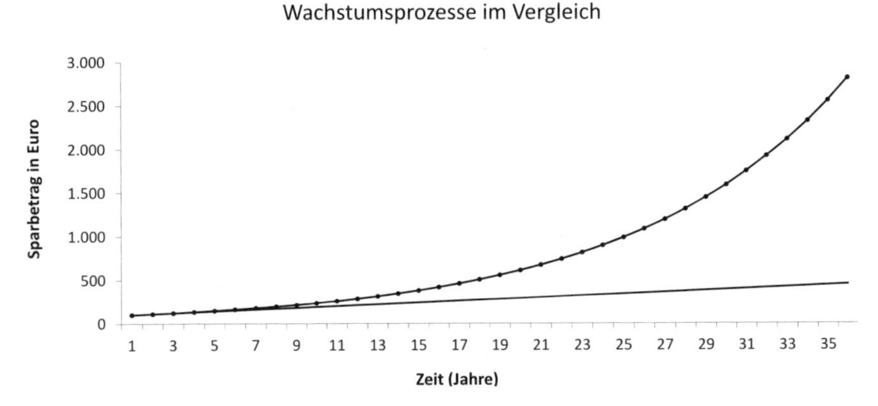

Abb. 23: Arithmetisches und exponentielles Wachstum

Arithmetisches (unten) und exponentielles Wachstum (oben) im Vergleich. Abgebildet ist das Wachstum eines Sparbetrags, der anfänglich bei 100 Euro liegt. Das Textbeispiel geht über 50 Jahre. Wegen der besseren Übersichtlichkeit ist das Schaubild auf 35 Jahre beschränkt.

Zahlreiche weitere Beispiele für exponentielles Wachstum finden sich in Kapitel 3 dieses Buches (»Die große Beschleunigung«, relevant sind hier v. a. die Abbildungen 1–18).

Um exponentielle Wachstumsprozesse grob abschätzen zu können, gibt es die sogenannte *70er Regel*. Indem man die Zahl 70 durch eine vorliegende Wachstumsrate teilt, erhält man näherungsweise die Zeit, die die ursprüngliche Größe für ihre erste Verdoppelung benötigt. Wenn eine Größe also um ein Prozent pro Jahr wächst, verdoppelt sie sich nach 70 Jahren. Wächst sie um zwei Prozent, dauert es 35 Jahre, bei zehn Prozent verdoppelt sie sich in sieben Jahren.[316]

Hat man verstanden, was exponentielles Wachstum bedeutet, erkennt man rasch, dass Wachstumsraten als Ausdruck der prozentualen Veränderung des BIP keine Aussage über die absoluten wirtschaftlichen Zuwächse zulassen. Ein vierprozentiges BIP-Wachstum von zum Beispiel einer Billion Euro erfordert einen wesentlich geringeren Anstieg des jährlichen BIP als die gleiche prozentuale Steigerung eines BIP von beispielsweise drei Billionen Euro. Im

---

316 Vgl. Heinberg, Richard: Beyond the Limits to Growth, in: Heinberg, Richard/Lerch, Daniel: The Post Carbon Reader: Managing the 21st Century's Sustainability Crises, Healdsburg 2010. Artikel online unter: http://www.garfieldfoundation.org/resources/docs/PCReader-Heinberg-Limits.pdf [Stand: 10.8.2014].

letzten Fall bedeutet ein vierprozentiger Anstieg einen real dreifach so hohen Zuwachs des BIP im Vergleich zum ersten Fall.[317]

Ein anderes Beispiel eignet sich besser zum Selberrechnen: Stellen Sie sich vor, dass Sie einen Eimer mit einem Liter Wasser haben. Nehmen wir an, dass Sie einen zusätzlichen Liter Wasser in den Eimer gießen. Die Wachstumsrate des Inhalts des Eimers ist schnell ausgerechnet – sie liegt bei 100 Prozent. Verändern wir das Beispiel: Im Eimer (es ist ein sehr großer Eimer) befinden sich nun 10 Liter Wasser. Sie gießen wiederum einen Liter dazu. Die Wachstumsrate liegt aber in diesem Fall nicht mehr bei 100 Prozent, sondern nur noch bei 10 Prozent.[318]

Was lernen wir daraus? Gleiche Wachstumsraten bedeuten keineswegs eine real konstante Steigerung des BIP, sondern erfordern einen Jahr für Jahr exponentiell zunehmenden Anstieg, quasi eine fortwährende Steigerung der Steigerung. Umgekehrt gilt: Aus abnehmenden Wachstumsraten lässt sich keine abnehmende Wachstumsdynamik ableiten. Sinkende Wachstumsraten sind auch dann zu verbuchen, wenn eine weiterhin konstante Zunahme des BIP vorliegt.

Wachstum und Mathematik

Man kann noch ein anderes Beispiel ins Feld führen, das die langfristige Unmöglichkeit exponentiellen Wachstums verdeutlicht. Der Energieverbrauch der USA (inklusive Holz, Biomasse, fossiler Brennstoffe, Kernenergie etc.) ist seit dem Jahr 1650 um durchschnittsjährlich 2,9 Prozent gestiegen. Für Europa sehen die Werte ähnlich aus.

Mit dieser exponentiellen Wachstumsrate lässt sich ein Gedankenexperiment anstellen. Der Einfachheit halber arbeiten wir mit einer Wachstumsrate von 2,3 Prozent. Damit lässt sich besser rechnen, denn diese Wachstumsrate ist gleichbedeutend mit einer Verzehnfachung des Verbrauchs alle hundert Jahre. Nehmen wir an, dass der gesamte globale Energiebedarf bei 12 Terawatt liegt.[319] Bei einer Wachstumsrate von 2,3 Prozent pro Jahr würden wir in nur 275 Jahren einen Verbrauch von 7.000 Terawatt haben – was ungefähr das 600-Fache des derzeitigen Wertes ist.

---

317 Vgl. Reuter, Norbert: Die Wachstumsoption im Spannungsfeld von Ökonomie und Ökologie, S. 135, in: UTOPIE kreativ, Heft 136, Februar 2002, S. 131–144.

318 Dieses Beispiel wurde dem folgenden Buch entnommen: Niessen, Frank: Entmachtet die Ökonomen! Warum die Politik neue Berater braucht, Marburg 2016, S. 47.

319 Dieser Wert ist mittlerweile veraltet (global liegen wir bei etwa 17–18 TW), aber mit ihm lässt sich gut rechnen.

7.000 Terawatt, das ist in etwa die Energiemenge, die wir bei der derzeitigen Solartechnik (unterstellt sei ein Wirkungsgrad von 20 Prozent) und bei den derzeitigen Landflächen theoretisch von der Sonne nutzen könnten. Selbst wenn der Wirkungsgrad der Solarpaneele auf unrealistische 100 Grad stiege, würden wir uns nur 70 Jahre weiteres Wachstum erkaufen können. Und selbst wenn man die Ozeane mit Solaranlagen zupflastern würde, brächte das nur einen Zuwachs von 55 weiteren Jahren. In etwa 400 Jahren träfen wir auf die Grenzen der solaren Ertragskapazität unseres Planeten.[320]

Jedes Kind versteht, dass das nicht möglich ist. Was wäre aber, wenn die Wirtschaft linear statt exponentiell wachsen würde? Wäre das die Rettung? Eine andere kleine Rechnung klärt auch diese Frage. Angenommen, die Weltwirtschaft würde um fünf Prozent wachsen – allerdings nicht exponentiell, sondern linear. Demzufolge gäbe es einen konstanten Zuwachs der weltweiten Wirtschaftsleistung. Die Weltwirtschaft würde sich in 20 Jahren verdoppeln und in einem Jahrhundert verfünffachen. Verglichen mit einem exponentiellen Wachstum, das mit fünf Prozent in einem Jahrhundert zu einer 132-fachen Steigerung des Ausgangswertes führen würde, sind das gute Werte. Sehr langfristig, d. h. über einen Zeitraum von mehreren Jahrhunderten, wäre aber auch lineares Wachstum problematisch und würde an physikalische Grenzen stoßen. (Die Gründe dafür werden in späteren Kapiteln noch beleuchtet werden.) Kurz- und mittelfristig würde lineares Wachstum allerdings bewirken, dass sich der Zeithorizont zur Lösung vieler Probleme drastisch verlängert.

Was lernen wir aus diesem Kapitel? Die Ökonomie ist fest in einer physikalischen Welt verankert, die historisch immer auf Energieverbrauch angewiesen war (durch Nahrungsproduktion, Herstellungsprozesse und Transport). Anzunehmen, dass eine Ökonomie sich von ihren physikalischen Wurzeln loslösen kann, um von Aktivitäten dominiert zu werden, die nichts mit Energie, Nahrung, Produktion und Transport zu tun haben, ist abwegig. Sehr abwegig.[321]

Die Rechenbeispiele zeigen: Unendliches Wachstum auf einem endlichen Planeten kann es nicht geben. Der britisch-amerikanische Wirtschaftswissenschaftler Kenneth Boulding hatte zweifellos recht, als er Folgendes sagte: »Wer glaubt, dass ein stetiges Wachstum in einer begrenzten Welt ewig dauern kann, ist entweder verrückt oder ein Ökonom.«

---

320 Vgl. Murphy, Tom: Galactic-Scale Energy. Artikel online unter: http://physics.ucsd.edu/do-the-math/2011/07/galactic-scale-energy/ [Stand: 21.8.2014].

321 Vgl. Murphy, Tom: Can Economic Growth Last? Online unter: http://physics.ucsd.edu/do-the-math/2011/07/can-economic-growth-last/ [Stand: 22.8.2014].

»Der Kapitalismus kann ebenso wenig ›überzeugt‹ werden, das Wachstum einzustellen, wie ein Mensch ›überzeugt‹ werden kann, die Atmung einzustellen.«
Murray Bookchin, US-amerikanischer Anarchist und Publizist

14. Wachstum und Ressourcenverbrauch. Kann eine grüne Wirtschaft funktionieren?

Oft kann man lesen, dass Wachstum und Umweltschutz nicht nur vereinbar seien, sondern dass Wachstum geradezu die Voraussetzung für den Umweltschutz sei. Nur in einer wachsenden Wirtschaft könne genug Geld für Umweltschutzinvestitionen generiert werden.

Eine zentrale Frage der nächsten Seiten wird sein, ob Wachstum und nachhaltige Entwicklung *gleichzeitig* erreicht werden können. Oder ob zwischen diesen Zielen ein manifester Zielkonflikt besteht.

Die Frage ist von größter Bedeutung und hochgradig umstritten. Die meisten Mainstream-Experten sind optimistisch. Sie empfehlen vor allem eines: Voll auf die Karte Effizienz zu setzen. Der Ansatz der Effizienz soll kombiniert werden mit der sogenannten Strategie der Konsistenz. Von der Effizienz hat jeder eine klare Vorstellung. Effizienz bedeutet, grob vereinfacht, dass bessere Technologie zum Einsatz kommt. Das spart Energie und Ressourcen.

Konsistenz bedeutet Stimmigkeit bzw. Widerspruchsfreiheit zwischen Produktion und natürlichen Prozessen. Oder anders formuliert: Hinter dem Begriff der Konsistenz steht der Anspruch, dass die Stoff- und Energieströme aus menschlichen Aktivitäten mit den natürlichen Strömen verträglich sein sollen. Man denke beispielsweise an alternative Landbewirtschaftungstechnologien wie die ökologische Landwirtschaft. Oder an das Konzept *Cradle-to-Cradle* des Chemikers Michael Braungart.[322] In diesem Konzept gibt

[322] Zum Weiterlesen: Braungart, Michael/McDonough, William: Einfach intelligent produzieren, Berlin 2005; Braungart, Michael/McDonough, William (Hrsg.): Die nächste industrielle Revolu-

es keinen Abfall mehr. Abfall wird wie in der Natur als Nahrung verstanden. Die Bestandteile eines Produktes sollen demnach in biologischen und technischen Nährstoffkreisläufen zirkulieren und positive Effekte auf Umwelt und Gesundheit ausüben. Das klingt spannend.

Unstrittig ist, dass Effizienz und Konsistenz eine große Zukunft haben und zweifellos notwendig sind. Doch sind sie auch hinreichend? Diese Frage will dieses Kapitel zu klären versuchen.

Endliche Rohstoffbasis

Beginnen wir diesen Abschnitt mit einer trivialen Erkenntnis, die nicht oft genug wiederholt werden kann: Unsere Rohstoffbasis ist endlich. Die Welt zählt insgesamt 32 Basismetalle. Wachstum führt zum Verbrauch von Metallen, da es ein 100-prozentiges Recycling nicht gibt. Der chinesische Ökonom Minqi Li rechnet vor:

> »Bei den derzeitigen Raten der Produktion werden die wahrscheinlich förderbaren Ressourcen von 14 der insgesamt 32 Basismetalle in weniger als 100 Jahren erschöpft sein.«[323]

Nachhaltige Entwicklung, so postuliert der französische Ökonom Serge Latouche, ist unter den derzeitigen wirtschaftlichen Bedingungen »ein Widerspruch in sich«.[324] Den Grund für diesen Widerspruch sieht Latouche in dem fortgesetzten wirtschaftlichen Wachstum. Wachstum mache echte Nachhaltigkeit unmöglich.

Das sehen nicht alle so. Nach dem Kollaps von Lehman Brothers und dem offenen Ausbruch der Wirtschafts- und Finanzkrise im September 2008 propagierten verschiedene grüne Politiker einen »Green New Deal«. Das Konzept wurde als Antwort auf die Umweltkrise, aber auch auf die Wirtschafts- und Finanzkrise angepriesen.[325]

»Green New Deal« – der Name klingt zweifellos gut. Unterschwellig wird Bezug genommen auf den »New Deal« von US-Präsident Franklin Delano Roosevelt. Dieser stellte eine erfolgreiche Antwort auf die Weltwirtschaftskrise

---

tion: Die Cradle-to-Cradle-Community, Hamburg 2008.

323 Li, Minqi: The Rise of China and the Demise of the Capitalist World-Economy, London 2008, S. 164–165.

324 Latouche, Serge: Survivre au développement, Paris 2004, S. 68.

325 Damit blieben die Grünen aber nicht lange allein. Mit etwas anderen Akzentuierungen haben auch die sozialistischen bzw. sozialdemokratischen Parteien (sie propagieren den »Sozialen Green New Deal« oder »Red New Deal«) sowie diverse Umwelt- und Klimaforscher (so unter anderem das Wuppertal Institut für Klima, Umwelt, Energie) den Begriff besetzt. Selbst christdemokratische und liberale Gruppierungen haben begonnen, sich mit dem Konzept zu beschäftigen.

der 1930er Jahre dar. Roosevelts New Deal war ein Paket mit mehreren Komponenten: Einerseits investierte die öffentliche Hand in Infrastruktur und Bildung, andererseits wurden soziale Leistungen eingeführt bzw. ausgebaut und institutionell abgesichert. Im Grunde schmiedete Roosevelt eine Wachstumskoalition zwischen Arbeitern und Kapitaleignern.

Der Green New Deal hat als Begriff mittlerweile ausgedient. Doch die Idee ist dieselbe geblieben. Jetzt spricht man lieber von einer »Green Economy«, einer grünen Ökonomie. Und längst sind es nicht nur grüne Politiker und Parteien, die sich mit dem Konzept anfreunden. Je nach politischer Couleur ist von »Green growth«, »ökologischer Modernisierung«, »nachhaltigem Wachstum« oder »intelligentem Wachstum« die Rede. Zentral bei den meisten Entwürfen zu einer solchen grünen Ökonomie ist der Gedanke, dass der Wert der Natur in Geld bzw. Preisen ausgedrückt werden soll. Daneben wird, wie von den meisten Experten gefordert, auf die Karte Effizienz gesetzt. Je nach Entwurf spielen auch Konsistenzüberlegungen eine wichtige Rolle.

Neue lange Welle?

Es gibt bei manchen Vertretern einer »Green Economy« die Idee einer neuen langen konjunkturellen Welle[326], wonach es immer nach großen Krisen ein neues Investment-Feld gab: Sie verweisen auf die Chemie- und Elektroindustrie Ende des 19. Jahrhunderts oder auf die Automobilindustrie nach dem Zweiten Weltkrieg.

Sogar die EU-Kommission ist auf den Zug aufgesprungen. Auch sie propagiert den Gedanken einer grünen Ökonomie und gibt sich optimistisch. Die Wachstumsstrategie der Europäischen Union, Europa 2020, will Nachhaltigkeit und Wachstum versöhnen. Sie folgt der Lissabon-Strategie, die ursprünglich mal das Ziel hatte, die Europäische Union zum wettbewerbsfähigsten Wirtschaftsraum der Erde zu machen.

Das Ziel der Wettbewerbsfähigkeit hat die EU-Kommission nicht aus den Augen verloren. Ihr geht es um den Aufbau einer emissionsarmen, ressourceneffizienten und eben wettbewerbsfähigen Wirtschaft.[327] Mehr noch als Risiken

[326] Der Begriff »lange konjunkturelle Welle« geht auf den russischen Ökonomen Nikolai Dmitrijewitsch Kondratieff zurück. Aus der Beobachtung von wirtschaftlichen Indikatoren über einen 140-jährigen Zeitraum leitete Kondratieff die Schlussfolgerung ab, dass die konjunkturelle Entwicklung der Industriestaaten in etwa 50 bis 60 Jahre dauernden langen Wellen des Auf- und Abschwungs erfolge. Ob es lange Wellen wirklich gibt, ist bis heute unter Ökonomen umstritten.

[327] Europäische Kommission (Hg.): Europa 2020. Eine Strategie für intelligentes, nachhaltiges und integratives Wachstum, Brüssel 2010. Online unter: http://eur-lex.europa.eu/LexUriServ/LexUriServ.do?uri=COM:2010:2020:FIN:DE:PDF [Stand: 26.7.2014].

sieht die Kommission in den Umwelt- und Ressourcenveränderungen Chancen für Wachstum und Beschäftigung:

> »Die Reduzierung des Verbrauchs an fossilen Brennstoffen erfordert zwar ein Umdenken unsererseits, bedeutet aber nicht, dass sich jetzt oder in Zukunft unser Lebensstandard verschlechtert. Die Technologien können einen wichtigen Beitrag zu einer effizienteren Nutzung der Energie im Alltag, in der Industrie, im Transportwesen und im Rahmen einer nachhaltigen Entwicklung leisten. Die Tatsache, dass die EU-Industrie den Spitzenplatz im Bereich der Öko-Innovationen und nachhaltigen Energien belegt, verschafft ihr einen ›Startvorteil‹ und sorgt für Wachstum und Beschäftigung.«[328]

Das Umweltprogramm der Vereinten Nationen (UNEP) lieferte die Blaupause für solche Überlegungen. Das UNEP war in der Vergangenheit der Schrittmacher für das Konzept einer grünen Ökonomie. Das Umweltprogramm will eine Neubewertung von Natur und eine Einführung marktbasierter Instrumente. Der Schutz der Natur falle leichter, so die These, wenn der Verbrauch von Umwelt Geld koste.[329]

Mit anderen Worten: Umwelt soll in Wert gesetzt werden. Konkret: Nicht nur das Material der Natur soll vermarktet werden, sondern auch deren Prozesse und Funktionen. Nicht nur das Holz der Wälder soll einen Wert haben, sondern auch das Potential, Kohlendioxid zu binden. Die Inwertsetzung soll nicht nur dazu beitragen, Umweltschäden zu bemessen. Wenn Natur zu »Naturkapital« wird und einen Preis hat, wird sie auch geschützt, so die Überlegung. Nur zwei Prozent der weltweiten Wirtschaftsleistung, so rechnete das UNEP in einer Studie[330] vor, müssten aufgewendet werden, um eine globale grüne Ökonomie Wirklichkeit werden zu lassen. Es gebe nur Gewinner.

Also alles bestens? Die Kritiker einer grünen Ökonomie bemängeln nicht nur, dass der Ansatz blind ist für Macht- und Verteilungsfragen,[331] sondern sie werfen eine Reihe berechtigter Fragen auf: Welcher Preis ist der richtige? Und was ist, wenn der Preis zu niedrig ist?

Ulrich Brand bringt das Problem auf den Punkt: »Wenn die Zerstörung der Natur einen Preis erhält, wird sie nur dann geschützt, wenn ihr Schutz

---

[328] Europäische Kommission (Hg.): Bekämpfung des Klimawandels. Europa in der Vorreiterrolle, Reihe Europa in Bewegung, Brüssel/Luxemburg 2008, S. 21.

[329] Vgl. Fatheuer, Thomas/Sachs, Wolfgang/Unmüßig, Barbara: Green Economy: Der Ausverkauf der Natur?, S. 57, in: Blätter für deutsche und internationale Politik, 57. Jg., Nr. 7, 2012, S. 55–61.

[330] United Nations Environment Programme (Hg.): Towards a Green Economy – Pathways to Sustainable Development and Poverty Eradication, Nairobi 2011. Online unter: http://www.unep.org/greeneconomy/portals/88/documents/ger/GER_synthesis_en.pdf [Stand: 1.2.2014].

[331] Vgl. Fatheuer, Thomas/Sachs, Wolfgang/Unmüßig, Barbara: Green Economy, a. a. O., S. 61.

billiger ist als ihre Zerstörung.«[332] Es sei falsch, wenn der Schutz des Klimas und der biologischen Vielfalt nur dem Motiv folgen würde, dass man damit Geld verdienen könne.[333] Die Logik von ständig neuen Investitionen, von Profit und Konkurrenz werde nicht hinterfragt. Für die Unternehmen heiße es weiterhin, die Gewinne zu maximieren. Eine grüne Ökonomie bedeute also nicht, dass der Schutz von Mensch und Umwelt das Streben nach Profit ersetze.[334]

Deutlich gehen die Meinungen auch bei der Frage der Technologie auseinander. Die Verfechter eines grünen Kapitalismus setzen auf die Technologie als Deus ex machina. Der Staat soll einen Investitions- und Innovationsschub bei grünen Technologien in Gang bringen. Das dadurch induzierte wirtschaftliche Wachstum stelle einen ökologischen Fortschritt dar, da mit neuen, umweltfreundlichen Technologien weniger Umwelt verbraucht und geschädigt werde.[335]

Die Kritiker halten dagegen: Auch vermeintlich umweltfreundliche Technologien wie etwa die Windkraft und die Photovoltaik verbrauchten Ressourcen und schadeten der Umwelt. Zwar deutlich weniger als alte Technik, aber der Ressourcenaufwand und die Naturschäden seien dennoch beträchtlich.[336] (Als Beispiel lassen sich die sogenannten *Seltenen Erden* anführen, von denen in Kapitel 27 noch die Rede sein wird. Bei der Produktion von einer Tonne der begehrten Erze in China fallen bis zu 12.000 Kubikmeter ätzend giftige Gase, 75 Kubikmeter saures Abwasser und etwa eine Tonne radioaktiver Schlamm an.[337]) Und die Kritiker gehen noch einen Schritt weiter: Das Konzept der grünen Ökonomie öffne einer Finanzialisierung der Natur Tür und Tor. Dem renditesuchenden Finanzkapital eröffne sich ein ganz neuer Markt für »Ökosystemdienstleistungen«.[338]

---

332 Brand, Ulrich: Schöne grüne Welt. Über die Mythen der Green Economy, Reihe »Luxemburg Argumente«, Rosa-Luxemburg-Stiftung, 3., aktualisierte Auflage, Berlin 2013, S. 14.

333 Vgl. ebenda, S. 15.

334 Vgl. ebenda, S. 6.

335 Vgl. Schachtschneider, Ulrich: Green New Deal – Sackgasse und sonst nichts?, Reihe Standpunkte der Rosa-Luxemburg-Stiftung, Nr. 17, Berlin 2009, S. 1.

336 Vgl. Brand, Ulrich: Schöne grüne Welt, a. a. O., S. 12.

337 Vgl. Kleber, Klaus/Paskal, Cleo: Spielball Erde. Machtkämpfe im Klimawandel, München 2012, S. 132.

338 Vgl. Fatheuer, Thomas: Zwischen Hoffnung … und Furcht, in: Böll. Magazin der Heinrich-Böll-Stiftung, Nr. 1, 2012, S. 23.

Qualitatives Wachstum

Zentral für eine grüne Ökonomie ist das Festhalten am Wirtschaftswachstum. Ohne Wachstum wird das Konzept nicht gedacht und kann gar nicht gedacht werden. Ökologie und Ökonomie werden nicht als Gegensätze aufgefasst – im Gegenteil. Die Verfechter eines grünen Wachstums verweisen mit Vehemenz auf die Möglichkeit eines »umweltverträglichen Wachstums«, das die Lebensqualität nicht schmälere, sondern verbessere.

Als Beleg werden bestimmte Dienstleistungen im Gesundheits- oder Bildungsbereich ins Feld geführt. Ein Wachstum in diesen Bereichen komme allen Mitgliedern der Gesellschaft zugute. Folglich könne dieses Wachstum nicht schlecht sein. Man spricht in diesem Kontext auch vom *qualitativen Wachstum* (im Unterschied zum schon erwähnten quantitativen Wachstum). Dieser Begriff hat neben der reinen Steigerung der gesamtwirtschaftlichen Produktionsmenge die Verbesserung der Lebensqualität, die Schonung der Umwelt und eine gerechte Einkommensverteilung im Blick.

Allerdings ist qualitatives Wachstum bisher ein theoretischer Begriff geblieben. Die praktische Wirtschaftspolitik setzt nach wie vor auf quantitatives Wachstum, weswegen auch in diesem Buch Wachstum als quantitatives Wachstum verstanden wird. Abgesehen davon gaukelt der Terminus des qualitativen Wachstums einen Gegensatz zum quantitativen Wachstum vor, den es in der Realität gar nicht gibt. Es ist nicht so, dass sich die industrielle Wertschöpfung in zwei Dimensionen aufspalten ließe. Motto: Hier die rein qualitativen Werte – das sind die nutzbringenden Funktionen. Und dort die materiellen Dimensionen des Outputs, die als ökologisch problematisch gelten.[339] Wenn darauf verwiesen wird, dass es gerade im Dienstleistungsbereich noch viele ungedeckte Bedarfe gäbe, so ist diese Behauptung erst einmal nicht falsch. Nur: Nahezu jede Dienstleistung ist auch an eine stoffliche Grundlage gebunden. Der Busfahrer braucht einen Bus. Der wiederum Treibstoff und Reifen. Der Chirurg benötigt medizinisches Gerät, um seine Patienten operieren zu können. Der Journalist kommt nicht ohne Computer und Papier aus.

---

[339] Siehe für eine vertiefende Darstellung den folgenden Aufsatz: Paech, Niko: Wachstum »light«? Qualitatives Wachstum ist eine Utopie, in: Wissenschaft & Umwelt (Interdisziplinär 13): Nachhaltiges Wachstum?, Wien 2009, S. 84–93.

Die Kuznets-Kurve

Eine weitere Verteidigungslinie der Wachstumsanhänger besteht in dem Verweis auf die Kuznets-Kurve (nach dem Ökonomen Simon Kuznets). Demnach gehen Wachstum und Entwicklung in sich entwickelnden Gesellschaften immer mit einem Mehr an Umweltverschmutzung einher. Allerdings nur bis zu einem bestimmten Grad. Ab einem bestimmten Punkt kehrt sich dieses Verhältnis um. Wegen neuer finanzieller und technischer Möglichkeiten, aber vor allem wegen der Durchsetzung postmaterialistischer Werte und eines zunehmenden Umweltbewusstseins führt Wachstum dann zu weniger Umweltverschmutzung und Umweltverbrauch, meinte Kuznets.[340]

Auf den ersten Blick überzeugt diese Argumentation: Unsere Flüsse sind weniger schmutzig als vor 50 Jahren. Es gibt keine wilden Müllhalden mehr. Die Fabrikschlote der hiesigen Industrien stoßen weniger Dreck aus. Die empirischen Belege für diese These sind dennoch bei einer genauen Betrachtung dürftig. Kuznets These ignoriert schlicht, dass viele umweltschädliche Industrien in die Dritte Welt abgewandert sind und dort die Umwelt verseuchen. Außerdem haben in den Industrieländern gerade die wohlhabenden und besonders gut gebildeten Schichten den höchsten Umweltverbrauch.[341] Damit ist dieses Schwert reichlich stumpf.

Zeit, die (vermeintliche) Wunderwaffe des Wachstums ins Feld zu führen: die schon erwähnte Effizienz. Es wird von den Verteidigern des Wachstums oft und gerne behauptet, dass eine Entkopplung von Wachstum und Rohstoffverbrauch möglich sei. Aber stimmt das?

Entkopplung und Nachhaltigkeitsformel

Entkopplung ist ein Lieblingswort der Anhänger eines »grünen Wachstums«. Zu unterscheiden ist zwischen *relativer Entkopplung* und *absoluter Entkopplung*.[342] Relative Entkopplung bedeutet, dass der Ressourcenverbrauch weniger zunimmt als die Wirtschaft wächst. Absolute Entkopplung liegt dagegen vor, wenn der Umweltverbrauch auch bei wachsender Wirtschaft zurückgeht.[343]

Relative Entkopplung ist in vielen Bereichen erreichbar, die Empirie liefert hier eindeutige Befunde. Beispiel Energie: In den OECD-Ländern hat in den letzten Jahrzehnten eine relative Entkopplung stattgefunden. Die zum Einsatz

340 Vgl. Passadakis, Alexis/Schmelzer, Matthias: Postwachstum, Hamburg 2011, S. 28.

341 Vgl. ebenda, S. 29.

342 Vgl. Jackson, Tim: Prosperity without growth? The transition to a sustainable economy, Sustainable Development Commission, London 2009, S. 48.

343 Vgl. Hennicke, Peter: a. a. O.

gebrachte Primärenergie für die Erzeugung einer Gütereinheit ist eindeutig rückläufig. Die Ressourcenproduktivität stieg.

Relative Entkopplung funktioniert.[344] Das ist aber nicht einmal die halbe Miete. Was nämlich wirklich zählt, ist absolute Entkopplung. Hier hängen die Trauben hoch. Sehr hoch. Wachstum ist nur dann wirklich natursparend, wenn die Ressourcenproduktivität schneller wächst als das BIP.[345] In der ökologischen Ökonomik spricht man auch von der Nachhaltigkeitsformel:

$$\Delta \text{ Ressourcenproduktivität} > \Delta \text{ BIP}$$

Wird diese Nachhaltigkeitsformel erfüllt, liegt absolute Entkopplung von Wirtschaftswachstum und Naturverbrauch vor.[346]

Ist absolute Entkopplung möglich? Diese Frage ist sehr wichtig – und sehr umstritten. Wissenschaftler nehmen diametral entgegengesetzte Standpunkte ein. Der konservative Wachstumskritiker Meinhard Miegel meint: »Von einer wirklichen Entkopplung kann nirgendwo die Rede sein.«[347] Der Umweltökonom Niko Paech hält absolute Entkopplung ebenfalls für ausgeschlossen.[348] Sein Ökonomenkollege Raimund Bleischwitz widerspricht – er sieht absolute Entkopplung als möglich an. Und auch der Sachverständigenrat für Umweltfragen hat betont, dass absolute Entkopplung theoretisch funktionieren kann.

Theoretisch. Und praktisch? In den meisten OECD-Ländern ist der Energieverbrauch (bei allerdings sehr schwachem Wachstum nahe null) in den letzten fünf Jahren gesunken. Betrachtet man die Daten für Deutschland, scheint neben relativer Entkopplung auch absolute Entkopplung kein Problem zu sein: Nach den Indikatoren der Umweltgesamtrechnung des Statistischen Bundesamtes konnte die Nachhaltigkeitsformel seit 1990 eingehalten werden. Und das nicht nur beim Energie-, sondern auch beim Ressourcenverbrauch. Für die letzte Größe gilt: Sie sank – bei einem (allerdings nur moderaten) Wachstum (durchschnittlich 1,7 Prozent pro Jahr, 1990–2008). Diese Aussage wird durch Studien des Wuppertal Instituts sowie des Freiburger Öko-Instituts bestätigt.[349]

---

[344] Allerdings gibt es auch gegenläufige Beispiele. Die Menge von Verpackungsmüll ist in Deutschland stark gestiegen. Verantwortlich dafür ist u. a. der Verpackungsmüll durch den boomenden Online-Handel. Zudem gibt es viel weniger Mehrwegverpackungen.

[345] Vgl. Victor, Peter: Muss Wachstum sein?, in: spektrumdirekt online. Artikel online unter: http://www.wissenschaft-online.de/artikel/1055627 [Stand: 22.8.2014].

[346] Vgl. Rogall, Holger: Wirtschaftliches Wachstum in einer nachhaltigen Ökonomie – Ein Widerspruch?, S. 59, in: Perspektiven ds, 29. Jg., Heft 2, 2012, S. 46–68.

[347] Vgl. Miegel, Meinhard: Welches Wachstum und welchen Wohlstand wollen wir?, S. 4, in: Aus Politik und Zeitgeschichte, 62. Jg., 27–28/2012, S. 3–8.

[348] Vgl. Paech, Niko: Die Legende vom nachhaltigen Wachstum, S. 33, in: Le Monde diplomatique (Hg.): Nano. Gen. Tech. Wie wollen wir leben?, Berlin 2010, S. 30–35.

[349] Vgl. Rogall, Holger: Wirtschaftliches Wachstum in einer nachhaltigen Ökonomie, a. a. O., S. 61.

Das optimistische Bild verfinstert sich, wenn man diese Statistiken um einige verzerrende Faktoren bereinigt. Die Verlagerung umweltschädlicher und energieintensiver Industrien in die Dritte Welt wurde schon angesprochen.

Manchmal kommt eine höhere Energie-Effizienz in den Statistiken einfach dadurch zustande, dass der Brennstoff gewechselt wird. Nicht die gesamte Energie wird auf die gleiche Weise erzeugt. Oft wird nur der Heizwert von Kohle, Öl oder Atomstrom herangezogen. Die gängige Einheit ist die *British Thermal Unit* (BTU). Wenn diese Einheit als Maß verwendet wird, ist eine BTU aus Öl gleich einer BTU aus Kohle oder Feuerholz. Aber natürlich variieren die Preise von Kohle, Öl oder Feuerholz. Das hat mit Unterschieden bei der Energiedichte, Transportier- und Lagerbarkeit sowie den Produktionskosten zu tun. Eine BTU aus Kohle ist billiger als eine BTU aus Öl. Und eine BTU aus Strom ist teurer als eine BTU aus Öl.

Elektrizität ist extrem flexibel. Man kann damit Toaster, Staubsauger oder Hochleistungsrechner betreiben – mit Kohle als Rohstoff wird das schwierig. Infolge technischer Fortschritte und gestiegener Energiepreise haben viele Industrieländer ihren Mix von Primärbrennstoffen verändert. Wenn das Verhältnis von BIP-Wachstum zu Energieverbrauch um die Energiequalität bereinigt wird, löst sich ein großer Teil der Belege für die Entkopplung von Energie und Wachstum in Luft auf.[350]

Cutler Cleveland von der Universität Boston merkt dazu an: »Rückgänge beim Verhältnis von Energie zu BIP rühren vom allgemeinen Übergang von Kohle zu Öl, Gas und Primärstrom her.«[351] Nicht immer, aber oft. Cleveland verweist auch noch auf ein anderes wohlbekanntes Argument: In vielen Staaten hat eine Deindustrialisierung bei gleichzeitiger Finanzialisierung der Wirtschaft stattgefunden. Erinnert sei an das Beispiel von Großbritannien in Kapitel 10 (»Neoliberaler Finanzmarktkapitalismus«) dieses Bandes. Die Erbringung von Finanzdienstleistungen erfordert im Regelfall viel weniger Energie als industrielle Produktion.[352]

Das optimistische Bild verfinstert sich weiter, wenn man Daten heranzieht, die nicht aus Deutschland oder anderen OECD-Staaten stammen. Anders formuliert: Der globale Blick wird desillusionierter. Global gesehen ist die Menschheit von der Einhaltung der Nachhaltigkeitsformel weit entfernt.

---

350 Vgl. Heinberg, Richard: Das Ende des Wachstums, a. a. O., S. 174–175.

351 Zitiert nach: Heinberg, Richard: Das Ende des Wachstums, a. a. O., S. 176.

352 Vgl. Cleveland, Cutler J.: Energy Quality, Net Energy, and the Coming Energy Transition, in: Erickson, Jon D./Gowdy, John M.: Frontiers in Ecological Economic Theory and Application, Cheltenham 2007, S. 268-284. Artikel auch online unter: http://web.mit.edu/2.813/www/2007%20Class%20Slides/EnergyQualityNetEnergyComingTransition.pdf [Stand: 20.5.2014].

In den letzten 20 Jahren ist die globale Ressourcenproduktivität um 25 Prozent gestiegen, während das globale BIP um 82 Prozent wuchs.[353]

Der Durchsatz der Menschheit – die schiere Menge der Stoffe, inklusive aller Kraftstoffe, welche die Weltwirtschaft am Laufen hält – ist im 20. Jahrhundert um geradezu sagenhafte 800 Prozent gestiegen und hat der Umwelt höhere Abfallmengen zugeführt.[354] Den Umweltverbrauch kann man mit dem *Total Material Requirement* (TMR) messen. Hierbei handelt es sich um ein gebräuchliches aggregiertes Mengenmaß, das den Mengendurchsatz an Energie und Rohstoffen ermittelt. Wenn man das BIP in Relation zum TMR setzt, erhält man die Ressourcenproduktivität – sie ist definiert als BIP/TMR. In den meisten Wirtschaftszweigen ist die Ressourcenproduktivität ohne Zweifel gestiegen. Allerdings ist das allein keine hinreichend gute Nachricht.

Schaut man sich die Produktion bzw. den Verbrauch von bestimmten Konstruktionsmetallen an, so ergibt sich ein düsteres Bild: Die Förderung von Eisenerz, Bauxit und Nickel hat in den vergangenen Jahren stärker zugenommen als das Welt-BIP. Es gibt hier weder eine relative noch eine absolute Entkopplung. Ähnlich das Bild bei einigen nichtmetallischen Mineralstoffen: Die weltweite Zementproduktion hat das Wachstum des Welt-BIP um etwa 70 Prozent übertroffen.[355] Und wie sieht's bei der Energie aus?

Das Wirtschaftswachstum und der Energieverbrauch entwickelten sich in der Vergangenheit weitgehend parallel. Das kann niemanden mehr überraschen – Energie, so wurde schon festgestellt, ist nicht einfach ein Teil unserer Wirtschaft, sondern *ist* unsere Wirtschaft. Das folgende Diagramm zeigt die Entwicklung des Weltsozialproduktes und die Entwicklung des globalen Energieverbrauchs zwischen den Jahren 1970 und 2013.

Würde man einen anderen Zeitraum wählen, käme man zu vergleichbaren Ergebnissen. Auch für einzelne Länder lässt sich der Zusammenhang zwischen der Steigerung des Sozialprodukts und der konsumierten Energiemenge im Regelfall recht gut nachweisen, wenn man die Faktoren Verlagerung, Deindustrialisierung, Brennstoffwechsel und Finanzialisierung berücksichtigt.

Wachstum und Klimaschutz

Und wie sieht's beim Klima aus? Der Weltklimarat verbreitet in seinem fünften Sachstandsbericht Optimismus: Klimaschutz und Wirtschaftswachstum gehen gleichzeitig, so der Tenor des Berichts.[356]

---

353 Vgl. Rogall, Holger: Wirtschaftliches Wachstum in einer nachhaltigen Ökonomie, a. a. O., S. 62.
354 Vgl. Victor, Peter: a. a. O.
355 Vgl. Jackson, Tim: Wohlstand ohne Wachstum, a. a. O., S. 80.
356 Vgl. Intergovernmental Panel on Climate Change (Hg.): Fifth Assessment Report (AR5), a. a. O.

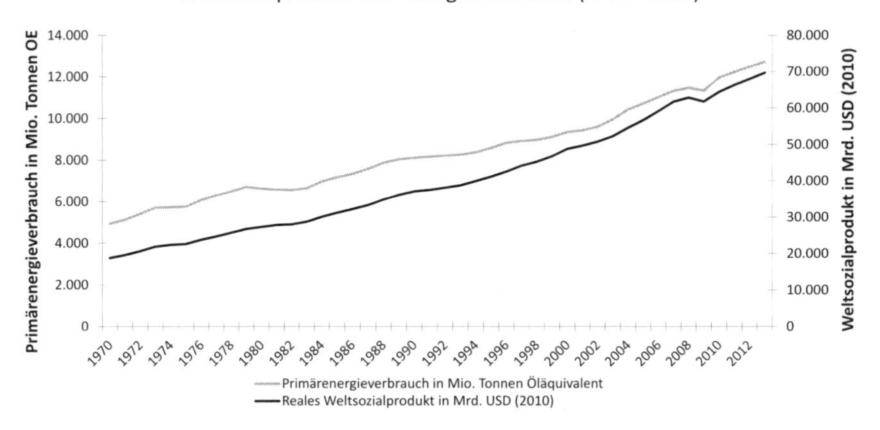

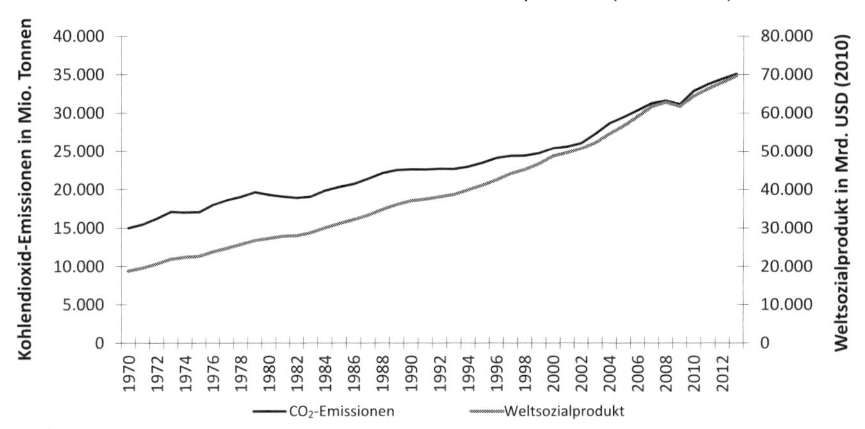

Abb. 24 und Abb. 25: Energieverbrauch, Welt-BSP und CO_2-Emissionen entwickeln sich weitgehend parallel

Die Diagramme wurden erstellt auf der Grundlage von Daten der Weltbank und des BP Statistical Review 2014.

Das ist, diplomatisch formuliert, eine mutige Aussage. Der Zusammenhang zwischen den Wachstumsraten des Sozialprodukts und dem Ausstoß von Kohlendioxid ist nämlich ebenfalls sehr gut belegt. Wächst die Wirtschaftsleistung, nimmt auch der globale CO_2-Ausstoß zu. Schrumpft die Wirtschaft wie z. B. 2008 und 2009, so reduzieren sich auch die Emissionen von Kohlendioxid. Richard York von der University of Oregon hat im Jahr 2012 in einer vielbeachteten Studie harte Zahlen vorgelegt. York hat Wirtschaftsdaten aus mehr als 150 Ländern ausgewertet. Er verglich den Kohlendioxid-Ausstoß mit der Entwicklung des Bruttoinlandsproduktes zwischen den Jahren 1960 und 2008. Ergebnis: Ein einprozentiger Zuwachs der Wirtschaftsleistung zog durchschnittlich ein Wachstum der CO_2-Emissionen um 0,733 Prozent nach sich. In einer Rezession gibt es dasselbe in Grün: Schrumpft die Wirtschaftsleistung um ein Prozent, so nimmt auch der Ausstoß von Kohlendioxid ab, allerdings durchschnittlich nur um 0,43 Prozent.[357] Relative Entkopplung findet also statt, absolute nicht.

Betrachtet man den CO_2-Ausstoß für Deutschland, so ist man auf den ersten Blick geneigt, an der geschilderten Gesetzmäßigkeit zu zweifeln. Zwischen 1995 und 2005 sind die CO_2-Emissionen in der Bundesrepublik von 10,5 auf 9,7 Tonnen CO_2 pro Kopf gesunken. Also alles bestens? Nein, denn im gleichen Zeitraum wurden über vermehrte Importe Produkte, bei deren Fertigung Kohlendioxid ausgestoßen wird, ins Ausland verlagert – und zwar im Umfang von 1,1 Tonnen CO_2 pro Kopf. Im Ergebnis konnten Wachstum und Emissionen auch im (vermeintlichen) Energie-Vorreiterland Deutschland nicht entkoppelt werden.[358] Interessant ist in diesem Zusammenhang eine Studie zur Emissionstätigkeit der Staaten, die das Kyoto-Protokoll ratifiziert haben. Laut der Studie sind die Emissionsreduktionen vieler Kyoto-Staaten darauf zurückzuführen, dass schmutzige Produktionslinien ausgelagert wurden – vor allem nach China. Im Endeffekt, so der zentrale Befund der Untersuchung, fiel der Emissionszuwachs durch die Produktion von Gütern sechsmal größer aus als alle Emissionseinsparungen zusammen. Klimapolitisch sei es unsinnig, wenn Güter in den Entwicklungsländern erzeugt, aber in den Industrieländern verbraucht würden.[359]

Bedeutende Klimatologen wie etwa Kevin Anderson von der University of Manchester halten die optimistische Position des Weltklimarates zur Vereinbarkeit von Wirtschaftswachstum und Klimaschutz für Augenwischerei. Anderson verweist auf das von der Weltgemeinschaft vereinbarte Ziel, wonach sich die Erde bis zum Ende des Jahrhunderts höchstens um zwei Grad erwärmen darf. Auf der Basis dieser Vorgabe lässt sich die Gesamtmenge von CO_2 berechnen, die bis 2050 noch höchstens emittiert werden darf.

---

[357] Eine Zusammenfassung der Ergebnisse der Studie findet sich in: York, Richard: Asymmetric effects of economic growth and decline on CO_2 emissions, in: Nature Climate Change, Nr. 2, 2012, S. 762–764.

[358] Vgl. Santarius, Tilman: Der Rebound-Effekt. Über die unerwünschten Folgen der erwünschten Energieeffizienz, Wuppertal Institut für Klima, Umwelt, Energie, Wuppertal 2012, S. 23.

[359] Vgl. Klein, Naomi: a. a. O., S. 84.

Licht am Ende des Tunnels?

Die Verfechter der Entkopplungsthese haben die Fakten bisher nicht auf ihrer Seite. Zu beobachten ist immerhin, dass sich wichtige Größen zumindest in Richtung einer absoluten Entkopplung entwickeln.

Die Weltwirtschaft wuchs 2014 nach Angaben des *BP Statistical Review 2015* um 3,3 Prozent. Der Primärenergieverbrauch stieg gleichzeitig um nur noch 0,9 Prozent – das Durchschnittswachstum der vorangegangenen Jahre (2003-2013) hatte bei 2,1 Prozent gelegen. Die globalen energieverbrauchsbedingten CO_2-Emissionen legten nur noch um 0,5 Prozentpunkte zu, womit der Zuwachs bei den Emissionen so schwach war wie seit 15 Jahren nicht mehr. Im Strombereich wurden mehr Kapazitäten im Bereich der erneuerbaren Energien als im Bereich der fossilen geschaffen.[360] Dieser Trend setzte sich 2015 fort. Die Weltwirtschaft wuchs um 3,1 Prozent. Der Primärenergieverbrauch legte nach Angaben des *BP Statistical Review 2016* um ein Prozent zu, allerdings kletterten die globalen CO_2-Emissionen nur noch um 0,1 Prozent. Der Hauptgrund für diese Entwicklung ist China: Dort sinkt der immer noch enorme Kohleverbrauch langsam, was sich günstig auf Chinas Emissionen auswirkt. Peking setzt stattdessen stark auf Erdgas und Kernkraft, aber auch auf Wind- und Sonnenenergie.[361]

Ist das der Durchbruch zu einer absoluten Entkopplung? Nein, sagt BP. Der Energiekonzern prognostiziert, dass der Primärenergiebedarf der Welt bis 2035 um 1,4 Prozent pro Jahr wachsen wird. Von allen Energieträgern wird mehr verbraucht. Die globalen energieverbrauchsbedingten CO_2-Emissionen werden sich pro Jahr um 0,9 Prozent erhöhen, so BP.[362]

---

360 Vgl. BP (Hg.): BP Statistical Review of World Energy 2015, London 2015, S. 2. Online unter: http://www.bp.com/content/dam/bp/pdf/Energy-economics/statistical-review-2015/bp-statistical-review-of-world-energy-2015-full-report.pdf [Stand: 11.7.2015].

361 Vgl. BP (Hg.): Statistical Review of World Energy 2016, London 2016, S. 2 u. S. 5. Online unter: http://www.bp.com/content/dam/bp/pdf/energy-economics/statistical-review-2016/bp-statistical-review-of-world-energy-2016-full-report.pdf [Stand: 9.6.2016].

362 Vgl. BP (Hg.): BP Energy Outlook – 2016 Edition, London 2016, S. 90. Online unter: http://www.bp.com/content/dam/bp/pdf/energy-economics/energy-outlook-2016/bp-energy-outlook-2016.pdf [Stand: 9.6.2016].

Damit das 2-Grad-Ziel erreicht werden kann, müssen die Industrieländer ihre Emissionen um mehrere Prozentpunkte zurückfahren – Jahr für Jahr! Wie stark die jährliche Absenkung ausfällt, hängt davon ab, *wann* der Höhepunkt der globalen CO_2-Emissionen erreicht werden soll. Und natürlich wie die Lastenverteilung nach der Verabschiedung eines wirksamen Klimaabkommens zwischen Industrie- und Entwicklungsländern aussieht.

Je später mit der Verminderung der Emissionen begonnen wird, desto tiefer müssen die Einschnitte ausfallen. Kevin Anderson und seine Kollegin Alice Bows-Larkin von der University of Manchester spielten dazu in einer Studie verschiedene Szenarien durch.[363] Selbst in den eher günstigen Szenarien müssen die Industrieländer ihre Emissionen um vier bis sechs Prozent pro Jahr kappen.[364] Diese Anforderung sei mit einer weiter wachsenden Wirtschaft unmöglich zu realisieren, rechnen Kevin Anderson und seine Kollegin Alice Bows-Larkin vor. Anderson sieht nur eine Konsequenz: »Um den gefährlichen Klimawandel zu vermeiden, müssen die reichen Nationen auf weiteres Wachstum verzichten.«[365] Und künftig schrumpfen.

Der Rebound-Effekt

Die Anhänger der Entkopplungsthese bleiben dennoch optimistisch: Sie setzen unbeirrt auf energieeffiziente Technologien, um Wachstum und Naturverbrauch zu trennen. Einflussreich im Lager der Optimisten ist *Faktor vier*. Faktor vier ist ein Maß für Ökoeffizienz. Die Idee stammt von Ernst Ulrich von Weizsäcker sowie von Amory und Hunter Lovins.[366] *Faktor vier* entwirft ein Zukunftsszenario mit doppeltem Wohlstand bei halbiertem Verbrauch an Ressourcen und Energie. Faktor vier wäre mit einer jährlichen Ressourceneffizienzsteigerung von drei Prozent zu erreichen.

Friedrich Schmidt-Bleek setzt noch einen drauf – er spricht von einem Faktor zehn. Dazu bedürfte es eines Effizienzgewinns um fünf Prozent pro Jahr. Das ist durchaus ambitioniert. Suffizienz (siehe dazu Kasten auf der nächsten Seite), verstanden je nach Kontext als Genügsamkeit, Bescheidenheit

---

363 Der Aufsatz, der die Studienergebnisse zusammenfasst, findet sich in: Anderson, Kevin/Bows-Larkin, Alice: Beyond ‚dangerous' climate change: emission scenarios for a new world, in: Philosophical Transactions of the Royal Society A, Nr. 369, 2011, S. 20–44.

364 Interessanterweise müssen auch die Entwicklungsländer lange vor dem Jahr 2050 (d. h. zwischen 2020 und 2030) ihren Emissionshöhepunkt erreichen und anschließend ihre Treibhausgasemissionen Jahr für Jahr senken.

365 Im englischen Original: »Avoiding dangerous climate change demands de-growth strategies from wealthier nations.«

366 Weizsäcker, Ernst Ullrich von/Lovins, Amory B./Lovins, Hunter L.: Faktor vier: Doppelter Wohlstand – halbierter Naturverbrauch, München 1995.

oder schlicht Verzicht, wird in dieser Sichtweise entweder als nicht notwendig oder bestenfalls als geringfügige Ergänzung zur Effizienzstrategie betrachtet.

Niemand hat etwas gegen den Einsatz energieeffizienter Technologien. Allerdings neigen viele Studien dazu, deren Effekte zu überschätzen. Zunächst sei einmal mehr auf die Gesetze der Thermodynamik verwiesen: Es gibt für die Optimierung von praktisch jedem Gut physikalische Grenzen.

Suffizienz: die dritte Perspektive

Suffizienz ist neben Effizienz und Konsistenz eine dritte Strategie. In wachstumsoptimistischen Zukunftsentwürfen wie bei der grünen Ökonomie kommt sie jedoch nicht vor, steht sie doch in starkem Widerspruch zu weiterem wirtschaftlichem Wachstum.

Suffizienz ist eine Dematerialisierungsstrategie. Sie zielt darauf, dass Menschen ihr Verhalten ohne Zwang verändern und Praktiken, die Ressourcen übermäßig verbrauchen, einschränken oder ersetzen. Suffizienz bemüht sich um einen genügsamen, umweltverträglichen Verbrauch von Energie und Materie durch eine geringe Nachfrage ressourcenintensiver Güter und Dienstleistungen. Die Suffizienzstrategie ist in erster Linie also nicht auf eine Veränderung der Energie- und Materialbeschaffenheit fixiert. Es geht vielmehr um die Verringerung des *Volumens* benötigter Material- und Energiemengen durch eine Veränderung von Lebens- und Konsumstilen. Um Missverständnisse zu vermeiden, sei klargestellt: Suffizienz fordert nicht, auf das Notwendige zu verzichten, aber sie fordert den freiwilligen Verzicht des nicht Notwendigen aus Einsicht in die Notwendigkeit.[367]

Konkrete Suffizienzvorschläge beziehen sich auf Konsum- und Lebensbereiche, welche ressourcenintensiv sind, so z. B. im Bereich des

Konsum- und Freizeitverhaltens

- **freiwillige Verlagerung des Urlaubs auf regionale Ziele, die ohne Flugzeug erreicht werden können**
- **freiwillige Einschränkung des Modekonsums allgemein, speziell bei Bekleidung und Elektronikartikeln**

---

[367] Vgl. Stengel, Oliver: Suffizienz. Die Konsumgesellschaft in der ökologischen Krise, Wuppertaler Schriften zur Forschung für eine nachhaltige Entwicklung, Band 1, München 2011, S. 140.

- **Reparatur zu Schaden gekommener Dinge statt Neukauf derselben**

Bauens und Wohnens

- **freiwilliger Verzicht auf den Neubau eines Eigenheims und Bevorzugung stadtnaher Wohnungen, um Arbeitsplatz und Einkaufsmöglichkeiten möglichst ohne Auto erreichen zu können**
- **Verwendung langlebiger Produkte (z. B. Möbel), Kauf von Second-Hand-Artikeln**
- **kollektive Nutzung von Geräten (mehrere Haushalte teilen sich beispielsweise eine im Keller stehende Waschmaschine)**
- **energiebewusste Temperierung der Wohnung**
- **energiebewusste Nutzung elektronischer Geräte**

Verkehrs

- **Bevorzugung öffentlicher Verkehrsmittel, vor allem im Stadtverkehr**
- **Vermeidung oder Verminderung von Flugreisen und Autofahrten**[368]

Hinzu kommt: Gegenläufige Konsequenzen steigender Energieeffizienz können nicht ausgeschlossen werden. Das ist der sogenannte *Rebound-Effekt*. Entdeckt wurde er im 19. Jahrhundert durch den schon erwähnten William Stanley Jevons. Der Ökonom entdeckte, dass Effizienzsteigerungen in der Kohlebranche nicht zu Einsparungen von Kohle führten, sondern einen Mehrverbrauch nach sich zogen. Verallgemeinert besagt der Rebound-Effekt das Folgende: Die Effekte einer höheren Effizienz bzw. Produktivität werden durch eine gegenläufige Mehrnachfrage gemindert. Im Extremfall wird der Effizienzzuwachs ganz zunichtegemacht oder sogar überkompensiert – in der Literatur spricht man von *Backfire*.

Rebound-Effekte lassen sich systematisieren und verschiedenen Kategorien zuordnen. Zu unterscheiden ist zwischen:

- Direkten Rebound-Effekten: Es gibt unzählige Beispiele. Vor 100 Jahren verbrauchten Wolframlampen nur ein Viertel des Stroms, den die älteren Kohle-

[368] Vgl. ebenda, S. 142.

fadenlampen benötigt hatten. Die steigende Nachfrage und Massenproduktion machten sie billiger als Kohlefadenlampen, so dass die Wolframlampen eine massenhafte Verbreitung fanden. Das Einsparpotential wurde durch die massenhafte Verbreitung wieder größtenteils zunichtegemacht. Man kann sich auch vorstellen, dass eines Tages ein Zweiliter-Auto in Massenproduktion hergestellt würde und zu einem sehr wettbewerbsfähigen Preis angeboten werden könnte. Ein solches Auto fände reißenden Absatz und könnte im globalen Maßstab zum Alptraum werden. Unter dem Strich würden mehr Autos erworben und mehr Kilometer zurückgelegt werden, so dass insgesamt mehr Kraftstoff verbraucht werden würde. Vielleicht bliebe in manchen Familien das neue sparsame Auto auch nicht allein ... Das alte Gefährt bekämen die Kinder.
  Analog dazu kann man sich vorstellen, dass eine Familie einen neuen, hocheffizienten Kühlschrank kauft. Das alte Gerät wird jedoch nicht entsorgt, sondern wandert in den Partykeller. Der Stromverbrauch würde insgesamt steigen, nicht sinken.
- Indirekten Rebound-Effekten: Auch hier gibt es unzählige Beispiele. Man stelle sich ein Paar vor, das die Entscheidung trifft, die eigene Wohnung zu dämmen, um Heizkosten zu sparen. Nach einiger Zeit hat das Paar eine Menge Geld (und Energie) gespart. Die gutgefüllte Haushaltskasse ermöglicht eine Fernreise mit dem Flugzeug nach China. Unter dem Strich ist der Effekt der Energie-Einsparung mehr als dahin. Genauso gut vorstellbar wäre, dass das Paar sich die Reise spart, aber neue Elektrogeräte kauft, die ebenfalls den Einspareffekt mindern.
- Makroökonomischen Rebound-Effekten: Das Beispiel der Wärmedämmung lässt sich erweitern. Man stelle sich vor, dass Zehntausende von Haushalten ihre Häuser und Wohnungen dämmen. Da immer noch viele Altbauten mit Heizöl beheizt werden, sinkt die Nachfrage nach Heizöl – und damit der Preis. Andere Wirtschaftssektoren haben nun einen Anreiz, vermehrt Heizöl nachzufragen. Denkbar ist zum Beispiel, dass viele Unternehmen wieder anfangen, ihre Werkshallen mit Heizöl zu beheizen.

Ähnlich gelagert ist der technische Fortschritt im Bereich der Mikroelektronik. In den 1990er Jahren waren die wenigen Surfer mit einem 56k-Modem und mit einer analogen Telefonverbindung mit dem Internet verbunden. Das Surfen war – gemessen an heutigen Maßstäben – eine langsame Angelegenheit. Der technische Fortschritt brachte leistungsfähigere Rechner und schnellere Internetverbindungen mit sich. Wesentlich mehr Klicks pro Minute sind damit möglich. Jeder Klick erfordert Energie. Die Zeiteffizienzgewinne gingen mit einem größeren Datenvolumen und einem stark erhöhten Energieverbrauch des IT-Sektors einher.[369]

Der Blick in die Vergangenheit zeigt, dass ökologisch problematische Nachfrageverschiebungen eher die Regel denn die Ausnahme darstellen. Das stellt Ökovisionen wie *Faktor vier* in Frage. Ein Rebound-Effekt von 50 Prozent bedeutet, dass aus einem *Faktor vier* ein Faktor wird, der kleiner als zwei ist.

Dennoch ist die Literaturlage nicht als gut zu bezeichnen. Es gibt nur wenige Studien, die versuchen, das Ausmaß von Rebound-Effekten abzuschätzen.[370] Zu allem Überfluss widersprechen sich die verschiedenen Studien erheblich. Mit einiger Vorsicht lässt sich für die Industrieländer ein durchschnittlicher direkter Rebound-Effekt von 10 bis 30 Prozent konstatieren. Dazu addieren sich indirekte und makroökonomische Rebound-Effekte.

Der Umweltökonom Tilman Santarius schätzt, dass der Rebound-Effekt langfristig und im Mittel bei etwa 50 Prozent liegt.[371] Stig-Olof Holm und Göran Englund von der schwedischen Umeå University kommen zu leicht abweichenden Ergebnissen. Sie haben die Entwicklung der Energieeffizienz in den USA und sechs Staaten der Europäischen Union zwischen 1970 und 1991 beobachtet. Die Energieeffizienz stieg um etwa 30 Prozent an, während sich im gleichen Zeitraum der Energieverbrauch um rund 20 Prozent erhöhte. Unter dem Strich wurden also 66 Prozent der Effizienzsteigerung zunichtegemacht.[372]

Dematerialisierung als Herkulesaufgabe

Das sind keine guten Nachrichten. Und es kommt noch dicker, wenn man Dematerialisierung und fortgesetztes Wirtschaftswachstum zusammendenkt. Es wurde schon erwähnt: Menschen in Europa haben einen Pro-Kopf-Verbrauch von 50 Tonnen Rohstoffen pro Jahr. In einigen Ländern Asiens und in vielen Ländern Afrikas sind es weniger als zwei Tonnen. Wie eine notwen-

---

369 Vgl. Santarius, Tilman: a. a. O., S. 18.

370 Zwei Literaturempfehlungen zur Vertiefung: Sorell, Steve: The Rebound Effect: an assessment of the evidence for economy-wide energy-savings from improved energy efficiency, UK Energy Research Centre, London 2007; Poppe, Erik: Der Rebound-Effekt: Herausforderung für die Umweltpolitik, Berlin 2013. Online unter: http://edocs.fu-berlin.de/docs/receive/FUDOCS_document_000000018553 [Stand: 3.9.2014].

371 Vgl. Santarius, Tilman: a. a. O., S. 19.

372 Vgl. Englund, Göran/Holm, Stig-Olof: Increased ecoefficiency and gross rebound effect: Evidence from USA and six European countries 1960–2002, in: Ecological Economics, Nr. 68, 2009, S. 879–887.

dige Dematerialisierung um den Faktor zehn in den kommenden 50 Jahren erreicht werden soll, ist völlig unklar.

Ein anderes Rechenbeispiel (siehe dazu Tabelle 2) verstärkt noch die Aussage der vorangegangenen Seiten. Wachstum und Entkopplung gehen eine schwierige Ehe ein.

Wirtschafts-wachstum jährlich in %	**Sozialprodukt in 50 Jahren in %**	**Notwendige Ressourcen-produktivitätssteigerung innerhalb von 50 Jahren bei Reduzierung auf 20 % des heutigen Verbrauchs (Faktor)**	**Notwendige Ressourcen-produktivitätssteigerung innerhalb von 50 Jahren bei Reduzierung auf 10 % des heutigen Verbrauchs (Faktor)**
-1	60	3	6
0	100	5	10
1	164	8	16
1,5	211	11	22
2,0	269	13	27
2,5	344	17	34
3	438	22	44

Tabelle 2: Wachstum und notwendige Steigerung der Ressourcenproduktivität

Quelle der Zahlen: Klein, Dieter: Kein Wachstum – der schwierige Fortschritt künftiger Transformation, Reihe Standpunkte der Rosa-Luxemburg-Stiftung, Nr. 16, Berlin 2011, S. 2.

Die zweifellos notwendige Dematerialisierung bei gleichzeitigem Wachstum ist eine Herkulesaufgabe. Eine Senkung des Verbrauchs entscheidender Ressourcen auf 10 Prozent bis zum Jahr 2050 würde bei sonst gleichbleibenden Bedingungen eine Erhöhung der Ressourcenproduktivität um den Faktor 10 selbst bei Nullwachstum erfordern – durch neue Technologien, eine verlängerte Lebensdauer der Güter, Recycling und Verwendung erneuerbarer Ressourcen. Bei einem Prozent Wachstum wäre der Faktor 16 erforderlich. Bei 1,5 Prozent Wachstum der Faktor 22. Und bei 3 Prozent BIP-Wachstum müsste die Ressourcenproduktivität um das 44-Fache gesteigert werden. Zu erwarten, dass solche Werte erreicht werden, ist schlicht und ergreifend unrealistisch.

Erinnert sei schlussendlich auch an zwei wichtige Elemente, die schon geschildert wurden. Einerseits an das Gesetz vom abnehmenden Ertragszuwachs. Auch für die Energieeffizienz gilt das Ertragsgesetz.[373] Andererseits sollte der gesamte Bereich der Entropie nicht vergessen werden. Bei vielen Geräten sind die Potentiale zur Steigerung der Energieeffizienz erschöpft. Viele großtechni-

[373] Vgl. Li, Minqi: The Rise of China and the Demise of the Capitalist World-Economy, a. a. O., S. 161.

sche Anlagen nutzen Wärmekraftmaschinen (das klassische Beispiel sind Verbrennungsmotoren), um durch die Verbrennung von fossilen Energieträgern nutzbare Energie zu gewinnen. Weil die Entropie eines geschlossenen Systems niemals abnimmt, bestehen feste Grenzen dafür, wie viel Effizienz man einer Wärmekraftmaschine entlocken kann.

Wirtschaftswachstum heißt nichts anderes, als dass der Energiedurchfluss durch das System beschleunigt und verbreitert wird und dass mehr Rohstoffe verarbeitet werden. Die Verarbeitung bringt allerdings mit sich, dass Energie in einen Zustand der Nichtverfügbarkeit verwandelt wird. Unordnung und Komplexität steigen. Jede wirtschaftliche Tätigkeit ist unvermeidlich mit einer Vermehrung der Entropie verbunden. Das Entropiegesetz lässt sich halt nicht austricksen. Somit ist dem Publizisten Wolfgang Sachs zuzustimmen, der schon vor Jahren Folgendes festgestellt hat:

> »Was gegenwärtig in der öffentlichen Debatte common sense ist, ist unplausibel. In der EU, bei der deutschen Regierung und auch bei Teilen der Umweltforscher und Umweltfreunde, ist common sense, dass es möglich wäre, 80–90 Prozent weniger fossile Energien im Jahre 2050 zu nutzen, und gleichzeitig die Wirtschaftsleistung zu verdoppeln. (...) Es ist nicht plausibel, zu glauben, dass man den ökologischen Fußabdruck drastisch verkleinern könnte, ohne auch den ökonomischen Fußabdruck zu verkleinern.«[374]

Das sieht auch der Umweltökonom William Rees so. »Wir müssen mit voller Überlegung die globale Wirtschaftsaktivität reduzieren«, meint der Miterfinder des ökologischen Fußabdrucks.[375] Es sei die einzige Alternative, um einen ökologischen Kollaps zu verhindern.

---

[374] Sachs, Wolfgang: Basis wechseln. Für eine lebensdienliche Marktwirtschaft, S. 146–147, in: Luxemburg. Gesellschaftsanalyse und linke Praxis, Nr. 1, 2009, S. 148.

[375] Rees, William E.: Avoiding Collapse, a. a. O.

»Die Menschen haben keine Zeit mehr,
etwas kennenzulernen.
Sie kaufen sich alles fertig in den Geschäften.«
Antoine de Saint-Exupéry, französischer Schriftsteller

15. Das Wachstum in unseren Seelen

In diesem Kapitel soll ein gänzlich anderer Blick auf das Wachstum eröffnet werden. Auf das der Wirtschaft, aber auch auf das persönliche. Wie kommt die Vorstellung unendlichen Wachstums in die Köpfe? Und macht Wachstum glücklich? Wie sich zeigen wird, macht dieser Blick es notwendig, das herrschende Wachstumsparadigma zu hinterfragen.

Das gilt natürlich nur für die Industrieländer. Die Üppigkeit unseres Besitzes steht in einem geradezu perversen Kontrast zur materiellen Armut vieler Menschen in der Dritten Welt. Während wir furchtbar viel haben, besitzt etwa ein Fünftel der Weltbevölkerung kaum mehr als ein paar Habseligkeiten.

Erst seit der Industrialisierung gibt es, wie gezeigt wurde, Wachstumsraten von mehr als zwei Prozent. Doch das gerät leicht aus dem Blick. Nicht zuletzt deshalb, weil Wachstum eine wichtige kulturelle Dimension hat. Vorstellungen von unablässigem Wachstum, von Entwicklung, Fortschritt und Wettbewerb stecken nicht nur in den äußeren Bedingungen unserer Lebenswelt, sondern haben sich auch in unserer Innenwelt installiert. Es gibt keinen Lebenslauf, keine Karriereplanung und keinen Bausparvertrag, der nicht von einer Zukunftsvorstellung getragen wäre, in der von allem *mehr* da ist. Mehr Wohlstand, mehr Raum, mehr vom Gleichen. Das auf Wachstum basierende Wertesystem hat sich bis in die kleinsten Nischen unserer Lebenswelt eingenistet. Kategorien wie Effizienz, Entwicklung, Fortschritt und Wettbewerb werden über vielfältige Kanäle (Schule, Medien etc.) vermittelt.[376]

[376] Vgl. Welzer, Harald: Die Magie des Wachstums. Warum unsere Kinder es einmal schlechter haben werden, S. 63, in: Blätter für deutsche und internationale Politik, 55. Jg., Nr. 6, 2010, S. 61–66.

Ein neues Biographiemodell

Wenn wirtschaftliches Wachstum etwas historisch relativ Neues ist – wie kann es dann sein, dass wir zutiefst vom Wachstumsgedanken infiziert sind? Dass die uns umgebenden materiellen und institutionellen Infrastrukturen (z. B. Supermärkte, Schulen, Müllabfuhr, Elektrizität) eine ungeheure Macht über uns haben, weil wir uns täglich in ihnen bewegen und sie deshalb zwangsläufig bejahen oder unterstützen, wurde schon in Kapitel 6 mit Nachdruck unterstrichen. Ebenso fiel bereits der Begriff der »mentalen Infrastrukturen«.

Außerdem wurde bereits auf das mechanistische Weltbild von René Descartes, Isaac Newton, John Locke und Adam Smith verwiesen. Jenes mechanistische Weltbild machte sich für Wissenschaft und Technologie stark. Es stellte die Machbarkeit der Dinge in den Mittelpunkt. Für jedes Problem hält der Fortschritt eine Lösung parat. Ganz rund ist damit die Antwort auf die Frage, warum wir den Wachstumsgedanken in uns tragen, noch nicht.

Jede Wachstumsvorstellung setzt grundsätzlich voraus, dass sich ein künftiger Zustand durch ein *Mehr* gegenüber der Gegenwart auszeichnet. Die Vorstellung vom Wachstum schließt also eine Vorstellung von Zukunft ein. Und das ist eine Kategorie, die bis in das 17. Jahrhundert hinein weitgehend inexistent war.[377] Lebenslaufkonzepte und Biographiemuster, für uns alltäglich, sind etwas gänzlich Neuzeitliches. Das klingt überraschend, ist jedoch wahr. Die Menschen, die vor der Industriellen Revolution lebten, waren fest in ständische, lokale und häusliche Zusammenhänge eingebunden – und natürlich auch in religiöse. Sie konnten ihre soziale Position nicht oder nur ausnahmsweise durch eigene Anstrengung verändern. Entscheidend war die Geburt. Wenn das Leben nicht gelang, dann lag es an den Umständen. Das sollte sich grundlegend ändern.

Mit der Industrialisierung tauchte ein neuer Sozialtypus auf: der Lohnarbeiter. In dieser Zeit fand auch eine geistig-kulturelle Wende statt. Die sich entwickelnde Pädagogik entwarf ein Biographiemodell, das von der Vorstellung bestimmt war, dass die »Anlagen« der Menschen unter bestimmten Bedingungen besser oder schlechter »entwickelt« werden können. Menschen waren demnach nicht länger durch eine göttlich vorgegebene Position in der Gesellschaft fixiert und mit einer unveränderlichen Persönlichkeit ausgestattet, sondern sie konnten sich »bilden«, »entwickeln«, »entfalten«, »etwas aus sich machen«, »wachsen«, »etwas erreichen«.[378]

---

[377] Vgl. ebenda, S. 15.

[378] Vgl. ebenda, S. 15–16.

War vor der Moderne der Lebensweg eine weitgehend variationslose Zeitspanne vor dem Tod, nach dem immerhin die erfreuliche Perspektive auf ein jenseitiges Glück wartete, ergab sich mit der Freiheit der Gestaltung des eigenen Lebenswegs auch der Zwang, aus seinem Leben etwas zu machen.[379] Mit diesem Zwang entstand ein permanenter Bedarf nach Orientierung und Selbstvergewisserung – nach persönlichem Wachstum.

Harald Welzer verweist zudem auf einen Faktor, der das gerade umrissene neue Biographiemuster entscheidend unterstützte: In der Industrialisierungszeit stieg die Lebenserwartung (um 1800 lag die durchschnittliche Lebenserwartung der Weltbevölkerung bei rund 30 Jahren) beträchtlich an, was eine längere persönliche Zukunft in den Vorstellungshorizont treten ließ und ein Leben im Vorausentwurf denkbar machte.[380] Das Wachstum auf persönlicher Ebene etablierte sich. Gleichzeitig entfaltete sich auch eine gesamtgesellschaftliche Wachstumsvorstellung.

Leere Heilsversprechen

Wie schon erwähnt, ist der Glaube an den Fortschritt etwas Neuzeitliches. Es geht immer nach vorne – diese lineare Vorstellung war weder im Mittelalter noch im Altertum verbreitet. Im 19. und 20. Jahrhundert verengte sich das Fortschrittsdenken immer stärker auf das Wachstum von Wirtschaft und Technik, verbunden mit der Hoffnung auf eine bessere Zukunft.[381] Es kam zu einer Gleichsetzung von Wachstum und Fortschritt. Interessanterweise erweisen sich gerade Ökonomen als betriebsblind für diese kulturellen Prägungen. In gewisser Hinsicht sind die Ökonomen genauso dogmatisch wie der Vatikan. Mehr Beweglichkeit im Denken wäre keine Schande.

Überhaupt: die Ökonomik. Die ökonomischen Lehrsätze spielen heute eine ähnliche Rolle wie Religionen. Robert Nelson, selbst Ökonom, bezeichnet sich und seine Berufskollegen als eine Art Priesterschaft der Religion des Fortschritts.[382] Er bezweifelt den Status seiner eigenen Disziplin als Wissenschaft. Laut Nelson hat sich eine Konkurrenz zwischen den traditionellen Jenseitsreligionen (Judentum, Christentum und Islam) und einer neuen säkularen Religion entwickelt: der Religion des materiellen Fortschritts, die nicht auf das Jenseits vertröstet, sondern ständige materielle Verbesserungen

[379] Vgl. ebenda, S. 18.
[380] Vgl. ebenda, S. 21.
[381] Vgl. Deutscher Naturschutzring (Hg.): a. a. O., S. 18
[382] Vgl. Nelson, Robert: Economics as Religion: From Samuelson to Chicago and Beyond, University Park 2001, S. 329.

im Diesseits verspricht. Die Ökonomik steht im Dienst dieser Religion. Ihre inoffizielle Hauptaufgabe bestehe in der Predigt eines rationalen Egoismus.[383]

Aus dieser Warte ist Wachstum das Credo dieser Religion. Das Heilsversprechen ist jedoch leer. Wachstum misst nur die Betriebsamkeit der Wirtschaft. Wachstum bedeutet nicht zwangsläufig, dass Bedürfnisse und Wünsche der Bevölkerung erfüllt werden. Es bedeutet auch nicht automatisch, dass es um Bildungschancen, Gesundheit oder Lebensqualität in einer Gesellschaft gut bestellt ist. Außerdem sagt das Wachstum nichts zu der Frage, ob Güter und Dienstleistungen gerecht verteilt sind.

Empathie, Sinn und Glück

Es ist an der Zeit, zwei *extrem* wichtige Fragen zu stellen. Zunächst: Was macht uns Menschen aus? In einem Wort. Empathie. Mitgefühl. Bewusstsein. Liebe. Das sind die klassischen Antworten, die Menschen geben, wenn man ihnen diese radikale Frage stellt. Dann die zweite Frage: Was ist wichtig im Leben? Eine besonders gute Antwort auf diese Frage hat Erich Fromm gegeben. Das tiefste Bedürfnis der Menschen ist, so Fromm, das Verlangen nach Transzendenz und Einheit.[384]

Berühren das Wachstum und – damit verbunden – der materielle Reichtum den Kern des Menschen, also Empathie, Mitgefühl, Bewusstsein, Liebe? Erfüllen sie das Verlangen nach Transzendenz und Einheit? Wenn wir ehrlich sind, kennen wir die Antwort. Das herrschende System hilft uns dabei nicht. Deshalb läuft auch das menschliche Streben nach Glück allzu oft ins Leere.

Die Erlangung von Glück dürfte das erklärte Ziel aller Menschen sein. Was Glück genau ist, wird von den Menschen unterschiedlich empfunden. Es zu definieren, ist ein schwieriges Unterfangen. Ja, sicher: Glück kann das nur kurz andauernde Hochgefühl sein. Der kurzzeitige Gipfel in einem Gebirge der Zufriedenheit. Die moderne Glücksforschung erkennt an, dass dieser beschriebene Zustand (die Glücksforschung spricht von emotionalem Wohlbefinden) Glück sein kann. Allerdings orientiert sie sich in eine andere Richtung. Sie begreift Glück als eine Form der Aktivität und der persönlichen Weiterentwicklung. Glück, so könnte man mit Aristoteles sagen, ist die Ausschöpfung der Entwicklungsmöglichkeiten einer Person.[385]

---

[383] Vgl. Deutschmann, Christoph: Soziologie kapitalistischer Dynamik, a. a. O., S. 11–12.

[384] Vgl. Fromm, Erich: Die Kunst des Liebens, 17. Auflage, München 1995, S. 136–137.

[385] Vgl. Identity Foundation (Hg.): Glücksdefinitionen und -erfahrungen der Bevölkerung. Ergebnisse einer qualitativen und quantitativen Befragung, Schriftenreihe der Identity Foundation, Band 5, Düsseldorf o. J., S. 17.

Glück ist durchaus an gewisse materielle Voraussetzungen gebunden. Wer in extremer Armut leben muss, wird nur schwerlich ein glückliches Leben führen können. Wie Norman Bradburn, einer der Pioniere der Glücksforschung, gezeigt hat, ist es aber nicht so, dass materieller Wohlstand direkt Glücksgefühle weckt. Es ist eher so, dass Unglücksgefühle verhindert werden.

Die Glücksforschung zeigt, dass mit einem steigenden Wohlstand auch die Chancen steigen, ein glückliches Leben führen zu können. Allerdings erhöhen Wohlstandssteigerungen nur bis zu einem bestimmten Grad die Wahrscheinlichkeit von Glück. Das Grundproblem dürften die meisten Leser aus eigener Erfahrung kennen: Materielle Befriedigungen nutzen sich sehr schnell ab. Mit der Steigerung des Besitzes bzw. mit der Erfüllung bestimmter materieller Wünsche wachsen die Ansprüche und Erwartungen. Menschen gewöhnen sich rasch an das neue Niveau.[386]

An einem bestimmten Punkt korreliert ein höheres Wohlstandsniveau nicht mit mehr Glück. Die ohnehin etwas wackelige Gleichung »mehr Wohlstand = mehr Glück« verkehrt sich möglicherweise sogar ins Gegenteil. Otto Ullrich notiert dazu:

> »Die Mehrheit der Menschen in den westlichen Industriegesellschaften ist seit den fünfziger Jahren des letzten Jahrhunderts nicht glücklicher geworden trotz eines sehr starken Anstiegs des Bruttosozialprodukts, der ›Wertschöpfung‹, des Warenkonsums, der Ferienreisen usw. Im Gegenteil. In der rücksichtsloser gewordenen kapitalistischen Gesellschaft, in der die ›selbstverantwortlichen‹ Einzelkämpfer ständig Angst haben müssen, abzurutschen, zurückzubleiben im atemlosen Wettlauf, nehmen Streß, Abstiegsängste, Depressionen, familiäre Konflikte, Verbrechen und Drogenkonsum, also Unglück in der Gesellschaft, zu.«[387]

Die Empirie belegt für die letzten 50 Jahre für die Industriestaaten eindeutig, dass sich Einkommen und Besitz zwar vervielfacht haben, dass sich *gleichzeitig* aber der Anteil der Glücklichen nicht erkennbar erhöht hat.

In (West-)Deutschland ist von 1984 bis 2009 die allgemeine Lebenszufriedenheit von 7,4 auf der Skala von 0–10 auf etwas unter sieben gefallen. Und das trotz erheblicher Einkommenssteigerungen.[388] Zudem lässt sich nachweisen, dass Menschen, die sich materielle Güter wünschen, weitaus seltener

---

[386] Vgl. ebenda, S. 12.

[387] Ullrich, Otto: Das produktivistische Weltbild, a. a. O., S. 5.

[388] Vgl. Ruckriegel, Karlheinz: Glücksforschung – Ergebnisse und Konsequenzen für die Zielsetzung der (Wirtschafts-)Politik, S. 135, in: Jahrbuch für Nachhaltige Ökonomie 2012/13, Weimar bei Marburg 2012, S. 129–147.

glücklich werden als Menschen, die sich idealistische, nicht an Besitz und Einkommen gebundene Ziele setzen.[389]

Es ist erwiesen, dass extrem reiche Menschen häufiger unter Depressionen leiden. Materialismus, so ließe sich zugespitzt formulieren, macht das Herz hart und kalt. Nicht wenige Psychologen sind der Meinung, dass Konsumgesellschaften zur Förderung narzisstischer und damit besonders ich-bezogener Persönlichkeiten beitragen.[390]

Und noch etwas ist interessant: Der Grad an sozialer Ungleichheit bestimmt, wie glücklich und lebenszufrieden Menschen sind. Ungleiche Gesellschaften sind tendenziell weniger glücklich als egalitäre Gesellschaften. Mehr Gleichheit schafft, so zeigen neue Studien, bessere soziale Beziehungen. Umgekehrt sind gesundheitliche und soziale Probleme in Ländern mit großen Einkommensdifferenzen stärker ausgeprägt, wie die Epidemiologen Richard Wilkinson und Kate Pickett dargelegt haben.[391] Demnach kommt es in Ländern mit hoher Ungleichheit – wie etwa den USA und Großbritannien – signifikant häufiger zu psychischen Erkrankungen, Fettleibigkeit, Teenager-Schwangerschaften, Drogenabhängigkeit, Morden und Gefängnisstrafen. Dagegen sind die Lebenserwartung, der Bildungsstandard der Kinder, der Status der Frauen und die soziale Durchlässigkeit in egalitären Gesellschaften – wie etwa den skandinavischen Staaten – höher (wenn auch noch lange von einer idealen Situation entfernt).[392]

Das herrschende wachstumsgetriebene System ist eindeutig nicht darauf ausgerichtet, das Glück der Menschen zu mehren. Es ist mehr eine billige Simulation von Glück. »Kaufe dieses oder jenes, dann wirst du glücklich!«, lautet das Versprechen. Wir können uns heute so viel wie nie kaufen, aber Glück erlangen wir durch den Konsum von immer mehr Gütern nicht. Und das ist schließlich das Entscheidende – oder?

---

389 Vgl. Identity Foundation (Hg.): a. a. O., S. 13. Siehe dazu auch: Bauer, Monika A./Bodenhausen, Galen V. et al.: Cuing Consumerism. Situational Materialism Undermines Personal and Social Well-Being, in: Psychological Science, 23 (5), 2012, S. 517–23.

390 Vgl. dazu Kasser, Tim: The High Price of Materialism, London 2002, S. 22.

391 Vgl. Wilkinson, Richard/Pickett, Kate: Gleichheit ist Glück, Berlin 2010, S. 61.

392 Vgl. Treeck, Till van: »Wohlstand ohne Wachstum« braucht gleichmäßige Einkommensverteilung, S. 37, in: Aus Politik und Zeitgeschichte, 62. Jg., 27–28/2012, S. 32–38.

Gefangen im Hamsterrad

Mehr zu haben bedeutet nicht zwangsläufig, auch *gut zu leben*. Wo finden die Menschen am wenigsten Sinn in ihrem Leben? Wo sind die Selbstmordraten am höchsten? Wo nehmen die Menschen am meisten Antidepressiva? Wo haben die Menschen am wenigsten Zeit?

Gerade die letzte Frage ist von besonderem Interesse. In einem starken Zusammenhang zur Glücksineffizienz des Wachstumsparadigmas scheint der Zeitmangel zu stehen. Zeitautonomie ist heute mehr denn je ein hohes Gut. Die meisten Menschen sind beruflich und familiär stark eingespannt. Freie Zeit ist für viele Menschen Mangelware. Sie haben den Eindruck, in einem Hamsterrad zu laufen. Und das ist kein Wunder – auch dieses Problem hängt mit dem Wachstumsparadigma zusammen. Zeitstrukturen sind nicht naturgegeben. Sie sind auch nicht durch individuelle Handlungen bestimmbar. Sie werden kollektiv geformt und sind tief in den Strukturen unserer Alltagswelt verankert.

Zeit ist Geld. Kapitalismus kann auch als das immer schneller In-Bewegung-Setzen der materiellen, sozialen und geistigen Welt verstanden werden.[393] Das wussten schon Karl Marx und Friedrich Engels. Sie beschrieben den Kapitalismus in ihrem berühmten Manifest der Kommunistischen Partei als »fortwährende Umwälzung der Produktion« und als »ununterbrochene Erschütterung aller gesellschaftlichen Zustände«. In diesem System gilt: »Alles Ständische und Stehende verdampft«.[394] Ergo: Die kapitalistische Wachstumsdynamik bedingt die Steigerungsgesellschaft, in der wir heute leben. Jene Steigerungsgesellschaft muss stetig und ständig wachsen, beschleunigen und innovieren, um den Status quo zu erhalten.

Damit steigt der Druck auf alle Gesellschaftsmitglieder. Wir sind ständig bemüht, alles zu vermehren: Die Güter, mit denen wir uns umgeben (um 1900 beherbergte der mitteleuropäische Haushalt im Durchschnitt etwa 400 Objekte, heute etwa 10.000), die Zahl der Menschen, mit denen wir in Kontakt stehen, die Optionen, die wir jederzeit haben und uns offenlassen. Das Einzige, was sich nicht vermehren lässt, ist die Zeit. Wir haben immer noch nur 24 Stunden am Tag. Daher müssen wir sie komprimieren, verdichten –

---

[393] Vgl. Rosa, Hartmut: Tut mir leid, ich bin zahlungsunfähig. Reflexionen über die Temporalinsolvenz, S. 26, in: Unimagazin. Forschungsmagazin der Leibniz Universität Hannover, Ausgabe 3–4, 2012, S. 24–27.

[394] Marx, Karl/Engels, Friedrich: Manifest der Kommunistischen Partei, S. 342, in: Marx, Karl: Kapital und Politik, Frankfurt am Main/Neu Isenburg 2008, S. 319–365.

und das wiederum führt dazu, dass uns die Zeit allmählich ausgeht wie ein Rohstoff.[395]

Höchstwahrscheinlich gibt es einen Zielkonflikt zwischen einem Reichtum an Gütern und einem Reichtum an Zeit. Eine Reduktion der Produktion von Gütern könnte mit einem wachsenden Wohlstand an Zeit einhergehen.[396] Der Zeitforscher Ivo Muri redet in diesem Zusammenhang Klartext:

> »Wir müssen umdenken: Denn eine Gesellschaft, die keine Zeit hat, lebt nicht. Ob in einer Gesellschaft Wohlstand herrscht, erkenne ich nicht an der Höhe des Bruttosozialprodukts, sondern daran, ob die Menschen sich darin wohl fühlen, ob sie Zeit haben. Wenn Sie hierzu eine Umfrage machen, fällt die deutlich schlechter aus als noch vor zwanzig Jahren. Wir sind auf dem falschen Weg.«[397]

Das Problem besteht aber nicht nur darin, dass Zeit für die wirklich wichtigen Dinge knapp ist. Dazu addiert sich bei vielen Menschen eine innere Rast- und Ruhelosigkeit. Es scheint niemals genug Zeit da zu sein. Was immer wir beginnen, wir haben stets das Gefühl, schon fertig sein zu müssen. Wir stehen unter Zeitdruck und leiden unter Stress und Hektik.[398] Und fast immer ist eines dabei: ein schlechtes Gewissen.

Versucht man das Problem auf ein Schlagwort zu bringen, landet man bei Beschleunigung. Nahezu alle Bereiche unseres Lebens sind von Beschleunigung durchdrungen. Die Gegenwart ist durch einen Zeitfetischismus charakterisiert. Kurze Zeitspannen werden gegenüber längeren privilegiert. Die Überzeugung, Zeit sparen zu können, ist jedoch eine Illusion. Der französische Wachstumskritiker Paul Ariès konstatiert: »Je schneller wir gehen, desto mehr Zeit verlieren wir.«[399] Widerstand gegen den Beschleunigungs- und Geschwindigkeitswahn müsse mit einer Kritik der Beschleunigungsinstrumente beginnen. Konkret seien der Bau von Autobahnen, der Vorrang für Schnellzüge, die Banalisierung des Flugverkehrs oder die übermäßige öffentliche und private Beleuchtung zu kritisieren.[400]

---

[395] Vgl. Sevries, Lesley: Bitte entschleunigen! Interview mit Hartmut Rosa. Online unter: http://www.wie-einfach.de/cgi-bin/adframe/leben/article.html?ADFRAME_MCMS_ID=540 [Stand: 4.10.2013].

[396] Vgl. Sachs, Wolfgang: Basis wechseln, a. a. O., S. 141–148.

[397] Wehlings, Sebastian: »Die Wirtschaft verwechselt die Zeit mit der Uhr« – Interview mit dem Zeitforscher Ivo Muri, S. 40, in: Fluter, Nr. 16, 2005, S. 38–41.

[398] Vgl. Rosa, Hartmut: Immer mehr verpasste Optionen: Zeitstrukturen in der Beschleunigungsgesellschaft, S. 28, in: DIE Zeitschrift für Erwachsenenbildung, Nr. 1, 2008, S. 28–31.

[399] Ariès, Paul: La simplicité volontaire contre le mythe de l'abondance, a. a. O., S. 209.

[400] Vgl. ebenda.

Und natürlich muss der Blick auf immer schnellere Computer und Netzwerke gerichtet werden. Sie versorgen uns im Sekundentakt mit Informationen. Das Handy bzw. das Smartphone sind allgegenwärtig. Wir sind ständig erreichbar – und auch ständig kontrollierbar. Als Folge dieser Entwicklungen verwischen die Grenzen zwischen Arbeit und Freizeit immer mehr. Burnout und Depression sind keine Zufälle. Der Soziologe und Beschleunigungsforscher Hartmut Rosa meint dazu:

> »Wir haben uns da eine Art von sich selbst antreibendem System geschaffen. Die technischen Innovationen erlauben es uns eben nicht nur, Prozesse zu beschleunigen, sondern sie treiben auch einen sozialen Wandel an. Die Einführung des Internets hat ja nicht nur Dinge schneller gemacht, sondern auch ganz neue Dinge erzeugt: neue Berufssparten, neue Kommunikationsmuster, neue Hobbys oder Freizeitmöglichkeiten, sogar neue soziale Gruppen (…). Hier haben technische Innovationen, die der Beschleunigung dienen, den sozialen Wandel angetrieben, und der soziale Wandel ist es dann, der Menschen das Gefühl gibt, sie müssen sich der Beschleunigung anpassen, um Schritt zu halten. Dass die Zeit also knapp ist. Und wenn für die Menschen Zeit knapp ist, dann verlangen sie nach technischer Beschleunigung.
>
> Wenn ich das Gefühl habe, mir geht die Zeit aus, ich habe so wahnsinnig viel zu tun, dann will ich, dass der Computer schneller hoch und schneller runterfährt, dass der Zug schneller unterwegs ist, dass die Kassiererin an der Kasse sich beeilt und so weiter. Und dann frage ich nach technischer Beschleunigung. Was aussieht wie eine kollektive Lösung dieser Probleme, kurbelt sie in Wahrheit weiter an.«[401]

Die Grundangst des modernen Menschen, so diagnostiziert Rosa, sei es, »abgehängt« zu werden, also entscheidende Optionen und Anschlusschancen zu verlieren. Geld sei in diesem Zusammenhang wichtig, weil es geronnene Zeit sei und vermeintlich mehr Optionen eröffne.[402]

---

[401] Zitiert nach: Opitz, Florian: Speed. Auf der Suche nach der verlorenen Zeit, München 2011, S. 143–144.

[402] Vgl. Rosa, Hartmut: Beschleunigung und Wachstum. Externe Triebkräfte sozialer Beschleunigung, S. 110–111, in: Woynowski, Boris et al. (Hg.): Wirtschaft ohne Wachstum?! Notwendigkeit und Ansätze einer Wachstumswende, Institut für Forstökonomie der Universität Freiburg, Reihe Arbeitsberichte des Instituts für Forstökonomie, Freiburg 2012, S. 105–118.

Die Schattenseiten der Beschleunigung

Die Beschleunigung bewirkt, dass es immer schwieriger wird, über die Gegenwart hinauszuschauen und Entscheidungen für eine ungewisse Zukunft zu treffen. Beschleunigung wirkt sich auch auf die Natur aus. Der französische Philosoph Paul Virilio sieht zwischen der Beschleunigung und der Naturzerstörung gar einen Zusammenhang: »Wir sind dabei, diese Welt zu verlieren. Die Geschwindigkeit reduziert die globale Umwelt mehr und mehr zu einem Nichts.«[403]

Bei Lichte betrachtet hängen fehlende Zeitautonomie, Beschleunigung und Konsumismus zusammen. Und das hat nicht nur etwas mit besseren technischen Möglichkeiten zu tun. Es dürfte überraschend sein, aber die essentielle Verknüpfung zwischen diesen Themen ist ein Tabu-Thema: der eigene Tod.

Der Tod ist, wenn man so will, die ultimative Konsumverweigerung und gleichzeitig die Widerlegung jeglicher Vorstellung von Unendlichkeit.[404] Sehr viele Menschen haben sehr große Schwierigkeiten damit, ihre Sterblichkeit anzunehmen. Die Angst vor dem Tod ist riesengroß. Das war nicht immer so.

Aufklärung reloaded

Wir müssen noch einmal zurück in die Zeit der Aufklärung. Damals schwand das Vertrauen in ein Leben nach dem Tod. Das materialistische Weltbild setzte sich durch. Bewusstsein ist, so behauptet der Materialismus, an die körperlichen Funktionen gekoppelt. Hört das Herz auf zu schlagen, ist alles vorbei. Nach dem Tod wartet nicht der Himmel, sondern nichts.

Dieses Nichts ist das ultimative Schreckgespenst. Deshalb ist Zeit so kostbar. Deshalb muss die verfügbare Lebenszeit so gut wie möglich genutzt werden. Die Sterblichkeit führt dazu, dass wir in dieses eine Leben möglichst viel reinpacken. Nicht wenige Menschen wollen zwei oder drei Leben in einem leben.[405]

Alle Mittel, die zur besseren Kontrolle der Zeit erfunden wurden, erhöhten nicht nur das Lebenstempo, sondern gleichzeitig die Vorstellung davon, was im Leben noch machbar wäre.[406] Der Versuch, so viel Welt wie möglich

---

[403] Zitiert nach: Ariès, Paul: La simplicité volontaire contre le mythe de l'abondance, a. a. O., S. 211.

[404] Vgl. Welzer, Harald: Selbst denken. Eine Anleitung zum Widerstand, 4. Auflage, Frankfurt am Main 2014, S. 208.

[405] Vgl. Rosa, Hartmut: Beschleunigung und Wachstum, a. a. O., S. 114–115.

[406] Vgl. Brüderlin, Markus (Hg.): Die Kunst der Entschleunigung. Bewegung und Ruhe in der Kunst von Caspar David Friedrich bis Ai Weiwei, Tagungsband zu einer Ausstellung im Kunstmuseum

mitzunehmen, ist jedoch zum Scheitern verurteilt. Dieselben Erfindungen und Methoden, welche die beschleunigte Auskostung der Weltmöglichkeiten erlauben und damit die Summe der *verwirklichten* Optionen ansteigen lassen, vermehren gleichzeitig die Zahl der *verwirklichbaren* Optionen. Das Verhältnis von realisierten zu unrealisierten Weltoptionen wird somit immer ungünstiger.[407] Wir sitzen in der Falle.

Der Konsumismus unserer Tage betäubt unsere Angst vor dem Tod. Wir erkaufen uns das Gefühl der Unsterblichkeit. Erich Fromm notiert dazu:

> »Mehr als alles andere befriedigt vielleicht der Besitz von Eigentum das Verlangen nach Unsterblichkeit, und aus diesem Grund ist die Orientierung am Haben so mächtig. Wenn sich mein *Selbst* durch die Dinge konstituiert, die ich *habe*, dann bin ich unsterblich, wenn diese unzerstörbar sind.«[408]

Dazu passt auch das Konzept des lebenslangen Lernens. In dem Wunsch, unsere Sterblichkeit zu besiegen, versuchen wir stets, uns zu vervollkommnen. Das gipfelt dann zum Beispiel darin, dass manche vor dem Gang zum Bestatter noch schnell einen Italienisch-Kurs belegen.

Der Tod gehört wieder in die Mitte der Gesellschaft. Im Moment steht er ganz am Rand. Bleibt er dort und kriegen wir keine Entschleunigung hin, geht es weiter wie bisher. Wir werden nicht nur zeitarm sterben (das Leben wird an uns vorbeigerast sein), sondern auch welt- und lebensarm.[409] Und wir werden das Gefühl haben, kein sinnvolles Leben geführt zu haben.

Wolfsburg, Ostfildern 2011, S. 13.

[407] Vgl. Rosa, Hartmut: Immer mehr verpasste Optionen, a. a. O., S. 30.

[408] Fromm, Erich: Haben oder Sein, a. a. O., S. 104. Kursivschreibung im Original.

[409] Vgl. Rosa, Hartmut: Tut mir leid, ich bin zahlungsunfähig, a. a. O., S. 27.

»Wachstum um des Wachstums willen
ist die Ideologie der Krebszelle.«
*Edward Abbey, US-amerikanischer
Autor und Essayist*

16. Wachstumszwänge und unwirtschaftliches Wachstum

Das Versprechen des Wachstums und des technischen Fortschritts war, uns frei zu machen. Wir sollten so leben können, wie wir wollen. Dieses Versprechen wurde nicht gehalten. Es gibt aber noch mehr Schwierigkeiten mit dem Wachstum. Der Terminus des wirtschaftlichen Wachstums führt sich selbst ad absurdum. Anders formuliert: Besser wäre es, von unwirtschaftlichem Wachstum zu sprechen.

Eine echte nachhaltige Entwicklung kann sich nur dann ergeben, wenn die Praktiken der Externalisierung aufgegeben werden. Nachhaltigkeit, so schreibt der Umweltökonom Gerhard Scherhorn, sei kein justiziabler Begriff, aber sein rechtlicher Inhalt sei eindeutig bestimmbar: Kosten dürften nicht externalisiert werden, sondern müssten von ihren Verursachern getragen werden.[410]

Was genau ist mit Externalisierung gemeint? Der Grundgedanke ist einfach: Der Markt ist in ökologischer Hinsicht unehrlich. In den Marktpreisen fehlt die ökologische Preiskomponente. Ökonomen reden in diesem Zusammenhang beschönigend von *externen Effekten*. Damit sind Auswirkungen auf Dritte gemeint, die nicht in die Preiskalkulation eingehen. Externe Effekte können positiv wie negativ sein. Negative externe Effekte sind ein wichtiger Pferdefuß des realexistierenden Kapitalismus. Wenn z. B. eine an einem Fluss gelegene Papierfabrik den Wasserlauf verschmutzt und deshalb die Fische sterben und die Gesundheit von Anwohnern leidet, sind diese Kosten für Mensch und Natur mit einiger Wahrscheinlichkeit nicht im Preis des fertigen Produktes enthalten. Verkäufer (in diesem Fall der Produzent) und Käufer wälzen die externen Kosten auf Dritte ab. Ersterer wissentlich, Letzterer vermutlich

[410] Vgl. Scherhorn, Gerhard: Geld soll dienen, nicht herrschen, a. a. O., S. 69.

unwissentlich. Es bringt an dieser Stelle wenig, die Moralkeule zu schwingen. Entscheidend ist, in Strukturen zu denken. Die derzeitigen Unternehmensstrukturen lassen CEOs keine andere Wahl. Das Unternehmensrecht ist in den meisten Staaten sehr ähnlich – die Manager eines Unternehmens sind nur ihren Aktionären verpflichtet. Maximieren sie nicht den Gewinn, sondern verfolgen sie andere Ziele (z. B. Umweltschutz), so machen sie sich der Untreue schuldig. Soziale und umweltpolitische Ziele dürfen nur dann verfolgt werden, wenn es dem Gewinn des Unternehmens nicht schadet.[411] So ist es dann nicht verwunderlich, dass das Unternehmen als Institution »die perfekte Externalisierungsmaschine« ist.[412]

Get the prices right lautet eine Forderung vieler Ökonomen – ehrliche Preise durchsetzen. Abgesehen davon, dass diese Forderung vielleicht doch nicht der letzte Schluss der Weisheit[413] ist, dürfte es schwierig werden, dieses Ziel zu erreichen. Preise spielen im Kapitalismus eine herausragende Rolle. Der Preismechanismus funktioniert sehr oft nicht richtig. Es ist deshalb sehr fraglich, ob er eine echte Balance zwischen der Wirtschaft und dem Bereich des Sozialen oder der Umwelt herstellen kann.

Damit sich richtige Preise bilden könnten, müssten – und das ist jetzt Ökonomensprech – nicht nur perfekte Marktinformationen vorliegen sowie ein unbeschränkter Zugang zu Technologie und Ressourcen gegeben sein. Es müsste zudem der Marktzutritt völlig frei und eine große Anzahl an Marktteilnehmern (also Anbieter und Nachfrager) immer vorhanden sein. Man ahnt es schon: Diese Bedingungen sind nur in der Theorie denkbar und in der Realität höchst selten gegeben (selbst auf den Finanzmärkten nicht). Eine Internalisierung externer Effekte findet daher so gut wie nicht statt.[414]

Wir haben stattdessen ein Wachstum unter Externalisierungsbedingungen. Ein solches Wachstum verursacht heute oftmals mehr Schaden als Nutzen, jedenfalls dann, wenn man die Ökobilanz einrechnet.

Die Ökonomen Herman Daly und John Cobb entwickelten vor diesem Hintergrund als Gegenentwurf zum *Gross Domestic Product*, dem BIP also,

---

[411] Vgl. Bakan, Joel : Das Ende der Konzerne. Die selbstzerstörerische Kraft der Unternehmen, Hamburg 2004, S. 48–49. Auf dem Buch basiert übrigens der geniale Dokumentarfilm »The Corporation«.

[412] Mitchell, Lawrence E.: Der parasitäre Konzern. Shareholder value und der Abschied von gesellschaftlicher Verantwortung, München 2002, S. 81.

[413] Wie schon im Kapitel zur grünen Ökonomie erwähnt: Der Anspruch, dass die Preise die ökologische Wahrheit sagen sollen, blendet aus, dass viele wichtige Funktionen der Natur gar nicht in Preisen ausgedrückt werden können. Und: Wenn die Zerstörung der Natur einen Preis erhält, wird sie nur dann geschützt, wenn ihr Schutz billiger ist als ihre Zerstörung.

[414] Vgl. Hinterberger, Friedrich/Pirgmaier, Elke: Die ökonomischen Grenzen des Wachstums, S. 64, in: Wissenschaft & Umwelt (Interdisziplinär 13): Nachhaltiges Wachstum?, Wien 2009, S. 58–70.

den *Genuine Progress Indicator*, der die Schäden, die der Natur durch wirtschaftliches Wachstum entstehen, berücksichtigt. Resultat für die Vereinigten Staaten von Amerika: Seit 1970 gibt es kein »echtes« Wachstum mehr. Im Gegenteil: Der *Genuine Progress Indicator* stagnierte erst und ging dann zurück. Gleichzeitig konnte das Bruttoinlandsprodukt der USA immer weitere Höhen erklimmen.[415]

Ein notwendiger Paradigmenwechsel

Es drängt sich die These auf: Das Bruttoinlandsprodukt ist nicht länger ein tauglicher Maßstab für Lebensstandard und -qualität der Menschen. Wenn mehr Autos produziert werden, steigt das BIP. Die Herstellung von mehr und mehr Autos bedeutet aber auch, dass der Erde mehr Ressourcen entnommen werden müssen, um diese herzustellen. Viele Ressourcen sind nicht erneuerbar. Mehr Autos verursachen auch mehr externe Effekte, so zum Beispiel mehr Lärm, mehr Staus, mehr Unfälle und mehr Abgase. Durch den Lärm und die Abgase sinkt die Lebensqualität. Menschen werden krank.

Weiteres Wachstum in den Industrieländern erscheint bestenfalls unnötig, schlimmstenfalls absurd zu sein. Also damit aufhören? Einfach wird das nicht. Unsere Ökonomien sind nämlich unter den gegebenen Rahmenbedingungen darauf angewiesen, ständig zu wachsen. Es ist ein wenig wie im Actionfilm *Speed*, der im Jahr 1994 (mit den Hauptdarstellern Keanu Reeves und Sandra Bullock) in die Kinos kam. Die Filmhandlung: In einem Linienbus ist eine Bombe platziert. In dem Moment, in dem der Bus 50 Meilen pro Stunde fährt, wird der Zünder für den Sprengsatz aktiviert. Folglich muss der Bus immer mindestens 50 Meilen pro Stunde fahren. So ähnlich ist es auch mit unserem Wirtschaftssystem. Wir brauchen ein gewisses Tempo, das wir nicht unterschreiten dürfen.

Aber warum ist das so? Im Folgenden sollen einige Überlegungen zum Status quo angestellt werden. Beginnen wir mit eher einfachen Erklärungen, ehe wir anschließend etwas tiefer in die ökonomische Theorie einsteigen.

Wachstum als Voraussetzung für gesellschaftliche Stabilität

Die Industrieländer sind demokratisch verfasste Staaten. Demokratien leben von dem Versprechen, dass sie das Leben ihrer Bürger verbessern. Anders formuliert: Demokratie muss ihre Nützlichkeit ständig beweisen. Somit ist sie

[415] Vgl. Latouche, Serge: Survivre au développement, a. a. O., S. 84.

auf die Mehrung des materiellen Wohlstands und auf die Erweiterung von Rechten für das Individuum festgelegt. Die Menschen erhoffen sich steigende Einkommen und Jobs. Im Falle von Nicht-Wachstum würden die Einkommen in ihrer Gesamtheit nicht mehr steigen. Die Arbeitsmarktlage kann sich selbst in Zeiten eines geringen positiven Wirtschaftswachstums verschlechtern. Das Verhältnis zwischen dem Wachstum und der Beschäftigung ist nämlich fragil. Unsere Gesellschaft ist unter den gegenwärtigen Rahmenbedingungen auf den technischen Fortschritt angewiesen, denn er ist es, der die Arbeitsproduktivität steigert. Eine Produktivitätssteigerung hat ihrerseits zur Folge, dass im Jahr darauf weniger Arbeitskräfte eingesetzt werden können, um den gleichen Warenausstoß zu erreichen. Es sei denn, die Wirtschaft wächst weiterhin.

Genau genommen ist Wachstum nur dann arbeitsplatzschaffend, wenn das Wirtschaftswachstum bei unveränderter Arbeitszeit höher ist als das Wachstum der Arbeitsproduktivität pro Erwerbstätigem. Eine immer höhere Arbeitsproduktivität führt also bei einer relativ zu geringen Wachstumsrate des BIP zu mehr Arbeitslosigkeit.[416] Eine Lösung besteht in der Verkürzung der Arbeitszeiten. Dieser Weg wurde allerdings in den letzten Jahren nicht weiter beschritten. Im Gegenteil: Das Pendel schlug in die andere Richtung aus – viele Menschen arbeiten wieder länger.

Aus dem Blick sollte ferner nicht geraten, dass die Staaten nicht nur wegen der Arbeitslosigkeit ein Interesse an stetigem Wachstum haben. Steigende Ausgaben in den Bereichen der Alterssicherung und der Gesundheitsversorgung lassen sich bei einer wachsenden Wirtschaft für den Staat viel leichter schultern.[417]

Wachstum entschärft zudem die gesellschaftlichen Verteilungskämpfe. Wenn die durchschnittlichen Profitraten abnehmen (und damit in der Folge auch die Wachstumsrate), nehmen soziale Spannungen tendenziell zu. Die Unternehmer und Vermögensbesitzenden werden versuchen, ihr Stück am nicht mehr wachsenden oder gar schrumpfenden Kuchen zu verteidigen oder

[416] Wissenschaftlich genau formuliert, gilt die folgende Formel: Wenn die Produktivitätsrate größer ist als die preisbereinigte Wachstumsrate des BIP, so sinkt das gesamtwirtschaftliche Arbeitsvolumen. Bei unveränderten Arbeitszeiten entsteht also Arbeitslosigkeit. Die Korrelation der beiden Größen Produktivität und Wachstum ist für die Wirtschaftsgeschichte der BRD sehr gut belegt. Zwischen 2000 und 2012 wuchs die gesamtwirtschaftliche Produktivitätsrate um 1,22 Prozent. Das reale (d. h. preisbereinigte) BIP-Wachstum lag bei 1,28 Prozent. Das Arbeitsvolumen legte also um 0,06 Prozent zu. Der Beschäftigungseffekt wäre mickrig gewesen, wenn nicht die Teilzeitarbeit und prekäre Beschäftigungsformen gewaltig ausgebaut worden wären.

[417] Vgl. Seidl, Irmi/Zahrnt, Angelika: Abhängigkeit vom Wirtschaftswachstum als Hindernis für eine Politik in den »Limits to growth«. Perspektiven einer Postwachstumsgesellschaft, S. 20–21, in: Woynowski, Boris et al. (Hg.): Wirtschaft ohne Wachstum?! Notwendigkeit und Ansätze einer Wachstumswende, Institut für Forstökonomie der Universität Freiburg, Reihe Arbeitsberichte des Instituts für Forstökonomie, Freiburg 2012, S. 15–29.

gar zu vergrößern. Wenn dagegen die Wirtschaft wächst, wird der Kuchen größer. Unter diesen Umständen kann zumindest theoretisch an alle Gesellschaftsmitglieder mehr verteilt werden.[418]

Ein starkes Wirtschaftswachstum hat zudem stärker sprudelnde Steuereinnahmen zur Folge und führt dazu, dass der Staat seine Schulden bedienen bzw. tilgen kann. In einer wachsenden Wirtschaft können Schulden und Zinsen zurückgezahlt werden, in einer schrumpfenden Wirtschaft kann nicht einmal die ursprüngliche Schuld beglichen werden. Würden unsere Volkswirtschaften unter den gegebenen Bedingungen über viele Jahre schrumpfen, würde die Zahl der unzufriedenen Menschen steigen. Was mit der parlamentarischen Demokratie passieren würde, ist unklar. Sie würde auf jeden Fall unter Druck geraten, da ihre Versprechen uneinlösbar wären. Der Aufstieg von politisch extremen Parteien, der Abbau von Menschenrechten und eine Jagd auf Sündenböcke wären mögliche Szenarien.

Karl Marx und die Akkumulation des Kapitals

Um zu verstehen, warum das wirtschaftliche Wachstum sich quasi immer wieder selbst antreibt, sollte man Karl Marx lesen. Friedrich Engels, die rechte Hand von Karl Marx, meinte schon im Jahr 1892:

> »Die kapitalistische Produktion kann nicht stabil werden, sie muß wachsen und sich ausdehnen, oder sie muß sterben. (…) Hier ist die verwundbare Achillesferse der kapitalistischen Produktion.«[419]

Diese Erkenntnis hat sich bis heute gehalten und wird auch von vielen Nicht-Marxisten geteilt. Wolfgang Streeck, ein keinesfalls linker Soziologe und Direktor am Max-Planck-Institut für Gesellschaftsforschung in Köln, gibt den Marx'schen Grundgedanken wie folgt wieder:

> »Im Kapitalismus besteht der Wert einer Ware darin, dass sie mehr Geld einbringt, als sie gekostet hat. Tut sie das nicht mehr, sackt ihr Wert in sich zusammen. Wenn das Wachstum einmal ausbleiben sollte, dann kollabiert der Kapitalismus als Wirtschaftssystem.«[420]

---

418 Vgl. Passadakis, Alexis/Schmelzer, Matthias: Postwachstum, a. a. O., S. 49.

419 Engels, Friedrich: Die Lage der arbeitenden Klasse in England, in: Marx, Karl/Engels, Friedrich: Marx-Engels-Werke (MEW), Band 2, Berlin 1990, S. 647.

420 Zitiert nach: Beyerle, Hubert: Zum Wachstum verdammt, in: Stern vom 10. März 2009. Der Artikel ist im Internet unter folgender URL zu finden: http://www.stern.de/wirtschaft/news/maerkte/wirtschaftskrise-zum-wachstum-verdammt-657110.html [Stand: 3.9.2014].

Das ist sogar leicht untertrieben. Streng genommen gerät die kapitalistische Ökonomie schon bei Wachstumsraten unterhalb des Produktivitätsfortschritts in Schwierigkeiten. Wachstumsraten auf einem sehr niedrigen Niveau sind also schon problematisch, jedenfalls unter den derzeit gegebenen Verhältnissen.

Die derzeitige Realität ist der Finanzmarktkapitalismus. Dessen oberster Imperativ ist die Gewinnmaximierung. Und das schließt fast immer auch mehr Warenproduktion ein. Wachstum ist der volkswirtschaftlich sichtbare Ausdruck der Akkumulation von Kapital.

Profite lassen sich nicht einfach aus dem Nichts erzeugen. Wie schon gesehen: Der Unternehmer investiert sein als Kapital fungierendes Geld in Rohstoffe, Arbeitskräfte, Energie und Maschinen, um in Fabriken neue Waren herstellen zu lassen. Diese werden unter Erzielung von Mehrwert verkauft. Das Kapital wächst und wird in noch mehr Rohstoffe, Energie, Arbeitskräfte und Maschinen investiert, um noch mehr Waren herzustellen. Dieser Prozess der Kapitalvermehrung funktioniert wie eine Endlosschleife und setzt fortwährendes Wachstum voraus. Kein Kapitalbesitzer investiert sein Geld, um danach weniger oder genauso viel zu erhalten.[421] Die Erzielung dieses Profits, dieses Mehr, ist die Existenzvoraussetzung jedes Unternehmens. Wenn der Profit ausbleibt oder zu gering ausfällt, verschwinden Unternehmen. Bei Strafe des eigenen Untergangs müssen Unternehmen versuchen, durch Kostensenkungen, bessere Produkte oder Prozessinnovationen ihre Konkurrenten aus dem Markt zu verdrängen.[422]

Hans Christoph Binswanger und die Wachstumsspirale

Eine alternative Erklärung für die Notwendigkeit des Wachstums hat der Schweizer Ökonom Hans Christoph Binswanger geliefert. Binswanger befindet sich mit seiner geldtheoretischen Deutung des Wachstumszwangs außerhalb des wirtschaftswissenschaftlichen Mainstreams. Seine Erklärung ist jedoch sehr interessant.

Das Wachstum stützt sich nach Hans Christoph Binswanger auf drei Faktoren: Geld, Energie und Imagination. Vor allem das Geld hat es Binswanger angetan. Der Wachstumsprozess beruht laut Binswanger in einem wesentlichen Ausmaß auf der sich unkontrolliert ins Unendliche fortsetzenden Giral-

---

[421] Sehr anschaulich erklärt dies Tomasz Konicz: Mit Vollgas gegen die Wand. Warum das derzeit herrschende Wirtschaftssystem die anstehenden, zivilisationsbedrohenden, globalen Probleme nicht lösen kann. Artikel online unter: http://www.heise.de/tp/r4/artikel/28/28280/1.html [Stand: 3.9.2014].

[422] Vgl. Passadakis, Alexis/Schmelzer, Matthias: Postwachstum, a. a. O., S. 48.

geldschöpfung der privaten Banken und der daraus resultierenden Dynamik. Jene Dynamik wird zu einem *Perpetuum mobile*, treibt sich also selbst an.[423]

Geld ist für Binswanger alles, womit man Waren bezahlen kann. Heute sind 95 Prozent der Geldmenge Buchgeld (auch Giralgeld genannt). Nur fünf Prozent sind Bargeld. Mit Buchgeld kann man genauso gut bezahlen wie mit Bargeld.[424]

Die Geldschöpfung erfolgt durch die Kreditgewährung der Banken an Unternehmen, an den Staat und an die Haushalte. Die Banken sind nicht nur Sammler von Spareinlagen, die diese zu Krediten bündeln und von der Zinsdifferenz zwischen Spar- und Kreditzinsen leben. Nein, sie sind mehr. Sie sind Produzenten von Geld. Sie schaffen Geld quasi aus dem Nichts durch die Gewährung von Krediten. Dies geschieht, indem die Banken den Kreditnehmern einen dem Kredit entsprechenden Betrag auf einem Girokonto bei sich gutschreiben. Diese Gutschrift ist Buchgeld. Man kann damit bezahlen. Es ist zu 100 Prozent *neues* Geld, denn es wird kein Betrag auf einem anderen Konto dadurch reduziert. Ein kleiner Teil davon – etwa fünf Prozent – wird zwar in Banknoten eingelöst. Diesen Teil müssen die Banken daher in genügender Menge bereithalten. Die Zentralbanken können die Banken aber stets mit neuen Banknoten beliefern.

Entscheidend ist nach Binswanger nun das Folgende: Die Unternehmen sind unter kapitalistischen Bedingungen *gezwungen*, Gewinne zu erwirtschaften. Die Einnahmen der Unternehmen müssen unter dem Strich größer sein als die Ausgaben.

Wie soll dies vor sich gehen? Es ist offensichtlich nicht möglich, wenn das Geld nur im Kreis läuft, d. h., wenn das Geld, das die Unternehmen den Haushalten für ihre Produktionsleistungen bezahlen, einfach wieder von den Haushalten dazu verwendet wird, die Produkte zu kaufen, die die Unternehmen mit ihrer Hilfe hergestellt haben. Denn dann, so Binswanger, würden sich Einnahmen und Ausgaben der Unternehmen nur immer gerade ausgleichen. Es gäbe also in der Summe von Gewinnen und Verlusten keinen positiven Gewinnsaldo. Ein solcher kann somit gesamtwirtschaftlich nur entstehen, wenn ständig Geld zufließt.

Und Geld fließt zu, indem die Unternehmen bei den privaten Banken Kredite aufnehmen. Jene Kredite stellen die Banken mindestens zum Teil

---

[423] Vgl. Binswanger, Hans Christoph: Die Wachstumsspirale in der Krise. Ansätze zu einem nachhaltigen Wachstum, Technische Universität Dresden, Dresden Discussion Paper in Economics, Nr. 03/09, Dresden 2009, S. 8.

[424] Vgl. Binswanger, Hans Christoph: Die Wachstumsspirale in der Krise. Ansatzpunkte für eine nachhaltige Entwicklung. Artikel online unter: http://www.th-nuernberg.de/fileadmin/Fachbereiche/efi/Weigand/Binswanger_Wachstumsspirale_Vortrag_2009.pdf [Stand: 10.1.2014].

durch Geldschöpfung bereit, also durch Vermehrung der Geldmenge auf dem Kreditweg. Die Betriebe brauchen die Kredite, um zu investieren. Sie kaufen Rohstoffe oder Arbeitskraft ein. Sie verwenden also das aufgenommene Geld, zusammen mit dem reinvestierten Reingewinn, für den Kauf von zusätzlichen Produktionsleistungen. Oder anders formuliert: um zu wachsen.

Der »Trick« ist nun: Die Haushalte geben ihr Einkommen für den Kauf der Produkte, welche die Unternehmen mit ihrer Hilfe herstellen, *sofort* aus, denn die Haushalte müssen ja überleben. Sie werden daher *sofort* zu Einnahmen der Unternehmen. Zu diesem Zeitpunkt können die Betriebe aber nur die Produkte verkaufen, die schon produziert worden sind, die sie also *vor* der neuen Investition hergestellt haben. So entsteht in der Volkswirtschaft im Saldo von Gewinnen und Verlusten gesamtwirtschaftlich ein Netto-Gewinn, wenn sich das Wachstum der Wirtschaft fortsetzt.[425]

Also im Klartext: Die Geldschöpfung, die durch Kreditschöpfung erfolgt, führt zu einer realen Wertschöpfung. Das Problem dabei: »Der Wachstumsprozess *muss* immer weitergehen, denn wenn nicht immer eine neue Ausweitung der Geldmenge aufgrund neuer Investitionen erfolgt, die eine zusätzliche Nachfrage erzeugt, fällt die aus der letzten Investition nachrückende Angebotserhöhung sozusagen ins Leere.«[426] Und wenn das passiert, kehrt sich die Wachstumsspirale um und wird eine Schrumpfungsspirale. Mit allen Kehrseiten der Wirtschaftsschrumpfung: Pleiten, Arbeitslosigkeit, Rezession oder gar Depression.

Zu jenem innersystemischen Wachstumszwang gesellt sich laut Binswanger ein Wachstumsdrang. Dieser ergibt sich daraus, dass die Aktionäre der Unternehmen, wenn sie schon Kapital bereitstellen und somit das Risiko der Investition eingehen, nicht nur einen minimalen, sondern einen möglichst großen Reingewinn erzielen wollen. Für Binswanger ist klar: »Stabilität und Null-Wachstum sind in der modernen Wirtschaft nicht möglich.«[427]

Binswanger sieht wie viele andere Wachstumskritiker auch das Problem einer langfristigen Knappheit der Natur sowohl auf der Ressourcen- als auch auf der Abfall- und Emissionsseite. Aus diesem Grund sei das System der Wachstumsspirale langfristig zum Scheitern verurteilt.

---

425 Vgl. ebenda.

426 Ebenda.

427 Binswanger, Hans Christoph: Warum Wachstum? Gewünscht, erzwungen, gestaltbar? Artikel online unter: http://www.uni-kassel.de/fb07/fileadmin/datas/fb07/5-Institute/IVWL/Forschungskolloquium/SS07/binswanger-vortrag-0607.pdf [Stand: 10.1.2014].

Nicht mit dem Kaufen aufhören

Wie gezeigt wurde, ist Wachstum unter den derzeitigen Bedingungen eine Systemnotwendigkeit. Problem: Eine wachsende Wirtschaft ist ohne Menschen, die *ständig* Güter kaufen und verbrauchen, nicht möglich. Insofern ist es eine Systemnotwendigkeit, dass dieses Verhalten in die Menschen eingeschrieben wird. Erich Fromm notiert dazu in *Haben oder Sein*:

> »Eine Gesellschaft, die auf den Prinzipien Erwerb – Profit – Eigentum basiert, bringt einen am Haben orientierten Gesellschafts-Charakter hervor, und sobald das vorherrschende Verhaltensmuster etabliert ist, will niemand ein Außenseiter oder gar ein Ausgestoßener sein. Um diesem Risiko zu entgehen, paßt sich jeder der Mehrheit an.«[428]

Fromms glasklarer Schluss: »Die sozio-ökonomische Struktur einer Gesellschaft formt den Gesellschafts-Charakter ihrer Mitglieder dergestalt, daß sie tun *wollen*, was sie tun *sollen*.«[429]

Zahlreiche strukturelle Zwänge wurden in diesem Buch schon angesprochen. Im Folgenden soll die Aufmerksamkeit auf drei noch nicht thematisierte Elemente gelenkt werden, die entscheidend dabei helfen, die Konsummaschine am Laufen zu halten: geplante Obsoleszenz, Kredit und Werbung.

Damit die Wirtschaft wachsen kann, greift die Industrie mitunter tief in die Trickkiste. *Geplante Obsoleszenz* lautet ein Zauberwort. Viele Konsumgüter sind bewusst so konstruiert, dass sie nur eine sehr begrenzte Haltbarkeit haben. Die Idee der Verkürzung der Produktlebenszyklen kam in den 1920er Jahren auf.[430] Das wahrscheinlich bekannteste Beispiel dieser Zeit ist das *Phoebuskartell*. Dieses bestand aus allen namhaften Glühlampenherstellern (u. a. *General Electric*, *Philips* und *Osram*). Das Kartell einigte sich im Jahr 1924 darauf, die garantierte Brenndauer einer Glühlampe auf 1.000 Stunden festzulegen, obwohl es technisch vollkommen unproblematisch war, die Lampen wesentlich haltbarer zu bauen.

Weitaus weniger bekannt ist ein anderes Beispiel aus der Konzernwelt: Der US-amerikanische Chemieriese *Dupont* zwang seine Produktentwickler, die anfangs ebenso populären wie robusten Nylonstrumpfhosen des Hauses mit Schwachstellen zu versehen. Die meisten Frauen sahen überhaupt keinen Grund, laufend neue Strumpfhosen zu kaufen. *Dupont* schaffte Abhilfe, baute Fehler ein und sah, wie die Verkaufszahlen stiegen.

---

[428] Fromm, Erich: Haben oder Sein, a. a. O., S. 133.

[429] Ebenda, S. 163. Kursivschreibung im Original.

[430] Vgl. Kreis, Christian/Schridde, Stefan: Geplante Obsoleszenz, Gutachten im Auftrag der Bundestagsfraktion Bündnis 90/Die Grünen, Berlin 2013, S. 5.

Belegt ist heute auch, dass Tintenstrahldrucker praktisch aller Hersteller nach einer bestimmten Seitenzahl den Geist aufgeben. Die Geräte sind so programmiert, dass sie sich nach einer bestimmten Betriebsstundenzahl selbst lahmlegen. Eine Reparatur lohnt sich im Regelfall nicht, da die Anschaffungskosten für herkömmliche Tintenstrahldrucker im zweistelligen Euro-Bereich liegen. Drei Beispiele von vielen.[431] Was kaputt ist, landet auf dem Müll. Ersatz muss her. Das lässt die Kasse klingeln.

Wer das Geld für neue Güter nicht hat, dem stehen umfassende Kreditangebote zur Verfügung. Selbst für Waren, die weniger als 1.000 Euro kosten, ist es ein Leichtes, Konsumentenkredite (mit teilweise horrenden Zinsen) zu bekommen. Die geplante Obsoleszenz funktioniert auch deshalb so gut, weil der Kredit den Kauf von neuen Gütern möglich macht. Kredit macht Wachstum nicht nur erforderlich, sondern ist gleichzeitig auch ein Wachstumstreiber.

Neben den Folgen für die Umwelt dürfen zudem die gesellschaftlichen Folgen (gesellschaftliche Folgen in einem sehr weiten Sinne!) des Wachstumszwangs nicht außer Acht gelassen werden. Bedingt durch den Wachstumszwang haben wir in den Industriestaaten eine Überproduktion von Gütern. Wer aufmerksam durch die Einkaufsstraßen einer Großstadt geht, versteht unmittelbar, was gemeint ist. Wir haben nicht nur ein Zuviel an lebensnotwendigen Gütern (zumindest im reichen Westen), sondern auch viele überflüssige Güter. Jenen Wohlstandsballast kaufen wir dennoch haufenweise – zumeist werfen wir ihn aber sehr schnell wieder weg. 80 Prozent aller Güter, die wir erwerben, werden nur ein einziges Mal ge- bzw. benutzt.[432]

Shopping ist für viele Menschen in den Industrieländern, aber auch für viele zu Wohlstand gelangte Bürger in Schwellenländern, zu einem wichtigen Lebensinhalt geworden. Einkaufen ist für Menschen allen Alters ein favorisierter Zeitvertreib. Große Einkaufszentren haben fast den Status, den Freizeitparks einmal besaßen. Ihr Besuch hat die Wertigkeit eines Familienausfluges. Einige Gründe für diese traurige Entwicklung wurden schon benannt. Es scheint, als diene das Einkaufen als Ersatz für ein sinnentleertes Leben. Consumo ergo sum – ich kaufe, also bin ich.

In der Vergangenheit haben sich Menschen über ihren Beruf definiert, also über das, was sie in ihrer Arbeitszeit taten oder produzierten. Dieser Befund gilt für fast das gesamte 20. Jahrhundert. In den ersten Jahrzehnten des 21. Jahrhunderts scheint das Konsumverhalten die Identität der Menschen

---

[431] Die drei zitierten Beispiele stammen aus dem folgenden Film: The Light Bulb Conspiracy, Spanien/Frankreich 2010, Regie: Cosima Dannoritzer, 75 Minuten.

[432] Vgl. Hulot, Nicolas: Pour un pacte écologique, Paris 2006, S. 237.

sehr viel stärker zu prägen.[433] Viele Menschen haben eine starke Identifikation mit bestimmten Marken entwickelt. Zugespitzt könnte man sagen: Früher mussten sich die Produkte an die Menschen anpassen. Heute ist es umgekehrt: Die Menschen passen sich an die Produkte an.

Die Kolonisierung unseres Bewusstseins

Aus der Perspektive des Systems ist das sicher der bessere Weg, um der Überproduktion Herr zu werden. Jene Überproduktion von Gütern ist freilich für Kapitalismusanalytiker nichts Neues, und neu sind auch nicht die »Lösungen«, die man mit Ezequiel Adamovsky als »Expansion nach außen und innen« bezeichnen kann. Die Expansion nach außen ist unmittelbar verbunden mit der Globalisierung. Andere Länder kaufen einen Teil unserer überzähligen Güter ab.[434] Mit der Expansion nach innen ist die Vereinnahmung der Konsumenten durch Werbung und Marketing gemeint (man könnte auch sagen: die Kolonisierung unseres Bewusstseins) sowie die Kommerzialisierung aller Lebensbereiche. Ezequiel Adamovsky notiert zur Expansion nach innen:

> »Der Kapitalismus dehnt sich aber nicht nur nach außen aus; gleichzeitig intensiviert er sich in den schon kapitalistischen Gebieten. Flüsse und Meere, Plätze und Parks, Schulen und Universitäten, Theater und Veranstaltungen werden immer mehr kommerzialisiert, bis zum letzten Winkel mit Werbung überflutet und von Sponsoren abhängig. Es gibt immer wenigere (sic!) attraktive und sichere öffentliche Plätze, und die Menschen sind gezwungen, sich in privaten und kommerzialisierten Räume (sic!) aufzuhalten. Etwas so Einfaches wie ein Spaziergang durch die Hauptstraße eines Dorfes wird durch einen Besuch in einem Einkaufszentrum ersetzt. (…) Außerdem dringt der Kapitalismus immer mehr in unseren Kopf und unser Privatleben ein, so dass wir immer intensiver und für weniger Belohnung arbeiten, und unsere Zeit nur auf die Suche nach Gewinn verwenden. Die Intensität der Arbeit lässt uns immer weniger Gelegenheit, ein persönliches Leben zu entwickeln. Die Diktatur von Mode und Status zwingt uns in einer bestimmten Art und Weise zu konsumieren und Lebensentscheidungen zu treffen (z. B. was man studiert), und die Kinder werden schon im frühesten Alter konditioniert.«[435]

[433] Vgl. Reisch, Lucia: Nature et culture de la consommation dans les sociétés de consommation, S. 43–44, in: L'Economie politique, Nr. 39, Juli 2008, S. 42–49.

[434] Das Muster ist im Grunde das gleiche wie zur Zeit des Kolonialismus. Damals lautete die unheilige Trias »Rohstoffe, billige Arbeitskräfte und Absatzmärkte«. Zyniker würden sagen, dass nur das Etikett gewechselt hat. Aus »Kolonialismus« wurde »Globalisierung«.

[435] Adamovsky, Ezequiel: Antikapitalismus für alle. Die neue Generation emanzipatorischer Bewegungen, Berlin 2007, S. 28–29.

Benjamin Barber kleidet die gleichen Überlegungen in andere Begrifflichkeiten. Er spricht von Infantilisierung.[436] Die Verbraucher müssen geistig so zugerichtet werden, damit sie fortwährend kaufen und konsumieren, was mit einer wachsenden Verschuldung der Privathaushalte einhergeht.

Womit wir bei der Werbung wären. Werbung bzw. Marketing sind neben der geplanten Obsoleszenz und neben dem Kredit also ein drittes entscheidendes Element für unsere Überflussgesellschaft. Die Werbung vermittelt gleich zwei Illusionen. Die eine erweckt den Eindruck, dass Konsum glücklich macht. Die andere, dass Konsum eine Kompensation ermöglicht – von fehlendem Glück, Lebenssinn, Selbstvertrauen oder Anerkennung. Die moderne Werbung ist – ähnlich wie die geplante Obsoleszenz – noch keine 100 Jahre alt. In den 1920er Jahren entwickelte sie sich zu einer Kunst der psychologischen Suggestion. Pioniere dieser Zeit wie Edward Bernays, der Vater der Public Relations, betrieben umfassende Studien und nutzten die neuen medialen Möglichkeiten (Radio, Kino, Magazine), um den Massenkonsum anzukurbeln. Jenen Massenkonsum begriffen Unternehmer wie Henry Ford als Gegenstück zur Massenproduktion. In den USA, dem Land, in das zwischen 1880 und 1930 rund 27 Millionen Menschen eingewandert waren, wurde der Massenkonsum zu einer Art Nationalsymbol. Er war etwas, was das multikulturelle Land einte.[437]

Einigung ja, aber um welchen Preis? Wahrscheinlich macht die Werbung in uns etwas Wesentliches kaputt. Treffend bringt dies der französische Wachstums- und Werbungskritiker Nicolas Ridoux zum Ausdruck:

»Die ständigen Werbestimulationen narkotisieren uns, und wir verlieren die Fähigkeit zu fühlen, was für uns und für die Welt gut ist. Sind wir wirklich noch mit der Realität und ihrer Poesie, ihrer Tiefe, verbunden?«[438]

Was ist, wenn die Antwort auf diese Fragen *Nein* lautet? Eine Umfrage unter US-amerikanischen CEOs förderte erstaunliche Statements zutage. 90 Prozent der Firmenchefs gaben an, dass es unmöglich sei, ein neues Produkt ohne die Begleitung durch eine große Werbekampagne zu verkaufen. Und 85 Prozent der Unternehmensführer stimmten der Aussage zu, dass die Werbung die Menschen »häufig« davon überzeuge, Dinge zu kaufen, die sie eigentlich gar nicht brauchen würden.[439] Offenbar sind Bedürfnisse nicht so unbegrenzt, wie die herrschende Wirtschaftslehre postuliert. Davon handelt das nächste Kapitel.

---

[436] Vgl. Barber, Benjamin: Consumed! Wie der Markt Kinder verführt, Erwachsene infantilisiert und die Demokratie untergräbt, München 2007.

[437] Siehe dazu: Rosenberg, Emily S.: Le »modèle américain« de la consommation de masse, in: Cahiers d'histoire. Revue d'histoire critique, Nr. 108, 2009, S. 111–142.

[438] Ridoux, Nicolas: La Décroissance pour tous, Lyon 2006, S. 28.

[439] Vgl. Latouche, Serge: Petit traité de la décroissance sereine, a. a. O., S. 33–34

»Wir sind in einem eisernen Käfig
eingesperrt: Wir werden dazu ermutigt,
Geld auszugeben, das wir nicht haben,
um Dinge zu kaufen, die wir nicht brauchen;
nur um Eindrücke bei anderen Menschen zu erzeugen,
welche uns doch nichts bedeuten.«
Tim Jackson, britischer
Ökonom und Wachstumskritiker

17. Die Logik des *Immer-mehr*

Mehr Konsum bedeutet tatsächlich mehr Wachstum, aber – wie schon angedeutet wurde – fast immer auch mehr Ressourcenverbrauch und mehr Müll. Es scheint in unserer Gesellschaft eine Logik des *Immer-mehr* zu geben. Deshalb stellt sich die Frage: Warum *muss* es *immer mehr* sein, warum *kann* es *nicht genug* sein?

Vorab sei angemerkt: Diese Frage ist äußerst komplex. Man könnte einen telefonbuchdicken Wälzer ausschließlich mit Überlegungen zu dieser Frage füllen. Die Gefahr, sich zu verheddern, ist groß. Dieses Kapitel kann folglich nicht mehr, als bestimmte Perspektiven anzureißen. Bestimmte Perspektiven heißt: drei. Zwei ökonomische und eine soziologische.

Erste Perspektive: Bedürfnisse in der Ökonomik

In den Wirtschaftswissenschaften wird immerzu von Bedürfnissen geredet. Bedürfnisse sind ein zentraler Begriff. Schlägt man den Begriff »Wirtschaft« im Brockhaus nach, so erhält man die folgende Erklärung:

> »Gesamtheit aller Einrichtungen und Tätigkeiten zur Befriedigung menschl. Bedürfnisse an Gütern und Dienstleistungen.«[440]

[440] O. V.: Wirtschaft, in: Der Brockhaus in fünfzehn Bänden, 15. Band, Mannheim 1998, S. 271.

In anderen Lexika sind die Definitionen fast gleichlautend. Sinn und Zweck der Wirtschaft ist es also, den Menschen zu dienen, indem deren Bedürfnisse befriedigt werden.

Zumindest die Theorie klingt vernünftig. Die Praxis sieht etwas anders aus. Wir leben in einer kapitalistischen Wirtschaft. Was das bedeutet, wurde bereits in groben Zügen umrissen. Ziel ist nicht im eigentlichen Sinne die Versorgung der Menschen mit Gütern und Dienstleistungen oder die Befriedigung von Bedürfnissen. Private Unternehmen streben nach Gewinn. Bedürfnisse zählen nur dann, wenn sie durch Kaufkraft gedeckt sind.[441] Ware nur gegen Geld, das ist der Deal.

Wer kein Geld hat, kann sich sicher sein, dass sein Bedürfnis unbefriedigt bleibt. Man stelle sich einen obdachlosen Bettler vor, der kein Einkommen hat. Wie jeder Mensch hat er Hunger. Wenn er den nächsten Supermarkt ansteuert und um Nahrung bittet, wird diese ihm vorenthalten werden. Kein Geld, kein Essen. Wenn er Nahrung stiehlt, um sein Hungerbedürfnis zu befriedigen, läuft er Gefahr, Ärger mit der Polizei zu bekommen. Eigentumsrechte stehen also höher als elementare Bedürfnisse.

Weltweit leiden 795 Millionen Menschen Hunger – auch das wurde schon erwähnt. Diese Menschen würden gerne mehr essen, haben aber kein Geld. Ähnlich ist es mit den unzähligen kranken Menschen, die leiden und sterben, weil ihnen das Geld für Medikamente fehlt. Die kapitalistische Wachstumswirtschaft ist blind für die Bedürfnisse an sich. Geldvermehrung ist in diesem Wirtschaftssystem der einzige Zweck.

Es zählen also nicht alle Bedürfnisse. Nur die Bedürfnisse von Menschen, die über Kaufkraft verfügen. Und es gibt noch ein Problem: Bedürfnisse sind in der Sichtweise der Mainstream-Ökonomik unbegrenzt. Folglich glaubt die Mainstream-Ökonomik an unbegrenztes Wachstum und unbeschränkten Konsum.

Zweite Perspektive: Sättigung

Die Überzeugung unbegrenzter Bedürfnisse steht auf tönernen Füßen. Das führt uns zum Thema der Sättigung. Karl Georg Zinn hat sich wie kaum ein anderer Ökonom im deutschsprachigen Raum mit dem Thema der Sättigung

---

[441] Die Nationalökonomie greift an dieser Stelle zu einem begrifflichen Trick: Sie unterscheidet zwischen Bedarf und Bedürfnissen: »Unter Bedarf versteht man die Bedürfnisse, die einkommensmäßig befriedigt werden können.« Diese exemplarische Definition findet sich in: Blasberg, Friedrich G./Füth, Günter: Volkswirtschaftslehre, 2. Auflage, Darmstadt 1976, S. 12.

beschäftigt. Die Wachstumsgesellschaft, so formulierte es Zinn schon 1980, zerstört sich selbst.[442]

Zinn zieht in seinen Schriften neben dem *fundamentalen psychologischen Gesetz*[443] vor allem das sogenannte *Erste Gossen'sche Gesetz* (nach Hermann Heinrich Gossen) heran, wonach *absolute Bedürfnisse* einer Sättigung unterliegen.[444] Absolute Bedürfnisse sind von *relativen Bedürfnissen* zu unterscheiden. In die erstgenannte Kategorie fallen 95 Prozent aller Bedürfnisse, darunter auch alle lebensnotwendigen Bedürfnisse. Relative Bedürfnisse sind dagegen jene Wünsche, die einen Status- oder Geltungsanspruch befriedigen. Ferraris, Kunstskulpturen oder teure Klunker – um nur drei Beispiele zu geben – unterliegen nicht dem Sättigungsgesetz. Sie befriedigen relative Bedürfnisse.

Sättigung ist Zinns Meinung nach eine wesentliche Erklärung für die abgeschwächten Wachstumsraten in den Industriestaaten in den letzten Jahrzehnten. Zinn bestreitet, dass Bedürfnisse unbegrenzt seien. »Sättigung«, so schreibt er, »ist eine Wohlstandserscheinung und somit durchaus positiv zu werten. Doch Sättigung steht unbegrenztem Wachstum entgegen.«[445]

Ein Beispiel. Hunger zu stillen ist ein absolutes Bedürfnis. So ist der Verzehr eines Schokoladenriegels durch einen Hungrigen mit einem sehr hohen Nutzen verbunden, wohingegen der zweite Schokoladenriegel bereits einen etwas geringeren Nutzen bringt. Der Nutzenzuwachs des dritten Riegels ist noch niedriger, und der vierte verursacht vielleicht schon Völlegefühl oder Übelkeit. Ökonomisch gesprochen schlägt der Grenznutzen[446] ins Negative um. Salopp formuliert: Niemand, der geistig gesund ist, kauft sich zehn Fernseher. Oder zehn Smartphones. Oder zehn Kühlschränke. Niemand verzehrt fünf Weißbrote auf einmal oder richtet sich zehn Schlafzimmer ein.

Die Sättigungsthese ist interessant, aber nicht ohne Schwächen. Das Gossen'sche Sättigungsgesetz ist in Schwellen- und Entwicklungsländern bedeutungslos. Dort gibt es noch unerfüllte Bedürfnisse in einem enormen Ausmaß, legt man jedenfalls klassische westliche Wohlstandsgüter dieser Betrachtung zugrunde. Mehr Erklärungskraft hat das Sättigungsgesetz in den In-

---

442 Zinn, Karl Georg: Die Selbstzerstörung der Wachstumsgesellschaft, Reinbek bei Hamburg 1980.

443 Beim *fundamentalen psychologischen Gesetz* (auch Brentano-Keynes'sches-Gesetz genannt) ist der Name Programm – es ist von fundamentaler Bedeutung. Das Gesetz besagt, dass mit steigendem Einkommen die Ersparnis überproportional zunimmt. Reiche Haushalte sparen natürlich in absoluten Beträgen mehr als arme. Entscheidend ist aber, dass reiche Haushalte auch relativ, also anteilsmäßig, mehr sparen als arme.

444 Vgl. Zinn, Karl Georg: Wie Reichtum Armut schafft. Verschwendung, Arbeitslosigkeit und Mangel, Köln 1998, S. 56–57.

445 Zinn, Karl Georg: Das Leiden an der Ökonomie ohne Menschlichkeit – Mythos und Krise: warum die reiche Gesellschaft Armut und Arbeitslosigkeit produziert und was dagegen zu tun wäre. Online unter: http://www.memo.uni-bremen.de/docs/m2209.pdf [Stand: 3.9.2014].

446 Der Grenznutzen ist der Nutzen, der beim Konsum einer zusätzlichen Gütereinheit entsteht.

dustriestaaten, wo viele Güter in ausreichender Zahl vorhanden sind und wo Werbung und Marketing scheinbar immer neue Bedürfnisse wecken müssen.

Dritte Perspektive: demonstrativer Konsum

Die Perspektive der relativen Bedürfnisse führt uns zu einer soziologischen Betrachtungsweise – zum demonstrativen Konsum. Der Umweltjournalist Hervé Kempf schreibt:

> »In den am besten entwickelten Ländern wie auch in den aufstrebenden Schwellenländern ist ein großer Teil des Konsums die Antwort auf den Wunsch nach Zurschaustellung und Auszeichnung. Die Menschen sehnen sich danach, in der sozialen Rangordnung aufzusteigen, was mit der Nachahmung des Konsumverhaltens der übergeordneten Klasse geschieht. Jene übergeordnete Klasse verbreitet also in der gesamten Gesellschaft ihre Ideologie der Verschwendung.«[447]

Es geht um die Frage, warum man sich eine Luxuskarosse einer deutschen Edelmarke vor die Tür stellt, obwohl man auch mit einem einfachen und billigen Gefährt von A nach B kommen könnte. Die Antwort dürfte in den meisten[448] Fällen lauten: Damit der Nachbar vor Neid platzt. Geltungskonsum heißt das Zauberwort, das schon im vergangenen Jahrhundert durch den Soziologen Thorstein Veblen erforscht wurde.

Veblen befasste sich in seinem wichtigsten Werk[449], das im Jahr 1899 erschien, mit dem Konsumverhalten. Veblens Grundthesen sind einfach: Jeder Mensch vergleicht sich mit anderen und trägt einen Wettbewerbsgedanken in sich, was nichts anderes heißt, als dass der Mensch besser als andere sein will. Jeder Mensch strebt nach Anerkennung durch andere, und diese Anerkennung versucht er auch durch sein Konsumverhalten zu erlangen. Man spricht in diesem Zusammenhang auch vom *ostentativen Konsum* oder vom *demonstrativen Konsum*.

Die Gesellschaft ist nach Veblen durch ein Spannungsverhältnis zwischen dem »egoistisch räuberischen Instinkt« jedes Individuums und dem Bedürfnis nach nützlicher Arbeit, das die Interessen der gesamten Gesellschaft fördern

---

[447] Kempf, Hervé: Comment les riches détruisent la planète, Paris 2007, S. 17.

[448] Es sind natürlich noch andere Gründe für den schweren Wagen denkbar: Das große Auto bietet mehr Sicherheit, ist wahrscheinlich schneller und leiser. Außerdem bietet es auch einen Komfort, den kleinere Fahrzeuge nicht erreichen.

[449] Veblen, Thorstein: The Theory of the Leisure Class, Boston 1973. Der Titel der deutschen Übersetzung lautet wie folgt: Theorie der feinen Leute: eine ökonomische Untersuchung der Institutionen, Frankfurt am Main 1993.

kann bzw. soll, gekennzeichnet. Veblen geht von einer Klassenstruktur der Gesellschaft aus. Die durch Arbeit produzierten Überschüsse werden von einer kleinen Elite in Besitz genommen, wodurch eine ausbeuterische Klasse entsteht, die durch ihre als vorbildlich wirkende Lebensweise legitimiert wird. Jener Konflikt nimmt zwar im Laufe der Zeit verschiedene Formen an, beruht aber im Grunde immer auf dem gleichen Prinzip. Hinter fast jeder Handlung steht das Bedürfnis, sich gegenüber anderen Menschen auszuzeichnen, sich von ihnen abzuheben, kurz: das Verlangen nach Prestige. Dieses Streben nach Auszeichnung und nach Ansehen beschäftigt nicht nur die Oberschicht, sondern ist auch in allen anderen Klassen zu finden, so Veblen.

Wissenschaftler wie der Ökonom James Duesenberry[450] oder der Soziologe Pierre Bourdieu[451] haben sich nach dem Zweiten Weltkrieg mit den Überlegungen Veblens auseinandergesetzt und dessen Theorie in verschiedenen Punkten modifiziert. Beide Autoren betonen, dass die verschiedenen Klassen ihr jeweiliges Konsumverhalten am Verbrauch der eigenen oder der nächsthöheren Klasse ausrichten. Jede Klasse orientiert sich in ihrem Konsumverhalten also immer an ihresgleichen oder um eine Stufe »nach oben«.

Veblens Theorie zum demonstrativen Konsum kann helfen zu verstehen, warum die Globalisierung des *American Way of Life* so erfolgreich war und welche Evolution seit dem Zweiten Weltkrieg stattgefunden hat. In den Industriegesellschaften nach dem Zweiten Weltkrieg lautete die Losung *Keeping up with the Joneses.* (Sinngemäß: Schritt halten mit der Familie Jones. Jones ist in den USA ein häufig vorkommender Nachname.) Der primäre Referenzpunkt für den Konsum waren die Nachbarn. Die Nachbarschaft war in den 1950er und 1960er Jahren wichtiger als heute und die Nachbarn verbrachten mehr Zeit miteinander. So bekam man dann auch den neuen Kühlschrank, das neue Auto oder den neuen Gartengrill präsentiert. Und wenn die Nachbarn diese modernen Güter besaßen, so durfte man natürlich nicht hinter diesen zurückfallen.

Dieses Rennen machte niemanden glücklich: Wie schon ausgeführt wurde, ist der Käufer von Statusgütern allenfalls kurzfristig glücklich, langfristig aber nicht. Die Wirkung auf den Nachbarn ist oft allerdings dauerhaft. Vor allem dann, wenn dieser nicht Schritt halten kann. Leicht entstehen Neid oder Frustration. Menschen, die im Rennen des Konsums zurückbleiben und

---

450 Vgl. dazu Duesenberry, James: Income Saving and the Theory of Consumer Behavior, Cambridge 1949. Siehe auch: McCormick, Ken: Duesenberry and Veblen: The Demonstration Effect Revisited, in: Journal of Economic Issues, Dezember 1983, S. 1125–1129.

451 Vgl. dazu: Bourdieu, Pierre: Die verborgenen Mechanismen der Macht: Schriften zu Politik & Kultur 1, Hamburg 1992. Siehe auch: Trigg, Andrew B.: Veblen, Bourdieu, and Conspicuous Consumption, Journal of Economic Issues, März 2001, S. 99–115.

sich bestimmte Dinge nicht leisten können, fühlen sich allzu oft zurückgesetzt oder haben schlicht den Eindruck, ihren gerechten Teil vom Kuchen nicht erhalten zu haben.[452]

Vor etwa drei Jahrzehnten veränderten sich die Referenzpunkte: Der alte Konsumismus, der auf den horizontalen Vergleich der Lebensstile ausgerichtet war, wich einem neuen. Dieser ist vertikal strukturiert.

Die Nachbarschaft behielt einen gewissen Wert, verlor jedoch an Bedeutung. In den Vordergrund rückte das Geschehen am Arbeitsplatz und in der Freizeit. Und noch etwas wurde immer wichtiger: das Fernsehen. Zum neuen Referenzpunkt für das Konsumverhalten wurde die Oberschicht, die oberen zehn Prozent der Gesellschaft. Aus *Keeping up with the Joneses* wurde *Keeping up with the Gateses* (nach der Familie von Microsoft-Gründer und Multimilliardär Bill Gates).[453] Die höchste Klasse bestimmt mit ihrem Konsumverhalten die Haltungen der subalternen Klassen. Die »feinen Leute« – und das erkannte auch bereits Thorstein Veblen – setzen das Ideal. An diesem Maßstab orientieren sich alle anderen Klassen entsprechend ihren Möglichkeiten.

Die Bedeutung des Fernsehens für diesen Wandel kann kaum überschätzt werden. Im Fernsehen sind die Reichen und Schönen mit ihrem zur Schau gestellten Lebensstil überrepräsentiert. Und das gilt nicht nur für das Fernsehen der Industrieländer: Wer in Ägypten, Indonesien, Indien oder in gleich welchem Schwellenland Urlaub macht, sollte Fernsehen schauen. Und binnen Minuten versteht man alles: Das Fernsehen zeigt, wie modernes Leben auszusehen hat. Das Fernsehen hält den Konsum und die westliche Kultur hoch. Es zeigt, welches Modell es zu imitieren gilt, um daheim Image und Anerkennung zu ernten. Das Fernsehen ist das perfekte Instrument zum »Klonen von Kulturen«.[454]

Klassenanalysen wie die gerade in groben Zügen umrissenen Theorien gelten heute als antiquiert. Vor dem Hintergrund der »neoliberalen Wende«, die nicht nur in den Wirtschaftswissenschaften, sondern auch in den Geisteswissenschaften Einzug hielt, verschwanden viele Klassentheorien aus den wissenschaftlichen Debatten. Sie verdienen eine Renaissance.

---

452 Vgl. Clerc, Denis: De la croissance à la décroissance?, S. 96, in: L'Economie politique, Nr. 39, Juli 2008, S. 92–106.

453 Vgl. Schor, Juliet B.: Understanding the New Consumerism: Inequality, Emulation, and the Erosion of Well-Being, S. 4. Die Studie ist online abrufbar unter der folgenden URL: http://uahost.uantwerpen.be/psw/pswpapers/PSWpaper%202002-02%20schor.pdf [Stand: 3.9.2014].

454 Vgl. Mander, Jerry: Technologien der Globalisierung, S. 81–85, in: Mander, Jerry/Goldsmith, Edward (Hg.): Schwarzbuch Globalisierung, München 2002, S. 73–91.

Auswege

Was bleibt zum Schluss dieses Kapitels? Wahrscheinlich etwas Verwirrung. Das ist durchaus gewollt. Sättigungsüberlegungen spielen auf dem Gebiet der Wachstumskritik ebenso eine wichtige Rolle wie die Kritik an der Konsumgesellschaft. Es ist immer hilfreich, wenn man um die Begrenztheit bestimmter Perspektiven weiß.

Bedürfnisse sind – und das hat dieses Kapitel gezeigt – ein wichtiges, aber höchst umstrittenes Thema. Wo ist der Ausweg?

Aus der Sättigungsperspektive erledigt sich das Streben nach immer mehr Gütern von allein. Grenzenlosen Konsum kann es für die meisten Güter nicht geben. Aus der Warte Thorstein Veblens sind die (größtenteils künstlich geschaffenen) Bedürfnisse der »oberen Zehntausend« entscheidend. Wenn sich die Bedürfnisse der Reichen und mit ihnen ihre Konsumhaltungen wandeln, wenn sie auf einen umweltfreundlichen »grünen« Lebenswandel umsteigen, besteht die Aussicht auf Nachahmung. Wenn die oberen Zehntausend auf den Porsche verzichten und sich stattdessen per pedes bewegen, könnte diese Verhaltensänderung eine Konsumrevolution auslösen.

Der Haken: Weit und breit ist nicht erkennbar, was eine Veränderung des Konsumverhaltens der Reichen bewirken könnte.[455] Insofern hilft ein naiver Optimismus, der unterstellt, dass die Reichen die Probleme erkennen und sich umstellen, überhaupt nicht weiter. Wahrscheinlich ist, dass die Reichen weiter dem ressourcenfressenden Luxusleben frönen und so lange Porsche fahren, um im Bild zu bleiben, bis ihnen der Sprit ausgeht. Davon handelt das übernächste Kapitel dieses Buches, das sich u. a. mit knapp werdenden Treibstoffen befasst. Zunächst müssen wir aber noch einmal ganz grundlegend auf das Wachstum zu sprechen kommen.

---

[455] Manche werden an dieser Stelle auf den veränderten Lebensstil einiger Hollywood-Schauspieler verweisen, die auf Hybrid- und Elektrofahrzeuge umgestiegen sind. Aber eine Schwalbe macht noch keinen Sommer. Die meisten Großverdiener mögen es nach wie vor groß, schnell und protzig.

»Es gibt ein Credo in der freien Marktwirtschaft, das bedeutet:
Man darf den Hals nicht vollkriegen.
Schon Ihre Urenkel werden doch
jeden zweiten Monat ein neues Auto kaufen müssen.«
Volker Pispers, deutscher Kabarettist

18. Gegenläufige Wachstumskräfte

Ziehen wir ein Zwischenfazit und halten fest: Wachstum allein macht nicht glücklich, beseitigt nicht automatisch die Armut und löst nicht die Umweltprobleme. Allerdings brauchen wir Wachstum, um unser gesellschaftliches und ökonomisches System stabil zu halten. Ohne Wachstum ist der Status quo nicht zu halten – zumindest nicht unter den gegenwärtigen Bedingungen.

Es ist sehr wahrscheinlich, dass wir an unserem Wachstumsmodell so lange festhalten, wie es nur irgendwie geht. Die Einsicht in die Notwendigkeit eines anderen Modells wird sich also nur sehr schleppend verbreiten. Aber sie bricht sich in dem Moment Bahn, wenn wir an das Ende des Wachstumspfades gelangt sind. Einige sehr wichtige Aspekte, die perspektivisch für ein Ende des Wachstums sprechen, wurden bereits dargelegt.

Im vorigen Kapitel ging es um den demonstrativen Konsum und um Sättigung. Für bestimmte Teilmärkte in den Industrieländern trifft Sättigung heute schon zu. Langfristig ist anzunehmen, dass die Sättigungsthese an Relevanz gewinnt.

Wirtschaftliches Wachstum wurde in der Vergangenheit durch räumliche Expansion begünstigt. Dieser wichtige Wachstumstreiber fällt aus. Langfristig wird auch der Klimawandel einen deutlich negativen Einfluss auf das wirtschaftliche Wachstum haben, kurz- und mittelfristig wird aber vermutlich anderen Entwicklungen eine größere Bedeutung zukommen. In diesem Kapitel soll deshalb das Panorama noch etwas erweitert werden. Zunächst soll ein Blick auf das Wachstum der kurzen Frist geworfen werden. Anschließend sollen einige wesentliche Wachstumsbremsen, die heute schon greifen, näher vorgestellt werden.

Wachstum in der jüngeren Vergangenheit

Das langfristige Wachstum war bereits Thema. Das kurzfristige noch nicht. Betrachtet man die realen, d. h. inflationsbereinigten Wachstumsraten des BIP seit 1960, so fällt beim Blick auf die Industrieländer auf, dass die durchschnittlichen Wachstumsraten im Zeitverlauf tendenziell abnehmen. In der Mehrzahl der Länder ist somit eher ein lineares statt ein exponentielles Wachstum zu beobachten.

Wären die 1950er Jahre in der Tabelle enthalten, wäre das Bild noch klarer. Die alte BRD verzeichnete beispielsweise in einzelnen Jahren der 1950er Jahre ein zweistelliges Wachstum (so 1955 mit 12,1 Prozent).

Zeitraum/Staat	DE	FRA	GBR	ITA	SPA	USA	JAP
1961–1970	4,5	5,7	3,1	6,1	7,1	4,3	9,3
1971–1980	2,9	3,6	2,1	3,8	3,7	3,2	4,5
1981–1990	2,3	2,5	2,9	2,4	2,9	3,4	4,6
1991–2000	2,0	2,1	2,4	1,7	2,8	3,5	1,1
2001–2014	1,1	1,1	1,8	0,0	1,4	1,8	0,8

Tabelle 3: Durchschnittliche Wachstumsraten des BIP von ausgewählten Industriestaaten im Vergleich

Quelle: Niessen, Frank: Entmachtet die Ökonomen! Warum die Politik neue Berater braucht, Marburg 2016, S. 46. Die Berechnungen basieren auf Daten der Weltbank, des IWF und des Statistischen Bundesamtes. Bis 1991 wurden im Falle Deutschlands nur Werte für Westdeutschland berücksichtigt.

Die Grundtendenz ist aber auch so, wie die Tabelle zeigt, eindeutig: Die Wachstumsraten sinken. Die Frage, warum das so ist, füllt viele Bücher. Die Meinungen zu dieser Frage sind vielfältig. Die aus meiner Sicht wichtigsten Gründe für die Abschwächung des Wachstums in der jüngeren Vergangenheit will ich kurz darlegen:

- Zunächst einmal ist es logisch, dass die Wachstumsraten sinken. Es hat mit simpler Mathematik zu tun. Erinnert sei an das Eimerbeispiel in Kapitel 13 dieses Buches. Wenn die zu steigernde Ausgangsgröße klein ist, fallen erhebliche Steigerungsraten leicht. Im entgegengesetzten Fall wird das Unterfangen mathematisch viel schwieriger.

- Außerdem wichtig: das Gesetz vom abnehmenden Ertragszuwachs. Es ist eine sehr grundlegende Regel, die überall in der Wirtschaft gilt. Kein technischer Fortschritt kann es außer Kraft setzen.
- Strukturwandel der Wirtschaft: Unsere Gesellschaften sind streng genommen keine Industriegesellschaften mehr. Die meisten Menschen (über 70 Prozent) arbeiten heute im sogenannten *tertiären Sektor*. Das ist der Sektor des Handels und der Dienstleistungen. Der Sektor ist sehr heterogen – er umfasst den Busfahrer, die Friseurin, den Arzt, den Lehrer, den Notar, die Altenpflegerin und den Journalisten.
- Die Wachstumsrate ist sehr eng mit der Produktivitätsrate verbunden; wenn sich das Arbeitsvolumen einer Gesellschaft nicht verändert, sind beide Größen identisch. Die Möglichkeiten zur Steigerung der Produktivität sind im Dienstleistungssektor geringer als im Bereich des ersten Sektors (Landwirtschaft, Forstwirtschaft, Fischerei, Bergbau) und des zweiten Sektors (Handwerk und Industrie). Bestimmte Berufe weisen zwar sehr gute Möglichkeiten zur Produktivitätsverbesserung auf (man denke z. B. an den Schalterangestellten in der Bank, der durch Bankautomaten ersetzt werden kann), andere dagegen lassen sich kaum optimieren.
- Verstärkt wird dieser Tertiärisierungstrend auch durch Entwicklungen innerhalb der Industrie. Dort ist die klassische Fabrikarbeit auf dem Rückzug. Im Gegenzug stecken die großen Industriekonzerne mehr Mittel und Manpower in Bereiche wie Werbung und Marketing. Möglichkeiten zur Produktivitätsverbesserung bestehen zwar dort auch, aber es gibt deutliche Grenzen.[456]
- Die Kosten für Rohstoffe bzw. für die Ausbeutung der Natur schlagen sich zumindest schon ansatzweise in geringeren Wachstumsraten nieder.[457] Die Rohstoffpreise fielen, trotz aller kurzfristigen Ausschläge, im Verlauf des 20. Jahrhunderts. Zu Beginn des 21. Jahrhunderts änderte sich das Bild: Zwischen 2003 und 2011 haben sich die Preise für Energie- und Metallrohstoffe sowie für Mineralien im Schnitt verdoppelt. Für einzelne Rohstoffe wie Kupfer musste zeitweise sogar das Fünffache gezahlt werden.[458] Höhere Kosten bremsen das Wachstum.[459]

---

456 Vgl. Gadrey, Jean: La baisse tendancielle du taux de croissance (2/4): facteurs structurels. Artikel online unter: http://alternatives-economiques.fr/blogs/gadrey/2009/10/30/la-baisse-tendancielle-du-taux-de-croissance-24-facteurs-structurels/ [Stand: 3.9.2014].

457 Vgl. Gadrey, Jean: La baisse tendancielle du taux de croissance (3/4): surexploitation de la nature et »externalités«. Artikel online unter: http://alternatives-economiques.fr/blogs/gadrey/2009/11/03/la-baisse-tendancielle-du-taux-de-croissance-34-surexploitation-de-la-nature-et-«-externalites-»/ [Stand: 3.9.2014].

458 Vgl. Jaeger, Nicola: a. a. O., S. 12.

459 Fairerweise muss allerdings betont werden, dass die meisten Rohstoffpreise nach 2011 wieder gesunken sind.

Der Sonderweg der USA

Beim Blick auf die Tabelle fällt auf, dass lediglich die USA ihre Wachstumsraten lange Zeit halten konnten. Das ist mit diversen Sonderfaktoren zu erklären. Der mit Abstand wichtigste Sonderfaktor war die Verschuldung. Das Verhältnis zwischen Wachstum und Schulden ist geradezu symbiotisch: Schulden treiben das Wachstum. Und Schulden werden immer im Vertrauen aufgenommen, dass weiteres Wachstum in der Zukunft die Tilgung der Verbindlichkeiten ermöglicht.

In den Vereinigten Staaten wuchs die Gesamtverschuldung (also nicht nur die reine Staatsschuld, sondern auch die Verbindlichkeiten der Unternehmen und der Privathaushalte) zwischen 1981 und 2009 real um 390 Prozent, während das Bruttoinlandsprodukt »nur« um 120 Prozent zulegte. Vorher waren Schulden und Wirtschaftsleistung in etwa im Gleichschritt gestiegen.[460]

Auf dem Weg in die Postwachstumsgesellschaft

Dass die Wachstumsraten in den Industrieländern rückläufig sind, wird in der Öffentlichkeit kaum diskutiert. Folglich ist es den meisten Menschen (und auch den meisten politischen Entscheidungsträgern) kaum bewusst. Wir befinden uns bereits seit Jahrzehnten auf dem Weg in die Postwachstumsgesellschaft.

Bestimmte Ökonomen würden an dieser Stelle bestreiten, dass es einen solchen langfristigen Trend gibt: Sie würden schlechter Wirtschaftspolitik die Schuld für das abgeschwächte Wachstum geben. Mit besseren wirtschaftspolitischen Entscheidungen und neuen Innovationen könne man wieder auf den alten Wachstumspfad zurückkehren, argumentieren die Skeptiker. Die Position dieses Buches ist eine andere. Unterstellt wird, dass der Trend hält.

Die Entwicklung zu weniger Wachstum wurde von verschiedenen Ökonomen vorhergesagt. Der große britische Wirtschaftswissenschaftler John Maynard Keynes legte 1943 eine Langfristprognose zur wirtschaftlichen Entwicklung vor. Für die Zeit nach dem Zweiten Weltkrieg sah er drei Phasen der wirtschaftlichen Entwicklung (Phase 1: Übernachfrage, Phase 2: Gleichgewicht und Phase 3: Überersparnis/Stagnationsphase). Die lange Frist sei durch niedri-

[460] Vgl. Morgan, Tim: Perfect Storm. Energy, Finance and the End of Growth, Tullett Prebon, Issue 9, London 2013, S. 5–6.

ges Wachstum charakterisiert. Ursächlich dafür seien eine zunehmende Ersparnis und relative Sättigung, so Keynes. Allerdings sah Keynes die kommende Stagnation nicht negativ. Im Gegenteil – er sprach von einem »goldenen Zeitalter«. Alle wichtigen Bedürfnisse der Menschen seien erfüllt.

Diese Prognose von Keynes ist nur wenig bekannt geworden. Einer seiner Anhänger, Alvin Hansen, popularisierte (mit mäßigem Erfolg) Keynes' Stagnationsthese. Und ergänzte sie. Die Stagnation sei unausweichlich, weil es keine räumlichen Expansionen mehr gebe und weil der technische Fortschritt an seine Grenzen stoße (dazu später noch mehr). Wie Keynes empfahl auch Hansen eine sukzessive Verkürzung der Arbeitszeit. Und wie Keynes sprach sich auch Hansen für eine stärkere Koordinierung ökonomischer Abläufe durch den Staat aus. Einkommen müssten von den Reichen zugunsten der Armen umverteilt werden. Außerdem sei eine dauerhafte Niedrigzinspolitik der Zentralbank geboten.

Ebenfalls recht unbekannt blieben die Arbeiten des französischen Ökonomen Jean Fourastié. Dieser sagte nach dem Ende des Zweiten Weltkriegs den Wandel von der Industrie- zur Dienstleistungsgesellschaft voraus. Langfristig würden die meisten Menschen im tertiären Sektor arbeiten, so Fourastié. Diese Entwicklung gehe mit einem verlangsamten Wirtschaftswachstum einher. Fourastié meinte, dass der Dienstleistungssektor kaum rationalisierbar sei und dass damit auch große Produktivitäts- und Wachstumssprünge in der Zukunft ausfallen würden.

Fourastié stellte die Prognose lange vor der Einführung des Personalcomputers und des Internets. PC und Internet ermöglichten große Produktivitätssprünge und Rationalisierungen. Hier irrte Fourastié. Mit seiner These zum Strukturwandel der Wirtschaft behielt er jedoch recht.

In den letzten drei Jahren erhielt die Debatte um nachlassende Wachstumsraten einen neuen Schub. In der Makroökonomie diskutiert man das Phänomen unter dem Stichwort *secular stagnation* (säkulare Stagnation).[461]

---

[461] Vgl. dazu exemplarisch Summers, Lawrence H.: The Age of Secular Stagnation: What It Is and What to Do About It, in: Foreign Affairs, 67. Jg., März/April 2016, S. 2–9.

Man könnte nun glauben, dass die US-amerikanischen Staatsschulden durch die Decke gingen. Doch das Gegenteil war der Fall: Die Staatsausgaben wurden gekürzt. Diese Entwicklung wurde jedoch kompensiert durch neue Möglichkeiten für Unternehmen und Privatpersonen, sich zu verschulden. Die kleinen und die mittleren Einkommensbezieher machten davon reichlich Gebrauch. In den USA stiegen über viele Jahre die Preise für Häuser ins Astronomische.

Viele Immobilienbesitzer beliehen ihre Häuser auf über 100 Prozent – in der Hoffnung auf immer weiter steigende Preise. Gleichzeitig erweiterten die Banken die Kreditkartenlimits ihrer Kunden auf großzügige Weise.[462] Dem Staat gefiel es, dass seine Schulden den wachsenden privaten Schulden wichen. Und er förderte diese Entwicklung durch großzügige Deregulierungen, die selbstredend auch von den wichtigsten Akteuren des Finanzmarktkapitalismus gewünscht wurden.

Das Ende der Geschichte ist bekannt: Die Blase platzte im Jahr 2007, und die folgende Krise war heftig. Und sie wirkt bekanntlich bis zum heutigen Tag nach.

Der Moment des Schuldenabbaus kommt

Die Schuldenlast von Haushalten, Unternehmen[463] und Regierungen war auch in vielen anderen Ländern nach der Jahrtausendwende deutlich gestiegen. Nach dem offenen Ausbruch der Finanzkrise mit der Insolvenz von Lehman Brothers erwarteten viele Experten einen globalen Schuldenabbau (»Deleveraging«) für die folgenden Jahre. Doch das passierte nicht. Im Gegenteil: Die Schuldenquoten von Haushalten, Unternehmen und Regierungen legten weiter zu. Zwischen 2007 und 2014 stiegen die globalen Schulden um 57 Billionen US-Dollar auf insgesamt 199 Billionen US-Dollar.[464] Lag die globale Verschuldung von Haushalten, Unternehmen und Regierungen im Jahr 2007 noch bei 269 Prozent der weltweiten Wirtschaftsleistung, so kletterte dieser Wert auf 286 Prozent im Jahr 2014.[465] Wichtig vor allem: Die Schuldenlast wuchs vielerorts deutlich schneller als die Wirtschaft.

---

462 Vgl. Crouch, Colin: Das befremdliche Überleben des Neoliberalismus, Berlin 2011, S. 164–165.

463 Mit Unternehmen sind hier ausschließlich »Nichtfinanzinstitute« gemeint. Die Schulden des Finanzsektors bleiben also ausgeklammert.

464 Genau genommen zwischen dem 4. Quartal 2007 und dem 2. Quartal 2014.

465 Vgl. dazu Dobbs, Richard et al.: Debt and (not much) deleveraging, McKinsey Global Institute, Februar 2015. Online unter: http://www.mckinsey.com/~/media/McKinsey/Global%20Themes/Employment%20and%20Growth/Debt%20and%20not%20much%20deleveraging/MGI%20Debt%20and%20not%20much%20deleveragingFullreportFebruary2015.ashx [Stand: 14.2.2016].

Nicht viele Akteure schafften es, sich merklich zu entschulden. Dazu gehörten etwa die britischen, spanischen und US-amerikanischen Haushalte und Unternehmen. Im Gegenzug bauten allerdings die Regierungen der drei genannten Länder mehr Verschuldung auf – vor allem, um damit Banken zu retten.

Der Schuldenabbau ist ein langwieriger Prozess. Schulden können nicht bis in alle Ewigkeit folgenlos steigen. Es kommt der Moment, in dem der Schuldenabbau in Angriff genommen werden muss. Dann wird, so zeigt die Empirie, das Wachstum deutlich gedrückt werden.[466]

Kopfloses Sparen in der Eurozone

Die Europäische Union und hier besonders die Eurozone leiden schon lange unter Wachstumsschwäche. Diese ist auf eine kuriose Weise selbstverschuldet. Kurios, weil die Wirtschafts- und Finanzminister der Eurozone keine Wachstumskritiker sind. Im Gegenteil: Sie streben ein möglichst hohes Wachstum an. Gleichzeitig verstehen sie die wirtschaftlichen Zusammenhänge aber so schlecht, dass sie dieses Ziel unfreiwillig sabotieren. In vielen Ländern Europas mussten infolge der Wirtschaftskrise Banken vor dem Zusammenbruch gerettet werden. Die Staatsschulden schnellten in die Höhe, und die gemeinsame europäische Währung, der Euro, geriet in das Fadenkreuz der Finanzmärkte.

Statt den Finanzsektor als Verursacher der Malaise zur Verantwortung zu ziehen, wurde unter der Führung Deutschlands eisernes Sparen zur Kardinaltugend erklärt. Wenn der Staat jedoch seine Ausgaben (massiv) kürzt, belastet das das wirtschaftliche Wachstum. Ein gebremstes Wachstum führt zu sinkenden Steuereinnahmen. Niedrigere Einnahmen des Staates führen wiederum zu Ausgabenkürzungen, um das staatliche Budget zu verringern. So entsteht leicht ein Teufelskreis, der nur schwer zu durchbrechen ist. Die staatlichen Defizite fallen dadurch im Endeffekt nicht kleiner aus, sondern größer. Das Wachstum wird selbstverschuldet auf Jahre gedämpft.

Demographischer Wandel

Pessimisten ergänzen gerne, dass die Staatshaushalte auf lange Sicht zudem steigende Versorgungslasten für die Älteren schultern müssen. Das verschärfe deutlich die Herausforderung, staatliche Ein- und Ausgaben in ein Gleichgewicht zu bringen. Auf den ersten Blick klingt das plausibel. In den Ländern

---

[466] Vgl. Reinhart, Carmen M. et al.: Public debt overhangs: Advanced economy episodes since 1800, in: Journal of Economic Perspectives, Vol. 26, Nr. 3, Sommer 2012, S. 69–86.

Irrungen und Wirrungen rund um Schulden

Beim Thema »Schulden« werden viele Zerrbilder gezeichnet. Auch nicht wenige Wachstumskritiker verlieren den Überblick und verbreiten Halbwahrheiten. Fakt ist: Schulden sind nicht per se gut – und auch nicht per se schlecht. Es hängt immer davon ab, *wofür* Schulden gemacht werden. Wenn Geld für investive Zwecke, die heutigen und künftigen Generationen zugutekommen, aufgenommen wird, so ist dagegen nichts einzuwenden – die finanzielle Tragfähigkeit natürlich vorausgesetzt. Übersehen werden darf auch nicht, dass nachfolgende Generationen im Falle investiver Schulden eben nicht nur diese Schulden erben, sondern auch die Früchte der Investitionen, konkret v. a. eine gute und moderne Infrastruktur. Gleiches gilt für die Vermögenspositionen, die den Schulden spiegelbildlich gegenüberstehen.

Die öffentlichen Debatten fokussieren generell zu stark auf die staatliche Verschuldung. Mehr Beachtung verdienen die Schulden der Haushalte und der Unternehmen. Nur dann erhält man ein ausgewogenes Bild von der Verschuldungssituation eines Landes.

Zu beherzigen ist ferner ein schlichtes Gebot der Logik: Die Schulden der einen sind immer die Vermögen der anderen. In einer globalen Perspektive sind Schulden und Vermögen notwendigerweise identisch. Wer fordert, dass der Staat künftig Überschüsse erwirtschaftet, erhebt (oft unwissentlich) den Anspruch, dass andere Wirtschaftssubjekte (Haushalte, Unternehmen oder das Ausland) Defizite anhäufen.

Wer Schulden bremsen will, muss auch die Vermögen deckeln. Schulden und Vermögen sind zwei Seiten derselben Medaille. Die politischen Entscheidungsträger in Europa haben diesen elementaren Sachverhalt nicht verstanden. Sie fordern und fördern ein weiteres Wachstum der Vermögen und Kapitaleinkünfte auf der Habenseite der Bilanz – auf der Sollseite werden dagegen deutlich weniger Schulden verlangt. Bremsen und Gasgeben gleichzeitig – das passt nicht gut zusammen.

Europas vollzieht sich in den nächsten Jahren der berühmt-berüchtigte demographische Wandel. In Osteuropa ist er schon heute spürbar, in Mittel- und Westeuropa wird er erst in den nächsten Jahren zum Tragen kommen.

Demographischer Wandel bedeutet vor allem eines: Unsere Gesellschaft wird älter. Das liegt daran, dass die Geburtenraten relativ niedrig sind und dass die Lebenserwartung der Menschen steigt. Letzteres ist eine ausgesprochen gute Nachricht. Wir alle haben mehr Zeit, uns zu entfalten, Erfahrungen zu sammeln und weiterzugeben. Menschen, die heute 70 Jahre alt sind, weisen eine bessere körperliche und geistige Fitness auf als 60-jährige Menschen vor 50 Jahren. Auch die Menschen in den Entwicklungsländern profitieren und leben länger.

In den Industrieländern wird der Bevölkerungsanteil des mittleren Alters schrumpfen. Dieser arbeitende Teil der Bevölkerung muss die Jungen und Alten versorgen. Die Debatte um den demographischen Wandel wurde gerade in Deutschland auf eine besonders irrationale, zum Teil gar hysterische Art und Weise geführt. Manche Massenmedien arbeiteten mit irrsinnigen Schlagzeilen wie »Deutsche sterben aus« oder »Der letzte Deutsche«.

Es ist grundfalsch, die zweifellos notwendige Altersdebatte in eine Angstdebatte zu transformieren. In Deutschland sinkt die Bevölkerung nach der mittleren Prognose des Statistischen Bundesamtes bis 2050 von 82 Millionen auf 75 Millionen Menschen. Damit werden in Deutschland immer noch mehr Menschen leben als im Jahr 1950 mit knapp 69 Millionen (BRD und DDR zusammengerechnet).[467]

Bei langfristigen Bevölkerungsprojektionen stellen sich die gleichen Probleme wie bei allen Langfristprognosen. Sie sind mit einer hohen Unsicherheit belastet. Hätte man im Jahr 1950 eine Prognose für das Jahr 2000 gemacht, hätte man mit Sicherheit den Pillenknick und den Trend zur Kleinfamilie übersehen. Noch extremer wäre eine Prognose im Jahr 1900 für das Jahr 1950 danebengegangen. Zwei Weltkriege waren nicht vorhersehbar, hätten aber alles über den Haufen geworfen. Zuwanderung kann in Zukunft die Folgen des demographischen Wandels erheblich mildern. Niemand kann mit Sicherheit sagen, wie sich die Migration langfristig entwickeln wird.

Geringeres Potentialwachstum

Trotz großer Unsicherheiten und trotz der starken Zuwanderung seit Mitte 2015 unterstellen wir an dieser Stelle, dass die Menschen tatsächlich immer älter werden und dass die Bevölkerung leicht schrumpft. Für das Wachstum

[467] Vgl. Müller, Albrecht: Die Reformlüge, München 2004, S. 106.

verheißt die Alterung in diesem unterstellten Szenario nichts Gutes. Das Wirtschaftswachstum wird durch den demographischen Wandel gebremst werden. Erstens steigt das Durchschnittsalter der Erwerbstätigen, was wiederum die Produktivität einbremsen sollte. Zweitens wirkt sich der Rückgang der Zahl der Erwerbstätigen negativ auf das Wachstum aus. Und drittens dämpft eine schrumpfende Bevölkerung die gesamtwirtschaftliche Nachfrage und damit die Wachstumsdynamik.[468] Weniger Menschen verbrauchen weniger Güter und Dienstleistungen – natürlich unter der Bedingung, dass das allgemeine Konsumniveau nicht noch weiter steigt.

Die Europäische Kommission schätzt, dass sich das sogenannte Potentialwachstum in der Europäischen Union langfristig erheblich vermindern wird – von 2,4 Prozent auf nur noch 1,5 Prozent in den Jahren 2021 bis 2040. Zwischen 2041 und 2060 soll dieser Wert dann noch einmal leicht auf 1,35 Prozent sinken.[469]

Die EU-Kommission hofft, dass bei einem abnehmenden Arbeitskräfteangebot ein Anstieg der Produktivität viele Lücken schließen kann. Die EU-Annahme ist, dass sich das Wachstum der Arbeitsproduktivität in den Mitgliedstaaten langfristig bei einem historischen EU-Durchschnitt von 1,75 Prozent einpendeln wird – einem Niveau, das ungefähr dem langfristigen Anstieg der Arbeitsproduktivität in den Vereinigten Staaten entspricht.[470]

Ähnlich sehen das viele Ökonomen, die dem demographischen Wandel keinen Schrecken abgewinnen können. Sie meinen, dass die Produktivitätsentwicklung alle Probleme lösen wird. Voraussetzung dafür sei, dass die Früchte einer steigenden Arbeitsproduktivität gerecht verteilt würden und dass nicht nur die Arbeitgeber davon profitierten. Das Umlageverfahren als immer noch tragende Hauptsäule der Rentenversicherung sei wesentlich besser als sein Ruf. Es gehe bei der Finanzierung der Rentner nicht um deren absolute Anzahl, sondern um die wirtschaftliche Leistungsfähigkeit der arbeitenden Bevölkerung, meinen sie.

---

[468] Vgl. Zinn, Karl Georg: Wachstum Wohlstand Weltbevölkerung. Die demografische Herausforderung des 21. Jahrhunderts, Supplement der Zeitschrift Sozialismus, Nr. 5, 2011, S. 17.

[469] Vgl. Europäische Kommission (Hg.): 2009 Ageing Report: Economic and budgetary projections for the EU-27 Member States (2008–2060), Reihe European Economy, Nr. 2, Brüssel 2009. Online unter: http://ec.europa.eu/economy_finance/publications/publication14992_en.pdf [Stand: 4.9.2014].

[470] Vgl. Europäische Kommission (Hg.): Die Auswirkungen der demografischen Alterung in der EU bewältigen (Bericht über die demografische Alterung 2009), Mitteilung der Kommission an das Europäische Parlament, den Rat, den Europäischen Wirtschafts- und Sozialausschuss und den Ausschuss der Regionen vom 29.4.2009. Online unter: http://eur-lex.europa.eu/LexUriServ/LexUriServ.do?uri=COM:2009:0180:FIN:DE:HTML [Stand: 4.9.2014].

Das ist erst einmal ein starkes Argument. Das Umlageverfahren kann tatsächlich weiter tragen. Wenn die Produktivität der Beschäftigten tatsächlich um 1,2 Prozent pro Jahr steigt (was gemessen an den in den vergangenen Jahrzehnten erreichten Werten sogar eine vorsichtige Angabe ist), kann jeder in 50 Jahren rund 80 Prozent mehr produzieren. Und damit auch mehr Rentner unterstützen. Klingt logisch und gut. Das Problem ist nur die Produktivitätsentwicklung in der Zukunft. Dass sich die Produktivität wie in der Vergangenheit entwickelt, ist aus der Perspektive dieses Buches unsicher.

Ganz entscheidend: die Produktivitätsentwicklung

Wie schon deutlich wurde, hat wirtschaftliches Wachstum entscheidend mit der Produktivitätsentwicklung zu tun. Bei der Produktivität sollte man sich die Arbeitsproduktivität, aber auch die sogenannte totale Faktorproduktivität näher ansehen. Die Arbeitsproduktivität misst die Effizienz, mit der die Arbeitskräfte im Produktionsprozess eingesetzt werden. Sie ist definiert als Output/Arbeitseinsatz. Die totale Faktorproduktivität erfasst hingegen jenen Produktivitätszuwachs, der sich nicht durch den zusätzlichen Einsatz der Produktionsfaktoren Arbeit und Kapital erklärt, sondern durch Innovationen bzw. technischen Fortschritt bedingt ist.

Blicken wir zunächst auf die Arbeitsproduktivität. Hier gibt es schlechte Nachrichten: Die Steigerung der Arbeitsproduktivität ist in den Industrieländern seit Jahren rückläufig. Deutschland ist da keine Ausnahme. Hierzulande ist die jährliche Erhöhung der Arbeitsproduktivität von über fünf Prozent in den 1950er Jahren kontinuierlich auf unter ein Prozent nach 2010 gesunken. Einige Gründe dafür wurden schon auf den vorangegangenen Seiten genannt, wie etwa der Trend zur Dienstleistungsgesellschaft. Hinzu kommt: Bestimmte Produktivitätsgewinne in der Vergangenheit, etwa durch Mechanisierung der Landwirtschaft, die Automatisierung der Fertigung oder die Konzentration der Produktion (economies of scale) lassen sich nicht beliebig wiederholen – oder sind irgendwann ausgereizt. Gleiches gilt für die Erschließung von Rationalisierungspotentialen durch Unternehmensfusionen (bis nur noch einige Global Player pro Branche übrig sind) sowie für die Verlagerung der arbeitsintensiven Branchen in Niedriglohnländer.[471]

[471] Vgl. dazu Baier, Hans: Neoliberales oder sozial–ökologisches Nullwachstum? Geschichte und Zukunft des Wachstums der Industrieländer, o. O. 2016. Online unter: https://drive.google.com/file/d/0B0s5eNIoCgvIYUQzcnIzaUZ5bWc/edit?pref=2&pli=1 [Stand: 31.5.2016].

Der steigende Aufwand des technischen Fortschritts

Der technische Fortschritt als wichtige Quelle wirtschaftlichen Wachstums wird sich auch in Zukunft fortsetzen. Und es wird auch in Zukunft technologische Durchbrüche geben, die heute niemand erwartet. Trotzdem gibt es wenig Anlass zur Euphorie. Die Empirie liefert starke Indizien dafür, dass die Schlagkraft des technischen Fortschritts mehr und mehr nachlässt. Der US-amerikanische Ökonom Robert Gordon gilt als der renommierteste Produktivitätsforscher weltweit. Im Frühjahr 2016 legte der Emeritus der Northwestern University ein 762 Seiten dickes ökonomisches Grundlagenwerk zur Entwicklung der Produktivität in den USA vor.[472]

Für Gordon sind die 100 Jahre zwischen 1870 und 1970 von entscheidender Bedeutung. Die Erfindungen und Innovationen dieses Jahrhunderts sind nicht wiederholbar.

Gordon hat die totale Faktorproduktivität, also das Maß für den technischen Fortschritt, für die USA genauestens berechnet. Diese liegt für den Zeitraum von 1920–1970 im Durchschnitt bei 1,89 Prozent pro Jahr, aber für den Zeitraum 1970–2014 nur noch bei 0,65 Prozent.[473] Eine markante Verlangsamung also, die für eine gebremste Wachstumswirkung des technischen Fortschritts spricht. Für Deutschland und andere westeuropäische Industriestaaten lassen sich übrigens ähnliche Werte ermitteln.[474]

Wie kann das sein? Um das Problem zu verstehen, muss man gedanklich in das Jahr 1870 zurückgehen. In Europa war der Deutsch-Französische Krieg das dominante Ereignis. Die Deutschen gewannen den Krieg, und das Deutsche Reich wurde 1871 ausgerechnet im Schloss Versailles proklamiert. Entscheidend ist, dass sich seit 1870 einige Veränderungen ergeben haben, die nur ein einziges Mal stattfinden können. Die Wohnungen in den Städten waren seinerzeit dreckig, dunkel und meist überbelegt. Es gab keine Elektrizität. Am Abend und in der Nacht halfen nur Kerzen und Öllampen. Nur in der Nähe der Feuerstelle in der Küche oder eines Ofens war es warm, alle anderen Räume einschließlich der Schlafzimmer waren unbeheizt.

Fließendes Wasser, für uns heute selbstverständlich, gab es nicht. Wasser für das Kochen und das Waschen musste herangeschleppt werden – eine zeit-

---

[472] Gordon, Robert J.: The Rise and Fall of American Growth: The U.S. Standard of Living since the Civil War, Princeton 2016.

[473] Siehe dazu die Powerpoint »Interpretations of the Productivity Growth Slowdown« von Robert J. Gordon. Online unter: https://piie.com/publications/papers/gordon20151116ppt.pdf [Stand: 4.6.2016].

[474] Vgl. dazu Erber, Georg/Hagemann, Harald: Zur Produktivitätsentwicklung Deutschlands im internationalen Vergleich, Friedrich-Ebert-Stiftung, Berlin 2012.

raubende Arbeit, die fast immer von den Frauen erledigt werden musste. Reste von Kohle oder Holz mussten dagegen herausgebracht werden – genau wie das verbrauchte schmutzige Wasser. Auf den Straßen fuhren noch keine Autos. Den Verkehr bestimmten Wagen, die von Pferden gezogen wurden. Die Pferde hinterließen große Mengen Kot und Urin in den Städten. In vielen Städten gab es Arbeiter, die sich um die Entsorgung der tierischen Exkremente zu kümmern hatten.

Die durchschnittliche Lebenserwartung in den Industrieländern belief sich auf etwa 45 Jahre. Schlechte oder zumeist gänzlich fehlende sanitäre Einrichtungen, verschmutztes Wasser und unreine Milch waren wichtige Ursachen dafür. Parallel dazu waren die Arbeitsbedingungen wirklich schlecht: Lange, körperlich harte Arbeitstage und viele Arbeitsunfälle waren an der Tagesordnung.

Vor allem zwischen 1870 und 1920 bewegte sich der technische Fortschritt in Siebenmeilenstiefeln. Die Haushalte erlebten gleich mehrere Revolutionen auf einmal: Die Einführung von Wasser- und Abwasserleitungen war, wie schon angemerkt wurde, eine Großtat. Kaum etwas trug so sehr zur Befreiung der Frauen bei wie fließendes Wasser und die Einführung von Spülklosetts.[475]

Der Nachttopf verschwand ebenso mit der Zeit wie offene Herdfeuer. Kerzen und Petroleumlampen verloren die Bedeutung, die die Elektrizität in Verbindung mit der Einführung der Glühbirne gewann. Das neue Licht hatte zahlreiche Vorteile: Es ließ sich bei Dunkelheit besser lesen und studieren. Noch wichtiger: In den Fabriken konnte länger und vor allem sicherer gearbeitet werden. Aufzüge konnten konstruiert werden, was den Bau von Hochhäusern und die Zusammenballung von Menschen in Städten ermöglichte.[476]

Die Pferdekraft wurde allmählich durch elektrische Transportmittel (wie Straßenbahnen) oder durch Fahrzeuge mit einem Verbrennungsmotor ersetzt, wodurch sich das Problem der Exkremente in den Straßen löste (dafür tauchten natürlich andere Probleme auf). Später ebnete die Elektrizität den Weg für den Einzug zahlloser technischer Geräte in die Haushalte. Waschmaschinen waren beispielsweise eine solche segensreiche Erfindung. Einmal mehr für die Frauen, schließlich mussten sich diese im 19. Jahrhundert im Durchschnitt pro Woche zwei Tage nur mit der Wäsche herumschlagen. Kühlschränke waren eine andere Neuerung, die sich auf Komfort und Gesundheit der Menschen auswirkte.

---

[475] Vgl. dazu Gordon, Robert J.: Is U.S. Economic Growth Over? Faltering Innovation Confronts the Six Headwinds, National Bureau of Economic Research, Working Paper 18315, S. 7. Online unter: http://www.nber.org/papers/w18315.pdf [Stand: 3.9.2014].

[476] Vgl. Gordon, Robert J.: The Rise and Fall of American Growth, a. a. O., S. 4.

Der Lebensstandard und die Lebenserwartung stiegen aufgrund des technischen Fortschritts sehr deutlich. Infektionskrankheiten wurden zurückgedrängt, und die Kindersterblichkeit sank dramatisch. Die Geschwindigkeiten, mit denen Waren oder Personen transportiert werden konnten, stiegen dagegen. Straßen- und Eisenbahnen wurden technisch immer raffinierter. Gleiches galt für PKW und LKW. Und auch die Flugzeugbranche entwickelte sich großartig. 1903 hatten die Gebrüder Wright ihren ersten Flug unternommen. Fast sechs Jahrzehnte später ging die Boeing 707 an den Start.

Seit dieser Zeit herrscht bei den Fluggeschwindigkeiten eine Stagnation vor. Zwar durchbrach die Concorde die Schallmauer, aber gemessen an den Passagierzahlen und Flugkosten stellt das französische Vorzeigeflugzeug eher eine Ausnahmeerscheinung dar. Seit dem Jahr 2000 ist die Concorde-Ära zu Ende – die Fluggeschwindigkeiten verharren auf dem Niveau der späten 1950er Jahre.

Dass es Grenzen gibt, ist alles andere als verwunderlich. Erinnert sei an Kapitel 11 dieses Bandes zur Entropieproblematik. Weniger komplexe Probleme sind einfach und kostengünstig zu lösen, während mit der Schwierigkeit der Probleme auch der Kostenaufwand steigt – und die Erträge sinken. Max Planck hatte diesen Befund schon vor Jahrzehnten klar vor Augen: »Mit jedem Fortschritt wird auch die Schwierigkeit der Aufgabe immer größer.«[477]

Der Philosoph Nicholas Rescher spricht in diesem Zusammenhang vom *Plank'schen Prinzip vom wachsenden Aufwand.* Sukzessiv erfolgende grundlegende Entdeckungen würden im Laufe der Zeit immer teurer, was den Einsatz an Begabung, Personal und Material betreffe, so Rescher.[478] Ökonomen sprechen von *steigenden Grenzkosten*, je näher die Entwicklung an jenen Punkt gelangt, an dem die jeweilige Technologie ausgereizt ist.[479] Steigende Grenzkosten sind gleichbedeutend mit sinkenden Wachstumsraten.

Weniger wissenschaftlich formuliert: Das Rad kann nur einmal erfunden werden. In der Jungsteinzeit, als das Rad die Welt veränderte, war der Entwicklungsaufwand sehr gering. Für kleine technische Fortschritte müssen heute vergleichsweise große Beträge aufgewendet werden.

Heute ist oft von einer vierten Industriellen Revolution die Rede. Die erste ist durch die Dampfmaschine und die Eisenbahn gekennzeichnet. Die zweite brachte den Verbrennungsmotor, die Elektrizität, das Öl und die Chemie. Und die dritte führte die Informationstechnologie ein.

---

477 Zitiert nach Rescher, Nicholas: Wissenschaftlicher Fortschritt. Eine Studie über die Ökonomie der Forschung, Berlin 1982, S. 85.

478 Vgl. Rescher, Nicholas: a. a. O., S. 86.

479 Vgl. Zinn, Karl Georg: Jenseits der Markt-Mythen, Hamburg 1997, S. 32–33.

Und die vierte? Blickt man in Wirtschafts- und Anlegermagazine, so kann man sich des Eindrucks nicht entziehen, dass unsere Zukunft glänzend ist. Dafür sorgen Innovationen wie die Digitalisierung, die künstliche Intelligenz, die Bio- und Nanotechnologie, das Internet der Dinge, die Robotik, der 3D-Druck sowie selbstfahrende Autos.

Vielleicht ist die Zukunft tatsächlich glänzend. Vielleicht aber auch nicht. Niemand kann die Zukunft voraussagen. Aber der Blick in die Vergangenheit kann zumindest die Euphorie etwas erden.

Innovationen nach 1970 haben sich v. a. auf die Bereiche Kommunikation und Entertainment konzentriert. Das war prima für die Unterhaltung der Menschen, hatte aber weniger durchschlagende Folgen für die Produktivität.

Die neuen digitalen Technologien haben den hauptsächlichen Sinn, Kosten zu reduzieren und neue Märkte auf Kosten älterer Firmen zu erobern. Anders formuliert: Die sozialen Netzwerke, Roboter, Apps und Computer mit künstlicher Intelligenz verbessern unsere Leben nicht im gleichen Maße wie die großen Erfindungen der Vergangenheit. Neue arbeitssparende Technologien analog zu Verbrennungsmotor, Elektrizität, Computer sind nicht in Sicht.

Smartphones und Tablet-Computer sind zwar nette Geräte, bringen aber einen sehr viel kleineren Fortschritt, als dies beispielsweise sauberes fließendes Wasser, Elektrizität oder die Dampfmaschine in der Vergangenheit bewerkstelligen konnten. Dieser Trend wird sich wahrscheinlich fortschreiben: Die meisten künftigen Erfindungen dürften einen geringeren Nutzen als die Masse der vorhergehenden Erfindungen haben.

PEAK OIL

»Wir können gar nicht überschätzen,
wie sehr unsere Abhängigkeit vom Öl
unsere Zukunft gefährdet.«
Barack Obama, US-Präsident

19. Das Ölfördermaximum

Trotz des demographischen Wandels, der Entschuldung privater wie staatlicher Akteure und der abgeschwächten Wachstumswirkung des technischen Fortschritts gilt: Das möglicherweise schlagkräftigste Argument für das Erlahmen der Wachstumsmaschinerie ist die Verknappung fossiler Brennstoffe – und hier besonders des Erdöls.

Diese These wird vielen Lesern vermutlich sonderbar oder gar grotesk vorkommen. Schließlich sackte der Ölpreis Anfang 2016 auf ein Zwölfjahrestief. Tanken war so billig wie schon lange nicht mehr. Wie wir noch sehen werden, ist der Ölpreis aber kein guter Knappheitsindikator. Der Preismechanismus funktioniert nicht richtig.

Kurz- und mittelfristig müssen wir uns zwar keine Sorgen um eine Erdölknappheit machen, aber auf lange Sicht werden wir uns mit diesem bedeutenden Problem herumschlagen müssen. Wie weit die geologischen Grenzen von der Gegenwart entfernt sind, ist unter Experten umstritten. Doch die reinen Vorkommen sind nicht entscheidend. Mindestens genauso wichtig sind Förderkosten und -geschwindigkeiten. Von zentraler Bedeutung ist auch der Klimawandel. Ein großer Teil der fossilen Brennstoffe müsste, wie schon dargelegt wurde, aus der Perspektive der Klimawissenschaft im Boden bleiben. Genau das wirft allerdings für das derzeitige Wachstumsregime viele Fragen auf. Das bestehende System ist hochgradig abhängig von fossilen Brennstoffen.

Am Beispiel des Erdöls lassen sich verschiedene Zukunftsfragen durchdeklinieren. Erdöl ist zweifellos der fossile Brennstoff, bei dem die Verknappungsrisiken am stärksten ausgeprägt sind. Erdöl ist das Blut der Weltwirtschaft. Auf den Weltmeeren wird mehr Öl transportiert als Eisenerz, Getreide und Kohle zusammen – das sind die nächsten drei wichtigsten Güter im Welthandel.[480] Gleichzeitig ist Erdöl selbst der Treibstoff für die Globalisierung. So etwa für die Schifffahrt. Diese ist das Rückgrat der Globalisierung, schließlich werden über 90 Prozent des Welthandels über den Seeweg abgewickelt.

Eine oft unterschätzte revolutionäre Neuerung nach dem Zweiten Weltkrieg war die Einführung von Containerschiffen Ende der 1950er Jahre. Die Frachtkosten konnten drastisch gesenkt werden, während die Tonnagen und die Transportkapazitäten dramatisch stiegen. Die globale Produktion konnte wie nie zuvor zergliedert werden. Die Entfernungen zwischen den Orten der Produktion (mit allen ökologischen und sozialen Schäden) und des Verbrauchs stiegen.[481]

Abb. 26: Ohne die Containerschifffahrt gäbe es die Internationalisierung des Handels nicht in der Form, wie wir sie heute kennen. Riesenschiffe wie das hier abgebildete Containerschiff »Safmarine Boland« werden durch die Kraft des Erdöls bewegt.

Das Foto stammt von dem Niederländer Kees Torn, Creative Commons Lizenz 2.0.

Bildquelle: https://commons.wikimedia.org/wiki/Category:Safmarine_Boland_%28ship,_2013%29?uselang=de#/media/File:Safmarine_Boland_%28ship,_2013%29_001.jpg [Stand: 2.1.2016].

Das schwarze Gold wird in der Einheit Barrel gehandelt. Barrel heißt übersetzt schlicht »Fass«. Ein Barrel entspricht 158,98 Liter. Erdöl ist einer der

[480] Vgl. Müller, Michael: Ressourcennutzung und Peak Oil. Der Anfang vom Ende des Ressourcenverbrauchs, Analyse der Deutschen Umweltstiftung, Neckarmühlbach 2012, S. 2–3.

[481] Vgl. Bihouix, Philippe: L'âge des low tech. Vers une civilisation techniquement soutenable, Paris 2014, S. 55–56.

kostbarsten und energiedichtesten Rohstoffe, die je gefunden wurden. Ein Barrel Öl liefert eine Energiemenge, die dem Äquivalent von 25.000 Stunden menschlicher Arbeitskraft entspricht.[482]

Und noch ein Vergleich: Ein Tropfen Öl, welcher ein Gramm wiegt, stellt etwa 10.000 Kalorien zur Verfügung. Das entspricht dem Äquivalent eines harten Tages menschlicher Arbeit. Hochgerechnet auf die tägliche Erdölförderung der Welt haben wir, wenn wir in Energieäquivalenten denken, 22 Milliarden Sklaven zur Verfügung.[483] Beide Zahlen sind geradezu unglaublich. Ein Barrel Öl kostete Mitte des Jahres 2016 rund 50 US-Dollar. Wo kriegt man für 50 US-Dollar diese Energiemenge her?

Einer der größten Schätze, die der Mensch je gefunden hat

Öl ist in seiner Bedeutung für die menschliche Entwicklung kaum zu überschätzen. Erdöl ist nicht nur als Treibstoff extrem bedeutend. Öl steckt nicht nur in den Tanks von unseren Autos, Lastwagen, Flugzeugen oder Schiffen, es liefert auch Energie für die Industrie. Es steckt ebenso in unseren Nahrungsmitteln, denn sie werden mit Erdölerzeugnissen gedüngt (siehe dazu Kapitel 25 zur Landwirtschaft). Um eine Kalorie Nahrung zu erzeugen, werden vier Kalorien Öl benötigt. Mindestens. Manche Schätzungen sehen eine deutlich ungünstigere Relation und gehen von einem Verhältnis von 10:1 oder gar von 12:1 aus.[484]

Öl ist nach wie vor wichtig für den großen Bereich der Wärme-Erzeugung in Form von Heizöl.[485] Neue Ölbrenner werden zwar kaum noch installiert, aber der Altbestand an Heizölheizungen ist immer noch hoch. Auch rund 40 Prozent aller Textilien enthalten Erdöl. Das schwarze Gold wird zudem in Form von Bitumen im Straßenbau eingesetzt. Rohöl ist die Grundlage für Schmierstoffe und Spezialöle. Jede Maschine, die bewegliche Teile hat,

---

[482] Siehe dazu: »A Crude Awakening: The Oil Crash«, Schweiz 2006, Regie: Basil Gelpke/Ray McCormack, 94 Minuten. Richard Heinberg hält übrigens die immer wieder genannten 25.000 Stunden für zu optimistisch. Ein Barrel Öl liefert ihm zufolge eine Energiemenge, die dem Äquivalent von »nur« 23.000 Stunden menschlicher Arbeitskraft entspricht. Vgl. Heinberg, Richard: Snake Oil. How Fracking's false promise of plenty imperils our future, Santa Rosa 2013, S. 31.

[483] Vgl. Campbell, Colin: Campbell's Atlas of Oil and Gas Depletion, New York 2013, zitiert nach: Alexandre de Robaulx de Beaurieux: Die Ukraine auf dem geopolitischen Schachbrett einer Welt nach Peak Oil, Vortrag an der Albert-Ludwigs-Universität Freiburg, gehalten am 2. Juni 2014, Folie 104 der Power-Point.

[484] Vgl. Li, Minqi: The Rise of China and the Demise of the Capitalist World-Economy, a. a. O., S. 165; Rabhi, Pierre: Manifeste pour la terre et l'humanisme, a. a. O., S. 35.

[485] Wärme ist die bedeutendste Form der Endenergie. Ihr Anteil beträgt rund 55 Prozent in Deutschland.

braucht Schmierstoffe, um die Laufleichtigkeit hoch und um den Abrieb gering zu halten.

Kunststoffe werden aus Erdgas, Kohle oder eben aus Öl gefertigt. Acht Prozent der Ölförderung werden für die Kunststoffproduktion verwendet.[486] Kunststoffe begegnen uns überall, wir leben in einer Plastikwelt. PVC (Polyvinylchlorid) etwa steckt in so verschiedenen Dingen wie Fensterrahmen, Fußbodenbelägen und medizinischem Gerät, zum Beispiel in Schläuchen. Polyurethan eignet sich für Schaumstoffe in Polstermöbeln und Matratzen. Polystyrol findet sich in jeder Styropor-Verpackung. Ohne Polyethylen gäbe es keine thermoplastischen Kunststoffe, also keine Gießkannen, Eimer, Fernsehergehäuse oder Staubsauger. Polyamid ist der Stoff für Synthetikfasern, zu denen auch die Nylons gehören. Wasch- und Reinigungsmittel basieren auf Ethylenoxid. Von Behältnissen für die Nahrungsmittelindustrie über CDs und DVDs bis zu pharmazeutischen Produkten – (fast) nichts geht ohne Erdöl.[487]

Erdöl im Speziellen und fossile Brennstoffe im Allgemeinen waren für die Entfesselung des Wirtschaftswachstums von entscheidender Bedeutung. Während der Anteil fossiler Brennstoffe seit der Industrialisierung ständig stieg, fiel der Anteil menschlicher Arbeit in der Landwirtschaft und in der primären Energieproduktion genau so, wie der reale Preis von Lebensmitteln und Treibstoffen sank.

Dieser Preisverfall erhöhte das frei verfügbare Einkommen, er machte alle wohlhabender. Die nicht mehr benötigte Arbeitskraft wurde in höher qualifizierte Bereiche umgelenkt, um die gesteigerten Konsumbedürfnisse der Menschen zu befriedigen. Diese beruhten wiederum auf dem Einsatz von fossilen Treibstoffen, anderen Rohstoffen und Innovationen.[488]

---

[486] Diese Zahl nennt der Dokumentarfilm »Weggeworfen – Trashed«, USA 2012, Regie: Candida Brady, 97 Minuten.

[487] Kritiker werden an dieser Stelle einwenden, dass es heute technisch möglich ist, Kunststoffe auf anderen Wegen herzustellen. Es gibt vielversprechende Alternativen aus nachwachsenden Rohstoffen. Aus Stärke und Lignin (einem im Mais und Holz enthaltenen Stoff) lassen sich Ersatzstoffe herstellen, die den großen Vorteil haben, biologisch abbaubar und damit kompostierbar zu sein. Erste Produkte drängen bereits z. B. in Form von Tragetaschen in den Markt. Wird dieser signifikant wachsen, droht hier jedoch dieselbe Krux, die auch den Biotreibstoffen innewohnt: Der Anbau von Biomasse zu diesem Zweck wird finanziell attraktiver werden als die Nutzung derselben Fläche zur Nahrungsmittelgewinnung. Bisher ungenutzte Naturflächen werden gerodet, um damit den nimmersatten Bedarf nach diesen Kunststoffen zu befriedigen. Grundnahrungsmittelpreise werden steigen, das globale Nahrungsproblem wird somit verschärft.

[488] Vgl. Korowicz, David: a. a. O., S. 10.

Woher kommt Erdöl?

Die meisten Menschen glauben, dass das Öl von großen Konzernen wie *Royal Dutch Shell*, *British Petroleum*, *Total* oder *ExxonMobil* produziert wird. Diese Vorstellung ist aber in doppelter Hinsicht abwegig: Einerseits kontrollieren die großen Ölgesellschaften nur etwa 30 Prozent der Ölförderung. Die verbleibenden 70 Prozent der Ölförderung stehen unter der direkten Kontrolle von Regierungen bzw. von Unternehmen, die den Ölförderstaaten gehören.

Andererseits wird Öl *nicht produziert* (auch wenn die Medien und die Konzerne immer wieder vermelden, es sei diese oder jene Menge Öl produziert worden), es wird einfach aus dem Boden gepumpt. Bis heute wurden mehr als 70.000 Ölfelder entdeckt, weniger als ein Prozent davon (rund 500 Felder) enthalten ca. 60 Prozent des konventionellen Öls. Das sind die *Giant Fields*, also die sogenannten Giganten- oder Elefantenfelder.[489] Das größte Elefantenfeld der Erde ist Ghawar in Saudi-Arabien. Hier werden etwa fünf Millionen Barrel Öl pro Tag gefördert.

Erdöl und Kohle entstanden ein einziges Mal in der gesamten Erdgeschichte. Ihre Entstehung dauerte Millionen Jahre, also Zeiträume, die uns Menschen unendlich lange erscheinen. Kohle ist – folgt man der dominanten Entstehungstheorie – nichts weiter als Sonnenlicht, das von Pflanzen vor Millionen von Jahren gespeichert wurde. Erdöl (und auch Erdgas) gehen dagegen auf Kleinlebewesen zurück, deren Überreste sich auf dem Meeresboden abgelagert haben.

Älter ist also die Kohle. Ansetzen muss man für die Entstehung der Kohle im sogenannten Karbonzeitalter vor etwa 400 Millionen Jahren. Damals hatte die Erde ein komplett anderes Aussehen als zur heutigen Zeit. Es gab nur einen einzigen riesigen Kontinent, Pangäa. Der Kohlendioxidgehalt in der Luft war extrem hoch und bot den Pflanzen geradezu paradiesische Wachstumsbedingungen. Folgerichtig war Pangäa von einer dichten, mehrere Hundert Meter hohen Vegetation bedeckt, welche am Boden eine dicke Schicht verrottender Pflanzen bildete, die an einigen Stellen mehrere Hundert Meter tief reichte.

Vor etwa 300 Millionen Jahren ereignete sich eine historische Zäsur: der Urkontinent Pangäa brach auseinander. Die Erdkruste platzte auf, die Kontinente entstanden. Manche Stücke von Pangäa kollidierten und bildeten Gebirge. Die dicke Vegetationsschicht versank in die Tiefe, wo sie großem Druck ausgesetzt wurde. Ihr Versinken setzte sich in den folgenden Abschnitten der

---

[489] Vgl. Inderwildi, Oliver/King, David/Owen, Nick: The Status of Conventional World Reserves: Hype or Cause of Concern?, Policy Brief, o. J., University of Oxford, Smith School of Enterprise and the Environment. Online unter: http://oilblog.info/wp-content/uploads/2012/08/Owen.-The-status-of-conventional-world-oil-reserves.pdf [Stand: 3.9.2014].

Erdgeschichte fort.[490] Der Druck und die Umgebungstemperaturen führten in einem sehr langen Prozess zur Entstehung von Kohle.

Erdöl ist jünger. Die Geologen sehen für die Ölentstehung die Vorgänge im Meer Thetys[491] in der Jurazeit (vor 200–150 Mio. Jahren) als entscheidend an. Thetys war ein besonders tiefes strömungsschwaches Meer, das sich ausdehnte, als der Urkontinent Pangäa in zwei Teile zerbrach, in Laurasia und Gondwana. Phytoplankton[492] war seinerzeit extrem reichlich im Wasser vorhanden und speicherte das ebenfalls sehr reichlich in der Atmosphäre vorhandene Kohlendioxid ab. Die Planktonschwärme starben, sanken auf den Meeresboden ab und wurden von Sedimenten bedeckt.

Durch das Absinken der Sedimente wurden diese organischen Materialien hohem Druck und sehr hoher Temperatur ausgesetzt – und das über einen sehr langen Zeitraum von Millionen von Jahren. So konnte aus Billionen und Aberbillionen von Planktonleichen am Meeresgrund Rohöl entstehen.[493] Das Gleiche passierte mit Algen, die sich durch die damalige globale Erwärmung stark vermehrten. Ein Teil ihrer Überreste versank ebenfalls in sauerstofflose Tiefen und wurde durch Sedimente bedeckt und konserviert.[494]

Obwohl die alten Griechen und die alten Chinesen Öl schon kannten, dauerte es bis zur zweiten Hälfte des 19. Jahrhunderts, ehe das Potential des Öls erkannt wurde. »Das Erdöl ist eine nutzlose Absonderung der Erde«, meinte noch im Jahr 1806 ein Kommissar der Kaiserlichen Akademie Russlands, welcher in Baku einen Bericht für die Regierung von Zar Alexander verfasste.[495]

Erst Ende der 1850er Jahre begannen erste vorsichtige Versuche der Ölexploration (Suche) und Ölexploitation (Ausbeutung). Der Grund mutet aus heutiger Sicht reichlich kurios an – es fehlten Wale. Das Walöl diente seinerzeit als Lampenbrennstoff. Dieser wurde wegen der schwindenden Walpopulationen infolge von Überjagung aber zunehmend knapp, so dass Öl zu Petroleum verarbeitet wurde. Bestimmte Ölfirmen tragen den historischen Ursprung des Ölrausches immer noch im Namen – das bekannteste Beispiel

---

[490] An dieser Stelle muss die Entstehung von Kohle und Öl etwas holzschnittartig abgehandelt werden. Für eine etwas ausführlichere Darstellung siehe Hartmann, Thom: a. a. O., S. 36–41.

[491] Die Thetys war ein tiefes Meer im Osten des Superkontinents Pangäa zur Jurazeit.

[492] Phytoplankton besteht u. a. aus Kieselalgen, Grünalgen, Blaualgen und Goldalgen. Es baut mit Hilfe der Photosynthese aus Kohlendioxid und Nährstoffen seine Körpersubstanz auf.

[493] Schön animiert findet sich dieser Prozess in der Dokumentation »Requiem für einen Rohstoff«, Regie: Richard Smith, Ausstrahlung am 9.3.2010 auf Phoenix.

[494] Vgl. Campbell, Colin: Erdöl: der wichtigste Rohstoff der globalen Ökonomie, S. 46–47, in: Bardi, Ugo: Der geplünderte Planet, a. a. O., S. 46–54.

[495] Zitiert nach: Ganser, Daniele: Europa im Erdölrausch. Die Folgen einer gefährlichen Abhängigkeit, 3. Auflage, Zürich 2013, S. 37.

ist *British Petroleum*. Mit dem Lampenbrennstoff begann also der Siegeszug des Öls. Die Erfindung des Automobils vervielfältigte das ökonomische Potential des schwarzen Goldes. Das Öl, so erkannten nun die letzten Skeptiker, erwies sich als noch ergiebigerer Sonnenlichtspeicher als die Kohle.

Ohne Öl und Kohle wären die Industrielle Revolution und mit ihr die immensen ökonomischen Wachstumsschübe nicht denkbar gewesen. Anfang des 20. Jahrhunderts sprach Wilhelm Ostwald, Nobelpreisträger für Chemie des Jahres 1909, von der »unverhofften Erbschaft der fossilen Brennmaterialien«. Jene Erbschaft verleite dazu, »die Grundsätze einer dauerhaften Wirtschaft vorläufig aus den Augen zu verlieren«.[496]

Öl und Kohle ermöglichten auch, wie noch zu zeigen sein wird, den Anstieg der Weltbevölkerung und erweiterten die Tragfähigkeit des Ökosystems Erde. Jene Tragfähigkeit kann grundsätzlich nur auf drei Arten gesteigert werden: Entweder man erschließt neues Land, bringt neue Technologien ein oder man nutzt nicht-erneuerbare Ressourcen wie Kohle oder Öl.

Winning the energy lottery ist ein treffender Ausdruck, den der US-amerikanische Autor Richard Heinberg in diesem Zusammenhang gerne gebraucht. Doch irgendwann ist auch der größte Lottogewinn aufgebraucht. Was ist also, wenn das Öl knapp wird?

Peak Oil

Knappheitsüberlegungen führen uns zu Peak Oil. Die Peak-Oil-These wurde entwickelt von dem texanischen Geologen Marion King Hubbert. Hubbert forschte in den 1950er Jahren an physikalischen und statistischen Methoden, um die weltweiten Öl- und Gasvorräte zu berechnen.[497] Im Jahr 1956 sagte Hubbert voraus, dass die Spitze der Ölförderung in den Vereinigten Staaten, die lange Zeit der größte Ölförderer der Welt waren, zwischen 1966 und 1972 eintreten würde. Damals wollte niemand die Prognose hören, auch Hubberts Arbeitgeber *Royal Dutch Shell* nicht.

Er sollte mit seiner Prognose recht behalten. Denn Hubbert blieb hartnäckig und beobachtete weiter genau die Entwicklung verschiedener Ölfelder in den USA. Die Förderung, so sein Befund, entspreche typischerweise einer Glockenkurve.

Warum eine Glockenkurve? Nach der Entdeckung werden in einem neuen Ölfördergebiet Probebohrungen gemacht, das Feld liefert nur wenig Öl.

---

[496] Zitiert nach: Scheer, Hermann: Energieautonomie. Eine neue Politik für erneuerbare Energien, München 2005, S. 40.

[497] Vgl. Heinberg, Richard: The Party's Over, a. a. O., S. 153–160.

Bringen die Probebohrungen den erhofften Erfolg, geht es irgendwann mit der Förderung richtig los und die Ölförderkurve steigt recht steil an.[498] Der Druck im Ölfeld ist erheblich und sorgt dafür, dass das Öl nach oben schießt. Im Laufe der Zeit lernen die Geologen die Binnenstruktur einer Lagerstätte immer besser kennen. Je genauer ein Ölfeld vermessen und die unterschiedlichen Gesteinsschichten, die Dichteschwankungen und die Strömungsverhältnisse bekannt sind, desto zielgenauer kann gebohrt werden. Steigerungen der Fördermenge sind die Folge.

Ab einem bestimmten Punkt wird das Fördermaximum erreicht. Darauf folgt entweder ein schneller Rückgang der geförderten Ölmenge, oder es stellt sich ein Förderplateau ein, das mehrere Jahre gehalten werden kann. Es ist aber unmöglich, die Ölförderung weiter zu steigern. Irgendwann sinkt sie in jedem Fall.

Der Druck im Ölfeld lässt immer mehr nach. Fällt er zu stark ab, können sich Gase aus dem Öl lösen und es kann sich eine Gaskuppe an der Spitze der Lagerstätte bilden. Das erschwert die Extraktion, und deshalb wird Wasser in das sich erschöpfende Ölfeld eingeleitet, das den Druck erhöht. Fortan wird ein Öl-Wasser-Gemisch gefördert. Die Kosten der Ölfeldausbeutung steigen, weil das Wasser unter erheblichem Energieaufwand später wieder vom Öl getrennt werden muss. Anfangs sind die Wassermengen, die mit dem Öl gefördert werden, gering. In der Endphase eines Ölfeldes übersteigt der Wasseranteil den Ölanteil bei weitem.[499]

Modelle sind immer nur Vereinfachungen der Realität. Auf die Schwächen der Hubbert-Kurve wird noch einzugehen sein. Das Modell von Marion King Hubbert wurde auf die gesamte Welt übertragen. Nicht nur einzelne Ölfelder oder einzelne Länder haben demnach ein Fördermaximum (Peak), sondern der Befund gilt für den gesamten Globus.

Abbildung 28 zeigt die Ölförderung des britischen Nordsee-Ölfeldes Brent, welches zum Namensgeber einer der wichtigsten Ölsorten wurde und nun leergefördert ist. Man erkennt deutlich den Fördergipfel Mitte der 1980er Jahre, der danach nie mehr erreicht wurde. Der Abstieg der Förderung zog sich, relativ zum rasanten Aufstieg, sehr in die Länge. Ein Unterschied zum Hubbert-Modell.

---

[498] Vgl. Seifert, Thomas/Werner, Klaus: Schwarzbuch Öl. Eine Geschichte von Gier, Krieg, Macht und Geld, Wien 2005, S. 238–239.

[499] Vgl. Ritz, Hauke: Ende einer Epoche. Peak Oil und seine geostrategische Bedeutung. Teil I: Die absehbare Erschöpfung der globalen Ölreserven, in: Junge Welt vom 9.8.2008, S. 10.

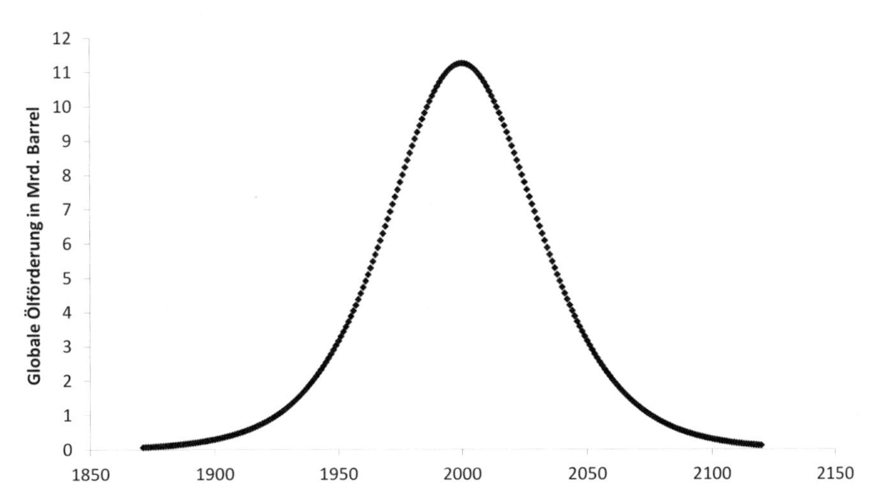

Abb. 27: Glockenförmige Hubbert-Kurve

Betrachtet man einzelne Ölfelder oder die Förderleistung einzelner Länder, so erkennt man, dass Modell und Praxis sich gleichen – auch wenn die Praxis wesentlich »eckiger« aussieht. Zwei recht zufällige Beispiele, die mit der britischen Ölförderung im Meer (»Offshore«) zu tun haben, illustrieren dies:

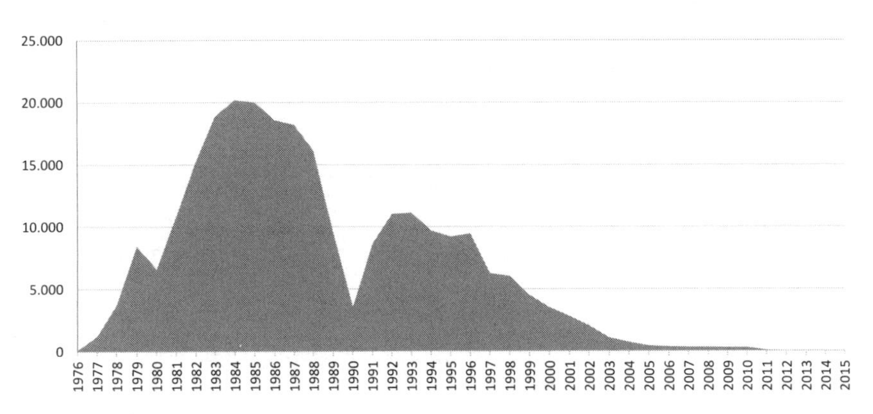

Abb. 28: Ölfeld Brent – realer Förderverlauf

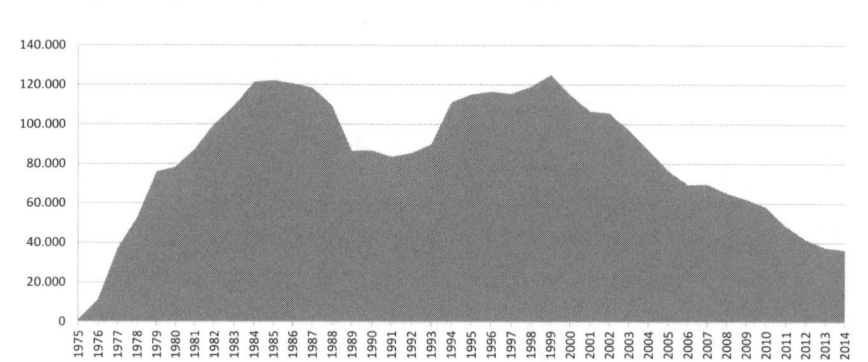

Abb. 29: Gesamte Offshore-Ölförderung des Vereinigten Königreiches

Das Brent-Ölfeld ist nur eines von vielen britischen Feldern im Meer. Abbildung 29 beschreibt die gesamte britische Meeres-Ölförderung. Man sieht zwar keinen klassischen Peak wie im Hubbert-Modell, sondern eine »Doppel-Top-Formation« mit zwei Höhepunkten. Allerdings gibt es einen steilen Anstieg und nach dem zweiten Peak einen fast ebenso steilen Abstieg. Heute ist die britische Ölförderung ein Schatten ihrer selbst.

Konventionelles und unkonventionelles Erdöl

Wichtig für das Verständnis der nächsten Seiten ist die Unterscheidung zwischen *konventionellem* und *unkonventionellem Öl.* Mit *konventionellem* Öl sind die Ölmengen gemeint, die mit klassischen (Förder-)Methoden in flüssiger Form an die Oberfläche geholt werden können.

Unkonventionelles Öl ist ein unscharfer Begriff. Eine klare, allgemein akzeptierte Definition existiert nicht. Unkonventionelles Öl ist entweder *nicht-fertiges* Öl oder Öl, das nur schwierig zu bekommen ist. *Nicht-fertiges Öl* ist streng genommen gar kein Öl. Ein Stoff muss unter einem hohen energetischen und finanziellen Aufwand zu Öl gemacht werden. Diese Form des unkonventionellen Öls umfasst Ölsand, Schweröl, Ölschiefer sowie synthetisches Öl aus Biomasse, Erdgas und Kohle. Zur zweiten Kategorie gehört echtes Öl, bei dem die Förderung aber sehr schwierig (und teuer!) ist. Man denke an Erdöl in der Arktis oder in sehr großen Meerestiefen.

In immer mehr Statistiken werden auch die sogenannten Gaskondensate zum unkonventionellen Öl gezählt. Gaskondensate sind ein Resultat der Erdgasförderung, haben also nichts mit klassischem Rohöl zu tun. Das Rohgas, das bei der Erdgasförderung anfällt, enthält zum Teil auch etwas schwerere Kohlenwasserstoffe, die bei Zimmertemperatur unter mäßigem Druck abgeschieden werden können. Diese Abscheidung nennt man Gaskondensat. Da die Erdgasförderung weltweit stark zugenommen hat, fallen auch zunehmende Mengen von Gaskondensat an.

Reserven: wichtig, aber nicht entscheidend

Die Höhe der Ölreserven ist durchaus umstritten. Eine gute Orientierung geben die Fachberichte der Bundesanstalt für Geowissenschaften und Rohstoffe, die als wissenschaftlich solide gelten. Tabelle 4 zeigt, welche Länder die größten Ölreserven besitzen und wie es um das Verhältnis zwischen konventionellem und unkonventionellem Erdöl bestellt ist. Zur Umrechnung in die Einheit Barrel müssen die Angaben mit 7,3 multipliziert werden, um ein näherungsweise genaues Bild zu erhalten.

Die Tabelle auf der folgenden Seite zeigt, dass die konventionellen Ölreserven die unkonventionellen deutlich überwiegen. Insgesamt beliefen sich die weltweiten Reserven auf knapp 219 Milliarden Tonnen bzw. 1.600 Milliarden Fass.

Für Peak Oil spielt die Menge der im Boden vorhandenen Ölreserven zwar eine wichtige, doch keine entscheidende Rolle. Schließlich gilt es zu beachten, dass Reserven variabel sind. Eine Verbesserung der Fördertechnik oder ein Anstieg des Ölpreises vergrößern die Reserven. Umgekehrt nehmen die Reserven bei einem sinkenden Ölpreis ab. Dieses Phänomen ist als »Reservenparadoxon« bekannt.[500] Natürlich entstehen bei einem steigenden Ölpreis keine neuen physischen Reserven. Aber Öl, bei dem sich vorher eine Förderung aus wirtschaftlichen Gründen nicht lohnte, rentiert sich nun.

Von größerer Bedeutung als die Reserven sind zwei Fragen: In welcher Geschwindigkeit kann das Erdöl gefördert werden? Und zu welchen Kosten? Ganz entscheidend ist: Nach dem Peak sinkt die Ölförderung. Was unspektakulär klingt, kann schwerwiegende Auswirkungen haben: Eine wachsende Wirtschaft stützt sich auf einen wachsenden Ölverbrauch und damit auf eine wachsende Ölnachfrage.

---

[500] Vgl. Ganser, Daniele: Europa im Erdölrausch, a. a. O., S. 270.

			konventionell	nicht-konventionell		
Rang	**Region**	**Ölreserven**		**Ölsand**	**Schweröl**	**Tight oil**
1	Saudi-Arabien	35.524	35.524	-	-	-
2	Kanada	27.065	566	26.431	-	68
3	Venezuela	26.807	5.607	-	21.200	-
4	Iran	21.433	21.433	-	-	-
5	Irak	19.465	19.465	-	-	-
6	Kuwait	13.810	13.810	-	-	-
7	VA Emirate	13.306	13.306	-	-	-
8	Russland	13.187	13.187	-	-	-
9	USA	6.857	6.594	-	3	260
10	Libyen	6.580	6.580	-	-	-
11	Nigeria	5.044	5.044	-	-	-
12	Kasachstan	4.082	4.082	-	-	-
13	Katar	3.435	3.435	-	-	-
14	China	2.514	2.514	-	k.A.	-
15	Brasilien	2.202	2.202	-	-	-
16	Angola	1.723	1.723	-	-	-
17	Algerien	1.660	1.660	-	-	-
18	Mexiko	1.339	1.339	-	-	-
19	Ecuador	1.126	1.126	-	k.A.	-
20	Aserbaidschan	952	952	-	k.A.	-
58	Deutschland	31	31	-	-	-
	sonstige Länder	10.724	10.721	-	3	-
	Welt	218.864	170.899	26.431	21.206	328

Tabelle 4: Erdölreserven 2014 (in Mio. Tonnen)

Quelle: Bundesanstalt für Geowissenschaften und Rohstoffe (Hg.): Energiestudie 2015. Reserven, Ressourcen und Verfügbarkeit von Energierohstoffen, Hannover 2015, Tabelle 18, S. 109.

Im Jahr 2015 hat die Welt im Schnitt täglich rund 95 Millionen Barrel Öl verbraucht. In diesem Wert ist die gesamte konventionelle und unkonventionelle Ölförderung vermengt, im Englischen spricht man daher auch von »all liquids«.[501] Jene Menge von 95 Millionen Barrel Öl entspricht einem Volu-

[501] Jene Vermengung ist mittlerweile üblich, statistisch aber eindeutig unsauber. Vor allem die Hinzurechnung von Gaskondensaten verschleiert die Stagnation bei der Förderung fossiler Ölvorkom-

men von mehr als fünf Cheops-Pyramiden. Oder von etwas mehr als 1.000 Fässern pro Sekunde.[502]

Die Welt war nicht immer ein Ölsäufer: 1914 lag der Ölverbrauch noch bei einer Million Fass pro Tag. Kurz nach dem Zweiten Weltkrieg verbrauchte die Welt sechs Millionen Fass pro Tag. Zur Zeit der Kubakrise im Jahr 1962 war der Tageskonsum schon auf 22 Millionen Barrel geklettert. Und 1986, im Jahr der Reaktorkatastrophe von Tschernobyl, betrug der Erdölkonsum 61 Millionen Fass pro Tag.[503]

Laufen die langjährigen Verbrauchstrends weiter wie gehabt, wäre für das Jahr 2030 vor allem aufgrund des rasant steigenden Verbrauchs von Schwellenländern wie Indien und China ein täglicher Rohölbedarf von rund 110 Millionen Barrel am Tag zu erwarten. Man begreift Peak Oil also nur unzureichend, wenn man nur die Angebotsseite betrachtet. Man muss auch die Nachfrageseite sehen.

Interessanterweise sind es gerade die Ölförderländer selbst, die ihren Öldurst in den letzten Jahren sehr stark gesteigert haben und sehr beachtliche Wachstumsraten beim Verbrauch ausweisen. Der Ölverbrauch der Mitgliedsländer der OPEC, der *Organization of the Petroleum Exporting Countries*, stieg in den letzten Jahren im Durchschnitt um fünf Prozent pro Jahr und damit weitaus schneller als der globale Verbrauch.[504]

In Ländern wie Saudi-Arabien, Iran oder Venezuela ist Öl spottbillig, und der Umgang mit dem schwarzen Gold ist entsprechend verschwenderisch. In den großen arabischen Ölförderländern wie Saudi-Arabien, Kuwait oder den Vereinigten Arabischen Emiraten werden sogar die Elektrizitätswerke größtenteils mit Öl betrieben. Die genannten Volkswirtschaften entwickeln sich dynamisch, so dass davon auszugehen ist, dass in den nächsten Jahren der Binnenverbrauch weiter ansteigen wird.[505]

---

men. Bei den Gaskondensaten lag die Produktion im Jahr 1980 noch unter 4 Mio. Fass pro Tag. Im Jahr 2010 machten die Gaskondensate 11 Mio. Fass pro Tag aus. Für das Jahr 2020 soll dieser Wert nach den Erwartungen der IEA bei mehr als 15 Mio. Fass pro Tag liegen. Und nach 2020 soll er weiter steigen. Dass viele Statistiken Rohöl und Gaskondensate (Natural Gas Liquids, kurz NGL) vermengen und Gaskondensate nicht separat ausgewiesen werden, kritisieren viele kritische Ölforscher wie z. B. Daniele Ganser aus der Schweiz. Ganser verweist zudem darauf, dass ein Fass NGL nicht so viel Energie enthalte wie ein Fass Rohöl. Das Verhältnis liegt bei 0,7:1. Vgl. dazu Ganser, Daniele: Europa im Erdölrausch, a. a. O., S. 277.

502 Vgl. Bukold, Steffen/Feddern, Jörg: Öl. Report 2016, a. a. O.

503 Vgl. Ganser, Daniele: Peak Oil: Erdöl im Spannungsfeld von Krieg und Frieden, S. 45–46, in: Batlogg, Bertram et al. (Hg.): Energie, Zürich 2009, S. 45–60.

504 Die OPEC wurde 1960 von den wichtigsten Ölförderländern gegründet, um den großen privaten Ölgesellschaften die Stirn zu bieten. Sie versucht den Ölpreis durch Förderquoten, also mit dem Mittel mengenmäßiger Angebotsbeschränkungen, auf einem hohen Niveau zu halten.

505 Vgl. Rubin, Jeff: Warum die Welt immer kleiner wird: Öl und das Ende der Globalisierung, München 2010, S. 65 u. S. 68–72.

Beispiel Saudi-Arabien: Derzeit werden etwa 29 Prozent der saudischen Produktion im Inland verbraucht. Anfang der 90er Jahre lag der Wert noch bei 13 Prozent. Sofern sich die Entwicklung in ähnlichem Tempo fortsetzt, würden in Saudi-Arabien beispielsweise in zehn Jahren weniger als 50 Prozent der Produktion für Exporte zur Verfügung stehen.[506] Mittlerweile hat Saudi-Arabien mit seinen knapp 30 Millionen Einwohnern den gleichen Ölverbrauch (ca. 2,4 Mio. Barrel pro Tag) wie Deutschland mit seinen 82 Millionen Menschen.[507]

Die ganze Sprengkraft von Peak Oil im Zusammenhang mit der Nachfrage-Entwicklung wird allerdings erst deutlich, wenn man den Blick für einen Moment nur auf China richtet. Sollte China eines Tages den Pro-Kopf-Ölverbrauch von Deutschland erreichen, würden dort 37 Mio. Fass pro Tag verbraucht.[508]

Die meisten Expertenschätzungen unterstellen, dass wir die globalen Ölreserven derzeit um sechs Prozent pro Jahr aufzehren. Gleichzeitig wächst die globale Nachfrage nach dem schwarzen Gold um 2,2 Prozent jährlich. Betrachtet man beide Größen, so ist offensichtlich, dass die Ölindustrie neue Ölreserven in einem Umfang von mehr als acht Prozent pro Jahr erschließen müsste, um die bestehende Ordnung aufrechtzuerhalten.[509]

Fatih Birol, Chefökonom der *Internationalen Energie-Agentur*, sprach im Sommer 2009 von dem »Äquivalent von vier Saudi-Arabien«, die bis 2030 neu entdeckt und angezapft werden müssen, um die Senkung der bisherigen Förderungsleistung auszugleichen – und »von sechs Saudi-Arabien«, um mit dem erwarteten Nachfragewachstum Schritt halten zu können.[510] Diese neuen Saudi-Arabien sind – trotz der vielen Schlagzeilen um Fracking, Ölsande und arktisches Öl – nicht in Sicht. Die Zeichen stehen damit langfristig auf eine Erschöpfung des Öls.

---

[506] Vgl. Erste Group Research: »Nothing to Spare« – Ölreport 2012, Wien 2012, S. 81.

[507] Vgl. Bukold, Steffen: Der Ölpreiskollaps. Neue Ära oder kurze Episode? Hintergründe und Daten, Kurzstudie im Auftrag der Bundestagsfraktion Bündnis 90/Die Grünen, Hamburg 2015, S. 32–33. Die Studie gibt es online unter: https://www.gruene-bundestag.de/fileadmin/media/gruenebundestag_de/themen_az/energie/PDF/OElpreise-Bericht-Bukold.pdf [Stand: 8.6.2015].

[508] Vgl. Bukold, Steffen/Feddern, Jörg: Öl. Report 2016, a. a. O.

[509] Vgl. Gokay, Bulent: Past peak oil – life after cheap fossil fuels. Artikel online unter: http://www.publicserviceeurope.com/article/705/past-peak-oil-life-after-cheap-fossil-fuels [Stand: 3.9.2014].

[510] Zitiert nach: Held, Martin/Schindler, Jörg: Postfossile Mobilität. Wegweiser für die Zeit nach dem Peak Oil, Bad Homburg 2009, S. 57. Im Sommer 2013 wurde diese Aussage von der IEA-Mitarbeiterin Capella Festa nochmals bestätigt. Die Welt brauche bis zum Jahr 2035 eine Ölproduktion von 40 Millionen Barrel pro Tag, um die Lücke zwischen dem Angebot und der Nachfrage zu schließen, betonte die IEA-Analystin auf einer Energiekonferenz in Aberdeen. Jene 40 Millionen Barrel pro Tag entsprechen in etwa der vierfachen Förderleistung von Saudi-Arabien.

Obwohl der Ölpreis kein guter Knappheitsindikator ist, dürfte auf lange Sicht ein deutlicher Preisanstieg wahrscheinlich sein. Wie hoch dieser in Zukunft ausfallen wird, ist nur schwer vorauszusagen. Der Internationale Währungsfonds (IWF) erwartet, dass sich der Ölpreis real (also inflationsbereinigt) im Laufe der nächsten Dekade verdoppeln wird.[511] Das ist eine Hausnummer. Für Alarmismus war der IWF noch nie bekannt.

Ölpreis und Konjunktur

Zwischen dem Ölpreis und der Konjunktur besteht ein enger Zusammenhang. Die Konjunktur wird ohne Zweifel durch den Ölpreis beeinflusst. Nahezu alle wirtschaftlichen Prozesse verteuern sich, wenn das Öl teurer wird. Wenn Menschen mehr Geld für die Betankung des Autos oder das Heizen der eigenen Wohnung ausgeben müssen, dann wirken sich diese Mehrausgaben an anderer Stelle als Minderausgaben aus.

Jeder Anstieg des Ölpreises dämpft das Wachstum. Der Ölpreis kann die Konjunktur sogar zum Absturz bringen. Auf alle Ölpreisanstiege seit den 1970er Jahren folgte immer eine Rezession. Das letzte Beispiel ist noch gar nicht lange her: Seinen Höhepunkt erreichte der Ölpreis im Sommer 2008. Im September 2008 brach die Wirtschafts- und Finanzkrise mit der Pleite der Investmentbank Lehman Brothers offen aus.

Vor monokausalen Erklärungen sollte man sich immer hüten, so auch hier. Die Krise, die bis heute nachwirkt, ist nur multikausal zu erklären. Sicher ist aber, dass der Ölpreis im Bündel der diversen Krisenursachen eine Rolle spielte. Der hohe Ölpreis schränkte den Konsum der Haushalte ein und trieb die Inflationsraten auf ein Niveau, das seit vielen Jahren nicht mehr erreicht worden war. Eine steigende Inflation geht typischerweise mit steigenden Zinsen einher.

Steigende Zinsen waren für viele Kreditnehmer in den USA gleichbedeutend mit Gift. In den Vereinigten Staaten hatten die Banken Kredite auch an Personen mit geringen Einkommen vergeben (»Subprime Credits«). Banken wie Schuldner vertrauten – wie schon ausgeführt wurde – auf weiter steigende Immobilienpreise. Doch diese Rechnung ging nicht (mehr) auf: Das steigende Zinsniveau brachte im Verbund mit einer viel schwächer wachsenden Wirtschaft viele Schuldner in Bedrängnis. Häuser wurden in großer Zahl zwangs-

---

[511] Vgl. Benes, Jaromir/Chauvet, Marcelle et al.: The Future of Oil: Geology versus Technology, IMF Working Paper, WP/12/109, Washington D. C. 2012, S. 17. Online unter: http://www.imf.org/external/pubs/ft/wp/2012/wp12109.pdf [Stand: 3.9.2014].

versteigert, was die Immobilienpreise in den Keller schickte. Damit brach die Krise in den USA offen aus, die sich schnell zu einer globalen Krise ausweitete.

Die Industrie hält dicht

Der Ölpreis ist also alles andere als eine marginale Größe. Peak Oil könnte zu empfindlichen Preissteigerungen und großen Problemen führen. Das Eingeständnis eines Ölfördermaximums wäre für die Ölindustrie hochgradig geschäftsschädigend. Es würde massiv Vertrauen in die Liefer- und Produktionsfähigkeit der Ölkonzerne verlorengehen. Mit hoher Wahrscheinlichkeit würden die Aktien der großen Ölgesellschaften einbrechen. Der Ölgeologe Colin Campbell, der u. a. für *British Petroleum* und für *Royal Dutch Shell* arbeitete, hat es vor etlichen Jahren auf den Punkt gebracht: »Jeder hasst dieses Thema, aber die Ölindustrie hasst dieses Thema mehr als irgendjemand sonst.«[512]

Die meisten Geologen in den Diensten der Ölunternehmen dürften noch aus einem anderen Grund schweigen: Ihre Arbeitsverträge enthalten im Normalfall eine Verschwiegenheitsklausel. Wenn sie an die Öffentlichkeit gehen, drohen ihnen schwerwiegende juristische Folgen. Erst im Ruhestand können sie sich frei äußern.

Verfechter der Peak-Oil-These auf der Seite der Ölindustrie sind selten. Die Generallinie wird von Spitzenvertretern vorgegeben. Beispielhaft ist die Aussage des ehemaligen Chefökonoms von *BP*, Christof Rühl:

> »Ich sehe keinen Grund, die ›Peak-Oil‹-Theorie als stichhaltig anzuerkennen, weder auf theoretischer noch wissenschaftlicher oder ideologischer Basis. (...) Tatsächlich ist die ganze These, wonach es nur eine gewisse Menge Öl im Boden gibt, das mit einer gewissen Rate verbraucht wird und dann zu Ende geht, mit nichts gerechtfertigt (...) Peak Oil wird seit 150 Jahren prophezeit. Es hat sich nie bewahrheitet, und so wird das auch zukünftig bleiben.«[513]

Industrienahe Einrichtungen, wie das Beratungsunternehmen *CERA* (Cambridge Energy Research Associates), engagieren sich seit einigen Jahren in einer Kampagne zur »Entlarvung« der Peak-Oil-Theorie. Kritiker der Theorie des Ölfördermaximums verweisen darauf, dass es derartige Prognosen zur Erschöpfung der Ölvorkommen schon vor Jahrzehnten gab. Die vorhergesagten Zeiträume des Eintreffens der Ölförderspitze hätten sich immer als unhaltbar erwiesen.

---

[512] Zitiert nach: Abramsky, Kolya (Hg.): Sparking a Worldwide Energy Revolution: Social struggles in the transition to a post-petrol world, Oakland 2010, S. 102.

[513] Zitiert nach: Rothe, Ullrich: Die Legende von Peak Oil, S. 38, in: PT Magazin, Nr. 3, 2009, S. 38–43.

Das Argument ist nicht von der Hand zu weisen. Marion King Hubbert, der den US-Peak richtig vorhersagte, sah den globalen Peak zwischen den Jahren 1993 und 2000 erreicht. Er irrte, wie wir heute wissen. Die CIA meinte 1979, das Ölfördermaximum werde innerhalb eines Jahrzehnts eintreten. Die von US-Präsident Jimmy Carter initiierte Studie »Global 2000« sagte Peak Oil für die Jahrtausendwende voraus.[514] Wie lässt sich das Prognoseversagen erklären? Die Antwort ist einfach: Prognosen sind immer nur so gut wie ihre Datengrundlage. In der Vergangenheit war sie unzureichend.

Das Hubbert-Modell eines glockenförmigen Förderverlaufs geht davon aus, dass wir bereits heute die gesamte Menge des förderbaren Öls schätzen können. Und zwar verlässlich. Diese Schätzung wird erst durch Zusatzannahmen möglich, etwa dass die größten Felder schon gefunden wurden.[515] Die Ölindustrie verweist in diesem Zusammenhang auf zwei weitere Argumente: Bessere Fördertechnologie kann dazu führen, dass ein Ölfeld besser ausgebeutet werden kann, dass man also absolut wie relativ mehr Öl aus einem Feld herausholen kann. Neue Fördertechnologien können ebenso dazu führen, dass bisher unerreichbare Ölquellen angezapft werden können. Damit wächst die gesamte Menge des förderbaren Öls. Und steigende Ölpreise können dazu führen, dass aus nicht-wirtschaftlichen Ressourcen ökonomisch attraktive Reserven werden.

Das Peak-Oil-Konzept hat also Schwächen. Doch kann uns das ruhig schlafen lassen? Fast alle Repräsentanten der Ölindustrie bejahen diese Frage. Freilich gibt es sie, die Häretiker im eigenen Lager. Der langjährige Chef des Ölkonzerns *Total*, Christophe de Margerie (er starb im Oktober 2014 bei einem Flugzeugunglück), gehörte dazu. Er bekannte sich zur Peak-Oil-Idee und meinte, dass 100 Millionen Barrel am Tag nicht zu erreichen sein würden.[516]

Anders *BP*. Im *Energy Outlook* der Firma aus dem Jahr 2013 wird für das Jahr 2030 ein globaler Ölverbrauch von 104 Millionen Fass pro Tag erwartet. Diese Menge sei zu schaffen, so BP. In einer anderen Veröffentlichung, dem *BP Technology Outlook* vom November 2015, wird noch mehr Optimismus verbreitet: Die Energieressourcen der Erde seien mehr als ausreichend, um den langfristigen Bedarf zu decken. Grund sei eine immer bessere Technologie.[517]

---

[514] Vgl. Ganser, Daniele: Europa im Erdölrausch, a. a. O., S. 240.

[515] Vgl. Rost, Norbert: Verknappungsrisiken statt Hubbert-Peak thematisieren – ein Gespräch mit dem Energieökonomen Steffen Bukold. Online unter: http://www.peak-oil.com/2014/09/steffen-bukold-verknappungsrisiken-statt-hubbert-peak-thematisieren/ [Stand: 22.9.2014].

[516] Vgl. o. V.: Totally different, in: The Economist vom 10.1.2008.

[517] Vgl. BP (Hg.): BP Technology Outlook. Technology choices for a secure, affordable and sustainable energy future, London 2015, S. 3. Die Studie gibt es online unter: http://www.bp.com/content/dam/bp/pdf/technology/bp-technology-outlook.pdf [Stand: 6.11.2015].

Auch ein Ausblick von *ExxonMobil* gibt sich optimistisch. Ein Fördermaximum kommt in Exxons *Outlook for Energy* nicht vor, stattdessen nimmt man an, dass die Menge an Öläquivalenten bis zum Jahr 2040 auf deutlich über 100 Millionen Fass pro Tag wachsen kann. Wichtig ist allerdings hier der Ausdruck »Öläquivalent«. Von konventionellem Erdöl ist ausdrücklich nicht die Rede, dagegen nehmen Biokraftstoffe, Flüssiggase, Ölsande, Kohleverflüssigung und Tiefseeöl breiten Raum ein.[518] Der Grundton ist optimistisch: Der Energiebedarf der Welt steige deutlich bis 2040, aber der Bedarf könne problemlos gedeckt werden.[519]

Unabhängige Einschätzungen

ExxonMobil und BP genießen nun international nicht die größte Glaubwürdigkeit. In der Vergangenheit versuchten beide Konzerne mehrfach Ölunfälle zu vertuschen. BP erlebte mit der Havarie der Bohrplattform *Deepwater Horizon* im Golf von Mexiko sein Waterloo – und versuchte die gravierenden Folgen für Mensch und Natur herunterzuspielen. ExxonMobil finanziert nachweislich Gruppen und Organisationen in den USA, die den Klimawandel leugnen (und so das Geschäftsmodell von Exxon schützen).

Unabhängige Expertise findet sich bei der *Bundesanstalt für Geowissenschaften und Rohstoffe*. Sie ist der geologische Think-Tank schlechthin in Deutschland, positioniert sich in der Peak-Oil-Frage jedoch nicht eindeutig. Einerseits gibt die Anstalt aus Hannover Entwarnung: »In den nächsten Jahren kann aus geologischer Sicht bei einem moderaten Anstieg des Erdölverbrauchs die Versorgung mit Erdöl gewährleistet werden.«[520]

Andererseits drückt die geologische Forschungsstelle auch Besorgnis aus: »Ein globales Maximum der Erdölproduktion, auch bekannt als ›Peak Oil‹, rückt näher. Nicht schon morgen, doch in einem auch für die heutigen Gesellschaften relevanten Zeitraum.«[521] Und: »Erdöl ist der einzige nicht erneuerbare Energierohstoff, bei dem in den kommenden Jahrzehnten eine steigende Nachfrage wahrscheinlich nicht mehr gedeckt werden kann.«[522]

Die Internationale Energie-Agentur gilt vielen (aber längst nicht allen!) als unabhängiger Beobachter des Energiegeschehens. Die IEA erstellt die wichtigsten Energiestudien. Besonders dem jährlich erscheinenden *World Energy*

---

518 Vgl. ExxonMobil (Hg.): 2012 The Outlook for Energy: A View to 2040, Irving 2011, S. 42.

519 Vgl. ebenda, S. 6–8.

520 Bundesanstalt für Geowissenschaften und Rohstoffe (Hg.): Energiestudie 2013. Reserven, Ressourcen und Verfügbarkeit von Energierohstoffen, Hannover 2013, S. 10.

521 Ebenda, S. 1.

522 Ebenda, S. 10.

Outlook (WEO) kommt eine herausragende Bedeutung zu. Es ist quasi die Bibel der Energiewirtschaft. Die Aussagen des WEO bilden die Basis für nationale Studien. Wirtschaftsinstitute arbeiten ebenso damit wie die Planungsstäbe in den europäischen Finanzministerien. Energie-, Verkehrs- und Wirtschaftsstudien werden auf der Grundlage des WEO erstellt.

Irrungen und Wirrungen der IEA

Wer sich jedoch Klarheit von den Studien der IEA erhofft, sieht sich getäuscht. Im WEO fehlt die Linie. Die IEA verwirrte mit ihren Berichten in den letzten Jahren regelmäßig Laien und Fachleute.

Die Pariser Agentur prognostizierte im Jahr 2005 noch, dass die Ölförderung 120 Millionen Fass im Jahr 2030 erreichen könne. Im Herbst 2009 plauderten Whistleblower aus den Reihen der IEA aus, dass die Agentur die höchst optimistischen Zahlen aus dem Jahr 2005 auf Druck von außen, v. a. auf Druck der USA, lanciert habe.[523] Ebenfalls im Herbst 2009 erklärte die IEA öffentlich, dass sie von einem Peak im Jahre 2020 ausgehe.[524] Nur ein Jahr später revidierte sie diese Prognose und teilte in ihrem World Energy Outlook mit, sie sehe das Ölfördermaximum nicht vor 2035. Im gleichen Atemzug verkündete die IEA, einer kleinen Revolution gleich, dass die Förderspitze beim konventionellen Öl schon im Jahr 2006 überschritten worden sei.[525]

Eine Position, die die IEA später wieder revidieren musste. Im Jahr 2012 erfolgte nämlich eine erneute Kehrtwende. Auf der Pressekonferenz zur Vorstellung des *World Energy Outlook 2012* sowie in den lancierten Pressemitteilungen gab sich die IEA demonstrativ optimistisch. Bis 2017 werde sich die Lage am Ölmarkt entspannen, und der Ölpreis sinke. Die USA würden bis 2015 zum größten Erdgasproduzenten der Welt und bis 2017 zum größten Ölförderer aufsteigen.[526] Der Irak werde seine Kapazitäten deutlich steigern und überhole Russland als zweitgrößten Ölexporteur.

Der *World Energy Outlook 2013* bestätigt den Ausblick von 2012. Die Ölversorgung sei gesichert. Zwar räumt die IEA ein, dass die bestehenden konventionellen Ölfelder schlappmachen. Allerdings gibt es, so führt die Agentur

---

523 Vgl. Macalister, Terry: Key oil figures were distorted by US pressure, says whistleblower. Artikel online unter: http://www.guardian.co.uk/environment/2009/nov/09/peak-oil-international-energy-agency [Stand: 4.9.2014].

524 Vgl. Sommer, Rainer: IEA-Chefökonom: »Peak Oil« kommt 2020. Artikel online unter: http://www.heise.de/tp/blogs/2/146734 [Stand: 4.9.2014].

525 Vgl. Internationale Energie-Agentur (Hg.): World Energy Outlook 2010, Executive Summary, Paris 2010, S. 6.

526 Vgl. Internationale Energie-Agentur (Hg.): World Energy Outlook 2012, Paris 2012, S. 23 u. S. 49.

aus, noch verschiedene konventionelle Ölfelder, die in Betrieb genommen werden können. Diese sind aber mehrheitlich viel kleiner und weniger ergiebig als die großen Elefantenfelder.

Deshalb wird es eine Lücke zwischen der Ölnachfrage und dem Ölangebot aus konventionellen Ölquellen geben. Diese Lücke beziffert die IEA in ihrem Referenzszenario (*New Policies Scenario*) für das Jahr 2035 auf 14 Mio. Fass pro Jahr. Ein Grund zur Beunruhigung? Nein, sagt die IEA, denn diese Lücke wird vollständig durch unkonventionelle Ölquellen (Tight Oil und Ultra-Tiefwasser-Öl) geschlossen werden.[527]

Peak-Prognosen

Die Kritiker der IEA sind aufgrund der widersprüchlichen und wenig treffsicheren Studien und Veröffentlichungen aus Paris recht zahlreich. Zu den schärfsten Kritikern der IEA und gleichzeitig zu den größten Pessimisten gehört die *Energy Watch Group (EWG)*. Werner Zittel von der Energy Watch Group spricht mit Blick auf den World Energy Outlook 2012 von »bewusst desinformierenden Aussagen«.[528] Der World Energy Outlook sei keine wissenschaftlich neutrale Analyse mit Prognosecharakter, wie viele Journalisten meinen würden, so Zittel. Der Öffentlichkeit solle vermittelt werden, dass die Grundlagen der bestehenden Wirtschaftsstrukturen nicht gefährdet seien.[529]

Die Hoffnung der IEA, dass unkonventionelles Öl alle Angebotslücken schließen werde, halten die Wissenschaftler der Energy Watch Group für viel zu optimistisch. Die Gesamtölförderung werde sinken, weil der Förderrückgang beim konventionellen Erdöl die neuen zusätzlichen Möglichkeiten im Bereich der unkonventionellen Ölproduktion überkompensiere.

Die EWG prognostizierte im Jahr 2008 für das Jahr 2020 eine tägliche Gesamtölförderung von 58 Millionen Barrel und für das Jahr 2030 eine Fördermenge von 39 Millionen Barrel pro Tag.[530] (Zum Vergleich: Die IEA sieht in ihrem *New-Policies-Scenario* im Jahr 2035 eine Ölförderung allein aus konventionellen Ölquellen in Höhe von rund 65 Mio. Fass am Tag.)

---

[527] Vgl. Internationale Energie-Agentur (Hg.): World Energy Outlook 2013, Paris 2013, S. 25–26.

[528] Zittel, Werner: Kommentar zum World Energy Outlook 2012. Online unter: https://docs.google.com/uc?export=download&id=0B9AZj5ZYb55NWW83enViaGNPS2M [Stand: 4.9.2014].

[529] Vgl. ebenda.

[530] Vgl. Schindler, Jörg/Zittel, Werner: Zukunft der weltweiten Erdölversorgung, überarbeitete, deutschsprachige Ausgabe, o. O. 2008, Energy Watch Group/Ludwig-Bölkow-Stiftung, S. 13.

Der *World Energy Outlook* – kritisch gelesen

Wie bereits beschrieben, hat die IEA ihre Prognosen in der Vergangenheit immer wieder korrigiert. Im WEO 2013 werden drei Szenarien für die Weltenergieversorgung bis zum Jahr 2035 durchgerechnet: das *Current-Policies-Scenario* (»Business as usual«), das *New-Policies-Scenario* und das 450ppm-Scenario.

Aber nur eines von ihnen erhält das Signum eines Referenzszenarios, das sogenannte *New-Policies-Scenario*. Es ist der Kern des Berichts. Es wird in diesem Szenario davon ausgegangen, dass es weitere Weichenstellungen im Klima- und Energiebereich geben wird.[531] Im *New-Policies-Scenario* von 2013 schätzt die IEA den weltweiten Ölbedarf für 2035 nur noch auf 101 Mio. Barrel.[532] Ob es Wirklichkeit wird, ist sehr fraglich. Zumindest im Moment sieht es nicht danach aus. Das *Current-Policies-Scenario* ist das aus heutiger Sicht wesentlich realistischere Szenario. Es geht von einem höheren Energieverbrauch und weniger Energieeinsparung aus.

Im *Current-Policies-Scenario* liegt der Ölbedarf der Welt im Jahr 2035 bei 111 Mio. Fass am Tag (und nicht etwa bei 101 Mio. Fass) – ein Unterschied von zehn Millionen Fass am Tag, was eine vollkommen andere Hausnummer ist.

Bleiben wir noch einen Moment beim *New-Policies-Scenario*. Woher kommt dort das zusätzliche Öl? Laut dem World Energy Outlook 2013 sind es ganze sechs Länder, die die Zuwächse besorgen:

- **Irak**
- **Brasilien**
- **Kanada**
- **Kasachstan**
- **USA**
- **Venezuela**

Ob es diese Zuwächse tatsächlich gibt, ist unsicher. In Brasilien entsteht die Zusatzförderung durch Tiefseeöl, das technisch anspruchsvoll und daher teuer sein wird. In Kanada sind es die Öl-

531 Dennoch führt dieses Szenario, so rechnet die IEA vor, zu einem Anstieg der globalen Mitteltemperatur bis 2100 um 3,6 Grad Celsius. Damit würde das international angestrebte 2-Grad-Ziel deutlich verfehlt. Vgl. Internationale Energie-Agentur (Hg.): World Energy Outlook 2013, a. a. O., S. 24.

532 Vgl. ebenda, S. 55.

sande, die für einen Zuwachs sorgen. Umweltschutzüberlegungen könnten diesem Plan jedoch einen Strich durch die Rechnung machen. Am heikelsten aber: Einige Länder wie der Irak oder Venezuela sind politisch hochgradig instabil. Der Irak zerfällt gerade in seine Einzelteile, der Islamische Staat (IS) kontrolliert weite Teile des sunnitischen Siedlungsgebietes. Und in Venezuela wankt seit dem Tod von Hugo Chavez die Nachfolgeregierung von Nicolas Maduro. Ein Putsch mit anschließendem Bürgerkrieg ist nicht ausgeschlossen. Was dem World Energy Outlook 2013 vor allem fehlt, ist ein politisches Risikoszenario.

Ähnlich viel Pessimismus strahlt die *Association for the Study of Peak Oil and Gas* (ASPO) aus. Die Ölförderung wird laut ASPO im Jahr 2020 bei ungefähr 70 Millionen Barrel pro Tag liegen. Im Jahr 2030 soll sich die Förderung auf einem Niveau von rund 55 Millionen Barrel am Tag bewegen.[533] Die Prognosen der ASPO werfen Licht und Schatten auf die Organisation: Zwar sagte die ASPO richtig voraus, dass es beim konventionellen Erdöl eine Förderspitze gebe; im Gegenzug lag sie allerdings mit ihren jeweiligen Peak-Prognosen in der Vergangenheit daneben. Sie erwartete, dass der Peak vor dem Jahr 2010 eintreten würde. Diese Prognose wurde von der Realität widerlegt.

Das US-Militär sorgt sich ebenfalls um Peak Oil. Dies zeigt ein Bericht des United States Joint Forces Command (USJFCOM), das nicht nur mögliche feindliche Aktivitäten im Atlantik beobachten sowie den Schutz der Seewege im Atlantischen Ozean gewährleisten soll, sondern auch als Denkfabrik fungiert. Zwar wagt das USJFCOM keine Prognose, wann genau Peak Oil eintritt. Wichtig ist allerdings die Feststellung, dass das Ölfördermaximum eine reale Gefahr sei.[534]

Das sieht auch Olivier Rech so. Der Franzose arbeitete lange Zeit für die Forschungsabteilung der IEA in Paris, schied dann aber aus und arbeitet heute für die Energieberatungsfirma *Beyond Ratings*. Rech erkennt in seinen Analysen ein langes Förderplateau. Zwischen 2015 und 2020 sinke jedoch die Förderung.[535]

---

[533] Vgl. Association for the Study of Peak Oil and Gas (Hg.): ASPO Newsletter, Nr. 100, April 2009, S. 2.

[534] Vgl. United States Joint Forces Command (Hg.): Joint Operating Environment, Norfolk (Virginia) 2010, S. 29.

[535] Vgl. o. V.: Le pétrole déclinera peu après 2015, selon un ancien expert de l'Agence internationale de l'énergie. Artikel online unter: http://petrole.blog.lemonde.fr/2011/12/30/oi-will-decline-2015-according-to-a-former-expert-of-the-international-energy-agency/#more-3983 [Stand: 4.9.2014].

Ein Plateau sieht auch das staatliche australische Amt für Infrastruktur, Transport und Regionalwirtschaft: In einer von der australischen Regierung unter Verschluss gehaltenen Peak-Oil-Studie wird der Peak im Jahr 2016 verortet. Im Jahr 2017 drohe dann ein deutliches Sinken der Fördermengen.[536]

Ähnlich äußert sich Steven Kopits von der Unternehmensberatung *Princeton Energy Advisors*. Er sieht den globalen Peak auf jeden Fall vor 2020. Hauptgrund dafür seien aus dem Ruder laufende Kosten für die Ölförderung auf der Seite der Ölkonzerne.[537] Sadad al-Husseini, der ehemalige Vizepräsident der saudischen Ölgesellschaft *Aramco*, sieht das auch so: »Das Plateau ist eine Realität, und unglücklicherweise ist es noch immer unwahrscheinlich, dass es bis zum Ende dieses Jahrzehnts andauert.«[538]

Was spricht für Peak Oil?

Für die zumindest grundsätzliche Richtigkeit der Peak-Oil-These, trotz der genannten methodischen Schwächen, sprechen zahlreiche empirisch überprüfbare Befunde. So hat man in der jüngeren Vergangenheit nur sehr wenige neue große Ölfelder gefunden (u. a. vor der Küste Brasiliens, dort liegen die Vorkommen aber extrem tief, was die Förderung technisch sehr anspruchsvoll und teuer macht).

Praktisch alle großen konventionellen Ölfelder der Welt wurden vor mehr als 50 Jahren entdeckt. Seit 1986 übersteigt der Verbrauch pro Jahr die jährlichen neuen Ölentdeckungen. Der Trend ist seit über 25 Jahren ungebrochen. Tim Dodson, beim norwegischen Ölkonzern Statoil verantwortlich für die Erschließung neuer Ölfelder, bringt das Problem auf den Punkt:

> »Neue Ölfelder zu finden, wird immer schwieriger. Die neuentdeckten Felder sind kleiner, strukturell komplexer und schlechter erreichbar. Eine Umkehr dieses Trends ist nicht erkennbar.«[539]

Die Schere zwischen Neufunden und Verbrauch geht tendenziell immer weiter auf. Wir konsumieren etwa dreimal mehr Öl, als wir finden.[540] 2009/2010

---

[536] Vgl. Bureau of Infrastructure, Transport and Regional Economics (BITRE): Transport energy futures: long-term oil supply trends and projections, Report 117, Canberra 2009, S. 395.

[537] Vgl. Andrews, Steve: Interview with Steven Kopits. Text online unter: http://peak-oil.org/dev/?p=11681 [Stand: 20.10.2014].

[538] Zitiert nach: Auzanneau, Matthieu: Nouvelle chute en 2013 de la production de brut des »majors«, désormais contraintes à désinvestir. Artikel online unter: http://petrole.blog.lemonde.fr/2014/03/17/nouvelle-chute-en-2013-de-la-production-de-brut-des-majors-desormais-contraintes-a-desinvestir/2/ [Stand: 22.4.2014].

[539] Zitiert nach: Heinberg, Richard: Museletter 263, April 2014, S. 4.

[540] Vgl. Hirsch, Robert et al.: The Impending World Energy Mess, o. O. 2010, S. 11.

gab es ein kleines Zwischenhoch mit einigen größeren Neufunden – womit sich das Verhältnis zwischen Neufunden und Verbrauch kurzzeitig auf 1:2 verschob. Danach war der langfristige Trend wieder erkennbar. Das Jahr 2014 war nach vorläufigen Analysen womöglich das schlechteste Explorationsjahr seit 1952 – trotz hoher Investitionen.[541]

Die Abnahmerate der Förderung in den bestehenden konventionellen Ölfeldern der Welt liegt nach Angaben von Richard G. Miller, einem Erdölgeologen, der früher bei BP arbeitete, bei 4,1 Prozent jährlich.[542] Die IEA hat in einer Untersuchung 1.600 bestehende Ölfelder betrachtet und sieht sogar eine Abnahmerate von sechs Prozent im Durchschnitt.[543]

Gängige Statistiken weisen die reine konventionelle Ölförderung nicht mehr allein aus. Nach Ansicht von Kjell Aleklett, seines Zeichens Professor für Erdölgeologie an der Universität Uppsala, hat die konventionelle Ölförderung ihren globalen Peak im Jahr 2007 mit 70 Mio. Fass überschritten. Für das Jahr 2015 beziffert der Forscher die konventionelle Ölförderung auf 65 Mio. Fass. Dieser Wert werde weiter fallen.[544]

Etliche Länder haben ihren nationalen Peak erwiesenermaßen und irreversibel schon überschritten: Als prominente Beispiele seien Norwegen, das Vereinigte Königreich, die Niederlande, Indonesien oder Mexiko genannt. Auch Gesamt-Europa (ohne Russland) hat seinen Peak hinter sich: Das Fördermaximum lag 1999 bei knapp sieben Millionen Fass pro Tag. Der Förderrückgang liegt bei etwa 60 Prozent. Errechnet man einen Jahresdurchschnitt, so sinkt die europäische Ölförderung mit einer Rate von 5,5 Prozent pro Jahr. Und der Verbrauch? Europas Ölverbrauch ist in den letzten Jahren um etwa ein Prozent gesunken. Dies ist allerdings vor allem der Wirtschaftskrise geschuldet.

Die alten konventionellen Ölfelder von Russland, die sich v. a. in Westsibirien befinden, fördern dramatisch weniger Öl. Die Förderleistung jener Felder, die in den 1960er Jahren erschlossen wurden, schrumpfte im ersten Jahrzehnt des neuen Jahrtausends um durchschnittlich 11 Prozent – pro Jahr wohlgemerkt.[545] Der Ölkonzern Lukoil warnt: »Ohne den breiten Einsatz neuer Technologien wird die gesamte Ölförderung in Russland ab 2016–2017

---

[541] Vgl. Bukold, Steffen: Der Ölpreiskollaps, a. a. O., S. 37.

[542] Jene 4,1 Prozent entsprechen etwa 3,5 Millionen Barrel. Vgl. dazu Ahmed, Nafeez Mosaddeq: Former BP geologist: peak oil is here and it will 'break economies'. Artikel online unter: http://www.theguardian.com/environment/earth-insight/2013/dec/23/british-petroleum-geologist-peak-oil-break-economy-recession [Stand: 6.2.2014].

[543] Vgl. Internationale Energie-Agentur (Hg.): World Energy Outlook 2013, a. a. O., S. 26.

[544] Vgl. Aleklett, Kjell: Is the world drowning in oil? Online unter: https://aleklett.wordpress.com/2016/01/20/is-the-world-drowning-in-oil/ [Stand: 6.2.2016].

[545] Vgl. dazu Lukoil (Hg.): Global Trends in Oil & Gas Markets to 2025, o. O. 2013, S. 46.

beginnen, zurückzugehen.«[546] Die IEA geht sogar noch einen Schritt weiter – für sie war der russische Peak, beschleunigt durch die Sanktionen im Ukraine-Konflikt, schon 2014.[547]

Belastbare Zahlen liegen auch für einzelne große Ölfelder vor. Spektakulär ist der Niedergang von Cantarell. Das Elefantenfeld Cantarell war bis zum Jahr 2007 das größte Ölfeld Mexikos. Nach seiner Entdeckung im Jahr 1976 machten die Erlöse aus dem verkauften Öl Cantarells bis zu 40 Prozent der Staatseinnahmen Mexikos aus. Im Jahr 2004 erreichte das Ölfeld sein Fördermaximum. Seit dem Peak sank die Förderung Cantarells auf ein Viertel ab.[548]

Unkonventionelles Öl durch Fracking

Die zitierten Beispiele legen nicht den Schluss nahe, die Ölindustrie hätte sich die Rosinen im Kuchen bis zum Schluss aufgehoben. Im Gegenteil. Der *Best-First-Grundsatz* wird bestätigt.

Die Optimisten haben dennoch Hoffnung: Sie gründen ihre positiven Erwartungen auf die unkonventionellen Ölvorkommen. Diese gehören seit etwa fünf Jahren zu den Lieblingen der Wall Street. Die *Citigroup* lancierte vor einiger Zeit eine Studie, die das Ende von Peak Oil erklärte. »Das Peak-Oil-Konzept liegt in North Dakota begraben«, erklärten die Banker euphorisch gleich im ersten Satz ihrer Untersuchung.[549] North Dakota gilt als das neue Mekka der Ölindustrie. Dort liegt die sogenannte Bakken-Formation, ein unterirdischer riesiger Ölschatz.

Auch eine andere Größe der Finanzbranche stieß in das gleiche Horn: In einer Studie prognostizierte die internationale Beratungsfirma *PricewaterhouseCoopers* ein in Zukunft wesentlich üppigeres Ölangebot. Die Ölpreise würden bis 2035 sinken, nicht steigen. Das Wirtschaftswachstum werde durch eine neue Energierevolution angekurbelt.[550] Der Grund für die Euphorie ist das *Hydraulic Fracturing (kurz: Fracking).*

Jenes Verfahren ist nicht neu, rechnete sich in der Vergangenheit jedoch nicht. Hydraulic Fracturing kam zunächst vor allem bei Schiefergasvorkommen (»Shale Gas«) in Verbindung mit einer neuen horizontalen Bohrtechnik

---

[546] Ebenda, S. 2. (Im Original: »Without large-scale use of new technologies, oil production in Russia will begin to fall in 2016-2017.«)

[547] Vgl. Bukold, Steffen: Der Ölpreiskollaps, a. a. O., S. 41.

[548] Vgl. Müller, Michael: a. a. O., S. 9.

[549] Citigroup Global Markets (Hg.): Resurging North American Oil Production and the Death of the Peak Oil Hypothesis, o. O. 2012, S. 1.

[550] Vgl. PricewaterhouseCoopers (Hg.): Shale oil: the next energy revolution, o. O. 2013, S. 1 und S. 3. Online unter: http://www.pwc.com/en_GX/gx/oil-gas-energy/publications/pdfs/pwc-shale-oil.pdf [Stand: 4.9.2014].

zum Einsatz. Dazu muss man wissen, dass Schiefergas in einem sehr dichten Gestein festsitzt. Dieses Gestein gibt das Gas nur unter großem Aufwand frei. Vereinfacht kann man sich das Verfahren wie folgt vorstellen: Erst wird, wie gehabt, eine senkrechte Bohrung im Boden vorgenommen. In einem zweiten Schritt werden die weiträumigen Lagerstätten horizontal angebohrt. Jene Lagerstätten muss man sich wie einen Schwamm vorstellen. In das Gestein wird extremes Hochdruckwasser, das mit einem Chemikaliencocktail versetzt ist, eingeleitet. Der Druck des Wassers sprengt das Gestein auf, so dass das Gas entweichen kann. Gigantische Mengen von Sand sind erforderlich, um die entstehenden Risse und Fugen zu füllen, damit die Gesteinsformation stabil bleibt.

In den USA hat das Fracking dazu geführt, dass mehr Gas zur Stromerzeugung verfeuert wird. Auf Kosten der Kohle. Weil weniger Kohle verbrannt wird, hat sich die offizielle CO_2-Bilanz der USA verbessert. Allerdings ist diese Feststellung mit zahlreichen Fragezeichen verbunden. Beim Sprengen des Gesteins werden große Mengen Methangas freigesetzt. Wie viel Methan in die Atmosphäre gelangt, ist unklar, da dieser Freisetzungsprozess nicht überwacht wird. Die wissenschaftlichen Studien zu dieser Thematik sind zwar bisher eher dünn gesät, aber vieles spricht dafür, dass das Fracking nicht zum Klimaschutz beiträgt. Wahrscheinlich ist, dass das austretende Methangas den CO_2-Einspareffekt überkompensiert.[551]

Geradezu eindeutig sind dagegen die Schlüsse, die mit Blick auf das Grundwasser zu ziehen sind. In den USA wurden wichtige Umweltstandards beim Gewässerschutz aufgegeben, bevor das Fracking in den Vereinigten Staaten auf breiter Front zum Einsatz kommen konnte. Das blieb nicht ohne Folgen: In verschiedenen Gebieten kam es bereits zu Verunreinigungen des Grundwassers.

Anthony Ingraffea, ein Fachmann für »Fracture Mechanics« von der Cornell University, hat die Bohrberichte von 41.000 Bohrungen analysiert. Seine in mühevoller Kleinarbeit erstellte statistische Auswertung zeigt, dass bis zu 50 Prozent der Bohrungen nach acht bis zehn Jahren ein Leck haben, durch das sie unkontrolliert Gas in die Atmosphäre entlassen. Seinen Angaben zufolge können bereits heute Hunderte Familien in Pennsylvania ihr Trinkwasser nicht mehr aus ihren hauseigenen Brunnen beziehen. Grund dafür ist eine Verseuchung des Wassers durch austretendes Gas.

551 Vgl. Wagner, Karl: Es werden keine Gefangenen gemacht: gegenwärtige Trends der Ausbeutung des Planeten, S. 23–24, in: Bardi, Ugo: Der geplünderte Planet. Die Zukunft des Menschen im Zeitalter schwindender Ressourcen, München 2013, S. 21–28.

Fracking schädigt nachweislich die Gesundheit von Menschen und Tieren.[552] Im Frack-Abwasser lassen sich Rückstände von Schwermetallen nachweisen, die den Hormonhaushalt durcheinanderbringen. Endokrinologische Untersuchungen laufen. Erste Ergebnisse sind allerdings alarmierend.

Angesichts dieser Risiken ist es kaum verwunderlich, dass Bürgerinitiativen gegen das Fracking wie Pilze aus dem Boden schossen. Doch trotz aller Anwohnerproteste gibt es immer mehr Bohrungen. Die Ergebnisse sind aus der Sicht der Industrie einfach zu gut. So gut, dass manche Industrievertreter in grenzenlose Euphorie verfallen. »Durch die Erschließung unkonventioneller Gase haben sich die globalen Vorräte vervielfacht und sichern die Versorgung für rund 300 Jahre. Die USA sind dank Shale Gas auf dem besten Weg zur Energieautonomie«, meint Stephan Reimelt, CEO von General Electric Energy in Deutschland.[553]

Hydraulic Fracturing gilt nun auch seit einigen Jahren in der Ölindustrie als Revolution. Manche Ölvorkommen stecken in extrem dichten Gesteinen fest, so dass sie nicht konventionell gefördert werden – Fachleute sprechen von *Tight Oil*.[554] Jenes Tight Oil wird ebenfalls durch Hydraulic Fracturing freigepresst. Mittlerweile ist in einigen Bundesstaaten der USA (v. a. im Bundesstaat North Dakota) ein regelrechter Gold- bzw. Ölrausch ausgebrochen.

Es gab einen Investitionsboom, der durch zwei Faktoren maßgeblich befeuert wurde: einerseits durch den lange hohen Ölpreis (der sich mittlerweile erledigt hat), andererseits durch die Niedrigzinspolitik der US-Notenbank, die kreditfinanzierte Investitionen attraktiv machte. Jener Ölrausch veranlasste die Citigroup-Ökonomen zu der eingangs erwähnten Einschätzung zum Tod der Peak-Oil-Theorie. Die Citigroup-Ökonomen stehen mit ihrer Meinung nicht allein auf weiter Flur: Auch die Studienautoren von PricewaterhouseCoopers glauben, dass bis zum Jahr 2035 pro Tag 14 Millionen Barrel Öl zusätzlich auf den Ölmarkt kommen.

---

[552] Eine gute Zusammenfassung der Risiken von Fracking findet sich in der folgenden Studie: Food & Water Watch (Hg.): The Urgent Case for a Ban on Fracking, Washington D. C. 2015. Online unter: https://www.foodandwaterwatch.org/sites/default/files/Urgent%20Ban%20on%20Fracking%20Report%20March%202015.pdf [Stand: 27.5.2016].

[553] Reimelt, Stephan: Versorgungssicherheit gefährdet, in: Die Welt vom 14. April 2012, Beilage Energie 2012 – Effizienz und Nachhaltigkeit, S. 1.

[554] Als Laie muss man sich das so vorstellen: Öl verbringt nicht sein ganzes Leben lang am gleichen Ort. Es bildet sich in einem sogenannten Muttergestein und fließt dann in eine höhere Erdschicht, durchläuft ein poröses, gut durchlässiges Gestein. Jene von Geologen »Reservoir« genannte Schicht wird von einer weiteren Schicht überlagert – der sogenannten Erdölfalle. Dort sammelt sich das Öl im Idealfall in einer großen, gut förderbaren Menge. Beim Tight Oil findet sich das Erdöl nicht in der Erdölfalle, sondern eingeklemmt in einer tiefer liegenden Gesteinsschicht.

Fracking – ein wackliges Geschäft

Entgegenzuhalten ist dieser Einschätzung jedoch eine ganze Menge: Die Erschließung unkonventioneller Öl- bzw. Gasvorkommen mittels Fracking ist nicht nur aufwendig und teuer, sondern die neuen Vorkommen erschöpfen sich auch noch sehr schnell. Selbst beim vermeintlich sehr erfolgreichen Gas-Fracking geht die Förderung binnen eines Jahres nach der Produktionsaufnahme durchschnittlich um 60 bis 90 Prozent zurück, wie die Erfahrungen in den USA zeigen.[555] Andere Autoren sprechen von einem Förderrückgang von 80 bis 95 Prozent nach drei Jahren.[556]

Ähnlich sind die Erfahrungen beim freigepressten Tight Oil: In North Dakota fällt die Produktion von neuen Bohrlöchern um durchschnittlich 50 Prozent nach einem Jahr. Nach vier Jahren ist nur noch rund ein Zehntel der Anfangsproduktion übrig. Dieser Förderverlauf ist eine direkte Konsequenz der Fracking-Technik und der durch sie geschaffenen bzw. erweiterten Risse im Gestein. Denn in den ersten Momenten nach dem hydraulischen »Fracken« sind die künstlich geschaffenen Risse am größten.[557]

»Wirtschaftlich ist das Fracking eine Katastrophe«, schreibt dazu der US-Finanzjournalist Wolf Richter im Magazin *Business Insider*. Richter führt aus:

> »Die Bohrungen vernichten Kapital in erstaunlichem Tempo, und wenn der fatale Förderrückgang einsetzt, sitzen die Betreiber auf einem Berg von Schulden. Damit dieser Rückgang ihnen nicht die Bilanz verhagelt, muss der Ausfall der alten Quellen durch immer neue Bohrungen ersetzt werden – bis auch die trocken sind.«[558]

Sehr viele Gas-Fracker sind finanziell im Minus. Besser sah das Bild lange Zeit beim Öl-Fracking aus. Doch seit dem Ölpreisverfall im Herbst 2014 schreiben die meisten Tight-Oil-Förderer ebenfalls rote Zahlen.

Die Wirtschaftlichkeit des Frackings steht grundsätzlich in Frage. Und dabei sind die erwähnten schwerwiegenden Umwelt- und Gesundheitsschäden noch gar nicht in eine Wirtschaftlichkeitsrechnung einbezogen. Wahrscheinlich werden durch den Ölpreisverfall viele unrentable Bohrungen mittelfristig

---

555 Vgl. King, David/Murray, James: Oil's tipping point has passed, S. 435, in: Nature, Nr. 481, 2012, S. 433–435.

556 Vgl. Hughes, David: A reality check on the shale revolution, S. 308, in: Nature, Nr. 494, 2013, S. 307–308.

557 Vgl. Senz, Christoph: Der Tight Oil Boom in den USA – Ein genauerer Blick! Teil 2. Online unter: http://www.peak-oil.com/2013/02/der-tight-oil-boom-in-den-usa-ein-genauerer-blick-teil-2/ [Stand: 2.1.2014].

558 Zitiert nach: Ahmed, Nafeez Mosaddeq: Die nächste Blase. Fracking löst das Energieproblem nicht, in: Le Monde diplomatique vom 12.4.2013.

eingestellt und neue Investitionen in Tight Oil auf Eis gelegt werden. Die Gewinnschwelle beim Tight Oil ist regional allerdings sehr unterschiedlich, in der Bakken-Formation liegen sie zwischen 40 und 90 US-Dollar pro Fass.[559]

Viele Unternehmen der Branche sind hochverschuldet. Um die Kredite bedienen zu können, ist es den Fracking-Unternehmen nicht möglich, ihre Produktion kurzfristig auszusetzen. Langfristig sieht das Bild anders aus. Investitionen in neue Bohrungen werden sehr wahrscheinlich stark zurückgefahren. Weil aber die Investitionen von heute die Kapazitäten von morgen bestimmen, dürfte das Angebot an Tight Oil verknappt werden.

Den nordamerikanischen Ölfrackern droht zudem von anderer Stelle Ärger – von der Geologie. Es ist nicht nur so, dass die besten Bohrlöcher (»sweet spots«) schon in Betrieb sind, womit wieder mal das Best-First-Prinzip bestätigt wird. Schlimmer noch: Das Tight-Oil-Potential ist wahrscheinlich wesentlich geringer als gemeinhin angenommen wird.

Der international renommierte Geologe David Hughes ist überzeugt, dass sich viele Träume um Fracking als das erweisen werden, was sie seiner Meinung nach sind: Träume eben. Hughes legte im Jahr 2013[560], im Jahr 2014[561] sowie im Jahr 2015[562] drei Referenzstudien vor, die schon für die nächsten Jahre ein Ende des Ölrausches verheißen. Hughes erwartet den Peak beim US-amerikanischen Tight Oil vor 2020. Die offiziellen Prognosen der Energy Information Administration (EIA), die dem US-Energieministerium untersteht, seien viel zu optimistisch. Die EIA erwartet für das Jahr 2040 ein Produktionsniveau, das in etwa auf dem üppigen gegenwärtigen Stand liegt.[563] Der Ölveteran Hughes hält dagegen: Im Jahr 2040 werde sich die Förderleistung der beiden mit Abstand wichtigsten Formationen, Bakken und Eagle Ford, auf etwa ein Zehntel des prognostizierten EIA-Wertes belaufen. Und auch sonst sei die Tight-Oil-Party nach 2020 vorbei, so Hughes.[564]

---

559 Vgl. Bukold, Steffen: Der Ölpreiskollaps, a. a. O., S. 22.

560 Hughes, David: Drill, Baby, Drill: Can Unconventional Fuels Usher in a New Era of Energy Abundance?, Post Carbon Institute, Santa Rosa 2013. Online unter: http://www.postcarbon.org/reports/DBD-report-FINAL.pdf [Stand: 2.1.2014].

561 Hughes, David: Drilling Deeper. A Reality Check on U. S. Government Forecasts for a Lasting Tight Oil & Shale Gas Boom, Post Carbon Institute, Santa Rosa 2014. Online unter: http://www.postcarbon.org/wp-content/uploads/2014/10/Drilling-Deeper_FULL.pdf [Stand: 28.12.2014].

562 Hughes, David: Tight Oil Reality Check. Revisiting the U.S. Department of Energy Play-by-Play Forecasts through 2040 from Annual Energy Outlook 2015, Santa Rosa 2015. Online unter: http://www.postcarbon.org/wp-content/uploads/2015/09/Hughes_Tight-Oil-Reality-Check.pdf [Stand: 4.11.2015].

563 Vgl. United States Energy Information Administration: Annual Energy Outlook 2014. With Projections to 2040, US Department of Energy, Washington D. C. 2014. Online unter: http://www.eia.gov/forecasts/aeo/pdf/0383%282014%29.pdf [Stand: 28.12.2014].

564 Vgl. Hughes, David: Drilling Deeper, a. a. O., S. 6–10.

Die USA, das neue Saudi-Arabien?

Das Öl-Fracking hat in den USA zu euphorischen Pressemeldungen geführt. 2014 konnte man in Zeitungen lesen, dass die USA wieder zum größten Ölproduzenten der Welt aufgestiegen seien. Solche Meldungen sind allerdings irreführend. Die eigentliche Ölproduktion lag Mitte 2014 bei 8,2 Millionen Fass am Tag. Nur dann, wenn man alle statistischen Tricks anwendet und Gaskondensate sowie sogenannte Raffineriegewinne addiert, können die USA mit 11 Millionen Barrel pro Tag sowohl Russland als auch Saudi-Arabien überholen. Dann vergleicht man jedoch Äpfel mit Birnen.[565]

Dem amerikanischen Autofahrer ist diese akademische Diskussion natürlich egal. Er freut sich über das deutlich gewachsene Ölangebot – und indirekt über niedrigere Preise. Seriöse Medien sollten den Unterschied freilich machen und keine Falschmeldungen verbreiten.

Der Vergleich mit Saudi-Arabien und Russland hinkt noch aus einem anderen Grund. Beide Länder exportieren netto Öl, was in den Vereinigten Staaten nicht geschieht. Der Ölverbrauch in den USA ist u.a. durch eine verbesserte Energieeffizienz in den letzten Jahren leicht gesunken (allerdings gab es 2014 wieder einen Anstieg um etwa zwei Prozent). Dennoch benötigen die Vereinigten Staaten immer noch ca. 19 Millionen Fass Öl pro Tag. Selbst im günstigsten Fall müssen noch etwa sieben Millionen Fass Öl pro Tag importiert werden.

Noch sind die Zahlen der US-amerikanischen Tight-Oil-Produktion durchaus beachtlich. Im Jahr 2014 belief sie sich auf etwa 3,5 Millionen Fass pro Tag (was in etwa der gesamten Ölförderung des Irans entsprach). Bis zum Jahr 2021 soll dieser Wert nach EIA-Angaben auf 4,8 Millionen Fass am Tag steigen.

Die aktuelle Produktion wirkt dem Förderrückgang der konventionellen Ölfelder zwar entgegen, rechtfertigt aber nicht die manchmal in den Medien von interessierter Seite geäußerte Einschätzung, die USA würden zum neuen Saudi-Arabien.

---

[565] Vgl. Ganser, Daniele: Fossile Schweiz. Warum wir die Abhängigkeit von Erdöl und Erdgas reduzieren müssen, Schweizerische Energie-Stiftung, Zürich/Basel 2014, S. 25–27.

Schwer abschätzbar ist die globale Zukunft des Frackings: Unkonventionelles Öl, das gefrackt werden kann, ist noch in vielen anderen Staaten der Erde vorhanden. Die Potentiale sind schwer abschätzbar, aber es ist nicht auszuschließen, dass sich das Angebot an unkonventionellem Öl durch Fracking auch nach dem Fördergipfel in den USA erhöht, weil viele andere Staaten in das Geschäft einsteigen. Sicher ist diese Entwicklung aber keinesfalls.

Mit diesen Anmerkungen sind die optimistischen Prognosen der Citigroup und von PricewaterhouseCoopers noch nicht widerlegt, aber zumindest geerdet. Die nächsten Jahre werden zeigen, ob die Optimisten richtig liegen.

Vieles spricht allerdings schon heute dafür, dass Fracking sich als eine Investmentblase erweisen wird. Der Energiejournalist Richard Heinberg meint, dass am meisten die Wall Street von dem Wirbel um das Fracking profitiert habe. Die Effekte auf das reale Geschäft der Öl- und Gasunternehmen seien begrenzt, aber die Unternehmensbewertungen und die Aktienkurse an den Börsen seien stark gestiegen. Auch Investmentbanken wie Goldman Sachs hätten sich die Taschen gefüllt, indem sie Unternehmen aus der Ölbranche »gehypt« hätten. Für Heinberg ist klar: »Die wirklichen Profite dieser Technologie wurden stark übertrieben und die Risiken heruntergespielt.«[566]

Der Geologe Richard Miller flüchtet sich derweil in Sarkasmus. Fracking ist für ihn eine Art Notlösung. »Wir sind wie die Laborratten in einer Kiste aus Pappkarton, die alle Cornflakes aufgegessen haben. Jetzt haben wir erkannt, dass wir auch den Pappkarton essen können«, meint er.[567]

Unkonventionelles Öl durch Ölsande

Die Optimisten verweisen gerne und oft auf die enormen Ölsandvorkommen, die es in Venezuela (Orinoko-Region), aber vor allem in der Athabasca-Region (Provinz Alberta) in Kanada gibt. Und bestätigen damit unfreiwillig das oben umrissene Problem: Warum sollte man Ölsande erschließen, wenn es noch konventionelle, eher leicht zu erschließende Ölquellen in ausreichender Zahl geben würde? (Die gleiche Frage stellt sich natürlich auch mit Blick auf das Fracking und die Ölherstellung mittels Kohle und Gas.)

Richtig ist aber: Die Ölsande im Nordosten der Provinz Alberta sind das größte Ölvorkommen der Welt. Zumindest theoretisch. Denn anders als in den klassischen Ölförderländern sprudelt das Öl nicht einfach aus einem

---

566 Vgl. Heinberg, Richard: Snake Oil, a. a. O., S. 92.

567 Zitiert nach: Ahmed, Nafeez Mosaddeq: Former BP geologist: peak oil is here and it will 'break economies', a. a. O.

Bohrloch, sondern liegt als ein zäh-klebriges, schweres Gemisch mit Sand, Ton und anderen Mineralien vor. Und das auch noch in 30 Meter Tiefe.

Die Vorkommen erstrecken sich über eine Fläche von etwa 140.000 Quadratkilometern. Nach Angaben des großen kanadischen Ölkonzerns *Syncrude* lagern dort 1.700 Milliarden Barrel Bitumen, ein besonders schweres Ölgemisch. Immerhin 175 Milliarden Barrel davon sind laut Syncrude herkömmlich zu fördern, weitere 315 Milliarden mit zu erwartendem technischem Fortschritt.[568]

Fast das gesamte Ölsandgebiet ist von Alberta, das zu einer »Petroprovinz« geworden ist, verpachtet worden. Große internationale Konzerne wie Shell, BP, Exxon, Total oder Petrochina haben sich für die Zukunft Pachtgebiete gesichert.[569] In der Vergangenheit galten Ölsande lange Zeit als unwirtschaftlich. Der bis Mitte 2014 hohe Ölpreis hat die Ölsandverarbeitung allerdings zu einer Boomindustrie gemacht.

Grob betrachtet gibt es zwei Förderverfahren: Tagebau und *in situ*. Beide sind energieaufwendig und teuer. Beim In-situ-Verfahren wird nicht mit schwerem Gerät gebaggert, sondern Hitze (typischerweise in Form von Wasserdampf) wird in tiefliegende Lagerstätten eingeleitet. Beim Tagebau müssen bis zu 12 Tonnen Ölsand verarbeitet werden, um eine Tonne Bitumen zu gewinnen. Dafür werden nicht nur große Naturflächen in Mondlandschaften verwandelt, sondern auch immense Mengen Wasser benötigt. Das Wasser wird dem Athabasca-Fluss entnommen.

Der Ölsandabbau ist ein gigantisches Projekt. Die Dimensionen des Tagebaus lassen sich nur mit der Hilfe von Luftaufnahmen erschließen, wie sie etwa im Film *Petropolis* zu sehen sind.[570] Die Rückstände, immerhin 500 Millionen Liter pro Tag, sind so stark mit Arsen, Quecksilber und anderen Giften belastet, dass sie in speziellen Staubecken zurückgehalten werden. Bereits jetzt erstrecken sich Becken mit flüssigen Rückständen aus der Produktion über 50 Quadratkilometer, berichtet die Umweltstiftung *World Wide Fund for Nature Canada*.

Im besten Fall (aus der Sicht der Industrie) wird die Ölproduktion in Kanada bis 2030 auf sechs Millionen Barrel pro Tag hochgefahren. Dieser Best-Case wäre für andere der Worst-Case. 18 Millionen Barrel Wasser wür-

---

[568] Vgl. Resenhoeft, Thilo: Im Sand von Kanada lauern riesige Ölreserven, in: Die Welt online vom 2.3.2009. Artikel online unter: http://www.welt.de/dieweltbewegen/article13877977/Kanadas-grosse-Gier-nach-Oel-heizt-die-Erde-auf.html [Stand: 1.2.2014].

[569] Vgl. Stern, Daniel: Öl aus allen Rohren, in: WOZ Die Wochenzeitung vom 11.9.2014, Nr. 37, S. 15–17.

[570] Petropolis: Aerial Perspectives on the Alberta Tar Sands, Kanada 2009, Regie: Peter Mettler, 43 Minuten.

den bei dieser Produktionsmenge bei gleichbleibender Technik pro Tag benötigt. Das wären unglaubliche 2,86 Milliarden Liter Wasser. Diese Menge würde ausreichen, um täglich rund 1,4 Milliarden Menschen mit der lebensnotwendigen Flüssigkeit zu versorgen.[571]

Umweltschützer kritisieren außerdem, dass zum Gewinnen des Öls große Mengen Erdgas verbrannt werden und es daher einen immensen Ausstoß an Kohlendioxid gibt. Zudem brüten jedes Jahr bis zu 170 Millionen Vögel in den Waldgebieten. Diese könnten ihren Lebensraum an die Tagebaue verlieren, und damit büßten auch künftige Vogelgenerationen ihre Lebensmöglichkeiten ein.[572]

Überdies: Die kanadischen Ölsande werden die Energieprobleme der Welt nicht im Alleingang lösen können. Entscheidend sind nämlich die vergleichsweise bescheidenen Fördertempi und -mengen. Die *Internationale Energie-Agentur* erwartet, dass die Ölproduktion (im Wesentlichen aus Ölsanden bestehend) von 4,2 Millionen Barrel pro Tag im Jahr 2014 auf fünf Millionen Barrel pro Tag im Jahr 2020 steigen wird.

Jene Prognosen werden von Skeptikern bezweifelt. Sie verweisen auf Risiken wie den 2014 stark gefallenen Ölpreis. Dieser hat dazu geführt, dass ein großer Teil der kanadischen Ölsandproduktion mittlerweile unrentabel ist. Nach Einschätzungen von Experten wird im Durchschnitt erst ab einem Ölpreis von 80 US-Dollar pro Barrel Geld mit den Ölsanden verdient.[573] Es ist auch hier wahrscheinlich, genau wie beim Fracking, dass Investitionen für künftige Kapazitäten gekürzt werden.

Derzeit ist Erdgas noch deutlich billiger als Öl. Ein deutlich steigender Erdgaspreis könnte dazu führen, dass das Erdgas auf andere Weise genutzt wird – zum Beispiel, um Häuser und Wohnungen zu beheizen oder um Strom zu erzeugen.[574]

Unkonventionelles Öl durch Ölschiefer

Während Ölsande in Kanada schon in einem erheblichen Umfang zu Öl verarbeitet werden, hofft man in den USA auf ähnliche Erfolge. Im Green River Basin (der größte Teil des Beckens liegt in den US-Bundesstaaten Utah und Colorado) gibt es zwar keine Ölsande, aber Ölschiefervorkommen. Große Vorkommen, die ebenfalls ein theoretisch hohes Potential haben. Mit diesen Ölschiefervorkommen verhält es sich wie mit dem Ölsand: Das schwarze

---

[571] Vgl. Wiesmann, Otto: Chance Peak Oil?, München 2009, S. 71.

[572] Vgl. Resenhoeft, Thilo: a. a. O.

[573] Vgl. Bukold, Steffen: Der Ölpreiskollaps, a. a. O., S. 27 u. S. 41.

[574] Vgl. Rubin, Jeff: Warum die Welt immer kleiner wird, a. a. O., S. 49.

Gold liegt nicht in flüssiger Form vor, sondern in Gesteinsform. Will man Öl herstellen, muss das Gestein stark erhitzt werden. Außerdem braucht man wie auch in Alberta große Mengen Wasser.

Im trockenen Green River Basin ist Wasser jedoch knapp. Bis jetzt findet keine Ölproduktion statt. Die RAND Corporation, ein neokonservativer Think-Tank, schätzt, dass der Aufbau einer Infrastruktur sieben Jahre dauern würde. Außerdem gilt wie auch in Kanada, dass keine sehr großen Mengen in kurzer Zeit hergestellt werden können. Drei Millionen Fass seien im Jahr 2030 produzierbar, meint RAND.[575] Damit gilt bis auf Weiteres der gleiche Befund wie im Falle des kanadischen Ölsandes: Die Fördergeschwindigkeit ist der Flaschenhals.

Immer tiefer bohren

Auch die Ölkatastrophe im Golf von Mexiko, die von April bis August 2010 ständig in den Nachrichten vorkam und die für Tiere, Pflanzen und Menschen eine furchtbare Tragödie darstellt, bestätigt indirekt die Peak-Oil-Theorie: Neue, leicht zugängliche Ölquellen gibt es nicht mehr. Um weiterhin Profitmaximierung betreiben zu können, musste ein Konzern wie *BP* immer abenteuerlichere und riskantere Arten der Ölförderung wählen. Bei der Ausbeutung von Öl und Kapital in der Tiefsee siegte das Gewinnstreben über die Sicherheit, kurzfristige Vorteile triumphierten über langfristige Auswirkungen.[576]

Wenn Öl üppig und reichlich verfügbar wäre, würde weder in tiefen Meeresregionen noch in Nationalparks, immerhin die Kronjuwelen des Naturschutzes, nach dem schwarzen Gold gebohrt. Das schon zitierte Beispiel der Ölförderung im Yasuní-Nationalpark in Ecuador ist kein Einzelfall. Öl wird u. a. in Nationalparks in Peru, Indonesien, Belize sowie im Länderdreieck zwischen der Demokratischen Republik Kongo, Ruanda und Uganda (Virunga-Nationalpark) gefördert – was oft mit gravierenden Umweltverschmutzungen einhergeht.

---

575 Vgl. Senz, Christoph: Unkonventionelles Öl – die Lösung für Peak Oil? Teil 2: Ölschiefer. Online unter: http://www.peak-oil.com/2012/05/unkonventionelles-oel-oelschiefer/ [Stand: 4.9.2014].

576 Vgl. Suter, Lotta: US-Finanzreform. Kalkulierte Katastrophen, in: WOZ Die Wochenzeitung vom 3.6.2010.

Langfristig kein billiges Öl mehr

Der in der zweiten Jahreshälfte 2014 stark gesunkene Ölpreis hat Folgen für das langfristige Ölangebot. Dass Investitionen im Bereich Ölförderung gekürzt werden, wurde schon angemerkt. Dieser Punkt ist allerdings von großer Bedeutung. Jene Kürzungen führen zwangsläufig zu einer geringeren Ölförderung in den nächsten Jahren.

Die Investmentbank Goldman Sachs schätzt, dass bei einem Ölpreis von 70 US-Dollar pro Fass (oder weniger) etwa 20 Millionen Barrel pro Tag gefährdet sind.[577] Und der Hamburger Energieanalyst Steffen Bukold merkt an: »Viele Projekte, die im nächsten Jahrzehnt die globale Ölversorgung sichern sollen, werden gestrichen oder verschoben.«[578]

Wenn eine weiter wachsende Ölnachfrage auf ein sinkendes Ölangebot trifft, braucht man keine prophetischen Gaben, um zu prognostizieren, dass der Ölpreis nur noch eine Richtung kennen wird: nach oben. Das wird das ökonomische Wachstum in den kommenden Jahren erheblich bremsen und möglicherweise zum Erliegen bringen. Um es also klar zu sagen: Die Gefahr des Ölfördermaximums besteht nicht darin, dass es kein Öl mehr gibt, sondern dass es kein *billiges* Öl mehr gibt.

Unkonventionelle Ölvorkommen werden immer wichtiger. Um dieses nicht-fertige Öl in richtiges Öl zu verwandeln, muss viel Aufwand betrieben werden. Viel Aufwand heißt hohe Kosten. Nicht wenige Ölfirmen brauchen aktuell, d. h. unter den Bedingungen des globalisierten Finanzmarktkapitalismus, einen Brentpreis von 120 bis 130 US-Dollar pro Barrel, um ihr Gewinnniveau und damit die Höhe ihrer Dividendenzahlungen halten zu können.[579]

Man kann es drehen und wenden, wie man will: Der globale Peak kommt. Fraglich ist, wann er da ist und wie er verlaufen wird. Die Standardannahme ist, dass die Ölförderung nach dem Peak um zwei bis vier Prozent pro Jahr sinkt. Pessimistische Prognosen gehen von einem regelrechten Fördereinbruch aus und rechnen mit einem Sinken um vier bis zehn Prozent.[580] Das hätte sehr ernste Konsequenzen.

Viele Ölgeologen halten aber auch ein länger anhaltendes Förderplateau, das sich über einen Zeitraum von mehreren Jahren erstreckt, für möglich. Vie-

---

577 Vgl. Randall, Tom: Bankers See $1 Trillion of Zombie Investments Stranded in the Oil Fields. Artikel online unter: http://www.bloomberg.com/news/articles/2014-12-18/bankers-see-1-trillion-of-investments-stranded-in-the-oil-fields [Stand: 7.6.2015].

578 Bukold, Steffen: Der Ölpreiskollaps, a. a. O., S. 10.

579 Vgl. Kopits, Steven: Why the oil majors are getting hammered. Artikel online unter: http://blogs.platts.com/2013/11/05/carrying-price/ [Stand: 2.1.2014].

580 Vgl. Mórrígan, Tariel: Peak Energy, Climate Change, and the Collapse of Global Civilization: The Current Peak Oil Crisis, Santa Barbara 2010, S. 7.

les spricht dafür. Seit dem Jahr 2005 ist die weltweite Ölförderung nur noch gering gestiegen, so dass man von einer Stagnation sprechen kann.

Uns könnte eine Jo-Jo-Konjunktur ins Haus stehen. Heißt: Auf einen Ölpreisschock folgt eine Rezession. Daraufhin verfällt der Ölpreis, weil bedingt durch die nachlassende wirtschaftliche Aktivität die Ölnachfrage sinkt. Ein sinkender Ölpreis induziert einen neuen Aufschwung. Dieser endet, wenn wiederum die Kapazitätsgrenze bei der Ölexploitation erreicht wird und der Ölpreis neue Höhen erreicht. Die Folge: eine neuerliche Rezession. Der Ölpreis sinkt, was erneut einen Aufschwung einleitet etc.

Es ist zwar nicht sicher, aber durchaus vorstellbar, dass so unsere Zukunft aussieht.

Sicher ist dagegen: Wenn der Ölpreis steigt, wird das nicht nur einen sparsameren Umgang mit Öl verursachen, sondern auch die Erforschung alternativer Energieträger anreizen.

»Wir sollten das Öl verlassen, bevor es uns verlässt«, lautet die klare Empfehlung von Fatih Birol, dem Chefökonomen der IEA.[581] Die entscheidenden Frage lauten daher: Ist Öl substituierbar? Und wie schnell kann das gehen?

---

[581] Birol, Fatih: We can't cling to crude: we should leave oil before it leaves us, in: The Independent vom 2.3.2008.

»Anstatt das Automobil immer weiterzuentwickeln,
sollten wir uns überlegen, wie wir Mobilität
in Zukunft anders gestalten.«
Hans-Peter Dürr, deutscher Quantenphysiker

20. Erdöl im Verkehr ersetzen – geht das (so einfach)?

Welchen Verlauf die Zukunft nimmt, hängt davon ab, ob das zukünftig immer knapper werdende Erdöl durch andere Stoffe ersetzt oder durch Effizienzsteigerungen eingespart werden kann.

In diesem sowie im nächsten Kapitel soll genau diese Frage diskutiert werden. Zumindest ansatzweise. Wir betreten nämlich ein weiteres sehr weites Feld. Es umfassend zu bestellen, würde bedeuten, gleich mehrere dicke Bücher schreiben zu müssen. Dieses Kapitel legt den Fokus auf die Bereiche Verkehr und Transport, das nächste widmet sich schwerpunktmäßig dem Thema Strom. Andere Verwendungsformen des Erdöls bleiben erst einmal außen vor.

Da in diesem Abschnitt sowie im nächsten besonders viele Fallstricke lauern, ist es zunächst sinnvoll, das Erdöl aus einer historisch längerfristigen Perspektive zu betrachten. Aus einer solchen langfristigen zeitlichen Perspektive, die sich zum Beispiel über einen Zeitraum von 3.000 Jahren erstreckt, erscheint das Ölzeitalter nur als ein kurzer Abschnitt der Menschheitsgeschichte, wie die Abbildung 30 illustriert.

Ganz ähnliche Verlaufskurven ergeben sich für viele andere nicht-erneuerbare Rohstoffe, so etwa für Kohle, Erdgas oder Uran. Wir Menschen denken in Jahren oder Jahrzehnten, aber nur sehr selten in größeren Zeiträumen.

Beginnen wir mit dem Grundsätzlichen: Konsultiert man eines der Standardwerke der Energiewirtschaft, den *BP Statistical Review of World Energy*, so erfährt man, dass sich der globale Energieverbrauch im Jahr 2015 zu 86 Prozent aus fossilen Quellen speiste.

Erdöl deckt etwa ein Drittel, Kohle ein knappes Drittel und Erdgas knapp ein Viertel ab. Der Anteil der regenerativen Energien wächst beständig, liegt aber gerade einmal bei bescheidenen 2,78 Prozent (wobei in diesem Wert die Wasserkraft nicht enthalten ist).

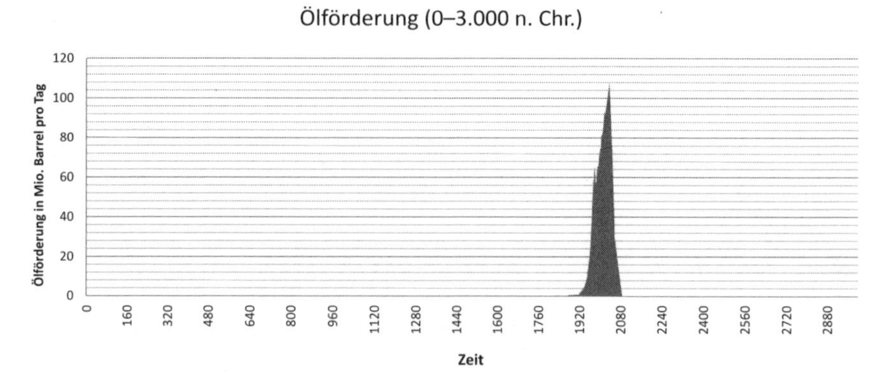

Abb. 30: Das Ölzeitalter in langfristiger Perspektive

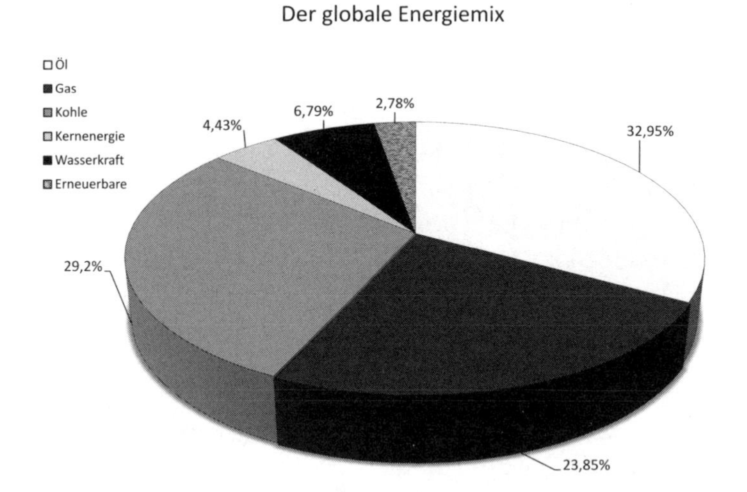

Abb. 31: Zusammensetzung des globalen Energieverbrauchs

Quelle: BP Statistical Review of World Energy 2016. Die Angaben beziehen sich auf den Primärenergieverbrauch des Jahres 2015 und umfassen kommerziell gehandelte Energieträger sowie die erneuerbaren Energien, die zur Stromerzeugung verwendet werden.

Sehr wichtig: Beim Energieverbrauch geht es wohlgemerkt nicht nur um die Stromerzeugung.[582] Nur 22 Prozent des globalen Energiebedarfs entfallen auf Elektrizität.[583] Energie brauchen wir auch, um Räume zu heizen oder zu kühlen. Und natürlich auch, um PKW, LKW, Züge, Flugzeuge oder Schiffe anzutreiben.

Erdöl wird zwar auch für die Stromerzeugung verwendet (v. a. in den arabischen Ländern), aber von wesentlich größerer Bedeutung ist der Verkehrsbereich. Andere fossile Brennstoffe können Erdöl hier kaum ersetzen. Kohle kann zwar ebenso wie Erdgas unter sehr großem Aufwand zu Erdöl transformiert werden. Wirtschaftlich ist das allerdings ziemlich sinnfrei.[584] Gleiches gilt für *Power-to-Liquids* (PtL). Bei diesem Verfahren kann aus überschüssigem Strom und aus CO_2 Kraftstoff gewonnen werden. Ein sehr interessantes Verfahren. Die in Versuchsanlagen produzierten Mengen sind aber bisher verschwindend gering.[585]

Besser sieht es mit Gas aus: Benzinbetriebene Fahrzeuge können schon heute mit Erdgas (CNG) fahren.[586] Bis jetzt ist das aber eine relativ kleine Nische.

Perspektivisch ist zu erwarten, dass sich der Verkehrsbereich von den Flüssigkraftstoffen wie Benzin und Diesel wegbewegt und dass Strom eine größere Rolle spielen wird. Folglich müssen wir uns mit der Stromversorgung und mit Antriebstechniken befassen. Im Hinterkopf sollten wir aber immer behalten, dass die Abhängigkeit von fossilen Brennstoffen gegenwärtig vor allem eines ist: riesig.

---

582 Betrachtet man nur die reine Stromproduktion, so sieht das Bild etwas anders aus: Sieben Prozent des geförderten Öls werden für die Stromerzeugung verwendet. Beim Erdgas sind es 39 Prozent und bei der Kohle 68 Prozent.

583 Vgl. Heinberg, Richard: Our Renewable Future. Artikel online unter: http://www.postcarbon.org/our-renewable-future-essay/ [Stand: 13.6.2015].

584 Die entsprechenden Verfahren heißen *Coal-to-Liquids* (CtL) und *Gas-to-Liquids* (GtL). Die Verfahren sind zu ineffizient und zu teuer, um einen großen Beitrag zum Ausgleich des Förderrückgangs beim Erdöl leisten zu können. Vgl. dazu Senz, Christoph: Unkonventionelles Öl – die Lösung für Peak Oil? Teil 3: Gas to Liquid. Online unter: http://www.peak-oil.com/2012/05/unkonventionelles-ol-die-losung-fur-peak-oil-teil-3-gas-to-liquid/ [Stand: 4.9.2014]. Und außerdem: Senz, Christoph: Unkonventionelles Öl – die Lösung für Peak Oil? Teil 4: Kohleverflüssigung (CtL). Online unter: http://www.peak-oil.com/2012/06/unkonventionelles-ol-die-losung-fur-peak-oil-teil-4-kohleverflussigung-ctl/ [Stand: 4.9.2014].

585 Bei diesem Verfahren, das auf der Fischer-Tropsch-Synthese basiert, wird der Verbrennungsprozess umgekehrt. Das bedeutet, den Verbrennungsprodukten CO_2 und H_2O wird Sauerstoff entzogen. Durch Zuführung von (überschüssigem) Ökostrom werden sie zu Benzin oder Diesel synthetisiert. Eine deutsche Pilotanlage wurde im November 2014 von der Sunfire GmbH in Dresden eröffnet. Sie produziert ein Fass Kraftstoff pro Tag.

586 Möglich ist auch der Betrieb mit Autogas (LPG). Das ist ein Propan-Butan-Gemisch, ein Nebenprodukt der Erdölförderung bzw. -verarbeitung.

Das Automobil ohne Öl

Ob die Transformation zu einer postfossilen Gesellschaft gelingt, wird entscheidend davon abhängen, ob ausgereifte und massenverfügbare nicht-fossile Technologien verfügbar sind. Sicher ist, dass nicht-fossile Antriebstechnologien zu einer Schlüsselkompetenz einer erfolgreichen postfossilen Gesellschaft gehören werden. Reden wir also über Mobilität. Reden wir über das Auto. Das Auto ist *das* Gut unserer modernen Gesellschaft. Es hat einen enorm hohen Fetischcharakter. »Das Auto«, so schreibt der Soziologe Rainer Rilling, »war und ist ein Symbol für Freiheit, Affekt, Sex und thrill.«[587] Norbert Rost vom Dresdner Büro für postfossile Regionalentwicklung meint:

> »›Peak Oil‹ wird bislang öffentlich kaum diskutiert. (...) Dazu trägt sicherlich auch bei, dass das Stichwort ›Erdöl‹ immer auch assoziiert wird mit dem Stichwort ›Automobil‹ – bekanntlich ›des Deutschen liebstes Kind‹. Über die Endlichkeit des Erdöls zu diskutieren, bedeutet deshalb auch immer, über die Endlichkeit des Autoverkehrs zu diskutieren. Solche Gedanken rufen regelmäßig hochemotionale Auseinandersetzungen hervor.«[588]

Jedes Automobil, weltweit etwa eine Milliarde, verwandelt während seiner durchschnittlichen Lebensdauer (zwölf Jahre) rund 12.000 Liter Kraftstoff in 30 Tonnen CO_2.[589]

Praktisch alle Studien zur Verkehrsentwicklung der Zukunft prognostizieren ein wachsendes Verkehrsaufkommen. Bis zum Jahr 2035 soll laut der *Internationalen Energie-Agentur* die Zahl der PKW auf fast 1,7 Milliarden steigen.[590] Die OECD ist noch optimistischer und erwartet, dass bis zum Jahr 2030 die PKW-Flotte der Erde auf mehr als 1,8 Milliarden Einheiten steigt. Den relativ größten Zuwachs an PKW wird eine Ländergruppe bestehend aus Brasilien, China, Indien, Indonesien und Russland mit einem Plus von mehr als 400 Prozent realisieren.[591]

Die Bedeutung von (Auto-)Mobilität wird in den nächsten Jahrzehnten, glaubt man den Studien, also noch wachsen. Diese Aussage ist mit Blick auf die Klima- und Ölproblematik hochrelevant.

---

587 Rilling, Rainer: Time to say goodbye, in: Luxemburg. Gesellschaftsanalyse und linke Praxis, Nr. 3, 2010, S. 6–8.

588 Rost, Norbert: Peak Oil – Herausforderung für Sachsen, a. a. O., S. 11.

589 Vgl. Seifert, Thomas/Werner, Klaus: a. a. O., S. 222.

590 Vgl. Internationale Energie-Agentur (Hg.): World Energy Outlook 2011, Executive Summary, Paris 2011, S. 3.

591 Vgl. Berenberg Bank/Hamburgisches WeltWirtschaftsinstitut (Hg.): Strategie 2030 – Mobilität, Hamburg 2009, S. 13.

Der Beitrag des Automobils zum Treibhauseffekt liegt aktuell bei etwa zehn Prozent. Damit ist das Auto nicht hauptverantwortlich für den Klimawandel, aber sehr wohl für das Schwinden der Ölreserven – deutlich mehr als 50 Prozent davon werden für den Verkehr verwendet. Vom Ölfördermaximum kann man in den meisten Verkehrsstudien allerdings nichts lesen – zugestanden wird meist nur, dass Erdöl ein endlicher Stoff ist. Umso bedeutender ist die Frage nach der Zukunftsfähigkeit des Automobils. Derzeit sind 99,8 Prozent aller Fahrzeuge weltweit ölgetrieben. Alles kein Problem?

Die Optimisten sehen keinen Grund zur Sorge. Sie bestreiten nicht, dass das Öl endlich ist und dass es einen Peak gibt. Sie sehen dem Ende des Ölzeitalters gelassen entgegen und gehen davon aus, dass das Öl ersetzt werden kann. Dieter Zetsche, Vorstandsvorsitzender der *Daimler AG*, ist zuversichtlich. Er macht sich weder um die Zukunft der Energieversorgung noch um die des Automobils Sorgen und setzt auf »Kreativität und Innovationsgeist«.[592]

Der Verbrennungsmotor hat gewiss noch Optimierungspotential. Im Bereich der Einspritztechnik, der Turboaufladung kleiner Verbrennungsmotoren und der Kombination mit einem kleinen Elektromotor (Stichwort: Hybrid) sind für die nächsten Jahre weitere Fortschritte zu erwarten. Weitere Verbesserungen sind auch im Bereich der Biospritproduktion wahrscheinlich. Dennoch werden sie nur einen relativ kleinen Teil des konventionellen Öls ersetzen können. Die *Internationale Energie-Agentur* erwartet, dass Biokraftstoffe im Jahr 2030 nur etwa fünf Prozent der weltweiten Kraftstoffnachfrage im Straßenverkehr decken werden.[593] Zudem sind die Auswirkungen der Biokraftstoffe in ökologischer und sozialer Hinsicht zum Teil hochproblematisch – auf dieses Thema wird noch einzugehen sein.

Die Herzen aller autobegeisterten Futorologen geraten aber erst dann in Wallung, wenn entweder vom Wasserstoffauto oder vom Elektrofahrzeug gesprochen wird.

Wasserstoff

Der Begriff »Wasserstoffauto« bedarf der Präzisierung. Wasserstoff kann in einem Wasserstoffverbrennungsmotor zum Einsatz kommen oder in einer Brennstoffzelle mit nachgeschaltetem Elektromotor (Brennstoffzellenfahrzeug). Beim Brennstoffzellenfahrzeug handelt es sich streng genommen lediglich um eine besondere Variante des Elektroautos. Der Antrieb erfolgt auch

[592] Zetsche, Dieter: Die Neuerfindung des Automobils. Wie wir sauberer und effizienter fahren – drei technologische Trends, S. 75, in: Internationale Politik, Nr. 10, Oktober 2008, S. 72–75.

[593] Vgl. Berenberg Bank/Hamburgisches WeltWirtschaftsinstitut (Hg.): a. a. O., S. 40.

hier durch einen Elektromotor. Als Energiespeicher kommt allerdings keine Batterie zum Einsatz, sondern Wasserstoff, der als Brenngas für Vortrieb sorgt.

Wasserstoff ist potentiell tatsächlich ein gigantischer Energiespeicher. Das Problem: Wasserstoff kommt in reiner Form in der Natur nicht vor. Er ist nicht wie etwa Wasser frei verfügbar, sondern muss erst energieaufwendig hergestellt werden. Dazu gibt es zwei mögliche Verfahren: die Elektrolyse und die Gasreformierung.

Aus Wasser kann man mit Hilfe der Elektrolyse Wasserstoff herstellen. Die Elektrolyse setzt jedoch Elektrizität voraus. Dieser Strominput ist meist fossilen Ursprungs. Bei der Gasreformierung wird Erdgas eingesetzt, also ebenfalls ein fossiler Brennstoff. Man erkennt den Haken: Wasserstoff ist keine Energiequelle, sondern ein Energieträger. Heißt im Klartext: Der Prozess der Wasserstoffproduktion verbraucht *immer* mehr Energie, als der erzeugte Wasserstoff später liefern wird.[594] Die Umwandlungsverluste sind nicht zu unterschätzen.

Solange es keinen Überschuss an regenerativem Strom gibt, ist Wasserstoff nur wenig sinnvoll. Aber das Potential ist da: Derzeit werden beispielsweise Windräder abgeschaltet, wenn der Wind (zu) stark weht und zu viel Elektrizität hergestellt wird. Würde der gesamte überschüssige Windstrom durch Elektrolyse in Wasserstoff umgewandelt, wäre dieser auch nach Wochen noch flexibel verfügbar. Wasserstoff ist theoretisch ein großartiger Zwischenspeicher. Sehr viele Anwendungen ließen sich mit Wasserstoffenergie betreiben – nicht nur Autos.

Und in praktischer Hinsicht? Wasserstoff hat eine vergleichsweise geringe Energiedichte. Die Energiemenge, die man heute in einem Tanklastzug mit Benzin transportiert, erfordert im Fall von Wasserstoff 21 Tanklastwagen. Der Wasserstoff muss für seine Speicherung mit Aufwand komprimiert werden.

Wasserstoffautos haben aber auch Vorteile, gerade im Vergleich zu Batteriefahrzeugen: Sie lassen sich in wenigen Minuten betanken. Entweder wird dazu das Volumen des Wasserstoffs unter hohem Druck vermindert. Oder Wasserstoff wird bei -253 Grad Celsius verflüssigt. Der verflüssigte Wasserstoff benötigt weniger Speicherraum, so dass dieser für den Einsatz im Verkehrsbereich interessant ist. Allerdings – und das ist ein wichtiger Pferdefuß – ist der Energieverlust bei der Verflüssigung (20–40 Prozent) höher als bei der Druckkomprimierung (unter 10 Prozent).[595]

Daneben gibt es für den Wasserstoffeinsatz auf breiter Front im Verkehrsbereich weitere Hindernisse: So ist die Technologie in der Breite noch nicht einsetzbar, weil es u. a. an einer Infrastruktur fehlt. Die Industrie – und

594 Vgl. Heinberg, Richard: The Party's Over, a. a. O., S. 240–241.

595 Vgl. Berenberg Bank/Hamburgisches WeltWirtschaftsinstitut (Hg.): a. a. O., S. 36.

hier besonders die Automobilindustrie – steht vor dem *Henne-und-Ei-Dilemma*: Solange keine Tankstelleninfrastruktur besteht, hat die Automobilindustrie keinen Anreiz zu einer beschleunigten Technologie-Entwicklung. Umgekehrt gilt: Solange es keine nennenswerte Nachfrage nach Wasserstoff gibt, besteht kein Anreiz, eine Tankstelleninfrastruktur zu errichten.[596] Das bedeutet nicht, dass es keine Forschung am Wasserstoffauto gibt. Im Gegenteil. Die Forschungsanstrengungen der Wirtschaft könnten aber noch größer sein, wenn es das *Henne-und-Ei-Dilemma* nicht geben würde.

Als Pionier der Wasserstoff-Forschung galt lange Zeit die Daimler AG. CEO Dieter Zetsche hält »Wasserstoff für das bessere Öl«.[597] Gemeinsam mit der Linde AG will Daimler ein Netz für Wasserstoff aufbauen.[598] Die Serienfertigung für das erste Massenmodell mit Brennstoffzelle wurde allerdings immer wieder angekündigt – und stets aufs Neue verschoben. Zur Jahrtausendwende hieß es, im Jahr 2004 werde das Wasserstoffauto in Produktion gehen. Selbst aufmerksame Beobachter haben aufgehört, die Verschiebungsmitteilungen zu zählen. Die aktuelle Ankündigung ist, dass das Wasserstoffauto im Jahr 2017 kommt.

Weiter sind Honda, Hyundai und Toyota. Alle drei Hersteller haben seit kurzer Zeit Kleinserien in ihrem Modellprogramm – allerdings zu horrenden Preisen.

Volkswagen, der größte Autohersteller Europas, forscht zwar auch am Wasserstoffauto, hat aber mehrfach zu erkennen gegeben, dass er in erster Linie auf das Elektroauto setze. Die Skepsis des VW-Managements hat Kostengründe. Das bestätigt auch eine Studie der US-Unternehmensberatung *Lux Research*.[599] Die Investitionskosten für die neue Technik seien gegenwärtig wie auch in den nächsten zwei Jahrzehnten schlicht zu hoch, weswegen dem Wasserstoffauto nur ein Nischendasein prophezeit wird.[600]

Perspektiven des Elektromotors

Ein anderer Hoffnungsträger für den Verkehrsbereich ist der Elektroantrieb. Der Betrieb von einer Million Elektrofahrzeugen würde den Stromverbrauch

---

596 Vgl. Buss, Roman/Reiche, Danyel: Die H_2-Revolution? Chancen und Grenzen einer auf Wasserstoff basierenden Weltwirtschaft, S. 68, in: Internationale Politik, Nr. 10, Oktober 2008, S. 68–69.

597 Zitiert nach: Doll, Nikolaus: H-Mobil statt E-Auto, in: Die Welt vom 14.9.2011, S. 14.

598 Vgl. ebenda.

599 Lux Research (Hg.): The Great Compression: The Future of the Hydrogen Economy, Boston 2012.

600 Vgl. Reuter, Benjamin: Studie nährt Zweifel am Erfolg der Brennstoffzelle. Artikel online unter: http://www.zeit.de/auto/2013-01/wasserstoff-brennstoffzelle/komplettansicht [Stand: 4.9.2014].

in Deutschland lediglich um 0,3 Prozent ansteigen lassen.[601] Würde es eines Tages Millionen von Elektrofahrzeugen geben, könnten sich diese – in der heimischen Garage mit dem Stromnetz verbunden – als Stromspeicher für überschüssige Elektrizität aus erneuerbaren Energien nutzen lassen. Stromschwankungen im Netz durch Wind, Sonne und Co. ließen sich somit ausgleichen. Denkbar ist zudem, dass der Besitzer eines Elektroautos die in seiner Batterie gespeicherte Energie zu Tageszeiten, in denen viel Strom benötigt wird, wieder zurück in das Netz abgibt. Und das zu wesentlich höheren Preisen als beim Einkauf.[602] Eine dezentrale Energieversorgung würde ermöglicht – eine nicht gerade kleine Energierevolution.

Der große Trumpf des Elektromotors ist seine Effizienz: Er arbeitet nahezu verlustfrei. Der Wirkungsgrad des Elektromotors liegt bei etwa 98 Prozent. Zum Vergleich: Verbrennungsmotoren in PKW erreichen Wirkungsgrade von maximal 45 Prozent.

Die Energie des Elektromotors lässt sich zielgenau dort einsetzen, wo sie gebraucht wird. Wollte man den Elektromotor nicht zum Fahren benutzen, wäre er ideal. Der Knackpunkt ist die Batterie, da man im Auto kein Kabel hinter sich herziehen kann. Man braucht die Batterie, um Strom speichern zu können – und hier liegen die Probleme.

Mit 70 Liter Dieselkraftstoff im Tank kommt ein Mittelklassewagen über 1.000 Kilometer weit. Der Tank und sein Inhalt wiegen etwa 90 Kilo. Für die gleiche Reichweite braucht ein Elektroauto nach dem derzeitigen Stand eine Batterie, die deutlich schwerer als 500 Kilogramm ist.[603]

Die Herstellung von Batterien ist zudem sehr umweltschädlich. Viele Batteriebestandteile wie Kobalt, Nickel und Kupfer sind endlich. Diese Feststellung gilt auch für Lithium, das vielen in der Automobilbranche als das neue Erdöl gilt.[604] Die Lithium-Ionen-Batterie ist der Batterietyp, der sich bei

---

[601] Vgl. Adam Opel AG (Hg.): Elektromobile Vielfalt. Strategie für das Elektrozeitalter, Rüsselsheim 2011, S. 16.

[602] Vgl. Berenberg Bank/Hamburgisches WeltWirtschaftsinstitut (Hg.): a. a. O., S. 90.

[603] Die beiden wohl derzeit fortschrittlichsten Elektroautos verdeutlichen das: Die komplette Batterie des Tesla S wiegt in etwa 540 kg – realistisch ist damit eine Reichweite von etwa 400 Kilometern möglich. Die Batterie ist das schwerste Fahrzeugteil. Insgesamt wiegt der Tesla S 2,1 Tonnen. Der 85 kWh-Akku eines Tesla S enthält etwa 10 kg Lithium, 63 kg Nickel, 12 kg Kobalt und 2,6 kg Alumium. Zum Vergleich: Die Batterie des BMW i3 (21 kWh) ist viel kleiner und wiegt 230 kg. Das Auto kommt damit etwa 130 Kilometer weit. Vgl. dazu Senz, Christoph: Tesla Motors – Prototyp der elektromobilen Revolution? Teil 3 – E-Mobilität und Ressourcen. Artikel online unter: http://www.peak-oil.com/2014/10/tesla-prototyp-der-elektromobilen-revolution-teil-3-e-mobilitaet-und-ressourcen/ [Stand: 12.11.2014].

[604] Der Vorteil gegenüber dem Öl besteht natürlich darin, dass Lithium anders als Öl nicht verbraucht wird, sondern im Kreislauf verbleibt. Lithium ist an sich recycelbar. Allerdings funktioniert hier nur Downcycling. Recyceltes Lithium kann z. B. im Straßenbau eingesetzt werden.

Elektroautos als am attraktivsten erwiesen hat. Lithium wird u. a. aus Salzseen gewonnen. Nach Statistiken des United States Geological Survey (USGS) sind Chile, Australien, China und Argentinien die bedeutendsten Lithiumproduzenten. Auf diese vier Länder entfallen fast 95 Prozent der Weltförderung und rund 98 Prozent der weltweiten Lithiumreserven.

Für Lithium gibt es kein gleichwertiges Substitut. Es ist sicher nicht sinnvoll, die Abhängigkeit vom Erdöl durch Lithium zu ersetzen.[605] Fairerweise muss allerdings angemerkt werden, dass es selbst auf lange Sicht keine Schwierigkeiten mit den Lithiumreserven geben wird. Wie beim Erdöl wird eines Tages die Fördergeschwindigkeit entscheidend sein, d. h., wie schnell beliebige Lithiummengen zur Verfügung gestellt werden können.

So weit ist es noch nicht. Solange die Batterien sündhaft teuer bleiben, werden die Leute nicht mit Begeisterung zum E-Auto greifen. Erst recht dann nicht, wenn die Reichweite begrenzt bleibt, die Aufladung der Akkus stundenlang dauert und die Höchstgeschwindigkeiten von Elektroautos weit unter denen der Verbrennungsmotoren bleiben.[606]

Zudem ist die gleiche Frage wie beim Wasserstoff zu stellen. Woher kommt die Energie? Elektroautos, die mit Strom aus Steinkohle angetrieben werden, haben eine schlechtere CO_2-Bilanz als diesel- oder benzinbetriebene PKW. Das Bild kehrt sich dagegen zum Vorteil des Elektromotors um, wenn die Elektrizität aus erneuerbaren Quellen kommt.

Nur das Kohlendioxid, das beim Fahren entsteht, zu betrachten, ist allerdings kurzsichtig (und daher ziemlich sinnfrei). Es zählt die Gesamtökobilanz. Der Ressourcenverbrauch eines Elektroautos ist hoch. Er beginnt mit der Gewinnung und Verarbeitung von Erzen und Rohstoffen für die Herstellung der Einzelteile. Darauf folgen viele weitere Produktionsschritte, die allesamt mehr oder weniger energieintensiv sind. Folge: Ein Auto, das 20 oder 25 Jahre fährt, ist gesamtökologisch betrachtet oft besser als ein Neuwagen, egal, ob mit Verbrennungs- oder Elektroantrieb. Pauschale Aussagen sind allerdings schwierig, da die Größe und das Gewicht des Autos eine wichtige Rolle spielen.[607]

Das Elektroauto ist also nicht in jedem Fall ökologisch besser als ein Fahrzeug mit Verbrennungsmotor. Auch Elektroautos schädigen die Umwelt. Vie-

---

605 Vgl. Suomalainen, Emilia: Volle Fahrt voraus? Lithium und der Einstieg in die Elektromobilität, S. 175 u. S. 176–177, in: Bardi, Ugo: Der geplünderte Planet, a. a. O., S. 171–177.

606 Vgl. Becker, Helmut: Vergesst Elektroautos! Artikel online unter: http://www.welt.de/print/die_welt/motor/article13596446/Vergesst-die-Elektroautos.html [Stand: 4.9.2014].

607 Ein analoges Beispiel sind Neubauten. Neue Häuser werden immer mit einem geringen Energiebedarf beworben. Der Bau eines neuen energieeffizienten Hauses ist allerdings extrem energie- und ressourcenintensiv. Ein altes bestehendes Haus kann unter ökologischen Gesichtspunkten möglicherweise den Neubau schlagen.

le Vertreter einer grünen Ökonomie, die vom Elektroauto schwärmen, blenden diesen absolut zentralen Aspekt leider allzu oft aus.

Der Elektroantrieb – bisher keine Erfolgsgeschichte

Anders als die meisten Menschen glauben, ist der Elektroantrieb auf der Straße keine neue Technologie. Es gab schon vor mehr als 80 Jahren Elektroautos, die gegenüber den Fahrzeugen mit Verbrennungsmotor allerdings irgendwann ins Hintertreffen gerieten. Kaum bekannt in Europa ist der Fall des *EV-1*. Das Elektroauto wurde von General Motors im Jahr 1996 auf den Markt gebracht, mehr als 1.000 Autos wurden verleast. Obwohl sich das Fahrzeug als Erfolg erwies, etliche Leasingnehmer das Auto kaufen wollten und eine Massenproduktion in greifbarer Nähe war, nahm die GM-Tochtergesellschaft *Saturn* die Fahrzeuge im Jahr 2004 unter fragwürdigen Umständen wieder vom Markt – praktisch alle EV-1 wurden verschrottet, einige wenige landeten im Museum.[608]

Vieles spricht dafür, dass GM das Auto als Feigenblatt entwickelte, um einem speziellen Emissionsgesetz von Kalifornien zu genügen. In Wirklichkeit hatte der Autoriese aus Detroit kein Interesse am margenschwachen Geschäft mit Elektroautos. Viel lieber wollten die GM-Manager das profitable Geschäft mit großen Geländewagen und Vans ankurbeln.[609]

Wie schwer der Aufbruch in das Zeitalter der Elektromobilität fällt, zeigt das Beispiel von *Better Place*. Das Unternehmen, in das u. a. die Großbank HSBC und General Electric investierten, wollte in Israel bis zum Jahr 2020 jedes zweite Auto mit Elektroantrieb fahren lassen. Ähnliche Ziele verfolgte der ehemalige SAP-Manager und Better-Place-Gründer Shai Agassi in Dänemark. Better Place ging eine Kooperation mit Renault ein. Agassi versprach, insgesamt 115.000 Fahrzeuge des Typs Fluence abzunehmen. Der Clou: Better Place betrieb eigene Elektrotankstellen. Allerdings wurde beim Tankstopp nicht wirklich getankt, sondern die komplette Batterie ausgetauscht. Der Strom für die Batterien sollte erneuerbar sein und in einem Solarkraftwerk in der Negev-Wüste hergestellt werden.

Doch das bis dato größte Projekt zur Förderung der Elektromobilität floppte: In Israel wurden gerade einmal 940 Renault Fluence via Better Place verkauft, in Dänemark waren es nur 400. Vertragsstrafen von mehr als 150

---

[608] Dem Fall EV-1 ist ein Dokumentarfilm gewidmet, der die These aufstellt, dass eine konzertierte Aktion (manche sagen: Verschwörung) von US-Regierung, Automobilindustrie und Ölindustrie für das Einstampfen der Elektroautos verantwortlich sei. Wer mehr wissen will: Who killed the electric car?, USA 2008, Regie: Chris Paine, 89 Minuten.

[609] Vgl. Rubin, Jeff: Warum die Welt immer kleiner wird, a. a. O., S. 128.

Millionen Dollar drohten, weil nicht genug Autos abgenommen wurden. Im Mai 2013 meldete Better Place Konkurs an.[610]

Zwei Geschichten des Scheiterns. Wenig optimistisch stimmt auch die Tatsache, dass sich die Elektrofahrzeuge, die in den letzten fünf Jahren auf den Markt kamen, schlecht verkauften. Der als Revolution angekündigte Chevrolet Volt/Opel Ampera erwies sich als teurer Flop.[611] Und auch der mit viel Brimborium vorgestellte BMW i3 konnte die Erwartungen nicht erfüllen. Selbst das global meistverkaufte E-Auto, der Nissan Leaf, kommt nur auf 165.000 verkaufte Einheiten.[612]

Die Lehre liegt auf der Hand: Elektroautos waren bisher vor allem eines: Imageträger für die Automobilkonzerne. Und politische Erklärungen zum Ausbau der Elektromobilität erwiesen sich oft nur als heiße Luft. In Deutschland waren Anfang 2015 knapp 19.000 Elektro- und rund 108.000 Hybridfahrzeuge zugelassen.[613] In vielen anderen europäischen Ländern sehen die Zulassungsstatistiken ähnlich trübe aus.

Dennoch: Vieles spricht dafür, dass das Elektroauto eine große Zukunft hat. Viele Beobachter verbinden diese Zukunftshoffnungen mit einem Namen: Tesla. Im Jahr 2013 trumpfte das kalifornische Unternehmen groß auf und brachte das Model S auf den Markt. Eine Luxuslimousine mit tollen Fahrleistungen, die sich in den USA sehr gut verkaufte. Ist das das lang erhoffte Aufbruchsignal für den Siegeszug des Elektroautos?

Eher nicht. Die Annahme, der Elektromotor könne den Verbrennungsmotor problemlos ersetzen, wäre fehlgeleitet. Das Elektroauto wird nie wie ein Fahrzeug mit Verbrennungsantrieb funktionieren. Einerseits weil technologische Quantensprünge nicht kurzfristig und damit nicht in naher Zukunft möglich sind. Diese wären aber unbedingt nötig, um den Verbrennungsmotor gleichwertig ersetzen zu können.

Noch sind die Leistungsreserven von Elektrofahrzeugen deutlich geringer als bei PKW mit Verbrennungsmotor. Damit ist der Elektromotor nur schlecht geeignet für Lastentransporte.[614] Oder anders formuliert: Bei LKW und schweren Nutzfahrzeugen gibt es noch sehr viel mehr Probleme als im PKW-Bereich. Viele Hersteller arbeiten zwar an alternativen Antriebskonzep-

---

[610] Vgl. Rössler, Hans-Christian: Die gescheiterte Revolution, in: Frankfurter Allgemeine Zeitung vom 28. Mai 2013, S. 15.

[611] Vgl. Bonpago GmbH (Hg.): Wohin geht die Fahrt? Automobilbranche im Wandel, Frankfurt 2013, S. 7.

[612] Stand dieser Angabe ist das erste Quartal des Jahres 2015.

[613] Vgl. PricewaterhouseCoopers (Hg.): Energiewende-Outlook: Kurzstudie Verkehr, Berlin 2015, S. 47. Online unter: http://www.pwc.de/de_DE/de/energiewende/assets/pwc-kurzstudie-verkehr-2015.pdf [Stand: 20.6.2015].

[614] Vgl. Berenberg Bank/Hamburgisches WeltWirtschaftsinstitut (Hg.): a. a. O., S. 34.

ten (u.a. wird mit Hybridmotoren experimentiert), aber marktreif ist kaum etwas.

Das Deutsche Zentrum für Luft- und Raumfahrt (DLR) und das niederländische Beratungsunternehmen CE Delft haben 2013 in einer Studie untersucht, welches Potential für Nutzfahrzeuge ab 7,5 Tonnen Gesamtgewicht besteht. Die Forscher konzentrierten sich dabei auf die Batterie- und Brennstoffzellentechnologie. Ergebnis: Je größer ein LKW ist, desto unwirtschaftlicher ist ein Elektroantrieb.

Batteriebetriebene Trucks für lange Strecken seien aufgrund des hohen Batteriegewichts derzeit nicht realistisch. Für weite Wege seien eher LKW mit Brennstoffzellenantrieb geeignet. Andere denkbare Lösungen könnten Oberleitungen oder induktive Lademöglichkeiten sein. Dazu müsse allerdings massiv in die Infrastruktur investiert werden.[615]

Dafür, dass der Elektromotor nur schlechte Karten im LKW hat, ist einmal mehr die überragende Energiedichte von Diesel verantwortlich: Ein Liter Diesel enthält genügend Energie, um einen 40 Tonnen schweren LKW drei Kilometer weit zu bringen. Batteriebetriebene LKW mit gleicher Leistungsfähigkeit sind in weiter Ferne.[616]

Schlecht wäre der Elektromotor wahrscheinlich auch für Arbeitsplätze in der Autoindustrie: Die Umstellung des Verkehrssystems auf Elektromobilität könnte möglicherweise Arbeitsplätze kosten. Hintergrund ist, dass für die Herstellung von PKW mit Verbrennungsmotoren etwa 1.400 Teile für den Antriebsstrang (Motor und Getriebe) benötigt werden, während der Antriebsstrang beim Elektroauto nur noch 210 Teile umfasst. Zentrale Fahrzeugteile wie Kupplung, Lichtmaschine, Anlasser oder Wasserkühlung entfallen.[617]

Das Elektroauto setzt außerdem eine andere Verkehrs- und Energieinfrastruktur voraus. Das Problem ist nicht so sehr, wie viele meinen, die Bereitstellung von mehr Elektrizität. Gesetzt den (sehr unwahrscheinlichen) Fall, dass Elektroautos in Deutschland im Jahr 2020 einen Anteil von 20 Prozent am gesamtdeutschen Fuhrpark ausmachen würden, so stiege der Strombedarf lediglich um etwa drei Prozent.[618]

---

615 Aarnink, Sanne/Kleiner, Florian et al.: Zero emissions trucks. An overview of state-of-the-art technologies and their potential, Deutsches Luft- und Raumfahrtzentrum/CE Delft, Studie im Auftrag des International Council for Clean Transportation, Juli 2013. Online unter: http://theict.org/sites/default/files/publications/CE_Delft_4841_Zero_emissions_trucks_Def.pdf [Stand: 28.6.2015].

616 Vgl. Miller, Richard G./Sorrell, Steven R.: The future of oil supply, in: Philosophical transactions of The Royal Society A. Den Text gibt es online unter: http://rsta.royalsocietypublishing.org/content/372/2006/20130179.full.pdf+html [Stand: 4.9.2014].

617 Vgl. dazu Rost, Norbert: Peak Oil – Herausforderung für Sachsen, a. a. O., S. 60.

618 Vgl. Berenberg Bank/Hamburgisches WeltWirtschaftsinstitut (Hg.): a. a. O., S. 77.

Die wirklichen Probleme liegen anderswo: Zu den wichtigsten Aufgaben neben einer deutlichen Verbesserung der Batterietechnik gehört die Schaffung einer intelligenten Ladeinfrastruktur und von ebenso intelligenten Abrechnungs- und Kommunikationssystemen. Diese aufzubauen benötigt viel Zeit. Und wie beim Thema Wasserstoffantrieb stellt sich das Henne-und-Ei-Dilemma.

Öffentliche Ladestationen sind in Deutschland auf dem Land noch selten und bilden einen wichtigen Flaschenhals für den Ausbau von Elektromobilität.[619] Sie dürften flächendeckend erst dann installiert werden, wenn eine ausreichende Anzahl von Elektrofahrzeugen auf den Straßen unterwegs ist. Umgekehrt dürften Elektrofahrzeuge erst dann gekauft werden, wenn es genügend Ladestationen gibt.

Der Verkehrsforscher Stephan Rammler glaubt noch aus einem anderen Grund, dass das Elektroauto nicht verallgemeinerungsfähig ist. Laut Rammler haben wir weder die Rohstoffe noch das Potential, alle Autos, die wir momentan weltweit bewegen, einfach eins zu eins auf Elektroantrieb umzustellen. Ganz abgesehen vom Raumangebot in den Großstädten. Rammler wörtlich:

> »Wir sind am Ende des Kulturmodells der Massenmotorisierung. Das muss für die fossile Technologie nicht weiter begründet werden. Es gilt aber auch für die Elektromobilität. Soll Elektromobilität als Leitbild der Massenmotorisierung fortgeführt werden, so ist das eine Innovation in der Sackgasse.«[620]

Nicht ganz so pessimistisch, aber dennoch mit einem skeptischen Unterton, fällt das Urteil der *Berenberg Bank* und des *Hamburgischen WeltWirtschaftsinstituts* aus, die in einer gemeinsamen Mobilitätsstudie zum folgenden Urteil gelangen:

> »Weder Fahrzeuge mit Wasserstoff- und Brennstoffzellentechnologie noch reine Elektrofahrzeuge werden ohne einen besonderen technischen Durchbruch vor 2030 in großer Stückzahl vertreten sein.«[621]

Menschen und Waren können natürlich noch mit anderen Verkehrsmitteln befördert werden. Folglich stellt sich auch die Frage: Was ist mit der Eisenbahn, Flugzeugen und (großen) Schiffen? Würden sie mit teurem und knappem Öl fertig?

---

[619] Nach Angaben des Postfossil-Instituts aus Hamburg gab es im Frühjahr 2014 in Deutschland lediglich rund 2.200 öffentliche Ladestationen für E-Mobile.

[620] Rammler, Stephan: Die Neuerfindung der Mobilität. Mobilitätspolitik als Weltdesign, Braunschweig 2010, S. 19.

[621] Berenberg Bank/Hamburgisches WeltWirtschaftsinstitut (Hg.): a. a. O., S. 41.

Andere Verkehrsmittel

Die geringsten Probleme gibt es erwartungsgemäß im Bereich der Eisenbahn, der in sehr vielen Ländern ganz oder teilweise elektrifiziert ist. Hier lassen sich verbleibende Diesellokomotiven durch Elektrotriebwagen ersetzen. Der Elektroantrieb auf der Schiene ist sauberer, leiser und leichter (es muss kein Treibstoff mitgeführt werden, der beschleunigt oder abgebremst wird). Elektrische Lokomotiven haben eine im Verhältnis zu Dieselloks bei gleichem Gesamtgewicht höhere Leistung und Zugkraft.

Gute Perspektiven haben auch Hybrid-Züge. Durch Hybrid-Technologie können Diesel-Triebwagen viel Kraftstoff einsparen. Die elektrische Energie wird dabei beim Bremsen gewonnen: Verringert der Zug seine Geschwindigkeit, treibt die in der Bewegung steckende Energie einen Generator an, der die mechanische Energie in elektrischen Strom umwandelt.

Sehr viel schlechter sieht es in der Luftfahrtbranche aus. Diese ist hochgradig vom Erdöl abhängig. Es ist im Augenblick nichts in Sicht, was das derzeitige Kerosin annähernd gleichwertig in punkto Kosten, Handhabung und Leistungsfähigkeit ersetzen könnte.

Das Antriebskonzept von Flugzeugen hat sich seit den 1960er Jahren nicht verändert. Die Branche optimiert seitdem nur ein bestehendes System. Nach dieser Logik wären Biokraftstoffe das einfachste Substitut für Kerosin. Doch der Bedarf an Ackerflächen und damit verbunden die Konkurrenz zur Nahrungsmittelproduktion wären enorm.

Nicht jeder Biokraftstoff ist zudem für das Fliegen geeignet. Flugzeugkraftstoffe müssen extreme Temperaturschwankungen aushalten können. Damit liegen die Anforderungen wesentlich höher als beim Automobil. Verschiedene Airlines haben in der jüngeren Vergangenheit Testflüge mit Biokerosin unternommen. Die *Lufthansa* setzt testweise den neuen Biotreibstoff ein, der u. a. aus der ölhaltigen Nuss Jatropha[622] hergestellt wird. Schätzungen gehen davon aus, dass allein die Lufthansa eine landwirtschaftliche Anbaufläche von der Größe Niedersachsens benötigen würde, um alle ihre Flugzeuge vollständig mit Biokerosin versorgen zu können.[623] Zwei andere Lösungsansätze sind der Wasserstoffantrieb und die Sonnenenergie. Mit letzterer fliegen schon kleine Versuchsflugzeuge (so zum Beispiel das Solarflugzeug *Solar Impulse 2* des Abenteurers Bertrand Piccard), aber diese sind langsam und können kaum Lasten transportieren. Größere Flugzeuge, die mit den heutigen Fliegern ver-

---

622 Jatropha wächst auf ausgetrocknetem Boden, der sich nicht für die Nahrungsmittelproduktion eignet.

623 Vgl. Bahn, Evelyn: Luftfahrtindustrie will auch ein Stück vom Biomasse-Kuchen, in: Inkota-Netzwerk (Hg.): abgeerntet. Die Welt hungert nach Land, Inkota-Aktionszeitung, Oktober 2012, S. 2.

gleichbar wären, würden extrem schwere Batterien benötigen. Ob Fliegen damit jemals möglich ist, steht in den Sternen.

Etwas besser sind die Aussichten für den Wasserstoffantrieb. Doch auch hier stellen sich immense Probleme. Probleme, die ähnlich sind wie beim Auto. Nur größer. Die schlechtere Energiedichte gegenüber Kerosin, man ahnt es schon, bedeutet höheres Gewicht. Mehr Kilos treffen auf die großen Sicherheitsrisiken der Wasserstofftechnologie. Auch hier gibt es Probeflüge mit Prototypen (so zum Beispiel *Antares DLR-H2*). Marktreife? Unklar. Fachleute gehen von mindestens zwei Jahrzehnten aus.[624]

Und was macht die Schifffahrt? Der Schiffsverkehr bildet mit 90 Prozent aller weltweiten Gütertransporte das Rückgrat der internationalen Arbeitsteilung. Die internationale See- und Frachtschifffahrt würde durch knappes Erdöl schwer getroffen werden, denn die Abhängigkeit vom Erdöl ist außerordentlich hoch. Containerschiffe sind die Packpferde des globalen Handels. Der heutige Anteil der Containerschiffe an der Seeschifffahrt beträgt 75 Prozent. Zum Vergleich: In den 1990er Jahren lag dieser Wert nur bei 35 Prozent.[625] Die Branche würde durch eine Ölverknappung vermutlich härter getroffen als bei den Ölkrisen in den 1970er Jahren – weil die Verlagerung der Produktion in entfernte Billiglohnländer viel weiter fortgeschritten ist.

Nahezu alle Frachtschiffe werden mit Schweröl betrieben. Jenes Schweröl ist eigentlich der letzte Rest, der in einer Raffinerie übrig bleibt, wenn Diesel, Benzin und andere Produkte längst aus dem Erdöl herausdestilliert wurden. Der Treibstoff der Meeresriesen machte 2008, im Ölpreis-Rekordjahr, etwa 90 Prozent der Betriebskosten aus. Auch heute fällt der größte Teil der Betriebskosten für den Treibstoff an.

Als Beispiel sei das Containerschiff *CMA CGM Nevada* zitiert – ein mittelgroßes Containerschiff aus dem Jahr 2011: Fast 13.000 Container passen auf dieses Schiff. 11.500 Tonnen Schweröl fassen die Tanks, so dass eine Tankfüllung beim derzeitigen Ölpreis rund 5,3 Millionen Euro kostet. Hinzu kommen 400 Tonnen Dieselöl für den Betrieb in ausgewiesenen Umweltschutzgebieten wie etwa der Nordsee.[626] Ein solches Schiff verbrennt zwischen 12,5 und 14,5 Tonnen Kraftstoff – pro Stunde. Doch die Branche reklamiert für

---

[624] Zur Forschung im Luftfahrtbereich bietet die Website www.bauhaus-luftfahrt.net zahlreiche interessante Informationen.

[625] Vgl. Nellen, Paul: Weniger Öl – weniger Schifffahrt? Online unter: http://www.lifeinfo.de/inh1./texte/Peak%20Oil%20%26%20Schifffahrt.%20Von%20Paul%20Nellen.pdf [Stand: 28.6.2015].

[626] Vgl. Domizlaff, Svante: Einmal Volltanken für 5,3 Millionen Euro. Artikel online unter: http://www.faz.net/aktuell/technik-motor/umwelt-technik/containerschiffe-einmal-volltanken-fuer-5-3-millionen-euro-12127095.html [Stand: 28.6.2015].

sich, die umweltfreundlichste Transportart zu sein: Pro Tonne und Kilometer sei der Schadstoffausstoß deshalb gar nicht so hoch.

Auch im Bereich der Schifffahrt ist nichts zu erkennen, was das Öl auch nur annähernd gleichwertig ersetzen könnte. Antriebskonzepte gibt es viele: Diskutiert wird über Flüssiggas, Wasserstoff, Atomkraft und Solarenergie – und über das gute alte Segel. Gute Zukunftschancen könnten Zugdrachen mit Seil (SkySails) haben – allerdings nur als Ergänzung zu altbekannter Verbrennungstechnik.[627]

Außerdem bevölkern schon einige Frachtschiffe die Meere, die über eigene Windräder verfügen. Der Windanlagenhersteller *Enercon* betreibt das *E-Ship 1*. Am Bug und Heck des 130 Meter langen Frachtschiffs ragen je zwei mächtige Zylinder wie überdimensionale Litfasssäulen mit vier Meter Durchmesser 27 Meter hoch in den Himmel. Diese Zylinder nutzen den Wind als Zusatzantrieb zum Schiffsdiesel – und das zehnmal besser als herkömmliche Segel.

Der *Germanische Lloyd* setzt versuchsweise LNG-Schiffe ein. Doch leider hat Flüssigerdgas bislang ein doppeltes Manko: Zum einen gibt es abgesehen von Norwegen weltweit praktisch noch keine Lagertanks, aus denen Schiffe den kalten Treibstoff bunkern könnten. Und zum anderen wird immer noch eine enorme Menge Kohlendioxid durch die Schornsteine geblasen. Die Ingenieure des *Germanischen Lloyds* haben daher ein Konzept für ein Containerschiff entwickelt, das weder Schadstoffe noch Treibhausgase emittiert. Dort wandeln Brennstoffzellen Wasserstoff und Sauerstoff in Wasser um und liefern dabei eine elektrische Leistung von fünf Megawatt für den Antrieb. Der Sauerstoff kommt wie bei herkömmlichen Verbrennungsmotoren aus der Luft. Ähnlich wie LNG wird auch der Wasserstoff verflüssigt und in Spezialtanks mitgenommen.[628]

Viele interessante Ideen gibt es also schon. Es ist allerdings unklar, welche Technologien sich durchsetzen werden. Eine flächendeckende Verbreitung wird noch viele Jahrzehnte dauern. Von einer guten Vorbereitung auf die Zeit knappen und teuren Erdöls kann leider keine Rede sein.

---

[627] Mehr Infos finden sich im Internet unter www.skysails.info

[628] Vgl. Knauer, Roland: Weg mit dem letzten Dreck, in: Spektrum – Die Woche, Mai 2012, S. 1.

»Fossiles Denken schadet noch
mehr als fossile Brennstoffe.«
Aus einer Werbung der Schweizer Privatbank Sarasin

21. Fossil und gleichzeitig erneuerbar in die Zukunft? Das globale Energiesystem im Umbruch

Wir müssen aus unterschiedlichen Gründen weg vom Erdöl. Einerseits, weil dieser vielleicht größte Schatz der Menschheit irgendwann in diesem Jahrhundert knapp und (sehr) teuer wird. Andererseits, weil das Klima sonst kippt. Die gleiche Anmerkung gilt auch für Kohle und Erdgas. Sie sind ebenfalls äußerst kostbar und spielen u. a. bei der Stromversorgung eine zentrale Rolle.

Doch geht es ohne fossile Brennstoffe überhaupt? Können die erneuerbaren Energien die Probleme lösen? Oder sind das alles Hirngespinste? Eine gewisse Skepsis gegenüber einer grünen Ökonomie und einem grünen Wachstumsregime wurde ja schon in Kapitel 14 kundgetan … Doch bevor weitere ketzerische Gedanken geäußert werden sollen, wird der Anschluss an die Mainstreamdiskussion hergestellt.

Die 1000-Billionen-Euro-Frage

Die Wirtschaft soll nach dem Willen der politischen Entscheidungsträger weiter wachsen. Damit ist ein wachsender Strombedarf vorprogrammiert. Kann die fossil dominierte Energieinfrastruktur (und hier besonders die Elektrizitätsinfrastruktur) rechtzeitig und nachhaltig umgebaut werden? Und das alles bei fortgesetztem Wirtschaftswachstum?

Die Lager sind übersichtlich. Es gibt auf der einen Seite die Technik- und Effizienzoptimisten. Auf der anderen stehen die Machbarkeitspessimisten. Die gute Nachricht, auf die die Optimisten immer wieder verweisen, ist von erfreulicher Einfachheit: Das technische Potential erneuerbarer Energien entspricht derzeit dem Sieben- bis Zehnfachen des Weltenergieverbrauchs.[629] Sicher wird es mit dem Fortschritt in Wissenschaft und Technik noch zunehmen. Sonne, Wind, Wasser, Biomasse und Geothermie sind die Zukunft.

Zahlreiche Studien postulieren, so u. a. die Untersuchungen des European Renewable Energy Council (EREC)[630], des WWF[631] oder von PricewaterhouseCoopers[632], dass Europa im Jahr 2050 zu 100 Prozent mit Strom aus erneuerbaren Energien versorgt werden könnte, hohe Investitionen in die Infrastruktur und umfangreiche Maßnahmen zur Energieeinsparung vorausgesetzt.

Einige Forscher gehen sogar noch einen Schritt weiter und halten eine hundertprozentige Energiewende bis zum Jahr 2030 für machbar. Global umgesetzt käme dieser Schritt allerdings teuer – rund 100 Billionen US-Dollar wären fällig.[633] Wohlgemerkt: Es handelt sich hier nicht um Prognosen der zukünftigen Entwicklung, sondern um Entwicklungen, die unter spezifischen Bedingungen (am wichtigsten: der politische Wille und ausreichend Geld) möglich wären.

Der im Oktober 2010 verstorbene Träger des Alternativen Nobelpreises des Jahres 1999, Hermann Scheer, gehörte ebenfalls zu den Optimisten. Er stand dem Verband *Eurosolar* als Präsident bis zu seinem Tod vor. Seine Vision: das Solarzeitalter. Eine neue Ära, die durch die Sonnenenergie bestimmt wird.

Unabhängig davon, ob dessen Vision eines Solarzeitalters realistisch ist oder nicht, stimmt Hermann Scheers Feststellung, dass es keine Revolutionierung der Energieversorgung geben kann, wenn die existierende konventionel-

---

[629] Mancher wird ungläubig staunen. Aber allein die Strahlungsenergie der Sonne ist bis zu 16.000-mal stärker als die pro Jahr genutzte fossile und atomare Energie. Die Kunst besteht darin, dieses Potential auch nur annähernd zu nutzen.

[630] EREC (Hg.): RE-thinking 2050. A 100% Renewable Energy Vision for the European Union, Brüssel 2010. Die Studie kann online unter folgender Adresse abgerufen werden: http://www.rethinking2050.eu/fileadmin/documents/ReThinking2050_full_version_final.pdf [Stand: 9.12.2013].

[631] WWF International (Hg.): The Energy-Report. 100% Renewable Energy by 2050, Gland 2011. Die Studie kann online unter folgender Adresse abgerufen werden: http://assets.panda.org/downloads/the_energy_report_lowres_111110.pdf [Stand: 4.9.2014].

[632] PricewaterhouseCoopers (Hg.): 100% renewable electricity. A roadmap to 2050 for Europe and North Africa. Online unter: https://www.pwc.co.uk/assets/pdf/100-percent-renewable-electricity.pdf [Stand: 3.5.2016].

[633] Die US-amerikanischen Wissenschaftler Mark Z. Jacobson (Stanford University) und Mark A. DeLucchi (University of California) haben dies berechnet. Ihr Plan zur Umstellung des weltweiten Energiesystems auf regenerative Quellen bis 2030 sieht die Errichtung von 3,8 Millionen Windturbinen (mit je 5 MW Leistung), 90.000 großen Solaranlagen (mit je 300 MW Leistung), zahlreichen Erdwärme-, Wasser- und Gezeitenkraftwerken sowie dezentralen Photovoltaikanlagen auf Gebäuden vor. Details finden sich in der November-Ausgabe des Jahres 2009 in dem wissenschaftlichen Magazin *Scientific American*.

le Energiewirtschaft nicht weicht.[634] Beim Wechsel zu erneuerbaren Energien, so Scheer, gehe es um nichts weniger als um den tiefgreifendsten und weitreichendsten wirtschaftlichen Strukturwandel seit Beginn der Industrialisierung.[635] Man braucht keine prophetischen Fähigkeiten, um voraussehen zu können, dass sich die konventionelle Energiewirtschaft mit allen erdenklichen Kräften gegen einen Wandel wehren wird.

Die Vertreter der Kohle-, Gas- und Erdölindustrie sowie die Verfechter der Kernkraft spielen mit Platzvorteil. Sie sind sehr gut vernetzt und geben enorme Summen für Lobbying aus. Zudem spielen ihnen die existierenden Energie-Infrastrukturen in die Hände. Diese sind immerhin schon da, andere müssen erst noch gebaut werden. Wenn ein dominantes technisches System die Durchsetzung von Alternativen blockiert, spricht man in der Wissenschaft auch vom *Lock-in-Effekt*.

Der Lock-in-Effekt

Investoren bevorzugen es, ihr Geld in bereits bestehende Systeme zu stecken. Das erscheint ihnen kostengünstiger. Neue Technologien, die scheinbar oder auch objektiv noch nicht bewiesen haben, dass sie funktionieren, sind benachteiligt. Beim Energiesystem handelt es sich zudem um langfristige Investitionen. Das Energiesystem grundlegend zu verändern, bedeutet, Entscheidungen, die jahrzehntelang als richtig galten, in Frage zu stellen.

Dass das geschieht, wollen die Verfechter des Status quo auf keinen Fall. Ihre Argumentationslinie ist einfach: weiter auf die fossilen Brennstoffe sowie auf Kernkraft setzen. Sollte das Erdöl knapp und teuer werden, sind die anderen drei Elemente der Viererkette stark genug, um in die Bresche zu springen – so die gängige Argumentation.

Kohle und zukünftige Energieversorgung

Im Strombereich wird aus einer globalen Perspektive weiter stark auf die Kohle gesetzt. Etwa 40 Prozent des weltweit erzeugten Stroms wird durch Kohleverstromung gewonnen, im Zeitraum von 2000 bis 2012 stieg der Kohlebedarf

---

[634] Vgl. Scheer, Hermann: Der folgenschwere Irrtum des Verhandlungskonzepts der Weltklimakonferenz, S. 3, in: Solarzeitalter. Politik, Kultur und Ökonomie Erneuerbarer Energien, Nr. 4, 2009, S. 1–3 (Editorial).

[635] Vgl. Scheer, Hermann: Energieautonomie, a. a. O., S. 13.

global um 60 Prozent. Zwischen 2005 und 2012 wuchsen die Kapazitäten zur Erzeugung von Kohlestrom sogar dreimal so schnell wie zuvor.[636]

Der Kohle-Boom lag vor allem an China.[637] Das Reich der Mitte verbraucht so viel Kohle wie der Rest der Welt zusammen – ein sagenhafter Wert.[638] Rund 80 Prozent des chinesischen Stroms werden mit der Hilfe von Kohle erzeugt.[639]

Längst ist China trotz eigener erheblicher Vorkommen der weltgrößte Importeur von Kohle. Peking bezieht seinen wichtigsten Energieträger v. a. aus Australien und Indonesien.[640] In China selbst wiederum wurden allein zwischen 2010 und 2014 neue Kohlekraftwerke mit einer Leistung von 228 Gigawatt gebaut. Sie produzieren dreimal mehr Strom, als ein Land wie Deutschland insgesamt verbraucht.[641] Allerdings ist in China ein Umdenken zu erkennen. Die Umwelt- und Gesundheitsschäden durch die Kohlekraftwerke sind enorm.

China forciert deshalb massiv den Ausbau der erneuerbaren Energien sowie Maßnahmen zur Steigerung der Energie-Effizienz. Der Zubau an neuen Kohlekraftwerken hat sich inzwischen stark verlangsamt. Im Jahr 2014 ist der Kohleverbrauch Pekings nur noch um 0,1 Prozent gestiegen, was für viele Beobachter eine faustdicke Überraschung war. In den zehn Jahren zuvor lag das durchschnittsjährliche Wachstum beim Kohleverbrauch bei fast sechs Prozent.[642]

Es ist absehbar, dass Indien im Laufe des nächsten Jahrzehnts der zweitgrößte Kohleverbraucher der Welt werden wird. Indien setzt gegenwärtig massiv auf Kohlestrom. Wachstum beim Kohleverbrauch im Jahr 2014: 11,1 Prozent.[643] Prognosen der IEA zufolge überholt Indien bald die Vereinigten Staaten von Amerika, die derzeit noch den zweitgrößten Kohleverbrauch

---

[636] Vgl. Burck, Jan et al.: Indizien für eine Trendwende in der internationalen Klima- und Energiepolitik, Germanwatch, Bonn 2015, S. 23.

[637] Hinter dem Kohleriesen China können sich viele andere Staaten gut verstecken. Beispiel Polen: Das östliche Nachbarland Deutschlands bezieht seinen Strom zu 90 Prozent aus Kohlekraftwerken.

[638] Vgl. Internationale Energie-Agentur (Hg.): World Energy Outlook 2013, a. a. O., S. 27.

[639] Die Zahl stammt aus: National Geographic: Energie. Wege in die Zukunft, Collector's Edition, Nr. 11, o. O., S. 77.

[640] Vgl. Heinberg, Richard: China Coal Update, in: Museletter 238, März 2012.

[641] Vgl. Jungjohann, Arne: Schwarzer Brennstoff mit roten Zahlen, S. 34, in: Bund für Umwelt und Naturschutz/Heinrich-Böll-Stiftung: Kohleatlas 2015. Daten und Fakten über einen globalen Brennstoff, Berlin 2015, S. 34–35.

[642] Vgl. BP (Hg.): BP Statistical Review of World Energy 2015, a. a. O., S. 5. Online unter: http://www.bp.com/content/dam/bp/pdf/Energy-economics/statistical-review-2015/bp-statistical-review-of-world-energy-2015-full-report.pdf [Stand: 11.7.2015].

[643] Vgl. ebenda, S. 33.

ausweisen.[644] In den USA ist derweil der Kohlebedarf zur Stromerzeugung durch das Gas-Fracking gesunken. Viele Versorger verbrennen lieber Erdgas als Kohle.

Die Ressourcenreichweite von Kohle gilt als relativ groß. Die Zweifel an der Reichweite sind allerdings in den letzten Jahren deutlich gewachsen. Reichweitenangaben von 200 Jahren und mehr waren lange Zeit üblich und finden sich in zahlreichen älteren Lehrbüchern. Heute erscheinen solche hohen Reichweitenangaben kaum noch haltbar.

Laut des *BP Statistical Review* lag im Jahr 2001 die statische Reichweite von Kohle bei 227 Jahren. Für das Jahr 2013 weist BP nur noch eine statische Reichweite von 109 Jahren aus.[645] Fairerweise muss allerdings angemerkt werden, dass nicht alle neu entdeckten Kohlevorkommen (v. a. in China) international gemeldet wurden und folglich auch nicht in die Energiestatistiken eingehen können.

Skeptiker meinen, der Kohleverbrauch entwickle sich global so dynamisch, dass sich der Höhepunkt der Kohleförderung (Peak Coal) wahrscheinlich noch in der ersten Hälfte dieses Jahrhunderts ereignen werde.[646] Kritische Studien zur Reichweite von Kohle sind allerdings rar.

Daher tut man wahrscheinlich gut daran, der Einschätzung der Bundesanstalt für Geowissenschaften Glauben zu schenken. Diese stellt in ihrer Energiestudie 2013 gewohnt nüchtern fest: »Die Reserven und Ressourcen an Hartkohle und Weichbraunkohle können aus geologischer Sicht den erkennbaren Bedarf für viele Jahrzehnte decken.«[647] Kohle habe von den fossilen Energieträgern die bei weitem größten globalen Gesamtressourcen.[648]

Fast acht Gigatonnen Kohle hat die Menschheit allein im Jahr 2013 abgebaut und verfeuert. Das sind 253 Tonnen pro Sekunde. Auf 968 Gigatonnen (968 Milliarden Tonnen) schätzt die Bundesanstalt für Geowissenschaften die weltweiten Reserven an Kohle. Die weltweiten Ressourcen (Steinkohle und Braunkohle) sind übrigens noch weitaus größer – sie werden mit 22.000 Gigatonnen angegeben.[649]

Kohle ist (noch) billig und in Europa breit verfügbar. Importe aus politisch unsicheren Staaten entfallen. Unter dem Gesichtspunkt der Wettbewerbsfä-

---

644 Vgl. Internationale Energie-Agentur (Hg.): World Energy Outlook 2013, a. a. O., S. 139.

645 Vgl. BP (Hg.): BP Statistical Review of World Energy 2013, London 2013, S. 30.

646 Vgl. dazu Croft, Gregory D./Patzek, Tadeusz W.: A Global Coal Production Forecast with Multi-Hubbert Cycle Analysis, in: Energy, Volume 35, Issue 8, 2010, S. 3109–3122.

647 Bundesanstalt für Geowissenschaften und Rohstoffe (Hg.): Energiestudie 2013, a. a. O., S. 27.

648 Vgl. ebenda, S. 27.

649 Vgl. Holdinghausen, Heike: Unterirdische Wälder, S. 11, in: Bund für Umwelt und Naturschutz/Heinrich-Böll-Stiftung: Kohleatlas 2015. Daten und Fakten über einen globalen Brennstoff, Berlin 2015, S. 10–11.

higkeit schlägt sie damit Öl und Gas.[650] Der Kohlepreis war in den letzten Jahren unter Druck. Es herrschte ein Überangebot an Kohle. Wichtigste Folge neben dem Preisverfall: Grubenschließungen auf der ganzen Welt.

Mittelfristig ist davon auszugehen, dass die Weltmarktpreise für Kohle zwar wieder anziehen, aber sich doch als relativ stabil erweisen werden. Kohle wird somit auch künftig bei der Energieerzeugung eine große Rolle spielen. Die IEA erwartet, dass die Kohlenutzung bis 2035 um weitere 65 Prozent zunehmen wird, womit Kohle zum wichtigsten Energieträger werden könnte und das Erdöl ablösen würde.[651]

Eine gute Nachricht? Mitnichten! Das Problem ist nicht nur, dass die Kohleförderung Energie benötigt (die wiederum häufig fossile Grundlagen hat) und dass Kohlekraftwerke einen vergleichsweise bescheidenen Wirkungsgrad von maximal 45 Prozent haben. Und auch nicht nur, dass Kohle massiv die Landschaft zerstört. (In Tagebauen, die etwa 40 Prozent der Kohleförderung ausmachen, wird das gesamte über der Kohle liegende Erdreich abgetragen. Fauna und Flora werden vernichtet.)[652]

Kummer bereitet vor allem die enorme Klimaschädlichkeit der Kohle. Im Vergleich zu Öl und Erdgas enthält sie deutlich mehr Staub und Schwefel, weshalb der Klimatologe James Hansen Kohlekraftwerke einst als »Todesfabriken« bezeichnete.[653] Bei der Verbrennung von Kohle wird doppelt so viel Kohlendioxid pro Energieeinheit freigesetzt wie bei der Verfeuerung der gleichen Menge von Erdgas. Sogar Erdöl ist umweltfreundlicher, hier beträgt der Unterschied bei den Emissionen aber »nur« 20 Prozent pro Energieeinheit. Weltweit war die Kohle im Jahr 2013 für 43 Prozent der gesamten energiebedingten Kohlendioxidemissionen und etwas mehr als ein Viertel der gesamten Treibhausgasemissionen verantwortlich.[654]

Schlechte PR. Deshalb bringen die Vertreter der Kohlebranche in öffentliche Debatten immer wieder die Formel *Carbon Dioxide Capture and Storage*, kurz *CCS*, ein. CCS bezieht sich auf die Sequestrierung und Einlagerung von CO_2 bei der Kohleverbrennung. Bei CCS-Kraftwerken wird – wie bei anderen

---

[650] Vgl. Müller, Tadzio/Kaufmann, Stephan: Grüner Kapitalismus. Krise, Klimawandel und kein Ende des Wachstums, Berlin 2009, S. 60.

[651] Vgl. Internationale Energie-Agentur (Hg.): World Energy Outlook 2011, Executive Summary, a. a. O., S. 5.

[652] Vgl. Mahnke, Eva: Weiterleben nur auf Pump, S. 18, in: Bund für Umwelt und Naturschutz/ Heinrich-Böll-Stiftung: Kohleatlas 2015. Daten und Fakten über einen globalen Brennstoff, Berlin 2015, S. 18–19.

[653] Vgl. Hansen, James: Coal-fired power stations are death factories. Close them, in: The Observer vom 15.2.2009, S. 29.

[654] Vgl. Mahnke, Eva: Gift für das Klima, S. 16, in: BUND/Heinrich-Böll-Stiftung: Kohleatlas 2015. Daten und Fakten über einen globalen Brennstoff, Berlin 2015, S. 16–17.

Kohlekraftwerken auch – Kohle verbrannt. Das dabei entstehende Kohlendioxid wird aber nicht in die Luft gejagt, sondern aus dem Rauchgas abgeschieden, verflüssigt und in den Boden eingeleitet. Das erfordert nicht nur einen hohen Einsatz von Energie, sondern es muss auch sichergestellt werden, dass das gespeicherte Kohlendioxid *nie* in die Atmosphäre entweichen kann. Manche Konzepte einer grünen Ökonomie preisen CCS – die Kohle könne endlich mit der Umwelt versöhnt werden.

Verschwiegen wird gerne, dass der Wirkungsgrad eines Kohlekraftwerkes durch CCS sinkt und dass selbst die besten CCS-Anlagen nur 90 Prozent des Kohlendioxids auffangen.[655] Die Möglichkeiten, Risiken und Kosten der CCS-Technologie sind bisher nur unzureichend erforscht. Die CCS-Technologie wird so schnell nicht marktreif sein.[656] Wenn überhaupt.

Manche Regierungen halten CCS schlicht für eine Sackgasse: So hat die Regierung Norwegens die Pläne für das weltweit größte CCS-Projekt ge-

Methanhydrat – die neue Kohle?

Und wenn Kohle doch mal knapp wird? Dann ran an die Methanhydrate! Was für die einen eine höchst aussichtsreiche Zukunftsenergie ist, gilt anderen als ein weiterer Klima-Sargnagel.

Methanhydrat lagert in den Weltmeeren, vorzugsweise an den Bruchkanten der Kontinente. Der Stoff sieht aus wie Eis und ist so kalt wie Eis. Im Unterschied zu Eis ist er allerdings entflamm- und brennbar. Methan ist nichts anderes als Erdgas, aus dem Strom und Wärme gewonnen werden. Insgesamt werden in den Meeren Vorkommen im Umfang von 3.000 Gigatonnen Kohlenstoff in Form von Methan vermutet. Das Methanhydrat lagert allerdings in nicht unbeträchtlichen Tiefen (400 bis 2.000 m). Es gibt (optimistische) Schätzungen, nach denen in den Methanhydrat-Vorkommen so viel Energie gespeichert ist wie in allen weltweiten Kohle-, Öl- und Gasvorkommen zusammen. Japan barg im März 2013 erstmals Methanhydrat aus der Tiefe – erst einmal nur zu Forschungszwecken. Nippon beabsichtigt, Methanhydrat ab dem Jahr 2018 kommerziell zu fördern.

---

[655] Vgl. Wiesmann, Otto: a. a. O., S. 81.

[656] Vgl. Rueter, Gero: Aus für CO_2-Abscheidung als Klimaretter? Artikel online unter: http://www.dw.de/aus-f%C3%BCr-co2-abscheidung-als-klimaretter/a-16992345 [Stand: 13.6.2015].

stoppt – die Technologie sei noch nicht ausgereift und die Kosten hätten sich vervielfacht, hieß es zur Begründung. Und auch der frühere deutsche Umweltminister Peter Altmaier hat die CCS-Technologie in überraschend deutlichen Worten hinterfragt.[657]

Gegenwärtig gibt es weltweit kein CCS-Kohlekraftwerk, das CO_2 im nennenswerten Umfang abscheidet. In den Reihen der Europäischen Union gibt es allerdings diverse Befürworter der Kohlendioxid-Verpressung. Hier hat die Kohle-Industrie wirkungsvolle Lobbyarbeit geleistet.

Erdgas, die Brücke in die Zukunft?

Während Kohle das Schreckgespenst aller Klimaschützer ist, gilt Erdgas als relativ umweltfreundlich. Die Verbrennung von Gas zur Stromerzeugung ist weniger klimaschädlich als die Verbrennung von Kohle. Gleiches gilt für das Heizen mit Gas.

Da sich wie schon erwähnt auch benzingetriebene PKW und LKW mit Gas betreiben lassen, ist der kostbare flüchtige Stoff potentiell ein gutes Öl-Substitut.

Die Welt verbraucht rund neun Milliarden Kubikmeter Erdgas pro Tag.[658] Von Erdgas wird erwartet, dass dessen Anteil am Weltenergiemix bis 2035 zunehmen wird.[659] Wie Erdöl ist Erdgas jedoch ein endlicher Stoff. Es gibt eine Fördergrenze. Und aus einer wirklich langfristigen Perspektive ist die Verfügbarkeit von Erdgas, genau wie im Falle der Kohle und des Erdöls, nur eine Momentaufnahme. Diese Feststellung ist Konsens, darüber hinaus ist die Fachwelt jedoch uneinig.

Allerdings gibt es eine klare Mainstreammeinung. Erdgas wird demnach mit hoher Wahrscheinlichkeit eine sehr wichtige Rolle bei der Energieversorgung der Zukunft spielen. Es ist von allen fossilen Energieträgern der mit dem größten Ausbaupotential. Als Brücke in der Übergangsphase zu einem erneuerbaren Energieregime gilt Erdgas vielen Experten als unabdingbar. Die Bundesanstalt für Geowissenschaften und Rohstoffe resümiert:

> »Erdgas ist aus geologischer Sicht noch in sehr großen Mengen vorhanden. Auch bei einem absehbar steigenden Bedarf kann die Versorgung der Welt aufgrund des hohen verbleibenden Erdgaspotenzials noch über viele Jahrzehnte gewährleistet werden.«[660]

---

[657] Vgl. o. V.: Altmaier: Wenig Chancen für CO2-Speicherung, in: Junge Welt vom 24.7.2012, S. 2.

[658] Vgl. Ganser, Daniele: Fossile Schweiz, a. a. O., S. 35.

[659] Vgl. Internationale Energie-Agentur (Hg.): World Energy Outlook 2011, Executive Summary, a. a. O., S. 2.

[660] Bundesanstalt für Geowissenschaften und Rohstoffe (Hg.): Energiestudie 2013, a. a. O., S. 11.

Zum Problem könnte allerdings die geographische Verteilung werden. Die Erdgasreserven konzentrieren sich vor allem auf die Länder Russland, Iran und Katar. In den alten großen Gasfeldern dieser Länder sinkt die Förderung jedoch schon heute, während ein steigender Eigenverbrauch in den Förderländern die Exporte vermindert. Wie beim Öl sind alle günstig erschließbaren Felder bereits in Betrieb – erneut greift das Best-First-Prinzip.

In den meisten Weltregionen geht schon seit einiger Zeit die konventionelle Gasförderung zurück. Dieser Befund gilt auch für Europa, einzige Ausnahme ist Norwegen. Wie hoch die Importabhängigkeit ist, rief die Ukraine-Krise nachdrücklich in Erinnerung. Russland hätte sehr viele europäische Staaten mit einem Lieferstopp in Bedrängnis bringen können. Doch dazu kam es nicht – auch weil sich Moskau mit einem Boykott selbst geschadet hätte.

Im Gegensatz zum Erdöl wird Erdgas fast ausschließlich über Pipelines auf dem Landweg befördert. Einen globalen Gasmarkt wie beim Erdöl gibt es nicht (weswegen die Rede von »Peak Gas« analog zu »Peak Oil« nur wenig sinnvoll ist). Über den Seeweg wird Gas zwar auch transportiert, doch der Transport ist aufwendig und daher recht teuer. Das Gas muss auf 161,5 Grad Celsius gekühlt werden, um in eine flüssige Form (LNG – liquefied natural gas) gebracht werden zu können.

LNG weist etwa ein 600stel des Volumens von Erdgas in Gasform auf. Das heruntergekühlte Gas kann mit riesigen Tankschiffen transportiert werden. Es gilt aber, die Temperatur ständig aufrechtzuerhalten. Dafür werden etwa 20 Prozent des flüssigen Gases verwendet. Das flüssige Gas wird nach seiner Ankunft im Bestimmungshafen in speziellen Verdampfungsanlagen entladen und wieder in den gasförmigen Zustand gebracht, so dass es in eine Pipeline eingespeist werden kann.[661] LNG ist ein Wachstumsmarkt. Die Europäische Kommission hat jüngst LNG zum Kernelement ihrer Energiestrategie erklärt – auch um an Unabhängigkeit gegenüber Russland zu gewinnen. Vor allem aus den USA soll mehr Erdgas importiert werden, was übrigens ein zentrales Thema in den TTIP-Verhandlungen ist.[662] Und so ist es kein Zufall, dass LNG-Terminals derzeit in vielen europäischen Hafenstädten gebaut werden. In Deutschland gibt es allerdings noch keinen Standort.

---

[661] Vgl. Ritz, Hauke/Wiesmann, Otto: Peak Oil: Der globale Krieg ums Öl, S. 841, in: Blätter für deutsche und internationale Politik, Nr. 7, 2007, S. 837–844.

[662] Vgl. Daniljuk, Malte: Globale Umordnung. Geopolitische und geoökonomische Veränderungen im Umfeld der EU – Aktuelle Konjunkturen der Energiepolitik, Rosa-Luxemburg-Stiftung, Berlin 2016, S. 55–58, S. 61 u. S. 81.

Gas-Fracking

Das Potential unkonventioneller Gasvorkommen, Stichwort: Gas-Fracking, ist umstritten. Die meisten Vertreter aus der Gaswirtschaft, aber auch zahlreiche Wissenschaftler unterstreichen mit Nachdruck, dass unkonventionelle Gasvorkommen eine goldene Zukunft hätten. Sie argumentieren, dass neue Fördertechniken wie das Fracking für Gas in Schiefergesteinen die Gas-Reichweite in derart weit entfernte Zeiträume rückten, dass eine auch nur annährend exakte Peak-Prognose unmöglich sei. Große noch unerschlossene Shale-Gas-Vorkommen gibt es u. a. in China und Australien.

Die Optimisten verweisen zudem mit Freude darauf, dass das massive Fracking in den USA den dortigen Erdgaspreis auf Talfahrt geschickt hat: 2008 lag der Erdgaspreis sechsmal höher als 2012. Wenn Preise gute Knappheitsindikatoren seien, rücke eine Gas-Knappheit in sehr weite Ferne.

In den USA lag der Anteil von Schiefergas an der gesamten Gasproduktion im Jahr 2000 nur bei bescheidenen zwei Prozent. Im Jahr 2012 waren es schon 40 Prozent. Im gleichen Zeitraum stieg die gesamte Gas-Produktion der Vereinigten Staaten von Amerika um 25 Prozent.[663] Die Internationale Energie-Agentur sieht in ihrem World Energy Outlook gerade für die USA gute Gas-Perspektiven. Die USA könnten dank Fracking zum Erdgasexporteur werden.

Doch es gibt, wie schon in Kapitel 19 dargelegt wurde, Kritiker des Mainstreams. Der schon zitierte Geologe David Hughes hält die offiziellen Prognosen der US Energy Information Administration für viel zu optimistisch. Die US-Behörde sieht die einheimische Erdgas-Produktion bis zum Jahr 2040 um bis zu 56 Prozent wachsen. Das sei übertrieben, meint Ölveteran Hughes.[664] Erhebliche Zweifel an den Zahlen äußerte jüngst auch ein Forscherteam der Universität Texas. Die vier großen US-amerikanischen Schiefergas-Formationen (Marcellus, Haynesville, Fayetteville und Barnett) würden im Jahr 2030 nur halb so viel Erdgas produzieren, wie dies die US Energy Information Administration veranschlage. Alle vier großen Formationen würden ihren Peak um das Jahr 2020 erreichen.[665]

663 Vgl. Hughes, David: A reality check on the shale revolution, a. a. O., S. 307.

664 Vgl. Hughes, David: Drilling Deeper, a. a. O., S. 11.

665 Vgl. Inman, Mason: The Fracking Fallacy, S. 29, in: Nature vom 4.12.2014, Vol. 516, S. 28–30.

Strahlende Zukunft mit Kernenergie?

Ein wichtiger globaler Player im Strombereich ist auch die Kernkraft. Solange große technologische Durchbrüche bei der Kernfusion (für ihr Gelingen müsste eine Temperatur von 100 Millionen Grad erzeugt werden) noch auf sich warten lassen, sollten wir der Kernenergie vertrauen. Das glauben jedenfalls viele. Doch ist das Vertrauen gerechtfertigt? Und kann die Kernenergie bei der Lösung der zukünftigen Energieprobleme eine echte Hilfe sein?

Bei Lichte betrachtet: nein. Die mannigfaltigen Sicherheitsrisiken werden von Befürwortern gerne kleingeredet. Dabei zeigen Unfälle wie die Reaktorunglücke von Harrisburg (März 1979) sowie vor allem in Tschernobyl (April 1986) und Fukushima (März 2011) das immense zerstörerische Potential dieser Technologie. Das Restrisiko ist ganz offenbar höher als angenommen. Angeblich sollte sich ein GAU, der größte anzunehmende Unfall, nur ein Mal in 10.000 Jahren ereignen. Nun ist in weniger als 30 Jahren das Unwahrscheinliche schon zwei Mal passiert.

Bemerkenswert in diesem Zusammenhang ist die PR-Leistung der Atomindustrie. Konnte man den GAU in Tschernobyl noch damit erklären, dass russische Alttechnik versagt habe, handelte es sich bei den havarierten Reaktoren in Fukushima um vermeintliche japanische Spitzentechnologie. Seit der Katastrophe im März 2011 wird die japanische Bevölkerung systematisch getäuscht – von der Energieindustrie wie von der Regierung.

Gesundheitsgefahren werden heruntergespielt.[666] Die Fälle von Schilddrüsenkrebs sind in der Präfektur Fukushima rapide angestiegen. Kinder in der Region müssen Dosimeter mit sich herumtragen – und zwar ständig. Daneben wird auch die Umwelt schwer geschädigt: In den Pazifischen Ozean sickern nach Angaben des Versorgers Tepco 300 Tonnen verstrahltes Wasser – pro Tag. Die Folgen für den Ozean und seine Bewohner werden sich in ihrer gesamten Tragweite wohl erst in einigen Jahren offenbaren. Viele Meeresbiologen sind aber schon jetzt hochgradig beunruhigt.

---

[666] In Japan galt bis zur Atomkatastrophe der international akzeptierte Strahlengrenzwert. Demnach durfte ein Mensch pro Jahr einer radioaktiven Strahlung von einem Millisievert ausgesetzt sein. Nach dem GAU in Fukushima wurde zwar eine Sperrzone um das AKW eingerichtet, doch auch außerhalb des Sperrgebiets nahm die Strahlung besorgniserregende Werte an. Die japanische Regierung entschied kurzerhand in Abstimmung mit Fukushima-Betreiber Tepco, den Strahlengrenzwert auf zehn Millisievert hochzuschrauben. Damit sollten umfassende Entschädigungszahlungen ebenso vermieden werden wie die Räumung weiterer Städte. Nach einigen Monaten wurde aber auch die neue Marke von zehn Millisievert deutlich überschritten. Die japanische Regierung griff in dieser Situation zu einem Trick: Sie bezahlte Ärzte und Professoren (mit Geld und Lehrstühlen), damit diese öffentlich erklärten, dass bis zu einer Strahlung von 100 Millisievert keine Gefahr drohe. Was nicht passt, wird also passend gemacht.

Auch ohne größte anzunehmende Unfälle ist die Kernenergie alles andere als nachhaltig. Uran ist zwar ein echtes Energiebündel (in einem Kilogramm Uran steckt so viel Energie wie in 2,7 Millionen Tonnen Steinkohle), aber gleichzeitig ein schmutziger Brennstoff.[667] Wo er abgebaut wird, belastet er Menschen und Umwelt. Die größten Abbaugebiete liegen in Kanada, Australien, Niger, Russland, Namibia und Usbekistan. Deutlich erhöhte Krebsraten und radioaktiver Staub sind in den Abbaugebieten an der Tagesordnung. Zudem verschlingt der Uranabbau große Wassermengen.

Rund 70 Prozent der Uranminen befinden sich im Siedlungsgebiet von indigenen Völkern. Diese müssen in den verseuchten Gebieten leben, damit andere gemütlich Atomstrom konsumieren können.[668]

Billig ist die Kernenergie auch nicht. Entgegen der landläufigen Meinung ist sie extrem kostspielig und muss als Teuerste aller Energien bezeichnet werden. Die Kosten für den Bau von Atommeilern lassen sich getrost als Fässer ohne Boden bezeichnen. Gleiches lässt sich für den Rückbau von Kernkraftwerken behaupten. Für die atomaren Abfälle gibt es keine Lösung. Klar ist nur: Der atomare Müll strahlt Tausende Jahre und wird nachfolgenden Generationen enorm hohe Kosten bescheren, die wir auf diese abwälzen. Jene Kosten tauchen nicht im Strompreis auf. Sie werden schlicht externalisiert.[669]

Doch selbst wenn man den Kostenaspekt ausklammert, scheidet die Nuklearenergie als Hoffnungsträgerin aus. Zu Beginn des Jahres 2011 gab es 442 Kernkraftwerke weltweit, die eine Leistung von 375 Gigawatt (GW) produzierten. Das klingt nach viel, ist aber global betrachtet eher wenig. Die Atomenergie macht weniger als fünf Prozent der Weltenergieproduktion aus. Dieser Anteil stagniert schon seit Jahren.

Das Basler Forschungsinstitut *Prognos* geht davon aus, dass bis zum Jahr 2030 mehr Atommeiler, v. a. aus Altersgründen, stillgelegt werden, als in Betrieb gehen. Die Schweizer Forscher rechnen mit einem Rückgang der Zahl der aktiven Kernkraftwerke bis 2030 um 29 Prozent gegenüber dem Stand des Jahres 2009. Grund für diese Einschätzung: Viele angekündigte Baupläne würden nicht realisiert.[670]

Die bei weitem optimistischste Prognose der *Internationalen Energie-Agentur* sieht mehr Inbetriebnahmen als Stilllegungen. Demnach werden bis zum Jahr 2030 genau 610 neue Reaktoren ans Netz gehen. Das wären mehr als 25

---

[667] Vgl. Winterhagen, Johannes: Abgeschaltet. Was mit der Energiewende auf uns zukommt, München 2012, S. 191.

[668] Vgl. Campact (Hg.): Abschalten! Warum mit der Atomkraft Schluss sein muss und was wir alle dafür tun können, Frankfurt am Main 2011, S. 229–230.

[669] Vgl. Heinberg, Richard: The Party's Over, a. a. O., S. 219.

[670] Vgl. Campact (Hg.): a. a. O., S. 282.

neue Reaktoren pro Jahr. Der sehr optimistischen Prognose der IEA zufolge würden alle Kernkraftwerke der Erde (die alten wie die neuen) im Jahr 2030 zusammen 833 GW Strom produzieren. Der Energiehunger der Welt wird sich bei einem Business-as-usual-Szenario bis zum Jahr 2030 jedoch stark erhöht haben, so dass der Anteil der Atomkraft an der Weltenergieproduktion entweder nur unmerklich steigt oder sich überhaupt nicht erhöht.

Hinzu kommt: Uran ist wie praktisch jede andere Ressource auch endlich. Das Element Uran kommt zwar recht häufig in der Erdkruste vor. Es fehlt jedoch an Lagerstätten, in denen Uran in ausreichend hohen Konzentrationen existiert.[671]

Die statische Reichweite (Anzahl der Jahre, für die die konventionellen Reserven bei konstantem Verbrauch noch reichen) liegt bei 83 Jahren.[672] Würde die sehr optimistische IEA-Vorhersage eintreffen, könnte sich die Reichweite leicht halbieren. Manche Beobachter sprechen in diesem Zusammenhang schon von einem *Peak Uranium*. So glaubt die Energy Watch Group, dass dieser Punkt um das Jahr 2020 erreicht werde. Der Zuwachs der Uranproduktion der letzten Jahre, so die EWG, komme zum größten Teil aus Kasachstan. Doch es sei nur eine Frage der Zeit, bis die Produktion auch hier an Grenzen stoße.[673] Michael Dittmar von der ETH Zürich sieht diesen Punkt in noch näherer Zukunft – nämlich schon deutlich vor 2020.[674] Andere Forscher halten 2020 für übertrieben pessimistisch und sehen keinen Peak in den nächsten Jahrzehnten.

Und der Klimawandel? Übertreibt man die optimistische Prognose der IEA noch und unterstellt, dass jedes Jahr statt 25 sogar 30 neue Reaktoren ans Netz gehen, so würden die globalen Kohlendioxidemissionen bis zum Jahr 2050 nur um sechs Prozent gesenkt.[675] Tatsächlich ist die CO_2-Bilanz der Kernenergie, wenn man die gesamte Produktionskette betrachtet, alles andere als vorbildlich – auch wenn das immer wieder gerne behauptet wird. Beim Uranabbau, bei der Uranaufbereitung und bei der Urananreicherung werden nicht nur jede Menge Treibhausgase freigesetzt, sondern Mensch und Natur müssen enorme Schäden in Kauf nehmen. Nach einer Studie des Öko-Instituts für Deutschland fallen für ein deutsches Atomkraftwerk je nach Herkunft des Urans zwischen 31 und 126 Gramm Kohlendioxid pro Kilowattstunde Strom

---

671 Vgl. Dittmar, Michael: Das Ende des billigen Urans oder warum Atomenergie in die Sackgasse führt, S. 102, in: Bardi, Ugo: Der geplünderte Planet, a. a. O., S. 97–102.

672 Vgl. Campact (Hg.): a. a. O., S. 244.

673 Vgl. Zittel, Werner/Zerhusen, Jan et al.: Fossil and Nuclear Fuels – the Supply Outlook, Kurzfassung, o. O. 2013, Energy Watch Group/Ludwig-Bölkow-Stiftung, S. 11 und S. 36.

674 Vgl. Dittmar, Michael: The End of Cheap Uranium, in: The Science of the Total Environment, Vol. 461–462, 2013, S. 792–798.

675 Vgl. Kempf, Hervé : Pour sauver la planète, sortez du capitalisme, Paris 2009, S. 83–84.

an. Günstiger liegen die Windkraft (23 Gramm) und größtenteils auch die Wasserkraft (39 Gramm), während die Photovoltaik sich mit 89 Gramm CO_2 ebenfalls nicht mit Ruhm bekleckert.[676]

Die Zukunft ist erneuerbar

Trotz des Ausrutschers der Photovoltaik bei den CO_2-Emissionen – verglichen mit Kernkraft, Kohle und Co. – müssen die erneuerbaren Energien als vielversprechend bezeichnet werden, wobei immer darauf hingewiesen werden muss, dass es auf die Gesamtökobilanz ankommt.

Das theoretische Potential der erneuerbaren Energien ist ohne Zweifel enorm. Die Sonne schickt 16.000-mal mehr Energie zur Erde, als die Menschheit weltweit verbraucht. Meeres-, Wellen- und Wasserenergien bieten etwa 80-mal mehr Energie und der Wind 32-mal mehr Energie, als wir jeden Tag verbrauchen.[677] Und auch die Kostenargumente werden auf lange Sicht überzeugen, schließlich liefert die Natur Sonne, Wind oder Erdwärme frei Haus. Den erneuerbaren Energien könnten goldene Zeiten bevorstehen.

In der Praxis gibt es jedoch (noch) zahlreiche Hindernisse. Vom Platzvorteil der Verteidiger der alten fossil-atomaren Energiestrukturen war schon die Rede. Der wichtigste Bestimmungsfaktor eines Energiesystems sind die ausgewählten Energiequellen. Welche Quelle zum Einsatz kommt, bestimmt darüber, welche Techniken bei der Energieförderung bzw. bei der Energieumwandlung unerlässlich sind, also welche Infrastruktur aufgebaut wird. Die Vorstellung, dass die für konventionelle Energieträger entstandene Infrastruktur auch für die erneuerbaren Energien am besten wäre, ist falsch. Es wird jedoch ständig versucht, die regenerativen Energien in die konventionellen zentralen Energieversorgungsstrukturen einzupassen.[678]

Teilweise sind die Erwartungen an Wind, Sonne und Co. auch überzogen. Beispiel Solarkraft. Das theoretische Potential nährt große Erwartungen. Sonnenenergie gibt es zwar mehr als reichlich und die Sonne liefert sie kostenlos, aber sie in für Menschen nutzbare Formen einzusammeln, umzuwandeln und zu speichern, ist aufwendig. Dies ist bis auf wenige Ausnahmen sehr flächenintensiv und materialaufwendig, und für die Herstellung der Umwandlungstechniken wird Energie benötigt, die gegenwärtig fossil ist. Das gilt für die Photovoltaiktechnik ebenso wie für die vielgelobten neuen solarthermischen Kraftwerke.

---

676 Vgl. Wiesmann, Otto: a. a. O., S. 74.
677 Vgl. Ganser, Daniele: Europa im Erdölrausch, a. a. O., S. 353–354.
678 Vgl. Scheer, Hermann: Energieautonomie, a. a. O., S. 73.

Viele endliche Metalle werden für die Geräte zur Solarstromerzeugung benötigt.[679] Deren Gewinnung und Produktion fallen oft schmutzig und umweltschädlich aus. Bestimmte Rohstoffe für die Herstellung von Solarstrom – Stichwort *Seltene Erden*[680] – stellen gar eine potentielle Schranke für den Siegeszug der Solartechnik dar. Die Endprodukte sind ihrerseits nur sehr schlecht oder zum Teil überhaupt nicht recycelbar.[681]

Ähnliches lässt sich für die Windkraft konstatieren. Ihr theoretisches Potential ist nicht so hoch wie das der Sonnenenergie, aber gerade gegenüber der Photovoltaik hat sie zwei große Vorteile. Zum einen emittiert sie, wie gerade erwähnt, weniger Kohlendioxid pro Kilowattstunde Strom. Zum anderen hat sie eindeutige Kostenvorteile gegenüber der Photovoltaik und häufig auch gegenüber der Solarthermie.

Weltweit schreitet der Ausbau von Sonnen- und Windenergie rasant voran. In einigen Ländern ist das erwähnte goldene Zeitalter schon angebrochen. Beispiel Windkraft: Für sie war 2014 ein Rekordjahr. Die Gesamtinstallationen beliefen sich auf 51 GW. Treibende Kraft ist ausgerechnet der Kohlegigant China. Im Reich der Mitte wurden allein 23 GW installiert.[682] China macht also beides: Neue Kohlekraftwerke bauen und gleichzeitig auf die erneuerbaren Energien setzen.

Erneuerbare als Teil des Wachstumsregimes

Allerdings: Die Effekte von Wind- und Sonnenenergie kompensieren in vielen Ländern lediglich den steigenden Energieverbrauch. Nach Angaben der IEA ist die weltweite Stromproduktion um drei Prozent pro Jahr seit 1990 gestiegen. Die weltweite Stromproduktion aus erneuerbaren Energien wuchs ebenfalls, allerdings nur um 2,8 Prozent pro Jahr.[683]

Windräder, Photovoltaik und Co. ergänzen oftmals die alten, überkommenen Energiestrukturen – womit sich mit Blick auf das Klima ein Dilemma ergibt. Dieses Dilemma lässt sich zugespitzt wie folgt formulieren: Wenn die regenerativen Energien das Klima und die Energieversorgung retten sollen, darf das Wirtschaftswachstum, das bisher immer mit mehr Energienutzung

679 Vgl. Jensen, Derrick: Endgame. Zivilisation als Problem, München/Zürich 2008, S. 185.

680 Gemeint sind seltene Metalle mit geheimnisvollen Namen wie Cer, Promethium, Yttrium oder Lutetium. Mehr zu dieser Problematik in Kapitel 27.

681 Vgl. Bihouix, Philippe: L'âge des low tech, a. a. O., S. 78.

682 Vgl. Jungjohann, Arne: Erneuerbare unter Strom, S. 45, in: BUND/Heinrich-Böll-Stiftung: Kohleatlas 2015. Daten und Fakten über einen globalen Brennstoff, Berlin 2015, S. 44–45.

683 Vgl. Heinberg, Richard: Snake Oil, a. a. O., S. 118.

einherging, nicht anhalten. Wenn die Wirtschaft aber weiter wächst, können die regenerativen Energien das Klima nicht retten.[684]

Die Wind- und Sonnenenergie sehen sich seit Jahren schon zwei Vorwürfen gegenüber: Sie seien weder grundlastfähig noch speicherbar. Die Gegner der erneuerbaren Energien zogen mit beiden Vorwürfen jahrelang durch die Lande. Beide Vorwürfe lassen sich entkräften. Als viel kniffliger erweist sich die Stabilität des Stromnetzes. Der Stromverbrauch schwankt während eines Tages erheblich, ist also sehr instabil.

In Deutschland liegt der Strombedarf bei etwa 600 TWh pro Jahr. In den Morgenstunden, in der Mittagszeit und am Abend wird mehr Strom verbraucht als zu anderen Tageszeiten – also immer dann, wenn viele elektrische Geräte (wie z. B. E-Herd, Fernseher, Computer, Radio, elektrische Küchengeräte) gleichzeitig im Einsatz sind. Am kritischsten sind in Deutschland (frühe) Abende an Werktagen im Winter. Dann wird die Spitzennachfrage nach Strom von rund 80 GW erreicht.[685]

Problem Netzstabilität

Mit dem Ausbau der erneuerbaren Energien stößt ein zweiter Instabilitätsfaktor hinzu. Der Wind weht nicht immer, und auch die Sonne macht sich gelegentlich rar. Wasserkraftwerke können mit besonders hohen oder besonders niedrigen Wasserständen zu kämpfen haben.

Die Herausforderung besteht somit darin, die Stromnachfrage und das Stromangebot in jedem Moment in Einklang zu bringen. Nur so kann das Netz stabil bleiben und Stromausfälle verhindert werden. Das europäische Stromnetz gleicht einer Megamaschine. Im Netz wird Wechselstrom verwendet, bei dem die Spannung mit einer bestimmten Frequenz zwischen einem positiven Maximal- und einem negativen Minimalwert schwankt. Diese Frequenz liegt in Europa bei 50 Hertz, also bei 50 Schwingungen pro Minute. Damit das Netz als Gesamtheit reibungslos funktioniert, müssen alle an das Netz angeschlossenen Stromerzeuger phasengenau mitschwingen, ansonsten würden sich die einzelnen Spannungswerte gegenseitig neutralisieren.

---

[684] Diese These, die in manchen Ohren vielleicht nach Ökofundamentalismus klingt, hat vor einiger Zeit Royal Dutch Shell in einer grundlegenden Studie bestätigt. Nachzulesen in: Shell International BV (Hg.): Shell Energy Scenarios to 2050: Signals and Signposts, Den Haag 2011. Die Studie ist online abrufbar unter: http://www-static.shell.com/static/aboutshell/downloads/aboutshell/signals_signposts.pdf [Stand: 4.9.2014].

[685] Vgl. Lambertz, Johannes et al.: Flexibilität von Kohle- und Gaskraftwerken zum Ausgleich von Nachfrage- und Einspeiseschwankungen, S. 16, in: Energiewirtschaftliche Tagesfragen, 62. Jg., Heft Nr. 7, 2012, S. 16–20.

Die alte, v. a. fossil gespeiste Energieinfrastruktur kommt mit diesem Umstand gut zurecht. Große Kohle- und Atomkraftwerke sind echt dicke Brocken. Ihre gewaltige Masse kommt bei einer Schnellabschaltung nur langsam zum Stillstand.[686] Das ist vergleichbar mit einem schweren Güterzug. Er braucht viele Kilometer, wenn er von seiner Höchstgeschwindigkeit auf Tempo null heruntergebremst werden muss. Das Phänomen nennt sich Massenträgheit.

Die erneuerbaren Energien gleichen eher kleinen, leichten Sportwagen, die sehr schnell zum Stillstand gebracht werden können. Und das ist das Kernproblem: Ein Spannungsabfall in einem bestimmten Teil des Netzes führt dazu, dass mehr Strom durch die übrigen Leitungen fließt. Und wenn in dieser Situation alle Leitungen bis an ihre Grenze belastet sind, kann es zu einem Blackout kommen.[687]

Die Grundlast wird überwiegend von fossilen (Groß-)Kraftwerken gestemmt, die allerdings heute keine reinen Grundlastkraftwerke mehr sind. Von fossilen Energieträgern gilt es aber wegzukommen. Während die Grundlast in Zukunft teilweise durch solarthermische Anlagen, Biogas-Kraftwerke und die Geothermie bestritten werden könnte, ist für das Problem der Massenträgheit keine echte Lösung in Sicht. Ganz ohne einige große Kraftwerke wird es wahrscheinlich nicht gehen.

Um Wind und Sonne noch besser auszunutzen, muss massiv in die Energieinfrastruktur investiert werden. Neue Hochspannungsleitungen müssen errichtet werden. Im Bereich der Speicherung von überschüssiger Energie gibt es viele mögliche Lösungen. Der Hoffnungsträger Wasserstoff wurde schon angesprochen. Dieser könnte mit überschüssigem regenerativem Strom erzeugt werden.

Daneben könnten Druckluftspeicher, Batterie-Speicherkraftwerke[688] und das Power-to-Gas-Verfahren eine große Zukunft haben. Bei letzterem Verfahren wird erneuerbare Elektrizität als Gas gespeichert. Und das geht so: Mit Strom lässt sich in einer Lösung per Elektrolyse Wasser in Wasserstoff und Sauerstoff trennen. Der Wasserstoff kann in einem zweiten Schritt mit Kohlendioxid zu Methan weiterverarbeitet werden, das sich kaum von natürlichem Erdgas unterscheidet und das daher im Gasnetz gespeichert werden kann.[689] Weht kein Wind und scheint die Sonne nicht, füttert das Gas

---

[686] Vgl. Winterhagen, Johannes: Abgeschaltet, a. a. O., S. 143–144.

[687] Vgl. ebenda, S. 145.

[688] Im September 2014 ging in Schwerin Europas erstes kommerzielles Batteriekraftwerk ans Netz. Dieses speichert Strom und stabilisiert das Stromnetz. Weitere ähnliche Projekte dürften in den nächsten Jahren in anderen Staaten folgen. Kritiker bemängeln allerdings die hohen Kosten.

[689] Vgl. Watzka, Heinz: Ein Speicher für Wind und Sonne, in: Die Welt vom 14. April 2012, Beilage Energie 2012 – Effizienz und Nachhaltigkeit, S. 3.

einfach ein Kraftwerk, das den Ökostrom ersetzt. Das Problem dabei: Der Wirkungsgrad der aufwendigen Umwandlung von Strom zu Gas und wieder zu Strom ist (noch) deutlich zu niedrig und damit zu teuer. Die Technik steckt allerdings noch in den Kinderschuhen – Fortschritte sind in den nächsten Jahren wahrscheinlich.

Schon etabliert haben sich Pumpspeicherkraftwerke in Bergregionen. Ihre Zahl soll steigen, doch das ruft vielerorts besorgte Bürgerinnen und Bürger auf den Plan, die keine Pumpspeicherkraftwerke in ihrer Nachbarschaft wünschen. Als Alternative könnten alte Kohle-Zechen zum Einsatz kommen. Sie würden ähnlich wie die bisher bekannten Pumpspeicherwerke funktionieren. Ist Energie im Überfluss vorhanden, wird mit der Hilfe einer Pumpe Wasser von einem niedrigen zu einem höhergelegenen Niveau transportiert. Dabei wird Energie in Anspruch genommen. Soll die Energie zurück ins Netz, so läuft das Wasser von oben durch eine Turbine, die sie über einen Generator in Strom verwandelt. Bei alten Zechen würde es einen überirdischen und einen unterirdischen Speichersee geben. Der unterirdische See wäre nicht sichtbar. Im Ruhrgebiet gibt es Schächte mit einer Fallhöhe von bis zu 1.200 Metern. Wirtschaftlichkeitsstudien laufen.[690]

Nicht überall erwünscht sind auch Biogas-Anlagen. Diese schossen mancherorts (z. B. in einigen Regionen Niedersachsens) wie Pilze aus dem Boden. Biogas-Anlagen erzeugen gleichmäßig Strom und sind damit grundlastfähig. Die kleinen dezentralen Gaskraftwerke funktionieren im Prinzip mit allen möglichen organischen Abfällen. Die Anlagen werden in den meisten Fällen allerdings mit Mais und Gülle gefüttert. Grundsätzlich können in Biogas-Anlagen auch andere Energiepflanzen verwendet werden, aber der Mais hat den Vorteil eines sehr raschen Wachstums.

Biogas-Anlagen müssen teilweise sehr kritisch gesehen werden. Denn der Mais zur Stromerzeugung nimmt große Flächen weg. Flächen, auf die keine Nahrungsmittel angebaut werden. Gerade in Norddeutschland lassen sich viele artenfeindliche Monokulturen beobachten. Biosphärenreservate sind verschwunden. Es stellt sich die Frage, ob diese grüne Energie nicht mehr schadet als nutzt.[691]

Auch bei der Wasserkraft ist diese Frage bei manchen Projekten zu stellen. Zu denken ist hier vor allem an Riesenstaudämme in Brasilien oder China, die nicht nur mit einem immensen Naturverbrauch einhergehen. Tausende Menschen werden entwurzelt und Kulturschätze der Menschheit überflutet.

---

690 Vgl. Bialdiga, Kirsten: Noch ist nicht Schicht im Schacht, in: Süddeutsche Zeitung vom 3. Januar 2014, S. 17.

691 Filmempfehlung dazu: Climate Crimes. Umweltverbrechen im Namen des Klimaschutzes, Regie: Ulrich Eichelmann, Deutschland 2013, 54 Minuten.

Und wenn wie in Brasilien Regenwald überflutet und massiv auf diese Weise Methan emittiert wird, ist jeder Klimaeffekt dahin.

Solche Probleme stellen sich bei geothermischen Anlagen nicht. Sie sind eine interessante, aber oft noch teure Alternative zu Wind und Sonne. Die Geothermie hat überdies noch viel Potential. Im Jahr 2010 gab es erst in 24 Ländern der Erde geothermische Kraftwerke mit einer Gesamtkapazität von 11 GW. Der Anteil der Geothermie am globalen Strommix ist damit kleiner als ein Prozent.[692]

Wenn tatsächlich die Sonne gar nicht durchkommt und kein Wind weht, könnte der Bau von zusätzlichen Gas- und Dampfturbinenkraftwerken (GuD) gute Dienste leisten. GuD-Anlagen kombinieren die Prinzipien eines Gasturbinenkraftwerkes und eines Dampfkraftwerkes und haben mit 60 Prozent einen besonders hohen Wirkungsgrad, da auch die Abwärme der Gasturbine zur Stromerzeugung genutzt wird.

Es ist davon auszugehen, dass sich die technischen Probleme lösen lassen. Aber es muss sehr viel Geld in die Hand genommen werden. Der *Take-off* der erneuerbaren Energien kommt damit erst noch. Die Frage ist: wann?

(Nicht-)Vereinbarkeit von Ökologie und Ökonomie

Erneuerbare Energien sind wesentlich kapitalintensiver als fossile Brennstoffe. Die Anhänger einer grünen Ökonomie glauben an die Vereinbarkeit von Ökonomie und Ökologie. Eine selbstverständliche Harmonie zwischen Ökonomie und Ökologie existiert allerdings nicht. Die Erfahrung aus vielen europäischen Ländern zeigt, dass die propagierte Harmonie erst über den Staat – sprich durch Gesetze und Förderprogramme – hergestellt werden muss. Wenn Manager beklagen, sie würden gerne in grüne Technologien investieren, doch der Druck der Finanzmärkte erlaube das nicht, so sind solche Klagen starke Belege für den Gegensatz von betriebswirtschaftlicher Kalkulation und Umweltschutz.[693] Die Autoren Tadzio Müller und Stephan Kaufmann notieren in diesem Zusammenhang:

> »[Auch] einem noch stärkeren Ausbau der erneuerbaren Energien steht nicht ihre technische Machbarkeit entgegen, sondern vor allem eines: die Kosten beziehungsweise die Probleme, mit erneuerbaren Energien eine Rendite zu erzielen, die den Anforderungen der Investoren genügt. Um die Schwankungen bei der Einspeisung von Solar- und Windstrom auszugleichen, sind teure Energiespeicher vonnöten – die zwar existieren, zum Beispiel Lithium- oder

---

[692] Vgl. Ganser, Daniele: Europa im Erdölrausch, a. a. O., S. 346.

[693] Vgl. Müller, Tadzio/Kaufmann, Stephan: a. a. O., S. 102.

Redox-Flow-Batterien, Wasserstofftechniken, Pump- oder Druckluftspeicherkraftwerke. Doch liegen die Kosten derartiger Energiespeicherung bislang noch deutlich über denen der ›natürlichen Energiespeicher‹ Öl, Gas, Atom oder Kohle.«[694]

Im Klartext: Es mag sein, dass Investitionen in erneuerbare Energien das Klima schonen. Doch Investitionen richten sich im globalisierten Finanzmarktkapitalismus mehr denn je nach der Rendite. Und wenn die Rendite nicht stimmt, unterbleiben solche Investitionen.

Die Linken-Politikerin und Publizistin Sahra Wagenknecht zitiert in ihrem Buch »Reichtum ohne Gier« einen Ingenieur von Siemens.[695] Dieser gibt zu, dass eine ökologische und ressourcensparende Innovation, die nicht mindestens 16 Prozent Rendite verspricht, bei Siemens schlicht nicht weiter verfolgt wird.

Dass es anders geht, zeigt das Fracking. Der CEO von ExxonMobil, Rex Tillerson, spricht offen die kapitalistische Logik aus: »Meine Philosophie ist es, Geld zu machen. Wenn ich fracken und damit Geld machen kann, ist es das, was ich tun werde.«[696]

Die Verteidiger einer grünen Ökonomie kontern mit dem Argument, dass sich mit dem Anstieg des Ölpreises (und auch mit dem langfristigen Anstieg der Gas- und Kohlepreise) die Renditeaussichten für grüne Technologien verbessern. Dem kann man wiederum entgegenhalten, dass nach dem Eintreten des Ölfördermaximums möglicherweise weniger Mittel für den Aufbau neuer Infrastrukturen bereitstehen, weil hohe Ölpreise das Wirtschaftswachstum bremsen oder ganz zum Erliegen bringen. Als Folge könnten Steuerquellen versiegen. Die Staaten hätten (noch) weniger Haushaltsspielräume.

Obwohl in vielen Ländern Europas der Ausbau erneuerbarer Energien schneller vorankam, als dies viele Studien prophezeiten, ist das Tempo des Aufbaus regenerativer Energieinfrastrukturen vielerorts noch nicht hoch genug. Es braucht mindestens zwei Jahrzehnte, um eine wirklich schlagkräftige erneuerbare Energieinfrastruktur aufzubauen.

In die gleiche Kerbe schlägt Thomas Seltmann von der *Energy Watch Group*: »Das Wachstum der erneuerbaren Energien hat selbst die optimistischsten

---

694 Ebenda, S. 104.

695 Wagenknecht, Sahra: Reichtum ohne Gier. Wie wir uns vor dem Kapitalismus retten, Frankfurt am Main 2016.

696 Rex Tillerson im Gespräch mit Charlie Rose. Nachzulesen unter: http://www.bloomberg.com/bw/articles/2013-03-07/charlie-rose-talks-to-exxonmobils-rex-tillerson [Stand: 3.6.2015].

Prognosen übertroffen. Dennoch wird auch das bisherige Ausbautempo nicht ausreichen, die drohende Energielücke zu schließen.«[697]

Die *Internationale Energie-Agentur* war gegenüber erneuerbaren Energien lange Zeit skeptisch. Mittlerweile konzediert die IEA, dass die regenerativen Energien einen wesentlichen Beitrag zur wachsenden Elektrizitätsnachfrage leisten werden. Die IEA erwartet, dass die Stromnachfrage zwischen 2011 und 2035 um 2,2 Prozent pro Jahr wächst.[698] Wind, Photovoltaik und Co. werden knapp die Hälfte des wachsenden Strombedarfs abdecken können. Dazu bedarf es freilich eines gigantischen Ausbauprogramms für erneuerbare Infrastrukturen. Nach Prognosen der IEA wachsen die erneuerbaren Energien künftig am stärksten in China, Indien und Lateinamerika. Interessant dabei: Der globale Kapazitätsaufbau bis 2035 wird allein zu 28 Prozent auf das Konto von China gehen, so die IEA.[699]

Die Strombranche im Umbruch

Kein Zweifel, der Umbau der globalen Energiewirtschaft ist im Gange. Etwas mehr als die Hälfte der Investitionen im Strombereich gehen heute schon in erneuerbare Energien – vor einigen Jahren erschien das noch undenkbar.[700] Die Solarenergie wuchs in den letzten fünf Jahren mit einer jährlichen Zuwachsrate von etwa 55 Prozent. Und im Jahr 2014 wurden so viele Windräder installiert wie nie zuvor.[701] Es gibt wahrlich keinen Mangel an Leuchtturmprojekten. Die entscheidende Frage ist vielmehr, wie schnell der Wandel vonstattengehen wird und ob er vollständig sein kann.

Fatih Birol, der schon zitierte Chefökonom der *Internationalen Energie-Agentur*, gehört zu den Machbarkeitspessimisten. Birol ist sehr skeptisch, ob die Infrastruktur in den nächsten zwei bis drei Dekaden von fossilen Rohstoffen auf erneuerbare Energien umgestellt werden kann. Als Gründe nennt er die ungesicherte Finanzierung sowie unzureichende Technik und begrenzte Fertigungsmöglichkeiten. Birol hält im Übrigen die Befürworter einer Energierevolution für naiv: »Manche Leute haben da so ihre Ideen, aber anzunehmen, dass die gesamte Energieversorgung erneuerbar wird, ist wirklich

---

[697] Seltmann, Thomas: Erneuerbare wachsen schneller, S. 18, in: Sonne Wind & Wärme, Nr. 13, 2009, S. 18–20.

[698] Vgl. Internationale Energie-Agentur (Hg.): World Energy Outlook 2013, a. a. O., S. 169.

[699] Vgl. ebenda, S. 170.

[700] Vgl. Burck, Jan et al.: Indizien für eine Trendwende in der internationalen Klima- und Energiepolitik, a. a. O., S. 5.

[701] Vgl. ebenda, S. 13.

unrealistisch!«[702] Skeptiker wie Birol bemängeln, dass die Diskussion um erneuerbare Energien in der Öffentlichkeit zu oft nur um die Stromversorgung kreist. Dabei entfällt auf die Elektrizitätserzeugung, wie schon erwähnt wurde, nur etwa ein Fünftel unseres Energieverbrauchs. Noch härter urteilt die Forschungsabteilung der österreichischen *Erste Bank* in einer Studie:

> »Der Glaube an einen raschen Ersatz von fossilen Energieträgern durch Alternativenergien erscheint, bei den aktuellen Investitionsvolumen und politischen Willensbekundungen, illusorisch bzw. naiv. Aktuell scheint hier der Wille für eine langfristige Veränderung nicht gegeben zu sein.«[703]

Gerhard Scherhorn und Manfred Linz vom Wuppertal Institut sind aus anderen Gründen pessimistisch: Sie bemängeln, dass nahezu alle großen Energiestudien der letzten Jahre die technologischen Lösungen überschätzen würden.[704] Die künftige Verfügbarkeit erneuerbarer Energien werde überschätzt, während Rebound-Effekte entweder in den Untersuchungen keine Rolle spielen oder zu gering eingeschätzt würden.[705]

Noch eine andere (stark vom Klimawandel geleitete) Perspektive nimmt Google ein. Der Internetkonzern aus Kalifornien stellte vor einigen Jahren das finanziell großzügig ausgestattete Forschungsprojekt RE<C (Renewable Energy Cheaper Than Coal) auf die Beine.[706] Leitfragen: Was bringt der Umbau auf erneuerbare Energien? Wie sind die Kosten dafür schnell zu senken? Und schließlich: Wie groß sind die positiven Effekte auf Wirtschaft und Klima?

Ergebnis der Forschung: kein positives. Der Klimawandel sei durch die derzeitigen erneuerbaren Energietechnologien nicht aufzuhalten. Selbst im optimistischsten Ausbau- und Entwicklungsszenario des RE<C wäre der Kohlendioxidgehalt der Atmosphäre in den nächsten Jahrzehnten nicht annährend in dem Maße zu senken, wie es die Klimaforschung als notwendig erachtet. Die Technologien, um den Klimawandel umzukehren, wären schlicht und ergreifend noch nicht erfunden, verlautete aus den Reihen der Forschern.[707] Das ursprünglich äußerst ehrgeizige Forschungsprojekt wurde vorzeitig eingestellt.

---

[702] Filmzitat aus: Die 4. Revolution – Energy Autonomy, Deutschland 2009, Regie: Carl-A. Fechner, 83 Minuten.

[703] Erste Group Research: »Nothing to Spare« – Ölreport 2012, a. a. O., S. 82.

[704] Vgl. Linz, Manfred/Scherhorn, Gerhard: Für eine Politik der Energie-Suffizienz, Reihe Impulse zur WachstumsWende, Wuppertal 2011, S. 2.

[705] Vgl. ebenda, S. 5 u. S. 7.

[706] Mehr Infos zu dem Forschungsprojekt unter http://www.google.org/rec.html

[707] Vgl. dazu auch Fork, David/Koningstein, Ross: What It Would Really Take to Reverse Climate Change. Artikel online unter: http://spectrum.ieee.org/energy/renewables/what-it-would-really-take-to-reverse-climate-change [Stand: 20.6.2015].

Eine ketzerische Frage

Ich möchte diesen Abschnitt mit einer ketzerischen Frage beenden, die noch einmal den Blickwinkel auf die diskutierten Sachverhalte in diesem Kapitel verändert: Was wäre, wenn die Verfechter einer grünen Ökonomie mit ihrem Optimismus richtig liegen würden?

Begeben wir uns gedanklich in das grüne Paradies: Nehmen wir an, dass ein Ausstieg aus den fossilen Energieträgern unter den Bedingungen der endlosen Geldvermehrung tatsächlich möglich ist. Nehmen wir an, dass 100 Prozent erneuerbare Energie bis 2050 machbar wären. Was dann?

Dann wäre dennoch nicht alles gewonnen. Grüne Energie wäre üppig verfügbar. Hinsichtlich der Expansion von rohstoffintensiven Ernährungs-, Mobilitäts- und Einrichtungsstilen gäbe es jedoch keine Grenzen mehr.[708] Das dominante kulturelle Modell fortwährender Expansion würde uns weiter in die falsche Richtung treiben – in Richtung Zerstörung des Planeten. Salopp formuliert: Wir würden auch noch den letzten Baum fällen – und den letzten Fisch fangen.

Das deutlich bessere Konzept wäre das des Nichtverbrauches. Neue Produkte und technische Innovationen, seien es Elektroautos, ultraeffiziente Kühlschränke oder Windräder, sparen im besten Fall ein wenig Energie und Ressourcen ein – im Vergleich zu den Produkten, die sie ersetzen. Echte Energieeinsparung bedeutet jedoch Nichtverbrauch. Bildlich gesprochen: Zu Fuß zu gehen statt mit dem Auto zu fahren. Oder: Weg mit dem Laubbläser – besser kehren!

Wir haben auf den vergangenen Seiten innersystemisch gedacht. Das kann nicht schaden, aber man sollte sich seiner begrenzten Perspektive bewusst sein. Die Frage, ob und wie das fossile Energieregime ersetzt werden kann, ist zweifellos wichtig und überaus interessant. Klar ist auch, dass eine grüne Energiewirtschaft gegenüber dem fossilen Regime bestimmte Vorteile hätte. Eine grüne Wirtschaft allein etabliert aber nicht automatisch eine andere Logik. Die gesamtgesellschaftliche Logik würde wahrscheinlich lauten: »Weiter so, nur anders.« Wollen wir das?

---

[708] Vgl. Welzer, Harald: Selbst denken, a. a. O., S. 66.

»Es gibt keine einfachen Antworten auf unser Energiedilemma.«
Charles Hall, US-amerikanischer Energieforscher

22. Unehrliche Ölpreise und sinkende Nettoenergie

Mainstream-Ökonomen postulieren, dass letzten Endes alles nur eine Frage des Preises sei, Energie gäbe es genug. Wenn die Preise für fossile Brennstoffe steigen würden, spränge die Forschung an. Andere Stoffe würden dann eben verbraucht. Es gelte der Grundsatz der Substitution: Güter seien prinzipiell austauschbar.

Der Gedanke ist nicht vollkommen verkehrt, in vielen Wirtschaftszweigen erweist er sich tagtäglich als richtig. Dieser These sind aber dennoch einige Argumente zu entgegnen. Zunächst: Preise sind nicht immer gute Koordinierungsmechanismen. Am Beispiel des Ölpreises lässt sich das gut demonstrieren.

Falsche Preissignale

Betrachten wir die Preisentwicklung der letzten 45 Jahre. Das Barrel Rohöl kostete im Jahr 1970 durchschnittlich 1,76 Dollar, bei der Ölkrise 1973 waren es rund fünf Dollar. Im Jahr 1980 kostete das Barrel 28,64 Dollar. Danach ging der Ölpreis zurück. Ein Zwischenhoch Anfang der 1990er Jahre (u. a. wegen des zweiten[709] Golfkrieges) war nicht von Dauer. 2003, im Jahr des dritten Golfkrieges, lag der Preis wieder auf dem Niveau von 1980: 28,10 Dollar waren für das Barrel zu entrichten. In den darauffolgenden Jahren ging der Preis steil nach oben: 2006 kostete das Barrel 62,12 Dollar, Anfang des Jahres 2008 knackte der Ölpreis die 100 Dollar-Marke und stieg im Juli auf über 140 Dollar in der Spitze an.

---

[709] Der erste Golfkrieg fand in den 1980er Jahren zwischen dem Irak und dem Iran statt. Der zweite Golfkrieg entflammte, als der irakische Diktator Saddam Hussein im Jahr 1990 Kuwait überfiel und besetzte. 1991 wurde der Irak von einer US-geführten Kriegskoalition aus Kuwait vertrieben.

Abb. 32: Rasante Berg- und Talfahrt beim Ölpreis

Das Diagramm bildet die nominale Preisentwicklung der Ölsorte Brent vom 20. Mai 1987 bis zum 13. Juni 2016 ab. Die Preise gelten für den sogenannten Spotmarkt. Datengrundlage sind Zahlen des US-Department of Energy.

Die Wirtschafts- und Finanzkrise ließ den Ölpreis wieder drastisch auf etwa 40 US-Dollar pro Barrel sacken – allerdings nur vorübergehend. In den Folgejahren erholte sich der Ölpreis wieder und pendelte sich trotz mauer Wirtschaftsaktivität für mehrere Jahre in einem Preiskorridor zwischen 100 und 115 Dollar pro Barrel ein.

Das Fracking und die kanadischen Ölsande erhöhten das globale Ölangebot um etwa vier Mio. Fass. Saudi-Arabien entschied, die eigene Ölförderung nicht zu drosseln, sondern auszuweiten, um die neue Konkurrenz aus Nordamerika niederzukonkurrieren. Parallel dazu entwickelte sich die Weltwirtschaft weniger dynamisch als erwartet – und damit auch die Ölnachfrage. Die Folge: ein deutlicher Ölpreisverfall. Die Notierungen fielen auf ein niedriges Niveau von 30 US-Dollar Anfang 2016 und damit auf den tiefsten Stand seit 12 Jahren. Bis zur Jahresmitte 2016 erholten sich die Preise etwas und pendelten sich auf etwa 50 US-Dollar pro Fass ein.

Die zitierten Preise sind nicht inflationsbereinigt. Berücksichtigt man die reale Preisentwicklung, so ergibt sich aus der Sicht der Verbraucher ein noch günstigeres Bild. Dann ist Erdöl über viele Jahre sogar deutlich billiger geworden.

Viele Menschen schlussfolgern nun: »Wenn ein Stoff billig ist, dann droht keine Knappheit!« Das wäre allerdings nur eine kurzfristig gültige Schlussfolgerung. Der niedrige Ölpreis spiegelt ein *gegenwärtig* hohes Angebot im Verhältnis zur Nachfrage wider. Er sagt aber nichts über den absoluten Bestand des Rohstoffs Erdöl aus. Marktpreise richten sich eben nicht nach absoluten Knappheiten, sondern nach relativen.[710]

Was beeinflusst den Preis von Kraftstoffen?

Wie viel wir beim Tanken berappen müssen, hängt von verschiedenen Faktoren ab. Steuern machen einen großen Teil der Preise für Benzin und Diesel aus. Nicht zu unterschätzen ist auch das Werk von Spekulanten, die stark auf den Ölpreis einwirken. Wir leben bekanntlich in der Zeit des Finanzmarktkapitalismus. Erdöl ist ein beliebtes Spekulationsobjekt. Je nach Börsenstimmung wandert der Preis in die eine oder in die andere Richtung. Es kommt regelmäßig zu spekulativen Übertreibungen.

Zu einer ganzheitlichen Betrachtung der Preisentwicklung für Rohöl gehört schließlich die Feststellung, dass die Preise für Benzin oder Diesel an den Tankstellen nicht nur von der Entwicklung des Rohölpreises bestimmt werden.

Erdöl wird an den internationalen Märkten in US-Dollar gehandelt. In Europa hat deshalb auch der Wechselkurs zum Dollar starken Einfluss auf die tatsächlichen Kosten beim Kauf von Mineralöl. Währungsschwankungen können dabei sowohl zu niedrigeren als auch zu höheren Preisen führen. Wenn der Dollar im Vergleich zum Euro steigt, müssen mehr Euro für eine bestimmte Menge an Dollar entrichtet werden – Erdöl wird für Euro-Besitzer teurer. Wenn der Dollar im Vergleich zum Euro fällt, müssen im Gegenzug weniger Euro für eine bestimmte Menge an Dollar auf den Tisch gelegt werden – Erdöl wird für Euro-Besitzer also billiger.[711]

[710] Vgl. Niessen, Frank: a. a. O., S. 37.
[711] Vgl. dazu auch Rost, Norbert: Peak Oil – Herausforderung für Sachsen, Untersuchung im Auftrag von Bündnis 90/Die Grünen im Sächsischen Landtag, Dresden 2011, S. 44.

Der niedrige Ölpreis verleitet aber nicht nur Verbraucher zu falschen Entscheidungen (indem sie sich zum Beispiel ein schweres, spritfressendes Auto kaufen), sondern auch die Unternehmen. Der Ölpreisverfall hat dazu geführt, dass viele Energiekonzerne ihre Investionen seit 2014 deutlich gekürzt haben.[712] Viele Förderprojekte, v. a. im Bereich der unkonventionellen Vorkommen, rechnen sich nicht mehr. Die Investitionen von heute bestimmen allerdings die Förderung von morgen und von übermorgen. Die nächste Ölpreiskrise ist damit schon vorprogrammiert.

Auch ökologisch wirkt der niedrige Ölpreis verheerend: Der Transport von Waren ist viel zu günstig, weil das Erdöl viel zu billig ist. Man erinnere sich: Ein Barrel Öl liefert eine Energiemenge, die dem Äquivalent von 25.000 Stunden menschlicher Arbeitskraft entspricht. Ein Barrel Öl der Sorte Brent kostete Mitte Juni 2016 rund 50 US-Dollar – ein Witz, gemessen an der Energiemenge, die zur Verfügung gestellt wird.

Aus diesem Grund leisten sich viele Unternehmen weder Lagerhäuser noch »teure« Arbeiter. Billige Arbeitskräfte findet man in der Dritten Welt und in Schwellenländern. Dort schuften auch Kinder halbwegs legal. Außerdem sind die Umweltstandards in Schwellen- und Entwicklungsländern sehr niedrig oder überhaupt nicht existent. Umweltschädliche Herstellungsverfahren, die den Preis drücken, bleiben so unseren Augen verborgen. Der Garant unserer Lebensqualität heißt immer noch: verstärkte Ausbeutung in der Dritten Welt, begünstigt durch billigen Transport.[713]

Im Preis eines Fasses Öl sind jede Menge Komponenten nicht enthalten, so z. B. nicht die wirtschaftlichen wie menschlichen Kosten für die Kriege in Irak oder Afghanistan. Auch nicht die Kosten für Militärmissionen oder Militärstützpunkte. Die externen Effekte verschweigt der Ölpreis ebenfalls. Wenn Benzin oder Diesel verfeuert werden, befördert dies die globale Erwärmung mit all ihren negativen Langzeitwirkungen. Zudem macht der Straßen- und Luftverkehr, der ohne Öl undenkbar wäre, Menschen erwiesenermaßen krank. Schließlich stellen die aus Öl hergestellten Kunststoffe ein immer wichtigeres Umweltproblem dar. Kunststoffe verrotten nicht, sie zersetzen sich erst nach etlichen Dekaden.

---

[712] Die Beratungsfirma Wood Mackenzie hat berechnet, wie viele Vorhaben die Unternehmen weltweit seit dem beginnenden Absturz des Ölpreises im Sommer 2014 aufgeschoben oder gestrichen haben: insgesamt 68 große Öl- und Gas-Förderprojekte im Wert von 380 Milliarden Dollar. Die 68 eingesparten Projekte könnten fast drei Millionen Barrel am Tag produzieren, in etwa so viel wie Kuwait. Mehr als die Hälfte der aufgeschobenen Projekte sind Fördervorhaben in der Tiefsee.

[713] Vgl. Gietinger, Klaus: Fetisch Mobilität, in: Junge Welt vom 9.4.2010, S. 10.

Wir leben in einer Plastikwelt. Pro Jahr werden etwa 200 Milliarden Plastikflaschen hergestellt – und 58 Milliarden Einwegbecher.[714] Eine unglaubliche Menge von Müll! Von den 260 Millionen Tonnen Kunststoff, die jedes Jahr hergestellt werden, gelangen schätzungsweise 10 Prozent in die Flüsse, Meere und Ozeane. In der Donau soll mittlerweile mehr Plastikmüll als Fisch schwimmen. Im Pazifik und Atlantik haben sich strömungsbedingt riesige Plastikstrudel angesammelt, die inzwischen die Größe Westeuropas angenommen haben.

Fische und Vögel fressen kleinste Plastikteile, weil sie diese mit Nahrung verwechseln. Weil die Kunststoffe nicht verdaut werden können, verstopfen sie den Magen, was den qualvollen Tod vieler Tiere zur Folge hat.[715] Jährlich sterben Schätzungen zufolge mehr als eine Million Vögel und über 100.000 Meeressäuger durch Plastikmüll.

Plastik im Vogelmagen

Abb. 33: Albatros, verendet durch Plastik.

Foto von Chris Jordan, Creative Commons BY 2.0 Bild online unter: https://en.wikipedia.org/wiki/Marine_debris#/media/File:Albatross_at_Midway_Atoll_Refuge_(8080507529).jpg [Stand: 20.6.2016].

[714] Diese Zahlen nennt der Dokumentarfilm »Weggeworfen – Trashed«, USA 2012, Regie: Candida Brady, 97 Minuten.

[715] Siehe dazu auch den folgenden Film: Plastic Planet, Österreich/Deutschland 2009, Regie: Werner Boote, 95 Minuten.

Selbst in der nur wenig erforschten Tiefsee finden sich deutliche Spuren des Plastikmülls, der sich auf dem Meeresboden ablagert. Mit noch weitgehend unbekannten Folgen für die Tiefseelebewesen.

Alle gerade genannten Kosten werden externalisiert. Mensch und Natur müssen sie tragen.

Und es gibt noch ein problematisches Element: Der Ölpreis steht und fällt mit der Zuverlässigkeit der Reserve- und Förderdaten der ölfördernden Länder. Jedenfalls theoretisch. Denn diese Daten sind mit äußerster Vorsicht zu genießen, vor allem diejenigen der OPEC-Länder.

Glaubt man den Daten der OPEC-Staaten, schwimmen Saudi-Arabien, Kuwait oder Venezuela regelrecht im Öl.[716] Mehr noch: Die offiziell ausgewiesenen Reserven dieser genannten Länder sind in den letzten 30 Jahren sogar gestiegen, obwohl man fast durchgängig am Rande der Kapazitätsgrenzen förderte. Von Peak Oil keine Spur. Die Erklärung: Da die Förderquoten der OPEC anhand der angegebenen Reserven berechnet werden (Saudi-Arabien hat als wichtigstes OPEC-Mitglied als »Swing Producer«[717] eine Ausnahmestellung inne) und jeder Staat möglichst hohe Quoten erreichen will, liegt der Verdacht nahe, dass die offiziellen Daten über die Reserven manipuliert wurden bzw. werden. Die OPEC-Staaten haben also ein Interesse daran, möglichst hohe Reserven auszuweisen.

Die Enthüllungen von *Wikileaks* sind übrigens in diesem Zusammenhang recht aufschlussreich: In einem Memo an das State Department in Washington ließ die diplomatische US-Vertretung in Riad Ende 2007 eine kleine Bombe platzen: Die saudi-arabischen Ölreserven seien zu hoch taxiert. Zitiert wird in dem vertraulichen Bericht Dr. Sadad al-Husseini, der ehemalige Vizepräsident der saudischen Ölgesellschaft *Aramco*. Nach den Angaben von al-Husseini seien die offiziell ausgewiesenen Ölreserven Saudi-Arabiens um 40 Prozent zu hoch.[718]

---

716 Kritisch speziell zu Saudi-Arabien: Salem, André: Wundersame Ölvermehrung, in: Internationale Politik, 61. Jg., Nr. 2, 2006, S. 44–49.

717 Swing Producer heißt, dass Saudi-Arabien seine Ölförderung flexibel gestalten kann. Fällt z. B. ein Land als Förderer aus (wie etwa Libyen durch den Krieg im Jahr 2011), so gleicht Saudi-Arabien den Produktionsausfall aus, indem Riad kurzzeitig mehr Öl aus seinem Boden holt.

718 Vgl. The Guardian (Red.): US embassy cables: Saudi oil company oversold ability to increase production, embassy told. Artikel online unter: http://www.guardian.co.uk/business/2011/feb/08/oil-saudiarabia [Stand: 4.9.2014].

Nettoenergie, ein Schlüsselkonzept der Zukunft

Neben all dem gibt es einen weiteren schlagkräftigen Einwand, der gegen die Idee der Substitution spricht. Er hat mit dem schon mehrfach erwähnten *Best-First-Prinzip* zu tun. Erinnern wir uns an das Bild des Pflaumenbaumes: Zuerst werden die Früchte gepflückt, die niedrig hängen. Um die hohen Früchte genießen zu können, muss mehr Aufwand betrieben werden. Man braucht unter Garantie eine Leiter und mehr Geschick.

Das Best-First-Prinzip lässt sich auf die meisten Rohstoffe und Metalle anwenden. Für Energierohstoffe lässt sich fragen: Wie viele Energieeinheiten müssen eingesetzt werden, um eine Energieeinheit zu erhalten? Hoffentlich nicht zu viele. Wenn man nämlich zwei Energieeinheiten aufwenden muss, um eine Energieeinheit zu ernten, dann sind Preiskriterien belanglos, es ist energetisch schon Unsinn.

Damit sind wir beim Konzept der *Nettoenergie* angelangt. Hinter dem Konzept der Nettoenergie steckt eine simple Subtraktion: Man schaut, wie viele Energieeinheiten man erhält, und zieht davon die eingesetzten Energieeinheiten ab.

Das *Energie-Gewinn-Verhältnis* (*EROEI,* Energy return on energy invested) ist fast dasselbe. Es beschreibt das Verhältnis zwischen gewonnener Energie und der Energie, die direkt und indirekt für die Gewinnung eingesetzt wurde.

$$\text{EROEI} = \frac{\text{gewonnene Energie}}{\text{aufgewendete Energie}}$$

Es handelt sich um keine Subtraktion, sondern um eine Division. Klar ist aber: Je höher dieser Wert ist, desto besser. Ein niedriger Wert zeugt von geringer Effizienz. Klar ist auch: Wenn das Energie-Gewinn-Verhältnis schlecht ist, fällt auch die Nettoenergie bescheiden aus. Im Folgenden verwenden wir daher der Einfachheit halber die beiden Begriffe synonym.

Das Energie-Gewinn-Verhältnis wird in der öffentlichen Debatte um Energiefragen kaum beachtet. Es ist nicht unumstritten, weil die Berechnung schwierig und mit vielen Unsicherheiten belastet ist.[719] Grundsätzlich handelt es sich aber um eine sehr interessante Größe.

[719] Eine grundsätzliche Schwäche des Nettoenergie-Konzepts ist die Vernachlässigung der qualitativen Unterschiede der Energieträger. Im Prinzip werden Äpfel und Birnen addiert, und am Ende kommt ein einziger Wert heraus. Doch nicht jedes Joule ist identisch. Mit Benzin werden andere Dinge befeuert als mit Strom oder Holz. Vgl. König, Julian: Peak Oil und die Verwundbarkeit moderner Gesellschaften. Verursacht das Ende des billigen Öls eine Krise der Wachstumsökonomien?, Arbeitspapier zur Internationalen Politik und Außenpolitik, Universität zu Köln, Köln 2012, S. 29.

Man sollte nicht dem Trugschluss erliegen, dass Rohstoffe so lange gefördert werden, wie das Energie-Gewinn-Verhältnis höher als 1:1 liegt. Das wäre aus betriebswirtschaftlicher und aus gesamtgesellschaftlicher Hinsicht unsinnig. Unternehmen sind im herrschenden finanzkapitalistischen System zur Gewinnmaximierung gezwungen. Sie müssen den *Return on investment (ROI)*, also das Verhältnis zwischen Gewinn und Investition, im Auge haben. Für sie gilt nicht nur, dass das EROEI größer als 1:1 sein sollte, sondern auch der ROI sollte mehr als 1:1 betragen. Nur dann ist eine minimale Rentabilität gegeben.

Das ist die mikroökonomische Sicht. Die makroökonomische Sicht ist allerdings noch interessanter. Man stelle sich eine Gesellschaft mit 100 Mitgliedern vor: Läge das Energie-Gewinn-Verhältnis bei 100:1, dann ist eine Person mit der Energieproduktion beschäftigt, 99 können sich anderen Aufgaben widmen. Ein Verhältnis von 50:1 würde bedeuten, dass sich zwei Menschen um die Energiebeschaffung kümmern – die restlichen 98 können anderen Arbeiten nachgehen. 25:1 bedeutet schließlich: Vier Leute sind mit der Energiewirtschaft befasst, 96 können sich spezialisieren.

Eine Relation von 12,5:1 kann Gesellschaften schon in Probleme bringen (dann arbeiten acht Menschen für die Energiebeschaffung), während ein Verhältnis von 6,25:1 diese Probleme ganz sicher verursacht (16 Menschen werden für die Energie abgezweigt). Ein EROEI von 1:1 hieße, dass jede Person in der Energieproduktion arbeiten würde – folglich wären für andere gesellschaftliche Aufgaben keine Menschen verfügbar. Es wäre das Ende der Spezialisierung.[720]

Erinnern wir uns: Unsere Industriegesellschaften wurden auf ein hohes Energie-Gewinn-Verhältnis gegründet. Die meisten Menschen waren bis zur Industrialisierung »Vollzeitenergiearbeiter«. Die Industrialisierung brachte die allmähliche Mechanisierung der Landwirtschaft. In der Konsequenz wurden weniger Arbeitskräfte auf den Feldern benötigt. Millionen von Bauern wurden von ihren Feldern »befreit«. Viele von ihnen wandelten sich zu Fabrikarbeitern und Städtern. Mit weiteren Industrialisierungsschüben fand eine weitere Ausdifferenzierung in den Berufsbildern statt. Die Enkel der Bauern und Fabrikarbeiter konnten zu Bankern, Journalisten, Kunstsammlern, Herzspezialisten oder Computertechnikern werden. Wie bereits gezeigt wurde, ist es die Surplus-Energie, die diese ungeheuerliche Entwicklung ermöglichte. Spezialisierung und Arbeitsteilung waren ihrerseits wichtige Antriebskräfte für das wirtschaftliche Wachstum.

---

720 Vgl. Heinberg, Richard: Snake Oil, a. a. O., S. 29.

Wir sollten uns auch an Kapitel 11 zur Komplexität erinnern. Komplexität ist eine Problemlösungsstrategie. Aber sie verursacht Kosten. Kosten, die man beispielsweise in Geld- oder Energieeinheiten messen kann. Billige Energie bzw. ein gutes Energie-Gewinn-Verhältnis sind für den Aufbau immer komplexerer Strukturen unbedingt erforderlich.

Schwindende Nettoenergie

Schlechte Nachrichten? Ja, durchaus. Denn alle vorliegenden Studien zum Thema der Nettoenergie sprechen eine klare Sprache: Das Energie-Gewinn-Verhältnis nimmt bei fossilen Quellen im Zeitverlauf immer weiter ab.

Gerade am Beispiel des Erdöls kann man demonstrieren, wie sich das Energie-Gewinn-Verhältnis verändert hat. Im Jahr 1930 war das Verhältnis von gewonnener zu aufgewendeter Energie 100:1, 1970 sank es auf 25:1 und 2005 lag es bei 19:1.

David J. Murphy von der Northern Illinois University, eine der wenigen Koryphäen auf dem Gebiet der Nettoenergie, beziffert das derzeitige Verhältnis von gewonnener zu aufgewendeter Energie auf etwa 15:1. Murphy erwartet, dass sich das Verhältnis auf 10:1 zubewegt und im neuen Jahrzehnt (d. h. nach 2020) weiter sinken wird.[721]

Wie kann das sein? Die Antwortet lautet wiederum: Best-First-Prinzip. Die verbleibenden Ölressourcen liegen nicht nur tiefer, sondern tendenziell in Bodenregionen, die weniger gut zugänglich sind. Es ist wichtig zu verstehen, dass die erschwerten Förderbedingungen nicht nur direkt mehr Energie verschlingen (konkret mehr Diesel oder mehr Elektrizität), sondern dass auch der indirekte Energieaufwand sehr hoch sein kann (in Form von bereitzustellender Infrastruktur, die gebaut und geplant werden muss).

Und das unkonventionelle Öl? Für die vielgepriesenen Ölsande wird ein Verhältnis von höchstens 5:1 veranschlagt, realistisch ist aber eher ein Verhältnis von 3:1. Für Frackingprozesse (egal ob für Schiefergas oder für Tight Oil) wird das EROEI bei 5:1 angesetzt.[722]

Bei der Kohle lag die Energie-Gewinn-Relation zu Beginn des 20. Jahrhunderts bei 177:1 (Wert für die USA), heute wird das EROEI zwischen 50:1 und 85:1 angegeben. Bis zum Jahr 2040 wird erwartet, dass das Energie-Gewinn-Verhältnis für Kohle in den USA auf 0,5:1 drastisch abnehmen wird.[723]

---

[721] Vgl. Ahmed, Nafeez Mosaddeq: Former BP geologist: peak oil is here and it will 'break economies', a. a. O.

[722] Vgl. Morgan, Tim: Perfect Storm, a. a. O., S. 76.

[723] Vgl. Heinberg, Richard: Searching for a Miracle. »Net Energy« Limits and the Fate of Industrial Society, San Francisco 2009, S. 32–33.

Bei den zitierten Werten handelt es sich um eine Momentaufnahme. Die Effizienz der erneuerbaren Energielieferanten hingegen wird in Zukunft durch den technischen Fortschritt noch zunehmen. Allerdings wird die Nettoenergie der Erneuerbaren gerne überschätzt.

Vorab zum Vergleich: Brennholz, die Wärme- und Energiequelle des Mittelalters, besitzt ein Energie-Gewinn-Verhältnis von 30:1. Daran reicht bei den Erneuerbaren nur die Wasserkraft heran (40:1). Der Wasserkraft folgt mit Respektabstand die Windkraft. Für moderne Windkraftanlagen der neuen Generation geben Studien das EROEI mit 25:1 an. Photovoltaikanlagen schneiden deutlich schlechter ab, hier liegt das Verhältnis im schlechtesten Fall bei 3,75:1 und im besten bei 10:1.[724]

Bioethanol gibt eine noch schlechtere Figur ab. Auch hier existieren schwankende Angaben: Im schlechtesten Fall liegt die Relation schlechter als 1:1, im besten bei 1,8:1 (Werte für die USA).[725] Leicht besser schneidet Biodiesel ab, der aus Sojabohnen produziert wird (1,93:1).[726]

Die Hoffnung, aus Algen große Mengen Biokraftstoffe herstellen zu können, wird sich so schnell nicht erfüllen. Algen lassen im gleichen Zeitraum sieben- bis zehnmal mehr Biomasse heranwachsen als Landpflanzen. Erste Produktionsanlagen sind zwar in Betrieb gegangen, aber ein Nettoenergie-Wunder ist auch hier nicht zu erwarten.[727] Vielmehr zeigen alle derzeit erprobten Herstellungsverfahren, dass der Energieaufwand deutlich höher zu veranschlagen ist als der Ertrag. Die Algen-Fermentationsanlagen verbrauchen zu große Mengen an Energie, um die Millionen Kubikmeter Wasser zirkulieren lassen zu können, mit denen die Anlagen befüllt und auf konstanter Temperatur gehalten werden.[728]

Besonders die Luftfahrtindustrie hofft auf Biokerosin aus Algen. Derzeit ist das Kerosin aus Algen allerdings fünf- bis zehnmal so teuer wie das aus Öl hergestellte Kerosin – Resultat schlechter Nettoenergie.

Auch das Energie-Gewinn-Verhältnis des schon thematisierten Wasserstoffs sieht schlecht aus: Gemäß dem zweiten Hauptsatz der Thermodynamik, dem Entropiesatz, wird Wasserstoff *immer* ein Nettoenergieverlierer sein, da bei jeder Umwandlung ein Teil der nutzbaren Energie verlorengeht (zum Bei-

---

[724] Vgl. ebenda, S. 41–42.

[725] Vgl. ebenda, S. 49.

[726] Vgl. ebenda, S. 51.

[727] Im Februar 2014 nahm die italienisch-russische Teregroup in Modena eine weltweit einmalige Produktionsanlage für Mikroalgen in Betrieb. Sie stellt Biodiesel her.

[728] Vgl. Sinaï, Agnès: Grünes Gold im Tank, S. 74, in: Le Monde diplomatique (Hg.): Nano. Gen. Tech. Wie wollen wir leben?, Berlin 2010, S. 73–74.

spiel vom Sonnenlicht zur photovoltaischen Energie, von der Elektrizität zum Wasserstoff und vom Wasserstoff zurück zur Elektrizität).[729]

Rechtzeitige Investitionen

Das Konzept der Nettoenergie verrät uns nicht nur etwas über die Effizienz von fossilen wie nicht-fossilen Energieträgern, sondern hilft uns auch bei der Beantwortung einer sehr wichtigen Frage: Warum ist es so wichtig, *rechtzeitig* alternative neue Energiestrukturen aufzubauen? Die Antwort: Weil der Aufbau einer neuen Energieinfrastruktur nicht nur Zeit und Geld benötigt, sondern auch eine Menge Energie. Wenn man in dem Moment investieren muss, in dem man die Energie am dringendsten braucht, sitzt man bereits in der Falle.

Um das Problem zu verstehen, kann man zu einem stark vereinfachten Rechenbeispiel greifen. Nehmen wir an, dass ein Land 100 Energieeinheiten von fossilen Brennstoffen pro Jahr benötigt. Und nehmen wir an, dass alle fossilen Brennstoffe zusammengerechnet im Jahr X ihren Peak erreichen und dass die Förderung im darauffolgenden Jahr Y um zwei Prozent sinkt (und in allen folgenden Jahren um jeweils zwei Prozent pro Jahr zurückgeht). Folglich stehen nur noch 98 Energieeinheiten von fossilen Brennstoffen zur Verfügung. Tätigen wir eine dritte Annahme – nämlich dass es sonst nur noch Photovoltaikanlagen gibt. Diese haben ein Energie-Gewinn-Verhältnis von 10:1. Photovoltaikanlagen weisen eine Lebensdauer von 40 Jahren auf (Annahmen vier und fünf).[730]

In dem Moment, in dem nur noch 98 Energieeinheiten von fossilen Brennstoffen zur Verfügung stehen, sollten unbedingt die neuen Photovoltaikanlagen einsatzbereit sein, um die zwei fehlenden Energieeinheiten von fossilen Brennstoffen kompensieren können.

Dann (und nur dann!) entstehen keine Probleme. Das Problem mit der Photovoltaik, aber auch mit anderen erneuerbaren Energien, ist, dass diese *vorher* produziert werden müssen. Es bedarf also *vorher* erheblicher finanzieller Mittel und eines energetischen Einsatzes. Später ist der Betrieb dagegen kostengünstig.

Um bei dem Beispiel zu bleiben: Wenn die Förderung von fossilen Brennstoffen im Jahr Y um zwei Prozent sinkt und folglich nur noch 98 Energieeinheiten von fossilen Brennstoffen zur Verfügung stehen und wenn in diesem

---

[729] Vgl. Heinberg, Richard: The Party's Over, a. a. O., S. 245.

[730] Das Rechenbeispiel ist dem folgenden Aufsatz entlehnt: Murphy, Tom: The Energy Trap, in: Do the Math. Using physics and estimation to assess energy, growth, options. Artikel online unter: http://physics.ucsd.edu/do-the-math/2011/10/the-energy-trap/ [Stand: 25.5.2014].

Moment in neue Photovoltaikanlagen investiert werden muss, so müssen dafür gemäß den Annahmen acht Energieeinheiten aufgewendet werden. Diese acht Energieeinheiten täten in dieser Situation besonders weh und würden krisenverschärfend wirken. Die politischen Entscheidungsträger würden sich möglicherweise kurzfristig dazu entscheiden, nichts zu tun.

Selbstverständlich ist diese Rechnung stark vereinfacht. Es gibt mehr als nur Photovoltaikanlagen, um fossile Brennstoffe ersetzen zu können. Auf der anderen Seite ist der unterstellte zweiprozentige Förderrückgang eine recht vorsichtige Annahme.

Entscheidend sind aber nicht die Annahmen, sondern eine Erkenntnis: Für den Aufbau einer Infrastruktur zur regenerativen Energieversorgung, also für die Erstellung der Techniken zur Einsammlung, Umwandlung, zum Transport, zur Speicherung und zur Umwandlung beim Endverbraucher, wird eine gewaltige Anstrengung benötigt, *bevor* Öl, Kohle und Gas knapp und teuer werden.

Fraglich ist darüber hinaus, ob eine mit fossilen Energien aufgebaute erneuerbare Energieinfrastruktur für das heutige Energieverbrauchsniveau von dieser wieder energetisch reproduziert werden könnte, was ja nach einiger Zeit fällig wäre.[731] Weniger wissenschaftlich formuliert: Windräder und Solarstromsysteme können heute mit der Hilfe fossiler Brennstoffe hergestellt und transportiert werden. Aber was ist nach 30 oder 40 Jahren zu erwarten, wenn diese Anlagen ausgetauscht werden müssen und wenn weder Öl noch Kohle noch Gas preiswert verfügbar wären? Oder wenn man politisch entscheiden würde (auch wenn das sehr unwahrscheinlich ist), einen Großteil der fossilen Brennstoffe aus Gründen des Klimaschutzes im Boden zu belassen?

Bremsspuren in den Bilanzen der Ölkonzerne

Woher können wir wissen, dass die Prognosen zur Nettoenergie in die richtige Richtung weisen?

Auch hier hilft das Beispiel des Erdöls. Am einfachsten ist es, sich die Bilanzen von Ölkonzernen anzuschauen. Zum Beispiel von Chevron, Exxon Mobil und Royal Dutch Shell. Diese drei Ölriesen haben im Jahr 2013 mehr als 120 Milliarden US-Dollar ausgegeben, um ihren Ausstoß an Erdöl und Erdgas zu erhöhen. Das waren in allen drei Fällen Ausgabenrekorde.

Betrachtet man die zusammengenommenen Investitionsausgaben dieses Trios in den fünf Jahren vor 2013 (und damit vor dem Ölpreisverfall!), so ergibt die Addition rund eine halbe Billion US-Dollar. Und trotz dieser großen

[731] Vgl. Ullrich, Otto: Das produktivistische Weltbild, a. a. O., S. 40–41.

Investitionen ist die Öl- und Gasförderung von Chevron, Exxon Mobil und Royal Dutch Shell rückläufig. Damit schmolzen auch die Gewinne. Das Wall Street Journal kommentiert:

> »Eines der Hauptprobleme, das den Ölriesen zu schaffen macht, sind die explodierenden Kosten für viele der neuen ›Megaprojekte‹, mit denen Ölvorkommen angezapft werden, die zur Neige gehende Felder ersetzen sollen. (…) Doch heute ist die Ölsuche kniffliger und teurer denn je. Ölvorkommen, die äußerst leicht zugänglich waren, sind bereits vor langer Zeit versiegt.«[732]

Vom EROEI ist nirgends im Artikel die Rede. Doch scheinbar ist es die Frage der Nettoenergie, die den Ölkonzernen zu schaffen macht. Der Ölpreisverfall ab 2014 ließ den großen Ölkonzernen keine andere Wahl, als ihre Investitionen zu kürzen. Das verheißt, wie schon angedeutet wurde, für die Zukunft wenig Gutes.

Düsterer Ausblick für die Energieversorgung und das Wachstum

Charles Hall und Carey King haben nachgewiesen, dass es langfristig eine enge Verbindung zwischen dem Energie-Gewinn-Verhältnis und den Preisen für Energierohstoffe gibt. Ebenso ließ sich eine Ursache-Wirkung-Beziehung mit Blick auf die Unternehmensgewinne nachweisen. Grundregel: Verschlechtert sich das Energie-Gewinn-Verhältnis eines Stoffes, so steigen dessen Preise, während die Gewinne unter Druck geraten.[733]

Für Tim Morgan, Chef-Analyst von Tullett Prebon (ein Finanzunternehmen, dessen Kunden in erster Linie Investmentbanken sind), ist das EROEI die wichtigste Größe für die zukünftige wirtschaftliche Entwicklung. In Zukunft stehe sehr viel weniger Surplus-Energie als in den letzten 100 Jahren zur Verfügung. Die Wirtschaft werde durch stark steigende Energiepreise nicht mehr wachsen, so Morgan. Das habe schwerwiegende Konsequenzen: Die in den Industrieländern überbordenden Schulden könnten wegen des ausbleibenden Wachstums nicht mehr beglichen werden, folgert der Analyst.[734]

Bedrohlich dabei ist nach seiner Ansicht nicht nur die Staatsverschuldung, sondern die Verschuldung von Staat, Haushalten und Unternehmen zusam-

---

732 Gilbert, Daniel/Scheck, Justin: Explodierende Kosten bringen Ölriesen in Erklärungsnot. Artikel online unter: http://www.wsj.de/article/SB10001424052702303973704579350521575150050.html [Stand: 5.2.2014].

733 Vgl. dazu den folgenden Aufsatz: Hall, Charles A. S./King, Carey W.: Relating Financial and Energy Return on Investment, in: Sustainability 2011, Nr. 3, S. 1810–1832.

734 Vgl. Morgan, Tim: Perfect Storm, a. a. O., S. 12.

mengenommen. Lagen die Schulden von Staaten, Nicht-Finanz-Unternehmen und Haushalten im Jahr 1980 noch bei 160 Prozent des BIP, so sind es heute mehr als 320 Prozent des BIP.[735]

Tim Morgan hat auch ein globales gesamtwirtschaftliches EROEI kalkuliert. Dieses lag laut Morgan 1990 bei 40:1 und im Jahr 2010 bei 17:1. Für 2020 errechnete der Analyst ein totales Energie-Gewinn-Verhältnis von 11,5:1. Alles, so Morgan, was unter der Schwelle von 15:1 liege, habe kritische Konsequenzen für Wirtschaft und Gesellschaft.[736] Der Ökonom Andrew Lees, auf den sich Morgan bezieht, erwartet gar für 2020 ein totales Energie-Gewinn-Verhältnis von nur noch 5:1.[737] Das kommentiert Morgan wie folgt:

> »Die politischen Entscheidungsträger müssen hoffen, dass er [Andrew Lees, Anmerkung des Verfassers] sich in Bezug auf das EROEI im Jahr 2020 total irrt. Wenn das Verhältnis tatsächlich auf 5:1 zurückgeht, dann ist die Wirtschaft, die wir kennen, am Ende. So einfach ist das.«[738]

Es bleibt zum Schluss dieses Kapitels also ein etwas fader Geschmack zurück. Man fühlt sich unfreiwillig an den Ausspruch des deutschen Dramaturgen Heiner Müller erinnert, wonach »Optimismus nur ein Mangel an Information« ist.

Es ist wenig in Sicht, was die fossilen Brennstoffe in ihrer Quantität und Qualität ersetzen kann.[739] Die Nettoenergie aus erneuerbaren Quellen ist trotz des hohen theoretischen Potentials eher niedrig. Daher wird der Wirtschaft der Zukunft möglicherweise weniger Energie als heute zur Verfügung stehen. Erdöl im Speziellen und fossile Brennstoffe im Allgemeinen sind vermutlich nur partiell ersetzbar. Es ist durchaus denkbar, dass nach dem Eintreten des Ölfördermaximums eine Versorgungslücke entsteht. Der Energieanalyst Chris Martenson bringt die Konsequenz daraus auf den Punkt: »Es gibt nicht genügend Nettoenergie für das ökonomische Wachstum, das wir wollen und brauchen.«[740]

---

735 Vgl. Stelter, Daniel: Der Kaiser ist nackt. Nur ein Schuldenschnitt kann die Krise lösen, Analysen und Konzepte zur Wirtschafts- und Sozialpolitik, hrsg. von der Friedrich-Ebert-Stiftung, Bonn 2013, S. 1.

736 Vgl. Morgan, Tim: Perfect Storm, a. a. O., S. 77.

737 Vgl. Lees, Andrew: Global Exhaustion. Redefining the relationship between energy and the economy, London 2012, S. 13. Online unter: http://www.amlmacro.com/sitebuildercontent/sitebuilderfiles/globalexhaustion.pdf [Stand: 4.9.2014].

738 Morgan, Tim: Perfect Storm, a. a. O., S. 76.

739 Vgl. Odum, Elisabeth C./Odum, Howard T.: A Prosperous Way Down: Principles and Policies, Boulder 2001, S. 169.

740 Martenson, Chris: The Really, Really Big Picture. Online unter: www.peakprosperity.com/blog/80506/really-really-big-picture [Stand: 4.9.2014].

»Das Leben, wie wir es kennen,
ist ein Auslaufmodell in einer Welt
zunehmend teurer fossiler Energiequellen.«
Jeff Rubin, kanadischer Ökonom

23. Das Ende der Ära des fossilen Kapitalismus

Praktisch alle großen und wichtigen ökonomischen Theorien wurden in einer Zeit entwickelt, als Energie billig und reichlich vorhanden war. Erschwingliche Energie wurde und wird immer noch als gegeben angenommen.

Damit ist es früher oder später vorbei. Der derzeitige realexistierende Kapitalismus wird angetrieben von fossilen Brennstoffen. Der wichtigste fossile Brennstoff ist das Erdöl. 95 Prozent aller Waren in unseren Geschäften sind aus Öl gemacht, enthalten Öl oder hängen vom Öl ab.

Zusätzliche Würze erhält die Ölfrage dadurch, dass Öl nicht nur der Treibstoff der Weltwirtschaft, sondern auch ein an den Finanzmärkten überaus wichtiges Spekulationsgut geworden ist. Der Ölverbrauch ist um das 12-Fache kleiner als der Handel mit Erdöl.

Starke Preisschwankungen und die Volatilität auf den Märkten befeuern den Handel mit Öl-Futures. Eine Tankerladung Öl wechselt heute nicht selten mehrfach den Besitzer – wobei die Besitzer diejenigen sind, die per Vertrag verbriefte Ansprüche auf das Öl besitzen und diese Ansprüche weiterverkaufen können. Ebenso ist es heute ein Leichtes, Öl auf Termin zu verkaufen, das noch gar nicht gefördert worden ist.[741]

Mit dem knapper werdenden Öl wird das seit der Industriellen Revolution praktizierte Wachstumsmodell mit hoher Wahrscheinlichkeit ein Ende finden. Der Arbeitsaufwand für die Herstellung der Produktionsmittel und für die Aufrechterhaltung des Lebensstandards breiter Bevölkerungsteile wird steigen. Die Kapitalkosten werden ebenfalls steigen. Die für den geltenden

[741] Vgl. Altvater, Elmar: Das Ende des Kapitalismus, wie wir ihn kennen, a. a. O., S. 158.

warenförmigen Lebensstandard nötige Arbeitszeit nimmt zu, während der Anteil der Mehrarbeit fällt. Masse und Rate des Profits nehmen ab, was die Akkumulation verlangsamen wird.[742]

Ein steigender Ölpreis wird zudem wie ein Außenzoll wirken. Dabei gilt: Je mehr für das Öl bezahlt werden muss, desto höher ist die Zollwirkung. Die einheimische Industrie wird gegenüber Produkten, die von weit her kommen, privilegiert werden. Die Globalisierung könnte demzufolge in einer Sackgasse landen. So könnte man die Auswirkungen zusammenfassen. Vertiefung tut allerdings Not.

Elmar Altvater: eine akkumulationstheoretische Betrachtung

Der schon ausführlich zitierte Elmar Altvater sieht den Kapitalismus, wie wir ihn bisher kennen, am Ende. Kohle, Öl und Gas seien, so Altvater, in der Vergangenheit essentiell für die *relative Mehrwertproduktion* und damit für den kapitalistischen Akkumulationsprozess gewesen.

Altvater sieht die schon beschriebene Trinitas von Kapitalismus, Fossilismus und Erfindungen in naher Zukunft auseinanderbrechen. Dem zum Fetisch gewordenen Wachstum (Altvater mag den Begriff nicht – er bevorzugt den genaueren Terminus Akkumulation) fehlt durch Peak Oil schlicht der Treibstoff. Wachstum ist geöltes Wachstum, und ohne Treibstoff bleibt das Vehikel stehen, so seine Conclusio.

Das besondere Verdienst Altvaters besteht darin, ganzheitlich und interdisziplinär zu denken, denn er stellt sofort die Verbindung zum globalisierten Finanzmarktkapitalismus her: »Denn ohne Wachstum der realen Ökonomie können die Renditeforderungen des Finanzsektors nicht real befriedigt werden.«[743] Damit, so schlussfolgert Altvater, kommt es zum »Ende des Kapitalismus, wie wir ihn kennen«.

David Korowicz: eine geldtheoretische Betrachtung

Um dem Leser noch eine andere Perspektive zu geben, ist es sinnvoll, der marxistisch angehauchten akkumulationstheoretischen Perspektive Elmar Altvaters eine geldtheoretische Betrachtung hinzuzufügen. Der Autor folgt auf den nächsten Seiten den Überlegungen des irischen Sozialwissenschaftlers

---

742 Vgl. Exner, Andreas: Wie wir am Wachstum scheitern. Die Grenzen des Kapitalismus, S. 16, in: Capra, Fritjof/Henderson, Hazel/Exner, Andreas/Reiner, Sabine: Klima-Crash und Wirtschaftskrise? Wie weiter mit dem Wachstum?, Reihe RLS Papers, Berlin 2009, S. 14–21.

743 Altvater, Elmar: Das Ende des Kapitalismus, a. a. O., S. 116.

David Korowicz. Es sei angemerkt, dass beide Perspektiven weitgehend nicht kompatibel sind.

Korowicz ist ein Spezialist für Fragilität. Er interessiert sich in seinen Forschungen für die Verwundbarkeit von Gesellschaften und für die Kettenreaktionen, die standardisierte Abläufe durcheinanderbringen. Korowicz hat das Entropieproblem ebenso im Blick wie das Vorhandensein von Flaschenhälsen in komplexen Systemen. Er glaubt an eine Energieversorgungslücke nach dem Eintreten des Ölfördermaximums. Seine Grundthese ist, dass reduzierte Energieflüsse zu einer reduzierten wirtschaftlichen Aktivität führen. Das wiederum verursache, bedingt durch Rückkopplungseffekte, weitere verminderte Energieflüsse.

Kredit in seinen verschiedenen Ausformungen, so Korowicz, sei die Lebensader der Wirtschaft. Kredit sei die Basis allen Geldes, von Investitionen, aller Staatsschulden, von Handelsbilanzen, von Schuldverschreibungen, aller Anleihen und geschäftlicher und persönlicher Schulden. Kredite und das Versprechen zukünftigen Wachstums stützten unsere Aktienmärkte, die Produktion, die Beschäftigung und noch vieles andere. Alles im Umlauf befindliche Geld entsteht laut Korowicz durch Schulden. Banken erschaffen demnach Geld für unser Versprechen, dieses Geld in der Zukunft mit Zinsen zurückzuzahlen, und bringen es damit in den Umlauf. Alle Guthaben auf der Bank werden bis auf eine kleine Reserve wieder gegen Zinsen verliehen. Schulden und Geld sind zwei Seiten einer Medaille. Wenn also alle ihre Schulden zurückzahlen würden, gäbe es überhaupt kein Geld mehr im Umlauf, so Korowicz.[744]

Zu keinem Zeitpunkt ist die im Umlauf befindliche Geldmenge laut Korowicz ausreichend, um alle Schulden *plus* Zinsen zurückzuzahlen. Um Kredite vollständig zurückzahlen zu können, müssten in der Summe mehr Kredite für Konsum und Investition aufgenommen werden. Um also Schulden zurückzahlen zu können, müsse die Geldmenge jährlich steigen, entweder durch ein Ansteigen des BIP oder durch Inflation. Unser Geldsystem ist, um stabil zu bleiben, abhängig von ständig steigenden Gesamtschulden und Wirtschaftswachstum, folgert Korowicz – womit er sich in der Nähe zu den Überlegungen von Hans-Christoph Binswanger befindet.

Die Reserven der privaten Banken beliefen sich in der Regel auf viel weniger als zehn Prozent aller eingezahlten Guthaben, die Banken könnten daher niemals alle Guthaben auszahlen. Das System könne also nur auf der Basis von Vertrauen funktionieren. Ein Vertrauensverlust in die Banken und ein Ansturm der Sparer, die ihr Geld abheben wollen, würden unweigerlich zu

[744] Vgl. Korowicz, David: a. a. O., S. 34.

einem Zusammenbruch des Systems führen. Wenn unser Bankensystem kollabiere, habe das gravierende Auswirkungen auf den Wohlstand unserer Gesellschaft.

Im Allgemeinen könnten solche Schocks weitergeleitet oder absorbiert werden durch die Handlungen von Regierungen, Zentralbanken, internationalen Institutionen oder der Gesellschaft allgemein. Das setze jedoch Vertrauen voraus. Vertrauen in die Anpassungsfähigkeit globaler Netzwerke, um den Schaden einzugrenzen und eine Ausbreitung zu verhindern. Begrenzte Schäden könnten zumeist eingedämmt werden. Wegen der engen Vernetzung und Kopplung könnten manche Schocks aber sehr schnell die ganze Wirtschaft erfassen, die letzte Wirtschafts- und Finanzkrise lege dafür Zeugnis ab. Wenn das Vertrauen in das Banken- und Finanzsystem jedoch verlorengehe, schwinde damit auch die Fähigkeit, mit Krisen fertigzuwerden.

Die conditio sine qua non für dieses Vertrauen sei kontinuierliches Wirtschaftswachstum, denn nur durch Wachstum könnten die Gespenster der Hyperinflation, Deflation oder eines Währungskollaps ferngehalten werden, meint Korowicz.[745]

Größere Schulden und damit mehr Geld im Umlauf führten ohne ein entsprechendes Wachstum des BIP zu einer Entwertung der Kaufkraft des Geldes, also Inflation. Wachstum brauche aber praktisch immer mehr Energie und Ressourcen – ein Zusammenhang, der in diesem Buch schon dargelegt wurde.

Wenn Energie weniger werde, müsse auch die Wirtschaft schrumpfen. In einer wachsenden Wirtschaft könnten – wie schon erwähnt – Kredite im Allgemeinen zurückgezahlt werden, weil die steigende Geldmenge die Rückzahlung der geliehenen Summe plus der Zinsen erlaubt. In einer ständig schrumpfenden Wirtschaft könne nicht einmal die ursprünglich geliehene Summe zurückgezahlt werden.

Folglich, so Korowicz, bedeute die Reduzierung der Energieflüsse, dass die Wirtschaftsleistung nicht aufrechterhalten werden könne, die für die Rückzahlung der Schulden notwendig wäre. Wenn alles Geld der Welt nicht mehr ausreiche, um die ausstehenden Schulden zu bezahlen, bleibe als Ausweg nur ein allgemeiner Bankrott oder Hyperinflation. Die Kreditvergabe als Motor der Wirtschaft komme ins Stottern und bleibe dann stehen.[746]

Das Resultat ist ähnlich wie bei Elmar Altvater – obwohl ganz unterschiedliche Wege zu dieser Erkenntnis beschritten wurden: Das Reißen der

---

[745] Vgl. ebenda, S. 34–35.
[746] Vgl. ebenda, S. 35.

Kreditketten führt zum Zusammenbruch der Banken und Finanzmärkte und damit zum Ende des Kapitalismus, wie wir ihn kennen. Korowicz wörtlich:

> »Das Ende wird der Zusammenbruch des Börsen- und Firmenkapitals sein. Das ist das Ergebnis verschiedener Verstärkungsprozesse, einschließlich des Verlustes in das Vertrauen auf Schuldenrückzahlung, Vertrauen in die Währung, Unterbrechung der Versorgungsketten, Entstehung von Fehlökonomien in relevanten Größenordnungen und massive mögliche Einbußen beim verfügbaren Konsum.«[747]

Das macht nicht gerade Mut. Wie sehen das aber andere Forschungsarbeiten? Im Folgenden soll ein wenig durch grundlegende Studien gestreift werden.

Peak Oil auf dem Regierungsradar

Viele Untersuchungen wirken düster. Der Peak-Oil-Wissenschaftler Norbert Rost, der eine Studie zum Ölfördermaximum speziell für das Bundesland Sachsen erstellte, sieht eine Zeit der Ölknappheit kommen. Er meint, dass diese Situation »einem Strukturbruch gleichkommt«.[748] Mit dem Ölfördermaximum stehe das Fundament unserer jüngeren Entwicklung in Frage.[749]

Die Ölexperten Jörg Schindler und Werner Zittel von der *Energy Watch Group* sehen schwarz und schreiben:

> »Bis 2020 und erst recht bis 2030 ist ein dramatischer Rückgang der weltweiten Ölförderung zu erwarten. Dadurch wird eine Versorgungslücke entstehen, die innerhalb dieses Zeitrahmens kaum durch die wachsenden Beiträge anderer fossiler, nuklearer oder alternativer Energiequellen geschlossen werden kann.«[750]

Der Internationale Währungsfonds befasst sich ebenfalls mit dem Ölfördermaximum und spielte in einer Kurzstudie im Oktober 2012 die Auswirkungen auf das Wachstum in verschiedenen Szenarien durch. Das Fazit der Autoren: Die Auswirkungen hängen davon ab, wie stark die Förderung nach dem Peak zurückgeht. Ein ebenso stetiger wie leichter Rückgang im Bereich von einem Prozent pro Jahr kann durch die Weltwirtschaft wahrscheinlich aufge-

---

[747] Ebenda, S. 38.
[748] Rost, Norbert: Peak Oil – Herausforderung für Sachsen, a. a. O., S. 7
[749] Vgl. ebenda.
[750] Schindler, Jörg/Zittel, Werner: a. a. O., S. 17.

fangen werden. »Der Effekt wäre nicht dramatisch«, heißt es in diesem Fall.[751] Im Klartext: Die Auswirkungen auf das Wachstum seien gering.

Anders sieht das Bild aus, wenn der Förderrückgang deutlicher ausfällt und im Bereich von zwei Prozent pro Jahr liegt – oder darüber. »Dann könnten die Auswirkungen extrem groß sein«, schreiben die Autoren Michael Kumhof und Dirk Muir.[752]

Die EU hat das Thema Peak Oil ebenso auf ihrem Radar wie die USA. Allerdings fällt auf, dass die EU über keine ölpolitische Strategie verfügt – im Unterschied zu den USA sucht man ein ausformuliertes Zentraldokument mit Leitlinien vergebens. Das ist erstaunlich. Die Europäische Union muss in Zukunft mehr denn je mit anderen großen Verbrauchern konkurrieren, allen voran mit den großen Schwellenländern China und Indien. Und es droht noch mehr Ärger: Russland wird in einigen Jahren sowohl beim Erdöl wie auch beim Erdgas seinen Zenit überschritten haben, und die Abhängigkeit der EU vom großen osteuropäischen Nachbarn in Energiefragen ist enorm.

Immerhin: Die EU-Kommission initiierte und co-finanzierte das *HOP! research project*, ein Forschungsprojekt, welches die makroökonomischen Auswirkungen hoher Ölpreise im Zuge von Peak Oil berechnen sollte. Im August 2008 legte das international zusammengesetzte Forscherteam seinen Abschlussbericht vor. Der Bericht sieht erhebliche Auswirkungen auf das wirtschaftliche Wachstum und auf die Beschäftigung.

Die Höhe der Wachstumsverluste hänge v. a. davon ab, wie stark die Ölpreise tatsächlich ansteigen würden und ob dieser Anstieg abrupt oder stufenweise vonstattengehe. Ferner wird laut Abschlussbericht bedeutsam sein, wie die Staaten steuerlich auf die Ölpreisveränderungen reagieren (zum Beispiel durch eine Senkung der Steuern auf Kraftstoffe) und ob es tatsächlich zu Engpässen bei der Ölversorgung in der EU kommt. Vor allem auf kurze Sicht seien die Folgen von Peak Oil ernst zu nehmen:

> »Die allgemeine Schlussfolgerung lautet, dass hohe Ölpreise auf die Ökonomie signifikante kurzfristige Auswirkungen haben werden und einen begrenzten mittel- und langfristigen Effekt haben können. Im Allgemeinen ist die Wirkung auf die Beschäftigung gravierender als auf das Bruttoinlandsprodukt.«[753]

---

[751] Kumhof, Michael/Muir, Dirk: Oil and the World Economy: Some Possible Futures, IMF Working Paper, WP/12/256, Washington D. C. 2012. Online unter: http://www.imf.org/external/pubs/ft/wp/2012/wp12256.pdf [Stand: 4.9.2014].

[752] Ebenda.

[753] Fiorello, Davide et al.: High Oil Prices: Quantification of direct and indirect impacts for the EU – Final Report, Mailand 2008, S. 39.

An anderer Stelle im Bericht werden Empfehlungen ausgesprochen:

> »Die Ergebnisse von HOP! weisen darauf hin, dass Investitionen in alternative Energiequellen und Energieeffizienz eine Schlüsselfunktion bei der Dämpfung der negativen Auswirkungen hoher Ölpreise haben. Wenn diese Investitionen nicht zur Verfügung stehen oder zu spät getätigt werden, werden die makroökonomischen Auswirkungen hoher Ölpreise in den 27 EU-Ländern deutlich gravierender sein.«[754]

Das Gegenstück zum *HOP! research project* auf europäischer Ebene ist der *Hirsch-Report* in den USA. Der Bericht, der sich nur auf die USA bezieht, wurde von den Forschern Robert L. Hirsch (Projektleiter), Roger Bezdek und Robert Wendling im Auftrag des US-Energieministeriums erstellt und erschien im Februar 2005. Im Unterschied zum *HOP! research project*, welches durch seine vorsichtigen, wissenschaftlich-kühlen Formulierungen auffällt und in seinem Endbericht in einigen Passagen durchaus Optimismus durchscheinen lässt, malt der *Hirsch-Report* die Zukunft in dunkleren Farben:

> »Die Welt war noch nie mit einem solchen Problem konfrontiert. Ohne massive Linderungsmaßnahmen, die über ein Jahrzehnt vorher getroffen werden müssen, wird das Problem dauerhaft und nicht temporär sein. Frühere Energiewechsel (Holz zu Kohle, Kohle zu Öl) verliefen schrittweise und evolutionär; ›Peak Oil‹ wird abrupt und revolutionär sein.«[755]

In der Studie werden auch die Optionen für klassische Ölalternativen wie Wasserstofftechnologie, Kohleverflüssigung oder Biotreibstoffe diskutiert. Hirsch und seine Forscherkollegen beschreiben die Rahmenbedingungen für eine erfolgreiche Planbarkeit von Gegenstrategien und für ein zeitgerechtes politisches und wirtschaftliches Krisenmanagement. Zum ersten Mal wird berechnet, welchen zeitlichen Vorlaufs eine konzentrierte Vorbereitung auf den Energie- bzw. Ölwechsel es bedarf – wohlgemerkt *vor* Erreichen des Peak-Punktes, den die Autoren nicht kurz- oder mittelfristig erreicht sehen.

Die Studie entwickelt drei Szenarien für die USA. Im ersten Szenario wird ein Crash-Programm durchdacht. Bei Erreichen der Förderspitze entstehen der Welt über einen Zeitraum von zwei Jahrzehnten signifikante Versorgungsprobleme mit Treibstoffen. Szenario Nummer zwei sieht vor, dass ein Maßnahmenpaket zehn Jahre vor der Förderspitze in Gang gebracht wird. Es ermöglicht bedeutende Hilfen, doch es bleibt auch hier eine Versorgungslü-

---

754 Ebenda, S. 35.

755 Hirsch, Robert L./Bezdek, Roger/Wendling, Robert: Peaking Of World Oil Production: Impacts, Mitigation, & Risk Management, US Department of Energy, Washington 2005, S. 64.

cke mit Treibstoff für etwa ein Jahrzehnt. Szenario Nummer drei besteht aus einem Maßnahmenpaket, das 20 Jahre vor Erreichen der Förderspitze auf den Weg gebracht wird. Es vermeidet Engpässe.

Peak Oil wird von den Autoren als beherrschbar betrachtet, wenn rechtzeitig Vorkehrungen getroffen werden. Insgesamt ist die Perspektive der Studie aber nicht gerade überschäumend optimistisch. In den Schlussfolgerungen der Untersuchung heißt es:

> »Die mit dem globalen ›Peak Oil‹ verbundenen Probleme werden keinen zeitweiligen Charakter haben und die Erfahrungen mit den ›Energiekrisen‹ der Vergangenheit bieten relativ wenig Orientierung. Wenn die Risiken voll verstanden und Linderungsmaßnahmen rechtzeitig eingeleitet werden sollen, verlangt die Herausforderung, die ›Peak Oil‹ darstellt, sofortige, ernsthafte Beachtung.
>
> ›Peak Oil‹ wird zu gravierenden Problemen bei Flüssigkraftstoffen im Transportsektor führen, nicht zu einer ›Energiekrise‹ im bisher üblichen Sinne.
>
> ›Peak Oil‹ wird zu einer dramatischen Erhöhung der Ölpreise führen, was zu einer langfristigen ökonomischen Misere in den Vereinigten Staaten und der Welt führen wird. Doch die Probleme sind nicht unlösbar. Rechtzeitige, energische Linderungsmaßnahmen sind erforderlich, die sowohl auf der Versorger- als auch auf der Verbraucherseite ansetzen müssen.«[756]

Die US-Regierung reagierte auf die Studie übrigens verschlossen und nur wenig erfreut. Anstatt weitere Forschungen und Vorbereitungen für den Ernstfall in die Wege zu leiten, erhielt Hirsch vom US-Department of Energy die Anweisung, das Thema zu begraben. »Es sollte keine weiteren Studien dazu geben – und auch nicht mehr darüber gesprochen werden«, so Hirsch.[757]

Das Thema sollte vor allem nicht in der Öffentlichkeit diskutiert werden. Auch in dieser Hinsicht knüpft der *Hirsch-Report* an den sogenannten *Cheney-Report*[758] aus dem Jahr 2001 an. Dieser von dem damaligen US-Vizepräsidenten Richard Cheney erstellte Bericht ist vielen Beobachtern der internationalen Politik bestens bekannt. Der *Cheney-Report* kann getrost als eines der wichtigsten Dokumente der Regierung von George Walker Bush gelten. Der Bericht konstatierte die wachsende Importabhängigkeit der US-amerika-

---

[756] Ebenda, S. 5.

[757] Vgl. Auzanneau, Matthieu: 'Peak Oil': Jimmy Carter's Secretary of Energy sounds the alarm. Interview with Robert L. Hirsch. Online unter: http://petrole.blog.lemonde.fr/2010/09/16/interview-with-robert-l-hirsch-22/ [Stand: 4.9.2014].

[758] Die korrekte bibliographische Angabe lautet wie folgt: National Energy Policy Development Group (Hg.): Reliable, Affordable and Environmentally Sound Energy for America's Future, Washington 2001.

nischen Energieversorgung und empfahl, die Erdölversorgung in das Zentrum der Außen- und Handelspolitik zu stellen.[759] Manche sehen den *Cheney-Report* als eine Art Blaupause für den völkerrechtswidrigen Krieg gegen den Irak im Jahr 2003 an (mehr dazu in Kapitel 27).

Auch das deutsche Verteidigungsministerium interessiert sich für Peak Oil. In einer Studie, die das *Planungsamt der Bundeswehr* erstellte, werden die Konsequenzen des Eintretens des Ölfördermaximums gedanklich durchgespielt. »Der Eintritt des Peak Oil ist jedoch unvermeidlich«, heißt es in dem 114-seitigen Papier.[760]

Ein globaler Mangel an Erdöl wird von den Wissenschaftlern der Bundeswehr nicht ausgeschlossen und könnte nach Ansicht der Autoren »ein systemisches Risiko darstellen, da durch dessen vielseitige Verwendbarkeit als Energieträger und als chemischer Grundstoff so gut wie jedes gesellschaftliche Subsystem von einer Knappheit betroffen wäre«.[761]

Gegenüber einer frühen Fassung der Studie wurden zwar manche Thesen[762] entschärft, aber dennoch erweist sich die Studie als Fundgrube interessanter Erkenntnisse. Die Autoren der Studie betonen nachdrücklich, eine Vorbereitung auf das Ölfördermaximum sei ebenso notwendig wie sinnvoll. Der Faktor Zeit könne für den Erfolg der Transformation zu postfossilen Gesellschaften dabei entscheidend sein.[763]

Die Studie weist zudem auf Erdöl als Konfliktstoff hin und sieht »sicherheitspolitische Friktionen« am Horizont.[764] Die Desintegration komplexer Wirtschaftssysteme könne direkte Auswirkungen auf viele Lebensbereiche

---

[759] Vgl. Ehrke, Michael: Erdöl und Strategie. Zur politischen Ökonomie eines angekündigten Krieges, S. 14, in: Internationale Politik und Gesellschaft, Nr. 1, 2003, S. 9–23.

[760] Planungsamt der Bundeswehr (Hg.): Teilstudie 1: Peak Oil. Sicherheitspolitische Implikationen knapper Ressourcen, Reihe »Streitkräfte, Fähigkeiten und Technologien im 21. Jahrhundert«, 3., überarbeitete Auflage, Berlin 2012, S. 87.

[761] Ebenda, S. 11.

[762] So warnt eine erste »geleakte«, nicht für die Öffentlichkeit freigegebene Fassung vor einem Versagen marktwirtschaftlicher Mechanismen und schlägt als Abhilfe staatliche Produktionspläne und Zwangsmaßnahmen vor: »Als direkte Folge eines Peak Oil bleibt somit festzuhalten, dass unter den Bedingungen der in den letzten Jahrzehnten gewachsenen globalen und nationalen Wirtschaftsstrukturen marktwirtschaftliche Mechanismen zu Unterversorgung und sogar zu einem Teil- oder Komplettversagen von Märkten führen können. (...) Eine vorstellbare Alternative wäre, dass staatliche Rationierungen und die Zuteilung wichtiger Güter oder auch die Aufstellung von Produktionsplänen und andere Zwangsmaßnahmen kurzfristig marktwirtschaftliche Mechanismen in Krisenzeiten ersetzen.« Die Quellenangabe für diese Fassung lautet: Zentrum für Transformation der Bundeswehr (Hg.): Teilstudie 1: Peak Oil. Sicherheitspolitische Implikationen knapper Ressourcen, Strausberg 2010, Reihe Streitkräfte, Fähigkeiten und Technologien im 21. Jahrhundert, S. 43.

[763] Vgl. Planungsamt der Bundeswehr (Hg.): Teilstudie 1: Peak Oil, a. a. O., 3., überarbeitete Auflage, Berlin 2012, S. 89.

[764] Ebenda, S. 87.

haben.[765] Im Klartext: Die Globalisierung könne enden. Bestimmte Länder könnten sich abkoppeln oder abgehängt werden. Weil aber jeder mit jedem vernetzt ist, können die Auswirkungen auf das alltägliche Leben gravierend sein.

Auf einigen Seiten entwerfen und diskutieren die Autoren sogar ein Katastrophenszenario. Dessen Eintreten sei zwar nicht unbedingt wahrscheinlich, aber im Bereich des Möglichen. »Dramatische Konsequenzen« seien möglich, es sei denkbar, dass »die Weltwirtschaft auf unbestimmte Zeit schrumpft.«[766] Das Szenario unterstellt einen stark steigenden Ölpreis, der zu stark steigenden Transportkosten führt. Jene stark gestiegenen Transportkosten verteuern ihrerseits wiederum alle gehandelten Waren.

Die Staatshaushalte geraten unter extremen Druck, die Wirtschaftssubjekte bewirken die dauerhafte Schrumpfung der Wirtschaft und geben kein Geld mehr aus. In einer auf unbestimmte Zeit schrumpfenden Volkswirtschaft werden Ersparnisse nicht mehr investiert, weil Unternehmen keine Gewinne mehr machen. Das Rückgrat der Weltwirtschaft, der Finanzmarkt, wird gebrochen. Banken gehen in Konkurs, und Währungen verlieren massiv an Vertrauen. Am Ende kollabieren ganze Wertschöpfungsketten, Massenarbeitslosigkeit breitet sich aus, Staatsbankrotte ereignen sich. Kritische Infrastrukturen brechen zusammen, und Hungersnöte brechen aus.[767] Am Ende dieses Katastrophenszenarios heißt es warnend:

> »Eine auf unbestimmte Zeit schrumpfende Wirtschaftsleistung stellt einen höchst instabilen Zustand dar, der zu einem Systemkollaps führen würde. Die Sicherheitsrisiken einer solchen Entwicklung sind kaum abzuschätzen. Eine Umstellung der Ölversorgung wird bis zum Eintritt des Peak Oil nicht in allen Weltregionen gleichermaßen möglich sein. Es ist wahrscheinlich, dass eine hohe Anzahl von Staaten nicht in der Lage sein wird, die notwendigen Investitionen rechtzeitig und in ausreichender Höhe zu leisten. (...) In Anbetracht des Globalisierungsgrades ergibt sich für alle Industrieländer – auch für Deutschland – ein hohes systemisches Risiko auch unabhängig von der eigenen Energiepolitik. Es besteht eine potenzielle ›Ansteckungsgefahr‹ zwischen verschiedenen Subsystemen, die die gleichen Infrastrukturen nutzen.«[768]

So dick muss es nicht kommen. Alle zitierten Studien zeigen aber klar: Es ist fast egal, ob das Ölfördermaximum heute, in einem Jahr oder in einem Jahrzehnt eintreten wird. Bis zum heutigen Tag wurden kaum Vorbereitungen für

---

765 Vgl. ebenda.
766 Ebenda, S. 56.
767 Vgl. ebenda, S. 56–59.
768 Ebenda, S. 59.

die Zeit nach dem Ölfördermaximum getroffen. Die Herausforderungen und Anstrengungen können nur als immens bezeichnet werden. Diese Umwälzung ökonomischer Grundlagen birgt große Risiken, aber auch große Chancen. Chancen, die Weltwirtschaft auf andere Grundlagen zu stellen.

PEAK EVERYTHING

»Wenn wir so weitermachen wie bisher,
ist der Kollaps unserer Zivilisation
keine Frage des Ob, sondern des Wann.
Wir haben eine Wirtschaft, die ihre natürlichen
Unterstützungssysteme zerstört. (…)
Wir sind gefährlich nahe am Abgrund.«
Lester Brown, US-amerikanischer Ökologe

24. Ressourcenerschöpfung und Artensterben. Von Peak Oil zu Peak Everything?

Peak Oil ist ein wichtiges Thema. Aber in gewisser Weise ist die künftige Ölknappheit nur Teil eines größeren Problems. Zugespitzt formuliert: Peak Oil ist wie ein besonders großer Baum, der den Wald verdeckt.

Das Grundproblem lautet wahrscheinlich *Peak Everything*.[769] Anders formuliert: Es gibt genügend gute Gründe, sich um den Klimawandel und das Ölfördermaximum Sorgen zu machen. Wirklich rund wird das Bild aber erst, wenn man sich noch mit einem anderen Fakt befasst: Zahlreiche für das Leben notwendige Ressourcen sind einem nie dagewesenen Druck ausgesetzt.

Konkret sind dies die Bereiche des Trinkwassers, der Wälder, der Meere und Ozeane sowie der Böden. Praktisch alle diese Bereiche betreffenden Indikatoren weisen eine Überbelastung aus, die nicht dauerhaft aufrechterhalten werden kann. Gleichzeitig ist ein besorgniserregendes Artensterben feststellbar, das nicht nur mit dem Klimawandel, sondern auch mit der Überbelastung der natürlichen Systeme aufs Engste verknüpft ist.

Belege für die obengenannten Thesen gibt es mehr als genug. Im Laufe der Zeit haben sich einige sehr interessante Instrumente zur Veranschauli-

---

[769] Das Schlagwort entstammt einem gleichnamigen Buch von Richard Heinberg: Peak Everything. Waking up to the Century of Declines, Gabriola Island 2007.

chung unseres Umweltverbrauchs herausgebildet. Am bekanntesten ist der ökologische Fußabdruck.

Ökologischer Fußabdruck und Biokapazität

Dessen Konzept baut auf einigen sehr einfachen Prämissen auf: Allen Aktivitäten der Gesellschaft steht eine objektive Grenze gegenüber: Ein begrenztes Angebot an natürlichen Ressourcen und eine begrenzte Kapazität der Natur, sich zu regenerieren und Abfallströme abzubauen. Um eine nachhaltige Entwicklung der Gesellschaft zu gewährleisten, müssen sich die menschlichen Aktivitäten innerhalb dieser natürlichen Grenzen bewegen. Diese Feststellung ist trivial – sie wird allerdings gerne verdrängt oder vergessen.

Die Frage, wie viel Natur wir verbrauchen und wie viel Natur wir haben, ist in diesem Zusammenhang hochrelevant. Jene Frage war in den 1990er Jahren der Ausgangspunkt der Arbeiten von William Rees und Mathis Wackernagel. Sie entwickelten das Konzept des ökologischen Fußabdrucks.

Der ökologische Fußabdruck ist ein Werkzeug, um unseren Verbrauch an natürlichen Ressourcen zu messen und zu ermitteln, ob (und um wie viel) der menschliche Konsum die regenerative Fähigkeit der Biosphäre übersteigt. Die »Grundwährung« des ökologischen Fußabdruckes ist als jene Fläche definiert, welche zur Aufrechterhaltung der sozioökonomischen Produktion, zur Absorption von Abfall- und Schadstoffen und für Infrastruktur in Anspruch genommen wird.

Um festzustellen, ob die Menschheit auf zu großem Fuß lebt, wird der ökologische Fußabdruck in Relation zur biologisch produktiven Landfläche (auch Biokapazität genannt) gesetzt, die für die Bereitstellung von Ressourcen erforderlich ist. Dazu gehören Ackerland, Weideland, bebaute Flächen, Fischgründe und produktive Wälder.

Sowohl der ökologische Fußabdruck als auch die Biokapazität werden in einer Einheit ausgedrückt, die »globaler Hektar« (gha) genannt wird, wobei ein gha einem biologisch produktiven Hektar Land mit weltweit durchschnittlicher Produktivität entspricht.[770]

Aus der Gesamtfläche der Erde ergibt sich unter Berücksichtigung der Weltbevölkerung eine Fläche von 1,7 gha pro Person – das ist die Biokapazität. Diese 1,7 gha stehen also jedem Menschen zur Verfügung und stellen die Fläche dar, die von einer Person zur Befriedigung ihrer Bedürfnisse benutzt werden kann, ohne zerstörerische Auswirkungen auf das Ökosystem Erde zur

[770] Vgl. WWF Deutschland (Hg.): Living Planet Report 2014, deutsche Kurzfassung, Berlin 2014, S. 9–10.

Folge zu haben. Bei dieser Rechnung wird die gesamte bioproduktive Fläche der Erde der Nutzung durch den Menschen zugesprochen. In der Realität reicht das aber nicht – die Welt ist nicht genug. Tatsächlich liegt der globale Flächenverbrauch der Menschheit, ausgedrückt durch den ökologischen Fußabdruck, momentan bei 2,6 gha pro Person. Jene 2,6 gha pro Person entsprechen hochgerechnet auf die Erde 1,5 Planeten.[771]

Mit hohem Tempo steuern wir auf den Verbrauch von zwei Planeten zu. Der WWF erwartet, dass diese Schwelle im Jahr 2030 überschritten wird. Für das Jahr 2050 sagt der WWF sogar den Verbrauch von fast drei Planeten voraus.

Es ist aber offensichtlich, dass wir nur eine Erde zur Verfügung haben, daher kann der momentane Lebensstil auf keinen Fall langfristig aufrechterhalten werden. Mit einer Überbeanspruchung der globalen Ökosysteme geht eine permanente Schädigung einher, die wiederum die Regenerationsfähigkeit der Erde negativ beeinflusst. Wir leben sozusagen nicht mehr von den Zinsen, sondern greifen das Kapital unseres Planeten an.

Vergleicht man nun den ökologischen Fußabdruck einzelner Länder, so wird offensichtlich, dass die Industrienationen massiv über ihre Verhältnisse leben, also einen Flächenbedarf aufweisen, der die Größe der bioproduktiven Flächen im eigenen Land weit übersteigt.

Durch Importe benötigter Güter belegen die Industriestaaten in anderen Ländern große Flächen und decken ihre Bedürfnisse auf Kosten der natürlichen Ressourcen weniger entwickelter Länder. Das hat zur Folge, dass Menschen in den ärmeren Ländern eine weitere Abnahme ihrer Lebensqualität erleiden, wobei ein Teil der Menschheit schon jetzt erhebliche Schwierigkeiten hat, die Grundbedürfnisse zu decken.

Im weltweiten Vergleich liegt Nordamerika mit 7,9 gha pro Person an der Spitze der globalen Flächenverbraucher, gefolgt von Europa (4,7 gha pro Person) sowie von Süd- und Mittelamerika (2,6 gha pro Person). Unter der Schwelle von 1,7 gha Flächenverbrauch pro Person bleibt nur Afrika mit einem ökologischen Fußabdruck von 1,4 gha pro Person. Asiens Fußabdruck ist in den letzten Jahren deutlich gestiegen und weist einen Wert von 1,8 gha pro Person aus.[772]

Eng verwandt mit dem ökologischen Fußabdruck, aber noch besser für die mediale Berichterstattung verwertbar, ist der sogenannte *Earth Overshoot*

---

771 Vgl. WWF International (Hg.): Living Planet Report 2014, a. a. O., S. 32–33.

772 Diese Angaben stammen aus dem Jahr 2010. Sie sind allerdings die aktuellsten Daten, die das Global Footprint Network bis Oktober 2014 freigegeben hat. Wer sich für die genauen Zahlen interessiert, dem sei dieser Link empfohlen: http://www.footprintnetwork.org/images/uploads/NFA_2010_Results.xls [Stand: 1.10.2014].

Day (auch *Ecological Debt Day* genannt). Am Earth Overshoot Day hat die Menschheit mehr natürliche Rohstoffe verbraucht, als das Ökosystem im Gesamtjahr durch eigene Regenerierung zur Verfügung stellen konnte.

Im Jahr 1987 lag der Schuldentag am 19. Dezember, 13 Jahre später, im Jahr 2000, schon am 1. November.[773] Im Jahr 2009, fast wieder ein Jahrzehnt später, fiel der Earth Overshoot Day auf den 25. September. Und im Jahr 2015 rückte der Tag auf den 13. August vor. Bei der Fortschreibung der derzeit absehbaren Verbrauchstrends wird der Earth Overshoot Day schon nach sechs Monaten erreicht sein.

Die IPAT-Formel

Ein anderes interessantes Mittel, um den Druck auf die Umwelt zu erfassen, ist die *IPAT-Formel.* Sie wurde schon im Jahr 1972 von Paul Ehrlich und John Holdren in die Debatte eingeführt.[774] Die Formel ist denkbar einfach:

I = P X A X T
Impact = Population X Affluence X Technology
[Auswirkung = Bevölkerung X materielle Güter X Technik]

Die IPAT-Formel vermittelt eine wichtige Lehre: Nicht das Bevölkerungswachstum allein und auch nicht der materielle Wohlstand allein verursachen die Umweltbelastung, sondern der Umweltdruck entsteht durch das Zusammenwirken der Faktoren Bevölkerung, Wohlstand und Technologie.

Auch eine vorindustrielle, mittelalterliche Stadt belastete die Umwelt. Sie erzeugte lästigen und schädlichen Abfall. Bäche, Flüsse oder Seen wurden von den Abwässern der Färber, Papiermacher oder Gerber verschmutzt. Außerhalb der Städte und Dörfer gab es Müllhalden oder Abfallgruben. Das Problem hielt sich allerdings in Grenzen, legt die IPAT-Formel nahe: Die Städte damals waren deutlich kleiner. Gleiches gilt für den Energieverbrauch und den Konsum pro Kopf. Die Grenzen der Umweltbelastung waren bei weitem nicht erreicht, die Natur konnte die Umweltschäden verarbeiten.

Die IPAT-Formel ist in der Wissenschaft etabliert, kaum ein Ökologie-Lehrbuch kommt ohne sie aus. Allerdings hat die Formel einen kleinen Pferdefuß. Sie erweckt den Eindruck, dass es nur drei Ansatzpunkte gäbe, um die Umweltbelastung einzuhegen. Dieser Eindruck führt allerdings in die Irre:

---

[773] Vgl. Meißner, Andreas: a. a. O., S. 43.

[774] Vgl. Ehrlich, Paul R./Holdren, John P.: Impact of population growth, in: Riker, R. G. (Hg.): Population, Resources, and the Environment, Washington D. C. 1972, S. 365–377; Ehrlich, Paul R./Holdren, John P.: A bulletin dialogue on the 'Closing Circle': Critique: One dimensional ecology, in: Bulletin of the Atomic Scientists, 28. Jg., Mai 1972, S. 16 u. 18–27.

Die Frage der Verteilung des Wohlstandes fällt unter den Tisch – Umverteilung wäre ein möglicher Hebel, um Umweltprobleme zu entschärfen.[775]

Overshoot

Heute überschreiten wir die ökologischen Belastungsgrenzen sehr deutlich. Wir leben über unsere Verhältnisse. Viele Menschen haben Schwierigkeiten damit, sich diesen Sachverhalt vorzustellen. Die Konsequenzen unseren Handelns sind nicht sichtbar.

Mit Belastungsgrenzen hat sich in besonderem Maße in den frühen 1980er Jahren der Umweltsoziologe William R. Catton in seiner grundlegenden Studie *Overshoot*[776] beschäftigt. Die maximale Belastungsgrenze einer beliebigen Umwelt, so stellte Catton schon vor mehr als drei Jahrzehnten fest, ist die Zahl der Lebewesen mit einer bestimmten Lebensweise, die ein Stück Land dauerhaft erhalten kann. Man stelle sich zur Veranschaulichung Kaninchen vor, die auf einer Insel leben und die keine Fressfeinde haben. Die Belastungsgrenze wird so lange nicht erreicht, wie die Fähigkeit der Insel fortbesteht, dauerhaft Futter für die Kaninchen hervorzubringen. In dem Moment, in dem zu viele Kaninchen auf der Insel leben, also Überweidung vorherrscht, beginnen die Lebensgrundlagen zu erodieren. Das geschieht nicht erdrutschartig, sondern schleichend.

Belastbarkeitsgrenzen können temporär überschritten werden, es können zeitweise mehr Kaninchen auf der Insel leben, als die Natur ernähren kann. Langfristig wird jedoch das Land geschädigt – und die Kaninchenpopulation wird abnehmen. Wenn die Nahrungsgrundlage in einem Gebiet erst einmal überschritten ist, sieht es für Tiere schlecht aus – sie sterben aus.

Der Mensch hat andere Möglichkeiten. Man stelle sich vor, dass eine Gruppe von Steinzeitmenschen an einem Ort von Fisch in einem See lebt. Die Fischvorkommen können einer bestimmten Zahl von Menschen das Überleben sichern. Durch Überfischung lässt sich sogar die Bevölkerung vorübergehend steigern, aber an einem bestimmten Punkt werden die Fischvorkommen schrumpfen. Wo die Tiere mit ihrem Latein am Ende sind, bleibt dem Menschen noch ein anderer Ausweg: Er kann weiterziehen und einen anderen See ausplündern. Was möglicherweise mit Gewalt einhergeht, da sich andere Menschen in einem benachbarten Siedlungsgebiet nicht freiwillig berauben lassen.

---

775 Vgl. Hänggi, Marcel: Die »Bevölkerungsbombe« ist ein zweifelhaftes Baby. Online unter: http://www.infosperber.ch/Artikel/Wirtschaft/Die-Bevolkerungsbombe-ist-ein-zweifelhaftes-Baby [Stand: 4.9.2014].

776 Catton, William R.: Overshoot: The Ecological Basis of Revolutionary Change, Chicago 1982.

Das Beispiel aus der Steinzeit ist von der Gegenwart nur scheinbar weit entfernt, denn in diesem Moment passiert Ähnliches. Die reichen Länder plündern die Ressourcen anderer Gebiete, ein Vorgang, für den es so schöne Begriffe wie Kolonialismus, Imperialismus oder Globalisierung gibt. Der Philosoph und Wirtschaftswissenschaftler Christian Arnsperger von der Universität Lausanne in der Schweiz findet in diesem Zusammenhang deutliche Worte:

> »Was sich, durch unsere ideologische Brille betrachtet, freier Handel und globaler Markt nennt, bekommt einen ganz anderen Namen, wenn man die Perspektive der Entwicklungsländer einnimmt: Man müsste eher von einem konzertierten Unternehmen der Bemächtigung von lebenswichtigen Ressourcen durch westliche Mächte reden, allen voran von Europa und den Vereinigten Staaten an der Spitze.« [777]

Artenschutz? Egal – oder etwa nicht?

Biologen betonen, dass im Laufe der Erdgeschichte schon immer Arten ausgestorben seien. Ebenso seien in Millionen von Jahren auch immer wieder neue Arten entstanden. Neu ist aber, dass die Aussterberate heute auf einem ungewöhnlich hohen Niveau liegt. Verantwortlich für diese Anomalie ist der Mensch.

Werden keine umfassenden Anstrengungen zur Bekämpfung des Artensterbens unternommen, besteht die Gefahr, dass wir in den nächsten Jahrzehnten die Hälfte aller heute noch existierenden Tier- und Pflanzenarten verlieren.[778]

Arten sterben aus unterschiedlichen Gründen aus: Eine zentrale Ursache ist der Klimawandel, eine andere die Übernutzung von Naturressourcen. Daneben tragen Umstellungen in der Landnutzung und -bewirtschaftung, die Expansion der Forstwirtschaft, der Anbau von Energiepflanzen zur Treibstoffproduktion, der Ausbau von urbaner Infrastruktur und die Zerschneidung natürlicher Lebensräume zum Schwund der biologischen Vielfalt bei.[779]

---

777 Arnsperger, Christian: Transition écologique et transition économique: Quels fondements pour la pensée? Quelles tâches pour l'action? Text online unter: http://www.uclouvain.be/cps/ucl/doc/etes/documents/Arnsperger.TRANSITION.12.02.2010.pdf [Stand: 4.9.2014].

778 Vgl. Mander, Jerry (Hg.): Manifesto on Global Economic Transitions: Powering Down for the Future, San Francisco/Washington D. C. 2007, S. 3.

779 Vgl. OECD (Hg.): OECD-Umweltausblick bis 2050. Die Konsequenzen des Nichthandelns. Zusammenfassung, Paris 2012, S. 5.

Der Artenschutz genießt in der internationalen Politik dennoch keine Priorität. Er ist wirtschaftlichen Interessen eindeutig untergeordnet. Nur zwei aktuelle Beispiele von vielen. Im März 2010 erklärte die Europäische Union, sie werde ihr Artenschutz-Ziel, das sie für 2010 anvisiert hatte, um zehn Jahre auf 2020 verschieben. Den meisten Zeitungen war diese Nachricht nur eine kleine Meldung wert.

Im Jahr 2012 erschien eine umfassende Studie zum Thema Artenschutz von der Vogelschutzorganisation *BirdLife International*. Die Kosten für einen umfassenden Artenschutz, verbunden mit dem Aufbau eines flächendeckenden Netzwerks von Schutzgebieten, beziffert die Untersuchung auf 80 Milliarden Dollar pro Jahr.[780] Viel Geld. Und auch wieder nicht. Schaut man sich an, was allein die westliche Welt für Rüstung oder Bankenstützung ausgibt, so erkennt man rasch, wo die Prioritäten liegen.

Der Fisch stinkt vom Kopf her

Kehren wir noch einmal zum Beispiel des Fischs zurück. Hier lassen sich besonders gut Bezüge zu den Themen Nachhaltigkeit und Wachstum herstellen. Die Tragik der Allmende, die in Kapitel 7 in Bezug auf Land bzw. Landressourcen bezweifelt wurde, lässt sich beim Fischfang tatsächlich beobachten.

Fisch in frei zugänglichen Fischgründen ist eine freie Ressource. Niemand kann einen Besitzanspruch auf ein bestimmtes Fanggebiet anmelden.[781] Das Schwinden der Fischbestände hat mit wirtschaftlichen Interessen zu tun: Der Fischfang bringt Geld und trägt zum Wachstum bei. Ganz grob lässt sich feststellen: Mehr Fischfang, mehr Geld, mehr Wachstum.

Fisch hat weniger Sympathien als Hunde, Katzen, Kühe oder Schweine. Aber er schmeckt: Immer mehr Leute essen immer mehr Fisch. Im Jahr 1950 wurden weltweit 20 Millionen Tonnen Fisch aus dem Wasser geholt, 1990 waren es schon mehr als 80 Millionen. Die Fangmenge hat sich vervierfacht – in einem Zeitraum, in dem sich die Weltbevölkerung gerade einmal verdoppelt hat. Seit Mitte der 1990er Jahre stagniert die jährliche Fangmenge auf einem Niveau zwischen 80 und 90 Millionen Tonnen.[782] Eine gute Nachricht? Leider nein.

Der Mensch entwickelt immer ausgefeiltere und bessere Methoden, damit ihm möglichst viele Fische ins Netz gehen. Dass die Erträge nicht so rasant

---

[780] Vgl. Bednarczyk, Svenja: Artenschutz statt Softdrinks, in: Taz vom 13./14. Oktober 2012, S. 5.

[781] Vgl. Bardi, Ugo: Der geplünderte Planet, a. a. O., S. 208.

[782] Vgl. Lechner, Wolfgang: Leere Meere, volle Teller, S. 36, in: Die Zeit vom 21. Juni 2012, Nr. 26, S. 35–36.

weiterwachsen, ist ein Beleg dafür, dass auch Meere und Ozeane Grenzen kennen. Manche Beobachter wollen schon »Peak Fish« am Horizont erkennen.

Bis dahin versucht die Fischfangindustrie alles herauszuholen, was geht. Die Fischfang-Flotten dieser Erde gleichen immer mehr riesigen schwimmenden Fabriken. Sie verfügen über immense Netze, die gnadenlos alles einfangen, was in den Meeren und Ozeanen herumschwimmt. Millionen Tonnen von Tieren landen tot oder halb tot wieder im Meer: Delfine und Meeresschildkröten, die sich in den Netzen verfangen haben, Seevögel, die sich auf den Köder einer Leine im Wasser gestürzt haben, Seesterne, Tintenfische und Krebse. Zurückgeworfen werden auch Fische, die zu klein für einen rentablen Verkauf sind. Das sind meist junge Tiere, die sich noch nicht vermehrt haben. So werden die Bestände zusätzlich dezimiert.[783]

Unter welchen Bedingungen der Fischfang nachhaltig ist, kann sich jeder ausmalen. Wenn auf lange Sicht mehr Fische sterben als neue geboren werden, hat sich irgendwann das Thema Fisch erledigt. Endgültig erledigt. Und es sieht nicht gut aus: Die Zahl der Fische ist in den letzten Jahrzehnten sehr drastisch gesunken. Auf zehn Thunfische, Haie und andere große Raubfische, die vor 50 bis 100 Jahren in unseren Meeren schwammen, kommt heute nur noch einer.[784]

Nach Zahlen der Europäischen Kommission sind 63 Prozent der Bestände im Atlantik überfischt, im Mittelmeer sogar 82 Prozent. Gewiss, das sind nur Daten für Gewässer, die ganz oder zumindest teilweise in die Zuständigkeit der Europäischen Union fallen. Global sieht das Bild aber keineswegs besser aus. Weltweit ist schon ein Viertel der Bestände zusammengebrochen. Fische wie der Europäische Aal und der südliche Blauflossenthunfisch sind akut vom Aussterben bedroht.[785]

Andere Arten sind verschwunden: Vor der Küste Neufundlands gab es früher einmal sehr reichhaltige Kabeljau-Vorkommen. Heute findet sich in den Gewässern vor Neufundland kein einziger Kabeljau mehr. Wer heute Kabeljau im Restaurant bestellt, bekommt isländischen oder norwegischen Fisch auf seinen Teller.

Für kurze Zeit schaffte es der Rote Thunfisch in die Schlagzeilen. Der Fisch stehe unmittelbar vor seiner Auslöschung, befand die Artenschutzkonferenz 2010 in Doha. Nur ein sofortiges Fang- und Handelsverbot könne die Ausrottung des Roten Thunfischs noch stoppen. Doch nichts passierte. 68 Länder votierten gegen Maßnahmen zum Schutz der bedrohten Fischart,

---

783 Vgl. ebenda.

784 Vgl. Foer, Jonathan Safran: Tiere essen, a. a. O., S. 45.

785 Vgl. Lechner, Wolfgang: a. a. O., S. 35.

darunter auch Japan, das sein Sushi in Gefahr sah. Der Fisch ist lukrativ: Ein einzelner Fisch bringt bis zu 100.000 Euro ein. Dieses Geschäft wollten sich etliche Länder nicht entgehen lassen. Damit ist das Todesurteil für den Fisch besiegelt. Mittel- und langfristig wird es keinen Roten Thunfisch mehr geben. Nie mehr.

Auf Sand gebaut

Dass die Fischbestände schwinden, hat außerdem mit einem Problem zu tun, das die Weltgemeinschaft bisher überhaupt nicht auf ihrem Radar hat: mit dem Sandabbau im Meer.

Sand? Wer kennt die Redewendung nicht: Wenn es etwas wie Sand am Meer gibt, ist etwas üppig vorhanden. Ein Spruch, der überholt ist. Denn Sand ist nach Wasser der am meisten verbrauchte Rohstoff der Welt. Er ist in unserem Alltag immer gegenwärtig, ohne dass wir uns seiner Anwesenheit bewusst sind (siehe dazu auch den Kasten).

Sand ist eine nicht-erneuerbare Ressource mit qualitativen Unterschieden. Das heißt: Sand ist nicht gleich Sand. Wüstensand ist beispielsweise zu fein und damit zu nichts zu gebrauchen. Strandsand ist dagegen prima. Das rasante globale Wirtschaftswachstum hat auch die Nachfrage nach Sand exponentiell gesteigert – vor allem in der Bauwirtschaft. Doch auch beim Sand gilt das schon bestens bekannte Best-First-Prinzip: Die besten Vorkommen (häufig Sand- bzw. Kiesgruben) wurden schon ausgebeutet. Gleiches gilt für viele Flüsse, die restlos ausgebaggert wurden.

Wo kommt der Sand also her? Sehr oft aus dem Meer. Große Baggerschiffe saugen den Sand vom Meeresboden. Der Sand kostet ja scheinbar nichts und taugt als Paradebeispiel für kapitalistische Inwertsetzung. Ein Gut, das keinen Preis hat, verwandelt man in eine Ware. Nur: Die gigantischen Baggerschiffe saugen mit ihren druckvollen Rüsseln alle auf dem Meeresboden lebenden Tiere und Pflanzen an und vernichten diese. Der Meeresboden ist für viele Fische eine Art Nahrungswiese. Auf die Zerstörung des Meeresboden folgt eine verheerende Kettenreaktion – Fischsterben inklusive. Vor der Küste Sumatras ist durch den Sandabbau schon das gesamte Ökosystem zerstört worden.
Es ist unbegreiflich, in welchem Maße Tiere und Pflanzen kurzfristigem Profitdenken geopfert werden. Es ist ferner unbegreiflich, wie die Menschen glauben[786] können, dass Arten ungestraft ausgerottet werden können. Die Natur

[786] Im Februar 2010 veröffentlichte das Statistikamt der Europäischen Union die Ergebnisse einer Umfrage zum Thema Biodiversität. Die Statistikexperten fanden heraus, dass die Europäer sehr wenig über den Tier- und Pflanzenreichtum wissen. Eine deutliche Mehrheit der Befragten zeigte sich laut Umfrage überzeugt, dass der Verlust biologischer Vielfalt ihre Lebensqualität nicht schmä-

Umweltzeitbombe Sand

Sand ist ein absolutes Multitalent. Er wird u.a. geschmolzen und zu Glas verarbeitet. Aus Sand wird auch Siliziumdioxid gewonnen, eine chemische Verbindung, die für die Papierherstellung sowie für die Produktion von Reinigungsmitteln und Kosmetika wichtig ist.

In Sand sind zudem viele wichtige Minerale enthalten wie Silizium, Thorium und Uran. Ohne Sand könnten keine Computerchips hergestellt werden. Auch die Kunststoffindustrie und die Luftfahrtbranche kommen nicht ohne ihn aus. Und ja: Auch das schon thematisierte Fracking erfordert große Mengen Sand.

Den größten Bedarf hat allerdings der Bausektor. Beton ergibt sich aus Sand, Wasser und Zement. Unsere Infrastruktur besteht zu einem großen Teil aus Beton. Dieser wiederum zu zwei Dritteln aus Sand. Die Konstruktion eines Hauses mittlerer Größe verschlingt rund 200 Tonnen Sand, der Bau eines Kilometers Autobahn verlangt nach mindestens 30.000 Tonnen. Ein Atomkraftwerk toppt das locker – 12 Millionen Tonnen Sand sind hierzu erforderlich.[787]

Der globale Jahresverbrauch an Sand beträgt Schätzungen des Geologen Michael Welland zufolge über 15 Milliarden Tonnen pro Jahr. Sandrecycling ist prinzipiell möglich, doch ein großer Teil des Sandes steckt mittlerweile in Betonbauten fest.

Für Sand gilt – wie für alle natürlichen Rohstoffe –, dass wir seinen Wert für den Erhalt des gesamten Ökosystems in Rechnung stellen müssen. Denn Sand erfüllt Funktionen, die nicht ohne weiteres zu ersetzen sind. Er ist wichtig für die Nahrungsmittelsicherheit in Regionen, wo er als Puffer zwischen den Landmassen und den Ozeanen dient und so agrarische Anbaugebiete gegen die Auswirkungen von Sturmfluten schützt – und angesichts des Klimawandels auch vor einem Ansteigen des Meeresspiegels.[788]

---

lern könne. Vgl. dazu: Lossie, Heiko: EU für Artenvielfalt. Mehr Schein als Sein, in: Grenz-Echo vom 21. April 2010, S. 22.

787 Siehe dazu auch den folgenden Film: Sand: Die neue Umweltzeitbombe, Regie: Denis Delestrac, Frankreich 2013, 75 Minuten. Ausstrahlung auf Arte am 28. Mai 2013 um 20.15 Uhr.

788 Vgl. dazu Pereira, Kiran: Aus Sand. Ein Rohstoff wird knapp, in: Le Monde diplomatique vom 12.9.2014, Nr. 10511, Seite 1 u. 22.

ist ein gewachsenes System, und alle Tier- und Pflanzenarten haben ihren Platz in diesem System. Die Erde besteht aus Millionen im Zeitverlauf gewachsenen Kreisläufen. Diese Kreisläufe greifen, einem riesigen Getriebe ähnlich, wie kleine Rädchen ineinander. Wenn Arten aussterben, funktionieren Kreisläufe nicht mehr richtig. Mit Folgen für alle Lebewesen.

Der Anarcho-Primitivist Derrick Jensen stellt fest: »Die Kultur als Ganzes und die meisten ihrer Vertreter sind geisteskrank.«[789] Vielleicht hat er tatsächlich recht. Der Autor Daniel Quinn entwirft ein interessantes Bild: Seiner Meinung nach ähnelt die Natur einem riesigen Backstein-Hochhaus. Der Mensch wohnt in diesem Gebäude ganz oben. Jeden Tag sterben 130 Tier- und Pflanzenarten aus. Das bedeutet, dass der Mensch jeden Tag 130 Backsteine aus den unteren Etagen herausreißt und die Steine nach ganz oben bringt, um eine weitere Etage zu bauen.[790]

Die internationale Staatengemeinschaft hat das Problem zumindest im Grundsatz erkannt. Bei der Artenschutzkonferenz in Nagoya im Oktober 2010 einigten sich die Vertreter der 193 versammelten Länder (die Vereinigten Staaten waren abwesend) auf ein Artenschutzabkommen, das 20 Punkte enthält und bis zum Jahr 2020 durchgreifende Veränderungen erwirken soll. Bis 2020 sollen etwa 17 Prozent der Landfläche und zehn Prozent der Meeresfläche unter Schutz gestellt werden.

Selbst viele Umweltschützer lobten das Abkommen. Papier ist aber bekanntlich geduldig. Im Oktober 2014 gab es eine Zwischenkonferenz zum Artenschutz in der südkoreanischen Stadt Pyeongchang. Trotz kleinerer Fortschritte sei die Gefahr groß, dass Beschlüsse von Nagoya ins Leere laufen würden – so der Tenor. Bis 2020 bleibt abzuwarten, ob sich tatsächlich noch Erfolge beim Artenschutz einstellen. Aus heutiger Sicht ist es allerdings wahrscheinlich, dass auch das Abkommen von Nagoya scheitern wird. Dann würde sich das Artensterben weiter beschleunigen – auf 200 Arten pro Tag, vielleicht auch auf 400. Vielleicht auch auf 1.000. Entsprechend mehr Backsteine würden, um im Bild zu bleiben, dem Hochhaus entnommen werden.

Irgendwann würde das Gebäude kollabieren. Bis unmittelbar vor dem Kollaps würde das Gebäude für die Bewohner der oberen Stockwerke vollkommen stabil wirken. Aber dann käme nach Daniel Quinn der Moment, in dem sich das Herausreißen der Backsteine rächen würde – das Gebäude kollabiert von einem Moment auf den anderen, plötzlich und schnell.

---

[789] Vgl. Jensen, Derrick: Endgame, a. a. O., S. 9.

[790] Zitiert nach dem folgenden Film: What a Way to Go: Life at the End of Empire, USA 2007, a. a. O.

»Wenn sie kein Brot haben,
sollen sie doch Kuchen essen!«
Marie Antoinette,
französische Königin im 18. Jahrhundert

25. Nahrung, die Achillesferse des 21. Jahrhunderts?

In den Industrieländern arbeiten nur noch zwei bis drei Prozent der Bevölkerung in der Landwirtschaft. Häufig wird sie – neben der Industrie und dem Dienstleistungssektor – nur beiläufig erwähnt. Dabei ist die landwirtschaftliche Produktion die Basis von allem. Grundlage unserer Zivilisation ist die Fähigkeit, genügend Nahrungsmittel produzieren zu können. Damit lässt sich eine große Anzahl Menschen ernähren, die andere Aufgaben übernehmen können.

Nahrung könnte zu *der* Schwachstelle des Systems werden. Vielsagend ist die Einschätzung des bekannten Ökologen Lester Brown:

> »Ich habe lange Zeit die Idee abgelehnt, dass die Nahrungsversorgung zur Sollbruchstelle im 21. Jahrhundert wird. Heute denke ich nicht, dass es so sein könnte – sondern dass es so ist.«[791]

Kann die Landwirtschaft schlappmachen? Ja, sie kann. Die Geschichte ist voll von Beispielen. Das vielleicht bekannteste liegt etwa 700 Jahre zurück. Im europäischen Mittelalter hatte es zwischen 1050 und 1300 ein erhebliches Bevölkerungswachstum gegeben. Jenes Bevölkerungswachstum ging mit einer Ausweitung von Ackerflächen und mit umfassenden Waldrodungen einher.[792]

Begünstigt durch technischen Fortschritt (z. B. Windmühlen, schollenwendender Pflug) und durch die Verbreitung der Dreifelderwirtschaft stiegen erst die Erträge bei den Ernten – und anschließend die Bevölkerung. Beides

---

[791] Brown, Lester R.: World on the Edge. How to Prevent Environmental and Economic Collapse, New York/London 2011, S. 10.

[792] Vgl. Horst, Uwe/Prokasky, Herbert/Tabaczek, Martin: Europäische Agrargesellschaften, a. a. O., S. 163.

ermöglichte das Aufblühen der Städte. Doch zu Beginn des 14. Jahrhunderts war ein Punkt erreicht, an dem zunehmend auch höhergelegene Flächen und Böden schlechterer Qualität unter den Pflug genommen wurden. Die immer noch anwachsende Bevölkerung konnte nicht mehr ernährt werden. Die Folge war die Agrarkrise des 14. Jahrhunderts.

Jene Krise traf auf ungünstige Weise mit der Beulenpest zusammen. Zu allem Überfluss verschlechterten sich auch noch die Klimabedingungen. Die Bevölkerung in Europa hatte sich zwischen dem 11. Jahrhundert und dem 14. Jahrhundert in etwa verdreifacht. Nun schlug das Pendel in die Gegenrichtung aus: In nur ca. 30 Jahren ging die Bevölkerung um 30 Prozent zurück.[793]

Die Geschichte wird sich sicher so nicht wiederholen. Aber es gibt diverse ernstzunehmende Bedrohungen für die Landwirtschaft bzw. für den Boden. Das entsprechende Stichwort lautet *Peak Soil*. Verbunden mit diesem Schlagwort ist die Vorstellung, dass es ein Ertragsmaximum bei der Nahrungsmittelproduktion pro Kopf gibt. Analog zur Peak-Oil-Theorie gehen Verfechter des Peak-Soil-Gedankens davon aus, dass es nach der Überschreitung einer bestimmten Ertragsschwelle nur noch abwärtsgehen kann.

Mit »cheap food« (billiger Nahrung) ist es wahrscheinlich ebenso bald vorbei wie mit »cheap oil« (billigem Öl). Auch für die Ressource Boden gilt das *Best-First-Prinzip*. Die guten Böden sind allesamt in Gebrauch. Es stimmt zwar, dass die Menschheit nur etwa ein Zehntel der Landoberfläche der Erde zum Anbau und nur ein Viertel als Weideland nutzt, doch die künftigen Potentiale sind überschaubar. Die tropischen Regenwälder könnten noch als Anbaufläche genutzt werden – allerdings nur kurzzeitig, denn ihre Böden sind sehr erosionsanfällig.[794] Der Klimawandel wird die Bodenprobleme der Welt wahrscheinlich verschärfen. Mit steigenden globalen Durchschnittstemperaturen werden vielerorts die Ernten schwächer ausfallen.

In absoluten Größen betrachtet wächst die Nahrungsmittelproduktion zwar noch, aber die Bevölkerung nimmt noch stärker zu. Bestimmte Daten aus der jüngeren Vergangenheit legen nahe, dass die Nahrungsmittelproduktion pro Kopf Ende der 1990er Jahre ihr Maximum erreicht hat.

Der globale durchschnittliche Getreideertrag pro Hektar lag im Jahr 1950 bei 1,1 Tonnen. Bis zum Jahr 2011 stieg dieser Wert auf 3,3 Tonnen pro Hektar – eine Verdreifachung in rund 60 Jahren. Einige Staaten wie die USA oder China schafften im gleichen Zeitraum sogar eine Vervierfachung. Dafür gibt es verschiedene Gründe; so haben sich die künstlich bewässerten Flächen seit 1950 in etwa verdreifacht. Ebenso wichtig ist aber der Siegeszug der künstli-

[793] Vgl. ebenda, S. 167 u. S. 195.
[794] Vgl. Montgomery, David: Dreck, a. a. O., S. 223.

chen Düngemittel: Im Jahr 1950 wurden 14 Millionen Tonnen künstlicher Dünger auf die Felder der Welt aufgetragen. Dieser Wert kletterte auf 177 Millionen Tonnen im Jahr 2010.[795]

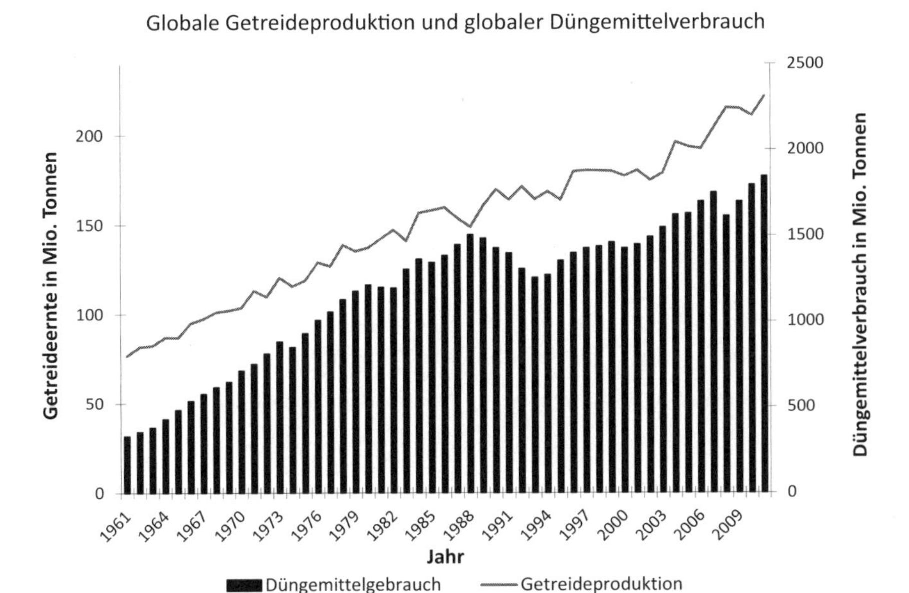

Abb. 34: Getreideproduktion und Düngemittelverbrauch wachsen parallel

Das Diagramm beruht auf Angaben der International Fertilizer Industry Association (IFA), IFA-DATA (www.fertilizer.org/ifa/ifadata/search) sowie von Patrick Heffer: Medium-Term Outlook for World Agriculture and Fertilizer Demand 2011/12–2016/17, IFA, Paris 2012, S. 26. Die Daten zur Getreideproduktion stammen von der Produktionsdatenbank des U.S. Department of Agriculture (www.fas.usda.gov/psdonline).

Klar ist: Das Wachstum der landwirtschaftlichen Erträge wird nicht bis in alle Ewigkeit weitergehen, auch hier gilt das Ertragsgesetz. Das Ende der Fahnenstange ist in der Ferne sichtbar. Das globale Wachstum bei den Hektarerträgen verlangsamt sich. Zwischen 1950 und 1990 verzeichneten die weltweiten Getreideernten ein durchschnittliches Wachstum von 2,2 Prozent pro Jahr.

[795] Vgl. Brown, Lester R.: Full Planet, Empty Plates, a. a. O., S. 72–77.

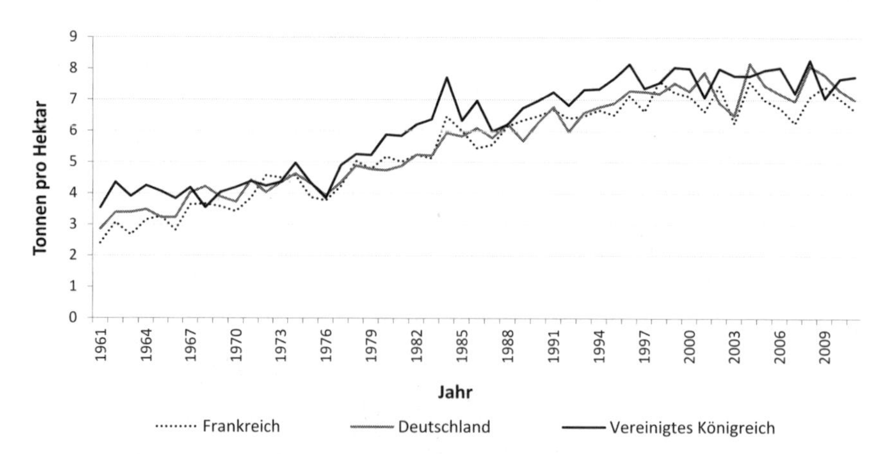

Abb. 35: Weizenerträge in Europa stagnieren auf hohem Niveau

Grundlage der Darstellung sind Daten der U.N. Food and Agriculture Organisation, FAOSTAT (www.faostat.fao.org) und des U.S. Department of Agriculture, World Agricultural Production, Washington DC 2012.

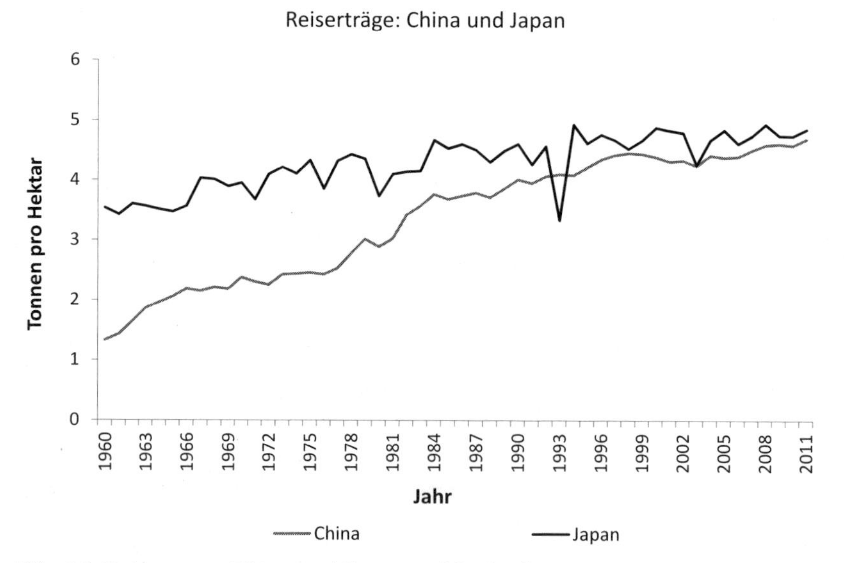

Abb. 36: Reiserträge: China und Japan im Vergleich

Das Diagramm basiert auf Angaben des U.S. Department of Agriculture. Die elektronische Datenbank der US-Behörde findet sich unter www.fas.usda.gov/psdonline.

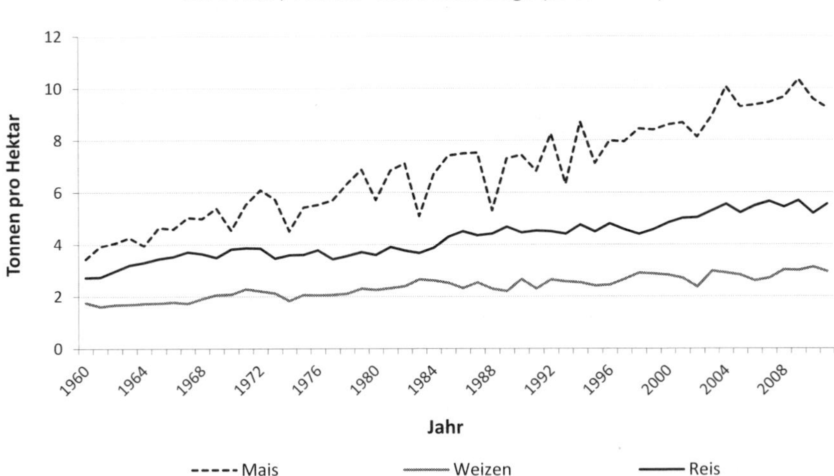

Abb. 37: USA: Erträge von Reis, Mais und Weizen mit Seitwärtsbewegung

Das Diagramm basiert auf Angaben des U.S. Department of Agriculture. Die elektronische Datenbank der US-Behörde findet sich unter www.fas.usda.gov/psdonline.

Zwischen 1990 und 2011 verlangsamte sich das globale Wachstum auf 1,3 Prozent. In einigen wichtigen Agrarländern liegen die Wachstumsraten mittlerweile nahe null.[796]

Abbildung 35 zeigt die Entwicklung der Weizenerträge in Frankreich, in Deutschland und im Vereinigten Königreich. Die Entwicklung der Reisproduktion in China und Japan wird durch Abbildung 36 illustriert. Und Abbildung 37 lässt darauf schließen, dass auch in den USA die Ertragsgrenzen weitgehend ausgelotet sind – zumindest für Reis, Mais und Weizen. In vielen anderen hochentwickelten Agrarländern sieht die Lage mittlerweile ähnlich aus.

Dazu passen die Ergebnisse einer neuen Studie: Wissenschaftler der Michigan State University, der Yale University sowie das deutsche Helmholtz-Zentrum für Umweltforschung haben die Produktions- und Förderraten von 27 besonders bedeutenden globalen Ressourcen untersucht. Erneuerbare Ressourcen wie Mais, Reis, Weizen oder Soja wurden unter die Lupe genommen. Ebenso wichtige Tiererzeugnisse wie Fisch, Fleisch, Milch oder Eier. Bei 18 dieser nachwachsenden Ressourcen stellten die Forscher fest, dass die jährlichen Zuwachsraten bei der Produktion zum Beispiel von Fleisch

[796] Vgl. ebenda, S. 79.

oder Milch beziehungsweise beim Fang von Fisch ihre Spitzenwerte schon vor einigen Jahren verzeichnet hatten.

Dieser Zeitpunkt, zu dem die Produktionsraten ihren Höhepunkt erreichten, bevor sie dann wieder zurückgingen, definierten die Forscher als sogenanntes »Peak rate year« – also das Jahr mit der maximalen Steigerungsrate bei Ernte, Produktion oder Fang. Bei der Sojabohne liegt die maximale Zunahmerate der Erntemengen im Jahr 2009, bei Milch im Jahr 2004, bei Eiern im Jahr 1993 und bei der Menge des gefangenen Fischs im Jahr 1988.[797]

Ein nicht minder interessantes Forschungsprojekt wird an der Anglia Ruskin Universität in Cambridge/England durchgeführt. Dortige Wissenschaftler haben das Projekt *Global Resource Observatory* initiiert. Es wurde ein Modell entwickelt, um zukünftige Entwicklungen voraussagen zu können. Lässt man das Modell im Business-as-usual-Szenario laufen, kommt es um das Jahr 2040 zum globalen Kollaps. Der Grund dafür ist eine schwere Störung im globalen Nahrungsmittelsystem.

Der britische Versicherungsriese Lloyd's publizierte im Sommer 2015 eine Studie, die auf dem Modell der Anglia Ruskin Universität basiert.[798] Lloyd's warnt in dem Bericht[799] vor extremen Wetterereignissen (maßgeblich durch den Klimawandel bedingt), namentlich Fluten, Wirbelstürmen und Dürren. Diese würden Ernten zerstören. In der Simulation von Lloyd's sinkt die Jahresproduktion von Sojabohnen um 11 Prozent. Die Erträge von Weizen und Reis sinken um je sieben Prozent. Das Szenario sei realistisch, betonen die Studienautoren. Folge der schlechten Ernten: ein heftiger Preisanstieg. Die Weltmarktpreise für Reis steigen im Modell binnen eines Jahres um 500 Prozent. Die Notierungen für Weizen und Sojabohnen vervierfachen sich. Die Folge: *Food Riots*, Hungeraufstände, überall auf der Welt, allerdings so heftig wie noch nie zuvor.[800]

Food Riots gab es schon häufiger in der Geschichte. Viele werden sich an die Hungeraufstände in mehr als 40 Ländern der Dritten Welt in den Jahren 2007 und 2008 vor dem Hintergrund stark gestiegener Nahrungsmittelprei-

---

[797] Vgl. dazu Seppelt, Ralf et al.: Synchronized peak-rate years of global resources use, in: Ecology and Society, Vol. 19, Nr. 4. Online unter: http://www.ecologyandsociety.org/vol19/iss4/art50/ [Stand: 21.11.2015].

[798] Lloyd's gehört ebenso wie die Afrikanische Entwicklungsbank, die Asiatische Entwicklungsbank und das Foreign & Commonwealth Office der britischen Regierung zu den Geldgebern des Global Resource Observatory.

[799] Lloyd's (Hg.): Food System Shock. The insurance impacts of acute disruption to global food supply, Emerging Risk Report 2015, London 2015. Online unter: http://www.lloyds.com/~/media/files/news%20and%20insight/risk%20insight/2015/food%20system%20shock/food%20system%20shock_june%202015.pdf [Stand: 3.10.2015].

[800] Vgl. ebenda, S. 10–15.

se erinnern. Auch die Revolten in Tunesien, Ägypten, Libyen, Jemen, Syrien und Bahrain im Jahr 2011, die als der »arabische Frühling« in die Geschichte eingingen, lassen sich nicht nur als Widerstandsaktionen gegen autokratische Herrschaftssysteme begreifen, sondern auch als Proteste gegen steigende Nahrungsmittelpreise. Monokausale Erklärungen verbieten sich gewiss bei diesem Thema. Aber: Hätte es die starken Teuerungen bei den Grundnahrungsmitteln nicht gegeben, hätte der Funke der arabischen Revolution wahrscheinlich nicht gezündet.

Die ärmsten zwei Milliarden Menschen geben einen Großteil ihres Einkommens für Nahrung aus und reagieren folglich höchst sensibel auf Preissteigerungen. Bisher wurden die Hungerrevolten vor allem durch Preisspekulationen und die wachsende Biospritproduktion angefacht. Dazu könnten sich in nicht allzu ferner Zukunft geophysikalische Faktoren gesellen. Zu diesen Faktoren gehören neben den schon erwähnten Ernteverlusten durch die Klimaveränderung die Erschöpfung der globalen Wasservorräte sowie landwirtschaftliche Ertragsrückgänge durch Bodenmüdigkeit, Bodenerosion und Versteppung.[801] Aber auch Phosphor- und Ölknappheit. Um diese großen Herausforderungen für die Landwirtschaft soll es im Folgenden gehen.

Nahrung wird teurer

Nach einer Studie der FAO, der Landwirtschaftsorganisation der Vereinten Nationen, wird die weltweite Nachfrage nach Getreide und Fleisch bis 2030 jährlich um 1,5 Prozent zunehmen, um der steigenden Weltbevölkerung und vor allem der Wohlstandsentwicklung mit immer höheren Ansprüchen zu genügen.[802] Im Jahr 2050, so die Prognose der FAO, muss die globale landwirtschaftliche Produktion in etwa doppelt so hoch wie heute sein, damit das Angebot die Nachfrage decken kann.[803]

Gleichzeitig werden die Nahrungsmittelpreise weiter klettern. Oxfam hat eine wissenschaftliche Untersuchung publiziert, wonach sich die Preise für Grundnahrungsmittel in den nächsten 20 Jahren mehr als verdoppeln sollen.[804] Die FAO geht indes davon aus, dass in den nächsten vier Jahren die wichtigsten Grundnahrungsmittel um 15 bis 40 Prozent teurer werden. Sol-

[801] Vgl. Clausing, Peter: Mit Gewalt gegen Hunger, in: Junge Welt vom 18. Mai 2010, S. 10.

[802] Vgl. Beddington, John: Food, energy, water and the climate: A perfect storm of global events? Online unter: http://www.bis.gov.uk/assets/goscience/docs/p/perfect-storm-paper.pdf [Stand: 11.6.2014].

[803] Vgl. Lloyd's (Hg.): Food System Shock, a. a. O., S. 2.

[804] Vgl. Oxfam International (Hg.): Growing a better future. Food justice in a resource-constrained world, London 2011.

che Zahlen belegen, dass es in dem weltweiten System der Nahrungsmittelproduktion zunehmende Verwerfungen gibt. Der Klimawandel führt in bestimmten Erdregionen bereits heute dazu, dass weniger Soja, Mais, Weizen und Reis geerntet werden können. Außerdem stagniert die Arbeitsproduktivität. Und das ist das, worauf es im Kapitalismus entscheidend ankommt.

Es lohnt sich, auf die Zusammenhänge zwischen der Landwirtschaft und dem modernen Kapitalismus noch einmal etwas ausführlicher einzugehen. Beides war bereits Thema. Der Geograph und Umwelthistoriker Jason W. Moore erinnert nachdrücklich an die Bedeutung der Landwirtschaft für den Kapitalismus:

> »Der Kapitalismus beruhte bis in die 1980er, 1990er Jahre hinein auf einer Abfolge landwirtschaftlicher Revolutionen. Durch große Produktivitätssprünge in der Nahrungsmittelproduktion war es möglich, bestimmten entscheidenden Schichten der Arbeiterklasse im Zentrum des Weltsystems billige Lebensmittel zu verschaffen. Das wiederum ist entscheidend, damit die Löhne niedrig bleiben können. Der Kapitalismus war in diesem Sinne immer ein ›System billiger Nahrung‹, auch wenn viele Menschen auf dem Planeten von diesem System ausgeschlossen waren. Aber in gewisser Hinsicht ›funktionierte‹ das Weltsystem, insofern als es in den industriellen Zentren keine Hungersnöte oder Subsistenzkrisen gab. Die Kehrseite davon waren natürlich schreckliche Hungersnöte an den Rändern des Weltsystems, etwa in Südasien im späten 19. Jahrhundert, als Großbritannien Nahrungsmittel aus Indien importierte, während dort mehr als zehn Millionen Menschen verhungerten.«[805]

Das 20. Jahrhundert war gekennzeichnet durch im Trend fallende Nahrungsmittelpreise. Vor allem in den ersten Dekaden nach dem Ende des Zweiten Weltkriegs tat sich Entscheidendes: Zwischen 1950 und 1990 verdreifachte sich die weltweite Getreideernte. Die realen (inflationsbereinigten) Preise für Weizen, Reis und Mais fielen zwischen 1960 und dem Ende der 1990er Jahre um durchschnittlich 60 Prozent.[806] In Deutschland schrumpfte der Einkommensanteil, den der Otto-Normalverbraucher für Lebensmittel aufzuwenden hatte, innerhalb von 50 Jahren von etwa 40 auf unter 15 Prozent. Damit wurde Kaufkraft für andere Konsumgüter frei.

Besonders segensreich war die 20-jährige Periode zwischen 1980 und 2000. Sie brachte die niedrigsten Weltmarktpreise für Nahrung aller Zeiten.

---

805 Becker, Matthias: »Eine Zivilisation, deren Entwicklungsmöglichkeiten sich erschöpft haben« – Interview mit Jason W. Moore. Online unter: http://www.heise.de/tp/druck/mb/artikel/34/34887/1.html [Stand: 4.9.2014].

806 Vgl. Moore, Jason W.: The End of the Road? Agricultural Revolutions in the Capitalist World-Ecology, a. a. O., S. 399.

Zeitgleich wuchs die globale Armee von Arbeitskräften, gespeist v. a. von China, Indien und der ehemaligen Sowjetunion, auf ein Rekordmaß an.[807] Für die Zukunft ist Moore jedoch pessimistisch. Er glaubt, dass der Trend zu immer billigerer Nahrung gebrochen werden wird:

> »Ein wiederkehrendes Muster in der Krisengeschichte des Kapitalismus ist, dass die Verbilligung von Nahrungsmitteln eine der Voraussetzungen dafür ist, dass das Wirtschaftswachstum wieder anzieht. Das gilt für die Mitte des 19. Jahrhunderts genauso wie für die Ära nach dem Zweiten Weltkrieg bis zu den 1970er Jahren.«[808]

Und weiter meint Moore:

> »Die Preise von vier wesentlichen ökonomischen Faktoren – Nahrung, Energie, Rohstoffe und Arbeitskraft – werden teurer, nicht billiger. Diese vier Elemente hängen natürlich eng zusammen: Der Preis von Nahrung bestimmt den Preis der Arbeitskraft. Deren Preis bestimmt die Kosten für die Förderung der Energieträger und Rohstoffe. Wenn Öl teurer wird, müssen die Bauern mehr für Energie und Dünger bezahlen. Heute hängen die Preise der vier wesentlichen Input-Faktoren enger zusammen als je zuvor.«[809]

Knackpunkt Klimawandel

Man muss kein Prophet sein, um voraussagen zu können, dass die Landwirtschaft durch den Klimawandel hart getroffen werden wird. Der Klimawandel desynchronisiert zeitliche Rhythmen von Blüte und Insektenaktivität, wodurch die Risiken für die Bestäubung der Pflanzen wachsen. Höhere Temperaturen lassen zudem das Dehydrierungsrisiko steigen.

Generell gilt, dass höhere Temperaturen die Ernteerträge mindern. Die in der Agronomie gängige Daumenregel ist, dass eine Temperaturerhöhung um ein Grad Celsius gegenüber der Norm in der Wachstumssaison der Pflanzen die Erträge von Weizen, Reis und Mais um 10 Prozent niedriger ausfallen lässt. Jüngere Forschungen gehen sogar noch einen Schritt weiter. Die Wissenschaftler David Lobell und Gregory Asner von der Stanford University untersuchten in einer Langfriststudie den Einfluss höherer Durchschnittstemperaturen auf die Erträge bei Mais und Sojabohnen. Lobell und Asner wiesen

[807] Vgl. ebenda, S. 406.
[808] Becker, Matthias: a. a. O.
[809] Ebenda.

eine Ertragsminderung von 17 Prozent nach – für den Fall einer höheren Durchschnittstemperatur um ein Grad.[810]

Der Klimawandel ist jedoch bei weitem nicht das einzige Problem. Menschliche Entwicklung bedeutete in der (jüngeren) Vergangenheit immer auch Industrialisierung. Das eine war ohne das andere undenkbar.

Interessanterweise ergaben sich im Laufe der Industrialisierung kultur- und länderunabhängig bestimmte Gesetzmäßigkeiten bzw. Verhaltensmuster: Die Anfangsphase der Industrialisierung war von einem starken Bevölkerungsanstieg begleitet. Jener Anstieg flachte erst nach etwa 40 Jahren ab (demographischer Übergang).

Die Industrialisierung brachte den technischen Fortschritt und damit enorme Produktivitätssteigerungen. Diese Produktivitätssteigerungen gingen mit steigenden Einkommen einher. Mit steigenden Einkommen wuchs wiederum die Nachfrage nach Fleisch- und Eiweißprodukten.

Stufe um Stufe die Nahrungsleiter herauf

Drei Milliarden Menschen klettern gerade die Nahrungsleiter hoch. Der Fleischkonsum steigt. Im Jahr 1950 wurden global nur 50 Millionen Tonnen Fleisch konsumiert. Bis 2010 hat sich dieser Wert mehr als verfünffacht – auf 280 Millionen Tonnen. Der jährliche Pro-Kopf-Verbrauch stieg von 38 Pfund auf 88 Pfund.[811]

Rindfleisch war früher die am häufigsten verzehrte Fleischart. Das Schweinefleisch und das Geflügel haben dem Rindfleisch allerdings den Rang abgelaufen. Schweinefleisch ist heute die klare Nummer eins. Etwa die Hälfte des weltweit verzehrten Schweinefleischs entfällt auf China. Zu erwarten ist für das nächste Jahrzehnt, dass das Geflügel das Schweinefleisch abhängt.

Die Produktion von Schweinefleisch wuchs zwischen 1990 und 2010 um zwei Prozent pro Jahr, während die Geflügelproduktion um vier Prozent pro Jahr zulegte. Experten erwarten, dass diese Trends anhalten. Stark im Kommen sind die Aquakulturen. Die auf diese Weise gewonnen Fischmengen wuchsen zwischen 1990 und 2010 um acht Prozent pro Jahr.[812]

---

810 Vgl. Brown, Lester R.: Full Planet, Empty Plates, a. a. O., S. 85–86.
811 Vgl. ebenda, S. 25.
812 Vgl. ebenda, S. 31.

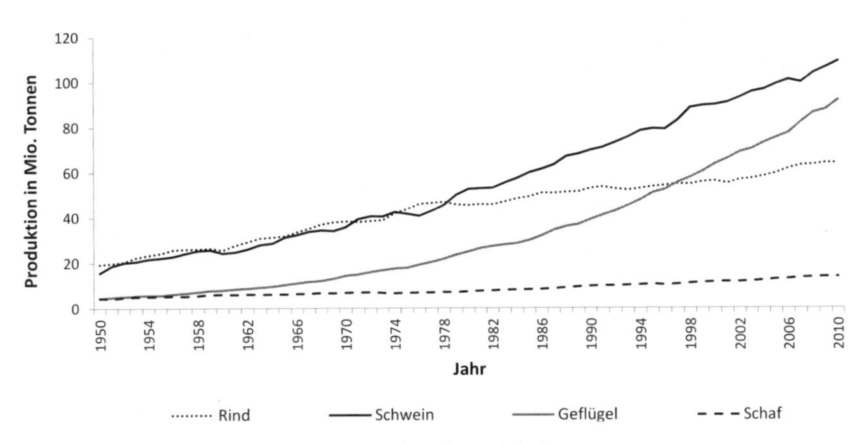

Abb. 38: Entwicklung der globalen Fleischproduktion

Das Diagramm basiert für 1950–1960 auf Daten des Worldwatch Institute (Signposts 2002, CD-ROM, Washington 2002) und für 1961–2010 auf Daten der FAO (faostat.fao.org).

Exemplarisch ist der Weg Chinas. Eine stark vegetarisch geprägte Ernährungsweise genoss im Reich der Mitte bisher einen hohen Stellenwert. Im Jahr 1961 verzehrte der Durchschnittschinese noch 3,8 Kilogramm Fleisch pro Jahr. In nicht einmal 50 Jahren stieg dieser Wert kontinuierlich an – im Jahr 2007 lag der Fleischkonsum in China schon bei 53 Kilogramm pro Person pro Jahr.[813] Der Verzehr von Schweinefleisch ging im Reich der Mitte geradezu durch die Decke – der Verbrauch kletterte von neun Millionen Tonnen im Jahr 1978 auf 52 Millionen Tonnen im Jahr 2012.[814]

Auch zwei andere Zahlen erschrecken: Die Geflügelindustrien in Indien und China sind seit den 1980er Jahren jährlich um fünf bis 13 Prozent gewachsen. Wenn Inder und Chinesen dieselbe Menge Geflügel essen würden wie die Amerikaner, würden sie allein so viel Geflügel verzehren wie die gesamte Welt heute.[815]

Hinzu kommt: Fleisch- und Eiweißprodukte werden heute anders erzeugt als früher. Unsere Rinder fressen oft nicht mehr das Gras auf der Weide. Sondern die Tiere fressen Mais oder Soja – Lebensmittel, die wir auch selbst essen könnten.

---

[813] Vgl. Holdinghausen, Heike/Reller, Armin: Wir konsumieren uns zu Tode. Warum wir unseren Lebensstil ändern müssen, wenn wir überleben wollen, Frankfurt/Main 2011, S. 74.

[814] Vgl. Brown, Lester R.: Full Planet, Empty Plates, a. a. O., S. 27.

[815] Vgl. Foer, Jonathan Safran: Tiere essen, a. a. O., S. 172.

Der Siegeszug der Sojabohne

Die Sojabohne wurde ursprünglich wegen ihres Öls geschätzt. Doch diese Zeit ist vorbei. Heute dient sie vor allem als Futtermittel für die Viehhaltung. Weil die Menschen global immer mehr Fleisch essen, steigt auch die Nachfrage nach Soja.

Die Sojabohne ist für die meisten Menschen unsichtbare Nahrung. Sie steckt aber in vielen Produkten, die wir in unserem Kühlschrank finden. Mit jedem Stück Fleisch essen wir auch Soja. Fast ein Kilo Soja wird gebraucht, um ein Kilo Geflügelfleisch herzustellen.

Der größte Verbraucher von Soja ist heute China. Etwa die Hälfte aller weltweit gehaltenen Schweine leben heute in China. Das Reich der Mitte verbraucht etwa 70 Millionen Tonnen Soja pro Jahr, produziert aber nur 14 Millionen Tonnen. Auch in anderen Ländern ist der Sojaverbrauch stark gestiegen.

Seit 1950 hat sich die weltweite Sojaernte in etwa versechzehnfacht. Allerdings weniger wegen durchschlagender Effizienzmaßnahmen, sondern wegen der Erweiterung der globalen Sojaanbauflächen. Das Ende der Fahnenstange ist jedoch erreicht. Weiteres Wachstum der Sojaproduktion stellt sich nur ein, wenn andere landwirtschaftliche Flächen umgewidmet werden – etwa für die Weizen- oder Maisproduktion. In Brasilien wird zur Schaffung neuer Sojaflächen der Regenwald gerodet – mit verheerenden ökologischen Folgen. Zugespitzt formuliert: Die Rettung des Amazonas-Regenwaldes hängt auch davon ab, ob das Nachfragewachstum nach Fleisch gebremst werden kann.[816]

Etwa ein Drittel der weltweiten Getreideernte wird an Tiere verfüttert.[817] Und so kommt es, dass zwei Kilogramm Getreide heute im Durchschnitt nötig sind, um ein Kilo Geflügel zu produzieren. Drei Kilogramm Getreide sind notwendig, um ein Kilo Schweinefleisch herzustellen. Und sieben Kilogramm Getreide, in Extremfällen sogar 15 Kilo, sind erforderlich, um ein Kilogramm Rindfleisch zu erzeugen. Plakativ formuliert: Wäre das Steak nicht das, was

---

816 Vgl. Brown, Lester R.: Full Planet, Empty Plates, a. a. O., S. 93–100.

817 Vgl. Prokino (Hg.): 10 Milliarden. Wie werden wir alle satt?, Presseheft zum Dokumentarfilm von Valentin Thurn, München 2015, S. 33.

es ist, könnten von der Getreidemenge, die im Steak stecken, leicht 30 Menschen ernährt werden.

Alles in allem ist es kaum verwunderlich, dass die globale Nachfrage nach Getreide in den letzten 100 Jahren kontinuierlich angestiegen ist – heute fressen Hühner, Schweine und Rinder fast 40 Prozent der globalen Getreideernte.[818] Einer Studie der Universitäten Bonn und Minnesota zufolge könnten vier Milliarden Menschen zusätzlich ernährt werden, wenn das Ackerland direkt für die Ernährung genutzt würde.[819]

Auch der Flächenbedarf der modernen Landwirtschaft ist gigantisch: Für die Produktion von einem Kilo Rindfleisch wird 20-mal mehr Fläche als für den Anbau von einem Kilo Gemüse benötigt.[820]

Der Verlust fruchtbaren Bodens

In Zukunft wird es immer schwieriger werden, den Wohlstandskonsum zu gewährleisten. Der Grund: Der Planet verliert massiv fruchtbaren Boden. Dieses gravierende Problem ist heute in der breiten Öffentlichkeit noch kein großes Thema. Dabei hat es eine ähnliche Sprengkraft wie der Klimawandel oder wie Peak Oil. Für den Verlust und die Degradation des Bodens gibt es drei herausragende Ursachen:

- Da ist zum einen die Bodenversiegelung: Weltweit wachsen die Städte. Während die Nachfrage nach Getreide und damit die Anbauflächen weltweit anstiegen, schrumpfte die landwirtschaftliche Nutzfläche durch Wohnungsbau und die Errichtung von Industriegebäuden, aber auch durch den Straßenbau und das Hochziehen von sonstiger Infrastruktur.

  Keinesfalls zu unterschätzen sind die Auswirkungen des Bevölkerungswachstums: Für jede Million Menschen, die zusätzlich geboren werden, benötigt man 40.000 Hektar Land für Städte. Wächst die Weltbevölkerung wie derzeit um etwa 80 Millionen Menschen jährlich, so werden drei Millionen Hektar neues Land beansprucht.

  Dieses Urbanisierungsland dehnt sich meistens auf Kosten landwirtschaftlich produktiver Flächen aus, die sich in der Nähe von Städten befinden. Betrachtet man einen Zeitraum von 20 Jahren, wurden 60 Millionen Hektar

818 Vgl. Klas, Gerhard: Zu viele Menschen auf der Erde?, in: Neues Deutschland vom 14.10.2010.

819 Eine Kurzfassung der Studienergebnisse erschien im Science-Magazin. West, Paul C. et al: Leverage points for improving global food security and the environment, in: Science, Vol. 345, Nr. 6194, Juli 2014, S. 325–328.

820 Vgl. Winterhagen, Johannes: Abgeschaltet, a. a. O., S. 110.

Land umgewidmet, was in etwa der gesamten landwirtschaftlichen Anbaufläche Europas entspricht.[821]

- Ein zweites Problem: die Versalzung. Diese betrifft vor allem künstlich bewässerte Flächen in semiariden Gebieten. Bei einem schlechten Bewässerungsmanagement verdunstet viel Wasser ungenutzt. Die darin gelösten Salze bleiben dann an der Oberfläche zurück. Wird der Salzgehalt zu groß, wachsen die Pflanzen schlechter und liefern weniger Ertrag.
- Das im weltweiten Maßstab größte, aber am wenigsten beachtete Dilemma ist der schleichende Verlust der natürlichen Bodenfruchtbarkeit. Die heute übliche intensive maschinelle Bearbeitung zerstört die gewachsene Struktur der Böden. Es kommt zu verstärkter Erosion und zum Abbau von Mutterboden. Landschaften entstehen, in denen tiefe Risse staubige Böden durchziehen und die Vegetation nach und nach verschwindet.[822]

Mutterboden ist wichtig

Jenes dritte und letzte Problem verdient einen genaueren Blick. Mutterboden (Oberboden) ist von kaum zu überschätzender Bedeutung: Die höchstens bis zu einem Meter dicke Schicht sichert die Ernährung der Weltbevölkerung. Ist jener nährstoffreiche Oberboden erst einmal verloren, dauert es Ewigkeiten, bis er sich wieder neu gebildet hat.

Mutterboden ist empfindlich. Die menschliche Geschichte ist voll von Beispielen. Die Sumerer, die Maya, die Griechen, die Römer – sie alle waren mit dem gleichen Problem konfrontiert: Durch die Beseitigung der Vegetation und fortwährende Bearbeitung lag der Boden brach. Damit war er Wind, Regen und Abfluss schutzlos ausgesetzt. In der folgenden Zeit setzten Nährstoffverarmung und Bodenerosion infolge immer intensiverer Bewirtschaftung die lokale Bevölkerung unter Druck.[823]

Für die Bodenneubildung sind maßgeblich die Regenwürmer zuständig. Schon Charles Darwin hielt die Würmer für die Gärtner der Natur. Im Oberboden tummeln sich außerdem Mikroorganismen, die den Pflanzen dabei helfen, Nährstoffe aus organischer Substanz und Mineralböden freizusetzen. Allein in einem Pfund fruchtbarer Erde findet man mehr Mikroorganismen als Menschen auf der Erde.[824]

---

821 Vgl. Mauser, Wolfram: a. a. O., S. 142–143.

822 Vgl. Haas, Lucian: Schwarze Revolution. Feature im Deutschlandradio vom 13.5.2012, Reihe Wissenschaft im Brennpunkt. Das Manuskript findet sich online unter: http://www.dradio.de/dlf/sendungen/wib/1755910/ [Stand: 4.9.2014].

823 Vgl. Montgomery, David: Dreck, a. a. O., S. 17.

824 Vgl. ebenda, S. 33.

Menschen haben zu allen Zeiten Boden zerstört, aber das heutige Ausmaß stellt alles Dagewesene deutlich in den Schatten. Konventionelle Landwirtschaft lässt, das zeigt die Empirie sehr deutlich, die Erosion weit über ihre natürliche Rate ansteigen. Schätzungen des US-Landwirtschaftsministeriums zufolge dauert die Bildung von zweieinhalb Zentimetern Mutterboden im Durchschnitt 500 Jahre. Die konventionelle Landwirtschaft trägt den Boden aber in einem wesentlich höheren Tempo ab, durchschnittlich in einem Zeitraum von 40 Jahren.[825]

Die Bodenerosionsraten sind damit bis zu 1.000-mal höher als in der vorlandwirtschaftlichen Zeit. Seit dem Beginn der Landwirtschaft ist ein Drittel des landwirtschaftlich nutzbaren Bodens verlorengegangen – der größte Teil davon in den letzten 40 Jahren.[826]

Blickt man zurück auf die letzten drei Jahrtausende, so verheißt das nichts Gutes: Bodendegradation spielte beim Untergang von Hochkulturen fast immer eine wichtige Rolle. Die Geschichte der sumerischen Stadtstaaten, der Maya oder der Römer zeugt davon, wenn auch ausdrücklich betont werden muss, dass es immer mehrere Ursachen sind, die Kulturen zusammenbrechen lassen. Ein Beispiel für Bodendegradation aus der jüngeren Vergangenheit ist die US-amerikanische Dust Bowl, die dazu führte, dass mehr als drei Millionen Menschen in den 1930er Jahren die Großen Ebenen der USA verlassen mussten.

Industrielle Landwirtschaft als Problem

Bodenkundler sind sich einig: Die Lage der Böden ist alles andere als nachhaltig. Wie konnte es dazu kommen? Noch zu Beginn des 19. Jahrhunderts nutzten die Bauern in den USA wie auch in Westeuropa landwirtschaftliche Methoden, die kaum fortschrittlicher als zur Zeit der Römer waren. Gesägt wurde per Hand, gepflügt, indem man hinter einem von einem Lasttier gezogenen Pflug herlief.

John Deere erfand mit einem Partner 1838 den Stahlpflug. Cyrus McCormick entwickelte eine mechanisierte Erntemaschine, die von Pferden oder Ochsen gezogen werden konnte. Aus der mechanisierten Erntemaschine wurde der Traktor. Die ersten Traktoren tauchten um 1900 auf, den Durchbruch in den USA feierten sie während des Ersten Weltkrieges. Von diesem Zeitpunkt an stieg ihre Zahl explosionsartig. In den 1950er Jahren waren auf

825 Vgl. ebenda, S. 42 u. S. 311.

826 Vgl. Montgomery, David: Is agriculture eroding civilization's foundation?, S. 5, in: The Geological Society of America (Hg.): GSA Today, 17. Jg., Nr. 10, 2007, S. 4–9.

US-amerikanischen Feldern mehrere Millionen Traktoren im Einsatz – zehnmal so viel wie in den 1920er Jahren.

Mit Stahlpflügen und Traktoren konnte ein US-amerikanischer Farmer im 20. Jahrhundert das 15-Fache der Fläche bestellen, die im 19. Jahrhundert bewirtschaftet werden konnte.[827] Das Wachstum der mechanisierten industriellen Landwirtschaft führte zu einem rasanten Bodenabtrag, da die verschuldeten Farmer, gefangen in kapitalistischen Strukturen, ihr natürliches Kapital opferten, um Kredite für Maschinen zu bedienen.[828]

Parallel zur Maschinisierung der Landwirtschaft fand der Siegeszug der Agrochemie statt. Justus von Liebig und andere Wissenschaftler gelangten im 19. Jahrhundert zu der Erkenntnis, dass Stickstoff- und Phosphorgaben die landwirtschaftlichen Erträge mindestens so zu steigern vermochten wie Tierdung. Im 20. Jahrhundert folgte dann die eigentliche agrochemische Revolution. Sie machte Landwirte zu großen Chemikalienverbrauchern. An die Stelle der Bodenpflege trat die wachstumsfördernde Chemie.

In der zweiten Hälfte des 20. Jahrhunderts verdoppelten sich die landwirtschaftlichen Erträge in den Industrieländern. Diese Entwicklung war wesentlich auf den Einsatz von Düngemitteln und Pestiziden zurückzuführen. Flankiert wurde sie durch die Einführung von Hochleistungssorten bei Weizen und Reis.[829]

Den enormen Produktivitätssprung dokumentieren folgende Zahlen: Die zur Ernährung eines Menschen benötigte Fläche ist stetig gesunken. Jäger- und Sammler-Gesellschaften benötigten etwa 20 bis 100 Hektar Boden. Nach der Neolithischen Revolution und der Sesshaftwerdung des Menschen kamen die Menschen mit einem Zehntel davon aus, also mit zwei bis 10 Hektar.[830] Im Jahr 1950 lag der Wert für die Industriestaaten bei etwa 0,5 Hektar. Durch die Maschinisierung, die Einführung der schon erwähnten neuen Hochleistungssorten und durch die Erhöhung der Stickstoffgaben um das Siebenfache und der Phosphorgaben um das 3,5-Fache verbesserten sich die Erträge nochmals deutlich.[831]

Umgerechnet auf die Weltbevölkerung stehen heute pro Kopf 0,22 Hektar für die Nahrungsproduktion zur Verfügung. Bis zum Jahr 2050 wird die anteilig verfügbare Fläche auf unter 0,17 Hektar pro Kopf sinken, so die Erwartung. Zugleich wird sich der globale Nahrungsmittelbedarf, wie schon er-

---

827 Vgl. Montgomery, David: Dreck, a. a. O., S. 197.
828 Vgl. ebenda, S. 208.
829 Vgl. ebenda, S. 257.
830 Vgl. ebenda, S. 314.
831 Vgl. ebenda, S. 315.

wähnt wurde, bis 2050 in etwa verdoppeln.[832] Eine große Herausforderung. Doch lässt sich das Kunststück der letzten Jahrzehnte wiederholen?

Überweidung

Wahrscheinlich nicht. Die Belastung der Böden ist einfach zu hoch. Etwa durch Überweidung. Wie groß dieses Problem mittlerweile ist, zeigt das Beispiel Chinas. Die USA und China haben recht ähnliche Weidekapazitäten, d. h. die zur Verfügung stehenden Flächen sind vergleichbar. In den USA grasen 94 Millionen Rinder, in China nur 84 Millionen. Die USA haben allerdings nur neun Millionen Schafe und Ziegen – in China liegt der Bestand derweil bei 285 Millionen! Konzentriert in den westlichen und nördlichen Provinzen Chinas, grasen diese Horden die schützende Bodenbedeckung ab. Ungeschützt hat der Wind leichtes Spiel – er bläst den fruchtbaren Boden weg, der sich in alle Himmelsrichtungen verteilt.[833]

Auch in verschiedenen Staaten Afrikas ist die Lage besorgniserregend: Niger, Tschad, Burkina Faso und Mauretanien verzeichnen hohe Bodenerosionsraten. Geradezu dramatisch ist die Lage in Nigeria. Im bevölkerungsreichsten Land Afrikas mit seinen 170 Millionen Menschen wächst die Bevölkerung rasant weiter – und parallel dazu auch der Viehbestand.

Der Viehbestand Nigerias stieg zwischen 1961 und 2012 von acht Millionen Einheiten auf 109 Millionen. Bis 2050 soll die Bevölkerung Nigerias auf 390 Millionen Menschen wachsen, was den Druck auf die Böden weiter erhöhen wird.[834]

Der Pflug als Fluch

Zudem könnten sich die vermeintlichen Errungenschaften der Gegenwart als Bumerang erweisen. Beispiel Pflug. Der Geomorphologe David Montgomery hält den Pflug für eine der verheerendsten Erfindungen der Menschheitsgeschichte. Der Pflug, so Montgomery, öffne der Bodenerosion Tür und Tor:

> »Pflügen fördert das Keimen der Anbaukulturen und verhilft den erwünschten Pflanzen zu Wachstum, doch es hinterlässt den Boden auch ohne schützenden Bewuchs, der normalerweise den Aufprall der Niederschläge dämpft und der Erosion entgegenwirkt.«[835]

---

[832] Vgl. Haas, Lucian: Schwarze Revolution, a. a. O.
[833] Vgl. Brown, Lester R.: Full Planet, Empty Plates, a. a. O., S. 48.
[834] Vgl. ebenda, S. 51–52.
[835] Montgomery, David: Dreck, a. a. O., S. 236.

Die Verbreitung des Stahlpfluges durch John Deere, so David Montgomery, sei »die Voraussetzung für eine humanitäre und ökologische Katastrophe: Sobald der Löss gepflügt wurde, wehte er in trockenen Jahren einfach von den semiariden Ebenen davon.«[836]

Der Pflug ist ein Eckpfeiler der modernen Landwirtschaft. Moderne Landwirtschaft? Der Begriff klingt gut, wird aber immer mehr ein Synonym für Probleme. Die Landwirtschaft der Gegenwart basiert auf der schon vorgestellten Prämisse, dass der Mensch die Krone der Schöpfung ist und das Recht hat, die Natur in seinen Dienst zu stellen. Die (außermenschliche) Natur wird als bloße Ressource zum Verbrauch für menschliche Zwecke angesehen.

Beispiel Bienensterben. In den vergangenen Jahren starben Bienen weltweit in einem nicht gekannten Ausmaß. Jedes Kind weiß, dass die Bienen für die Landwirtschaft von größter Bedeutung sind. Die kleinen, fleißigen Insekten bestäuben viele Kulturpflanzen wie Obstbäume und Gemüsesorten. Dass die Bienen sterben, hat mit der industrialisierten Intensivlandwirtschaft zu tun. Immer mehr Monokulturen entstehen. Das führt zu einem Rückgang der artenreichen Ackerrandstreifen und anderer Rückzugsgebiete für Wildpflanzen. Monokulturen erfordern einen hohen Einsatz von Pestiziden. Und jene Pestizide sind es, die die Bienen vergiften.[837]

Der weitverbreitete Einsatz von toxischem Pflanzenschutz in der Monokulturlandwirtschaft hat zudem für die oberste Bodenschicht äußerst negative Konsequenzen. Pestizide und Kunstdünger haben zahllose Bodenorganismen ausgemerzt und die Böden erschöpft. Ohne Kunstdünger liefern diese angeschlagenen Böden kaum noch Erträge.

Dazu gesellt sich der hohe tierische Blutzoll: Für die Ernährung eines durchschnittlichen US-Amerikaners sterben im Laufe seines Lebens insgesamt 21.000 Tiere.[838] Das Urteil über die heutige Landwirtschaft fällt notgedrungen hart aus: Landwirtschaft wird heute mehr denn je unter kapitalistischen Maximen betrieben. Nicht die Liebe zu Tieren und Pflanzen leitet die meisten Landwirte, sondern die Maximierung der Erträge und Gewinne. Die indische Globalisierungskritikerin Vandana Shiva, zeitgleich eine prominente Vorkämpferin für eine ökologische Landwirtschaft, kritisiert:

> »Die industrielle Landwirtschaft (...) beutet nicht nur die Menschen aus, sie beutet die Natur selbst aus. Nach einer kurzen Zeit hat sie die Erde mit unge-

---

836 Ebenda, S. 196.

837 Vgl. Bund für Umwelt und Naturschutz Deutschland (Hg.): Anhaltendes Bienensterben durch Pestizide. Online unter: http://www.bund-nrw.de/fileadmin/bundgruppen/bcmslvnrw/PDF_Dateien/Themen_und_Projekte/Landwirtschaft_Gentechnik/Bienensterben_Hintergrundpapier_BUND_Imker.pdf [Stand: 16.4.2014].

838 Vgl. Foer, Jonathan Safran: Tiere essen, a. a. O., S. 143.

heuren Mengen von chemischem Dünger vergiftet und eine Verwüstung und Versteppung der Landschaft provoziert.«[839]

Und der französische Agrarökologe Pierre Rabhi resümiert: »Die heutige moderne Landwirtschaft kann nicht produzieren, ohne gleichzeitig zu zerstören.«[840] Die Landwirtschaft zerstört tatsächlich ihre Produktionsgrundlage (den Boden und die Lebewesen): Sie trägt erheblich zur Umweltzerstörung bei (durch Monokulturen, Nitrate oder Giftstoffe aller Art), sie fügt Tieren milliardenfach[841] Leid zu (etwa durch Massentierhaltung, Überzüchtung der Tiere für maximale Erträge oder grausame Schlachtverfahren) und sie hat für die Menschen äußerst unbefriedigende Arbeitsbedingungen geschaffen.

Außerdem erzeugt sie zunehmend gefährliche Produkte. Rückstände von Chemie und Arzneimitteln sowie die Folgen der Massentierhaltung und der industriellen Futterzubereitung (Vermischung aller möglichen Stoffe zu Futter) führen zu gesundheitlichen Gefährdungen.[842]

Wie in vielen anderen Bereichen existiert auch im Bereich der Landwirtschaft keine Kostenwahrheit. Die Kosten für Bodendegradation, Nährstoffverarmung und Schadstoffeinträge werden externalisiert.

Wasser und Landwirtschaft

Schon zu Beginn dieses Buches wurde darauf hingewiesen, dass qualitativ gutes Wasser in einem zunehmenden Maße knapp ist. Geschätzte 768 Millionen Menschen haben kein sauberes Trinkwasser. Tendenz steigend. Mehr als 40 Prozent der Weltbevölkerung (das sind 2,3 Milliarden Menschen mehr als heute) werden im Jahr 2050 voraussichtlich in Gebieten mit starkem Wasserstress leben. Die globale Wassernachfrage wird laut dem UN-Weltwasserbericht um 55 Prozent bis zum Jahr 2050 zunehmen.[843] In der Wasserfrage bündeln sich viele ökologische Probleme.

---

839 Lüpke, Geseko von: Die Krise wird uns zur ökologischen Landwirtschaft zwingen. Im Dialog mit der Quantenphysikerin und Aktivistin Vandana Shiva, S. 281, in: Lüpke, Geseko von: Zukunft entsteht aus Krise, München 2009, S. 269–304.

840 Rabhi, Pierre: Manifeste pour la terre et l'humanisme, a. a. O., S. 30.

841 65 Milliarden Landwirbeltiere wurden weltweit im Jahr 2012 geschlachtet und in der einen oder anderen Form vom Menschen gegessen. Das ist enorm und hat selbstverständlich mit der Massentierhaltung zu tun. Fairerweise muss allerdings angemerkt werden, dass es massenhaftes Tierleiden auch schon vor dem Zeitalter der Massentierhaltung gab. Die Archäologie weiß aus ihren Ausgrabungen, dass Misshandlungen und Mangelernährung von Tieren schon in der Frühzeit der Tierhaltung an der Tagesordnung waren. Vgl. dazu Sezgin, Hilal: Armes Tier. Fleischproduktion global, in: Le Monde diplomatique vom 8.8.2014.

842 Vgl. Ullrich, Otto: Forschung und Technik für eine zukunftsfähige Lebensweise, a. a. O.

843 Vgl. United Nations Educational, Scientific and Cultural Organization (UNESCO): a. a. O., S. 2 und S. 24.

Wasserknappheit zu thematisieren, mutet auf den ersten Blick geradezu grotesk an. Wasser ist unzerstörbar. Was sich ändern kann, ist allein der Aggregatzustand: Wasser kann in flüssiger, kondensierter oder eisiger Form vorkommen. Wasser kann nicht verbraucht, sondern nur gebraucht werden.

Der Planet besteht zu mehr als 70 Prozent aus Wasser. Allerdings ist nur ein kleiner Teil der globalen Wasservorkommen (weniger als zwei Prozent) Süßwasser. Salzwasser macht den Löwenanteil der Wasserressourcen aus. Außerdem nehmen nur erstaunliche 0,1 Prozent der gesamten Wassermenge auf der Erde an dem für die Menschen und alle anderen Lebewesen relevanten kurzfristigen Wasserkreislauf teil.[844]

Dennoch: Unter Trinkwasserknappheit müsste im Grunde niemand leiden. Trink- und Sanitärwasser für alle Menschen in ausreichender Menge und in guter Qualität bereitzustellen, ist aus theoretischer Sicht kein Problem. Die Menschen, die trotzdem unter Wasserknappheit leiden, haben fast immer zu wenig Geld für sauberes Wasser, oder sie leben in einer Gegend mit einer schlechten Infrastruktur. Im Regelfall bedeutet Wasserknappheit für sie, dass es kein Problem mit der Wassermenge, aber eins mit der Wasserqualität gibt. Sie verdursten nicht, sondern sie werden von dem schlechten Wasser, das sie zu sich nehmen, krank. Millionen Menschen erkranken in der Dritten Welt an Durchfall – in vielen Ländern der südlichen Hemisphäre eine gravierende Krankheit, die vor allem Millionen Kinder jedes Jahr sterben lässt.[845]

Im 20. Jahrhundert hat sich der Wasserbedarf versiebenfacht.[846] Und im 21. Jahrhundert scheint sich dieses rasante Wachstum erst einmal fortzusetzen. Doch es gibt physikalische Grenzen, die in Teilen der Welt schon heute spürbar sind. Und dieses Problem wird ziemlich sicher größer, nicht kleiner. Die Gründe für die wachsende Wasserknappheit sind der Bevölkerungsdruck, der Klimawandel (mit veränderten Niederschlägen) und die nicht-nachhaltige Verwaltung bzw. Nutzung der Wasserressourcen.[847] Der größte Zuwachs geht laut den Prognosen aber vor allem auf das Konto einer global wachsenden Industrie und der Stromproduktion.

Stromproduktion? Interessanterweise sind die Themen Wasser und Energie enger miteinander verknüpft, als die meisten Menschen glauben. Etwa 90 Prozent der Stromproduktion sind wasserintensiv. Zur Kühlung von großen thermischen Kraftwerken werden große Mengen Wasser benötigt. Die

---

[844] Vgl. Mauser, Wolfram: a. a. O., S. 29.
[845] Vgl. ebenda, S. 168–169.
[846] Vgl. Müller, Henrik: Die sieben Knappheiten, Frankfurt am Main 2008, S. 163.
[847] Vgl. Mauser, Wolfram: a. a. O., S. 105.

eingeschlagenen Wege bei der Energieproduktion bestimmen auch über die verfügbaren Wassermengen.[848]

Die wichtigste Stellschraube für den Wasserverbrauch ist aber trotz allem die Landwirtschaft. Diese sorgt für etwa 70 Prozent des globalen Verbrauchs.[849] Für die Landwirtschaft stellt die Wasserknappheit ein immenses Problem dar, denn Wasserknappheit zieht automatisch Nahrungsmittelknappheit nach sich.

Keine Pflanze wächst ohne Wasser. Um Nahrungsmittel herzustellen, sind erstaunliche Mengen Wasser notwendig. Um ein Gramm Salat produzieren zu können, sind bis zu 130 Milliliter Wasser erforderlich. Ein Kilo Getreide schlägt mit 2.000 Litern zu Buche. Ein Kilo Fleisch fordert einen Wassertribut von bis zu 16.000 Litern, was vor allem an dem schon geschilderten Umstand liegt, dass Kühe und Schweine heute häufig mit Getreide gefüttert werden.[850] Und das Getreide muss selbst erst wasseraufwendig hergestellt werden.

Der Wassertribut war nicht immer so hoch: Der global steigende Lebensstandard und veränderte Ernährungsgewohnheiten haben die angebauten landwirtschaftlichen Produkte und die dazu benötigten Wassermengen verändert. Kurioserweise gräbt sich die Landwirtschaft in gewisser Weise selbst das Wasser ab: Der Mensch hat die Landnutzung in den letzten 200 Jahren sehr stark verändert. Acker- und Weidelandflächen wurden auf Kosten der Wälder ausgedehnt. Wälder aber sind riesige Wasserpumpen und halten sehr viel Wasser bei Niederschlägen fest.

Wasser steckt natürlich nicht nur in Lebensmitteln, sondern praktisch in *allen* Gütern. Fachleute sprechen in diesem Zusammenhang vom »virtuellen Wasser«. Wir Westeuropäer importieren auf diesem Umweg rund 3.000 Liter Wasser pro Tag und pro Kopf.

Die globale Erwärmung wirkt sich schon heute auf die Qualität des Wassers aus, denn Algen und Mikroben mögen warmes Wasser. Flache Seen und Flüsse werden daher eher verschmutzt als tiefe Gewässer. Heftige Regenfälle und warme Temperaturen fördern außerdem die Verbreitung von im Wasser lebenden Parasiten, die das Trinkwasser verunreinigen.[851]

Der Klimawandel lässt zudem die Gletscher schmelzen. Fehlendes Gletscherwasser sorgt für eingeschränkte Bewässerungsmöglichkeiten, da die Flüsse weniger Wasser führen. Zwei Drittel der chinesischen Gletscher könnten

---

848 Vgl. United Nations Educational, Scientific and Cultural Organization (UNESCO): a. a. O., S. 2.

849 Vgl. ebenda, S. 4.

850 Selbstverständlich ist auch die Industrie stark wasserabhängig, was an dieser Stelle, da es um Lebensmittel geht, nicht unter den Tisch fallen soll: Um beispielsweise einen Computerchip herzustellen, werden 32 Liter Wasser benötigt. Vgl. Ridoux, Nicolas: a. a. O., S. 53.

851 Vgl. Tanaka, Shelley: Klimawandel, Hildesheim 2007, S. 55.

bis 2060 vollständig verschwunden sein. Stark gefährdet von der Gletscherschmelze sind Indien, Pakistan und Bangladesch. In diesen drei Ländern leben derzeit 1,6 Milliarden Menschen. Im Jahr 2050 sollen es 2,2 Milliarden Menschen sein.[852] Zum Gletscherschwund merkt der Ökologe Lester Brown an: »Die Welt hat sich noch nie einer solchen großen Gefahr für die Nahrungsmittelproduktion gegenübergesehen.«[853]

Aquifere am Limit

Man muss sich vor Augen führen, dass große Wassermengen Tag für Tag für die künstliche Bewässerung eingesetzt werden. Die bewässerten Ackerflächen haben sich zwischen dem Jahr 1950 und dem Jahr 2000 etwa verdreifacht. Auch das erklärt die Steigerung der globalen Getreideerträge seit dem Zweiten Weltkrieg.

Etwa 40 Prozent der globalen Getreideernte wächst heute auf künstlich bewässerten Feldern. In den USA wird ein Fünftel der Getreideflächen bewässert, in Indien sind es drei Fünftel.[854] Zahlreiche Länder der Erde zapfen zur Bewässerung sogenannte *Aquifere* an. Das sind unterirdische Wasserbecken, die sich über lange Zeit gebildet haben.

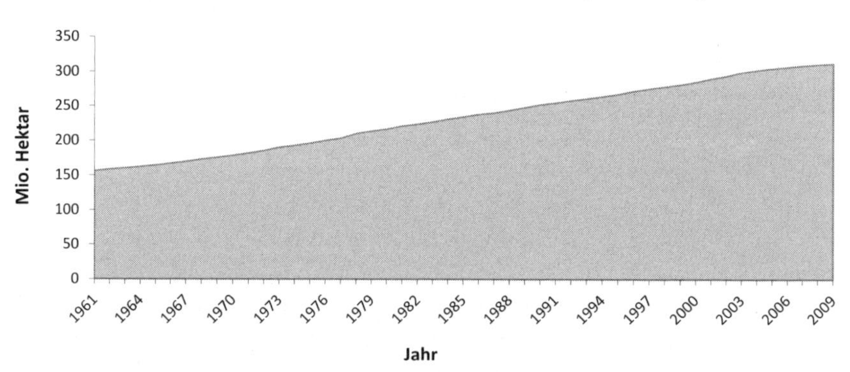

Abb. 39: Entwicklung der künstlich bewässerten Flächen

Datengrundlage dieses Diagramms sind Angaben der FAO, der Ernährungs- und Landwirtschaftsorganisation der Vereinten Nationen. Die FAO unterhält die webbasierte Datenbank FAOSTAT. Diese ist online unter www.faostat.fao.org erreichbar.

---

852 Vgl. Brown, Lester R.: Full Planet, Empty Plates, a. a. O., S. 19.
853 Ebenda, S. 87.
854 Vgl. ebenda, S. 57–58.

Die meisten Aquifere werden durch Regenfälle wieder aufgefüllt. Allerdings übernutzen etwa 20 Staaten ihre Aquifere, darunter Saudi-Arabien, die USA, Mexiko, Pakistan sowie – ganz wichtig – China und Indien. Die Wasserspiegel sinken immer weiter. Viele Aquifere sind bald trocken. Jene Gruppe der genannten 20 Staaten umfasst etwa die Hälfte der Weltbevölkerung. Kritiker sprechen von »Food Bubbles«, also von Blasen im Bereich der Nahrungsmittelproduktion, durch die Übernutzung der unterirdischen Wasserressourcen. Allein rund 130 Millionen Chinesen werden mit Getreide aus einer solchen »Food Bubble« ernährt. Wie jede andere Blase werden auch die »Food Bubbles« irgendwann platzen.[855]

Ein anderes bedenkliches Beispiel liefert Saudi-Arabien: Der Ölstaat hat in den 1970er Jahren begonnen, Weizen anzubauen. Das Wasser dazu kam aus einem Aquifer, der in ein paar Jahren erschöpft sein wird. Als Folge davon wird Saudi-Arabien demnächst den Weizenanbau komplett einstellen.[856] In Dubai ist es ähnlich. Hier wird das Grundwasser 15-mal schneller verbraucht, als es sich natürlich regenerieren kann. Kuwait setzt noch einen drauf – hier wird das Grundwasser 20-mal so schnell verbraucht. Wenn die Aquifere eines Tages erschöpft sind, wird die globale Nahrungsmittelproduktion empfindlich sinken.[857]

In der arabischen Welt versucht man der schon heute spürbaren Wasserknappheit dadurch Herr zu werden, dass man Meerwasserentsalzungsanlagen baut. Die Entsalzung von Meerwasser benötigt eine sehr teure Infrastruktur und ist energieintensiv. Die Entsalzungsanlagen im Nahen und im Mittleren Osten werden überwiegend durch den Einsatz von Ölenergie betrieben.[858]

Öl und Landwirtschaft

Es wurde bereits erwähnt: Die moderne Landwirtschaft ist vom Öl abhängig – um eine Kalorie Nahrung zu erzeugen, werden mindestens vier Kalorien Öl benötigt. Manche Schätzungen gehen von einem Verhältnis von 10:1 aus. Der Ökonom und Erdölexperte Jeff Rubin schreibt deshalb: »Die moderne, industrialisierte Landwirtschaft ist weitgehend ein Verfahren, um fossile Brennstoffe in Nahrungsmittel umzuwandeln.«[859]

---

855 Vgl. ebenda, S. 64.

856 Vgl. Kracht, Marcus: Lektionen in Demut, E-Book, o. O. 2011, S. 20. Online unter: http://www.peak-oil.com/wp-content/uploads/2011/10/lektionen-in-demut_handbuch.pdf [Stand: 5.9.2014].

857 Vgl. Li, Minqi: The Rise of China and the Demise of the Capitalist World-Economy, a. a. O., S. 166.

858 Vgl. Rubin, Jeff: Warum die Welt immer kleiner wird, a. a. O., S. 72–75.

859 Ebenda, S. 99.

Etwa 30 Prozent des Ölverbrauchs gehen auf die Landwirtschaft zurück. Auch wenn es trivial anmutet, ist es sinnvoll, sich kurz vor Augen zu führen, wie Landwirtschaft bei uns in der reichen westlichen Welt aussieht: Jeder Landwirt fährt eine Maschine, die von Öl angetrieben wird, um die Felder zu pflügen. Dann fährt er eine andere von Öl befeuerte Maschine, um das Saatgut auszubringen.

Das Wasser für die Bewässerung der Felder kommt vielerorts nicht von alleine auf die Felder, sondern benötigt Pumpen. Jene Pumpen brauchen Elektrizität. Elektrische Energie wird vor allem mit fossilen Brennstoffen erzeugt. Nachdem die Saat aufgebracht und bewässert wurde, folgt die Bearbeitung mit der Chemiekeule. Die Pflanzen werden mit Pestiziden (aus Öl gewonnen) und Düngemitteln (aus Erdgas hergestellt) besprüht.

Geerntet wird wiederum mit der Hilfe einer ölangetriebenen Maschine. Schließlich wird Erdöl für den Transport der Nahrungsmittel zu Verarbeitungsbetrieben und für die anschließende Verteilung verwendet. Lebensmittel werden zudem häufig in Kunststoff (ebenfalls Erdöl) eingepackt und oft mit chemischen Zusätzen behandelt, die auch aus Erdöl oder Erdgas gewonnen wurden.

Wie schon gezeigt wurde, besteht zwischen der Nahrungsmittelproduktion und der Ölförderung ein überaus enger Zusammenhang. Mit hoher Wahrscheinlichkeit steigen langfristig die Öl- und Energiepreise – und damit auch die Preise für Nahrungsmittel. Damit ist es an der Zeit, das Problem der Biokraftstoffe zu thematisieren.

Biokraftstoffe und Land Grabbing

Biosprit kann auf sehr unterschiedliche Arten erzeugt werden. Ganz grob kann zwischen Biokraftstoffen der ersten und zweiten Generation unterschieden werden. Die Kraftstoffe der ersten Generation werden aus Mais, Raps, Soja oder Palmöl gewonnen. Weniger problematisch ist Biosprit der zweiten Generation: Hier werden Pflanzenreste und schnellwachsende Gräser oder Hölzer zu Treibstoff verarbeitet.

Biosprit gilt schon längst nicht mehr als ökologisch korrekt. In Indonesien werden beispielsweise riesige Regenwaldflächen gerodet, um darauf im ganz großen Stil Palmöl-Produktionsstätten zu errichten. Palmöl ist für die Herstellung von Biodiesel erste Wahl, aber auch für sehr viele andere Produkte wie Zahnpasta, Schokolade oder Haarshampoo. Zwölf Millionen Hektar indonesischer Regenwald werden pro Jahr auf Sumatra und Borneo abgefackelt, um Platz für Palmöl-Plantagen zu schaffen.[860]

Nicht nur die Klimabilanz von Biokraftstoffen, die auf diese Weise erzeugt werden, ist außerordentlich schlecht. Viele Bauern werden vertrieben, Tiere wie der Orang-Utan oder der Sumatra-Tiger verlieren ihren Lebensraum. Auch die soziale Bilanz fällt zum Teil katastrophal aus: Viele Bauern in Schwellen- und Entwicklungsländern stehen vor der Frage, ob sie ihre angebauten Nahrungsmittel der Nahrungskette zuführen oder ob sie der Biospritindustrie den Vorzug geben.

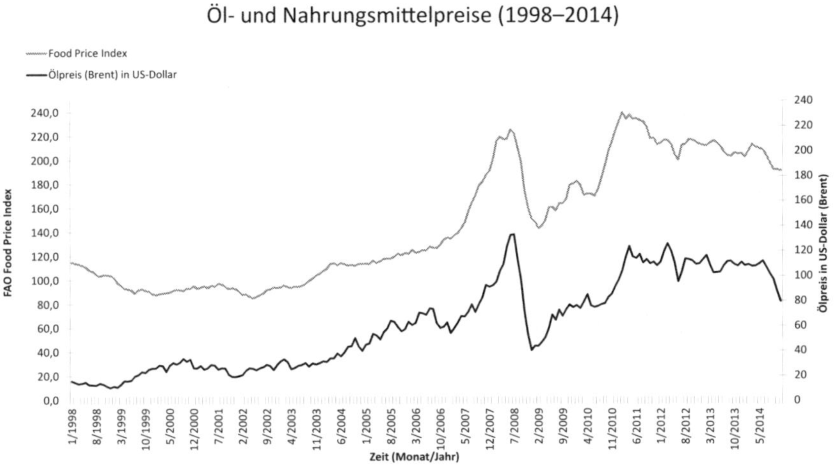

Öl- und Nahrungsmittelpreise (1998–2014)

Food Price Index
Ölpreis (Brent) in US-Dollar
FAO Food Price Index
Ölpreis in US-Dollar (Brent)
Zeit (Monat/Jahr)

Abb. 40: Öl- und Nahrungsmittelpreise entwickeln sich weitgehend parallel

Die FAO führt einen sogenannten Food Price Index (FPI), also einen Index, der die Entwicklung der Nahrungsmittelpreise im Zeitverlauf beobachtet. Das Diagramm vergleicht die Entwicklung des FPI (oben) mit der Entwicklung des Ölpreises (unten) zwischen Januar 1998 und November 2014. Die Daten stammen von der FAO und vom Energieministerium der USA. Der Ölpreis bezieht sich auf die Sorte Brent (Spotmarktpreis) und stellt einen Monatsdurchschnitt dar.

Entscheidend ist der zu erzielende Erlös. Faktisch existiert bereits heute eine Kopplung zwischen Öl- und Nahrungsmittelpreisen. Mit einem steigenden Ölpreis werden die Flächen für die Biospritproduktion weiter wachsen. Möglicherweise noch schneller als bisher schon. 8,2 Prozent der weltweiten Getreideernte-Menge wandern in die Produktion von Biokraftstoffen.

---

[860] Vgl. Senzel, Holger: Millionen Hektar Wald brennen für »flüssiges Elfenbein«. Online unter: http://www.tagesschau.de/ausland/brandrodungen-indonesien-101.html [Stand: 24.4.2016].

Das Geschäft mit den Agrotreibstoffen liegt freilich längst nicht mehr in der Hand gewöhnlicher bäuerlicher Betriebe. Es ist ein Big Business mit großen Konzernen geworden. Zu den führenden Ländern gehören Brasilien und die Vereinigten Staaten. In den USA verschwinden etwa 40 Prozent der Maisernte im Tank.[861] Mit Blick auf den Welthunger stellen sich hochproblematische Fragen: Im afrikanischen Staat Sambia ist Mais das Grundnahrungsmittel. 50 Liter Bioethanol, die Tankfüllung eines Kompaktfahrzeugs, erfordern 358 Kilogramm Mais. Von diesen 358 Kilogramm Mais kann ein sambisches Kind ein Jahr lang leben.[862] Tank voll – Magen leer.

Der Druck auf bzw. der Konkurrenzkampf um die landwirtschaftlichen Flächen droht sich damit weiter zu beschleunigen. Fahrt aufgenommen hat dieser Wettkampf schon: Insbesondere in Afrika pachten asiatische, europäische und US-amerikanische Konzerne in einem großen Maßstab Ackerland, um Energiepflanzen und Nahrungsmittel für den Export anzubauen. Die Angaben über die verpachteten Flächen schwanken stark. Die FAO spricht von 2,5 Millionen Hektar in Afrika, andere Quellen geben bis zu 30 Millionen Hektar an.

Das sogenannte *Land Grabbing*[863] ist, anders als es die wenigen Medienberichte häufig suggerieren, kein neues Phänomen, hat aber im letzten Jahrzehnt zugenommen.[864] In die Schlagzeilen geriet zum Beispiel Madagaskar, als der Inselstaat Ende 2008 dem südkoreanischen Konzern *Daewoo Logistics* die Rechte an 1,3 Millionen Hektar Land (die Hälfte der fruchtbaren Landesfläche) für 99 Jahre verpachten wollte. Die Proteste waren groß. Die Bevölkerung, in Teilen selbst Hunger leidend, stürzte den Präsidenten Marc Ravalomanana und kippte den Deal mit Daewoo.

In Äthiopien verpachtete die Regierung Flächen, die als ungenutzt deklariert wurden, obwohl diese für den Wanderfeldbau und für die Beweidung in der Trockenzeit zum Einsatz kamen. In der Region Gambella, wo Firmen

---

[861] Vgl. Bahn, Evelyn: Der neue Club der Hungermacher, a. a. O.

[862] Vgl. Ziegler, Jean: Wir lassen sie verhungern. Die Massenvernichtung in der Dritten Welt, München 2012, S. 232.

[863] Der Begriff ist problematisch, weil nicht differenzierend. Er weckt die Vorstellung von Illegalität. Meistens ist die Landnahme legal und damit rechtens, da in Afrika der Landbesitz im Regelfall nicht klar definiert ist oder es Mischformen zwischen staatlich kodierten (formellen) Rechten und staatlich anerkannten informellen Rechten gibt. Oft gehört das Land der Regierung und wird durch lokale Dorfvorsteher verwaltet und verteilt. Die einzelnen Bauern haben damit nur traditionelle oder gewohnheitsrechtliche Nutzungsrechte. Ausländische Investoren sind somit im Recht, wenn sie Landtitel beantragen. Ob auch der Gerechtigkeit genügt wird, steht freilich auf einem anderen Blatt. Vgl. dazu auch Lay, Jann/Nolte, Kerstin: Neuer »Landraub« in Afrika?, Giga Focus, Nr. 1, 2011, German Institute of Global and Area Studies, Hamburg 2011, S. 2–3.

[864] China ist seit den 1950er Jahren in der afrikanischen Landwirtschaft aktiv. Europäische Investitionen sind seit der Kolonialzeit an der Tagesordnung.

aus Indien, Saudi-Arabien und China aktiv sind, wurden mindestens 70.000 Menschen zwangsumgesiedelt. Die Menschenrechtsorganisation *Human Rights Watch* sprach vor dem Hintergrund der Zwangsumsiedlungen von schweren Menschenrechtsverletzungen.[865]

Die Konkurrenz um Land wird sich vor allem in den südlichen Anbauländern weiter intensivieren. Es zeichnen sich verschärfte Auseinandersetzungen um die strategische Ressource Land ab – eine klassische Konfliktursache. Insbesondere arme und im ländlichen Raum lebende Bevölkerungsgruppen in den Entwicklungs- und Schwellenländern sind gezwungen, andere bzw. neue Flächen für den Nahrungsmittelanbau zu erschließen.[866]

Phosphor und Landwirtschaft

Langfristig könnte die Landwirtschaft zudem nicht nur von Peak Oil betroffen sein, sondern auch von *Peak Phosphor*. Phosphor spielt beim Energiestoffwechsel der Zellen eine bedeutsame Rolle; es gehört neben Stickstoff und Kalium zu den drei wichtigsten essentiellen Pflanzennährstoffen und ist für das Wachstum von Pflanzen unentbehrlich. Anders als Stickstoff, der streng genommen noch wichtiger für das Pflanzenwachstum ist, lässt er sich nicht aus der Atmosphäre gewinnen.[867]

Dabei ist Phosphor eigentlich giftig. In der Natur kommt Phosphor nur in einer ungefährlichen mineralischen Form vor – als Phosphat. Rund 0,1 Prozent des Gewichts der Erdkruste bestehen aus Phosphor. Die meisten dieser Phosphatgesteine haben sich über viele Millionen Jahre aus abgestorbenen Meereslebewesen gebildet.[868]

Phosphat ist ein überaus wichtiges Düngemittel in der Landwirtschaft. Dass die Bauern in den Industrieländern ihre Erträge in den letzten 50 Jahren um das Drei- bis Vierfache steigern konnten, lag auch wesentlich an der Verfügbarkeit von Phosphat.

Man könnte sagen: Die moderne Landwirtschaft laugt die Erde aus, Phosphat macht sie wieder fruchtbar.

Das Problem: Für den Stoff gibt es anders als beim Öl kein Substitut. Er ist nicht erneuerbar. »Wir mögen fähig sein, Kohle durch Atomkraft, Holz durch Plastik, Fleisch durch Hefe und Einsamkeit durch materiellen Wohlstand zu ersetzen – aber für Phosphor gibt es keinen Ersatz«, so der Biochemiker und

---

865 Vgl. Johnson, Dominic: Bauern weichen Investoren, in: Taz vom 18.1.2012.

866 Vgl. Zentrum für Transformation der Bundeswehr (Hg.): a. a. O., S. 28.

867 Vgl. Déry, Patrick: Phosphor: brauchen wir einen Paradigmenwechsel?, S. 216, in: Bardi, Ugo: Der geplünderte Planet, a. a. O., S. 215–220.

868 Vgl. Shafy, Samiha: Gold aus Gülle und Knochen, in: Der Spiegel, Nr. 37, 2013, S. 122–123.

berühmte Science-Fiction-Autor Isaac Asimov.[869] Die *Nationale Akademie der Wissenschaften* verpackt die Sprengkraft der Thematik in einer Studie in zwei kühlen wissenschaftlichen Sätzen: »Die geologischen Reserven von mineralischem Phosphat sind endlich. Die mangelnde Verfügbarkeit von Phosphatdünger könnte daher in Zukunft die intensive Landwirtschaft limitieren.«[870]

Die australische Wissenschaftlerin Dana Cordell, die ihre Doktorarbeit zu diesem Thema verfasst hat, betont ebenfalls die Bedeutung des Stoffs. Sie lässt es nicht an klaren Worten fehlen: »Wir verzehren mindestens drei Mahlzeiten am Tag. Ohne Phosphor gibt es das nicht mehr.« Cordell weiter:

> »Phosphor ist aus zwei Gründen für die Gesellschaft von herausragender Bedeutung. Erstens, weil etwa 90 Prozent des Phosphors für die Herstellung von Lebensmitteln verwendet werden. Und zweitens, weil es kein Substitut für den Phosphor im Nahrungsmittelbereich gibt. Eine gesicherte Nahrungsbasis ist jedoch die Grundlage für das Funktionieren der Gesellschaft.«[871]

Phosphor ist einer von sechs Grundbausteinen des Lebens. Alle lebenden Organismen bestehen beinahe ausschließlich aus Sauerstoff, Wasserstoff, Kohlenstoff, Stickstoff, Schwefel und eben Phosphor. Jede Pflanze braucht nur sehr geringe Mengen an Phosphaten. Bleiben diese aber aus, wächst die Pflanze nicht. Phosphate finden sich u. a. im Magma eines Vulkans. Auch der Mensch schleppt Phosphat mit sich rum – bei einem 70 Kilo schweren Erwachsenen sind es durchschnittlich 700 Gramm. Alle Lebewesen scheiden regelmäßig Phosphate aus – und nehmen sie über die Nahrungskette wieder auf.

Der Planet kann Phosphor streng genommen nicht verlieren, das Problem ist, dass der Phosphor dissipiert. Konkret: Der Phosphorkreislauf ist aus dem Gleichgewicht geraten. Mineralische Phosphate wurden in den letzten Jahrzehnten sehr eifrig abgebaut und trugen zu den schon erwähnten höheren landwirtschaftlichen Erträgen bei. Gedüngt wurde aber vielerorts zu viel. Durch die Überdüngung gelangten viele Phosphate in die Gewässer. In den Seen, Meeren und Ozeanen fördern sie das Wachstum von Wasserpflanzen. Sterben Letztere ab, werden sie von Mikroorganismen mit der Hilfe von Sauerstoff abgebaut. Irgendwann steht nicht mehr genügend Sauerstoff zur Verfügung. Die Folge sind Todeszonen in den Gewässern. Damit nicht genug: Die Wasserorganismen, die die Phosphate aufnehmen, sinken nach ihrem Tod auf

---

[869] Zitiert nach: Holdinghausen, Heike/Reller, Armin: a. a. O., S. 55.

[870] Nationale Akademie der Wissenschaften Leopoldina: Bioenergie: Möglichkeiten und Grenzen. Kurzfassung und Empfehlungen, Halle (Saale) 2012, S. 9.

[871] Cordell, Dana: The Story of Phosphorus. Sustainability implications of global phosphorus scarcity for food security, Department of Water and Environmental Studies, Linköping University, Linköping 2010, S. 82.

den Grund von Seen, Meeren oder Ozeanen. Sedimente entstehen. Damit entziehen sich große Phosphatmengen dem Kreislauf.[872]

Wissenschaftler der *Global Phosphorus Research Initiative*[873] schätzen, dass die Vorräte noch 75 bis 100 Jahre reichen dürften.[874] Doch entscheidend ist, wie beim Öl, wann der Peak erreicht wird – die meisten Prognosen erwarten den Scheitelpunkt zwischen dem Jahr 2030 und 2040.

Das meiste Phosphat wird zu Dünger verarbeitet und auf die Felder ausgebracht. Allerdings wird Phosphor nicht nur in der Landwirtschaft genutzt. Auch die Lebensmittelwirtschaft verwendet ihn als Zusatzstoff in Lebensmitteln wie Wurst, Käse und Speiseeis. Ferner findet sich Phosphor auch in Leuchtstoffen sowie in Flamm- und Korrosionsschutzmitteln.

Nur wenige Länder verfügen über Phosphorvorkommen bzw. über abbaubare Phosphatgesteine. Die wichtigsten Abbaustätten befinden sich in China, in den USA sowie in Marokko und in der von Marokko besetzten Westsahara.[875] Im Maghreb lagern etwa 80 Prozent der globalen Reserven.[876] Die übrigen Vorkommen sind in Südafrika, Jordanien, Russland, Syrien und Algerien zu finden. Deutschland und Frankreich haben keine Phosphatminen. Ihre Importabhängigkeit liegt bei 100 Prozent.

Noch ein Problem: Stickstoff

Zu allem Überfluss ist nicht nur der Phosphorkreislauf durcheinandergeraten. Gleiches gilt für den Stickstoff. Dieser ist eines der wichtigsten chemischen Elemente und ebenso zentral für alles Lebendige wie Phosphor, insbesondere als Nährstoff für das Pflanzenwachstum und somit für die Bereitstellung von Nahrungsmitteln.

In seiner Erscheinungsform als Luftstickstoff hingegen – knapp vier Fünftel unserer Luft bestehen aus Stickstoff – ist er vom Großteil der Lebewesen nicht zu gebrauchen. Er muss durch natürliche oder synthetische Prozesse umgewandelt werden, um zum Wachstum von Pflanzen beitragen zu können, z. B. als künstlicher Stickstoffdünger.

Die synthetische Stickstoffproduktion ist sehr energieintensiv und in starkem Maße von fossilen Brennstoffen abhängig. Nichtsdestotrotz wandeln wir

---

872 Vgl. Holdinghausen, Heike/Reller, Armin: a. a. O., S. 56–59.

873 Mehr Informationen zu dieser Forschungsgruppe gibt es im Internet: http://phosphorusfutures.net [Stand: 5.9.2014].

874 Vgl. Spuhler, Markus: Lasst den Phosphor kreisen, in: WOZ Die Wochenzeitung vom 17. Juni 2009.

875 Vgl. Déry, Patrick: Phosphor: brauchen wir einen Paradigmenwechsel?, a. a. O., S. 218.

876 Vgl. Shafy, Samiha: a. a. O.

Menschen mehr Stickstoff aus der Luft um, als alle natürlichen Prozesse zusammen es vermögen. Über viele Wege gelangt so zu viel Stickstoff in Böden, Gewässer und wieder in die Atmosphäre. Hauptverursacher für das Zuviel an Stickstoff in den natürlichen Kreisläufen ist die Landwirtschaft. Leider ist der Stickstoffdünger so ineffektiv, dass die zu düngenden Pflanzen nur einen kleinen Teil davon aufnehmen können.

Die Überdüngung mit synthetischem Stickstoff, verbunden mit Auswaschung aus Agrarflächen sowie unbehandelten Siedlungsabwässern, ist an der Tagesordnung.[877]

Die Flüsse transportieren die hohen Stickstoffgaben zusammen mit anderen zum Teil extrem hohen Einträgen von Nährstoffen in die Meere. Für Phytoplankton und Algen wirkt das wie Doping. Sie wachsen rasant. Sterben sie ab, sinken sie zu Boden, wo Bakterien sie zersetzen. Dabei verbrauchen die Bakterien bei der Zersetzung so viel Sauerstoff, dass der Sauerstoffgehalt der Umgebung auf ein Minimum sinkt.

Wo kein Sauerstoff, da kein Leben. Seesterne, Muscheln und andere Lebewesen ersticken. Sogenannte tote Zonen entstehen. Etwa 500 dieser Todeszonen sind dokumentiert – und von Jahr zu Jahr werden es mehr. Die berühmteste dieser Todeszonen befindet sich im Golf von Mexiko, in den der Mississippi mündet. Rund 22.000 Quadratkilometer Meeresfläche sind zumindest zeitweise ohne Leben.[878]

---

[877] Vgl. WWF Deutschland (Hg.): Living Planet Report 2014, deutsche Kurzfassung, a. a. O., S. 32.

[878] Vgl. Mélenchon, Jean-Luc: L'ère du peuple, Paris 2014, S. 38–39.

»Eine Bevölkerung weltweit
von 250 bis 300 Millionen Menschen,
ein Rückgang um 95 Prozent, wäre ideal.«
Ted Turner, CNN-Gründer und Milliardär,
in einem Interview (1996)

26. Methusalem Malthus – die Rückkehr eines Untoten?

Die Weltbevölkerung wächst. Jedes Jahr kommen etwa 80 Millionen Erdenbürger neu auf die Erde. In diesem Abschnitt müssen wir deshalb ein besonders heißes Eisen anpacken: Sind zu viele Menschen schuld an den Umweltproblemen?

Viele Menschen glauben das. Doch Glaube und Realität sind wie so oft zwei verschiedene Dinge. So auch hier: Das Bevölkerungswachstum für die globalen Umweltprobleme ganz oder größtenteils verantwortlich machen zu wollen, wäre intellektuell unredlich.

Der Physiker und Mathematiker Tom Murphy hat die Wachstumsraten der Weltbevölkerung für unterschiedliche Zeiträume berechnet. Zwischen dem Jahr 1000 und dem Jahr 1700 liegt die Wachstumsrate der Weltbevölkerung bei 0,12 Prozent. Zwischen 1700 und 1870 beträgt der Wert 0,41 Prozent. Zwischen 1870 und 1950 steigt die Wachstumsrate auf 0,82 Prozent, um dann zwischen 1950 und 2000 auf 1,7 Prozent zu wachsen.[879]

Und die absoluten Zahlen? Im Jahr 1804 erreichte die Erde die magische Einwohnerzahl von einer Milliarde. In den späten 1850er Jahren begann die Erdölförderung im kleinen Stil. Im Jahr 1927 waren es zwei Milliarden. Bis zur dritten Milliarde im Jahr 1960 dauerte es weniger als 100 Jahre. Weitere Milliarden-Stationen waren die Jahre 1974, 1987, 1999 und 2011. Heute bevölkern mehr als sieben Milliarden Menschen den Planeten. Bis zum Jahr

---

[879] Vgl. Murphy, Tom: The Real Population Problem, in: Do the Math. Using physics and estimation to assess energy, growth, options. Online unter: http://physics.ucsd.edu/do-the-math/2013/09/the-real-population-problem/#more-1414 [Stand: 5.9.2014].

2050 wird die Weltbevölkerung nach den meisten Prognosen weiter zunehmen.

Demographen erwarten, dass zwischen 7,4 und 11 Milliarden Menschen bis zur Jahrhundertmitte auf der Erde leben werden. Die mittlere Prognose liegt zwischen den Extremen: bei 9,4 Milliarden Menschen. Die Nahrungsmittelproduktion müsste damit erheblich gesteigert werden.

Jahr	**Größe der weltweiten Bevölkerung**
50.000 v. Chr.	2 Millionen
8.000 v. Chr.	5 Millionen
1 n. Chr.	300 Millionen
1200	450 Millionen
1650	500 Millionen
1750	795 Millionen
1804	1 Milliarde
1927	2 Milliarden
1960	3 Milliarden
1974	4 Milliarden
1987	5 Milliarden
1999	6 Milliarden
2011	7 Milliarden

Tabelle 5: Entwicklung der Weltbevölkerung

Quelle: Vereinte Nationen: World Population Prospects, Population Reference Bureau, http://www.prb.org/Articles/2002/HowManyPeopleHaveEverLivedonEarth.aspx [Stand: 26.7.2014].

Betrachtet man die aktuelle Situation der globalen Nahrungsmittelproduktion, so stellen Peak Oil, Peak Phosphor, die Bodendegradation, der Klimawandel und der Wassermangel große Herausforderungen dar. Angesichts der Überfischung der Weltmeere dürfte zudem die Proteinversorgung aus der Fischerei ihren Zenit bereits überschritten haben.

Der Sektor der Nahrungsmittelversorgung hat seine Erträge auf eine Art gesteigert, die weder nachhaltig ist noch immer weiter gesteigert werden kann. Auch hier gilt das *Ertragsgesetz*. Zwangsläufig kommt an dieser Stelle Thomas Robert Malthus (1766–1834) ins Spiel. Malthus war anglikanischer Pfarrer, Sozialphilosoph und Nationalökonom. Er ist bis zum heutigen Tag der bekannteste Bevölkerungstheoretiker der Welt. Und ganz sicher auch der umstrittenste.

Malthus' Bevölkerungstheorie erschien in einer ersten Auflage im Jahr 1798. Die Theorie war alles andere als ein wissenschaftliches Meisterwerk. Bereits 1741 hatte der deutsche Demograph Johann Peter Süßmilch (1707–1767) eine recht optimistische Bevölkerungstheorie veröffentlicht, die die Bevölkerungsentwicklung der nachfolgenden Jahrzehnte und Jahrhunderte wesentlich besser zu erklären vermochte als die Theorie von Malthus. Johann Peter Süßmilch lieferte eine zutreffende Einschätzung der langfristigen Tragfähigkeit der Erde. Raum und Nahrung gäbe es für mindestens sieben Milliarden Menschen auf der Erde. Der überzeugte Christ Süßmilch hielt es für ausgemacht, dass allen Menschen angemessene Lebensverhältnisse gewährt werden könnten. Allerdings plädierte er deutlich für Umverteilung, um allen Menschen ein auskömmliches Leben zu ermöglichen.[880]

Dennoch war es die Lehre von Thomas Robert Malthus, die einen sehr viel größeren Einfluss entfaltete. Es waren die reichen Eliten, die die Verbreitung von Malthus' Ideen förderten. Dieser plädierte nicht für Umverteilung, sondern sah die Lage der Bevölkerung als natürlich und gottgewollt an. Epidemien waren aus seiner Sicht eine Notwendigkeit. Malthus wetterte auch gegen die ersten englischen Sozialgesetze zugunsten der Armen. Diese würden kontraproduktiv wirken. Sie würden es den Armen ermöglichen, mehr Kinder in die Welt zu setzen.[881]

Das klingt reichlich unsympathisch, ja sogar menschenverachtend. Seit jeher war die Kritik an Malthus heftig.[882] Weil Malthus' Überlegungen zur Bevölkerungsentwicklung an dieser Stelle allerdings unumgänglich sind, lohnt sich dennoch ein genauerer Blick auf sein Werk.

Malthus' heutiges Image ist ausgesprochen schlecht. Seine Theorie gilt als widerlegt. Wer heute undifferenziert mit seinen Überlegungen argumentiert, setzt sich leicht dem Vorwurf aus, ein Rassist oder ein Misanthrop zu sein. Oder anders formuliert: Wer über Malthus schreibt, gerät leicht in ein ge-

---

[880] Vgl. Zinn, Karl Georg: Wachstum Wohlstand Weltbevölkerung, a. a. O., S. 40–43.

[881] Vgl. Ziegler, Jean: Wir lassen sie verhungern, a. a. O., S. 101.

[882] Für Karl Marx, Friedrich Engels und die Sozialisten war Malthus ein regelrechtes rotes Tuch. Sie kritisierten ihn aufs Schärfste, weil er nach ihrer Auffassung den Armen die Schuld an ihrem Schicksal gab und dann noch persönliche Einschränkungen von ihnen verlangte. Hinzu kam (aus der Sicht linker Theoretiker zu allem Überfluss), dass Malthus im Privateigentum, das Karl Marx und Friedrich Engels als die Wurzel allen Übels ausgemacht hatten, einen Ansporn für das Individuum wie für die gesellschaftliche Entwicklung sah. Engels bezeichnete 1845 die Malthus'sche Bevölkerungstheorie als die »offenste Kriegserklärung der Bourgeoisie gegen das Proletariat«. Dass Malthus die künstliche Verlängerung von Krisen durch Absprachen zwischen den Unternehmern angeprangert hat, dass er ein hohes Maß an Freiheit und Gleichheit befürwortete und eine kürzere Arbeitszeit und mehr Rechte für die Arbeiter forderte, spielte für beide keine Rolle. Das Gleiche gilt für die eindringlichen Hinweise von Malthus, »dass die Geschichte der Menschheit, soweit wir über sie Bescheid wissen, nur die Geschichte der oberen Klassen ist«.

fährliches Fahrwasser. Bei manchen Zeitgenossen findet sich auch heute noch eine biologistische Argumentation, die mit ethnischen und genetischen Ideen Front gegen Minderheiten, Ausländer und sozial Schwache macht. Malthus taucht in solchen verzerrten Diskursen dann oft als positive Bezugsfigur auf.

Zu Unrecht, meinen Malthus-Kenner. Thomas Robert Malthus werde in den allermeisten Darstellungen auf seine *Abhandlung über das Bevölkerungsgesetz* verengt. Sein berühmtes Werk werde zu allem Überfluss verkürzt wiedergegeben. Die Bevölkerungssoziologin und Malthus-Expertin Gudrun Eger kritisiert:

> »Die Gegner von Malthus haben das Werk zum Teil offensichtlich nie in der Hand gehabt, und es gibt in der Neuzeit wohl keinen zweiten Gesellschaftstheoretiker, dessen Aussagen so verkürzt, einseitig und verfälscht dargestellt worden sind. Es kam also zu tiefgreifenden Mißverständnissen, wozu Malthus allerdings auch selbst beigetragen hat; denn in Einzelheiten hat er sich bisweilen widersprüchlich geäußert.«[883]

Zu Malthus' Zeit hatten reiche Familien mehr Kinder als arme, was vor allem daran lag, dass die Kindersterblichkeit in armen Familien weitaus höher war. In England war dies zwischen 1250 und 1800 eine Konstante der demographischen Entwicklung gewesen.[884] Malthus dachte, dass mit steigendem Wohlstand die Bevölkerung immer weiter steigen würde und die Wohlstandsgewinne schnell wieder dahin seien. Seine Sorge war, dass eine Entwicklung zu mehr Wohlstand durch das Bevölkerungswachstum verhindert werden würde. Doch so kam es nicht: Ab einem bestimmten Einkommens- bzw. Wohlstandsniveau wurden die Familien kleiner. Die Eltern waren zufrieden mit weniger Nachwuchs – wohl auch wegen der nachlassenden wirtschaftlichen Zwänge. Dieser Trend ist bis heute ungebrochen: Mit steigendem Einkommen nimmt das Bevölkerungswachstum ab.

Wenn der Name Malthus heute fällt, taucht im Kopf vieler Menschen ein Vergleich von zwei Entwicklungsreihen auf. Diesen Vergleich nutzte der Priester zur Illustration seines Bevölkerungsgesetzes: Demnach würde die Bevölkerung – wenn keine Hemmnisse aufträten – gemäß einer geometrischen Reihe (im heutigen Sprachgebrauch: exponentiell) wachsen, das heißt von 1 auf 2, dann auf 4, auf 8, auf 16 und so weiter, jeweils mit Verdoppelungen in einem größeren Zeitraum. In der gleichen Zeit könne die Produktion von Nahrungsmitteln aber jeweils nur nach dem Muster einer arithmetischen Rei-

---

883 Eger, Gudrun: Hat Malthus doch recht gehabt? Der bekannteste Gesellschaftstheoretiker nach Marx ist immer noch aktuell, in: Frankfurter Allgemeine Zeitung vom 27.2.1985, S. 2.

884 Vgl. Clark, Gregory: A Farewell to Alms, a. a. O., S. 7.

he zunehmen, also von 1 auf 2, dann auf 3, auf 4 und so weiter mit immer gleich bleibenden Differenzen.[885]

Legt man die beiden Entwicklungsreihen eng aus, beinhalten diese eine beunruhigende Prognose: Wenn die Nahrungsmittelerzeugung nur arithmetisch (oder linear) wächst, aber die Bevölkerung exponentiell steigt, ergibt sich daraus das Problem, dass die Nahrungsmittelversorgung pro Kopf von einem bestimmten Zeitpunkt an sinken und dann immer schneller abfallen würde. Die Folge wäre, dass ein Teil der Bevölkerung ab einem bestimmten Punkt in der Geschichte nicht mehr genügend Nahrung bekäme und verhungern würde – oder je nach Lesart verhungern müsste. Hunger ist nach dieser letzten Sichtweise natürlich – quasi gottgewollt. Bestimmte höhere gesellschaftliche Kreise fanden diese Sicht der Dinge sympathisch: Wenn Hunger natürlich und gottgewollt ist, muss niemand etwas dagegen unternehmen.

Malthus' Annahme, die Nahrungsmittelproduktion werde nur linear wachsen, erwies sich als falsch. Malthus argumentierte vollständig innerhalb des Rahmens der Agrargesellschaft und dachte in der Logik des traditionellen Solarenergiesystems.[886] Doch dabei blieb es nicht. Die von fossilen Brennstoffen befeuerte Industrialisierung begann. Die fossilen Brennstoffe lieferten enorme Mengen von Surplus-Energie. In der Landwirtschaft hielten (viel) später Maschinen, Pestizide und Hochertragssorten Einzug, so dass exponentielle Produktionssteigerungen möglich wurden. Die Weltbevölkerung stieg.

Seit den 1980er Jahren zeichnet sich zudem eine andere Trendwende ab: Die Weltbevölkerung geht zwar noch nicht zurück, aber die Geschwindigkeit ihres Wachstums nimmt ab, so dass die Nahrungsmittelerzeugung, obwohl sie langsamer wächst, noch Schritt halten kann.

Malthus hatte also unrecht. Aber warum? Die Hauptursache liegt darin, dass Malthus' Ansatz zu eng war. Der Pfarrer unterschätzte den Einfluss des technischen Fortschritts und der Kapitalakkumulation auf die Produktivitätsentwicklung der Landwirtschaft.[887] Er war der Ansicht, dass die genannten Faktoren *nie* die natürlichen Grenzen der Landwirtschaft aufheben könnten. Malthus beschränkte sich in seiner Analyse der Tragfähigkeit auf den Bedarf und die Produktion von Nahrungsmitteln. Zieht man die schon vorgestellte IPAT-Formel heran, sieht man klar, wo das Problem liegt. Laut IPAT (Impact = Population x Affluence x Technology) flacht sich P, das Bevölkerungs-

885 Vgl. Eger, Gudrun: a. a. O.

886 Vgl. Sieferle, Rolf Peter: Zurück zur düsteren Wissenschaft?, S. 3, in: Ökologisches Wirtschaften, Nr. 5–6, 1999, S. 2–4.

887 Vgl. Hofreither, Markus F.: Von Malthus zum Treibhauseffekt – Landwirtschaft und Ernährung als Prognoseproblem, S. 13–14, in: Jahrbuch der Österreichischen Gesellschaft für Agrarökonomie, Band 10, 2005, S. 1–32.

wachstum, ab (wenn auch nur sehr langsam), aber gleichzeitig wächst A, der materielle Wohlstand, exponentiell um etwa drei Prozent pro Jahr.

Von exponentiellen Wachstumsprozessen war in diesem Buch bereits die Rede. Greifbar werden diese immer erst durch Zahlenbeispiele. So auch hier. Unterstellt man, dass die gesamte Welt in 50 Jahren das amerikanische Wohlstandsniveau (ausgedrückt im Pro-Kopf-Einkommen) von 1990 erreichen würde, bräuchte die Weltbevölkerung bei einer zugrundegelegten Effizienzsteigerung um den Faktor vier das Elffache an Ressourcen und das Elffache an funktionierenden natürlichen Systemen, um die Abfälle der Menschheit zu verarbeiten.

Malthus hat – genauso wenig wie Johann Peter Süßmilch – die großen ökologischen Probleme des 21. Jahrhunderts vorausgesehen. Diese ökologischen Verwerfungen könnten eines Tages jedoch dazu führen, dass Malthus recht bekommt. Freilich auf eine andere Weise, als er dachte. Der Umweltpublizist Lothar Mayer notiert dazu:

> »Was uns den Garaus macht, ist nicht (nur) das Wachstum der Bevölkerung (P), sondern (vor allem) das Verbrauchsniveau (A). (...) Heute läuft die menschliche Art mit hoher Geschwindigkeit in eine durchaus malthusianische Klemme – daß sie ein wenig anders konstruiert ist als Malthus vorausgesagt hat, macht sie nicht weniger tödlich.«[888]

Zwischen der Bevölkerungsentwicklung und der Umweltkrise besteht durchaus eine kausale Verbindung. Diese gilt es allerdings richtig einzuordnen. Die landwirtschaftliche Nutztierhaltung trägt wesentlich zur globalen Erwärmung bei.

Im Zuge des Bevölkerungswachstums nahm der Ausstoß von Treibhausgasen wie Kohlendioxid oder Methan zu. Gerade am Methanausstoß lassen sich die Zusammenhänge sehr genau erkennen. Methan, ein Treibhausgas, das 22-mal klimaschädlicher ist als Kohlendioxid, entsteht bei Gärungsprozessen. Die Hauptquellen für den Methanausstoß sind in der Rinderzucht und im Reisanbau zu suchen. Rinderzucht wie Reisanbau haben in den vergangenen Jahren beträchtlich zugenommen, weil mehr Erdenbewohner ernährt werden müssen.[889]

---

[888] Mayer, Lothar: IPAT. Online unter: http://www.lothar-mayer.de/?Bausteine:IPAT [Stand: 5.9.2014].

[889] Einige werden mit Blick auf den Fleischkonsum einwenden, dass dieser sehr stark vom Einkommen bzw. vom Wohlstandsniveau abhängt. Je höher der Wohlstand einer Person ist, desto wahrscheinlicher ist es, dass er (viel) Fleisch isst. Das ist vollkommen richtig, spricht allerdings nicht grundsätzlich gegen die These, dass zwischen dem Ausstoß von Treibhausgasen – hier Methan – und dem Anstieg der Weltbevölkerung ein Zusammenhang besteht.

Der Klimawandel, mitverursacht durch den Methanausstoß, beeinflusst wiederum negativ die Grundlagen der Welternährung. Einige der produktivsten landwirtschaftlichen Regionen der Erde sind durch die Folgen der globalen Erwärmung – konkret durch Stürme, Anstieg des Meeresspiegels oder Desertifikation (Wüstenbildung) – heute schon in ihrer Existenz bedroht.

Jeder Mensch braucht und verbraucht natürliche Ressourcen und schädigt somit die Umwelt. In welchem Maße, hängt allerdings sehr stark von seiner Lebensweise ab. Die Weltbevölkerung beträgt mittlerweile 7,4 Milliarden Menschen. Indien wächst am stärksten und fügt der Welt jedes Jahr rund 15 Millionen neue Erdenbürger hinzu. Es folgen auf den nächsten Plätzen China (mit sechs Millionen), Nigeria (mit vier Millionen) und die USA, die drei Millionen Menschen beisteuern. Jene drei Millionen US-Bürger leben allerdings viel ressourcen- und energieintensiver als die 15 Millionen Inder oder die sechs Millionen Chinesen.[890]

Eine Oxfam-Studie zeigte Ende 2015, dass die reichsten zehn Prozent der Weltbevölkerung die Hälfte aller Kohlendioxid-Emissionen verursachen. Demgegenüber ist die ärmere Hälfte der Weltbevölkerung nur für zehn Prozent der CO_2-Emissionen verantwortlich.[891] Und noch mehr Beispiele: Der US-Bundesstaat New York zählt rund 19,3 Millionen Einwohner. New York verbraucht mehr Strom als die 800 Millionen Menschen, die im subsaharischen Afrika leben.[892] Ein durchschnittlicher US-amerikanischer Bürger verbraucht 34-mal so viel Energie wie ein durchschnittlicher Bürger Bangladeschs.[893] Damit ist klar: Die Erde könnte mehr als zwei Milliarden US-Amerikaner ökologisch nicht verdauen – wohl aber 12 Milliarden Bangladeshi.[894]

Untersuchungen haben ergeben, dass die drei Milliarden Menschen im Jahr 1961 nur 50 Prozent der Gesamtressourcen der Erde verbrauchten.[895] Seit den *Golden Sixties* ist nicht nur die Weltbevölkerung stark angestiegen, sondern auch das Anspruchsdenken und der allgemeine Lebensstandard. Hier liegt der Hund begraben: Viel wichtiger als das Bevölkerungswachstum war die Zunahme des Pro-Kopf-Verbrauchs, das zeigen alle empirischen Daten.

---

890 Vgl. Murphy, Tom: The Real Population Problem, a. a. O.

891 Vgl. dazu Gore, Timothy: Extreme Carbon Inequality: Why the Paris climate deal must put the poorest, lowest emitting and most vulnerable people first, Oxfam International, Oxford 2015. Online unter: https://www.oxfam.org/sites/www.oxfam.org/files/file_attachments/mb-extreme-carbon-inequality-021215-en.pdf [Stand: 20.1.2016].

892 Vgl. Malm, Andreas: The Anthropocene Myth. Artikel online unter: https://www.jacobinmag.com/2015/03/anthropocene-capitalism-climate-change/ [Stand: 3.6.2015].

893 Vgl. Corporate Watch (Hg.): To the Ends of the Earth: A Guide to Unconventional Fossil Fuels, London 2014. Online unter: https://www.dropbox.com/s/bldnjqzhfywpens/TotheEndsoftheEarth-WEB.pdf [Stand: 17.2.2016].

894 Vgl. Bihouix, Philippe: a. a. O., S. 185.

895 Vgl. Meißner, Andreas: a. a. O., S. 42.

Die Einwohner der reichen Länder konsumieren ein Vielfaches der natürlichen Ressourcen, die Menschen in armen Ländern in Anspruch nehmen. Ihr ökologischer Fußabdruck ist viel größer. Insofern sollte man viel stärker den überbordenden Konsum der Reichen und die Ungleichverteilung von Einkommen und Lebenschancen thematisieren. Und weniger die Überbevölkerung.

Das alles bedeutet nicht, dass die absolute Bevölkerungsgröße und das Bevölkerungswachstum irrelevant sind. Sie haben ihre Bedeutung. Aber diese Bedeutung ist in eine vernünftige Relation zu setzen.

Viele, die von Überbevölkerung reden, wollen sich selbst einen Vorwand liefern, um nichts gegen die großen Menschheitsherausforderungen tun zu müssen. Denn wenn die wachsende Weltbevölkerung zur Hauptverantwortlichen für Klimawandel, für Umweltverschmutzung sowie für die Zerstörung von Lebensräumen gemacht wird, ist man fein raus.

»Wir sind in eine Ära des ständigen
Konflikts eingetreten.
Unsere Sicherheitslage ist ungewisser
und unvorhersagbarer als zur
Zeit des Kalten Krieges.«
Aus einem Strategiepapier des
US-Verteidigungsministeriums (2008)

27. Das Comeback der Geopolitik

Die Welt steuert auf mehr Ungleichheit zu. Die Ressourcen werden knapper. Damit steigt die Wahrscheinlichkeit von Konflikten zwischen den Besitzenden und den Habenichtsen.

Oder etwa nicht? Kenner der Konfliktforschung werden an dieser Stelle wahrscheinlich einwenden, dass Ressourcenknappheit per se nicht zu mehr gewaltsamen Konflikten führe. Die bisherige Umweltkonfliktforschung stützt die These des Determinismus nicht. Eher ist es so, dass ressourcenreiche Regionen eine höhere Konflikt- und Kriegsanfälligkeit haben.

Der bekannte US-amerikanische Evolutionspsychologe Steven Pinker geht sogar noch einen Schritt weiter. Pinker ist der Ansicht, dass die Menschen im Zeitverlauf immer friedfertiger werden und dass die Zahl der Konflikte abnimmt – sowohl innerhalb von Gesellschaften als auch zwischen Staaten. Auch für die Zukunft ist er optimistisch – sie ist seiner Meinung nach friedlich.

In Jäger- und Sammlergesellschaften seien, so Pinker, die Raten gewaltsamer Todesfälle viel höher gewesen. Und in mittelalterlichen Gesellschaften seien die Mordraten 35-mal höher als heute zu veranschlagen. Formen institutionalisierter Gewalt wie Sklaverei, Menschenopfer, Kreuzigung oder die Verbrennung unliebsamer Zeitgenossen auf dem Scheiterhaufen gehörten der Vergangenheit an. Ebenso seien Folter und Todesstrafe auf dem Rückzug.

Im 20. Jahrhundert sind für Pinker beeindruckende Indizien für eine rückläufige Gewalt feststellbar.[896] Die Menschheit lebe seit über 65 Jahren in einer der friedlichsten Epochen der gesamten Menschheitsgeschichte.

Als eine zentrale Ursache benennt Pinker die Ausbreitung der Vernunft. Immer mehr Menschen würden besser erzogen. Sie lernten lesen und schreiben und dürften sich frei äußern. Austausch und Handel förderten außerdem ebenso den Frieden wie die Ausbreitung von Empathie. Als außerordentlich wichtig erachtet Pinker zudem das Gewaltmonopol des Staates. Damit folgt Pinker dem Gedanken von Thomas Hobbes' Hauptwerk *Leviathan*: Indem der Staat ein Gewaltmonopol bekommt und dieses ausübt, wird der Zwang zur präventiven Gewaltausübung unterbrochen.

Zumindest für die Zeit nach dem Zweiten Weltkrieg lässt sich dieser These einiges abgewinnen. Die Empirie spricht tatsächlich dafür, dass die Welt in den letzten Jahrzehnten friedlicher geworden ist. Keinesfalls so, dass es gut wäre. Aber die allergrößten Gewaltexzesse liegen nun schon mehr als 70 Jahre zurück.

Kann dieser Trend anhalten? Ja, meint Steven Pinker. Nein, meinen viele, die sich tagein, tagaus mit Ressourcenfragen befassen. Die Skeptiker verweisen darauf, dass der Rückgang von Gewalt bisher mit einem global steigenden Wohlstand (und damit auch mit mehr Ressourcen- und Energieverbrauch) einherging. Bildlich gesprochen: Der Kuchen wurde immer größer. Was passiert, wenn der Kuchen nicht mehr wächst – oder gar schrumpft? Was passiert, wenn wir in Zukunft nicht über mehr Ressourcen, mehr Energie und mehr Wohlstand verfügen können?

Ein neuer Dreißigjähriger Krieg?

Eine der größten Gefahren sei, so schreibt der Umweltjournalist Hervé Kempf, dass die Oligarchie die Demokratie zerstöre, um ihre Privilegien zu verteidigen.[897] »Entweder die Menschheit findet den Weg zu globaler Kooperation, oder die Welt wird für Jahrzehnte in gewalttätigen Konflikten versinken, denen sich auf Dauer kein Staat und kein Volk wird entziehen können«, mutmaßen Harald Schumann und Christiane Grefe in ihrem Buch *Der globale Countdown*.[898]

Der US-amerikanische Politologe und Energiespezialist Michael T. Klare sieht gar einen neuen Dreißigjährigen Krieg am Horizont. Dieser Krieg werde

---

[896] Pinker, Steven: The Better Angels of Our Nature. The Decline of Violence in History and Its Causes, London 2011.

[897] Vgl. Kempf, Hervé: Pour sauver la planète, sortez du capitalisme, a. a. O., S. 11.

[898] Grefe, Christiane/Schumann, Harald: Der globale Countdown, Köln 2008, S. 31.

nicht weniger folgenreich sein als der zwischen 1618 und 1648. Michael T. Klare wörtlich:

> »In den kommenden Jahrzehnten werden wir einen globalen Wettlauf um die wichtigsten Energieträger erleben, der zwischen den großen Energiekonzernen und ihren Abnehmerländern stattfinden und mit Sieg oder Vernichtung enden wird. (...) Warum 30 Jahre? Weil neu erprobte Energiesysteme wie Wasserstoffenergie, Zellulose-Ethanol, Wellenkraft, Algenkraftstoff und weiterentwickelte Atomreaktoren so lange brauchen, um den Schritt vom Labor zur industriellen Großproduktion zu vollziehen. (...) Wenn diese 30 Jahre vorbei sind, dürften die Grundlagen eines neuen Systems existieren, in dem sich das Leben auf unserem Planeten organisiert – diesmal anhand des Energiebedarfs. In der Zwischenzeit wird der Kampf um die Energievorräte immer heftiger werden, aus einem einfachen Grund: Das vorhandene Energiesystem kann den zukünftigen weltweiten Bedarf nicht decken. Es muss im großen Maßstab verdrängt oder ersetzt werden durch ein alternatives System erneuerbarer Energien, oder die Welt erlebt eine ökologische Katastrophe, die wir uns heute kaum vorstellen können.«[899]

Mit mehr oder weniger offen ausgetragenen Konflikten um Einflusssphären und Rohstoffen kehrt die Geopolitik höchst offiziell in die internationale Politik zurück. Dabei war jene Grenzwissenschaft zwischen Geographie, Politikwissenschaft, Geschichte und Soziologie, die die Beziehungen zwischen Raum und politischen Gegebenheiten untersucht, nie wirklich tot. Sie war nur weniger sichtbar.

Handel, so die von vielen geteilte Überzeugung nach dem Zweiten Weltkrieg, brauche keinen Krieg. Solange Märkte expandieren konnten, solange der Warenfluss räumlich nicht begrenzt wurde, schienen die groberen Werkzeuge im Arsenal der internationalen Politik entbehrlich.

Geopolitik ist, wenn man es vereinfacht, die Lehre vom Einfluss des geographischen Raumes auf die Politik eines Staates.[900] In Deutschland ist dieser Begriff seit der Nazizeit belastet (als Stichwort mag die Theorie vom Lebensraum genügen), international aber nach wie vor etabliert.[901] Und dass, obwohl das Schwert der Geopolitik längst nicht mehr so scharf ist wie im 19. Jahrhundert. Sprich: Die Erklärungskraft dieser Grenzdisziplin hat in Zeiten, in denen virtuelle Räume manchmal bedeutsamer sind als reale, nachgelassen.

---

899 Klare, Michael T.: 30-jähriger Krieg? Geopolitik und Energie, S. 16, in: Luxemburg. Gesellschaftsanalyse und linke Praxis, Nr. 1, 2012, S. 16–18.

900 Vgl. o. V.: Geopolitik, in: Brockhaus Enzyklopädie, 19. Auflage, Band 8, Mannheim 1989, S. 326.

901 Vgl. einführend zum Begriffskonzept und zur Begriffsgeschichte Helmig, Jan: Geopolitik – Annäherung an ein schwieriges Konzept, in: Aus Politik und Zeitgeschichte, Nr. 20–21, 2007, S. 31–37.

Dennoch kann uns die Geopolitik dabei helfen, Prozesse in der internationalen Politik zu verstehen.

Abzugrenzen ist der Begriff der Geopolitik von der Geostrategie. Letztere ist die planmäßige Realisierung strategischer und sicherheitspolitischer Ziele unter Berücksichtigung geopolitischer Überlegungen.[902] Weniger wissenschaftlich formuliert: Auch wenn man den hochmoralischen Begründungen politischer Entscheidungsträger nur allzu gerne glauben mag – Kriege werden um Interessen geführt: Gewaltsam setzt eine Gruppe ihre Interessen gegenüber einer anderen durch. Dabei geht es um Macht und Politik. Oder um nationale Unabhängigkeit. Oder um Rohstoffe. Oder um Gebietsansprüche, also um Land.

In der Region Darfur im Westen des Sudan kann man diesen Zusammenhang schon heute deutlich sehen. Wüstenbildung und Bodenerosion haben die Konflikte zwischen kleinen Bauern und nomadischen Viehzüchtern ausgelöst.[903] Weil es weniger fruchtbares Land gibt, ist für beide Gruppen nicht mehr genug da. Die Folge: eine blutige Auseinandersetzung um Ackerboden, die von den Leitmedien häufig verzerrt als Fehde zwischen der Regierung in Khartum mit ihren »bösen« Reitermilizen der Janjawid und »guten« (weil unschuldigen) Zivilisten dargestellt wird.[904]

Konfliktbeschleuniger Klimawandel

Der Klimawandel ist in vielen Ländern der Dritten Welt bereits heute bittere Realität. Der Sudan ist nur ein Beispiel von vielen. Kenia ist ein anderes. In dem ostafrikanischen Land ist das Dürrerisiko durch den Klimawandel heute schon viermal höher als vor 20 Jahren. Damit steigt auch das Risiko von Hungersnöten. Es gibt viele Kenias. Bis zum Jahr 2100 droht der Hälfte der Weltbevölkerung eine mangelhafte Versorgung mit Nahrungsmitteln durch drastische klimabedingte Ernteausfälle.[905]

Syrien ist in einem blutigen Bürgerkrieg versunken. Die Ursachen für diesen Krieg sind gewiss komplex und vielfältig.[906] Sehr wahrscheinlich muss allerdings auch der Klimawandel dazugezählt werden. Syrien erlitt zwischen

---

[902] Vgl. Meier, Ernst-Christoph et al.: Wörterbuch zur Sicherheitspolitik, 5. Auflage, Hamburg/Berlin/Bonn 2003, S. 144.

[903] Vgl. Welzer, Harald: Klimakriege, a. a. O., S. 94–101.

[904] Vgl. dazu auch Kröpelin, Stefan: Sudan/Darfur: Der inszenierte Konflikt, in: International. Die Zeitschrift für internationale Politik, Heft IV, 2006, S. 8–13.

[905] Vgl. Meißner, Andreas: a. a. O., S. 37.

[906] Die Krise in Syrien dürfte maßgeblich durch die neoliberale Wirtschaftspolitik von Präsident Assad verursacht worden sein. Die Regierung kürzte Subventionen für Grundnahrungsmittel und Treibstoffe, was die Unzufriedenheit in der Bevölkerung mit dem Regime stark steigerte.

2007 und 2010 eine der schwersten Dürren seiner Geschichte. Ernten blieben aus, während gleichzeitig viele Nutztiere verendeten. Der Klimawandel verursachte diese Entwicklung nicht, wirkte aber als Verstärker. Etwa 1,5 Millionen Syrer flohen vom Land in die Städte. Dort trafen sie auf Arbeitslosigkeit und eine unzureichende Infrastruktur, was die ohnehin schon vorhandene Unzufriedenheit mit dem Assad-Regime weiter erhöhte.

Die Krise in Syrien und – damit verbunden – der Flüchtlingsstrom nach Europa setzten das Thema der Migration ganz oben auf die europäische Agenda. Die Ereignisse im Nahen Osten könnten jedoch nur ein Vorgeschmack auf das sein, was noch kommt.

Die Zahl der Klima-Migranten schätzt man gegenwärtig auf mindestens 25 Millionen, manchmal ist auch die Zahl von 50 Millionen Menschen zu lesen. Im Jahr 2050 werden konservativen Schätzungen zufolge 200 bis 300 Millionen Menschen durch den Klimawandel gezwungen sein, ihre Heimat zu verlassen.[907]

Da trifft es sich schlecht, dass das wirtschaftliche Wachstum in vielen Staaten wahrscheinlich schwach ausfällt – auch mitverursacht durch den Klimawandel. Wachsende Ökonomien können Immigranten aufnehmen, und manche Regierungen förderten in der Vergangenheit die Immigration, um das Lohnniveau drücken oder niedrig halten zu können. Doch ohne Wachstum steigt die Gefahr von Feindseligkeiten gegenüber den Umweltflüchtlingen. Man stelle sich vor, dass bei abgeschwächtem Wachstum die Arbeitslosigkeit zunimmt. Die Geschichte hat leider schon mehrfach gezeigt, dass in diesem Fall verstärkt nach Sündenböcken gesucht wird.

Immer wieder haben Menschen ihre angestammten Lebensräume verlassen müssen. Manchmal liefen diese Völkerwanderungen friedlich ab. Es ist jedoch wahrscheinlich, dass dies im 21. Jahrhundert nicht der Fall sein wird. Es gibt kein gelobtes Land mehr hinter den Bergen, jenseits des Ozeans wartet kein neuer Kontinent auf die Wanderer.[908]

Indonesien, obwohl selbst vom Klimawandel stark betroffen,[909] hat sich bereit erklärt, die Einwohner der Salomon-Inseln, von Tuvalu und von Kiribati aufzunehmen, wenn ihre Inseln durch den Anstieg des Meeresspiegels untergehen.[910] Zahlenmäßig ist die Aufnahme der Menschen aus den im Südpa-

---

[907] Vgl. o. V.: Cochabamba. Weltkonferenz über den Klimawandel und die Rechte der Mutter Erde, S. 20, in: Attac Deutschland/Attac Österreich/Attac Schweiz (Hg.): Sand im Getriebe. Internationaler deutschsprachiger Rundbrief der Attac-Bewegung, Nr. 83, 2010, S. 18–21.

[908] Vgl. Leggewie, Claus/Welzer, Harald: a. a. O., S. 47.

[909] Es wird damit gerechnet, dass bis zum Jahr 2050 etwa 2.000 der insgesamt 17.000 zu Indonesien gehörenden Inseln verschwunden sein werden.

[910] Vgl. Musch-Borowska, Bernd: Neue Heimat für Klimaflüchtlinge? Online im Internet unter: http://www.tagesschau.de/ausland/indonesien180.html [Stand: 22.7.2013].

zifik liegenden Zwergstaaten unproblematisch. Andere Länder machen mehr Sorgen, Indien zum Beispiel oder das Nachbarland Bangladesch.

Der Anstieg des Meeresspiegels führt in Bangladesch bereits heute dazu, dass immer mehr Menschen ihre Heimatdörfer in der Küstenregion verlassen müssen. Das Meer drückt sein Wasser kilometerweit über die zahlreichen Flüsse ins Land. Umfangreiche Teile des einst fruchtbaren Deltabodens, ehemals der Reisnapf Bangladeschs, sind versalzen und damit unbrauchbar. In der Hauptstadt Dhaka kommen jede Woche Tausende Menschen aus der Küstenregion an. Ihre Zahl wird in den nächsten Jahren und Jahrzehnten absehbar weiter steigen.

Für die politischen Eliten ist das alles nicht neu. Das US-Verteidigungsministerium veröffentlichte in den letzten Jahren zu den sicherheitspolitischen Folgen des Klimawandels zahlreiche Studien. Beispielhaft ist eine im Oktober 2014 publizierte Untersuchung, die den Klimawandel als »threat multiplier« (Gefahrenmultiplikator) bezeichnet.[911]

Da wundert es nicht, dass auch die NATO den Klimawandel als große Herausforderung begreift. Die ehemaligen Generalstabschefs Deutschlands, der USA, des Vereinigten Königreichs, der Niederlande und Frankreichs veröffentlichten schon vor einigen Jahren ein vielbeachtetes Memorandum, in dem es heißt:

> »Es ist der Klimawandel, der von allen globalen Trends bei den künftigen Sicherheits- und geostrategischen Überlegungen erneutes Gewicht verleihen wird. Der Klimawandel und die Probleme der Umweltbelastung im Allgemeinen als Nachteile ökonomischen Wachstums werden auch zunehmende Auswirkungen auf China und Indien haben und könnte Anlass zu Konflikten geben.«[912]

Folgerichtig taucht der Klimawandel auch in der im November 2010 in Lissabon verabschiedeten neuen NATO-Strategie auf: Die globale Erwärmung wird im strategischen NATO-Konzept mit dem schlichten Titel »Active Engagement, Modern Defence« ganz offiziell als Bedrohung anerkannt. Zu dem im Konzeptpapier definierten Bedrohungsspektrum zählt die NATO übrigens auch Wasserknappheit.

---

[911] United States Department of Defense (Hg.): 2014 Climate Change. Adaptation Roadmap. Die komplette Studie findet sich online unter: http://www.acq.osd.mil/ie/download/CCARprint.pdf [Stand: 3.11.2014].

[912] Naumann, Klaus et al.: Towards a Grand Strategy for an Uncertain World. Renewing Transatlantic Partnership, Noaber Foundation, Lunteren 2007, S. 35.

Konfliktstoff Wasser

Wassermangel ist die wahrscheinlich älteste und unbarmherzigste Grenze des Wachstums. Es ist eine Binsenweisheit: Wo es an Wasser mangelt, beginnen die Konflikte. Viele Studien befürchten für die Zukunft wachsende Konflikte um Wasser.[913] Eine Untersuchung im Auftrag des US-Außenministeriums warnt vor Instabilität, Staatsversagen und steigenden regionalen Spannungen. Zwischen dem Heute und dem Jahr 2040 könne die verfügbare Menge an Frischwasser nicht mehr mit der Nachfrage Schritt halten.[914]

Mögliche Konflikte gibt es viele. Das Euphrat-Tigris-Becken könnte beispielsweise ein Konfliktfeld der Zukunft werden. Die Anrainerstaaten Irak, Syrien und Iran möchten möglichst viel von den knappen Wasserressourcen abbekommen. Sowohl Euphrat als auch Tigris entspringen in der Türkei, was Ankara als Oberlieger in eine günstige Position bringt. Die Türkei baut seit Jahren große Staudämme in der Region. Die Dämme lösen Besorgnis in Syrien und im Irak aus, denn die Türkei könnte den arabischen Nachbarn das unbedingt benötigte Wasser vorenthalten. Vor allem das Verhältnis zwischen der Türkei und Syrien ist angespannt. Syrien reklamiert für sich die türkische Provinz Hatay an der Mittelmeerküste und unterstützt die Kämpfer der kurdischen PKK. Der Klimawandel könnte die Wasserprobleme in der Region verschärfen und den Konflikt im Euphrat-Tigris-Becken befeuern.

Gleiches gilt für Indien, Pakistan und China. Das Verhältnis zwischen Indien und China ist nicht das beste – beide Länder verstehen sich als Rivalen. Gemäß der alten Formel »Der Feind meines Feindes ist mein Freund« kooperiert China eng mit Pakistan.

Die wichtigsten Flüsse Süd- und Südostasiens entspringen im Himalaya, so u. a. der Brahmaputra, Ganges, Mekong, Indus, Jangtse und der Gelbe Fluss. Doch Asiens große Wasserbank droht im Zuge des Klimawandels in eine Bankenkrise ganz eigener Art zu geraten.[915]

Der Wettlauf um das Wasser ist im Gange. China verfolgt umfassende Dammbauprojekte am Oberlauf von Mekong, Brahmaputra und Salween. Damit droht das Reich der Mitte anderen, tiefer liegenden Staaten das Wasser abzugraben. Wahrscheinlich wird Wasserknappheit in den nächsten Jahren

---

[913] Exemplarisch ist eine Untersuchung der United Nations University: Bigas, Harriet: The Global Water Crisis: Addressing an Urgent Security Issue, Papers for the InterAction Council, United Nations University – Institute for Water, Environment and Health, Hamilton (Kanada) 2012.

[914] The National Intelligence Council: Global Water Security, Intelligence Community Assessment. Die Studie findet sich online unter: http://www.dni.gov/files/documents/Special%20Report_ICA%20Global%20Water%20Security.pdf [Stand: 20.10.2014].

[915] Vgl. Kleber, Klaus/Paskal, Cleo: Spielball Erde, a. a. O., S. 202.

zum wichtigsten aller Probleme zwischen Indien und China. Beide Länder rivalisieren um Tibet. Und um die Wasserquellen.

Indien ringt mit Pakistan auch um Kaschmir. Drei Kriege wurden bereits um das Gebiet geführt. Kaschmir ist besonders wegen seines Wasserreichtums eine äußerst wertvolle Region. Durch Kaschmir fließen der Indus und seine großen Zuflüsse. Ein Vertrag aus dem Jahre 1960 regelt, wer wie viel vom Induswasser bekommt. Indien 20 Prozent, Pakistan 80 Prozent. In Indien sind viele mit dem Vertrag unzufrieden. Als Oberlieger hätte Indien die Möglichkeit, Pakistan weitgehend vom Induswasser abzuschneiden.

Pakistan ist vom Indus so abhängig wie Ägypten vom Nil. Aus dem Indus kommt das Wasser für 80 Prozent der künstlich bewässerten Flächen in Pakistan – die Nahrungsgrundlage für die meisten der 182 Millionen Pakistaner. Der Vertrag hält – noch. Nach manchen Prognosen werden im Jahr 2025 in Indien dreimal und in Pakistan sechsmal so viele Menschen leben wie bei Vertragsschluss im Jahr 1960. Und schon heute stehen die Zeichen der Wasserverknappung deutlich an der Wand.[916]

Wettlauf um das verbleibende Öl

Prominent vertreten im NATO-Konzept »Active Engagement, Modern Defence« sind ferner die Themen Energie bzw. Energiesicherheit. Hier spielt wiederum – man ahnt es schon – das Erdöl eine wichtige Rolle.

Öl, immer wieder Öl. Das schwarze Gold wird vermutlich künftig noch stärker als bisher die internationale Politik bestimmen. Wolfgang Sachs redet Klartext und notiert dazu:

> »Erdöl ist gegenwärtig die wichtigste globale Ressource. Es ist wichtiger, als Gold es je war. Ohne Öl würde das industriewirtschaftliche System zusammenbrechen: Industrie und Arbeitsplätze basieren in weiten Teilen auf der Nutzung oder Verarbeitung von Rohöl. (...) Der sichere Zugang zu Öl ist seit langem ein zentraler Faktor geopolitischer Strategien.«[917]

Schon im Jahr 1917 richtete der französische Premierminister Georges Clemenceau ein eindringliches Telegramm an US-Präsident Woodrow Wilson. Wenn die Alliierten den Krieg nicht verlieren wollten, so Clemenceau an Wil-

---

[916] Vgl. ebenda, S. 190.

[917] Sachs, Wolfgang: Öl ins Feuer – Ressourcenkonflikte als Treibstoff für globalen Unfrieden, S. 37, in: Österreichisches Studienzentrum für Frieden und Konfliktlösung (Hg.): Von kalten Energiestrategien zu heißen Rohstoffkriegen? Schachspiel der Weltmächte zwischen Präventivkrieg und zukunftsfähiger Rohstoffpolitik im Zeitalter des globalen Treibhauses, Dialog 54 – Beiträge zur Friedensforschung, Münster/Wien/Berlin 2008, S. 31–43.

son, »dürfen sie nicht zulassen, dass Frankreich für den Fall einer deutschen Großoffensive das Öl vorenthalten wird, da auf den Schlachtfeldern von morgen Erdöl so unentbehrlich ist wie das Blut.« Und 1919 stellte die französische Regierung fest: »Derjenige, der das Erdöl besitzt, wird die Welt besitzen.«[918]

Öl ist ein Konfliktstoff par excellence. Beispiel Arktis. Rund 13 Prozent der unerschlossenen Erdölvorkommen und etwa 30 Prozent der unerschlossenen Erdgasvorräte sollen sich in der Arktis befinden. Der Klimawandel lässt das arktische Eis schmelzen und macht es möglich, diese Schätze auszubeuten. Die Unklarheiten hinsichtlich der Aufteilung arktischer Gebiete und ihrer Ressourcen erhöhen schon heute die Spannungen zwischen den Anrainerstaaten. Die USA, Dänemark, Norwegen, Kanada und Russland melden Gebietsansprüche an. Alle genannten Länder sind dabei, ihre militärische Präsenz hoch im Norden auszubauen.[919] Alle Anrainerstaaten möchten ein möglichst großes Stück vom Kuchen ergattern. Spannungen ergaben sich in der Vergangenheit u. a. zwischen Norwegen und Russland. Die Grenzziehung zwischen dem norwegischen Spitzbergen und dem russischen Nowaja Semlja ist bis heute ungeklärt.

Die Risiken für die Natur bei der Öl- und Gasförderung sind indes hoch. Lloyd's, einer der weltgrößten Versicherer, erklärte unlängst, dass Bohr- und Förderaktivitäten in der Arktis nicht versicherbar seien. Grundlage für diese pessimistische Einschätzung ist eine 60-seitige Studie des Versicherungskonzerns, der deutlich vor den Umweltgefahren in der Arktis warnt.[920] Und dennoch: Es wird gebohrt und gefördert. Vorreiter ist Russland. Im Mai 2014 wurde das erste arktische Öl nach Europa geliefert.

Etwa zwei Drittel der weltweiten Ölförderung finden in 30 Ländern statt, die zumeist keine Demokratien sind. Sie sind politisch weniger stabil und leiden typischerweise unter einer mehr oder weniger stark ausgeprägten Korruption.

Öl ist ein Danaergeschenk der Natur. Henry Kissinger bemerkte einst: »Öl ist zu wichtig, um es den Arabern zu überlassen.« Juan Pablo Pérez Alfonzo, der venezolanische Mitbegründer der OPEC, meinte, beim Öl handele es sich um »das Exkrement des Teufels«.[921] Viele Menschen können davon ein Lied singen. In sehr vielen Ländern, man denke an Nigeria, Ecuador, Angola oder Myanmar, sind zahllose Verbrechen von Ölkonzernen gegenüber der Zivil-

---

918 Beides zitiert nach: Müller, Michael: a. a. O., S. 4.

919 Vgl. Konicz, Tomasz: Kampf um die Arktis, in: Junge Welt vom 25.4.2012, S. 6.

920 Lloyd's/Chatham House (Hg.): Arctic Opening: Opportunity and Risk in the High North, London 2012.

921 Zitiert nach: Karl, Terry Lynn: The Oil Trap, in: Transparency International's Quarterly Newsletter, September 2003.

bevölkerung dokumentiert. Ohne das schwarze Gold ständen viele Länder besser da.

Das Paradebeispiel für diese These ist der Irak. Der Krieg gegen das Zweistromland im Jahr 2003 war ein Ressourcenkrieg. Schon bei Kriegsbeginn am 20. März 2003 war vielen Beobachtern klar, dass Öl eine ganz wesentliche Ursache für den Feldzug gegen das Regime Saddam Husseins war.

Offen ausgesprochen wurde das aus verständlichen Gründen selten. Der ehemalige US-Vizepräsident Al Gore hat sich in seiner wenig bekannten, aber lesenswerten Abrechnung mit der Bush-Regierung entsprechend geäußert.[922] Auch Alan Greenspan, der legendäre Ex-Chef der US-amerikanischen Notenbank, positionierte sich zur Ölfrage: »Es macht mich traurig, dass es politisch unangebracht ist, das anzuerkennen, was jedermann weiß: dass es beim Irak-Krieg hauptsächlich um Öl ging.«[923]

Damit ist nicht gesagt, dass es nur um Öl allein ging. Neben dem Faktor Öl dürften geopolitische Erwägungen (Stichwort: neue Weltordnung), die Verteidigung der Dollarhegemonie[924] (Öl wird in Dollar fakturiert) und der Wunsch, die Basen in Saudi-Arabien durch sichere Militärlager im Irak zu ersetzen, leitende Ziele der Bush-Administration bei den Kriegsplanungen gewesen sein.[925] Aber ohne den Ölfaktor ist dieser Krieg nicht denkbar. Als Bagdad fiel, wurde das Ölministerium umgehend geschützt, während Museen und Hospitäler geplündert wurden.

Der Irak verfügt über die drittgrößten nachgewiesenen konventionellen Ölreserven der Welt – nur Saudi-Arabien und der Iran haben noch größere Reserven. Im Unterschied zu anderen Ländern hat die Ölförderung im Irak ihren Höhepunkt noch nicht überschritten. Bagdad wird in Zukunft über erhebliche Reservekapazitäten verfügen können. Die Ölförderung des Zweistromlandes erholte sich in den vergangenen Jahren von ihren Tiefständen. Die irakische Regierung erklärte mehrfach, dass sie die Förderung bis auf elf oder zwölf Millionen Barrel pro Tag hochfahren wolle.[926] Und sie bemüht

---

[922] Vgl. Gore, Al: Angriff auf die Vernunft, 2. Auflage, München 2007, S. 260.

[923] Im Original: »I am saddened that it is politically inconvenient to acknowledge what everyone knows: the Iraq war is largely about oil.« Zitiert nach: Paterson, Graham: Alan Greenspan claims Iraq war was really for oil, in: Sunday Times vom 16. September 2007.

[924] Exzellent dazu: Abdolvand, Behrooz/Adolf, Matthias: Verteidigung des Dollar mit anderen Mitteln. Der »Ölkrieg« im Kontext der kommenden Währungsbipolarität, in: Blätter für deutsche und internationale Politik, Nr. 2, 2003, S. 175–185.

[925] Vgl. dazu ausführlich beispielsweise Massarrat, Mohssen: Amerikas Weltordnung. Hegemonie und Kriege um Öl, Hamburg 2003, S. 36–49.

[926] Manche Experten hegen allerdings Zweifel, ob dieses immens hohe Förderniveau je erreicht werden kann. Sie halten die Ankündigungen der irakischen Regierung für übertrieben. Der russische Ölkonzern Lukoil sieht in einer Studie die Tagesförderung des Irak im Jahr 2020 bei sechs Millionen Fass pro Tag. Vgl. dazu Lukoil (Hg.): Global Trends in Oil & Gas Markets to 2025, a. a. O., S. 17.

sich in den letzten drei Jahren erkennbar, an Unabhängigkeit gegenüber der Schutzmacht USA zu gewinnen. Die chinesischen Energiekonzerne CNOOC und Petrochina expandieren im Zweistromland – mit ausdrücklicher Billigung der Regierung in Bagdad.

Der Irak ist heute der *place to be*. Im Sommer 2012 wurde nach jahrelanger Stagnation die Marke von drei Millionen Barrel pro Tag geknackt. Die IEA rechnet mit einer Verdoppelung der irakischen Förderung bis 2020 auf 6,1 Millionen Barrel pro Tag. Bis zum Jahr 2035 soll die Ölförderung auf 8,3 Millionen Barrel pro Tag steigen.[927] Der Energieanalyst Steffen Bukold meint: »Ohne ihn (den Irak, N. N.) ist eine globale Ölkrise mit einem steil steigenden Ölpreis in wenigen Jahren vorprogrammiert.«[928]

Der Irak hat zudem den Vorteil sehr geringer Förderkosten. In Kanada liegen die Förderkosten für den Abbau der Ölsande sieben bis zehnmal höher. Und selbst in Brasilien oder Kasachstan machen die Förderkosten das Fünffache des irakischen Wertes aus.[929]

Sehr wahrscheinlich geht es in erster Linie aber gar nicht darum, dass die USA das irakische Öl selbst verbrauchen. Es geht vielmehr darum, sich die Verfügungsmacht über das schwarze Gold zu sichern und *veto power* über andere Staaten ausüben zu können.

Das große geopolitische Schachbrett

Veto power – damit ist man unversehens beim Altmeister der Geostrategie, George F. Kennan, angelangt. Kennan entwickelte nach dem Zweiten Weltkrieg eine Hegemonialstrategie, die bis zum heutigen Tag nichts von ihrer Faszination eingebüßt hat. Kennan ging nicht fehl in der Annahme, dass das Öl des Mittleren Ostens der »größte materielle Preis der Weltgeschichte« sei.[930] Kennans Nachfolge als Doyen der Geostrategie hat Zbigniew Brzezinski angetreten. Brzezinskis Opus Magnum *The Grand Chessboard* ist auch fast 20 Jahre nach seinem Erscheinen eine äußerst kostbare Orientierungshilfe für das Verständnis und die Analyse der internationalen Politik.

Brzezinski, legendärer Sicherheitsberater von US-Präsident Jimmy Carter, spricht für einen starken Flügel der US-amerikanischen Elite. Man muss ihm nicht immer zustimmen, aber ein großer Vorzug ist seine Offenheit.

---

927 Vgl. Internationale Energie-Agentur (Hg.): World Energy Outlook 2012, a. a. O., S. 419.

928 Bukold, Steffen: Öl im Irak – Perspektiven einer neuen Ölsupermacht. Online unter: http://www.energiepolitik.de/oel-im-irak-perspektiven-einer-neuen-oelsupermacht/ [Stand: 5.9.2014].

929 Vgl. ebenda.

930 Zitiert nach: Chomsky, Noam et al.: Die neue Weltordnung und der Golfkrieg, Grafenau 1992, S. 33.

In seinem 2012 erschienenen Buch *Strategic Vision* erkennt Brzezinski in der Lage der USA starke Parallelen zur Sowjetunion der 1980er Jahre: Erstens sieht er ein festgefahrenes und reformunfähiges politisches System. Zweitens macht er eine militärische Überdehnung aus. Es habe in der Vergangenheit zu viele militärische Abenteuer gegeben. Die Rüstungsausgaben der USA seien zu hoch. Drittens, so Brzezinski, steige der Lebensstandard der US-amerikanischen Bevölkerung nicht mehr. Die politische Klasse ignoriere die sozialen Probleme weitgehend und sei darauf bedacht, die eigene Vormachtstellung zu bewahren – ein viertes Problem. Daneben kritisiert Brzezinski eine fehlgeleitete Außenpolitik. Es werde versucht, von innenpolitischen Schwierigkeiten bzw. Legitimationsdefiziten durch außenpolitische Anfeindungen abzulenken. Eine solche Außenpolitik führe in die Selbstisolation.[931]

Brzezinski gesteht die Schwächung der westlichen Staatengemeinschaft ein. Der Westen kann nicht länger großspurig gegenüber dem Rest der Welt auftreten. 1997 prägte Brzezinski die Metapher vom *eurasischen Schachbrett*. Der Fortbestand der globalen Vorherrschaft der Vereinigten Staaten von Amerika hänge entscheidend davon ab, wie lange und wie effektiv sich das Land in Eurasien behaupten könne.[932] Kein Staat oder keine Gruppe von Staaten dürfe die Fähigkeit erlangen, die Vereinigten Staaten aus Eurasien zu vertreiben oder auch nur deren Schiedsrichterrolle zu beeinträchtigen.[933] Im Blick hatte Brzezinski seinerzeit vor allem Russland, aber auch schon China. Beiden Ländern dürfe es nicht gestattet werden, in Eurasien an Boden zu gewinnen.

Der Grund: In Eurasien befinden sich die entscheidenden Rohstoffe, allen voran Öl und Gas. Als zukünftigen Hauptschauplatz im *Great Game* identifizierte der Doyen der Geostrategie den *eurasischen Balkan*. Dieses Gebiet umfasst Kasachstan, Kirgistan, Tadschikistan, Usbekistan, Turkmenistan, Aserbaidschan, Armenien, Georgien und Afghanistan sowie – mit Einschränkungen – den Iran und die Türkei.[934] Unmittelbare Anlieger sind Russland und China.

Wie der europäische Balkan ist auch der eurasische Balkan politisch instabil. Die Länder sind allesamt Vielvölkerstaaten, und die Staatsgrenzen sind mitunter umstritten – damit ist reichlich Konfliktstoff vorhanden. Brzezinski sieht den eurasischen Balkan als »ökonomisches Filetstück (…), konzentrieren

[931] Vgl. Brzezinski, Zbigniew: Strategic Vision. America and the crisis of global power, New York 2012, S. 4.

[932] Vgl. Brzezinski, Zbigniew: Die einzige Weltmacht. Amerikas Strategie der Vorherrschaft, 8. Auflage, Frankfurt am Main 2004, S. 53.

[933] Vgl. ebenda, S. 283.

[934] Vgl. ebenda, S. 184.

sich in dieser Region doch ungeheure Erdgas- und Erdölvorkommen, von wichtigen Mineralien einschließlich Gold ganz zu schweigen«.[935]

Schon im verflossenen Jahrzehnt stand die Region im Fokus. Es ist zu erwarten, dass die Bedeutung Zentralasiens weiter steigen wird, und zu befürchten, dass Brzezinski mit seiner Balkanthese recht behält. Wer das Gebiet beobachtet, sieht, dass die Spannungen in fast allen genannten Ländern immer weiter zunehmen.

Die US-Regierung von Barack Obama hat mehrfach in den letzten Jahren erklärt, dass sie den außen- und verteidigungspolitischen Fokus noch stärker von Europa nach Asien verlagern wolle. Hier scheint ihr an einer Eindämmung Chinas gelegen zu sein.

Gerade in Asien köcheln verschiedene Konflikte auf Sparflamme, die in den nächsten Jahren oder Jahrzehnten noch sehr interessant werden könnten. Oft geht es nicht nur um die Kontrolle von Land, sondern auch um Rohstoffe.

Konfliktgebiet Südchinesisches Meer

Im Südchinesischen Meer laufen sich schon seit Jahren die Konfliktparteien warm. Von den Geschehnissen dort bekommen die meisten Europäer bestenfalls Infoschnipsel mit. Von den knapp 200 Inseln, Sandbänken und Riffen der Spratly- und Paracel-Gruppen sind zwar nur die wenigsten dauerhaft bewohnbar, aber um die Archipele herrscht zwischen China, Taiwan, Vietnam, Malaysia und den Philippinen ein erbitterter Streit. Alle genannten Staaten erheben ganz oder teilweise Anspruch auf die Inseln.

Letztere liegen im Kreuzungspunkt wichtiger globaler Seewege. Mehr als die Hälfte der jährlichen globalen Seefracht-Tonnage verkehrt durch die Region.[936] Konkret bedeutet das: Sehr viele Schiffe, die chinesische, japanische oder koreanische Häfen anlaufen, müssen durch das Südchinesische Meer.

Der Meeresboden steht in Verdacht, alle möglichen Bodenschätze zu beherbergen, darunter auch Erdöl und Erdgas.[937] Die US-amerikanische Energy Information Agency schätzt die Ölvorkommen im Südchinesischen Meer auf auf 11 Milliarden Barrel. Dazu sollen 530 Milliarden Kubikmeter Erdgas un-

---

[935] Ebenda, S. 182.

[936] Besonders wichtig ist dabei naturgemäß das Erdöl. Etwa 80 Prozent der japanischen und 39 Prozent der chinesischen Erdölimporte kommen aus dem Nahen Osten. Die Tanker passieren erst den Indischen Ozean und müssen dann durch das Südchinesische Meer. Vgl. Stocker, Walter: Erdöl und Seewege in Chinas Hinterhof. Die geostrategische Bedeutung des Südchinesischen Meeres, Vortragshandout, Vortrag am 26.9.2015 in Bern, Jahreskonferenz der ASPO Schweiz. Online unter: http://aspo.ch/wp-content/uploads/2015/09/NS_97.pdf [Stand: 3.11.2015].

[937] Vgl. Seifert, Andreas: Konfliktzone im Südchinesischen Meer, Informationsstelle Militarisierung, IMI-Studie Nr. 09/2012, Tübingen 2012, S. 1.

ter dem Meeresboden verborgen sein. Der staatliche chinesische Ölkonzern CNOOC beziffert die Vorkommen noch weitaus optimistischer: Demnach beherbergt das Meer 125 Milliarden Barrel Erdöl und sagenhafte 14 Billionen Kubikmeter Erdgas. Ob die Schätzungen auch nur ansatzweise richtig sind, ist offen. Fakt ist allerdings, dass China im Mai 2014 die Tiefseebohrinsel Haiyang Shiyou 981 in Betrieb genommen hat, um etwas schlauer zu werden.[938]

Noch dazu ist diese Meeresregion reich an Fischvorkommen. Seit Jahren findet in allen genannten Staaten eine Aufrüstung zur See statt. China vertritt nicht nur die umfassendsten Gebietsansprüche, sondern rüstet auch seine Marine immer stärker auf. Die USA nutzen die Ängste der schwächeren Anrainerstaaten, um sich als deren Anwalt zu profilieren. Gemeinsame Militärmanöver mit Vietnam und mit den Philippinen haben bereits stattgefunden. Mit Taiwan sind die US-Amerikaner seit Jahrzehnten verbündet.

Der Konflikt um die Vorherrschaft im Südchinesischen Meer könnte zu einem über ganz Asien werden. Gelänge es Peking, seine umfassenden Ansprüche auch auf Kosten der USA durchzusetzen, gerieten die weltpolitischen Gleichgewichte durcheinander.

Robert D. Kaplan, ein weltweit angesehener Experte für Geopolitik, bezeichnet in einer vielbeachteten Studie[939] das Südchinesische Meer gar als künftig wichtigstes Schlachtfeld der Menschheit. Kaplan erwartet von China eine Politik der Stärke, nicht der Konzessionen. China versuche eine asiatische Version der Monroe-Doktrin zu etablieren. (Die Monroe-Doktrin geht zurück auf den US-amerikanischen Präsidenten James Monroe. Lateinamerika sei demzufolge der »Hinterhof der USA«. Keine andere Macht solle sich in dieses US-amerikanische Herrschaftsgebiet einmischen, so die Devise. Im Gegenzug sollten sich die USA in andere Weltregionen nicht einmischen.)

Mit Japan entzweit China ein ähnlicher Konflikt wie im Südchinesischen Meer. Stein des Anstoßes sind die Diaoyou/Senkaku-Inseln im Ostchinesischen Meer. Und auch hier geht es nicht um die vergleichsweise wertlosen Inseln, sondern um die Bodenschätze, die im Umkreis der Inseln auf dem Meeresboden vermutet werden.[940] Die japanische Regierung hat kürzlich verkündet, sie wolle den 9. Verfassungsartikel neu interpretieren. Dieser Verfassungsartikel erlaubt nur eine Armee zur Selbstverteidigung. Die Aufrüstungsmöglichkeiten Nippons sind damit begrenzt. Bisher wusste Japan allerdings

---

[938] Vgl. Klare, Michael T.: Schatzsuche in tiefsten Gewässern, in: Le Monde diplomatique, 20. Jg., Nr. 2, 2015, S. 16–17.

[939] Kaplan, Robert D.: Asia's Cauldron: The South China Sea and the End of a Stable Pacific, New York 2014.

[940] Vgl. Seifert, Andreas: Konfliktzone im Südchinesischen Meer, a. a. O., S. 4.

immer auch die USA an seiner Seite. In einem Konflikt mit China würde sich dieses Bild sicher nicht verändern.

Das Ende von Chimerica?

Die USA und die kommende Weltmacht China mögen Rivalen sein, bilden aber in vielfacher Hinsicht eine Interessengemeinschaft wider Willen. Hier wie dort gibt es eine starke soziale Polarisierung. Beide Staaten verfügen zusammen über mehr als ein Zehntel der Fläche der Erde, über ein Viertel der Bevölkerung und zeichnen für ein Drittel des globalen Sozialprodukts verantwortlich. Beide Staaten sind von einer ultralockeren Geldpolitik abhängig.[941] Und vor allem: Beide Staaten stützen sich auf die durch das gleiche Modell gegründete Abhängigkeit – billige Energie.

Das Verhalten von Chinesen und Amerikanern wird entscheidend dafür sein, welchen Verlauf das 21. Jahrhundert nehmen wird. Die USA werden am Ende des 21. Jahrhunderts nicht mehr Weltmacht sein. Ihnen bleibt vorerst ihre militärische Stärke und ihre kulturelle *soft power*, um den Begriff zu bemühen, den der Politologe Joseph Nye geprägt hat. Der American Way of Life wird von sehr vielen Menschen weltweit angestrebt. Die Akzeptanz der Führungsrolle der Vereinigten Staaten von Amerika wurzelte immer auch in einem Aufstiegsversprechen: »Wenn ihr werdet wie wir, könnt ihr reich werden wie wir.«[942]

Andere Säulen der US-amerikanischen Macht befinden sich dagegen seit geraumer Zeit im Niedergang.[943] Imperien können auf friedliche Weise implodieren. Die Geschichte zeigt aber auch, dass Weltmächte leider allzu oft mit Gewalt und Chaos zugrunde gehen. Eine entscheidende Frage wird demzufolge sein, ob die Vereinigten Staaten eine weiche Landung hinbekommen werden.

Die USA verbrauchen etwa 19 Millionen Barrel Öl pro Tag – das sind fast 20 Prozent der täglichen globalen Ölverbrauchsmenge.[944] Gleichzeitig unterhalten die Vereinigten Staaten mehr als 700 militärische Stützpunkte

---

941 Vgl. Ferguson, Niall: The U.S. and China Both Need Economic Rehab. 'Chimerica' has become addicted to ultra-loose financial conditions. Artikel online unter: http://www.niallferguson.com/journalism/finance-economics/the-u.s.-and-china-both-need-economic-rehab [Stand: 11.10.2014].

942 Vgl. Müller, Henrik: Die sieben Knappheiten, a. a. O., S. 110.

943 Die Literatur zu dieser These ist umfangreich. Einen knappen Überblick über wichtige Gründe für den Niedergang des US-Imperiums gibt Immanuel Wallerstein: Wohin steuert die Welt? Geopolitische Brüche im 21. Jahrhundert, in: WeltTrends, Nr. 40, Herbst 2003, S. 97–110.

944 Vgl. dazu auch Klare, Michael T.: Öl-Junkie Amerika. Was die Abhängigkeit vom Erdöl für die USA politisch bedeutet, in: Internationale Politik, 61. Jg., Nr. 2, 2006, S. 32–42.

weltweit.[945] Militärisch kann ihnen niemand bis auf absehbare Zeit auch nur annährend das Wasser reichen.

Trotz der moderaten Rhetorik eines Barack Obama – die praktische Außenpolitik unterscheidet sich nur marginal vom Kurs der Vorgängerregierung unter George Walker Bush. Die massiven völkerrechtswidrigen Drohneneinsätze, v. a. in Pakistan, Afghanistan oder im Jemen, sowie der Libyen-Krieg 2011 legen davon Zeugnis ab. Es scheint so, dass die Vereinigten Staaten ihren unter Bush Junior eingeschlagenen Weg (Stichworte: Afghanistan und Irak) fortsetzen und sich die Ressourcen, die sie begehren, einfach nehmen.

Es gibt nicht viele Länder, die sie daran hindern könnten. Eines – manche mutmaßen, das Einzige – davon ist China. Mit etwa 300 Milliarden Dollar Exportvolumen sind die USA der größte Absatzmarkt für Produkte *made in China*. Die chinesischen Unternehmen brauchen die USA als Absatzmarkt. Amerika ist der Devisengeber. Die Deviseneinnahmen aus Übersee befeuerten lange Zeit die Investitionstätigkeit Chinas, die bis zu 43 Prozent des BIP erreichen konnte.[946] Einen großen Teil seiner Überschüsse legte Peking in US-amerikanischen Wertpapieren an.

Der Schuldenkreislauf zwischen Washington und Peking war lange Zeit geradezu symbiotisch: Die USA liehen sich praktisch das Geld von China, mit dem sie chinesische Waren bezahlten. China lieh den USA Geld, das es beim Warenverkauf in die USA erwirtschaftete. Durch den massiven Aufkauf von US-Staatspapieren konnten die Zinsen in den Staaten lange Zeit niedrig gehalten werden. Das befeuerte den kreditfinanzierten Immobilienboom und die Schuldenaufnahme der US-Konsumenten zusätzlich. Beide Seiten profitierten davon. China sicherte sich mit den gewaltigen Krediten seinen wichtigsten Absatzmarkt, während der wichtigste Zweig der US-Wirtschaft, der Finanzsektor, durch die Verbriefung der US-Schulden Traumgewinne erzielte.[947]

Jene ökonomische Symbiose bekam einen im wahrsten Sinne des Wortes merkwürdigen Namen: *Chimerica*.[948] Der Wortschöpfer, der Historiker Niall Ferguson, spielte bewusst auf »Chimäre« an, ein feuerspeiendes Ungeheuer mit drei Köpfen aus der griechischen Mythologie. Ein Teil dieses Mischwe-

---

945 Um genau zu sein, sind es 737 in mehr als 130 Ländern. Das geht aus dem *Base Structure Report* hervor, einem Katasterverzeichnis des Pentagon, das auflistet, welche Grundstücke das US-Verteidigungsministerium auf der Welt besitzt.

946 Zum Vergleich: Die Investitionsquote beträgt in den USA, wo vor Krisenausbruch der schuldenfinanzierte private Konsum eine zentrale Rolle spielte, nur 16,5 Prozent des Bruttoinlandsproduktes, in der EU sind es rund 23 Prozent.

947 Vgl. Konicz, Tomasz: Vereint in Gefangenschaft, in: Junge Welt vom 14.11.2009, S. 9.

948 Vgl. Ferguson, Niall: Der Aufstieg des Geldes. Die Währung der Geschichte, Berlin 2009, S. 294–296.

sens, China, häufte immer mehr Devisenreserven an. Die Fremdwährungsreserven Pekings wurden im Jahr 2010 auf 2,6 Billionen US-Dollar taxiert – das war rund ein Viertel der weltweiten Reserven.[949] Drei Jahre später lag dieser Wert schon bei 3,5 Billionen US-Dollar.

Doch so charmant die Metapher ist – wahrscheinlich wird sie keine große Karriere machen. Peking ist nämlich dabei, sich vom US-Dollar zu emanzipieren. Anfang 2015 trennte sich China von einem Teil seines Staatsanleihenschatzes. Die kommunistische Führung würde ihren Yuan gerne als eigene Reservewährung neben Dollar und Euro etablieren.

China könnte den USA allerdings immer noch gefährlich werden. Nämlich dann, wenn es große Dollarbestände auf den Devisenmarkt werfen würde. In diesem Fall würde der Dollar auf eine tiefe Talfahrt geschickt werden – mit unangenehmen Folgen für die US-amerikanische Wirtschaft. Allerdings ist diese Option mehr theoretischer Natur: In der Vergangenheit kaufte Peking Dollars auf, um die eigene Währung, den Yuan, aus Exportgründen unterbewertet zu halten.

Doch das ist nicht das einzige Pfund, mit dem die Chinesen wuchern können. Sollte die von vielen angestrebte Transformation zu einem *grünen Kapitalismus* weitere Fahrt aufnehmen, dann werden die *Seltenen Erden* eine Schlüsselrolle spielen. Von ihnen war bisher nur am Rande die Rede. Die moderne Umwelttechnik kommt nicht ohne sie aus. Jene besonders kostbaren Rohstoffe stecken in den Elektromotoren der Windräder, in Solarzellen, aber auch in den Motoren und Akkus der Hybridfahrzeuge sowie in Energiesparlampen. Und natürlich auch in Computern, Flachbildschirmen oder Smartphones.

Seltene Erden könnten für ein weiteres Wachstum der erneuerbaren Energien zum Problem werden. Der eigenwillige Name ist nämlich Programm – diese Rohstoffe gibt's nicht an jeder Ecke, sie sind selten. Wobei es schon innerhalb der Familie der Seltenen Erden Unterschiede gibt. Cer ist z. B. relativ reichlich vorhanden. Dysprosium, für Magnete von großer Bedeutung, ist dagegen außerordentlich knapp. Gleiches gilt für Neodym – ein Windrad mit einer Leistung von fünf Megawatt braucht im Durchschnitt 800 Kilogramm von diesem Stoff.

Knappheit treibt den Preis. Die Preise für Seltene Erden sind in den letzten zehn Jahren regelrecht durch die Decke gegangen. Seltene Erden haben interessante Eigenschaften. Sie sind heute mehr wert als Öl oder Gold. Sie sind u. a. deshalb teuer, weil es schwierig ist, sie chemisch zu isolieren.

---

[949] Vgl. Schmalz, Stefan: Chinas neue Rolle im globalen Kapitalismus, S. 493, in: Prokla. Zeitschrift für kritische Sozialwissenschaft, Heft 161, Nr. 4, 2010, S. 483–503.

Der Abbau der kostbaren Rohstoffe ist, wie schon erwähnt wurde, stark naturzerstörend. Das Gros der Seltenen Erden, 97 Prozent der Weltproduktion, wird heute in China abgebaut.[950] Im chinesischen Boden lagern jedoch nur knapp 40 Prozent der weltweiten Vorkommen. Auch die USA, Indien, Grönland, Australien und Kanada könnten Seltene Erden abbauen. Über Jahrzehnte hat China allerdings den Weltmarkt dank niedriger Arbeitskosten und praktisch nicht existenter Umweltauflagen mit billigen Rohstoffen überflutet. Folge: An vielen Orten rechnete sich die Förderung nicht mehr, vielerorts wurden die Minen dichtgemacht.

Die chinesische Führung hat schon mehrfach erkennen lassen, dass sich die Seltenen Erden vorzüglich als strategische Waffe einsetzen lassen könnten. »Der Nahe Osten hat Öl, China hat Seltene Erden«, sagte 1992 Chinas damaliger Staatschef Deng Xiaoping. Vom Einsatz dieser strategischen Waffe erhielt die Welt schon einige Kostproben. 2012 ließ der staatliche chinesische Konzern *Baotou Steel*, der größte Produzent von Seltenen Erden, die Muskeln spielen – er verhängte einen mehrmonatigen Produktionsstopp. Zwischen 2011 und 2014 drosselte China mit Exportbeschränkungen die Ausfuhr von Seltenen Erden, die Anfang 2015 allerdings auf Druck der Welthandelsorganisation wieder aufgehoben wurden.

China ist jedoch verwundbar. Das Land hat ein chronisches und gleichzeitig wachsendes Energiedefizit. Im Jahr 2009 hat China die Vereinigten Staaten von Amerika als weltgrößten Energieverbraucher abgelöst. Und gleichzeitig auch als größten Emittenten von Treibhausgasen. Im Jahr 2035 soll China fast 70 Prozent mehr Energie verbrauchen als die USA, wobei der Pro-Kopf-Energieverbrauch Pekings selbst dann nur in etwa halb so hoch sein soll wie der Washingtons.[951]

Das Reich der Mitte hat eine bemerkenswerte Entwicklung hingelegt. Extrem hohe Wachstumsraten gingen mit fast ebenso extremen Steigerungsraten beim Energieverbrauch einher. Im Jahr 2000 verbrauchte China nur halb so viel Energie wie die USA. Zwischen den Jahren 2000 und 2008 wuchs Chinas Energiebedarf viermal so stark wie in den zehn Jahren davor.[952]

Ähnlich wie die Vereinigten Staaten betreibt China eine ausgedehnte Erdöldiplomatie, die auch die Lieferung von militärischen Gütern mit einschließt. Bis 1994 konnte sich Peking noch selbst mit Erdöl versorgen,

---

[950] Vgl. Derruine, Olivier: Lorsque les Nations unies plaident pour le découplage, S. 15, in: La Revue Nouvelle, 66. Jg., Juli/August 2011, S. 12–16.

[951] Vgl. Internationale Energie-Agentur (Hg.): World Energy Outlook 2011, Executive Summary, a. a. O., S. 3.

[952] Vgl. Internationale Energie-Agentur (Hg.): World Energy Outlook 2010, Executive Summary, a. a. O., S. 6.

seitdem wird die Abhängigkeit von Ölimporten immer größer. Chinas Erdölpolitik ist allerdings durch die Bank von Pragmatismus geleitet. Anders als die USA unternahm China (bisher) keine offenen militärischen Interventionen.[953] Neben dem Öl, welches der Schlüssel für den rasant wachsenden Verkehrssektor ist, setzt China immer noch (wenn auch mit abnehmender Tendenz) auf die äußerst klimaschädliche Kohle.

Und es gibt noch ein Problem: Die kommunistischen Turbo-Kapitalisten können ihr 1,3-Milliarden-Volk ohne Nahrungsmittelimporte nicht ernähren. Dem Reich der Mitte stehen nur sieben Prozent der weltweiten Ackerfläche zur Verfügung. Es müssen aber 22 Prozent der Weltbevölkerung ernährt werden. Chinas Böden sind von umfassenden Degradationsprozessen bedroht. Rund ein Fünftel der Agrarfläche Chinas ist mit Kadmium, Nickel und Arsen verseucht – die Kehrseite des rasanten Wirtschaftswachstums der letzten Jahre.

Derzeit gleicht ausgerechnet die Überproduktion der US-amerikanischen Landwirtschaft die Defizite in China aus. So sind China und die USA trotz aller divergierenden Interessen bis auf weiteres gegenseitige Gefangene. Man muss jedoch hinzufügen: noch. Unklar ist nämlich, wie lange die unorthodoxe Interessenkoalition noch fortbestehen kann und wird.

China wird immer selbstbewusster. Das von Peking lancierte Projekt einer »neuen Seidenstraße« (gemeint ist die Schaffung eine Handelskorridors bis nach Westeuropa, wozu kräftig in die Verkehrsinfrastruktur investiert werden soll), könnte langfristig ein kluger Zug auf dem eurasischen Schachbrett sein. Die chinesische Führung bastelt fleißig an einem gegenhegemonialen Modell. Die zwei wichtigsten Bausteine sind die *Shanghai Cooperation Organization* (SCO) und die Allianz der BRICS-Staaten. Die SCO könnte langfristig so etwas wie eine eurasische Union werden. Mit China, Russland, Kirgisien, Kasachstan, Usbekistan, Tadschikistan und – seit 2015 – Pakistan und Indien umfasst die SCO mehr als ein Drittel der Menschheit. SCO ist eine Abkürzung, die man sich also unbedingt merken muss.

Ebenso BRICS. Das Kürzel steht für die fünf Mitgliedsstaaten. Als da wären: Brasilien, Russland, Indien, China und Südafrika. Im Juli 2015 wurde, von den meisten westlichen Medien unbeachtet, beim Gipfel der BRICS-Staaten im russischen Ufa höchst Wichtiges entschieden: Die BRICS-Staaten beschlossen die Gründung einer Entwicklungsbank. Diese soll Kredite für Investitionen vergeben. Daneben wurde ein Währungsfonds aus der Taufe ge-

---

953 Vgl. Mayer, Maximilian: Warum Chinas »Energiehunger« nicht zum »Krieg um Ressourcen« führt, in: China Aktuell, Nr. 1, 2007, S. 64–65.

hoben. Dieser soll in Not geratenen Ländern mit Krediten aus der Klemme helfen.

Es geht je nach Lesart entweder um eine Ergänzung zu IWF und Weltbank oder gar um ein Gegenmodell.[954] Manche Beobachter sprachen von einem neuen Bretton Woods – dieses Mal allerdings unter chinesischer Führung.[955] Die BRICS-Staaten wollen ihren Handel in Zukunft verstärkt in ihren Währungen abwickeln – und immer weniger in US-Dollar.

Zudem baut China auch noch federführend die Asian Infrastructure Investment Bank, abgekürzt AIIB, auf. 20 asiatische Staaten machen mit. Auch die AIIB ist gegen die alten Bretton-Woods-Institutionen IWF und Weltbank gerichtet. Larry Summers, Ökonomieprofessor und ehemaliger US-amerikanischer Finanzminister, kommentierte die tektonischen Verschiebungen im April 2015 wie folgt: »Dieser Monat könnte der Moment in der Geschichte gewesen sein, in dem die Vereinigten Staaten ihre Rolle als Führungsmacht des globalen ökonomischen Systems verloren haben.«[956]

Ökonomisch werden die USA durch China eindeutig herausgefordert. Den USA gefällt das nicht. Jeder US-Präsident in den letzten 50 Jahren hat erklärt, dass er es als seine Pflicht sehe, die Vormachtstellung der USA zu verteidigen. Und so ist es nicht verwunderlich, dass Barack Obama im Jahr 2011 einen Strategiewechsel verkündete: Der außenpolitische Schwerpunkt der USA müsse sich vom Atlantik auf den Pazifik verlagern – die Zukunft liege in Asien.

Der US-amerikanische Politologe John Mearsheimer, ein Fachmann für Geostrategie, wählte vor einiger Zeit für einen scharfsichtigen Aufsatz einen beunruhigenden Titel: »USA vs. China. Der aufziehende Sturm«.[957] Mearsheimer nimmt – wie der schon zitierte Robert Kaplan – an, dass ein immer stärkeres China versuchen werde, seine eigene Monroe-Doktrin in Asien zu verwirklichen. Das würden die USA nicht akzeptieren. Die Antwort der Vereinigten Staaten sei eine Politik, die auf eine Eindämmung und Schwächung Chinas setze. Und deshalb, so Mearsheimer, sei eine Konfrontation zwischen der absteigenden und der aufsteigenden Weltmacht wahrscheinlich.[958]

---

[954] Ein guter Überblick findet sich in: Maihold, Günther: Die BRICS-Bank – der Einstieg in eine neue Weltfinanzordnung, Stiftung Wissenschaft und Politik, SWP Aktuell 53, Berlin 2014.

[955] Vgl. Zacharie, Arnaud: Le nouveau Bretton Woods chinois, in: Imagine demain le monde, Nr. 111, September/Oktober 2015.

[956] Summers, Larry: Time US leadership woke up to new economic era. Online unter: http://larrysummers.com/2015/04/05/time-us-leadership-woke-up-to-new-economic-era/ [Stand: 4.11.2015].

[957] Mearsheimer, John J.: China vs. USA: Der aufziehende Sturm, in: Blätter für deutsche und internationale Politik, Nr. 10, 2010, S. 87–100.

[958] Vgl. ebenda, S. 95–97.

»Wir müssen uns darauf vorbereiten,
unsere gegenwärtige Lebensweise zu ändern.
Dieser Wandel wird entweder geplant von
uns selber durchgeführt werden, oder er wird
uns von den unerbittlichen Naturgesetzen,
begleitet von Chaos und Leid, aufgezwungen werden.«
Jimmy Carter, ehemaliger US-Präsident

28. Zeitenwende

Die vorangegangenen Seiten haben sich um eine möglichst realistische Darstellung vieler Weltprobleme bemüht. Ob dieses Ziel erreicht wurde, können nur Sie als Leser/-in beurteilen. Realismus ergibt sich aus einer klaren Sicht der Probleme. Konzepte, die keine Antwort auf diese Probleme liefern, sind nicht realistisch.

Die Grundanforderung für Realismus ist, sich nichts vorzumachen.[959] Die Welt steht in diesem noch recht jungen 21. Jahrhundert vor einem Epochenbruch. Der finanzmarktgetriebene Kapitalismus, der wachsen muss und dafür einen entsprechenden Input an Produktionsfaktoren braucht, wird langfristig mit noch stärkeren Kräften kollidieren: endlichen Ressourcen, schweren Umweltverschmutzungen und einer womöglich eingeschränkten Energieversorgung.

Wir brauchen tiefgreifende wirtschaftliche, politische und soziale Veränderungen. Jetzt. Doch wir sind umgeben von Dilemmata. Mit dem britischen Wachstumskritiker Tim Jackson lässt sich sagen: »In dem Maße, in dem wir es uns heute gutgehen lassen, graben wir systematisch dem guten Leben von morgen das Wasser ab.«[960]

Der im Jahr 2010 verstorbene Hermann Scheer, ein Politiker mit Rückgrat und Leidenschaft, hatte für diejenigen, die Katastrophenszenarien ausmalen und den Verzicht predigen, nicht viel übrig. Er war der festen Überzeugung, dass man mit einer Verzichtsethik keine Gestaltungsmehrheiten und keine

959 Vgl. Scheer, Hermann: Energieautonomie, a. a. O., S. 53.
960 Jackson, Tim: Wohlstand ohne Wachstum, a. a. O., S. 16.

Zukunft gewinnen könne. »Keine Gesellschaft kann mit einem Mühlstein um den Hals leben, das kann nur zu Ignoranz und Zynismus führen«, hat Hermann Scheer einmal in einem Interview gesagt.[961]

Das mag stimmen. Aber richtig ist auch, dass der meist etwas zwanghafte Optimismus am Ende vieler Bücher und Filme häufig dazu führt, dass sich Menschen in Sicherheit wiegen und denken, dass man *irgendwie* die Probleme schon lösen werde. *Wie* genau, bleibt allerdings im Regelfall wolkig-nebulös. Niemand hat den Stein der Weisen für die zu lösenden Schwierigkeiten.

Dreh- und Angelpunkte dieser Schrift waren die *Wirtschaft* und das *Wachstum*. Unsere Wirtschaft ist der Kapitalismus. Dieser braucht Wachstum. Der Befund gilt sowohl für den Typus des fordistischen Kapitalismus wie auch für die letzte »Ausbaustufe« des finanzmarktgetriebenen Kapitalismus.

Unter den derzeitigen Bedingungen ist der Kapitalismus nicht stabil. Ein neutrales Setting scheint nicht zu existieren. Es ist wie mit einem Elektrogerät, das über einen ON-OFF-Schalter verfügt. Entweder der Schalter steht auf ON, und es gibt Wachstum. Oder der Schalter steht auf OFF, und die Wirtschaft schrumpft mit allen Schattenseiten wie Arbeitslosigkeit, Firmenpleiten oder Zwangsversteigerungen von Häusern. Wir stecken in einer Zwickmühle. Mit Wachstum gehen wir unter den gegebenen Bedingungen zugrunde, ohne Wachstum aber auch.

Seit der Industriellen Revolution hat es enorme Wachstumsraten gegeben. Diese waren nur möglich durch die Nutzung fossiler Brennstoffe. Zumindest das Öl als wichtigster Schmierstoff der Weltwirtschaft wird sich in den nächsten Jahrzehnten immer mehr erschöpfen und deutlich teurer werden, so dass die utopischen Wachstums- und Renditeanforderungen des Finanzmarktkapitalismus unmöglich zu erfüllen sind.

Auch Kohle, Gas, Uran und Phosphor waren Thema dieses Buches. Viele weitere Rohstoffquellen werden eines Tages knapp und teuer werden. Kupfer, Chrom, Nickel oder Zink sind beispielsweise in vielen Gütern enthalten. Diese Stoffe werden nicht bis in alle Ewigkeit in unbegrenzter Menge zur Verfügung stehen, da jedes Recycling an physikalische Grenzen stößt.

Die gesamte Geschichte der Menschheit verlief immer in Richtung einer größeren Komplexität und eines größeren Energieaufwands. Strukturen, die an Komplexität gewinnen, müssen mit immer mehr Energie versorgt werden. Mit wachsendem Rohstoffinput wird immer mehr Energie in den Zustand der Nichtverfügbarkeit versetzt werden. Das Entropiegesetz gilt. Immer.

---

[961] Zitiert nach: Grüger, Stephan: Zukunftsentwurf Solarzeitalter, in: Vorwärts.de. Artikel online unter: http://www.vorwaerts.de/artikel/zukunftsentwurf-solarzeitalter [Stand: 5.9.2014].

Die Umweltkrise ist Ausdruck der Krise des kapitalistischen Systems. Der Kapitalismus zerstört die Lebensgrundlagen der Menschen, der Tiere und Pflanzen. Aber die Probleme reichen noch tiefer. Sie haben etwas mit unserer Kultur zu tun, deren Spuren bis in die Jungsteinzeit zurückreichen. Unsere Kultur ist eine Kultur der Macht, der Gier und vor allem der Dominanz. Und des Vergessens, des Verdrängens und der Verleugnung.

Die Hoffnung auf ein selbstbestimmtes Leben bildet seit dem 18. Jahrhundert das Grundversprechen der Moderne. Als politisches Projekt ist die Moderne darauf gerichtet, sich von althergebrachten Vorgaben einerseits und von Knappheiten andererseits zu befreien. Wachstum und die fortwährende Steigerung von Optionen waren motiviert und legitimiert durch dieses Ziel. Das Streben nach Wachstum diente perspektivisch dazu, Freiräume zu gewinnen, um einen eigenen Lebensentwurf zu verfolgen. Heute hat sich das alles in sein Gegenteil verkehrt. Der Lebensentwurf dient dazu, im Steigerungsspiel mitzuhalten, wettbewerbsfähig zu bleiben – oder genau das zu werden. Das Grundversprechen der Moderne ist damit gebrochen.

Mit dafür verantwortlich ist die gnadenlose Wettbewerbslogik in unserer Gesellschaft: Diese führt zu einer schrankenlosen Dynamisierung aller konkurrenzförmig organisierten Gesellschaftsbereiche. Stets gilt es, ein klein wenig mehr zu leisten und dafür mehr Energie zu investieren als die Konkurrenz – die dann ihrerseits wieder nachziehen muss.

Dass man immer schneller laufen muss, nur um seinen Platz zu halten, macht die Menschen fertig. Stetig wachsen, beschleunigen und innovieren zu müssen, nur um *STEHENBLEIBEN* zu können, führt in die existentielle Unmöglichkeit.[962]

Wie sieht die Wirtschaft der Zukunft aus? Sicher scheint: Gewirtschaftet wird in Zukunft wieder mit der Sonne, mit nachwachsenden Rohstoffen und mit Hilfe der Naturgewalten. Die Wirtschaft der Zukunft wird ihre Wurzeln im Lokalen und im Regionalen haben. Transportwege werden reduziert.

Die Zeit des globalisierten, finanzmarktgetriebenen Kapitalismus läuft ab. Eine exponentiell wachsende Wirtschaft gibt es nur mit einer unbegrenzten und kostenminimalen Verfügbarkeit fossiler Energieträger. Damit ist es irgendwann in diesem 21. Jahrhundert vorbei. Der Kapitalismus wird sich än-

---

962 Vgl. Rosa, Hartmut: Resonanz statt Entfremdung: Zehn Thesen wider die Steigerungslogik der Moderne, S. 65-66, in: Konzeptwerk Neue Ökonomie e.V. (Hg.): Zeitwohlstand – Wie wir anders arbeiten, nachhaltig wirtschaften und besser leben, München 2014, S. 63–72. Das gesamte Buch gibt es auch online unter: http://www.konzeptwerk-neue-oekonomie.org/wp-content/uploads/2012/07/Zeitwohlstand.pdf [Stand: 23.5.2016].

dern müssen – oder er wird nicht mehr sein. Umbau oder Niedergang – so lauten die Alternativen.

Der Klimawandel gesellt sich in diesem Kontext als Großproblem dazu. Er ist eine ernstzunehmende Bedrohung. Damit der globale Temperaturanstieg tatsächlich noch auf zwei Grad beschränkt werden kann, muss sehr viel passieren.

Die Wahrscheinlichkeit, dass die Menschheit dieses Ziel erreicht, ist gering. Um das fast Unmögliche doch noch möglich zu machen, müsste der Ausstoß an Treibhausgasen, allen voran der von Kohlendioxid, in den 50 Jahren zwischen 2000 und 2050 um 50 bis 85 Prozent sinken. Um eine gerechte Lastenverteilung zu erreichen, müssten – und das kann nicht oft genug wiederholt werden – in den Industrieländern die Emissionen um 80 bis 95 Prozent zurückgefahren werden. Das wäre nur dann mach- und vorstellbar, wenn der Gesamtenergieverbrauch in Europa um etwa 50 Prozent sinken würde. Die USA müssten ihren Gesamtenergieverbrauch noch stärker drosseln.

Eine Senkung des Gesamtenergieverbrauchs in diesen Dimensionen würde mit mehr Energieeffizienz allein nie und nimmer möglich sein. Es müsste also der Energieverbrauch substantiell gesenkt werden. Damit müsste es zu echten Einschnitten bei Industrieproduktion und Transport kommen.[963] Und damit müsste es auch zu echten Einschränkungen beim Konsum kommen. Oder besser: Die Art und Weise, wie der Konsum in den westlichen Industrieländern funktioniert und betrieben wird, muss sich grundlegend verändern.[964]

Die Fakten zur ökologischen Krise sind hart. Steinhart. Die Menschheit scheint auf dem bisher eingeschlagenen Weg, vielleicht mit einigen geringfügigen Korrekturen, weitergehen zu wollen, solange es geht. Aus diesem Blickwinkel betrachtet ist auch ein Totalkollaps, ein Zivilisationsbruch, möglich. Vieles spricht leider auch dafür, dass *erst* ein tiefer Einschnitt in unser Leben notwendig ist, *bevor* massiv umgesteuert wird.

Wie schon erwähnt: Wir können vor den Herausforderungen des 21. Jahrhunderts nicht weglaufen. Wir können sie auch nicht dauerhaft ignorieren. Wir stehen vor einer Zeitenwende.

---

[963] Vgl. Tanuro, Daniel: Face à la crise climatique – capitalisme, décroissance et écosocialisme, a. a. O.

[964] Vgl. Kempf, Hervé: Pour sauver la planète, sortez du capitalisme, a. a. O., S. 105–106 u. S. 109.

»Wenn wir nicht das Unmögliche tun,
könnten wir mit dem Undenkbaren konfrontiert sein.«
Murray Bookchin

Was tun? Gut leben statt unendlich wachsen!

»Was kann ich denn persönlich tun?«, fragen mich viele Leute nach Vorträgen. Was ich ihnen als Antwort anbieten kann, ist für viele enttäuschend. Sie erwarten einen konkreten, gut durchdachten 10-, 12- oder 18-Punkte-Rettungsplan. Den ich aber nicht liefern kann. Und auch nicht liefern will.

Ein solches gedankliches Konstrukt wäre unserer Situation unangemessen, weil hoffnungslos unterkomplex. Und obendrein geschichtsvergessen: Die Geschichte lehrt, dass die meisten von Menschen geplanten großen Transformationen schiefgegangen sind. Umgekehrt wird ein Schuh daraus: Große historische Umwälzungen vollziehen sich unabsichtlich und ungeplant. Man kann eine Epochenwende nicht technokratisch planen.

Die multiple Krise erteilt uns eine Lektion in Demut. Ich habe keine Gesamtantwort auf alle Probleme. Und wie die vorangegangenen Seiten gezeigt haben, bin ich nicht übermäßig optimistisch. Allerdings nur in einer Hinsicht. Mit Antonio Gramsci möchte ich sagen: Ich bin Pessimist des Verstandes, aber Optimist des Willens. Ich stecke nicht den Kopf in den Sand – das sollte niemand tun.

Aber *was* sollten wir tun?
Vielleicht starten mit Mahatma Gandhi: »Die Welt hat genug für jedermanns Bedürfnisse, aber nicht für jedermanns Gier.« Dieses Diktum des großen Staatsmannes ist auch fast 70 Jahre nach seinem Tod noch gültig.

Klar scheint mir auch: Wir brauchen ein anderes Verhältnis zur Natur. Wir sind Teil der Natur. Wir benötigen wieder den Blick für die Schönheit der Natur. Verzückung für das Wunder, das sie ist. Solange wir Menschen uns als Krone der Schöpfung sehen und meinen, die restliche Natur knechten und ausbeuten zu können, sind wir unrettbar verloren.

Weltbilder und soziale Rollenmodelle, die Software in unseren Köpfen, sind extrem wichtig. Aber auch die Hardware ist nicht zu vernachlässigen. Wir brauchen politische, wirtschaftliche und soziale Strukturen, die unsere Erde, die einzige, die wir haben, nicht zugrunde richten. Aber *wie genau* sollen diese Strukturen aussehen?

Wie genau – das ist das Problem. Das weiß niemand. Ich fühle mich in starkem Maße mit der Haltung der mexikanischen Zapatisten verbunden. Die Zapatisten im mexikanischen Chiapas möchten die Exklusion der indigenen Bevölkerung beenden. Sie haben keine politische Revolution auf den Weg gebracht, die das Ziel der Übernahme der Staatsmacht vorsieht. Sie verstehen sich weder als politische Partei noch als Avantgarde. Die Zapatisten suchen innerhalb der mexikanischen Zivilgesellschaft nach Alternativen.

Suchen. Das Verb ist entscheidend. Ich hege große Sympathien für das Motto der mexikanischen Zapatistas: »Fragend gehen wir voran« (preguntando caminamos). Ja, auch ich gehe fragend voran. Wie viele andere habe ich eine Vorstellung von der groben Richtung, die einzuschlagen ist. Offenkundig ist: Der Kapitalismus ist ein System, das auf Expansion angelegt ist. Er *muss* wachsen. Dieses Wachstum ist auf lange Sicht nicht mehr möglich. Damit liegt eine tragfähige und im echten Sinne nachhaltige Antwort auf unsere Probleme jenseits des Kapitalismus.

Einschränkend sei angemerkt: Die Länder des Südens müssen kurz- und mittelfristig weiter wachsen können. Das wird in Zeiten teurer fossiler Brennstoffe ein schwieriges Unterfangen werden. Aber nur so können kurzfristig weite Teile der Bevölkerung Armut, schlechter Bildung und einfach zu heilenden Krankheiten entkommen. Negative Auswirkungen auf die Umwelt müssen vorerst in Kauf genommen werden. Allerdings brauchen die armen Länder eine Vision, wohin die Reise gehen soll. Streben sie an, den gleichen Entwicklungsstand wie die Industrieländer zu erreichen, landen auch sie in der Sackgasse.

Für die reichen Länder des Nordens muss es einen vollkommen anderen Plan geben. Schon in dem 2011 erschienenen Buch *Hat die Zukunft eine Wirtschaft?* habe ich mich für eine Wachstumsrücknahme ausgesprochen.[965] Allerdings habe ich in vielen Diskussionen festgestellt, dass der Begriff mehr Missverständnisse in sich birgt, als ich dachte. Zunächst: Von jedem Dogmatismus ist Abstand zu nehmen. Eine wachsende Wirtschaft ist nicht automa-

[965] Nicoll, Norbert: Hat die Zukunft eine Wirtschaft? Das Ende des Wachstums und die kommenden Krisen, Münster 2011.

tisch gut. Das haben die vorangegangenen Seiten gezeigt. Der Umkehrschluss wäre aber ebenfalls falsch: Auch eine schrumpfende Wirtschaft ist nicht automatisch gut. Mehr zu besitzen ist nicht automatisch besser. Weniger zu besitzen auch nicht. Technik ist nicht automatisch schlecht. Aber auch nicht automatisch gut.

Wir verbrauchen in den reichen Ländern zu viele Rohstoffe und müssen unsere Wirtschaft dematerialisieren. Wir brauchen individuelle *und* kollektive Nutzungsgrenzen für natürliche Ressourcen.

Eine Wachstumsrücknahme scheint mir die einzige Antwort auf die Herausforderungen zu sein, vor denen wir stehen. Sie ist erforderlich, weil die absolute Entkopplung von Wachstum und Rohstoffverbrauch zwar theoretisch möglich erscheint, aber praktisch (u. a. aufgrund von Rebound-Effekten und sinkender Nettoenergie) kaum erreichbar ist. Eine Wachstumsrücknahme folgt gleichzeitig dem Vorsorgeprinzip. Die Wachstumskräfte werden auf kurz oder lang erlahmen – es ist besser, sich vorher darauf einzustellen.

Wachstumsrücknahme heißt nicht, dass alle Menschen von heute auf morgen wie Gandhi leben sollen. Das wäre kopflos und würde zum Crash aller Systeme führen. Dieser Crash soll gerade verhindert werden. Eine Wachstumsrücknahme ist auch nicht gleichbedeutend mit Rezession – und erst recht nicht mit Depression. Beide Prozesse verlaufen ungeplant und chaotisch. Sie sind nicht wünschenswert.

Das belegt eindrucksvoll die 2008 offen ausgebrochene Wirtschafts- und Finanzkrise, von deren Folgen wir bis heute betroffen sind. Vom Wachstumseinbruch wurden die Schwächsten am härtesten getroffen. Europaweit – und hier besonders in Griechenland, Italien, Portugal und Spanien – ist die Armut infolge der Wirtschaftsschrumpfung drastisch angestiegen. Für die betroffenen Menschen eine Katastrophe – und für das reiche Europa eine Schande.

Wachstumsrücknahme heißt zunächst, dass sich die Politik vom Ziel der Wachstumsförderung verabschiedet. Nachhaltigkeitsziele bekommen Vorrang. Die Politik verzichtet auf Wachstumsbeschleunigungsgesetze und ergreift stattdessen Maßnahmen, um die wirtschaftlichen, sozialen und politischen Strukturen unabhängiger vom Wachstum zu machen. Wenn das Wachstum schwächer ausfällt oder ganz ausbleibt, sind die Folgen weniger gravierend.

In einem nächsten Schritt schließt eine Wachstumsrücknahme auch die Schrumpfung bzw. die Konversion bestimmter Wirtschaftszweige ein. Dieser komplexe Prozess muss geplant werden – und zwar so intelligent und demokratisch wie möglich. Dieser langfristige Prozess ist also etwas sehr Bewusstes.

So verstanden, bedeutet eine Wachstumsrücknahme in den Industrieländern, dass die Wirtschaftsleistung vieler, aber längst nicht aller Sektoren abnimmt. Die Automobilindustrie wird ebenso an Größe und Gewicht verlieren wie die Schifffahrt, der Flugzeugbau, der Tourismus, die Luxusgüterindustrie oder die Rüstungsbranche. Andere Wirtschaftszweige wie der Sozial-, Bildungs- oder der Kulturbereich können und sollen wachsen. Gleiches gilt auch für die Wind- und Solarenergie. Unter dem Strich sinkt aber wahrscheinlich das BIP.

Überhaupt: das BIP. Es ist ein Auslaufmodell. Wir sollten daher lieber früher als später Abschied von ihm nehmen. Da die Menschen ein glückliches Leben anstreben, kann das wirtschaftspolitische Ziel in den Industrieländern nicht weiter fortgesetztes Wirtschaftswachstum nach dem bekannten Muster sein. Dieses steigert vielleicht noch eine Weile unseren materiellen Wohlstand, aber die langfristigen Schäden werden diesen ersten Effekt überkompensieren.

Keinen Keil zwischen Ökologen und Gewerkschaften treiben

Auch wenn ich keinen 10-, 12- oder 18-Punkte-Rettungsplan vorlegen kann und will, möchte ich auf den allerletzten Seiten dieses Buches ein paar Gedanken ausführen, die ansatzweise erkennen lassen, was ich als richtig und notwendig erachte. Wohlgemerkt: kurz- und mittelfristig. In der langen Frist halte ich ein postkapitalistisches System für notwendig.

Zunächst: Was hat Priorität? Die ökologische Krise oder die wirtschaftlich-soziale? Fragt man Gewerkschafter, erhält man eine klare Antwort. Auch ökologisch Bewegte werden eindeutig antworten: Wenn die Gefahr besteht, dass die Titanic den Eisberg rammt, ist es zwar bedauerlich, wenn es den armen Passagieren in den billigen Kojen im Bauch des Schiffes nicht so gut geht, aber Priorität muss die Verhinderung der Havarie sein. Also alles klar? Nein, überhaupt nicht. Der scheinbare Zielkonflikt zwischen Umweltschutz/Nachhaltigkeit auf der einen Seite und Gleichheit/Gerechtigkeit auf der anderen ist gar keiner.

Wenn wir es nicht schaffen, die sozialen Ungleichheiten zu vermindern, werden wir bei der Lösung der ökologischen Krise sicher scheitern. Der ökologische Umbau wird nämlich den unteren Klassen der Gesellschaft am meisten Opfer abverlangen. Wer wird z. B. am meisten unter der Steigerung der Energiepreise zu leiden haben? Logisch: Es sind diejenigen, die am wenigsten haben. Sollte der Liter Benzin einmal drei Euro kosten, dann wird das die Wohlhabenden nicht sehr schwer treffen. Anders sieht es bei den Armen aus. Sie sind es, die ihre Jobs und ihre Einkommen verlieren. Das wird sie rebellieren lassen, und dieser Umstand wird Populisten, die einfache Lösungen anbieten, in die Hände spielen.[966]

Die repräsentative Demokratie, die in den Industrieländern in den letzten knapp vier Jahrzehnten schon deutlich zurückgebaut wurde, ist in Gefahr. Ich gebe gerne zu, dass ich vor dem Hintergrund dieser Herausforderungen auch nicht angstfrei bin. Es gibt auf dem Weg zu einer nachhaltigen Gesellschaft zahlreiche weitere Fallen. Eine wäre ein engstirnig-kleinbürgerlicher Regionalismus, der auf Abschottung setzt und neue Grenzen errichtet.

Eine andere wäre, dass wir die notwendige wachstumskritische öffentliche Debatte falsch führen. Viele Wachstumskritiker haben leider einen unscharfen und nur wenig analytischen Kapitalismusbegriff. Kapitalismus schlägt jedoch Nachhaltigkeit. Die kapitalistischen Strukturen mit ihrem durch das Prinzip der Kapitalakkumulation hervorgerufenen Zwang zum fortwährenden Wachstum lassen echte Nachhaltigkeit nicht zu.

Armut, Hunger, Naturzerstörung – das sind keine Krisen des Kapitalismus, sondern eine logische Begleiterscheinung. Es geht darum, aus Geld mehr Geld zu machen. Und der Raubbau an der Natur oder die Entlassung von Tausenden Arbeitskräften sind Mittel, um dieses Ziel zu erreichen. Ursachen und Symptome sollte man also nicht verwechseln. Es bringt wenig, die Gier einzelner Personen oder Unternehmen zu kritisieren. Wir sollten besser in Strukturen denken.

Individuelle Verhaltensänderungen

Vor allem eine Frage dürfte vielen Leser/-innen unter den Nägeln brennen: Was kann man(n)/frau denn nun als Einzelperson tun? Natürlich ist es hilfreich, wenn Menschen über ihr Verhalten nachdenken und es ändern. Jeder Einzelne ist aus einer historischen Langfristperspektive mächtig. Mächtig in dem Sinne, dass wir heute Dinge tun können, die alle vor uns lebenden Generationen nicht tun konnten. Die Folgen unserer Handlungen reichen weit über unser Lebensende hinaus. Wir beeinflussen heute die Lebenschancen von vielen nachgeborenen Generationen. Das konnte vor 500, 1.000, 10.000 oder 40.000 Jahren niemand. Möglicherweise werden auch künftige Generationen für eine lange Zeit nicht mehr so viele Einflussmöglichkeiten haben.

Daher zählt jeder einzelne Beitrag. Doppelt, dreifach, zehnfach. Jeder Leser sollte sich auf die Zukunft vorbereiten und versuchen, wie Niko Paech es formuliert hat, seine »soziale Fallhöhe« zu verringern. Jeder kann zahllose

[966] Vgl. Gadrey, Jean: Adieu à la croissance. Bien vivre dans un monde solidaire, 2. Auflage, Paris 2012, S. 129–132.

Dinge tun, um an Widerstandsfähigkeit gegenüber den kommenden Herausforderungen zu gewinnen. Es ist sinnvoll, sich auf ein einfaches Leben einzurichten und sich mit dem zu beschäftigen, was man in Frankreich *simplicité volontaire* (freiwillige Einfachheit) nennt.

Simplicité volontaire kann mit Wilhelm von Humboldt erklärt werden: Es geht darum, »so viel Leben wie möglich in sich aufzunehmen«. Aber das in möglichst größter Übereinstimmung mit dem Grundsatz »So wenig Naturausbeutung und Menschenausbeutung wie irgendwie möglich«. Freiwillige Einfachheit bedeutet Bescheidenheit in vielerlei Hinsicht. Das Konzept weist viele Übereinstimmungen mit der schon vorgestellten Suffizienzstrategie auf.

Freiwillig einfach zu leben, bedeutet suffizient zu leben. Freiwillige Einfachheit kann mit Konsumverweigerung, dem fast ausschließlichen Kaufen von Gebrauchtwaren oder mit der Entscheidung einhergehen, deutlich weniger zu arbeiten. Freiwillige Einfachheit bedeutet weniger Einkommen, weniger Güter und damit weniger materiellen Konsum. Wer weniger Konsumausgaben hat, benötigt weniger Geld, hat aber mehr Zeit zur Muße (da weniger Arbeitszeit zur Vermögensbildung aufgewendet werden muss). Freiwillige Einfachheit vermindert das Lebenstempo – sie wirkt entschleunigend.

Ja, das Wort »weniger« kam nun auffallend oft vor. Die Rede vom »Weniger« macht uns Angst – wer will schon den Verzicht? Wir sollten diesen Begriff kurz reflektieren. Wenn man von Verzicht redet, sitzt man sehr schnell in der Falle. Der Status quo erscheint urplötzlich als Idealsituation. Jede Veränderung sieht wie ein Verlust aus.

Es mag seltsam anmuten, aber ich glaube, wir müssen die Frage herumdrehen. Nicht: Worauf müssen wir in Zukunft verzichten? Sondern: Worauf verzichten wir *im Moment*? Wir verzichten beispielsweise oftmals darauf, für wirklich erfüllende Beziehungen zu anderen Menschen Zeit zu haben. Oder Zeit zu haben für die schönen Dinge des Lebens. Oder dass die meisten Menschen interessante Jobs haben, in denen sie sich selbst verwirklichen können. Oder dass es den meisten Tieren gut geht. Oder dass nachfolgende Generationen die gleichen Lebenschancen haben wie wir. Oder oder oder ... Bei Lichte betrachtet, erbringen wir schon heute eine enorme Verzichtsleistung.

Wer suffizient lebt, steht in materieller Hinsicht wahrscheinlich ärmer da. Aber in vielen anderen Bereichen, ich denke u. a. an Lebensqualität, Wohlbefinden und Zeitwohlstand, gewinnt er. »Moins de biens, plus de liens« (Weniger Güter, mehr soziale Beziehungen), lautet eine Parole der Décroissance-Bewegung aus Frankreich. Klingt nicht übel – oder?

Dieser Bewegung fühle ich mich zugehörig, auch wenn ich nicht mit allem einverstanden bin und ganz ausdrücklich für viele andere Ansätze zum Umbau von Wirtschaft und Gesellschaft offen bleibe. Was in Frankreich *Décrois-*

sance genannt wird, heißt im Englischen *degrowth*, in Italien *decrescita* und im Spanischen *decrecimiento*. Es ist eine sehr vielfältige Bewegung mit sehr verschiedenen Akteuren. Symbol der Bewegung, die in Deutschland kaum bekannt ist, ist die Schnecke. Sie steht für die notwendige Entschleunigung.

Ich glaube, dass es ohne Verzicht, Einschränkung, Einfachheit, Suffizienz oder wie immer man die Dinge nennen mag, nicht gehen wird. Sowohl Nachhaltigkeit als auch Suffizienz enthalten moralische Prinzipien: Beiden geht es um Mitmenschlichkeit, um die Annahme von Verantwortung und um Solidarität. Solidarität mit den Mitmenschen, aber auch mit zukünftigen Generationen.[967]

Neben der Suffizienz betonen die Bewegungen in Italien, Frankreich und Spanien noch einen anderen Aspekt: den der Konvivialität. Ivan Illich hat diesen Begriff in den 1970er Jahren maßgeblich geprägt.[968] *Con-vivere* bedeutet im Lateinischen »zusammenleben«. Konvivialität bedeutet mehr – nämlich die »Kunst des Zusammenlebens«. Es geht darum, das Leben zu genießen und die Freude am Leben mit anderen Menschen zu teilen. Konvivial leben Menschen, so Illich, wenn sie »Anteil am Mitmenschen« nehmen.[969] Aber auch, wenn sie sich um die Natur sorgen.

Konvivialität setzt auf die Zusammenarbeit von Menschen, auch wenn diese unterschiedlich sind und konträre Meinungen vertreten. Ohne Pluralismus gibt es also keine Konvivialität.

Bloch, Fromm, Adorno

Auf individueller Ebene können uns Theodor Adorno, Erich Fromm und Ernst Bloch helfen. In Adornos *Problemen der Moralphilosophie* wird der Gedanke des Widerstands zentral gesetzt. Wer richtig leben wolle, müsse gegen das falsche Leben Widerstand leisten. Adorno führt aus, dass »das Leben selbst eben so entstellt und verzerrt ist, dass im Grunde kein Mensch in ihm richtig zu leben, seine eigene menschliche Bestimmung zu realisieren vermag«.[970]

In seiner *Minima Moralia* findet sich Adornos berühmtes Diktum: »Es gibt kein richtiges Leben im falschen«. Wie kann man ein gutes Leben im schlechten führen? Adorno erkannte für sich selbst die Schwierigkeit, nach

---

[967] Vgl. Stengel, Oliver: Suffizienz, S. 294, in: Woynowski, Boris et al. (Hg.): Wirtschaft ohne Wachstum?! Notwendigkeit und Ansätze einer Wachstumswende, Institut für Forstökonomie der Universität Freiburg, Reihe Arbeitsberichte des Instituts für Forstökonomie, Freiburg 2012, S. 285–297.

[968] Vgl. Illich, Ivan: Selbstbegrenzung. Eine politische Kritik der Technik, Hamburg 1975.

[969] Ebenda, S. 15.

[970] Adorno, Theodor W.: Probleme der Moralphilosophie, S. 248. (Zitiert nach: Butler, Judith: Kann man ein gutes Leben im schlechten führen?, S. 106, in: Blätter für deutsche und internationale Politik, 57. Jg., Nr. 10, 2012, S. 97–108.)

einem guten Leben inmitten einer Welt voller Ungerechtigkeit und Ausbeutung zu streben. Wie ist es also möglich, gut in einer Welt zu leben, die vielen Menschen ein gutes Leben strukturell unmöglich macht?

Judith Butler, die im Jahr 2012 in Frankfurt den Adorno-Preis erhielt, hat – wie viele schon vor ihr – darauf verwiesen, dass das »richtige Leben« ein problematisches Schlagwort ist. Viele haben das »richtige Leben« mit wirtschaftlichem Wohlergehen und Sicherheit gleichgesetzt, doch es ist, so Judith Butler, vollkommen klar, »dass Wohlstand und Sicherheit auch denen zugänglich sind, die kein richtiges Leben führen. Besonders deutlich wird dies, wenn diejenigen, die behaupten, ein gutes oder richtiges Leben zu führen, von der Arbeit anderer oder von einem Wirtschaftssystem profitieren, das auf Ungleichheit basiert.«[971]

Ich bin wie Erich Fromm kein Vertreter eines platten sozioökonomischen Materialismus. Veränderungen des individuellen Bewusstseins, seiner Wertvorstellungen und seines Charakters und entsprechende Appelle sind zwar wichtig, bringen aber allein keine neue Gesellschaft hervor. Das kann nur eine neue soziale Praxis.

Praxis – wie soll das gehen? Zunächst gilt: Es bedarf keiner Bevölkerungsmehrheit, um Dinge ins Rollen zu bringen. Veränderungen kommen nur selten durch Mehrheiten zustande. Wahrscheinlich reichen fünf Prozent der Bevölkerung, um grundlegende Veränderungsprozesse anzustoßen. Wenn diese fünf Prozent grundlegend anders denken und handeln, diese Andersartigkeit vorleben, dann machen das viele andere nach.

Was gegen Hoffnungslosigkeit und Phasen der Depression hilft, ist, wie Ernst Bloch mit Recht festgestellt hat, der Mut zur konkreten Utopie. Dinge ausdenken, durchdenken, Pläne schmieden, Pläne umsetzen. Wir müssen in Zukunft viel experimentieren. Nur so können wir herausfinden, was funktioniert – und was nicht. Es gibt Tausende Ideen. Mindestens.

Wir können weiter damit experimentieren, bestimmte ökonomische Tätigkeiten zu relokalisieren. Wir können noch mehr regionale Parallelwährungen einführen. Regionales Geld fördert die regionale Wirtschaft und macht sie unabhängiger von überregionalen Ereignissen. Eine stärker auf den Nahbereich ausgerichtete Wirtschaft verringert den überregionalen Transport und damit den Schadstoffausstoß sowie das Verkehrsaufkommen.

Wir können die Share-Economy ausbauen. Immer mehr Menschen kaufen sich keine Neuprodukte mehr. Stattdessen setzen sie auf gebrauchte Ware oder leihen sich, was sie brauchen. Die gemeinschaftliche Nutzung und Teilhabe von Gütern, egal ob Autos, Kleidung oder Werkzeuge, wurde durch das

---

[971] Butler, Judith: Kann man ein gutes Leben im schlechten führen?, a. a. O., S. 98.

Internet begünstigt und liegt in größeren Städten im Trend. Nicht alle Ansätze und Ideen der sich entwickelnden Share-Economy dienen auch wirklich einer nachhaltigen Entwicklung – aber das Potential ist da.

Wir können weiter mit Formen der Solidarischen Ökonomie experimentieren. Solidarische Ökonomie kann als wirtschaftliche Selbsthilfe verstanden werden. In ihrem Mittelpunkt steht die Losung »People before profits«. Menschen stehen im Vordergrund, nicht die Gewinne. Solidarische Ökonomien folgen anderen Logiken als der Gewinnmaximierung. Sie können das Leben von Menschen verbessern und sind mindestens Lernfelder für eine andere Ökonomie.

Ein Element einer Solidarischen Ökonomie sind Genossenschaften. Auch wenn viele Genossenschaften von heute nur noch vordergründig progressiv auftreten, hat das Genossenschaftsmodell das Potential, die Gesellschaft zu verändern. Eine Fabrik, die den Beschäftigten gehört, kann anders agieren, als ein Unternehmen, das ständig auf die Finanzmärkte schielt. Viele äußerst spannende Experimente laufen bereits. Aber wir brauchen noch viel mehr.

Mit vielen praktischen Beispielen lässt sich auch eine andere Barriere überwinden. Es heißt oft, der Kapitalismus sei deshalb so erfolgreich, weil er der Natur des Menschen am besten gerecht werde. Der Mensch denke nun mal in erster Linie an sich. Er sei gierig und rücksichtslos. Folglich müsse jeder wirtschaftliche Umbau scheitern, wenn er der Natur des Menschen nicht entspreche.

Abgesehen davon, dass ich das Bild des nutzenmaximierenden Homo oeconomicus für falsch halte – die behauptete unveränderliche Natur des Menschen gibt es nicht. Wir sind ein Ergebnis der Natur mit allen genetischen Dreingaben. Kultur und Gesellschaft prägen uns unser ganzes Leben. Kultur und Gesellschaft lassen sich verändern. Gleiches gilt für die Natur des Menschen.

Das gute Leben

Der Umweltdiskurs trägt auch deshalb so wenige Früchte, weil man allzu oft Gruselgeschichten erzählt, die niemand hören will – darauf hat mit Recht v. a. Harald Welzer immer wieder hingewiesen. Wenn die Zukunft so furchtbar wird, schalten die Leute ab und sagen: »Lieber das Jetzt in vollen Zügen genießen.«

Diese Warnung habe ich auf den vorangegangenen Seiten nur ungenügend beherzigt. In diesem Buch war von vielen »Peaks« die Rede. Das dürfte viele Leser traurig gemacht haben – sorry dafür! Aber diese an sich traurige

Perspektive eröffnet auch den Blick für das, was noch nicht auf dem Gipfel ist. Steigerungsfähig und wachstumsbedürftig erscheinen mir:

- Gemeinschaft
- Persönliche Autonomie
- Zusammenarbeit
- Solidarität
- Zufriedenstellende, glücklich machende Arbeit
- Glück
- Freizeit
- Künstlerisches Schaffen
- Schönheit der Umwelt (mancherorts)

Das sind eine ganze Menge Dinge![972] Eine ganze Menge von *verdammt wichtigen* Dingen! Diese Perspektive eröffnet zahlreiche Chancen. Wir müssen positive Geschichten erzählen – von einem besseren Morgen. Das macht Mut, sich aufzuraffen und genau daran zu arbeiten.

Naheliegend in diesem Zusammenhang sind zwei Fragen: Was ist wirklich wichtig im Leben? Was ist das *gute Leben*? Wir haben gesamtgesellschaftlich aufgehört, darüber nachzudenken und zu diskutieren. Es existiert eine unausgesprochene Vereinbarung: Das gute Leben ist Privatsache! Dennoch haben wir alle eine mehr oder weniger klare Vorstellung, wie ein gutes Leben aussehen müsste. Aufschlussreich sind Todesanzeigen. Da steht dann: »Er war ein liebenswürdiger Mensch.« Oder: »Sie war eine gute Mutter.« Und nicht: »Sie hatte eine große Villa und liebte sündhaft teure Designer-Handtaschen von Prada.« Und auch nicht: »Er verdiente viel Geld und fuhr einen fetten Mercedes-Geländewagen.«

Wer liebt und geliebt wird, wer Achtung von anderen Menschen erfährt, wer einer sinnvollen Arbeit nachgeht – der lebt gut.[973] Gutes Leben bedeutet Leben mit Sinn und die Möglichkeit, die eigenen Fähigkeiten entfalten zu können.

Unter den Faktoren, die Menschen unglücklich machen, rangiert Arbeitslosigkeit ganz oben. Ohne Arbeit zu sein, beeinträchtigt das Wohlbefinden noch stärker als beispielsweise Scheidung oder Einsamkeit.[974] Arbeit ist in Zukunft wichtig und notwendig. Aber: Wir brauchen mehr sinnvolle Arbeit. Leute, die sich in der Freiwilligenarbeit engagieren, sind zufriedener. Und

---

[972] In Anlehnung an R. Heinberg, Jenseits des Scheitelpunktes, a. a. O., S. 40–41.

[973] Vgl. Jackson, Tim: Wohlstand ohne Wachstum, a. a. O., S. 47.

[974] Vgl. Frey, Bruno S./Frey Marti, Claudia: Glück – Die Sicht der Ökonomie, S. 460, in: Wirtschaftsdienst, Nr. 7, 2010, S. 458–463.

zwar deutlich.[975] Gerade die Anerkennung von unbezahlter Arbeit – symbolisch wie materiell – muss verbessert werden.

Zum guten Leben gehört gewiss eine auskömmliche materielle Basis. Aber auch, dass die Menschen wieder mehr Zeit für die Zeit haben. Wir sollten eine Welt schaffen, in der alle Menschen Zeitwohlstand haben – nicht nur eine Elite. Zeitwohlstand zu haben, bedeutet nicht Faulheit. Es heißt, dass die Menschen ihren Zeitrhythmen folgen können.[976]

Dieses Ziel kann durch eine Verkürzung der Wochenarbeitszeit erreicht werden. Zur Erinnerung: Solange die Arbeitsproduktivität steigt, muss die Gesamtarbeitszeit der Erwerbsbevölkerung abnehmen. Soll das nicht zu Arbeitslosigkeit führen, muss die Arbeitszeit verkürzt bzw. gleichmäßiger verteilt werden. Die sozialen Folgen von weniger Wachstum lassen sich ebenfalls durch eine Verkürzung der Arbeitszeit abfedern.

Gewiss: Arbeitszeitverkürzung steht in einem Spannungsverhältnis mit kapitalistischem Gewinnstreben. Im Kapitalismus nutzen Unternehmen eine steigende Arbeitsproduktivität, um damit ihre Profite zu erhöhen. Ein Unternehmer wird im Falle steigender Arbeitsproduktivität und ausbleibenden Wachstums nur dann die Arbeitszeit reduzieren wollen, wenn die Löhne entsprechend gekürzt werden. Der Ausweg besteht in einer Gesetzgebung, die die Unternehmen auf den richtigen Pfad bringt.[977]

Auch wenn es utopisch klingt: Eine 20-Stunden-Woche ist ein langfristiges Ziel, für das es sich zu kämpfen lohnt. Arbeitszeitverkürzung bedeutet mehr Freizeit für alle. Und im besten Fall: mehr freie selbstbestimmte Zeit. Diese führt zu mehr Lebensqualität. Das ist eine ausgesprochen positive Vision. Gegenwärtig scheint dieses Ziel aber so weit weg zu sein wie der Neptun von der Sonne. Derzeit reden wir darüber, wieder mehr zu arbeiten. Keine gute Idee!

Eine gerechte und ausgewogene Arbeitszeitverkürzung ist allerdings nur in Zusammenhang mit einer gerechten Einkommensverteilung denkbar. Geringere Arbeitszeiten bedeuten Verzicht auf Löhne. Na klar, könnte man nun sagen: In einer Ökonomie unter Suffizienzbedingungen ist ein Lohnausgleich nicht erforderlich, da eine suffiziente Wirtschaft darauf beruht, weniger zu produzieren und zu konsumieren.

Doch das hieße mehrere Etappen zu überspringen. Unter den derzeit vorherrschenden Rahmenbedingungen ist eine Lohnkürzung für die mittleren und unteren Einkommensschichten kein attraktiver Weg. Daher muss die Einkommensungleichheit drastisch vermindert werden. Mehr Gleichheit und

---

975 Vgl. ebenda, S. 461.

976 Vgl. Wehlings, Sebastian: »Die Wirtschaft verwechselt die Zeit mit der Uhr« – Interview mit dem Zeitforscher Ivo Muri, S. 40, in: Fluter, Nr. 16, 2005, S. 38–41.

977 Vgl. dazu Niessen, Frank: a. a. O., S. 58–59.

soziale Gerechtigkeit (die den Namen verdient!) sind in den Industrie- wie Entwicklungsländern erforderlich. Verschiedene Studien zeigen, dass in relativ egalitären Gesellschaften mehr Vertrauen und mehr Kooperation herrschen.

Verteilungsfragen werden damit noch wichtiger. Wenn der Kuchen, das BIP, in Zukunft nicht mehr so stark wächst oder gar schrumpft, stellt sich mehr denn je die Frage nach der Verteilung der Kuchenstücke. Alle Menschen sollen einen gerechten Anteil bekommen. Die Forderung nach Umverteilung wird den oberen zehn Prozent der Gesellschaft nicht gefallen. Sie haben in den letzten Jahrzehnten hervorragend gelebt und sind stark an der Aufrechterhaltung des Status quo interessiert. Doch wenn man einen Sumpf austrocknen will, sollte man nicht die Frösche fragen.

Ungleiche Gesellschaften, daran sei nochmals erinnert, verzeichnen ein höheres Maß an seelischer Not und sozialen Problemen. Menschen in egalitären Gesellschaften sind zufriedener. Mehr Gleichheit ist auch erforderlich, um die von Thorstein Veblen beschriebene Statuskonkurrenz zu hemmen. Das Markieren von sozialem Status sorgt für einen schädlichen Mehrverbrauch von Ressourcen. Soziale Gleichheit wäre damit auch ein wichtiger Schritt zur Ökologisierung der Gesellschaft.

Ein Weg zur Herstellung von mehr Gleichheit sind höhere Steuern für die Reichen. Nach dem Zweiten Weltkrieg gab es in vielen Industrieländern für die höchsten Einkommen Spitzensteuersätze von 60, 70 oder gar 80 Prozent.[978] Kaum jemand schrie Zeter und Mordio. Hohe Spitzensteuersätze wurden als gerecht empfunden. Den Vermögenden blieb immer noch mehr als genug.

Flankiert werden sollten höhere Steuern für sehr hohe Einkommen durch eine Bekämpfung der Steuerflucht. Diese ist in den meisten Ländern immer noch möglich. Die Folge sind Milliardenschäden für die Allgemeinheit. Ein anderer Weg könnte die Einführung von Höchstgrenzen für Spitzengehälter sein. Wir brauchen ein jährliches Maximaleinkommen. Wie hoch dieses sein soll, kann nur in einem demokratischen Prozess festgelegt werden.

Transition Towns

Nach basisdemokratischen Grundsätzen funktionieren auch die *Transition Towns*. Diesen Ansatz halte ich für spannend. Der Begriff *Transition Towns* lässt sich am besten mit »Städte im Wandel« übersetzen.

[978] Die USA hatten beispielsweise während des Zweiten Weltkriegs einen Spitzensteuersatz von 94 Prozent. In den darauffolgenden Jahrzehnten lag der Spitzensteuersatz bei durchschnittlich 70 Prozent (wenn man ein Jahreseinkommen von mehr als 200.000 US-Dollar hatte). Ronald Reagan drückte den Spitzensteuersatz 1982 auf 50 Prozent und im Jahr 1988 dann auf 28 Prozent.

Die Idee der Transition Towns kommt aus dem Vereinigten Königreich. Die Modellstadt ist Totnes (Südengland, Grafschaft Devon). Sie hat viele Nachahmer gefunden. Die Absicht hinter den Transition Towns: Städte und Gemeinden sollen vor dem Hintergrund des Klimawandels und des Ölfördermaximums krisenfest gemacht werden. Ohne Subventionen, ohne die »große Politik«.[979] Das Zauberwort lautet: Resilienz.

Resilienz. Der Begriff findet in der Physik und in der Psychologie Verwendung. In der Physik bezeichnet Resilienz die Fähigkeit eines Gegenstandes, nach einem Stoß bzw. einer Deformation wieder seine ursprüngliche Form anzunehmen. In der Psychologie erholen sich resiliente Personen von Traumata und Schicksalsschlägen wesentlich besser als nicht-resiliente Personen. Die Transition-Town-Bewegung versteht Resilienz als die Fähigkeit einer Gemeinschaft, auf Schocks und äußere Negativeinflüsse so zu reagieren, dass die wesentlichen Funktionen jener Gemeinschaft nicht gestört werden. Weniger wissenschaftlich formuliert, heißt das: Eine resiliente Gemeinschaft kann ihre Bedürfnisse auch nach einem äußeren Schock befriedigen.

Resilienz möchte die Bewegung der Transition Towns in den Bereichen der Nahrung, der Ökonomie und der Energie schaffen – zunächst mit einer lokalen bzw. regionalen Perspektive.[980] Allerdings gilt hier der alte Nachhaltigkeitsspruch »Global denken, lokal handeln«. Der Grundgedanke besteht darin, dass die großen ökologischen, ökonomischen und damit auch sozialen Herausforderungen nicht allein durch Maßnahmen »von oben« zu bewerkstelligen sind, sondern auch »von unten« in Angriff genommen werden müssen. Also mit Hilfe von kleinen, übersichtlichen lokalen und regionalen Gemeinschaften.

Resilienz zu schaffen, bedeutet vor allem eines: Man erhöht in einem bestehenden System die Vielfalt der Elemente dieses Systems. Beispiel Nahrung: Bauernhöfe, Aquakulturen, Wälder, Kollektivgärten, Privatgärten oder Supermärkte können Menschen mit Nahrung versorgen. Man ist umso resilienter, je mehr Optionen einem offenstehen. Fällt in einer Krisensituation der Supermarkt aus, muss nicht hungern, wer noch andere Alternativen hat.[981]

Im Unterschied zur theorielastigen Décroissance/Degrowth-Bewegung ist der Transition-Ansatz durch und durch pragmatisch. Das Verhältnis zum Kapitalismus ist eher unbestimmt. Es gibt keine vorgefertigten Lösungen. Die

---

979 Vgl. Ganser, Daniele: Europa im Erdölrausch, a. a. O., S. 358.

980 Vgl. Hopkins, Rob: The Transition Companion: making your community more resilient in uncertain times, London 2011, S. 78.

981 Vgl. Servigne, Pablo: La Résilience. Un concept-clé des initiatives de transition. Online unter: http://www.barricade.be/spip.php?article288 [Stand: 10.8.2013].

konkreten Ideen und Projekte werden von den Communities in einem kreativen und basisdemokratischen Prozess selbst entworfen.

Die Transition-Idee hat sich nicht zuletzt deswegen schnell ausgebreitet. Als Klammer fungiert das *TransitionNetwork*, in dem über 1100 Dörfer und (Klein-)Städte zusammengeschlossen sind. Tendenz stark steigend. Unter *www.transitionnetwork.org* kann man viele Ideen und Projekte näher kennenlernen.

Die Rolle des Staates

Bisher war viel von individuellen Verhaltensänderungen die Rede. Die sind, wie schon erklärt wurde, wichtig. Dennoch würde die Individualisierung der in diesem Buch beschriebenen Probleme entschieden zu kurz greifen. Vieles, was in manchen Ratgebern zur Rettung der Welt vorgeschlagen wird (»weniger Auto fahren«, »Energiesparlampen installieren«, »Müll trennen«, »Biomilch kaufen«), verkennt die Dimensionen der multiplen Krise, in der wir uns befinden. Die Aufgaben, die vor uns liegen, sind schlicht immens. Keine Generation vorher sah sich solchen Bergen von Herausforderungen gegenüber.

Nochmals: Die individuelle Handlungsebene ist wichtig. Ebenso, wie das Beispiel der Transition Towns zeigt, die gemeinschaftliche Ebene. Daneben sehe ich zwei weitere: die staatliche und die überstaatliche. Es ist gut, wenn der Wandel von unten anfängt, aber damit sich Dinge grundlegend verändern, müssen die darüberliegenden Strukturen ebenfalls umgewälzt werden.

Nachhaltig zu leben, ist für viele Menschen schwierig. Der Staat muss entsprechende Anreize setzen. Oft ist es nicht der fehlende Wille, der bei Einzelpersonen oder Familien ein nachhaltiges Verhalten verhindert, sondern strukturelle Zwänge (v. a. finanzieller Natur) und fehlende politische Impulse.

Natürlich weiß ich auch, dass der Versuch der Gesellschaftsveränderung über den Staat in der Vergangenheit nur wenig erfolgreich war. Und das ist noch höflich ausgedrückt. Selbst sich als progressiv bezeichnende Regierungen haben in der Vergangenheit wenig bewirkt. Und ich weiß auch, dass der Staat manchmal ganz furchtbare Dinge tut, repressiv sein kann und oft die Interessen der Eliten zuerst bedient.

Doch ohne den Staat wird es wahrscheinlich nicht gehen. Nur der Staat kann starke Regeln für eine bessere, ökologischere Landwirtschaft setzen, die wir unbedingt brauchen. Nur der Staat kann im ganz großen Stil in erneuerbare Energien, leistungsfähigere Stromnetze und Speicherinfrastruktur investieren. Nur der Staat kann kollektiv verbindliche Vorgaben zur Verringerung des Ressourcenverbrauchs oder des Ausstoßes von Schadstoffen machen. Und

Anreize für Selbstbegrenzung, Verantwortungsbereitschaft und Rücksichtnahme setzen.

Revitalisierung der Demokratie

Ohne den Staat wird der notwendige Wandel also nicht funktionieren. Wir müssen diesem lahmen Gaul Beine machen. Dazu bedarf es massiven Druckes von der Straße. Die schweigende Mehrheit der Menschen wird dazu ihre Stimme wiederfinden müssen.

Aber natürlich müssen Menschen erst wieder befähigt werden, politisch zu denken und sich zu organisieren. Wir sollten uns an Willy Brandt erinnern und mehr Demokratie wagen. Demokratie bedeutet, dass Menschen die Angelegenheiten, die sie betreffen, mitbestimmen können.

Demokratie wird hierzulande immer nur als politische Demokratie aufgefasst – diese bezieht sich nur auf den Staat im engeren Sinne. Bis in den Spätfeudalismus war es so, dass die ökonomische und die politische Herrschaft zusammenfielen. Seitdem gibt es eine Trennung zwischen politischer und ökonomischer Herrschaft. Nur der Bereich politischer Herrschaft ist demokratischen Verfahren unterworfen. In diesem Sinne haben wir immer schon eine »halbierte Demokratie« gehabt. Ökonomische Macht ist immer auch politische Macht. Mehr Demokratie wagen, das hieße heute Einbeziehung der Bürgerinnen und Bürger in die Verfügungsmacht über die Produkte ihrer eigenen Arbeit – hieße: Wirtschaftsdemokratie wagen.[982]

Eine konsequente Demokratisierung aller Lebensbereiche ist meiner Meinung nach die einzige Möglichkeit, ein demokratisches System lebendig zu halten. Mehr Demokratie wagen? Nicht wenige Beobachter meinen, das sei der falsche Weg. Demokratie bedeute Herrschaft der Mehrheit. Und die Mehrheit der Menschen in den entwickelten Ländern wolle das Falsche – nämlich den Status quo so lange wie möglich bewahren. Mehr Demokratie zu wagen, würde bedeuten, die Umweltprobleme nicht zu lösen und die Situation letzten Endes zu verschlimmern.[983] Diese Argumentation lässt mich erschaudern. Niemand sollte sie allerdings leichtfertig vom Tisch wischen.

Ich stimme den Skeptikern dennoch nicht zu. Einerseits, weil die politischen und wirtschaftlichen Eliten keine Lösungen haben. Die Untauglichkeit

---

[982] Vgl. Negt, Oskar: Keine Zukunft der Demokratie ohne Wirtschaftsdemokratie, S. 8–9, in: Meine, Hartmut et al. (Hg.): Mehr Wirtschaftsdemokratie wagen!, Hamburg 2011, S. 7–13.

[983] Vgl. dazu exemplarisch Blühdorn, Ingolfur: Nachhaltigkeit und postdemokratische Wende, in: Vorgänge, Heft 2, 2010, S. 44–54; Blühdorn, Ingolfur: Entpolitisierung und Expertenherrschaft: Zur Zukunftsfähigkeit der Demokratie in Zeiten der Klimakrise, Reihe »Vordenken«, Wuppertal Institut/Heinrich-Böll-Stiftung, Berlin 2010.

ihrer Konzepte haben sie schon oft genug unter Beweis gestellt. Andererseits, weil ich großes Vertrauen in Menschen habe. Wir alle sind vernunftbegabt und in der Lage, das Richtige zu erkennen und zu tun. Meine persönliche Erfahrung mit basisdemokratischen Prozessen ist ausgesprochen positiv.

Mehr Basisdemokratie kann ein sehr wichtiger Weg des Lernens sein. Man kann sich beispielsweise die Occupy-Bewegung anschauen. Am Ende ist sie mit ihren Forderungen zwar gescheitert, aber für die Menschen, die an Occupy beteiligt waren, war es ein großartiges Demokratielabor, welches das Wissen und das Bewusstsein aller Beteiligten erweitert hat.

Wie ausgeführt wurde, stellt der Lobbyismus eine Gefahr für die Demokratie dar. Mit etwas Sinn für Satire ließe sich die Frage auch herumdrehen: Gefährdet die Demokratie den Lobbyismus? Die Frage muss, jenseits aller Satire, bejaht werden. Mehr Demokratie kann den wuchernden Lobbyismus einhegen und zu besseren politischen Entscheidungen führen.

Freilich: Damit mehr Demokratie auch wirklich mehr bewirken kann, brauchen wir einen Kulturwandel. Es hat in den Industrieländern in den letzten knapp 40 Jahren eine massive Entpolitisierung stattgefunden. Politik ist den Augen der meisten Menschen das, was die Politiker machen. Kompliziert und undurchschaubar. Etwas für Experten. Viele Menschen glauben, dass sie an den Verhältnissen nichts ändern können. Und eine Minderheit hat genau diese Erfahrung selber gemacht. Daher muss auf die Entpolitisierung eine Re-Politisierung folgen.

Mehr direkte Demokratie hat übrigens noch einen weiteren unschätzbaren Vorteil. Die Glücksforschung zeigt: Je umfassender die direkt-demokratischen Möglichkeiten sind, desto höher schätzen die Bürger ihre Lebenszufriedenheit ein.[984]

Eine Demokratisierung müssen auch viele transnationale Organisationen wie die Vereinten Nationen, der IWF und die Weltbank-Gruppe erfahren. Gleiches gilt für die Europäische Union und die Europäische Zentralbank. Alle globalen Probleme sind nur durch Verhandlungen auf supranationaler Ebene und durch globale Abkommen in den Griff zu bekommen. Notwendig sind mehr Kooperation und weniger Konkurrenz. Kooperationsfelder gäbe es genug. Spontan kommt mir, um nur ein Beispiel zu nennen, ein gigantisches globales Wiederaufforstungsprogramm in den Sinn, das die Staatengemeinschaft beschließen könnte. Kombiniert mit einem globalen, wirklich wirksamen Waldschutzabkommen könnte so ein wichtiger Beitrag zur Bekämpfung des Klimawandels geleistet werden.

---

[984] Vgl. Frey, Bruno S./Frey Marti, Claudia: a. a. O., S. 461.

Ökologisches Grundeinkommen

Der Staat als ermöglichende Struktur könnte auch bei der Einführung eines Grundeinkommens helfen. Mittlerweile gibt es eine schier unübersichtliche Fülle von unterschiedlichen Konzepten (von Konservativen, Liberalen, Neoliberalen und Linken), von denen mir viele etwas unausgegoren erscheinen. Ich gebe zu, dass ich von einem Grundeinkommen immer noch nicht restlos überzeugt bin. Aber das Konzept bietet, je nach Ausgestaltung, mögliche Antworten auf den Problemkreis »weniger Erwerbsarbeit«.

Am interessantesten erscheinen mir dabei die Überlegungen von Ulrich Schachtschneider[985] zu einem ökologischen Grundeinkommen. Schachtschneider erhofft sich von seiner Idee eine Förderung des Umweltschutzes, mehr Gerechtigkeit und Freiräume für andere Formen der Arbeit und des Zusammenlebens. Kern der Idee: Ökosteuern. Der Verbrauch von nicht-erneuerbaren Ressourcen wird also besteuert. Richtschnur ist die Umweltschädlichkeit des Verbrauchs eines Stoffes bzw. einer Handlung. Ob Rohstoffverbrauch, CO_2-Emissionen, Fliegen oder Flächenversiegelung – besteuern ließe sich viel. Die Einnahmen würden in der Form eines ökologischen Grundeinkommens zurückverteilt. Jeder Staatsbürger, vom Säugling bis zum Greis, bekäme es ausgezahlt. Würde die Besteuerung Wirkung zeigen und der Verbrauch von umweltschädlichen Produkten zurückgehen, müssten die Ökosteuern sukzessiv erhöht werden.

Eines meiner wesentlichen Bedenken bei einem solchen Modell ist die soziale Gerechtigkeit. Richtig ist: Wohlhabende konsumieren mehr, haben also einen höheren Umweltverbrauch und würden auch mehr zahlen als Menschen mit kleiner Geldbörse. Sie würden über die Pro-Kopf-Ausschüttung nur durchschnittlich profitieren. Ärmere und Kinderreiche wären die Gewinner.

Entscheidend bei Ökosteuern sind aber nie die absoluten, sondern die relativen Beiträge – insofern ist Vorsicht die Mutter der Porzellankiste. Meiner Meinung nach wäre es überlegenswert, nicht nur Ökosteuern zur Finanzierung des ökologischen Grundeinkommens einzubeziehen. Es wurde schon erwähnt, dass die Vermögenden stärker zur Kasse gebeten werden müssten – hier wäre ein Weg. Damit die sozial schwächeren Mitglieder der Gesellschaft nicht zu hart von Ökosteuern getroffen werden, könnte beim Strom- oder Gasverbrauch eine Basisfreimenge gewährt werden – gegenfinanziert über einen höheren Preis für den darüber hinausgehenden Verbrauch.

---

[985] Schachtschneider, Ulrich: Ökologisches Grundeinkommen: Ein Einstieg ist möglich. Online unter: http://www.ulrich-schachtschneider.de/resources/BIEN+2012-$C3$96kologisches+Grundeinkommen-Ein+Einstieg+ist+m$C3$B6glich.pdf [Stand: 10.8.2014].

Ob ein ökologisches Grundeinkommen funktioniert? Man müsste es kleinräumig ausprobieren – ein weiteres Beispiel für ein notwendiges Experiment.

Nachhaltigkeit institutionalisieren

Wirkliche Nachhaltigkeit sollte zum Staatsziel erklärt und in jede staatliche Verfassung geschrieben werden. Zur Erinnerung: Damit die Nutzung erneuerbarer Ressourcen nachhaltig ist, dürfen diese nur in einer Menge verbraucht werden, die kleiner oder gleich groß wie ihre natürliche Neubildungsrate ist.

Schwieriger verhält es sich, wie gezeigt wurde, mit nicht-erneuerbaren Ressourcen. Damit die Nutzung einer nicht-erneuerbaren Ressource nachhaltig ist, muss sie sich mit einer Rate vollziehen, die abnimmt, und diese Abnahmerate muss größer oder gleich groß wie die Erschöpfungsrate sein. Die Erschöpfungsrate ist die Menge, die in Prozent der noch abbaubaren Gesamtmenge in einem bestimmten Zeitraum abgebaut bzw. verbraucht werden kann. Als Zeitraum wird in der Regel ein Jahr angesetzt.

Wird diese Regel umgesetzt, so reduziert sich die Abhängigkeit von einem Rohstoff bis zur Unerheblichkeit, bevor dieser Rohstoff erschöpft ist. Das hilft uns auch beim Erdöl. Die Probleme, die das Ölfordermaximum aufwirft, sind beherrschbar, wenn nicht nur das Ölangebot sinkt, sondern gleichzeitig auch die Nachfrage. Das ist der Grundgedanke des sogenannten Rimini-Protokolls (auch: Uppsala-Protokoll oder Oil Depletion Protocol). Der Ölgeologe Colin Campbell hat diesen Vorschlag schon vor Jahren in die Fachdiskussion eingebracht. Demnach müssen die ölimportierenden Länder ihre Importe in dem Maße reduzieren, wie die Ölförderung zurückgeht. Der Ölpreis würde zwar hoch bleiben, aber nicht durch die Decke gehen und kalkulierbar bleiben. Die Staaten könnten sich so wesentlich besser auf das Zeitalter nach dem Öl einstellen. Ähnliches lässt sich für Kohle, Erdgas, Uran oder andere Ressourcen durchdenken.

Buen Vivir – Lehren aus Ecuador und Bolivien

Viele werden nun einwenden: Nachhaltigkeit lässt sich nicht institutionalisieren. Selbst wenn man dieses Ziel in die Verfassung schreibt – Papier ist und bleibt geduldig. Ein wenig mehr Zuversicht darf sein, das lehren die Erfahrungen aus Ecuador und Bolivien. Die wirtschaftliche, politische und soziale Entwicklung in diesen beiden lateinamerikanischen Staaten ist extrem spannend. Beide Staaten haben ihre Verfassungen vom Kopf auf die Füße gestellt und in diesem Prozess viel Mut bewiesen.

Sowohl Ecuador als auch Bolivien gehen über das Ziel der Nachhaltigkeit hinaus (streng genommen halten sie Nachhaltigkeit bestenfalls für ein unzureichendes westliches Konzept) und räumen der Natur in ihrer Verfassung umfassende Rechte ein. Beide Länder nehmen dabei Bezug auf ihre indigenen Traditionen und Denkweisen. Und so lautet der Schlüsselbegriff in der Sprache der Quechua »Sumak Kawsay«, was im Spanischen »Buen Vivir« ergibt. Womit wir im Deutschen wieder beim guten Leben wären …

Doch Obacht – es handelt sich um ein äußerst umfassendes Konzept, das in Europa leider kaum rezipiert wurde. »Buen Vivir« ist ein neues Entwicklungsmodell, ein neues Paradigma, das mit den abendländischen Ideen von Wachstum und Fortschritt wenig gemein hat. Ziel ist ein Gleichgewicht, das Harmonie zwischen Menschen und Natur anstrebt. Alle Bereiche der Gesellschaft, auch der Bereich der Wirtschaft, sollen dem guten Leben dienen.

Bei »Buen Vivir« geht es *nicht* um das individuelle gute Leben. Das gute Leben ist nur im sozialen Zusammenhang denkbar. Folglich ist Solidarität ein zentraler Wert. Die Kernidee ist, dass die Natur zum Rechtssubjekt wird. Der Natur werden also recht umfassende Rechte zugestanden (in Bolivien z. B. die Freiheit vor Verschmutzung). Alle Lebewesen sollen den gleichen Wert haben. Die Natur soll *nicht* unterworfen werfen.[986] Mit Fug und Recht darf man von einer Revolution sprechen.

Auf die westliche Welt ist es sicher nur begrenzt übertragbar. Nicht nur, weil man sich hierzulande mit Revolutionen schwertut. Sondern auch, weil indigene Kosmosvisionen und Traditionen eine wichtige Rolle in diesem Konzept spielen. In vielerlei Hinsicht handelt es bei »Buen Vivir« um eine Rückbesinnung auf die Lebensphilosophie der indigenen Völker Südamerikas. Dennoch verdient »Buen Vivir« viel mehr Aufmerksamkeit, denn in dessen Rahmen wird eine vollkommen andere Logik etabliert. Eigenrechte der Natur anzuerkennen, ist eine vollkommen andere Liga, als deren Ausbeutung nachhaltig zu optimieren.

Und wie sieht die Verfassungsrealität in Ecuador und Bolivien aus? Diese ist sicherlich noch verbesserungsfähig. Beide Staaten setzen immer noch auf die Ausbeutung ihrer Bodenschätze. Wichtig ist aber, dass starke Bestimmungen, wie sie in der Verfassung beider Länder stehen, Orientierung geben und letzten Endes auch die Politik mitbestimmen.[987] Wir können ganz sicher von Ecuador und Bolivien einiges lernen, zumal sich beide Länder in ihren neuen

---

[986] Vgl. Acosta, Alberto: Das »Buen Vivir«. Die Schaffung einer Utopie, S. 221, in: Juridikum, Nr. 4, 2009, S. 219–223.

[987] Vgl. dazu auch Fatheuer, Thomas: Buen Vivir. Eine kurze Einführung in Lateinamerikas neue Konzepte zum guten Leben und zu den Rechten der Natur, Schriften zur Ökologie der Heinrich-Böll-Stiftung, Band 17, Berlin 2011.

Verfassungen zu Multikulturalität bzw. Plurinationalität und zu partizipativer Demokratie bekennen. Auch das ist ein Teil von »Buen Vivir«.

Was politisch unbedingt getan werden muss

Nochmals: Langfristig brauchen wir eine andere Logik. Kurzfristig haben wir es aber noch mit dem alten Paradigma zu tun. Kurzfristig brauchen wir so schnell wie möglich eine finanzielle Sanktionierung der Externalisierung sozialer und ökologischer Kosten, eine strikte Sozial- und Naturbindung des Eigentums in der Verfassung sowie eine Verlagerung der Steuern auf den Ressourcenverbrauch. Außerdem muss der öffentliche Sektor gestärkt werden – er kann Nachhaltigkeitsziele einfacher verfolgen, weil er nicht dem Ziel der Gewinnmaximierung unterliegt.

Auf überstaatlicher Ebene ist es m. E. ferner unbedingt erforderlich, die Macht der Finanzmärkte zu brechen. Wenn das nicht gelingt, werden wir scheitern. Das Finanzkasino muss geschlossen werden. Regulierungen und entsprechende Steuern sind notwendig, aber allein nicht ausreichend. Eine umfassende, freilich unbedingt demokratisch legitimierte Vergesellschaftung[988] des Finanzsektors erscheint unausweichlich. Banken sollten der Gesellschaft dienen und auf die Funktionen zurückgeführt werden, die einen echten Nutzen haben. Die Finanzströme sind extrem verwertungsorientiert und von den Stoffströmen größtenteils losgelöst. Eine nachhaltige Politik mit einem ökologischen Umbau der Wirtschaft wird damit ebenso unmöglich gemacht wie die notwendige Verminderung der Ungleichheit.

Ebenfalls scheint in diesem Zusammenhang eine Vergesellschaftung des Energiesektors sinnvoll zu sein. Eine Vergesellschaftung würde mit einem Rückbau bestimmter Zweige der Energiewirtschaft (z. B. Kernenergie oder Kohle) einhergehen – und mit dem gleichzeitigen Aufbau einer erneuerbaren Energieinfrastruktur.

---

[988] Was heißt demokratisch legitimierte Vergesellschaftung? Nun, ein demokratisch gewähltes Gremium soll bestimmen, wie ein Unternehmen aus der Finanzbranche wirtschaften soll. Eine andere Logik müsste durchgesetzt werden. Nicht die Profitrate sollte entscheidend sein, sondern ob eine Aktivität gesellschaftlich nützlich und ökologisch sinnvoll ist. Der Begriff der Vergesellschaftung sollte nicht mit Verstaatlichung verwechselt werden. Bei einer Verstaatlichung gehört ein Betrieb dem Staat. Aber typischerweise entscheidet eine Planerbürokratie, wie das Unternehmen geführt werden soll. Die Allgemeinheit und die Beschäftigten haben de facto nichts zu sagen. Bei einer Vergesellschaftung liegen die Dinge anders. Es handelt sich um gesellschaftliches Eigentum. Es gibt eine gemeinsame Verfügungsgewalt der Allgemeinheit und/oder der Beschäftigten über die Produktionsmittel. Was mit dem gemeinsamen Eigentum passiert, legen (basis)demokratische Entscheidungen fest.

Apropos erneuerbare Energieinfrastruktur: Grüne Energien sollte niemand rosarot sehen. Alle gehen zu Lasten der Umwelt und verbrauchen Ressourcen. Manche schaden auch den Menschen. Die Unterschiede sind jedoch enorm. Bei der Sonnen- und Windenergie sind die Nebenwirkungen die geringsten, ein Ausbau folglich sinnvoll. Bei Riesenstaudämmen, Biogasanlagen und Biosprit bin ich skeptisch, auch wenn fairerweise gesagt werden muss, dass jeder Fall eine kritische Prüfung verdient. Aus der Perspektive der Wachstumsrücknahme gilt zudem: Die beste Energie ist die, die erst gar nicht produziert werden muss.

Wir brauchen aber nicht nur eine Energie-, sondern auch eine Agrarwende. Die derzeit global praktizierte industrialisierte Landwirtschaft zerstört den Boden und die Wasserressourcen. Gleichzeitig beschleunigt sie den Abbau von fossilen Ressourcen und das Artensterben. Wir müssen weg von synthetischen Düngern und Pestiziden. Eine Agrarwende bedeutet nicht nur andere Anbau- bzw. Bewirtschaftungsmethoden des Bodens, sondern auch sehr viel stärker regional ausgerichtete Wirtschaftskreisläufe. Wir müssen uns auch von der Vorstellung verabschieden, dass wir bestimmte Obst- und Gemüsesorten zu jeder Jahreszeit essen können. Schließlich brauchen wir eine Abkehr von der übermäßigen Produktion tierischer Lebensmittel, zumindest in den Industrieländern, weil die Herstellung rein pflanzlicher Lebensmittel weit weniger Wasser verbraucht und das Klima weniger belastet.

Gratiskultur und Verbot der Werbung

Ich halte es für sinnvoll, überall eine andere Logik als die kapitalistische zu etablieren. Wenn wir uns den Kapitalismus als Zaun vorstellen, so sollten wir versuchen, möglichst viele Löcher in diesen Zaun hineinzuschneiden.

Der finanzmarktgetriebene Kapitalismus ist ein extremer Kapitalismus. Er frisst sich in alle Lebensbereiche und lehnt alles ab, was umsonst ist. Überlegungen zum Aufbau einer Gratiskultur finde ich deshalb spannend.[989] Was gratis ist, hat keinen Warencharakter und kann nicht verkauft werden. Wenn mehr Dinge keinen Preis haben, schwächt das den Kapitalismus. Es könnte ein Hebel zur Veränderung sein. Die Finanzierung von Gratisgütern könnte zum Beispiel dadurch gewährleistet werden, dass die schon erwähnte Höchsteinkommensgrenze eingeführt wird. Alles, was über diesem Maximaleinkommen liegt, wird wegbesteuert.

Werbung ist in vielerlei Hinsicht schädlich. Es ist schwierig, eine nicht wachstums- und konsumfokussierte Lebensweise zu praktizieren, wenn man

---

[989] So etwa bei Paul Ariès: a. a. O., S. 222.

fortwährend mit Werbebotschaften bombardiert wird, die einem einhämmern, dass der Kaufakt der Schlüssel zu Glück und Anerkennung ist.

Der Staat sollte Werbung deshalb verbieten oder zumindest einschränken. Das klingt nach einer radikalen Forderung, doch in Schweden ist das schon so, jedenfalls für Kinder unter zwölf Jahren. Der französische Autor François Brune hat mit Recht angemerkt, dass die Werbung die kulturelle Waffe der herrschenden ökonomischen Wachstumsordnung sei – und gleichzeitig die ökonomische Waffe einer kulturell dominanten Ordnung.[990]

Das erkennen immer mehr Menschen. Die französische Stadt Grenoble hat sich kürzlich von den kommunalen Werbeflächen verabschiedet. Konkret heißt das: Alle Werbetafeln verschwinden. Dort, wo sie standen, werden Bäume gepflanzt. Und manche freigewordenen Flächen werden durch lokale Kultur- und Sozialorganisationen völlig neu gestaltet. Die Einnahmenverluste im Stadtsäckel durch den Werbeverzicht sind zu verschmerzen. Was zählt, ist die Steigerung der Lebensqualität und die Rückgewinnung des öffentlichen Raums.

Die Verantwortung der Privilegierten

Vielen Menschen in den Entwicklungsländern müssen die hier vorgetragenen Überlegungen von Suffizienz, von eingeschränkten Erwartungen und Abschied vom Wachstum als (ein weiterer) Versuch der Industrieländer vorkommen, die armen Länder unten zu halten. Die Deutung, dass die ökologischen Bedenken der Industrieländer nicht viel mehr als der Versuch sind, ihren Reichtum weiterhin unter sich aufzuteilen, ist sogar recht naheliegend.

Und es stimmt: Solange die Rohstoffe für unsere Smartphones und SUVs aus den armen Ländern kommen, solange unsere T-Shirts und Jeanshosen unter erbärmlichen Bedingungen weit weg von uns in den globalen Ausbeutungsfabriken hergestellt werden, solange unser Durst nach Biosprit den Regenwald in Indonesien und anderswo zerstört, haben wir kein Recht, anderen Menschen Vorträge darüber zu halten, wie sie ihre Ökonomie zu organisieren haben.

Mehr noch: Da die reichen Länder in erster Linie die Schuld für die globalen Umweltprobleme tragen und da es ausgerechnet die armen Länder sind, die die Hauptlasten zu tragen haben werden, ist eine besondere Verantwortung des Westens gegeben.

Daneben gibt es einen Aspekt, den kein anderer Denker unserer Tage so klar formuliert hat wie Noam Chomsky. Er hält uns Menschen in den

---

[990] Vgl. Brune, François: Le bonheur conforme, Paris 1985, S. 201.

Industriestaaten für privilegiert. Seine einfache Losung lautet: »Privilegien verpflichten.« Dazu führt Chomsky aus: »Wir haben Bildung, Ausbildung, Ressourcen, Möglichkeiten (...), das heißt, wir haben auch sehr viel mehr Verantwortung als Menschen, denen diese Möglichkeiten fehlen.«[991]

Die Geschichte zeigt, dass sie sich in dem Moment zu verändern beginnt, in dem Menschen anfangen, für Veränderungen zu arbeiten und zu kämpfen. Jede neue gesellschaftliche Formation wächst in der alten heran. Der Kapitalismus ist nicht ewig. 99 Prozent der Geschichte der Menschheit waren nicht-kapitalistisch. Den meisten Menschen fehlt freilich dieses Bewusstsein, weil wir erst seit kurzer Zeit auf diesem Planeten zu Gast sind (und noch dazu ein sehr kurzes historisches Gedächtnis haben).

Angesichts der Globalisierung, in der weltweit der allmächtige Markt triumphiert, gilt es eine Gesellschaft zu konzipieren und zu realisieren, in der nicht länger ökonomische Werte im Mittelpunkt stehen und die Wirtschaft nicht länger als höchstes Ziel betrachtet, sondern auf deren Funktion im Dienst des Menschen verwiesen wird. Wir müssen die wilde Jagd nach immer mehr Gütern, die wir vielleicht doch nicht brauchen und die – siehe Thorstein Veblen – nur eine Egostütze sind, beenden.

Dabei geht es, wie Serge Latouche richtig festgestellt hat, um nichts Geringeres als um die Dekolonisation der Vorstellungen und die Deökonomisierung des Denkens, damit wir die Welt von Grund auf verändern können, bevor sie uns zu einer schmerzhaften Veränderung zwingt. Der erste Schritt besteht darin, die Dinge anders zu sehen, damit sie anders werden können, damit wirklich kreative, innovative Lösungen entwickelt werden können.[992]

Notwendig ist somit nicht nur eine andere Ökonomie, sondern auch eine andere Wissenschaft von der Ökonomie. Die moderne neoliberal dominierte Ökonomik ist, anders als viele ihrer Vertreter in den letzten vier Jahrzehnten Glauben machten, keine Universalwissenschaft. In praktisch allen Wissenschafts- und Lebensbereichen haben in den letzten Jahrzehnten kalte ökonomische Kalküle im Gewand scheinbar wissenschaftlich verbriefter Objektivität Einzug gehalten. Man könnte sagen, dass die anderen Sozialwissenschaften von der Ökonomik kolonialisiert worden sind.

Doch Marktgesetze sind keine Naturgesetze. Die Ökonomik hat zweifellos ihre Berechtigung, aber sie muss wieder auf ihren ursprünglichen Platz ver-

---

[991] Dwyer, Bernie: Corporate journalism – Noam Chomsky interviewed by Bernie Dwyer, Radio Havana, 23. Oktober 2003. Der transkribierte Interviewtext findet sich online unter: http://www.chomsky.info/interviews/20031028.htm [Stand: 5.9.2014].

[992] Vgl. Latouche, Serge: Survivre au développement, a. a. O., S. 115.

wiesen werden.[993] Sie ist legitim auf einem Gebiet, aber ihre Aussagekraft ist begrenzt.

Wissenschaft bedeutet für mich vor allem eines: Fragen aus einer offenen Geisteshaltung zu stellen. Gerade an den deutschsprachigen Hochschulen und Universitäten erforschen und erarbeiten nur wenige Ökonomen Alternativen zur konventionellen Wachstumsvorstellung. Der Mainstream hält an wachstumsorientierten Lehrbüchern fest, die vielleicht vor 50 Jahren noch ihre Berechtigung hatten, aber heute in die Sackgasse führen. Mit einer Ökonomik aus dem letzten Jahrhundert, die die Natur als Gratis-Rohstofflager betrachtet, ist das neue Jahrhundert nicht zu meistern.[994] Es muss eine Postwachstumsökonomik entwickelt werden, die darauf abzielt, Expansionszwänge zu überwinden. Unbedingt notwendig dazu ist eine Neudefinition von Wohlstand.

Wahrscheinlich können wir manches vom kleinen Königreich Bhutan lernen. Dort hat man das Bruttosozialprodukt über Bord geworfen und das »Bruttosozialglück« zum Staatsziel erklärt. Ziel ist nicht die größtmögliche Wirtschaftsleistung, sondern die größtmögliche Lebenszufriedenheit der Menschen.

Auch der Ansatz der sogenannten Stiglitz-Sen-Fitoussi-Kommission ist in diesem Zusammenhang ein interessanter Schritt.[995] Jene französische Kommission unter der Leitung des US-amerikanischen Wirtschaftswissenschaftlers Joseph Stiglitz hat die Entwicklung alternativer Kennzahlen zur Wohlstandsmessung vorgeschlagen. Die Arbeit der Kommission hat eine internationale Debatte angestoßen. Unterschieden wird im Abschlussbericht des Wissenschaftsrates zwischen einer Beurteilung des aktuellen Wohlergehens und einer Beurteilung der Nachhaltigkeit. Aktuelles Wohlergehen umfasst materielle Werte wie Einkommen, Konsum und Vermögen wie auch immaterielle Werte wie Freizeit, soziale Bindungen, Umweltqualität und politische Mitsprache.[996]

Wirklich neu ist das alles nicht. Alternative Wohlstandsindikatoren gibt es übrigens schon seit längerer Zeit, aber sie fristen ein Nischendasein. Vom

---

[993] Vgl. Les convivialistes (Hg.): Manifeste convivialiste. Déclaration d'interdépendance, Lormont 2013, S. 22.

[994] Es sei angemerkt, dass man vor allem in Frankreich weiter ist. Mit Theoretikern wie Serge Latouche, Paul Ariès, Nicolas Ridoux, Vincent Cheynet oder François Schneider kann in unserem Nachbarland schon von einer Schule gesprochen werden, die die Wachstumsrücknahme (Décroissance) propagiert. Außerdem gibt es kritische Zeitschriften wie *La Décroissance* oder *Entropia*. Es gibt sogar schon eine Partei, die *PPLD* (Parti Pour La Décroissance).

[995] Stiglitz, Joseph et al. (Hg.): Report by the Commission on the Measurement of Economic Performance and Social Progress, Paris 2009. Online unter: www.stiglitz-sen-fitoussi.fr/documents/rapport_anglais.pdf [Stand: 5.9.2014].

[996] Vgl. Jochimsen, Beate: Wohlstand messen, S. 21, in: Aus Politik und Zeitgeschichte, 62. Jg., 27–28/2012, S. 19–23.

Genuine Progress Indicator war bereits die Rede. Andere ernstzunehmende Alternativen zum BIP sind der *Happy Planet Index* (HPI) der britischen New Economics Foundation und der *Better-Life-Index* der OECD. Wir brauchen eine breite gesellschaftliche Debatte, wie Wohlstand künftig gemessen werden soll. Die Frage der Messung ist keine unwichtige, denn sie definiert letzten Endes politisches Handeln.

Die Bedeutung der Wahrnehmung

Trotz dieser recht optimistischen Aussagen dürfte sich bei manchen der Eindruck einstellen: Niemand wird die multiple Krise lösen, die Lage ist hoffnungslos. Vielleicht ist sie das. Vielleicht aber auch nicht.

Apathie ist keine Option. »Die schlimmste aller Haltungen ist die Gleichgültigkeit«, schrieb der berühmte französische Résistance-Kämpfer Stéphane Hessel, 93-jährig.[997] D'accord, Monsieur Hessel. Zu bedenken gilt dabei, dass Wahrnehmung etwas sehr Subjektives ist. Entscheidend ist, welche Bedeutung man Ereignissen oder Schicksalen zukommen lässt.

Die Industrialisierung, der Kapitalismus oder die Neolithische Revolution sind Entwicklungen, die man als durchaus verheerend bezeichnen kann. Sie haben sich ohne bösen Willen vollzogen. Für die Zukunft bringt es viel, den Blick in den Rückspiegel zu werfen, aber wenig, mit dem Schicksal zu hadern. Wir selbst haben die Möglichkeit zu entscheiden, wie sehr wir uns von bestimmten Entwicklungen frustrieren und lähmen lassen wollen oder nicht.

Vielleicht gibt es keinen Sinn, kein großartiges Design im Universum, keine Leitlinien für das Leben außer denen, die der Mensch sich selbst schafft. Wenn wir also eine Lebensweise entwickeln, die für uns Sinn ergibt, ist schon viel erreicht.

In die gleiche Richtung hat sich der große US-amerikanische Sozialhistoriker Howard Zinn geäußert. In seinem letzten öffentlichen Beitrag vor seinem Tod schrieb Howard Zinn:

> »Ein Optimist muss nicht unbedingt ein unbekümmerter, leicht vertrottelter Mensch sein, der im Dunkel unserer Zeit vor sich hinpfeift (um sich Mut zu machen). Wer auch in schlimmen Zeiten die Hoffnung nicht aufgibt, ist kein romantischer Narr. Er kann sich darauf berufen, dass die menschliche Geschichte nicht nur eine Geschichte des Konkurrenzkampfes und der Grausamkeit ist, sondern auch die Geschichte der Leidenschaft, des Opfers, des Mutes und der Güte.

[997] Hessel, Stéphane: Indignez-vous!, 13. Auflage, Montpellier 2011, S. 14. Im Original: »La pire des attitudes c'est l'indifférence«.

Die Entscheidung, die wir in dieser komplizierten Situation treffen, wird unser künftiges Leben bestimmen. Wenn wir nur die Schwierigkeiten sehen, wird das unsere Fähigkeit zur Gegenwehr zerstören. Wenn wir uns aber an die vielen historischen Begebenheiten und Orte erinnern, bei und an denen sich Menschen unerschrocken zur Wehr gesetzt haben, ermutigt uns das zum Handeln und eröffnet uns zumindest die Möglichkeit, diese taumelnde Welt in eine andere Bahn zu lenken. Wenn wir jetzt im Kleinen zu handeln beginnen, müssen wir nicht auf eine großartige utopische Zukunft warten. Die Zukunft ist eine unendliche Folge von gegenwärtigen Zuständen, und wenn wir trotz der schlimmen Zustände, die jetzt herrschen, schon so zu leben beginnen, wie Menschen unserer Meinung nach leben sollten, ist das schon ein wunderbarer Sieg.«[998]

Besser kann man es nicht ausdrücken. Danke, Howard!

[998] Zinn, Howard: Wir sollten das Spiel nicht verloren geben, bevor nicht alle Karten ausgespielt sind. Im englischen Original: We Should Not Give Up the Game Before All the Cards Have Been Played, Februar 2010. Artikel online unter: http://www.alternet.org/story/145499/ [Stand: 5.9.2014].

Abkürzungsverzeichnis

a. a. O.	am angegebenen Ort
AKW	Atomkraftwerk
ASPO	Association for the Study of Peak Oil and Gas
BIP	Bruttoinlandsprodukt
BP	British Petroleum
BTU	British Thermal Unit
CCS	Carbon Dioxide Capture and Storage
CD	Compact Disc
CEO	Chief Executive Officer
CO_2	Kohlendioxid
EIA	Energy Information Administration
EROEI	Energy return on energy invested
EU	Europäische Union
FAO	Food and Agriculture Organization
IEA	Internationale Energie-Agentur
IPCC	Intergovernmental Panel on Climate Change
IT	Informationstechnik
IWF	Internationaler Währungsfonds
Jg.	Jahrgang
GAU	größter anzunehmender Unfall
GDP	Gross Domestic Product
GW	Gigawatt
MW	Megawatt
NASA	National Aeronautics and Space Administration
NATO	North Atlantic Treaty Organization
ppm	parts per million (Teile pro Million)
o. O.	ohne Ortsangabe
o. V.	ohne Verfasserangabe
OE	Öläquivalent
OECD	Organization for Economic Cooperation and Development
OPEC	Organization of the Petroleum Exporting Countries
SCO	Shanghai Cooperation Organization
TMR	Total Material Requirement
TTIP	Transatlantic Trade and Investment Partnership

TV	Television
UdSSR	Union der Sozialistischen Sowjetrepubliken
UN	United Nations
UNCTAD	United Nations Conference on Trade and Development
u. a.	unter anderem
v. a.	vor allem
WEO	World Energy Outlook
WWF	World Wildlife Fund

Danksagung

Dieses Buch wäre nicht das, was es ist, wenn mir nicht viele liebenswürdige Menschen dabei geholfen hätten. Für ihre Hilfe und Unterstützung bin ich ihnen zutiefst verbunden.

Mein größter Dank gilt meiner lieben Stephanie, die oft auf mich verzichten musste. Du bist wundervoll und ich bin dir für alles dankbar!

Ganz besonders möchte ich auch Herrn Prof. Ulrich Brand von der Universität Wien für sein anregendes Vorwort danken.

Ich danke ferner Eric Habets und Klement Weicker. Sie haben das Manuskript gelesen und mir bedeutsame Einschätzungen zum Text gegeben.

Ferner danke ich Anne Nicoll, Christoph Senz, Siggi Richter und Alexandre de Robaulx de Beaurieux für Anregungen und Diskussionen.

Sandra Nowack und Christina Kruschwitz haben sich um das Korrektorat bzw. das Lektorat des Textes gekümmert. Schließlich bin ich Dr. Sabine Manke, Norman Rinkenberger und Ina Beneke vom Tectum-Verlag in Dank verbunden. Die Zusammenarbeit war ganz hervorragend!

Norbert Nicoll, im Sommer 2016.